U0841845

当代政治理论译丛

合法性的限度

——当代资本主义的政治矛盾

〔美〕艾伦·沃尔夫 著

沈汉等 译

商务印书馆
The Commercial Press
创于1897

Alan Wolfe

THE LIMITS OF LEGITIMACY

Copyright © 1977 by The Free Press, A Division of Macmillan Publishing Co., Inc. Chinese (Simplified Characters) Trade paperback copyright © 2005 by The Commercial Press. The Simplified Chinese Characters Edition arranged by The Free Press of Simon Schuster Inc. through Big Apple Tuttle-Mori Agency, Labuan, Malaysia.

All Rights Reserved

本书中文简体字版根据美国自由出版社 1977 年英文版译出

目　录

绪言·· 1

导论：自由民主的穷境···························· 15

第一篇　寻求稳定的六种答案

第一章　积累的国家 ···························· 33

第二章　和谐的幻影 ···························· 73

第三章　扩张主义的窘境······················ 127

第四章　授予特权的国家的起源············· 168

第五章　授予特权的国家的运作············· 220

第六章　双头政治的兴衰······················ 261

第七章　全球化的矛盾·························· 316

插叙：晚期资本主义的出现··················· 357

第二篇　政治和方案的枯竭

第八章　国家的具体化·························· 369

第九章　异化政治································ 411

第十章　国家的合法性危机··················· 460

2　目录

注释·· 492

参考书目·· 564

索引·· 589

译者说明·· 612

绪　言

就当代政治学写一本书，即便只是设想，看来不是骁勇之举，便是愚蠢之行。当一个政治运动能够自身发动起来，左右新闻，然后像从未存在过似地消失，所有这一切发生在不过十年间；当一位总统自获得有史以来的最大多数选票，到民意测验把他歪曲成一个极端不得人心的人物，不过一年之久；当一种思想体系能够被宣称已经死亡的那一刻，它们却再生；当其它任何事物都将被替代，作家将要宣布后后社会来临时——岂不是可以说自古希腊人以来任何一种确有根据是人类活动形式的事都可能使旁观者神魂颠倒？我认为可能性确实存在。

尽管作家们有一种把任何一种细微差别当作一种革命变革来欢呼的倾向，过去两百年，特别是在美国和西欧，至少有两次关于政治活动的事件仍是恒定不变的。一件事情是在经济体制内部普遍出现的对私有财产的鼓励，使之遵循积累的逻辑，去创造利润。其结果是造成了富人和穷人、有权的人和无权的人之区别。在它成为一个臭名昭著之词之前，这种制度通常被称为资本主义，我将继续使用这个很好的描述性的词汇。我这样做的目的只是要讨论一个一度曾被一种既存秩序骄傲地加以捍卫，而现在却不再敢说自己是什么的概念。这个被称作资本主义之物，如下面各章将清

2 绪言

晰说明的,它不断变化,但自 18 世纪后期以来,一个要求政治制度帮助资本积累的阶级一直持续存在。第二,在绝大多数时候,在资本主义国家一直对如何组织政治生活存在期望。一个描述这种期望的词便是民主,而另一方面,资本主义确实如此,它的修饰语可能变化(农业的、工业的、自由的、群众的、社会的),而这个词本身仍然在使用。政治看起来处于持续的变化中,但是发生变动的参数的持续性,同样给人以深刻印象。

为了强调资本主义需要和民主要求的持续性,我采取了一种保守的立场,这是我知道的保持我对基本的社会变革承诺的唯一的办法。对于晚期资本主义社会与历史无关的强调,这种自相矛盾使人困惑,即那些专心致志维持现状的人鼓吹一个新时代(超越自由和尊严的和后工业社会和新工业国)到来,而那些想要颠覆现时秩序的人,则以同样的激情坚持说,维多利亚时代英国的阶级冲突在逝去 100 年之后,还在复活和涌现。在这样一种气氛中,且莫说激进派,革命的行动显现出它的基础,并试图再次表现出它的推动力。如我正写这本书时发现的,我的思考根据在两方面:第一是先入之见,第二是术语学的传统。

这部书通过寻求确立资本主义对民主的影响以及民主对资本主义反作用,加入了一场长时间以来成为政治分析核心问题的辩论。从詹姆斯·麦迪逊到约翰·亚当斯,美国制度的早期理论家思考着这个问题,随后试图把他们的思考付诸实践。法国大革命催生了关于平等的激进观念,同时也在强调神的等级制。19 世纪英国的政治史是一个关于这个问题如何提出而后又如何回答的真实历史。换句话说,在资本主义社会绝大多数时间里,就扩大授权的辩论很少忽视财产的作用,并且恰恰相反,关于工业化新形式的讨论如果不涉及政治变革就不可能发生。确实对政治经济学来说就是这么回事。

此外,资本主义和民主产生的相互作用影响了19世纪向20世纪转变时期的学术成果:首先是J.阿兰·史密斯的《美国政府的精神》,然后是查尔斯·比尔德的各种著作证实了对这件事的兴趣。而且,经过了很长时间,这种关注才消失。现代美国政治学的创建者,如查尔斯·梅里亚姆和哈罗德·戈斯内尔保持了这种成见,并且人们可以在那些具有完全不同的政治视野的人士如彭德尔顿·赫林、E.E.沙特施奈德和V.O.基的著作中发现这种成见的痕迹,当我只有4个月大的时候,罗伯特·林德指出,"使民主和资本主义和谐地联姻的尝试从一开始就注定要对民众进行控制"*,而人们恐怕该想到,这些力量之间的关系恐怕构成了第二次世界大战结束后政治学和经济学最初关注的焦点。其结果是这件事并未发生。

由于经济学和政治学二者都为其琐事所诱惑,政治经济学在敷衍中消失不见了,并且,当更广泛的政治理论和哲学问题不再被视为与人的生存条件有关时,像林德所做的那种声明既不能被接受也无法驳倒。相反,它们恰好被忽视了,结果是对于在作为经济功能的资本主义和作为政治功能的民主之间的紧张产生的作用的问题很少注意。因此,与其说这本书开辟了新天地,还不如说我自己加入了一种发展暂时被中断的旧传统之中,社会阶级及其对个

---

* 罗伯特·A.布雷迪:《作为一种权力体系的实业》(纽约,哥伦比亚大学出版社,1943年,第viii页)。

4 绪言

人权利不加约束的欲望,对于那些旨在确保个人自由和平等发展的脆弱的体制有着深刻的影响,这个问题仍然有待探讨。当然,得出结论说后一种观念已经被前一种现实所腐蚀不再令人吃惊。但是,我认为,情况要更复杂些。一方面,许多人仍然相信理想的事物,必须设法对此作出解释。而且,一种简单地反对有权者和赞成无权者的指责,不管是如何流利,都不再能产生很大的反应;无法想像今天如同 1890 年一样,一份社会主义宣传小册子可以畅销,这不是因为社会主义观念现今正在异化,而是因为它们过于通俗。平等如同童贞一样,在理论上受到尊敬而在实践中则被违犯,这种形势使那些宣传它的人和那些试图实现它的人归于失败。

因此,论战式的攻击不是我下文的目标;理解才是我的目标。但是,什么是我们要理解的?为了回答这个问题,我要返回到第二个基本问题,这便是术语学的问题。我想更多地了解国家,然而,晚近的政治理论和实践的一个最使人为难的方向是,如同社会生活越来越多地属于国家的范围,术语本身开始从政治论文的语言中消失。对这种悖论的一种可能的解释是,不再提及术语指谓的对象反映的隐藏在它后面的现实,尽管国家权力的基础归根到底是普通人的行为,权力常常采取异化和强加的形式。就"国家"这种表述想像出的那些绝妙的形式——路易十四的自负,理性国家的传统,德国人关于国家统治工具的偏见——这些都属于对它直接坦率的运用。但是,当对一种政治制度居高临下推崇旨在使权力神秘化而不是赞美它,使用一个具有如此意象的词恐怕无疑会起反作用。在英美国家,据说国家已经萎谢了,只是在人们的言语而不是政治生活中存在。如果真要理解国家权力,必须使这个词本身回到现实存在中；使国家复活就要发表一项关于有组织的政治权力在现代社会中的中心地位的政治宣言。

国家并不总是像它现在那样被忽略。这个术语过去确实在20世纪形成的四种传统，即无政府主义、保守主义、自由主义和马克思主义中起过作用。不幸的是，人们在回顾这些传统时，发现在始终一贯性与缺乏时代性之间有直接的关联，但是，几乎每一种评判准则都认为，无政府主义恐怕可以看作与一个有组织的复合物的时代最有不相关的意识形态，然而，无政府主义传统是唯一一种在国家问题上持首尾一致立场的探索理论。包含在无政府主义名称下的是多样的哲学和行为方式，但是，它得以把像克鲁泡特金那样的理想主义的贵族，像巴枯宁和他的追随者那样的行动主义者，甚至还有社会恶棍结合在一起，是一种当强迫不再是它背后的动机之时，使任何人类行动得以更好履行的确定的信仰。换句话说，国家是个坏东西，人们都会这样说。留待探讨的是，它在无意义地使人恼怒的同时，优雅地言行一致，这恐怕是政府主义意想不到的在普遍的声名狼藉中突然受到欢迎的原因。

几乎和无政府主义一样落后于现代世界的保守主义，也寻求同样的始终一贯性，却没有找到它。从伯克到巴克利，存在着一系列对国家行为表示怀疑的保守主义思想。拥有恰当技巧的绅士极成功地表现出政治能动性，而当让未受过教育的人士去担任这种角色时，他们千篇一律地请求国家补偿他们的弱点。于是，按照保守主义者和无政府主义者的观点，用阿伯特·杰伊·诺克的话来说，现代国家成为"我们的敌人"，成为令人叹息的人类状况的象征。但是，在此同时，保守主义者追求的是秩序，而维持秩序生来便是政治任务。诸如德·梅斯特尔、博纳尔德和斯塔尔这些保守主义者，尽管他们有逻辑学家般的风雅，都不得不去颂扬国家——如果不是既存的现代国家，也是神权政治的国家，历史上的国家，甚至是想像中的国家。伯克的传统本身面临同样的意义含糊。当保守主义坚信它起源于对上升资产阶级的批判时，它时常能够提出对于政治生活有价值的洞察。但是，当它使自己迎合维持政治稳定和秩序的利益而得到升迁时，这时它就既不是保守主义者也不再有洞察力。（在美国现在已经发生了自称为保守主义的特殊运动！）巴克利兄弟、庸俗的伯凯特家族与修正马克思主义的祖师爷爱德华·伯恩施坦极为相似，为什么他们之一能够在鄙视其存在的同时却服务于国家，他们这种策略似乎是从伯恩斯坦的社会民主党那里学来的。

到目前为止，保守主义者在国家居于次要地位这一点上，与自由主义和马克思主义传统是不一致的，后二者已经极为彻底地改变了现代的世界。就这二者而言，用谢尔登·沃林的话来说，一种最初对政治事物的先入之见，已经升华到社会生活的其它领域，使发达工业社会的公民很少洞察对其生活产生极大影响的制度。

英国哲学家霍布斯关于近代自由主义起源的理论证明了关于国家的独特重要性。对霍布斯来说，在他的心理学和他的政治理论之间存在着一种不可割断的联系；这是因为人们不断投身于彼此之间的斗争，这样产生了一种对强有力的统治权的需要，当古典政治经济学家从霍布斯那里借用了关于人的观点，却抛弃了他对统治权的辩护之辞，他们表现出从那以后一直纠缠着自由主义的对于政治权力的含糊解释。通过理性的筹划来追求自身的利益可以推动市场发展,但是可以相信它同时有助于国家吗?古典自由主义一直犹豫不决。尽管边沁相信私利至高无上——这个人最为集中地体现了自由主义的矛盾性。他也感到同样需要旧制度捍卫者的秩序。边沁毫无踌躇地为国家权力在彼得卢大屠杀中使用镇压手段辩护(那些中等阶级以下的人士的自身利益则得不到保证)。他建立模范监狱的计划、其愿望是对所有活动加以全部控制,但这样做时带上了一副仁慈的面孔,成为对所有自由社会的一种暗喻,是其表述含糊的进一步的证据。从自由主义观点来看,如同从保守主义观点来看一样,当时势要求保持一种稳定的秩序时,它常常表现出与基本原则相矛盾的倾向。就它在社会范围内解决冲突,并且给予政治性的戏剧一个美满的结局而论,国家成为突然出现而扭转局面的角色(*deus ex machina*)。但是国家的这种作用是虚假的,它不是产生于任何关于政治行动本质的首尾一致的观点,而是产生于时势的需要,自由主义与其说解释了国家,不如说是捍卫了它的意图。

要为国家辩护就必须承认它的存在,而出于这个原因,自由主义直到最近对国家问题一直保持着兴趣。在英格兰,对于国家本质的极为广泛的讨论发生在 1890－1920 年之间,正值自由主义国家处于乔治·丹格菲尔德所说的"奇怪地死去"之时。从黑格尔的学生中,从基尔特社会主义一翼中,从脱颖而出的公共行政科学中,产生了形形色色的对近代国家的分析。鲍桑葵的《关于国家的哲学理论》,霍布豪斯的《关于国家的形而上学理论》和玛丽·福莱特的《新国家》是最好的著作,但绝非唯一的有这种兴趣的例子。在人们无法论及"学派"之时(霍布豪斯的书对鲍桑葵的著作进行

8 绪言

了抨击),恰恰从这种担心中出现了人们无须再恐惧国家的观点。在黑格尔的普鲁士以外,第一次发展起来了这样一种观点,即现代国家可以服务于一种积极的目的,它自己的权利是有益的,而不是如霍布斯那样对这种担忧持否定态度(防止某些甚至更坏的情形)。当然,这些压力最终被导入福利国家的学说中(在本书中我将否认把这个公式作为可采用的命名法),自由主义传统一个主要的尝试是协商接受现代国家的本质。但是仍存在这样的事实,在很多时候,自由主义者讨论界定并为国家设定界限。

因此,非常令人吃惊的是,一种如此有生存能力的传统在晚近消失了。在1926年出版的罗伯特·麦基弗的《现代国家》是其最后的宣言。而当麦基弗出版他最后的著作《政府网络》时,他自己成了这种变化最好的象征。两个并非同义语的词成了这样;政治科学不再是对国家的研究,而是对处于不那么纯粹层次的政府的研究。在各种伪装之下的通俗化的多元论表明了这种变化。当它显露出多元主义时,自由主义传统因为它对国家的无知而自我辩解。正像阿瑟·F.本特利以特有的率真所说的,"就我全部知识和信念而论,'国家'本身根本不是我们调查的对象。"* 他的知识和信念十分精确,而那些接受他体系的人在其它领域也一样。国家随多元论真的消失了。尽管多元主义者承认,他们关心的各种团体,都在为某些东西而斗争,他们不情愿去调查那些东西是什么。像一个维多利亚时代的小说家探讨激情时不涉及性一样,"多元主义者试图在考察政治时排除国家,而结果是,他们时代的公共

---

* 《政府过程》,坎布里奇:哈佛大学贝尔纳普出版社,1967年,第263页。

生活的图画就像萨克雷对其私生活的描写那样准确"。戴维·伊斯顿花了500页去分析"政治生活",连一次也没有提及国家。这是原则而非疏忽。多元主义者尽管自称喜好冲突和差异,却有深刻的不关心政治的特点,在处理现代政治中关键的主要问题时,假装它并不存在。

如果不是因为马克思主义传统显著——这种传统总是能深刻理解自由主义空洞的分析,这种试图使国家脱离现实存在而把它概念化的意图恐怕也不会那么严重。尽管马克思时常被称作一个经济决定论者,像霍布斯一样始终专注于政治事务,从他最初为报刊撰写的文章,他最初的哲学思考,到他事业盛期的政治著作和他晚年的信札,马克思试图发展一种独特的政治理论。因为马克思对国家的探讨始终被如此误解,这个例子需要更多的考察。这里需要强调的重要之点在于,如同自由主义传统一样,马克思主义传统确实以一种专门的政治理论为基础。

甚至当马克思还健在时,马克思著作的政治内容随着社会民主运动的出现被耗尽,社会民主运动将所有信念都植根于经济进步之中。对于像伯恩斯坦和考茨基这样的人来说,无论是理论上的还是战略上的政治问题都恒定不变地是从经济中推导出来的;"经济决定论"的真正起源存在于此。社会民主党人开始做的事情,列宁以他自己的方式完成了。尽管列宁对伯恩斯坦那样的人批判得十分辛辣。事实上他面对他的敌手也放弃了大量阵地,因为列宁从未在政治上偷窃在马克思那里已存在的内容。(公正地说,许多马克思的政治著作,在列宁在世时还不为人知。)无论如何,《国家与革命》对马克思主义来说就如同本特利的《政府过程》

对自由主义的地位一样。在这里国家也同样成为一种简单的暴力的陈列室,但是,现在这些力量是社会阶级而不是政治利益集团。国家现在成了资产阶级用来保持它掌权的镇压力量。但是,要进行变革,最重要的是为无产阶级夺取胜利,无产阶级可以控制国家,并用它来达到自己的目的。一旦它反对先前统治阶级的镇压功能发挥完毕,国家恐怕就会消失,会展现出人类历史中的一个新阶段。按照这种观点,国家由于完全为它以外的力量限制,再次表现出纯粹的制度的重要性。按照这种说法,除了重复已为人所知的以外,没有更多的可说。哈罗德·拉斯基的《国家的理论和实践》以及斯坦利·摩尔的《对资本主义的批评》是严格这样做的著作的例子。像戴维·B.杜鲁门的《行政过程》一样,它们可以增添它们的指导教师缺乏的某些现代例证,但它们仍然不过是派生物。

正是因为现代两种最有影响的政治传统没有选择有效地对付这种居支配地位的政治事实,国家并没有停止运转和寿终正寝。实际上,国家权力甚至可能因为这种回避而增长,因为如沃林曾指出的:

> 拒绝国家意味着否认政治学的中心概念,放弃一整套概念和实践,他们指出,如果不暂停考虑公民身份、义务、普遍的权威,退缩的策略势必进一步增强国家权力。*

这样,国家权利的增长和有关于国家的理论的衰落相互联系,在某种程度上一方成为另一方的原因。因为政治理论家不再提出关于政治权力本质的难题,行使这种权力得到助长。因为政治权力以

---

* 《政治和想象力》,波士顿:小布朗出版公司,1960年,第417页。

如此明显地悠游自得得以行使,理论家不再对它提出难以对付的问题。理论和实践看来通过不负责任的周期性增长相联系。

就此得出结论说,自由主义者和马克思主义者力图回避国家,这就否认了发展国家理论的重要性,这种结论恐怕是不正确的。实际上情况常常相反。正像不要发展某种政治理论是一种政治决策一样。回避国家成为国家理论的中心命题。那些否认国家的自主性,甚至否认国家存在的人在此同时颂扬它的权力,称赞它的成就,极力吹嘘它的效力。在为它辩护的同时回避某种现象,不是件容易的事,但是这正是所发生的事情的本质。在国家的概念未得到考察之时,政治权力、民族利益、政府决策的形成、公共选择、外交关系、国内政策、官僚制、行政权和政治家,这些都被抬得很高。因此,没有对国家的分析就会导致特别的矛盾。随着现代政治的理论核心日益神秘化,它周围的领域只有附带的重要性。那些人一方面否认国家的现实性,另一方面,又为它的权力出力。政治思想成为一种混乱而且矛盾的东西,在放弃对它彻底的嫌恶政治权力与狂热地为它的运用辩解之间摇曳。

回避国家和赞美它的权力这两种同时发生的倾向可以在自由主义和激进主义传统这两种当代遗产中看出来。举一个例子,二战以来美国的政治科学,一直沿着两种外观上矛盾的方向前进:一方面,进入一种假称真实的世界不重要的非政治的经验主义;另一方面,进入一种过于关心权力和剥削的现实世界的令人恐惧的现实政治。其要点在于,这些倾向是同一个过程的两个部分,因为每一种倾向按照它自己的思路,拒绝把国家认真地看作有其自身权力的实体。有一半的职业化人士把国家提高到某种别的活动形式,而另一半人士将它具体化到使人们无法对其加以认可。但是,任何一方都没有从它本来的面貌认识它。马克思主义传统发现它自己也处于类似的地位。严格的经济决定论的流行导致了两种结果之一:或是国家不被认为是落后于时代的上层建筑(马克思主义等同于行为主义),或者,用一种更为矫饰的方式,把神奇的感知力量和超人的才干归因于统治阶级及其政治机构,因为他们能击退不同政见者并保持自己的权力(这是一种逆转的马基雅里主义)。再有,这种二元性的作用是认为这种制度拥有某种权力而没有其它东西,制度具有不可考察性。结论该是无须证明的:现在需要发展出一种国家理论,它既不把政治提升到虚无,也不将它置于一种无法达到的基础。国家必须消衰为一种关于政治理论的意识和政治行动的现实。

为试图复苏这种曾经活跃的对政治经济学和对国家的关心,我一直把自己视为知识分子团体的一部分,这一团体几乎大致在同时发现了这种需求。我非常幸运我的努力同时得到了财政的和精神上的帮助,例如,政策研究所提供了二者,而我极为感激它的副主任马尔库斯·拉斯金和理查德·巴尼特对我的工作有兴趣。在该研究所期间,我积极地参加了与政治经济学计划的成员的讨论,并且我想要感谢莱恩·罗德伯格、罗布·伯莱奇和索尔·兰多,因为他们花时间与我讨论一部分观念。附带的财政帮助来自拉比诺维兹基金会和国家基金会。我谨向维克多·拉比诺维兹、小詹姆斯·L.斯托罗和凯里·麦克威廉斯致谢。

在思想上,我首先受惠于湾区资本主义国家小组,它对这些观念中最初公开表述的一部分作了热烈的响应。他们这样做,给了我继续写作的决心。戴维·戈尔德对我的著作表现出非常特殊的兴趣，克拉伦斯·洛也是这样。但是，其他人在许多方面也有助于我；如埃里克·赖特、詹姆斯·奥康纳、休·贝斯默、马格里特·费伊、罗杰·弗里德兰、约翰·莫伦科普夫、詹斯·克里斯琴森和凯·特林伯格。米切尔·华莱士对手稿和我本人表现出比任何一个有权去期待的人甚至是挚友更多的爱和关注。我特此致意和对他的支持表示感谢。托德·吉特林也为我花费了无数时间和精力，我总是受惠于他。阿瑟·维迪奇对手稿写出了仔细的批评意见，这有助于减少它最糟糕的谬误。以下人士在这方面或那方面帮助我形成我的思想，尽管他们可能不知晓他们以何种方式或在多大程度上有助于我：他们是米切尔·梅里尔、克劳斯·奥菲、南希·哈索克、琼·埃尔希坦、伯特尔·奥尔曼、伊撒克·巴尔布斯、罗伯特·马奇、戴维·沃格尔和沃尔夫·戴德-纳尔。我最后还要感谢自由出版社的格拉迪斯·托普基斯、埃利·迪卡森和莱昂内尔·迪安的编辑技巧。

在写作本书的时候，我逐渐理解了政治和经济学的部分含义。当马克思、葛兰西、卢卡奇的著作和其它类似著作在美国如同在其他地方甚至在整个资本主义世界不那么十分受欢迎之时，把自己看作一个试图回答他们提出的问题的参与者，是令人兴奋的。在撰写此书的过程中，我时时估量作为一个马克思主义者面对庞大的资产阶级文化时遭遇的孤立，但是，这种感觉最终被志同道合者共同就十分重要、但却被忽视的问题进行探索而激动的感觉所抵消。从我开始写作到我完成此书的过程中，一种不大但是清晰可见的批评精神已在美国社会科学中发展起来，我不再感到如此孤立。我希望把此书献给这种成长中的非教条主义的探索精神。

导论：自由民主的穷境

某些时候，发达工业社会的政治学似乎表现出特殊性。二十年前，一个社会科学家特别小组称赞西方社会已经取得了柏拉图式的至善；阶级冲突、不和谐和破坏性的观念在一个十分完美的天堂中枯萎。迄今为止对那些追求时髦的人士来说，恰恰是讨论反对派是现时的时髦。完美主义者*的世界令人吃惊地轻易地就变为塞利纳**的世界。曾经因为解决了它的问题而受到称赞的社会，现在面对恰恰是同样的问题而无能为力。关键词不再是和谐、增长和顺从，而是停滞、不流动、有限的选择权、封闭的循环、稳定的停滞的状态，停滞的社会(la société bloquée)。从强调彩虹色的乐观主义到强调一种好斗的、侵略性的悲观主义的转变，可以从几乎每一个生活领域中，从社会冲突到技术结果看出来。在政治价值观念领域中一个最引人注目之处就是对于自由民主的前景发生明显的转向。根据老的观点，自由民主是一种成就并且是完善的，按照西摩·马丁·李普塞特著名的语录，它全然是幸福生活的代

---

* 原文为 pangloss：Doctor Pangloss，系伏尔泰讽刺作品《老实人》(Candide)中的哲学家，此人认为世上一切都将臻于至善。——译注

** Celine(1894－1961)，法国小说家，反犹太主义者。作品表现悲观的绝望情绪，人物怪诞，反映作者厌世心理。——译注

名词。二十年后,它突然成了一种在现实中不再存在的空想之物。人们产生一种强烈的感觉,即自由民主对待真正严重的问题——如一个作家指出的,比如结束欧洲对世界统治这样的问题是一种没有希望的陈旧的机制。[1]

对自由民主的新态度已经在许多地方表现出来,其中有一些我将在第十章中详细分析。三边委员会这个欺骗性组织已经公开质疑,如果资本主义会被留下来,民主是否仍然是最可行的政治结构?[2]社会科学已经转向被主观地视为"分裂的"社会中存在的诸如"冲突控制"的问题。[3]其他一些作家着迷于民主的"崩溃",他们有意或无意识地把独裁制度的胜利视为自由主义制度的对应物。[4]社团主义因为20世纪20年代把阶级冲突引入了一种有秩序的可控制的模式而深得人心,于是,同那个时代的电影一样,政治科学家中一位怀旧的前卫人物采用了它。[5]一位逻辑严密而有些奇怪的历史学家曾经建议,由于政治自由主义是自由放任经济学的产物,并且由于我们不再接受亚当·斯密关于国家如何变得富裕的观点,为什么我们不应该同时取消自由民主?罗伯特·斯基德尔斯基建议说,"我们所需要的是一种现代化的政治智慧",一个人应当像凯恩斯对斯密所做的那样,对麦迪逊和密尔做出修正。据他所说,"任何玩弄宪政制度或议会制度的行为都会直接导致集权主义"这种说法不正确,因此,人民——他没有说是谁——应当开始构建更有效率、更理性并且更有权威的新的国家权力形式。我们目前的代议制民主自然产生了"不诚实的"政策:他很明显意指那些在广大民众中得人心,而在公司巨头中并非如此的政策。[6]而最后,一种大众化的经济观念,看来将把所有这一切聚合在一

导论:自由民主的穷境　17

起。因为世界资源缺乏,而且,由于马尔萨斯人口论的制约已不能控制人口增长,世界未来面临白种人都市区域繁荣的结束。难道自由民主能够经受这样的创伤? 在罗伯特·海尔布罗纳看来,情况并非这样。尽管少数这样的国家能够得以继续存在,但是,"对于大多数国家而言,我认为他们都将得出这样的结论:所需的转变会超过代议制民主的能力"。⑦

　　报告自由民主死亡真的不到时候吗? 接受新的悲观主义尽管有些诱人,但如果这样做,就如同赞同50年代的乐观主义一样,大错特错。他们不再是对立物,老的乐观主义和新的悲观主义是对阶级冲突这同一现实的十分相似的反应。如果说无法想像阶级斗争不再存在,那就把它抹掉;两种看法都表达了不是在现实世界中,而是在政治学和历史学的研究中取消社会阶级的愿望。此外,正像巡回布道者的态度不断发生从地狱的压迫向天国的庄严的转变,每一种乌托邦势必都有它对天启的否定;作为意识形态终结的影像,政治悲观主义者绘出的黑暗世界也有其逻辑结论。第三,无论哪种探讨都反映出一种浪漫主义的而不是分析的魅力,对老生常谈的偏爱超过了严肃的研究,而且,最后,1950年代的乐观主义和1970年代的悲观主义同样是非历史的。前一种立场无疑是一种历史的终结,后一种立场则暗示历史刚刚开始,一场突然的史无前例的"危机"已经出现在舞台上。然而,无论是人口的、能源的、合法性的、预算的或是政治的危机都无法宣布它们离开稀薄的空气;借用卢卡奇的用语,它们是"一种日常生活的物化"⑧,历史过程达到一个绝顶而不是它的否定。对某些人来说,新悲观主义是一种特定的心理性格,但是作为一种分析的模式,它和它取代的对

18　导论：自由民主的穷境

象同样具有局限性。这并非在暗示自由民主的未来不是问题。它面临的压力是巨大的,既来自希望参与进来的社会地位低下的群体,也来自发现这个制度不再为他们的利益服务的处于优势地位的群体。在国家内部存在的有权势的秘密组织,忠诚于他们以外的少数人;法律是顾此言彼;政党则是说的是一套,做的是另一套;民众的态度看起来变化甚大但实际上依然如故;经理要求所有人类行为沦为简单的规律;官僚结构烘托出仁爱的意图;那些发誓要支持他们的人定期违反规则;那些保证要摧毁它们的人则在为这些规则献身;潜心于权力的人众多,然而他们明显无力造成哪怕很少的变革;政治的定义不断变化;增加国家在市民社会越来越多的领域中的作用——这些恰恰就是当今自由民主派面临的一些过程。

　　我希望提出的严肃问题只能以严肃的方式考察。无论是田园诗还是《圣经》都无法回答它;还是采取分析的方法为好。要考察自由民主的未来,最好从头开始,这个老生常谈在这里具有两层含义。首先,有必要搞清楚"自由民主"一词的含义,在谈论之前知道自己在谈什么。第二,在最初开始时也表示具有一种历史扫荡的意思,以及某种对于欧洲和美国的自由民主派如何逐渐采取其做法的理解。出于这两个目的,在对自由民主的未来提出任何主张之前,我们必须顾此而言它。

　　19世纪任何重要的政治理论家恐怕都会为自由民主的措辞而伤脑筋。迟至第一次世界大战,通常理解只有一种政治传统,即一套独特的思想的自由主义,它诉诸一个特别的阶级和特定的历史传统,而另一种传统即民主,也有它自己的观点、阶级和历史。一个人如果在不可能二者都选择时不得不决定附属于何种传统,是极为艰难的。许多作者——约翰·斯图亚特·密尔恐怕是最好的例子——尽管他能够这样做,但他发现他付出的代价是犹豫不决、模棱两可、混乱、矛盾而且迷惑,举措无奈,用马克思的话来说,去调和无法调和的东西。⑨术语的界定变得如此重要的原因在于,自由和民主二者的含义都已发生变化,而这种含义的变化可以说根源在于自由民主现在都遇到了麻烦。

在各种各样的作者中,其中最重要的是汉娜·阿伦特和C.B.麦克弗森,他们已经指出,古典自由主义和资产阶级是同时成长的。按照阿伦特的观点,托马斯·霍布斯是"资产阶级能够恰当地排他地提出其要求的唯一的哲学家",他发展起来一种以资本主义积累为基础的新秩序必不可少的心理学和政治学。由于"只有无限地权力才能导致资本的无限积累",霍布斯强调对秩序的需要时,毫不顾及它对寡头统治的辩解,因为这成为自由主义传统赖以建立的基础。⑩用麦克弗森的话来说,约翰·洛克在修改霍布斯难以对付的体系时,他的建树"为资产阶级擅用它提供了道德基础"。在他笔下,自然权利转变为财产权,个人主义成为劳动力买卖的理论基础,社区在确保市民社会的稳定时必须行使权力,个人差异成为阶级差别,而社会契约论成为对市场经济最初的辩护。简而言之,不管他与霍布斯在保持资产阶级社会的事务上有多大差别,洛克还是在"为占用土地和货币的资产阶级辩护"。⑪

这种对古典自由主义的解释,尽管最初遭到被对它进行分析的知识分子后裔的质疑,但在晚近政治理论框架内似乎普遍被认为是合理的。这种赋予了每日使用的词汇以历史特征和精确内容的探讨方法的优点在于,它逐渐指代那些支持福利国家反对"保守

20　导论：自由民主的穷境

主义"的人士。在这本书中,我将用"自由主义"一词指代在 17、18 和 19 世纪出现并为资本主义生产方式日益增强的重要性辩护的关于市场地位的思想体系。其次,自由主义的对立面不是保守主义,一方面是前资本主义社会关系的捍卫者,另一方面是后资本主义的捍卫者。尽管这种用法与日常讨论的使用法不合,混乱不可避免,它却是我遵循该词本来的含义而对关于资本主义经济关系对民主期望的作用所关注的本质之处。自由主义的政治安排可以被规定为那些试图通过改变对劳动力市场传统的妨碍而促进资本积累,鼓励以个人利益为基础的人的概念,以及创建一种政府结构促进由那些在经济事务中而不是在社会地位上有能力的人士对制度的控制。并非所有资本主义社会都是自由主义的,但是所有的自由主义社会都是资本主义社会。

　　如果自由主义是资本主义生产方式最卓越的哲学,与大众的用法相反,民主一词也已具有双重含义。就其历史背景来说,有一个时期民主完全是一种反资本主义的政治观念。一般说来,民主代表着两件事:参与和平等。在传统上,真正参与市民事务具有破坏性。这可以通过比较像边沁和詹姆斯·密尔那样的自由派与像卢梭那样的激进民主派来理解。用卡罗勒·佩特曼的话来说,前者把参与看作保护性的:"确保每个市民的私人利益得到保护。"相反,"卢梭的全部政治理论都取决于每个公民个体参与政治决策,因此,在他的理论中,参与就远远不是一套制度安排中保护性的附属物;它对参与者也具有心理上的影响,确保在宪政的运转与相互影响的个人心理素养和态度之间有一种连续的相互联系。"⑫ 于是,卢梭的民主导致了取消等级制和压迫组织,因为这些制度阻碍了市民生活必需的那种心理范畴。在这个意义上，如果说卢梭是西方第一个伟大的民主思想家，马克思就是第二个，因为正是后者的进一步分析表明，为什么前者理想状态在一种私人占据财产的体制下不可能实现。例如，在他关于黑格尔的《法哲学》的论文中，马克思设想了一种理想的体制，他称之为民主（这是他以后社会主义概念的基础），马克思在其全部著作中不断地回到卢梭。仿佛在长期地暴露在英国政治经济的沙漠中以后，要回来吮吸些水分。像科莱蒂和伯曼一类强调卢梭和马克思的政治理论具有类似性的学者则取右翼思路。[⑱]

除了参与外，一般来说，民主也代表平等（但参与的意向居第一位）。在它可及的范围内，它遇到了抽象地促进平等但是在现实世界中激烈地反对它的资本主义。20世纪的作者似乎时常对马克思和恩格斯花如此多的时间倡导普选权是社会主义发展的第一阶段感到莫名其妙，但是从时代环境来说，它具有毋庸置疑的意义。当经济领域要求实行顽固的阶级路线时，在政治领域中，平等始终不易取得。典型的资产阶级无须更多的想像力便意识到，如果工人阶级普选权的要求实现，资产阶级将会面对工人阶级控制工厂的要求。当马克思和恩格斯说"工人阶级革命的第一步就是使无产阶级上升为统治阶级，争得民主"，[⑲]像反对倡导普选权的保守党人一样，他们保持这种联系。甚至当马克思和恩格斯在1848年以后与资产阶级民主运动中断联系后，他们的目的并非否认民主的精神，而是再次肯定了它。他们基于这样的认识，即那些佯装信仰民主概念的人，在19世纪50年代反革命氛围中正迅速地放弃它们。如阿瑟·罗森堡的《民主和社会主义》恐怕是对这两

22　导论：自由民主的穷境

种力量的联系作出了最好的叙述，他指出，"只要他们还活着，无论从词义而言，还是就 1848 年的精神而言，他们[马克思和恩格斯]仍然是民主派。"⑮

自由主义的通俗含义和传统含义之间的裂隙对民主也是真实的。后者不再被看作一个曾经使统治阶级战栗的术语，在很大程度上因为统治阶级采纳了这个俗语供自己使用。在西方，民主日渐具有资产阶级民主的含义；它现在不是根据参与和平等的标准来定义，而是根据某些现存的正式的政治特征如选举制、宪法和对于一致同意的政治讨论的规则来定义。一种具有民主结构的体制，不管它的公民在心理上有多健康，或是享有多大程度上的平等，都会被认为是民主的。在本书中，我将不接受民主通常的含义，出于同样的理由，我拒绝按照常规使用自由主义；传统的术语在历史学意义上更为精确，并且以准确的方式提出民主期望的本质。在这里，民主被定义为一种政治理想，这种理想倡导所有公民最大限度地参与，从而建立一个朝着共同赞成的目标迈进的、基于相互尊重的社会。从这个意义上说，平等和参与的逻辑无疑导致社会主义，正如个人主义和擅取的逻辑无疑会导致资本主义一样。不是所有的社会主义社会都是民主的，但是任何真正的民主社会恐怕都会是社会主义的。

尽管自由主义和民主包含着相反的意义。但它们在历史上曾有一个彼此加强的领域。如同它部分造成向旧制度的挑战，上升的资产阶级时常发现他们自身处在倡导我们现在称为公民自由的立场：思想和表达的自由、宗教信仰、出版和思想自由。长时期以来，这一直是自由主义传统对西方世界最大的贡献，谁想要否认这点是极愚蠢之举。但是，尽管公民自由产生于自由主义传统，自由主义却未再将它进一步发展。允诺自由是毫无希望的空想，直到民主传统为大多数人争取。这样，尽管言论自由是自由主义传统的一部分，可是，直到 20 世纪，在民主要求的压力下，它才成为摆在美国最高法院面前的问题。简而言之，在这个领域中，是民主革命赋予自由理念以生命力，因此，这两种传统才更加兴盛。人们希望 20 世纪包括社会主义运动在内的民主运动将保持这种对公民自由传统的承诺。

但是，除了公民自由这一例外，自由主义和民主致力于完全矛盾的目标。这意味着社会宣布自己是自由民主的，就是在某种意义上宣布它将在持续的压力下为冲突和立场的矛盾所烦恼，并且无法面对没有本质变化的未来。然而，他们无法自己帮助自己。只要一个社会在某种程度上仍然是资本主义社会，国家就将被要求致力于某种程度的积累过程。但是，在此同时，为了使得资本主义的决策为最大限度的公众接受，就要以某种方式考虑民主要求。像于尔根·哈贝马斯和克劳斯·奥菲那样的作家曾强调，资本主义国家在合法性积累和积累这两件必须做的事之间进退两难[16]。这种二元性的象征性的政治措辞就是自由民主，因为在民主承认合法化、一定的民主参与和某种平等结果的重要性的同时，自由主义成为积累的意识形态并且为积累辩护。自由民主的穷境在于，自由主义否认民主的逻辑，而民主也否认自由主义的逻辑，但无论哪一个离开对方就无法存在。没有资产阶级就没有自由主义；没有工人阶级就没有民主。自由民主对后资本主义来说是完美的政治制度，因为它抓住了结构本身的主要矛盾。像许多已婚夫妻一样，

24 导论:自由民主的穷境

自由主义和民主完全是不相匹配的,然而又无法离开对方而存在。

在整个 19 世纪,在自由和民主原则之间固有的和必然的矛盾构成了绝大多数政治斗争的基础,如同我将在本书第一部分试图展示的。尽管它起源于抗议,自由主义迅速成为一种权力理论。统治阶级在它中间发现了能够为他们的立场和政策辩护的若干原则。用曼海姆的话来说,就他的理解,自由主义是一种意识形态,正如民主的理想变成乌托邦一样[17]。这些便是在现存秩序中没有得到利益,不满意于这种状态,要求某种参与和回报的群体的呼喊。但是像誓约促成一种兄弟关系一样,他们得首先证明他们自己;用波兰尼的话来说:

> 民主概念与英国中等阶级不相干。只是当工人阶级接受了资本主义经济的原则,并且工会将工业的正常运转作为自己主要关注对象时,中等阶级才会勉强同意将选举权给予那些境遇良好的工人[18]。

而且,人们会补充说,只有当统治阶级接受了 19 世纪晚期改革中的民主的社会主义含义时,工人阶级才会把统治权让与那些处境较好的领袖们。很难说双方做出让步或者他们不得不去做谁更重要。

尽管自由主义的逻辑和民主的逻辑会导向相反的方向,换句话说,在理解特别的政治发展时,逻辑具有唯一的突然超出常态的重要性。因为放宽普选权是由像迪斯雷利和俾斯麦那样的保守派授予的,而不是通过民众斗争赢得的,这个概念中大部分的革命的内涵被消融了。另外,在某种意义上说,民主的要求能够被引导到政治以外去;像沙文主义、种族主义和助长大众文化可视作为向掌权者提供一些较温和的民主。从另一方面来说,政治改革似乎使自由世界的秩序变得对那些远离权力的人不那么陌生,正如无论他们多么贫乏,他们的要求好像能够产生某种结果。两种传统之间能够暂时达成调和,因为民主和自由的矛盾消失在重大的妥协中,这种妥协以后就称作自由民主。难道鉴于它们是合成的,因而就在最近将这个词组一分为二? 在下文中我将说明,作出这种分离将成为理解晚期资本主义社会政治矛盾的关键。

有三个理由可以说明,为什么现在是再一次提出民主和自由概念中固有差异的时候了。首先,从分析角度上说,把自由主义和民主分离开在方法论上有意义。通过把混合词分割成他们的组成部分,以达到察觉他们如何达到合并的目的,能更好地理解混合词的形成。尽管从来不存在一种"纯粹的"自由主义的或"纯粹的"民主国家,弄清它们之间理论上的区别,对于理解一种同样包含二者的复杂的制度,是一种启发式的手段。

第二,存在于两种哲学之间的紧张,并不是什么枯燥无味的历史问题,而恰恰是现今政治斗争的一个侧面。许多远未完全解决民主问题的自由主义社会,仍在仔细思考如何去对付它。举一个极端的例子,瑞士只是在最近才把选举权授予它的一半成年居民。而另一些认为自己已是成熟的自由民主国家不可思议地进入一生的青年阶段。如李普塞特曾在脚注中所写的:

> 直到第一次世界大战之后,大部分西方世界仍然固持着对直接民主的众多限制;在一些国家直到第二次世界大战之后;而在另一些国家则直至今日。英国直到1911年才修改了上院对立法的否决权,而直到1948年它仍享有相当的延搁

26 导论：自由民主的穷境

权。在英国，拥有财产者和大学毕业生的双重投票权，直到
1948 年工党取胜后才取消。在三院选举制存在的情况下，政
府是不可能以下层阶级大多数的同意为基础建立的，在普鲁
士，它一直存在到 1918 年。美国参议院的直接选举直到
1916 年仍未实施。在澳大利亚、比利时、意大利和其它国家，
类似的限制仍然存在，或者只是最近才取消。⑩

试图分离关于国家的自由和民主概念还有最后一个依然极为
重要的原因。可以这样说，在 19 世纪为平息这些紧张而设计出来
的手段只是暂时性的。从这一点来看，被称之为自由民主的妥协
并非一种永恒的真理，而是一种曾经用于这种目的并且可能不再
有重大作用的权宜之计。这个论点是将自由主义与民主分离的三
个理由中最有争议性的，它将是本书余下部分的论题。

这种分析蕴含着这样的意思，自由民主既非其捍卫者所宣称，
可实现美好生活，也并非如它的批评者所断言，是旨在使"大众"
幸福的"虚伪的设计"。相反，它结合了这两个因素。自由民主一
方面表达了资本主义统治阶级维持政治制度采取的霸主权，同时
也表述了某种关于建立一个更负责任的国家的民主要求。每一种
因素达到何种程度是问题的实质，这种程度只是取决于实现其自
身利益的各个阶级的斗争。那些把民主的兴起完全解释为小人物
反对豪富利益的胜利的人，只是想证明民主在一个资本主义社会
中是可能的，他们只是注意到双重动力的一方面。因此对政治过
程作出了不完整的理解。⑪在另一方面，那些把任何一项得人心的
改革都解释为一种旨在保持或者甚至以极为狡猾的方式增强资本
主义统治阶级权力的人，同样地把注意力放在双重性的另一方

面。[20]换句话说,给一种制度贴上自由民主的标签是要表明,少数人与多数人之间的阶级斗争正在发生而不是说它已经得到解决。要理解晚期资本主义,政治分析必须试图理解这些斗争,而不要假称它们已经解决了。

现在有可能用提纲的形式概括我计划提出的论点:

1.资本主义社会的政治史是关于国家的自由和民主观念关系紧张的历史(导论)。

2.自从工业资产阶级兴起以来,人们曾试图找出若干办法来解决或者至少是缓和这种紧张。尽管没有谁永久解决这个问题,因为它是不可能解决的。每一种方法都提出了重要的一时的权宜之计。所找到的六项解决社会安宁的办法,能够粗略地作如下描述:(A)积累的国家,这是一种在新自由主义下有活力的、属于旧制度的等级制的国家,旨在工业资本主义积累的初期阶段确保积极的政府干预(第一章);(B)和谐的国家,是第一种特别的资本主义合法化理论,提出了所有各阶级都能够从统治阶级的活动中获益的观点(第二章);(C)扩张主义的国家,它宣称,通过扩张主义的手段,推迟自由主义和民主之间破坏性的冲突,并将扩展政治体制的广度(第三章);(D)授予特权的国家,它旨在推迟即将到来的冲突,试图通过把公共权力授予私人代理人,以此躲开关于强制和权威的棘手的问题,来解决阶级内部和阶级之间的冲突(第四章和第五章);(E)二元国家,它使同一个国家有两张面孔,一张面孔是负责积累,另一张面孔是合法化(第六章);以及(F)跨国界的国家,它把前所未有的解决办法扩展为在某些地方超出民族国家的王国,但并未建立一种新的世界秩序,因此,只是加剧了历史的矛盾(第七章)。

3. 在现时,所有这六项解决办法看起来已使它们自身筋疲力竭。一个折中主义的时期已经到来。在这个时期,所有六项解决办法作为遗产而存在,但没有单独一种解决办法具有支配性。作为其结果,出现的晚期资本主义国家是以一种无法满足提出的政治需要的过时的或杂交的形式为特征。晚期资本主义展示了一个政治停滞的时期(章间插入部分)。

4. 晚期资本主义政治停滞的一个重要结果是国家运行方式的根本变化。更大的潜在权力与实际上更大的无能相匹配。在政府活动的目的和实现它的手段之间的分离已经丧失。最后,在没有公共改革目标的情况下,国家被它的崇拜者具体化,在它被要求去解决问题的同时,它解决问题的能力已在暗中被破坏。晚期资本主义国家发现自己已经落入它自身矛盾的陷阱中(第八章)。

5. 政治本质的变化伴随着国家运作的变化。在西方,一种异化的政治形式的出现取代了传统的政治概念,它使得为自身目的的追求权力,成为政治制度的目标。在政治的需要和无法满足这种需要的政治学的概念之间的进退两难,晚期资本主义的公民对这种令他们绝望和无能的政治生活产生了日益增强的精神分裂式的期待。诸如政党和利益集团之类的制度也具有两重性,结果是丧失其重要性。晚期资本主义社会的日常生活缺少在自由主义和民主之间存在紧张关系的情况下,找到一种真正的政治学以表达自己的办法(第九章)。

6. 由于既没有哪个政府也没有哪种政治学能够克服政治方案枯竭造成的阻滞,国家合法性的危机变得很明显。晚期资本主义统治阶级重新审视了它们的自由民主信仰，并开始更多地考虑权力主义的解决办法。无论他们是否愿意取消自由民主，都不取决于他们自己，而取决于他们统治下的人民。因此，晚期资本主义时期主要的政治斗争将既牵涉政治领域诸种概念，同样也会涉及到具体的利益。谁会赢得自由与民主概念间的冲突无法预先决定，但是，抗争的激烈性肯定会在即将到来的年代中反映出来（第十章）。

人们只有走出第一步才能完成最后一步，所以，现在我转到自由主义和民主之间紧张之起源的问题上来。

第一篇

寻求稳定的六种答案

"一种本质上以财产为基础的社会制度除了最终摧毁全部财产外别无他途。"

——汉娜·阿伦特

第一章　积累的国家

"给各州保留的权力将扩展到所有的对象,它通过正常的程序,关心人民的生活、自由和财产以及国家固有的秩序、进步和繁荣。"

——詹姆斯·麦迪逊:《联邦党人》45(1788)

"这是每部宪法确定的原则,即立法不仅是被授予权力,而且在社会的一般发展要求时,有义务时时干涉个人的私人权利。"

——《伦敦泰晤士报》(1845)

"我想补充说,在世界上,在法国所完成的事情中,没有什么比国家更伟大,没有什么比它有更为不朽的业绩。难道还会有其它什么吗?"

——拉马丁(1848)

尽管在相当长的时期中自由民主一直是西方资本主义社会中占统治地位的政治观念,在这些社会历史上仍有某个时期,自由和民主尚不为人所知。要追溯近代两种政治力量之间的紧张的表现形式,我们必须从自由主义的兴起,从致力于赢得政治经济权力的工业资产阶级的出现说起。他们的理论强调私有财产的神圣性、个人主义、一定程度的自由贸易和代议制政府理论。这并不像看起来那样那么容易,因为自由主义与它从中产生的传统的中断,并不是如同绝大多数对它图解式的解释那样能明确划清的。到18世纪末,关于国家的自由主义的概念真正发展起来了,但它是对于旧制度政治实践的一种妥协而非陪衬。因此,如果不考虑它所取代的体制就无法理解。伴随着工业资产阶级的兴起而产生的第一种资本主义国家的形式。

在这一章,我要考察工业资本主义兴起对为前资本主义秩序的需要而初具形态的国家的影响。我将证明,在新旧政治观念的斗争中,我称之为积累的国家的妥协形式逐渐形成。这可以被视为工业家在其中发挥作用的第一个重要的国家。其核心是阶级妥协的结果是这种尝试的折中主义特点,是由这种早期形式的力量和基本弱点决定的。在更为详细地对它进行考察之前,无论如何,有必要加上重要的告诫性的注释。

尽管人们通常使用如"封建的"或"资本主义"国家的名称,它们实际的结构通常由多种类型的要素组成。结果是这样的事实,与工业资本主义兴起相伴随的最重要的政府形式是旧制度产物而不是与它的对立物,这意味着,在相当长的时期从未存在过纯粹的资本主义国家。资产阶级统治最早的形式是土地和商业利益斗争的结果,它们本身是妥协的结果,在这些斗争解决之后,下层开始发动挑战,这时,较晚的形式就出现了。像左拉的小说《崩溃》中法国军队一样,工业资产阶级处在旧等级的抵抗和工人阶级潜在力量的钳击之下。而资产阶级既没有它自己的国家,也没有任何国家理论。如果它可能把政府作为它自己的目标的话,它恐怕会这样做;如果它不需要国家就可能达到这个目标的话,它恐怕也会这样做;如果其他人提出分享权力并且如果其要求被拒绝,据判断能够发动一场革命或反革命,权力恐怕会被分享。资产阶级很少令人满意地扮演一个理论家的角色,资产阶级对金钱和权力的兴趣比对观念更大;他帮助创立的这种政治结构反映了这种偏见。这样,伴随着工业资产主义的兴起出现的最初的政府形式的两个最显著的特点是它的妥协性的特点和它缺乏持续性的理论,我希望对此作出更清晰的阐述。

旧制度的政治传统

如果我们把欧洲封建主义作为开始,那么在开始阶段,还没有国家。马克·布洛克曾写道:"我们认为与国家概念密不可分、而封建国家完全忽视的活动不胜枚举。他继续指出,教育、公共工程和服从的结构如何全部在正式的政府管辖权之外产生。"[1] 为了建立一个脱离于封建社会的冲突和众多要求的统一体,要求几百年时间并牺牲不计其数的生命。这项任务如此艰巨,以至于雅各布·布克哈特在惊叹它的早期表现之一时,称国家为"一项艺术品"。[2] 如果国家是一项"艺术品"的话,它的建筑者,像博尔吉亚家族、黎塞留[3]和勃兰登堡的弗里德里克·威廉就必须被看作艺术家了,因为正是归因于他们,欧洲政界才发生了根本性的变革。用汉斯·罗森堡的话来说,"一种挑衅的、有计划的并且常常是暴虐的寡头制通过专制和从属进行管理的国家机器,对于不那么精巧的、不修边幅的众多的中世纪个人的诡计逐渐占据优势"。[4]

在 16 和 17 世纪创立的独裁主义的君主政体,通常被称作旧制度,可以设定,一旦人们使用这个标签,需要对它们稍做些说明。然而,如皮埃尔·古贝尔最近的研究所表明的,早期研究法国革命的历史学家简单地概括看来有问题。[⑤]旧制度远远不是僵化的"传统"秩序,它本身由不同因素构成,存在于困难的妥协之中。在所谓"第二个"16 世纪,一种强有力的国家结构开始存在,现在它们被看作是政治上有所发展的欧洲国家。[⑥]根据通常的解释,这种结构为希望保持一种严格的等级制和静止的社会组织形式的地主、贵族和准封建利益所支持,并为后者所支持。然而,16 世纪后期的社会生活很难说是稳定的;事实上存在着在贵族和上升的商业资产阶级之间进行的激烈的阶级斗争,而国家结构至少部分地归因于这场斗争的特征。

晚近许多学者强调旧制度的过渡性性质。例如,尽管佩里·安德森称绝对主义是"封建统治一种重新布置和重新装填的政治设置",他清晰地指出了提出重新布置有必要性的力量是新生的重商资产阶级。从此以后,西方绝对主义成为"一种保护贵族财产和特权的政治设置,然而,在此同时,促使这种保护的手段能够同时确保初期重商的和制造业阶级的基本利益"。[⑦]因为阶级妥协是其核心,尼科斯·波朗查斯把权力主义的国家看作是在马克思主义传统中国家"相对自主性"的一个例子;对他来说,尽管权力主义君主制在技术上并非资本主义,可是由于原始积累时商业因素的需要,而具有资本主义的特点[⑧]。由于商人需要扩张,流动和结束停滞,而贵族要求等级制和寡头制,因此这种妥协难以实现。但是,两种考虑把不同的部分汇合在一起。一方面,双方在镇压方面有共同利益,而用安德森的话来说,绝对主义国家的基本功能是"镇压处于社会等级制底部的农民和平民大众"。[9] 在另一方面,按照伊曼纽尔·沃勒斯坦所论述的,如果说它仍然愿意稍微改变一下自己原则的话,每一方都从绝对主义中获得利益:

> 一方面,国王寻求城市商业资产阶级受益部分的支持,他们为国王提供金钱和对旧贵族离心趋势的政治抗衡力量;另一方面,国王又居于传统社会地位体系的顶端,他保护着贵族,使之免受发展中的资本主义体系的侵蚀。
>
> 因而对这两个社会阶层,即对旧贵族和城市重商资产阶级来说,绝对君主制对每一方来说弊害都不大,其力量的成长是建立在他们缺少其它选择的基础之上。因为它通过创造一种可能性,使这个国家作为一个整体,从整个欧洲的世界经济体的剩余产品中得到一个不成比例的份额而很好地为他们双方服务。[10]

如我们将要看到的,对每个将要掌权的统治阶级来说,选择较小的弊害是其本能;在意识形态和遗风的抗争中,后者常常取胜。

重商资产阶级和老的土地贵族之间的妥协,在理论上是不可靠的,但在实践中却是牢靠的。在一个有权力的国家中,两个集团有共同的利益。贵族的注意力总的说来集中在国内。尽管他们当然有其国际交往,这与他们的家族结构相吻合。重商主义的利益主要来自国外,即来自世界体系中,当然了,尽管对国内经济的考虑,包括保护主义立法和赋税,对他们同时是必不可少的。如沃勒斯坦所提及的,在最强大的国家中,剩余价值的产生使得这两种需求都能得到满足。在国内,需要创造一个其主要任务是维持秩序和等级的有镇压权力的官僚;在外部,通过国家的积极干预,对商业资产阶级的利益给予支持,因为无论在哪里,"在16世纪末和17世纪初都做出努力,使国王控制国家的全部工业生活"。[①]内部镇压和外部扩张这两项任务解决了两个集团之间的冲突,但它这样做时也付出了代价:它创立了一个强有力的、积极的并能发展其自身利益的国家。正是在这个国家没有什么本质性变化的情况下,欢迎在18世纪末出现的把自由主义作为其信条的工业家。19世纪政治斗争的历史在很多方面是自由主义与旧秩序如何和睦相处并把它的若干方面加以革命化的历史,但更重要的是,它如何保存并且甚至加强另一方的历史。

一个致力于政治和经济自由主义的工业资产阶级和一个商人和贵族分享权力的旧制度的对抗,不应当被看作是一种正面冲突,而更多地是不可避免的擦边碰撞,它可以通过熟练手法的运作有利于双方。在广阔的意义上,工业家之所以不喜欢过去的社会在于,第一,重商主义者和贵族的社会概念伴随着社团主义的意识形态,它强调"人类大链条"中所有部分的相互联系和相互依赖。在新资产阶级寻求分享旧等级特权的限度内,这个概念不会引起特别的问题,因为它强调每个集团的权利属于社会。但是,当同一概念意味着对穷人的责任时,它就不够格了,因为新集团不需要责任。如同我们将要看到的,创造一个劳动力自由市场的必要性,导致了新统治集团取消那些地位低下的人设立的旧制度,因为他们试图为自己去保存它。或者说,按照奥雷斯蒂斯·布朗森极具嘲笑性的观点,"当事关将地位在它之上的阶级拉下马时,中产阶级总是一位坚定的争取平等的斗士;而当要提升地位在其之下的阶级时,中产阶级就成了它不共戴天的仇敌。"[12]

第二,传统的社会理论是静态的,并且为经济增长的真正动力只留下很少的余地或根本没有余地。尽管重商主义创造了一个世界体系,在此同时,它的世界"如人们所知是被限定的和有限的"。[13]世界市场全部潜势还没有取得,而为了获得它,新自由主义在与殖民主义的最初反抗后,最终以一种比在重商主义政策下更有生气的形式接受了对外扩张。

最后,旧制度时期的世界过于静止,对于那些通过自身活动创造财富的人来说,这是他们所诅咒的。从形式上说,司法平等必须取代僵化的等级。在德国学者那里,问题陈述得最为清楚,因为"合法的社会"这个词既指强调形式上的平等的市民社会,又指强调中等阶级兴起的资产阶级社会。[14]按照奥托·欣茨的话,"从宪政的意义上说,'资产阶级的'与'市民的'含义相同,它的意义在于所有国家的臣民在民事法律上是平等的,而不考虑其出身或职业——换句话说,它意味着取消旧封建特权,在法律面前平等。"[15]当然,新阶级并不反对像这样的等级制度,而是反对基于非理性标准的等级制度。如同托尼对它的表述:

> 旧制度的不平等一直是难以忍受的,因为它们始终是专断的,它们不是个人能力的差别,而是社会和政治偏袒的结果。工业社会的不平等得到尊重,因为它们是个人成就或者说未取得成功的表达。它们得到两次祝福。它们在道德上值得赞同,因为它们符合良好的品质。它们在经济上值得赞同,因为它们提供了一种奖罚制度。[16]

换句话说,对旧等级的吹毛求疵并未完成;新阶级并没有反对

40　第一篇　寻求稳定的六种答案

互相依存、世界体系或等级制的原则，而是对其加以实施。因此，妥协是可能的，甚至是不可避免的。此外，在两个重要的领域，旧等级和新等级发现他们有类似的看法。这些领域恰恰是商人和贵族已经达成协议的领域：即需要一种镇压机构和在经济中起积极作用的国家。旧秩序的行政结构是如此庞大，如德·托克维尔很久前所说的，甚至法国革命也几乎无法动摇它[17]，而这个结构主要的意图是维持国内秩序。如果中央集权化的官僚不再存在（如英国迟至 1833 年时那样，负责管理监狱、警察、精神病院，征收通行税的道路和临时调查委员会的内务部，总共只有 29 名全职的雇员），[18]那么在乡村履行义务和实现希望的下层结构仍然存在。人们发现，这样的安排是有用的，正如夏洛特·勃朗特的小说《雪莉》中的赫尔斯通先生发现，它们在对付"广泛传播的反对立宪当局的不满精神"方面是很有用的。对他和他那些在制造业中的朋友们来说，"他提出的对策是强有力的政府干预、严厉的粗暴的暴力，必要时提倡使用军事高压"。此外，传统的等级和新阶级双方都致力于创建一个在社会经济生活中可以成为好搭档的国家。尽管某些重商主义的做法到 1800 年已显古旧，但是，其它一些做法，如保护关税和国家向道路和运河提供补助金，仍然能够并可能为新秩序采纳。尽管认为新制造业阶级是自由放任的坚定信奉者的观点已很流行，但是如我计划详述的，它却是不准确的。正如瑞典经济学家埃利·赫克希尔曾经说过的，"重商主义和自由放任的许多观点都以一种概念和同样的概念为基础，即把人看成一种社会动物，并且……双方对于应当如何对待这种动物持同样的观点。"[19]用多布的话来说，正如重商主义者所提出的，一旦取得了特权，与封建社会非常容易达成妥协，[20]两个世纪以后追随他们的资产阶级表示了同样的倾向。

即使自由主义在理论上对这两种情况都作出相反的建议，工业资产阶级取得的力量（prise de pouvoir）既不是取消国家镇压制度的前兆，也不是国家对经济指导的前兆。问题并不是国家是否打算发挥积极作用（因为各政党都赞成这样做），而是什么人得益（cui bono），哪一个社会阶级会从国家活动中得益？19世纪早期的政治斗争更像是围绕着具体的结果，而非抽象的理论。只是在斗争已经取胜、工业资产阶级已经上台掌权后，国家理论才可能以任何首尾一致的形式提出。重要的事情先解决，在这种情况下，首要之事是在政治实践中的妥协。正如德·托克维尔在他的《回忆录》中能够把他自己描写成"处在对彻底的自由和镇压作出二者择一的反应"，[21]用基佐著名的话来说，在19世纪初期政界人士寻求在以传统的忠诚和国家行动为一方，而以物力论和工业自由为另一方之间的中庸之说（juste milieu）。显而易见，解决办法就是维持绝对主义时期以来国家的活动，但要改变它的形式。由此造成的结构可以称之为积累国家，可将它定义为改造存在于贵族和商人之间的政治妥协，以顺应新兴的工业资产阶级，它可以通过使新的结构介入资本积累的任务来完成。从这个意义上说，绝对主义的遗产持续到19世纪。

仍然需要说明积累国家的结构。但是，首先须强调刚才描述的在国家问题上的斗争结果非常重要。从16世纪到19世纪，围绕着国家发生着四重冲突：第一，传统的土地贵族忙于与重商主义商业利益抗争，其结果之一是与权威主义国家的妥协；第二，这两个集团直到当时为止能够围绕专制国家联合起来,他们与在理论上致力于自由主义的工业资产阶级发生了冲突;第三,而当它们掌握政权后,新的统治阶级发现,它有与旧的统治集团达成妥协的领域,它开始用围绕他们的自由主义去达成妥协;并且,第四,结果是贵族、商人和工业家的三维联盟面临来自下层的正在兴起的工人阶级的威胁,后者正在致力于他自己的社会观。

19 世纪持续存在的事实在于,这些斗争变得激烈,事实上所有四重冲突都同时发生了。在普鲁士,直到第一次世界大战这些问题才得到真正解决;1918 年德国的失败既表现了对土地-商业联盟的致命一击,也表现出后资产阶级世界最初的革命震荡。从这个意义上说,在德国,真正的资本主义统治持续了仅仅一个月,即使这样也是在名义上的社会主义政府形式之下。19 世纪法国政治史为这些冲突所控制着,它达到这样的程度,造成了三次从革命向反革命的转变。直到第三共和国,工业资产阶级才按照自己的条件掌权,1848 年的国家工场革命和 1871 年公社的幽灵继续缠绕着它,甚至当时旧制度的象征仍然存在。(1975 年 1 月,一位男爵被枪杀,他正守卫着来自一个资产阶级国家代理人的他的城堡。)在英格兰,自由主义较早便取得了胜利,如我们将要看到的,然而甚至在那里,自由放任从未取消国家的积极作用。而在美国,尽管土地和商业利益的最初冲突由于弗吉尼亚的乡绅同时也是重商主义者这一事实减弱,由于同一原因,美国的过去绝不是纯粹的资本主义:直到重商主义心态消失才会产生中等阶级的统治,而这直到内战以后工人阶级将要诞生时才发生。简而言之,在 19 世纪,从任何一点切入政治现实都会看到,一系列阶级斗争发生的表象尽管很重要，对它作出一般性概括却很困难。有可能在一般意义上讨论这种复杂性，但是，目的要理解它的复杂性，而不是去否认它。

积累的国家一人千面

令人啼笑皆非的是，尽管工业家曾对自由放任表现出热忱，他们在其中发挥重大作用的第一种国家在19世纪经济和社会生活中都表现出积极进取的干预倾向。这一点的真相只有通过对积累国家进行的大量活动分门别类加以整理才能显示出来。令人吃惊的是，至今很少有人试图概括政府介入资本积累的各种途径。尽管像盖伊·P.帕尔梅德等人曾在一般意义上讨论过这一问题，他把国家称作是关税代理人、银行家、生产者和校长[22]，但是对政府作用的研究通常被限定在特定的地区如维多利亚英国[23]、19世纪初的法国[24]、普鲁士[25]或宾夕法尼亚州[26]。缺少分类使得必须把它作为一个整体来看待；国家在资本主义成长的进取时期的作用有六重：规定最广泛的经济活动参数，保持纪律以增加生产，调整宏观经济环境，对私人工业家直接提供补助金，进行战争，以及致力于无法归入任何其它制度的适当范畴的盛装活动。

国家最重要的功能时常轻易地被忽视。例如，人们的注意力常常会集中于公共资金对私有公司的资助，但这远比一点重要（或许不太引人注目）的是，被看作是公共和私有的某些事物被接受这一过程。出于这种考虑，积累国家的第一个作用是建立商人得以展开活动的法律参数，特别是鉴于这些参数在这样一种转型的形

44　第一篇　寻求稳定的六种答案

势下过去未能清楚地做出规定。让我们来考察公司的定义。对当今一代人来说,公司被理解为从国家那里获得有限的责任并寻求其私人利益的任何民众团体,在近代社会的早期,这个词的含义完全不同。由于这个原因,伴随着传统的社会概念与工业家新理论之间的相互竞争,一个公司怎样才能被定义的问题不是枯燥的法律辩论问题,而是阶级斗争的一个认真的部分。

最初,公司一直是一种重商主义的概念,它指国家排他地授予私人公司补助金,以达到使之为全社会的共同利益做些事情的目的。公司就其真正的本质和定义来说,是对商业的约束,这就是为什么时常是作为一个新阶级的发言人的亚当·斯密能够概括说,"公司的目的是对商业进行更好的管理",这种假称是毫无根据的[22]。像后一个时期的民粹主义者一样,有抱负的工业家都反对公司有两个理由。第一,为了取得公司的特许状,按照黑尔勋爵的话来说,其经济活动势必"对公共利益起作用"。反过来,因为他们被授予权力,公司就不是"自由地"去做它们愿意做的事,而是被视为国家的代理人,发展部分经济,不再是为了私人谋利(尽管这在现实中发生了),而是为了国家。在内战前的美国,重要的公司仅仅存在于像银行业、交通运输业一类的行业中,而不是在制造业和分配部门中。在皮尔时代的英国,铁路业组成了公司,因为按照一般的理解,它们既有公共性质也有私人性质。[23]第二,由于它是排他的,一份公司特许状极难获得。在美国,一个州的立法机构,必须通过一项法案(这个过程有时导致了极端的行贿,同时,在一个案例中,导致了大法官马歇尔在弗莱彻诉佩克案中表达了著名的法律观念,马歇尔厌恶十足的贪婪,无比尊重契约,这使他进退两难),而在英格兰,必须通过一项议会法案。路易·菲利普时代的法国是一个极端的但是能说明性质的案例。在证明他有充足的硬通货并且没有未偿付的债务后,一个申请人要经历三种独立的调查,首先是由一个国务会议的委员会,然后是由全体成员,再以后是由内政部长进行调查。如果申请人通过所有这三种调查,内政部长就要求国王签署命令,而只有在国王签署后(如果它真的同意)一个公司才被认为成立。[29]毫不奇怪,合伙人和个人的所有权是经济活动宁可选择的形式,同样,阿尔弗雷德·克虏伯做了毕生的斗争来防止"他的"公司成为一家合股公司。(直到阿尔弗雷德死后,克虏伯公司才成为一家合法的公司。)[30]

因为这些困难,工业资产阶级为反对重商主义者对公司的定义进行了持久的斗争。其结果是既有趣又矛盾。工业家在无法消除重商主义者的概念的情况下,以重新定义的方法来调解,保留了形式,但改变了内容。1811 年从纽约州开始持续到内战后,公司特许状的授予经过了一个变化。在美国,由于实行联邦制,州与州之间为财富展开了竞争;从某种意义上说,它们成为主权的卖主。就如同一个廉价商品生产商进入了由贵重商品制造商主导的市场一样,暴发户一般的各州几乎分文未赚地出售了自己的权力,而他们这样做时,也就放弃了对公司活动的控制。到内战结束时,这种格雷沙姆形式的法律意味着,公司作为公众代理人的概念像骑士精神一样已死去了。法国在 1867 年改革其公司法,普鲁士是在 1870 年(导致了卡特尔的流行),在英格兰,1855 年到 1862 年的立法加速了合股公司的形成。英格兰的贸易公司是在 19 世纪 70 年代开始成为股份公司,迟至 19 世纪 80 年代,许多制造业主开始考

46 第一篇 寻求稳定的六种答案

虑合并的优点。⑳ 简单地说,在 40 年中,获得公司特许状不再困难,它们也不再非得为公共利益服务。在此同时,托拉斯和卡特尔的流行意味着,曾被法律授予的排他性,现在由经济实践来保证了。新资产阶级未能打败重商主义传统,现在,他们加入了这一传统,并且他们发现达成妥协十分有利。

这种定义变化的影响是巨大的,尤其从政治观点来看。如伯利和米恩斯指出的,"19 世纪美国公司法的历史事实上是国家缓慢放弃对公司控制的历史。"㉑ 如路易·哈茨曾指出的,由于在内战前夜各州被视为人民的扩张㉒,公司新概念的胜利是大众主权概念实质性的失败。把州从审查公司特许状的过程中排除出去,随之而来的不一定就是自由放任的胜利。只是当通过法律的机构得到控制时,法律才能够得到修改;这意味着,为了使公司脱离公共领域而置之于私人领域,工业家只得自己进入公共领域。具有讽刺性的是,为了使一种重要的制度处于政治之外,必须打一场政治仗——这在 19 世纪恐怕是最重要的。为了使国家权力不起作用,必须取得国家权力。很少有比这更清晰的例子可以说明就法律参数进行的斗争,无法被接受为一种既定的斗争如何成为国家活动本身的一部分,以及这样的斗争为何常常比在这些参数被确定后发生的那些战斗更重要。

积累的国家第二种重要的一般功能是维护秩序。甚至像斯密和李嘉图那些希望使政府活动降到最低现状的人也倾向于欢迎国家的制定政策的功能。尽管他们无法了解,粗略地说,1776 年到1820 年的时期是一个革命转变时期,在这个时期,在警察功能和其它功能间做两分法是如此不实际和不现实。转型时期不可能成为稳定时期；因而，"维持秩序"这一表面单纯的任务成为政府活动重要的中心，因为在近代史上很少有某个时期像这个时期那样如此动荡。如同司汤达中的《巴马修道院》中的王公一样，他憎恶"欲求自由、时髦和对'最大多数人的最大幸福'的狂热，19世纪亦随之变得疯狂了"，统治集团发现，他们自己面对的是美国和法国革命，英国资产阶级的活力和卢德运动的抗议，中欧民族主义学生的激情，这些意味着《外侨和危害治安煽动取缔法》，热月和拿破仑，《六项法令》和"彼得卢大屠杀"，以及卡尔斯巴德法令。国家在这样的时期可能只是"维持专断"而不同时扩展到其它形式的活动？对一个"有秩序的"社会的需要导致直接政治镇压以及创立间接维护秩序的各种更广泛形式。

统治阶级出于他们通过直接政治镇压维护秩序的要求，急切地把国家权力最小的理念置于一边。1819年在曼彻斯特和伯明翰的示威游行使得英国社会的领袖十分惊惧，他们通过了《六项法令》这一近代英国历史上最具有镇压性的立法。公开的集会被禁止，携带武器的权利受到限制，言论出版自由通过各种各样的精巧的遁辞被剥夺，煽动诽谤罪可以非常容易就证实。这些法律与英国习惯法发生矛盾似乎也不成为问题，因为，如同威灵顿公爵所说的，"我们这个例子对法国和德国也同样有益，而我们必定希望世界将避免威胁我们全体的普遍的革命。"⑤威灵顿这样说恐怕大错特错了。第一，世界并没有避免革命。第二，法国和德国并不能从英国学到什么。在这两个国家，旧制度的绝对主义的国家作为一种官僚制度仍然存在，而作为一种维护秩序的机制，它比英国所能设想到的要更彻底和专横。如理查德·科布已表明的，革命与警察纯粹从那些他们所取代的制度中借用了运作策略;主要的变化是强化了旧制度最坏的特点:"旧制度之下的警察只是比执政府和帝国时期更严厉、更官僚化的警察更加放任。革命的经验只是介于两者罢了。"⑥而且,无论是梅特涅还是霍亨索伦朝的绝对主义者在镇压职能上确实从英格兰没有学到任何东西。实际上,它完全走了另一条道路:在来自下层不满的压力下,英国那种维护秩序的制度开始与欧洲大陆的官僚制度越来越相似。它如何实现的故事值得讲述,因为它大量地显示了积累国家的本质。

　　如同公司的情况一样,传统的英国警察的实践无法简单地适应新条件;一般地说需要对他们进行改进。⑦1820年前后英国维护秩序的制度的突出特征在于议会干预不多。人们普遍感觉,维持秩序是地方的职责,此外,地方还有维持小范围的乡村社会秩序的义务。随着把责任托付给地方,产生了两个重要后果:第一,对于传统机制的控制落到乡绅手中;第二,这种制度与正在脱颖而出的资本主义社会的社会环境不协调,不相称,不同步。在绝大多数情况下,负责警察事务的重要责任落到郡军队指挥官身上,迟至1850年,他们仍是一个极端贵族化的集团,他们以业余的方式处理他们的事务,拒绝学习新的控制民众的方法,拒绝使用新武器,或是雇佣地方警察经过训练从事他们的工作。另外,他们的控制是基于一种正在被一系列改革法令所取代的政治制度。这样,到19世纪30年代前夕,像伯明翰和曼彻斯特这样最大的城市已经没有警察,因为他们没有一般的政治代表。如果暴动在这些地方之一发生,不可能从富裕的市民中聚集一支警察力量,因为几乎没有富裕的市民愿意生活在其中最需要治安法官的地区。当未改革时,警察制度把它的力量集中在不需要他们的乡村教区,而恰恰是在新工业城市他们消失了。随着制造业主阶级的兴起,国家的这个方面恐怕得有所改变,并且要有彻底的改变。

新兴资产阶级的第一种战略将渗透到现存警察体制的各层面中。他们要求在工业城市的治安法官从他们中间选择,而不是从乡绅集团中选择。他们开始顺利进行:"虽然郡军队指挥官存在偏见,一系列来自雇主和工厂主阶级的人士进入制造业各郡的治安委员会中。"⑫自由党接受了关于设立更多的治安法官的要求,把它作为19世纪30年代后期他们的纲领的一个关键部分。在他们的压力下,城市中新任命的治安法官日渐"向成功的商人和工业家开放"。正像在法国,参加巷战的人们几年后向地方官员发号施令一样,用F.C.马瑟的话来说,在英格兰,"32年的骚动者已经成了39年社会秩序的维护者。"⑬就公司而论,旧式的团体仍旧被保持,但是,由于它逐渐被一个新阶级控制,它也正在发生转变。然而,在这个例子中,一种简单的旧形式职业已不够了。英国的资本主义正在统合国家,并且,由于工业化已成为一个全国现象,政治镇压恐怕也得同时这样做。工业家们发现地方化的体制无论怎样变化,仍不能满足他们的需要,他们转向议会要求改革。

英国早期积累国家绝大部分活力转到直接的社会控制事务上,因此,新资本主义的主要理论家杰瑞米·边沁同时也是警察改革的理论家,在边沁非凡的一生中尽管其观点与兴趣发生重大变化,他对于警察事务的关注从未变化过。从他的《圆形监狱》到他的《惩罚和补偿费的理论》和他的《宪法典》,他几乎着迷地全神贯注于一种所需要的司法制度。如埃利·阿莱维曾指出的,如同他

50 第一篇 寻求稳定的六种答案

的褊狭的经济哲学一样,其司法制度也是自由主义的。⑧边沁的观念影响了1835年的《监狱法》,他对英格兰的监狱制度进行改革,建立了中央集权化的管理机构。通过1839年的《乡村警察法》,都市警察力量的加强,在伯明翰、曼彻斯特、博尔顿,把警察事务纳入《市镇法》,这些都归功于边沁和他的门徒查德威克的工作,尽管宪章派曾要求,"直到工人阶级在国家法律制定中有发言权,才可能有警察"⑩。掌权集团竟不这样认为。尽管这些改革尚未把警察转变为一种现代的、都市化的可以有效地控制的制度(他的实现要迟些时候),他们在其职业化上确实采取了重要的步骤。而议会现在则积极投身于一个他们不久前试图回避的领域。这是在整个警察改革问题以外重大成果的先例。

此外,镇压机制的结构,像公司的含义那样,并不是老的和新的统治集团之间的阶级斗争的一部分。它带来了两个重要结果。第一,在英国,传统的关于政府地方化和中央集权化的辩论,如它们本身一样都结束了。对于像伯克那样的人士来说,地方世界是宇宙的中心,不仅因为它为乡绅所控制,而且因为它由于规模小并且远离与其不合的中心。人们感觉它具有内在的优势。对于那些与工业家结盟的世界主义思想家来说,边缘地区是旧式的,而中心是现代的。但是,社会控制的问题把地方与中央对立的问题转变为一种手段,而非结果。控制不满情绪成为目的,而去完成任务则成为手段。如果地方临时警察能够完成这个任务,那么,如同卢贝诺指出的,"甚至对褊狭的政府的最严厉的批评家都意识到保持某些传统社会控制机制的重要性。"⑪在另一方面,当地方的手段不再够用时,控制的要求就需要中央集权化的行动,这个观念在美国市政改革要求中非常流行，T. D. 伍尔西在 1871 年讲过："社会中占优势的阶级要求，对警察最终的控制不受都市政治的影响，如同他们要求市政预算不受同样的影响一样。"[②]

强调之点从目的转向手段的变化表明，被迫牺牲他们的原则、满足于保持其统治目的的统治集团非常乐意这样做。第二，警察控制的产生，成为国家积极作用的征兆。诸如工厂法、市镇法、公共健康法和铁路法这些早期维多利亚时代的社会立法，受到致力于警察改革的人士的推动，同时也受到反对警察改革的人士的抵制。同样一种理论或没有理论，变得南辕北辙。在一种条件下建立起来的行政结构，在另一种形势下确立了。简而言之，它确切地证明了，不可能仅仅维护秩序而不为活跃的国家辩护，而作为结果，对直接的政治镇压的质疑必然被看作积累的国家的经济作用的一部分，没有一个被镇压的工人阶级，就不存在任何工人阶级。

维护秩序并非是只是维持阶级之间的和谐。寂静的、消极的民众并不一定就是具有生产力的民众，为了扩展资本主义工业，必须形成一种间接办法鼓励受过训诫的劳动者。警察可以把人们带进工厂，但无法使他们去开动机器。在可以达到后一目的方法中，最成功的方法恐怕就是用饥饿来控制的方法。如果饥饿是可采用的办法，那么，生活在新工业城镇中，骚塞称他们为国家身上的"寄生毒菌"的人，工作在"黑暗的、极恶劣的工厂中"恐怕还不算太糟糕。只存在唯一的困难，旧制度可以接受的部分是，在一个基督教社会中，存在饥饿是不允许的，传统的做法，如英国的斯宾汉姆兰制、普鲁士君主组织的工人慈善协会，甚至美国的奴隶制都是反饥饿的措施。在旧制度内部不可能存在着妥协。国家能够提出的一项最为积极的办法可能是取消传统的习惯。已经采纳了资本主义价值观的乡绅集团的成员,像查尔斯·爱德华·特里维廉爵士,在爱尔兰马铃薯饥荒期间,已经尝试把饥饿作为一种政策,并且已经发现,尽管人们大批死去,英格兰世界并未倒塌。[⑬]就穷人和没有代表权的人而言,自由放任构成了他们的现实。但是,用查德威克这位边沁派新济贫法官员取代斯宾汉姆兰制,很难说是如何纯正的自由放任实践的胜利;在这个例子中,情况完全相反,它是积极的国家的胜利,它的活动表现为它无所作为。这不是玩辞藻,因为废除传统的旧制度只有通过一场要求控制立法机构的组织严密的政治运动才能实现。只有通过活动才能造成一事无成;在曾经有创造性的地方创造无所作为,尽管这种想法稀奇古怪,仍然是一种创造性的立法。

资本主义曾创造的唯一的自由市场是劳动力市场。如 S. G. 切克兰德所写的,"1824 年废除伊丽莎白时期的《劳工条例》,使国家从工资谈判中撤了出来……从 1814 年起,自由市场将由劳动力价格来决定。"[⑭]禁止法国工人联合起来的 1791 年的勒沙普利埃法反映了同样的要求,尽管它更多地作用于传统的工匠而不是工业无产阶级。德国在 1810 年通过了《雇工规章》,"给予雇主(而不是工人)违背契约的权利,并且这样给了他实施残酷惩罚的手段。"[⑮]在美国,自由劳动力市场的观念直到内战后才真正发展成熟,但当它成熟时,这种安排便令人难忘。[⑯]然而创造一个自由劳动力市场不是简单的工作。第一,商品必须被视为相同的。法国人发明的《手册》非常适用这个目的。如果一个人买下用过的马,人们绝不清楚它有多老,或者它曾为多少个不同的农夫犁过地。

但是一个人买下其他人的劳动力,这种信息是现成的可以得到的。《手册》是一种包括了供质询的"商品"的劳动史的小书;没有它,或者靠一本不完整或不可靠的小册子,产品就是不可靠的。第二,须得建立关于买卖的规则的制度。在这方面,法国再次开其先河。如它的名称所包含的意思,议价是一种劳动力捐客制度,按照这种制度,一个称作包工者的中间人通过买卖劳动力和他们的手册,获得极大利润。这种做法因为促进了市场运行,一直持续到 19 世纪末。第三,商品不得不保持被动,这就是对整个劳动力过程的综合作用。例如,在英格兰,理论家对穷人和贫民仔细地加以区分。人们假设那些能去工作的人如果不工作就要挨饿;那些不能工作的人可以通过国家援助得到帮助。(尽管某些人甚至表示反对,但是,儿童也能得到保护,因为作为未成年人,他们不能自由出售他们的劳动力。)结果,这些理论家并不像他们在逻辑推断上那样凶恶残酷;劳动纪律是目标;饥饿是惩罚;而其它事情随之而来[⑰]。

如果将国家从工资谈判中撤出产生的同样结果用于其它谈判,那么人们就可以证明这一点,自由放任确实对早期工业资本家有意义。但事情不是这样的。一方面,如罗宾斯、普劳蒂、帕里斯、布劳格、布雷布纳和基特里尔所全面揭示的那样,大卫·李嘉图和纳索·西尼尔这样的古典经济学家,从未前后一致地坚持他们皈依最低纲领性的国家理念。[⑱]此外,没有以任何严肃的方式为雇主们创立与雇工们一样的自由市场条件。如亚当·斯密曾抱怨过的"在数量上,很少的雇主能够轻易地结合;还有法律授权,或至少不禁止他们的联合,而对于工人阶级,法律是禁止的"。[⑲]早期工业资本主义采纳了后期重商主义的双重标准。理查德·科布登曾经对寻求国家帮助以改善自己生活的工人们说,"不要指望议会,只能指望你们自己",但他没有为资本家指出这样的劝告,而当这样做时,它恐怕不顾及那些已经获得政权的人士,十分优游自在的样子。当关系政府对劳动力的买家而不是卖家提供帮助时,国家不仅会关注当联合形成之时其他的情况,而且常常会很好地为联盟者的利益提供预算和最好的意见。重商主义的实践和资本主义权力的结合,导致了有利于雇主的社会主义和有利于他们的工人的社会主义。

其次,对于新工业家的直接的国家援助成为积累国家把重商主义习惯转变为资本主义实践的第三条道路。那种习惯一直为制造业主提供直接补助金,王室支持奢侈品生产者的柯尔伯体制是经典的例子。人们通常把 19 世纪政府对私人利益的补助分成两种类型,大陆型和英国型。根据这种解释,德国和法国倾向于全面的国家主义(etatisme),在其中,国家本质上是私人企业家的竞争者,而在英国,私人制造业主统治了舞台,而国家的作用很小。这种二分法给人们这样的印象,当强调之点发生变化后,分裂事实上已经存在。在英格兰和欧洲大陆间存在着差异,但它们只是程度上的差异,而不是类型、手段和目的上的差异。在德国和法国,国家活动一般来说立意要帮助私人利益而不是与之竞争。考虑到彼特·克里斯蒂安·威廉·博伊特的经验,像冯·莫茨、冯·罗特尔和冯·德·海特这个值得注意的活跃的普鲁士官员群体,他们在 19 世纪使德国的商业发生了革命变化。尽管 G. J. C. 孔德的弟子博伊特是一个国家官员,他仍然是亚当·斯密的追随者。博伊特了解,在普鲁士国家的援助对实业来说是最基本的,他还是"极为

称赞那些不依靠政府帮助的自力更生的工业家们"。[51]当1853年
他去世时,他在19世纪20年代设计的利用国家使得实业独立于
国家的做法不再必要,可以说,他死亦瞑目了。如同关注这些官员
的传记作者所指出的,"在德国,国家行动的主要原因是具有一种
实践的特点。"[52]普鲁士官僚成为激进主义者,这不是因为他们是
教条主义的国家统制经济论者,而是因为他们要求形成资本主义。
相反,英国对于个人主动精神的忠诚没有这么明确。普劳蒂对贸
易部的研究和帕里斯对铁路的研究对国家没有干涉对商业的帮助
的看法提出挑战;[53]而且,如卢贝诺曾表明的,明确表现出来的对
国家行为的反对,不是基于赞成自由放任的原则立场,而主要是出
于实际的考虑。意识形态的混乱比教条主义地依附于一种最低限
度的国家更为流行:"当维多利亚时期的英格兰涉及政府作用、行
政机构特点和对工业化问题的回应之类的问题时,它确实没有什
么自信心"。[54]

　　这个时期全部的权宜之策可以从国家逐渐发展对铁路的援
助上看出来。(除了比利时外)欧洲没有一个国家持续地追随这种
政策。法国在七月王朝时期,私人公司没有很快地建设新的铁路。
于是提出了鼓励国有企业的法案。然而,由于既得利益的权力,这
些法案不可能通过而造成一种妥协。私人公司提供流动资本、铁
路的全部车辆和旅客上下的车站,国家买下土地,建筑桥梁和隧
道,并出于地理上的考虑作出安排。当1842年这种妥协失败时,
另一些计划如1879年的弗雷西内计划则把它们结合在一起。根
据这种安排,国家建筑了让私人公司获利的铁路,而罗斯柴尔德的
一个顾问加入内阁以给予投资者"信心"。[55]在这种混乱中试图找

56　第一篇　寻求稳定的六种答案

到一种持续的意识形态模式恐怕是无用的。在德国,类似的混乱到处都表现出来。早在俾斯麦之前很久,便进行了把铁路公司国有化的失败的尝试。相反由公司建设却由国家实行管理的一种混合体制发展起来,在这种体制中,

> 某些铁路线由没有国家帮助的合股公司建设和经营。其它的铁路线则由国家帮助的私人公司建设,因为政府以分股或贷款的形式分享或保证他们的利益。也有一些铁路线由公司建设却由国家管理,而当议会被要求为铁路提供大笔资金时,政府本身愿意建设和经营重要的陆路线。⑯

后来成为俾斯麦的商业大臣的亨利希·冯·伊岑普利茨公爵对这个问题作出了一种合情合理的陈述,他"认为只要有人建设铁路,由谁来建设都无关紧要"。⑰

其它国家也经历了类似的意识形态的大混乱。1861 年至 1877 年间的意大利政府,除了把几乎一半的开支用于铁路建筑,还发现他们处于一种不可思议的管理混乱中。铁路时常由国家建设,然后出售给私人公司,而当这些公司经营它们已无法赢利时,再由国家收购回来。1884 年的一项法律规定,国家拥有路基(如法国)而且还有车站(法国不是这样),而私人企业则负责全部车辆和设备(又如法国)。⑱除了造成思想混乱外,如同我们在下一章中将看到的,这种周期性的从公共所有向私人手中转变也为经常性的贪污受贿提供了机会。在英国这个自由放任的母国,在 1840 年创立了贸易部的铁路局,它在 1854 年大大增强了实力。此外,对国家在管理英国铁路中所起的积极作用作出最彻底的分析,可以得出结论说,这个工业部门中的情况"并不是孤立的例子,而是政

府对越来越多的国民生活进行干预的更一般倾向的一部分"。[59]如果说在 19 世纪欧洲国家与工业关系中存在两种明确界定地并形成对比的模式,他们没有表现在铁路业的经验中。

美国并没有免除这种欧洲混杂物的影响。国家的作用远非最小,恐怕是巨大的,(明尼苏达和华盛顿)两个州的全部土地的四分之一,在土地掠夺中让给了铁路业,这种掠夺现在仍使人头晕目眩[60]。尽管经济史学家一度一直对 19 世纪美国国家干涉的程度进行争论,[61]目前讨论中最有兴趣的不是政府活动的总量,而是其背后的政治理论。如果人们接受了索尔兹伯里对 19 世纪早期从波士顿和阿尔巴尼那条铁路详细研究的结论,那么对这个问题需要进行小小的争论。索尔兹伯里发现,就铁路业涉及到的而论,自由放任是个神话,但是,在此同时"国家并没有执行对经济发展进行指导和刺激的周全计划"[62]提交给马萨诸塞州立法机构的众多的计划——一些支持完全由国家援助,一些支持部分由国家援助,一些则赞成无需国家援助——使人无所适从,而最后如何否定了国家的主动权,私人特许证又是如何发放,这一切就太复杂了,它违背了任何一个一致的意识形态,无论它是国家统制经济还是自由放任。至少说在这个领域"美国例外论"不存在;在大西洋的一侧与另一侧混乱在流行着。

铁路政策和任何涉及运输和交通的政策都基于重商主义而非严格的资本主义立场得到辩护。亨利·克莱曾经想像他设计的、旨在建立一整套完善的道路和运河结构的"美国体系"将会连接整个美国,而这是州政府或私人资本所无法做到的。并且,克莱的设想无论在美国或欧洲都是举世无双的。在国内,这种观点不仅是

58 第一篇 寻求稳定的六种答案

汉密尔顿早期《制造业报告》和吉本斯诉奥格顿案中马歇尔观点的
通俗化，而且也是出身于欧洲的艾伯特·加勒廷的更为严密的重
商主义政治经济学的推广。其间，在欧洲，同样的要求十分明显。
当伏尔泰抱怨在欧洲旅行时，法律的变化就像换匹马一样容易时，
他表达了美国商人对各州令人眼花缭乱的政策同样的不满。人们
感到需要标准化，但除了州以外没有其它机构可使之实现；政府对
公制的倡导恐怕是这个时期各州最基础性的重要法令。在其它领
域人们也感受到了克莱的想法；拿破仑三世的经济顾问米歇尔·
谢瓦利耶模仿克莱的口吻倡导他的"地中海体系"。它恐怕不只是
要把南欧各国联系在一起，而且要同时加进亚洲和非洲。与克莱
想要对新世界实施的计划相似，这个计划恐怕适合于旧世界。⑥普
鲁士对其大臣弗里德里希·克里斯蒂安·阿道夫·冯·莫茨把他
大部分时间用于创造同一论题的变体关税同盟(Zollverein)，在此
同时他自己也致力于修建道路和订立贸易协议。⑥换句话说，私人资
本试图扩张的上层建筑，是建立在公共资金的基础上的。如果留给
他们自己，资本家仍旧可能努力去打通从列日到慕尼黑的道路。

　　从这个观点来看国家活动的问题并没有断裂成两截，相反，构
成了公认的，但并非所有都长命的连续统一体。在这条线上，说德
国和意大利处于一端而英格兰、法国为另一端，毫无疑问是正确
的。大陆欧洲似乎更希望看到它的国家直接参与严格意义上的制
造业(而不是运输业)，但是，具有讽刺意味的是，这原因正在于英
国自身。由于英格兰已经开始了近代资本主义制造业，在制造业
开始得较晚的国家里，使用国家力量主要归因于迅速迎头赶上的
现实需求。由于这个原因，国家在 1880 年给予意大利钢铁公司

(Ferriere Italiano)直接的国家补助金[67]，它预示了 20 世纪对 ENI 和 INI 的实验（参见第四章）。普鲁士海外贸易体这个海外贸易公司是一个更好的例子。它是 1772 年由腓德烈大帝创立的私人国家贸易公司，而它的重商主义特征与普鲁士工业化的早期时代完全不矛盾。它为新的产业借贷并创建新的市场，致力于批发贸易（毛织品、亚麻布、面粉、盐），为国内的增建融资，建设矿山，经营纺织厂和造纸厂，并且拥有七艘内河轮船和十条拖轮。接近世纪中叶时，英国的自由主义渗入普鲁士，人们控制了发展海上活动的做法，而在 1845 年，国王取消了它的活动。[68]但是无论什么时候，只要德国发现自己处于与英国竞争的地位——例如在俾斯麦的殖民冒险时期和第三帝国时期，隐藏在其背后的观念会重新显露出来。这些涉及国家的安排，其重要性并不在于它们对于资本主义国家常常是个例外（这正是英美几代经济史学家所描绘的），而在于它们正是经典的这种常例。如果存在着一种例外的话，它就是英格兰，而甚至在那里，不同的只是手段而非目的。

正像国家的镇压职能有其直接的警察组织及间接的纪律作用一样，国家的补助金能够被看作一种直接国家援助商业的形式，而调整宏观经济环境的任务——积累国家的第四种职能——能够被视为一种间接援助的形式。实现这种目的的两个最重要的工具是银行和信贷系统和保护关税。

无论在理论上还是在实际中，不可能存在任何诸如"纯粹的"私人金融体系这类事情。例如，通货的发行如果由私人利益来操作，势必导致混乱；甚至大卫·李嘉图曾经力劝货币发行（可获取利润）以及铸币最好是通过国家垄断来进行。[69]至少在理论上，问题不在于允许国家在金融领域从事怎样的活动,而在于国家允许它们采取何种行动。作为重商主义的发明,银行业是科尔伯格言的证据,他说,完全脱离私人利益的制度对于保持这些利益是必需的。正是由于这个原因,在 19 世纪国家对于银行业一般作用的问题所涉及的,不是抽象的政治理论问题(尽管存在着某些这样的问题,特别是在美国),而是试图打破在私人利益的特别需要和显露出来的作为一个总体的资本主义体制的一般需要之间的平衡。1844 年英格兰银行特许法是一个很好的例子。发行货币甚至比以前更加受到英格兰银行的垄断(英格兰银行尽管在法律上是私人性质的,它一直如此地缠绕着国家,以至于诺斯勋爵在 1781 年称它是宪政的一部分)。[⑳]在此同时,英格兰银行的行政结构被分成两支,发行货币是一个分支,其他各种业务属于另一个分支。这些改革并未对于一个由私人商号统治的社会中公共资金问题提供完全令人满意的解决办法(1857 年到 1866 年后的财政危机导致了暂时终止实施该法令),但是,它们确实创造了对问题的实用主义的处理方式,如阿萨·布里格斯指出的,其中一项法令一直持续使用到第一次世界大战[㉑]。几乎没有什么领域像金融和货币领域那样非常清晰地定义国家的实用性特征。

在美国,金融业引起了多得多的争议;真的,它恐怕是内战前美国政治居支配地位的问题,正如布雷·哈蒙德关于这个问题的经典著作所清晰说明的那样。[㉒]此外,这个问题有它意识形态的内容;威廉·阿普尔曼·威廉斯断言,正是围绕着第一国民银行发生的问题,国家自由统治理论对重商主义的共识发起了挑战。[㉓]这种断言看起来多少有点言过其实。确实,那些支持建立国家银行的人（马歇尔、麦迪逊、加勒廷、汉密尔顿）都是美国重商主义的精英（crème de la crème）。他们认为只有国家在金融事务中发挥积极作用才能保证综合经济运行所需的稳定性和前瞻性。然而，安德鲁·杰克逊对他所称"怪物"的抨击并未使银行业脱离政府的控制，而是将银行业从国家的层面转到州的层面。那么，这个问题既是关于州参与的性质问题（地方对抗中央是如此），也是政府是否应当完全参与的问题。而且，这个美国历史上没有国家银行的时期要比有国家银行的时期短得多。20世纪联邦储备体系的创立证明一种新重商主义深得人心。

如果英美两国都在金融事务中发挥了作用，那么事情自然而然地会在欧洲大陆同时发生。尽管法兰西银行以一种重商主义形式由拿破仑建立，到1830年，它的董事却极为保守，反对对有利于他们的结构做任何改动。这样，当巴黎高级银行的缩影佩里埃兄弟提出一项浩大的关于国家银行的新体制之时，遭到现有的政府利益的拒绝。然而，到拿破仑三世在位时期，他们的观点不再引起争论。地产信贷银行（抵押票据），农业信贷银行（农业）和后来的殖民银行，都由国家给予补贴。尽管动产信贷银行出于佩里埃兄弟最伟大的设计，它却不是国家银行，政府通过谨慎地购买其股份来支持它。动产信贷银行在它衰落以前，已经建立了国家补助的法兰西亚麻厂，并且在财政上资助大规模的公共工程计划，"饭店及不动产协会"。而且，法国在海外的银行如同法国葡萄酒一样得人心。它一旦处于这种要求下，就成了一种流行的形式。动产信贷的概念与困扰着它的丑闻一样，输出到美国，也输出到（没有丑闻）普鲁士、奥地利、彼得蒙特、西班牙、葡萄牙、荷兰、瑞典、瑞士和

62 第一篇 寻求稳定的六种答案

土耳其。如同伦多·卡梅伦指出的,"大陆欧洲每个国家的金融体系都带有法国影响的印记",尽管在这里再次由于某些令人费解的原因,使比利时成为例外。

无论是英国进行改革,美国取消了特许状,还是法国采取了国家直接参与的方式,银行政策的意图是调整宏观条件以满足那些控制国家的人的利益。从这个意义上说,关税与银行和通货事务密切相连,因为它的目标是同一个。在绝大多数国家中,政治问题不在于关税应当高些还是低些,而在于它们是否应当高还是应该达到天文数字。过度的保护是最常见的国家行为。

法国提供了一个清晰的例子。与旧制度结盟的重商主义者创立的保护体系看来一定要被大革命所废除,因为所有革命者看来都接受的不多的目标之一便是必须降低关税。但是预期的降低并没有发生。革命战争伴随着经济报复,它意味着高关税率。在这个领域如同在其他许多领域一样,在拿破仑开始掌权时,他只是接过了提供给他的东西。如同索布尔在论及金融事务时所强调的:"在许多领域,波拿巴的意向是使用他的前任创立的制度。"他设计出的大陆体系旨在防止英国商品的输入。这种经济改革造成了混杂的结果。把持着查理十世政府的返回的逃亡者甚至更加同情高关税,而资产阶级国王路易·菲利普并未对改造这种结构施加许多影响。事实上,从 1789 年到令人难以置信的 1881 年梅利纳高关税率,降低关税的唯一有效举措是拿破仑三世和理查德·科布登直接谈判缔结的秘密协定。保护主义作为一种国家政策深得人心,这表现在,在一个又一个国家里,最高的关税出现在世纪末而非世纪初。直到 20 世纪,以前臭名昭著的法国入市税(coctroi)

也没有废除。德国 100 年以后直到 1902 年才通过它的高关税政策,而美国 1909 年的佩恩-奥尔德里奇关税法确立了高关税,它在 20 年后被斯穆特—霍利税率代替。

关税率不只是经济政策问题;如同同情自由贸易的作家 A. L. 邓纳姆在他对法国的分析中所指出的:"我们必须谴责将关税法作为许多阶级立法的一个范例,而且是相当重要的范例。正是这个因素在法国造成工人运动,像里昂纺织工人大罢工和 1848 年广泛的骚动这样的事件".[16] 这个世纪上半叶在法国应验的事实,到了这个世纪的下半叶在美国也应验了。高关税率是共和党人的立场。它与这个政党最保守的一翼相联系。商人们传统上认为,高关税对于保护"幼年"的产业是必需的,但是,到世纪末叶,这种论点无法再得到支持。因此,诸如麦金莱关税法这样的立法,完全是根据自身利益而被合理化的。1892 年大选是保护主义阶级性质的最好的证据。随着一位在讲坛上许诺要降低关税的民主党候选人的胜利(因为全国上下有一种强烈支持降低关税的情绪),人们似乎就要得到些许宽慰了。然而,如亨利·克莱·弗里克在给安德鲁·卡内基的著名信件中所说的,从哈里森到克利夫兰的转变也许不是一场灾难:

> 我对哈里森总统非常抱歉,但是我不愿意看到由于政府的更迭,我们的利益受到这种或那种方式的影响。

卡内基对此答复道:

> 我们完全不用担心。这也许就是最佳结果。人民现在认识到,对制造业的保护会被注意,他们将不再进行鼓动。克利夫兰是一个相当不错的家伙。明天去威尼斯。[17]

64 第一篇 寻求稳定的六种答案

当然,在克利夫兰时期,关税率继续上升;当涉及到他们的工人时,这些人谴责国家的行动是对基本自由的触犯;可是这些人又十分愿意接受保护程度更高的国家援助。

正是关税政策的这种阶级基础解释了英格兰为何以不同的方式追求同样的目标。如果有哪一个法令能作为自由放任的最终的胜利而受到普遍的欢呼,它就是谷物法的废除。它摧毁了与本廷克及德比勋爵相联系的托利党强调的保护政策。⑱毫无疑问,废除谷物法的实现是一个非常重要的事件,但是,围绕它发生的观念形态问题却不像许多解释者说的那么清晰。当其它地方的商人将其利益与保护政策相联系时,英格兰则处于完全独特的地位,因为这个岛国远离欧洲商业的一般模式。如布里格斯所指出的,不列颠已经"在地理上得到保护",她不那么需要经济保护;英格兰的繁荣来源于"多样性的经济环境,其中许多与政府积极或消极的行动毫无关系"。⑲因此,废除谷物法是直接的实际需要的产物,如为货物找到销路或降低农产品的成本(因此只花很小的成本就安抚了工人阶级)。简而言之,废除保护政策在英国如同在其它地方追求保护政策一样,完全是一个阶级问题。理查德·科布登本人说过:"我担心我们中绝大多数人会加入一场斗争,我们相信自己在这个问题上有某种独特的阶级利益,"⑳而恐怕恰恰出于这一理由,科布登拒绝让反谷物法同盟与任何正在开展的进步运动结盟,特别是宪章派。尽管它通常被视为经济自由主义的胜利,英格兰取消关税既是实践同时又是一种观念,它基于人和国家关系的抽象理论与基于直接的得失考虑程度相当。

因为关税事务牵涉到一国和他国的事务,它们与积累的国家的第五种一般功能相关,即媾和与宣战。当然,一切国家都会宣战,它如此俗套毫无新意。但是这种自明之理忽略了这样的事实,在脱颖而出的工业资本家阶级的压力下,到19世纪中叶战争性质发生了重要的变化,它具有决定性的经济结果。在那以前,通常宣战超然地留给贵族名门;迟至1812年的一场最后的商业战争,战争可以在不改变国家基本结构的情况下进行。四十年之后,由于商人-贵族联盟已经让位于工业家,这不再可能了。细想一下克里米亚的事态,这里存在一种绝大多数英国人根本不明了的远方冒险的意图。按照现代标准,战争本身十分短暂,英军伤亡很轻微。然而,克里米亚战争对于英国国家结构起了重要的作用。一方面,对于如何限制言论自由展开了辩论。另一方面,在政府行政机构方面进行了重大变革。由于资产阶级对贵族传统的信任因为军事失败而受到削弱——军事属于乡绅的继子——军事没有带来辉煌的胜利,行政改革协会之类的团体试图把它早先对积累的国家经济方面的关注扩展到整体的公共决策。政府理性化的主要结果包括用特别内阁委员会和高效率的众多行政部门来取代具有早期维多利亚女王时代风格的个人化的内阁政治。总而言之,克里米亚战争促进了业余化的国家向职业化国家的转变;按照它的规则,一个新阶级正在取得政治权力。奥列佛·安德森在对这个时期的详细研究中描述了这种深远的作用:

> 对现存政府机器的信心遭到了比英格兰曾经承受的强烈得多的打击。对于始终不那么突出的倾向给了一种可感觉得到的刺激:这种倾向远非对代议制政府实践的崇拜。[⑨]

在英格兰,克里米亚战争的作用具有这样的倾向,即直到第一

66　第一篇　寻求稳定的六种答案

次世界大战恐怕才能显示其潜势。在这里,国家的基础结构受到影响,但未发生根本性的变化。另一方面,在美国,内战改变了政府的基本特点。它的发生,不仅是因为民族国家自身的存在成为问题,而且是因为战争需要把极为不同的国家主义倾向聚合在一起。如罗伊·尼科尔斯曾说的,在战争期间,"国会恐怕不知不觉地成为补助金的来源,利益的支持者。"⑰如杰伊·库克所看到的,通过与政府的契约,战争有可能有益于获利。进一步说,如同商业一样,战争要求修建道路、铁路和改进国内设施,而内战使亨利·克莱的梦想完全实现了。然而,不仅如此,战争增强了国家的镇压职能,如最高法院在战争结束后惊愕地指出的那样。⑱除了在这三个具体的领域,如戴维·蒙哥马利曾描述的,内战更为一般性的作用是形成了"政府对通货的控制,结束了一个人在法律上从属于别的人,这样,全体美国人都成为政府直接的臣民,承担普遍的兵役,交纳直接税以维持中央政府的官僚军事机器的运转"。⑲如哈茨、古德里奇、法因和布劳德这些作家曾指出的,内战前,特别是关于州政府层次的自由放任只是一种神话。⑳在战后,这对于中央政府也是一样。那么,参战不仅成为政府的日常工作,而且成为积累国家不仅在经济中而且在社会阶级关系中发挥作用的趋势的一部分。

　　撇开迄今为止已讨论过的积累国家的全部活动,还有必要加进无法恰当地由任何其它机构履行的属于折中范畴的五花八门的功能。当英格兰的发明家对工业生产进行革命,法国人希望分享被创造出来的财富时,除了国家以外还有哪些机构能最好地提供训练,并支持一批间谍越过海峡窃回新机器的秘密?㉑当在意大利发现天主教会拥有的土地可能成为发展工业资本主义有价值的资

源时,谁又能比政府官员更好地征用这些财产?1866 年至 1867
年间,一个名为国家征用部的政府部门承担责任负责处置已被国
家没收的价值 17 亿里拉的教会土地。⑩一家私人销售意大利王国
财产的匿名公司以一种极为折中的形式被授权用出售土地所获得
的利润提供财政资助。因为土地是一个从多少有点贵族味道的社
会向工业社会转变的象征,土地买卖在 19 世纪成了公众关心的主
要问题。这特别符合美国的情况,并不因为它具有贵族性,恰恰相
反,它的贵族性极其微弱,而是因为它有如此多的土地。随着新的
领土的获得,一些人将拥有土地,在这个世纪中两种所有权的理论
开始竞争。按照重商主义者的立场,土地为国家财富的一部分,应
当以一种合理和有效的途径进行分配,它构成了一种土地政策。
美国重商主义的主要理论家艾伯特·加勒廷作为财政部长,成为
公共土地的管理人长达十二年之久,这并非巧合。然而,他履行其
职责的严密而精确的方法却被兴起的新财富所颠覆。在资本主义
经济扩张的条件下,土地有价值是因为它能够生财并且因而转化
为资本。当时出现了一种以极为混乱的方式出售土地的狂潮。在
1837 年,狂乱的土地投机达到了顶点,感谢狄更斯写下了《马丁·
瞿述维》,它现在已成为世界文学的一部分。政府的政策变得根本
手足无措。国家违约拥有土地;它唯一的任务就是尽可能快地摆
脱它。

　　这场发生在关于国家的不同观念之间的斗争对两个世界都产
生了影响,就像它对待股份公司或镇压事务时那样。一方面,土地
赠予确实刺激了资本主义生产,另一方面,使重商主义关于积极国
家的观念转变为一种新秩序。在 1789 年至 1837 年间,国会通过

了 370 项不同的处理土地问题的法律(而且总统签署了)。这个事实甚至并没有充分证明全国范围内自由放任的存在。正如罗尔博所指出的,它产生了下述作用:"联邦政府通过控制公共土地,影响了成千上万边远公民的生计,而他们先前既不知道也不承认它的存在。"[⑱]

积累国家不寻常的五花八门的功能之间存在着极大的抵触。由于与旧制度的妥协,在整个积累国家时期,旧制度法人特征的遗残在一些地方继续存在,其结果便是,资本主义国家所有第一种活动形式并非都有利于新兴资本主义排他的利益。公共工程可以改善所有人的生活,而法国桥梁和道路行会的能力得到全欧洲摆脱偏见的贵族的赞许和效仿。英格兰的行政改革协会具有理想主义的传教士意识,这导致它被引入社会政策事务中,同时也进入资产阶级的事务中。[⑲]正如哈茨对宾夕法尼亚有真凭实据的研究所记载的,在美国,诸如劳工法、检查制度、许可证和特许状监督,这种"福利国家"的活动构成了 19 世纪初政府实践的全部内容。无疑,许多"实际上分布在商业活动各方面的经济政策的目标……都持续成为政治家和企业家全神贯注的事务,并且包含着最重要人物的利益斗争"。[⑳]精确地说,正是这些"利益斗争"恢复了早期国家的共同体(Gemeinschaft)的特征,因为随着那个世纪的结束,资产阶级整体的胜利使得这些实验变得无效(参见第二章)。不过,不管它的任务是什么,积累的国家在其全部历程中都表现为一种积极的国家,即便当它尽可能表现出代表公共福利时。

纯粹积累的局限性

尽管它有自身的活动、积累的国家还是不适合作为一种长久的政府形式，也不适合作为解决资本主义国家问题的固定方法。它是一种妥协，是转型时期的产物，它的折中性既给予它力量，也造成了它的缺点。它主要的长处是它完成了私人资本家无法自我满足的需要，即积累。其影响仍可察觉的现代资本主义的中心矛盾在于，一种具有个人主动精神的制度，离开了大量的公众活动就无法存在。集体的作用有助于解放现代工业生产非凡的力量，而在某种程度上正是政府才是这种作用的中心。现代资本主义缺少了国家就不可能存在，无论对其起源作出什么凭空的解释。然而，在此同时，国家的积极作用和转型的影响产生了三种限制，最终摧毁了积累国家的作用。

第一，如同我已强调的，转型意味着意识形态的前后不一致。由于争取控制国家的斗争正在发生，由于每个党派有它自己的关于人和社会关系的观念，因此无论哪一方在争取支配地位中失败，都造成了极大的混乱和矛盾。对这种混乱最生动的描绘是安东尼·特罗洛普的小说中对菲尼阿斯·芬成长的描写，他温和、有些天真，然而这个吸引人的有个性的议员以一种开放的眼光观察着1830年到1850年间英国社会转型的特质。[①]在旧制度支持下，从一个乡村地区被选出进入议会的芬，发现一个新世界正在被创造出来。他的调整是缓慢而痛苦的，因为他从周围学到的一切使他在首都无所适从。他做出他的妥协，但他又不失正直气息。这导

70　第一篇　寻求稳定的六种答案

致他与旧秩序决裂,他具有象征性的决定是不依靠贵族的庇护去进行一场争取官职的实际的斗争。他自己并非乡绅中的一员,由于他在议会中的工作没有薪酬,芬发现生活在伦敦是一件奢侈的事。他最终取的立场既非贵族(他无法赢得沃莱特·埃芬汉),也非资产阶级(他无法为生存而活着)。他支持改革法案,但当他面对各方的矛盾时,他作出了最有眼光的政治评论:"生活与理论是如此不同"。他面对那个混乱的时代手足无措,芬回到了家乡,与心爱的邻居结婚,很明显他选择了地方生活。但是,他现在已经看到了如此多的外部世界,以致无法对这样的生活满意。他妻子的死扫清了他重新进入政界的道路;他与马克斯夫人的第二次婚姻确保他在政治上成功,尽管芬缺少伟人的思想品质,但他已决心生活在矛盾中,他迅速地在英国的政治阶梯上攀升。他无力解决那个时代的矛盾,于是便投身于其中,而他在这个基础上能够很好地为国家服务。

　　第二,积累的国家无法为它自己除去意味深长的合法化的概念的掩护。旧制度一直强调使每个人与别人相联系的休戚相关的机制,但那已被 19 世纪的商业实践打得落花流水。卡莱尔在1839 年写道:"随着金钱最后的胜利,已经进入了一个变革的时代,必须有一个变化了的贵族参政。"卡莱尔渴望"一个真正的贵族",它认真地承担政府的任务。"不要坏政府,但也不是不要政府,只是要一个现在有用的政府。"[⑫]正像卡莱尔和马克思看到的,问题是一个工业工人阶级的兴起,但他们的看法如此不同。[⑬]"工人阶级没有政府就无法生存下去,如果不被现实的引导和管理,也无法生存下去。英格兰只有找到某种办法,对他们进行指导和管理,才可能保持安宁。"⑭在现实中,已不再有任何机会出台这样一种政策。尽管托利党的爱国主义已做了许多事情,但戴维·罗伯兹对维多利亚时期议会的仔细分析表明,在对待工人阶级这件事上,除了一两个不现实的例外者(像理查德·奥斯特勒那样的梦想家,而不是像狄斯雷利那样的政治家),托利党人都是像辉格党人一样的铁石心肠。⑮在缺乏赖以对付"社会问题"的措施的情况下,积累的国家恐怕须要发展某种合法化的机制和某些可以作为建议而不是结果的意识形态来拯救它自己。它从未真正这样去做,恐怕是由于它的多阶级的特点。对权力的分享搅乱了阶级界限,而在同样的混乱下,工人阶级的存在至少是片刻可以忽视。这样,它在合法化道路上可以提供的最多是基佐所喜爱的第二个名言"大家富起来",由于它是彻底的物质主义,从而与绝大多数人的生活不相适宜。积累国家没有合法化的理论,无法活得比成长中的工人阶级更长寿,这样,到世纪中叶,便严肃地提出了解决阶级关系的新办法。

最后,积累的国家的转型性特点,再一次显示了构成理性国家的阶级妥协已成为历史。作为一种解决办法,它有一定的意义,因为它表明了资产阶级无法彻底征服地主家族的势力或是重商主义的商业性质。但是突然间变化发生了;人们一般都承认,19世纪中叶第二次工业革命在重要性上可与珍妮纺纱机的发明相媲美。随着惊人的机械化的成功,工业资本主义仍旧是一种绝妙之物,一种注定要改变世界的革命的典范。到1870年,这种美景成为现实,革命成了反革命,梦想成了梦魇。工业的胜利不可避免地导致政治上的反动;资产阶级发现它不再被迫与旧制度的遗老分享权力。随着阶级合作的基础破裂,就不再需要积累的国家的某些特征。新工业家已经在利用国家为他们的利益服务，现在他们能够转过360度议论道，国家是落后于时代的邪恶之物，为了全体人民的利益，最好是废止它。然而在这样做时，它发现某些事物现在正在兴起，以取代旧制度的势力，因为一个民众阶级正在产生，它有自己对国家权力的观念。随着乡绅影响的衰落和工人阶级开始为自己要求权力，积累的国家成为一种没有内容的形式。资产阶级发现它自己现在需要一种可以与工业创造力相媲美的政治想象力。像新机器一样，新的国家即将来到。

第二章　和谐的幻影

"资本家和工人的利益是……彼此完全和谐的,因为每一方都从旨在推动资本增长的每项措施中获利。"

——亨利·凯利:《政治经济学》(1837)

"正是由于正确、严肃、持久地追逐个人利益,个人和公司才得以造福大众。"

——罗伯特·皮尔爵士(1844)

"如果这个集会与我持有同样的观点,我们将避免所有的政治争端,而这样就避免了导致分裂的冲突……如果我们成功了,我们就能指出得到占人口多数的来自不同有产者团体的群众的赞同……让我们和谐地、积极地、明智地而又大胆地朝着我们的目标去努力。"

——恩斯特·冯·布洛:《在普鲁士保护财产学会的致辞》(1848)

资本主义国家的结构与旧军队不同,它既未死亡,也未逐渐消失,在过了鼎盛期后仍然安然无恙。积累的国家到 19 世纪中叶已开始失去其理性基础,但是,国家应当在积累过程中发挥积极作用的观点贯穿了 19 世纪后半叶(这时自由放任主义在理论上比以往更加得人心),第一次世界大战期间,并且以一种前所未有的特别形式,贯穿于20世纪的实验过程中。"纯粹的"积累的国家作为寻求秩序的旧制度和追求财富的新制度的妥协,对于所有经过革命改造的资产阶级来说已显得十分保守。无须激动或怀旧情绪,政府结构可能被采纳而随后放弃,就像碳化硅那样的新合成物取代强度不够的自然形成的金属那样。而且,积累的国家作为真正的理性国家的巨大力量存在于它的折中主义特点中,即它完全用实用主义的非意识形态的方式寻求解决之道,以解决资本迅速积累的需要所造成的问题。尽管权宜之计意味着不可预言,泰奥菲勒·戈蒂埃论及拿破仑三世所说的话("他先是向右转,然后向左转,人们无法说清楚他走向何方")[1]可用来说明积累的国家的经历。不可预先性导致了在目标、手段、前途、责任方面的混乱。在半个世纪中,积累的国家实在的力量成为它最显著的弱点。

当一个阶级必须与其他阶级分享国家权力时,意识形态上的摇摆恐怕是不可避免的。19世纪后半叶资产阶级在政治上的胜利意味着在一个时期内权力不必再分享。其结果是出现了一个对这个新统治阶级考验的时期。对它来说,这是第一个也是惟一一个它能够以它自己的风格去统治、以它自己的设计去创造一个社会的时期。在这一章中,我们将讨论这种机会产生了什么。

在实践的层面上,在政府日常活动领域,新阶级未能充分利用形势。积累的国家的许多活动被原封不动地借用过来,带进了新秩序,而在进行变革的范围内,这些积累的国家的活动对于创立一种合理的政府体制有着决定性的负面影响。在工程技术领域,一个如此足智多谋、如此才华横溢地进行探索的阶级,对于高难度的治理艺术并没有特别的灵感。但是,在创造一种新意识形态方面,它的想象力很活跃。工业资产阶级寻找一道公式为它控制国家辩护,它能够容忍一套旧制度的整体特征混杂于其中。早些时候人们接受了每个人都是整体的一部分,共同幸福可以被定义为各部分人的共同之点的观点,新的观念形态完全变成了对立面:一部分人致力于工业行动,规定了总体的特征,一种纯粹是资本主义的合法化理论第一次被提出来:如果控制公司的人被允许追求他们的私利,其余每个人的一般利益就会得到保证。我将把强调所有阶级利益和谐的各种合法化概念描绘为和谐的国家。和谐的国家与已经显示其弱点的积累的国家并行发展,并且最终取代了它,到20世纪最初十年以这种或那种形式残存下来。

为和谐的国家辩护,其重要性不仅在于它内在的逻辑,而且在于它的存在,积累的国家所要求的不是持续不断地将它自身合法化,而和谐的国家这样做了。其原因在于,资本主义不仅创造了资本家,而且还创造了工人。一个潜在的多数阶级的发展要求一种反应,即对其存在的某种认可。正是这种存在导致了对一种谐调观的需要,并且,因为它的存在,和谐的国家不仅标志着资产阶级的胜利,而且也第一次表明了,它新创立的政治权力的运作,恐怕总是取守势的。

和谐的国家最好不要被理解为一种关于它是怎样的陈述,而是理解为一种关于它应该是怎样的理论;对它作分析时,要求对思想家的考察多于对法律的考察。在现实世界中,在托尼所说的平等意味着"平等地实现不平等的机会"的社会里,是不会产生和谐的"。②对绝大多数民众来说,19世纪后期的世界更接近于"小酒店"而不是"欢乐之家"。不过,和谐国家的理论还是值得考察,因为它在盛期过去之后,继续用来辩护。如 E. H. 卡尔曾揭示的③,强调统治阶级与被统治阶级之间利益和谐的信条,不可避免地被前者提出,以证明其对后者统治的正当性。和谐国家的概念不应当因为它不符合工业社会的现实而被忽视,正是这种沟壑使它如此有迷惑力。作为工业资产阶级所提出的唯一的观念形态,正如它有一部矛盾的历史那样,和谐国家的历史是有魅力的。

而且,作为对现存的阶级社会作出理性解释的和谐的国家,受到阶级社会的支配。学说的完整性总是与资产阶级在政治上的成功相关。在最彻底地实行它的地方,如在美国以及在程度上稍次的英国,"纯粹的"和谐的国家的理论得到了基本的表述。在这些国家存在一种从亚当·斯密的"看不见的手"、经过约翰·斯图亚特·密尔"论对政府的限制"、发展到斯宾塞和萨姆纳关于只有当国家对于"自然的"稳定不加干涉和破坏时才能产生和谐的思想传统。另一方面,尽管资本家和贵族势力继续与工业家分享权力,例如在德国、意大利以及程度较低的法国,和谐理论采取了不同的形式。根据圣西门派的洞察,利昂·布儒瓦等关于人们休戚与共的理论、讲坛社会主义者或在《经济学家日报》周围的费代莱·兰佩蒂科之辈,和谐不会自动产生,而必须被创造出来,而国家是创造过程中有效的部分。和谐国家同自由放任又不是一回事。自从狄骥阐述了一种处于"个人主义"国家理论与"集体主义"国家理论之间激进二元论的"19 世纪的法律与观念"出版以来④,一般认为 19世纪政治哲学家与经济学家所面对的最重要的问题是国家干涉。用这种准则来判断,刚才概述的两种和谐国家理论恐怕不得不分道扬镳。但是,如果继续坚持其最终的目标,通过展示其社会关系

中自然的或潜存的和谐来证明资本主义社会的正当性,那么两种
准则便会表现出同样的意图。从这种观点出发,国家干涉的范围
就成了第二等的问题,成为技术问题、实践问题,而非理论问题了。
如同我们将目睹的,当时人们并不将国家问题视为居支配地位的
问题,他们的看法简介于此。

一种学说的简史

和谐作为一种理想存在的时间与它和现实不和谐的关系的存
在同样长久。无论在何处都存在冲突,似乎总有人想找出牧歌似
的解决办法,如果这种想法不存在于这个世界,那么一定会存在于
其它地方。由于重商资本主义提出了它自己的阶级社会形式,和
谐的原则作为分析的中心常能在积累国家的思想家之中发现,尽
管它很少采取首尾一贯的形式。重商主义秩序的捍卫者和它的批
评者在使用个人主动性的新语言时,都采用了和谐的观念;而与此
同时,他们对于哪些因素将不得不和谐化,从及该由何种代理人实
现和谐的问题则存在分歧。对于重商主义者来说,最重要的冲突
存在于不同生产部门之间。马修·凯利在他的《新橄榄枝》中,出
于寻求平衡的目的,倡导去"尝试建立一种农业、制造业和商业利
益之间的同一性",⑤他还出于这一理由,谴责国家援助商业是一
种阶级立法。对他来说,《原富》代表了"毁灭之路",而汉密尔顿的
《关于制造业的报告》是"自这个课题提出以来最完整和最有启发
性的著作"。⑥而斯密以他自己的方式对和谐大加赞许。尽管对他
来说,对和谐的需要(鉴于他后期享有的作为纯粹商人的代言人的

声誉来说,令人啼笑皆非)代表了阶级的而不是派别的利益。他写道:"绝大多数成员是穷人而且处境悲惨的社会是肯定不能繁荣昌盛和幸福的。"公众幸福可以实现,但绝非如后期凯利那样的倡导者所设想的那样,只有通过经济增长。"实际上前进着的国家是使所有不同等级的人愉快和健康的国家。不变的国家使人沉闷;衰落的国家则使人意志消沉。"⑦

重商主义者普遍赞成国家行为,而斯密依靠的是通过看不见的手来保证和谐。此乃手段不同,而非目标不同,然而即便在此时,手段也并非截然不同。在英格兰,李嘉图和纳索·西尼尔(更不用说边沁)常常发现他们自己在特定问题上赞成国家行为,因为他们的目标无法通过其它方式实现。在法国,J. B. 萨伊是自由放任的代言人,对此人来说,国家干预并非偶然的错误,而是根源于对事物本质的错误看法,以及在此之上的错误原理。⑧然而,萨伊特别倡导国家在武器制造、内政的改进、交通、学校、图书馆、科学、专利制度、发明以及他所说的在所有一切中最重要的是对国家防卫方面的干预。另一方面,这个世纪国家干预的主要发言人则是萨伊的孙子路易,他写的《国民财富的考察》旨在纠正古典政治经济学的谬见。当路易·萨伊把他的怨恨全都指向斯密时,路易·萨伊表示他受惠于他的祖父,他把自己认作是他的挚友,并且宣称,他正在发展而不是批评 J. B. 萨伊的著作。⑨这里存在着为家族自尊和为家族扬名的因素,但是,说两个学派都强调和谐包含了自由主义和国家主义理论的二分法,也是正确的。

在许多方面,严格意义上的古典作家之后的一代政治经济学家,在国家问题上的推诿甚至更厉害。对于逐渐被称为功利主义者的群体尤其是这样。狄骥在一般意义上，而边沁在特殊意义上使得功利主义成为 19 世纪英国自由放任政策的辩护者，然而，其他的边泌派以及像查德威克之类的信徒则完全相反，政府活动家在早期维多利亚英国为 20 世纪的福利国家奠定了基础。[10]这种混乱的主要原因在于，边沁既与他们不同，又兼有他们的特点。他的哲学旨在促进最大多数人的最大幸福，有点与利益和谐论牵扯到一起。如果这个目标没有国家也能实现，那么就此而已；如果需要国家，那么国家就是必需的。换句话说，功利主义审慎机敏地回避了国家问题，因为与追求公众幸福相比，国家作用是第二等的问题。这就是为什么脱离了背景来看，他们对于政府作用采取的特殊立场明显有矛盾，这也是为什么同一个约翰·斯图亚特·密尔能够有时被人视为古典自由主义者，而在另一些时候则看起来像是初露头角的社会主义者。像边沁一样，密尔对国家问题持一种开放的观念，因为他对利益和谐问题持封闭的观点。只有允许前者转变，后者才可能存在。

功利主义输入美国后，成了激进共和主义。按照戴维·蒙哥马利的看法，内战以后的共和主义纲领"统一了杰克逊民主党关于多数作用无限制的信念与辉格党人关于积极国家的观念"。[11]这种观念形态的混合如此接近于功利主义的妥协，以至于不仅科布登和布赖特，而且密尔也同样赞成共和党人的重建计划。[12]如果这个运动有一个理论家的话，那恐怕必定是亨利·凯利了，他恐怕是北美产生过的最重要的经济学家，当然，恐怕是惟一的卡尔·马克思在书中对其原文曾加以分析的经济学家。[13]马修·凯利之子亨利·凯利(像亨廷顿那样有弊病的政治经济学传染了萨伊家族、密尔父子,现在又加进了凯利家族)组织了 1867 年的美国工业联盟,其意图是展开反对自由贸易的斗争,并显示"在促进美国生产一事上……所有各阶级人士利益的一致性"。[14]凯利卷帙浩繁的著作观点很少首尾一致。他作为一种矛盾的哲学的代言人,不止一次在像国立银行和自由贸易的问题上改变观点,最终支持前者反对后者。他对待国家的态度同样缺乏一致性。作为他思想总结的《社会科学的原理》一书,是将生态学用于经济学研究的尝试。一切隐喻允许凯利从旁避让与政府相关的全部问题。一方面,"政府如同它所做的那样,代表了团体的、物质的和社会的才智,因此有责任并有权利在自然秩序中取得一席之地"。但是,如果团体打算适当地履行功能的话,它们必须保持平衡,因此,政府也必须尊重它的地位。"在尽力使团体幸福时,它可能不,而且如我们将要看到的,它也不会干涉最接近于运转核心的生活领域。"[15]很明显凯利这部著作恐怕倾向于回避全部主题,他希望国家还是走远些。正像约瑟夫·多夫尔曼指出的,在他的著作中"政府形式并不重要"。[16]

　　欧洲读者详尽地阅读了亨利·凯利的著作,以至于弗雷德里克·巴师夏的《和谐经济论》出版时,凯利在 1850 年指责它除了抄袭他自己译成法文的著作外,没有更多的东西。不管指责的确如此还是与事实不符,对巴师夏来说,比凯利更重要的是必须取得关于和谐国家的最高理论家的头衔,巴师夏 1841 年创办《经济学家》杂志,并且是自由贸易协会一名积极成员,他是一名自由贸易派,而凯利在最终形成其思想时,成了一名保护主义者。此外,巴师夏在国家作用问题上的立场比凯利更为前后一致;对前者来说,国家行为不可避免是专制主义的,因此应当不惜代价避免之。由于在世纪中叶的法国,无论自由放任还是自由贸易都不为人熟悉,巴师夏在他有生之年并未产生大的影响。但是,他令人惊讶的乐观主义恐怕表达了莫拉泽称之为"胜利了的资产阶级"(les bourgeois conquérants)的精神。他在《和谐经济论》一书中写道:"我相信,尽管善无法最终成为恶,但恶却远非善的对立物,最终善取得了胜利[17],以某种方式不可思议地助长了善。"[18]如果暂时不去谈论他的讽刺短诗和借用它的内容,巴师夏的乐观主义要比他的分析重要得多。当和谐国家失去它朴素的乌托邦主义时,它也失去了其主要的存在理由。

由于凯利和巴师夏,关于和谐国家本质的学说出现了有趣的变化,对于早先一代来说,国家作用问题确实使学派分裂了,没有谁作出非常清晰的表述,而且,其重要性始终被夸大了;亚当·斯密和马修·凯利彼此间确实存在过争论。对于更年轻的人来说,看得很清楚,分歧存在于不同学派之间,同时也存在于同一个人身上;亨利·凯利既采纳了他父亲的立场,同时又采纳了他父亲对手的立场。原因与成长中的工人阶级密切相关,当亚当·斯密写作《原富》时,甚至没有使用过这个措辞。[19]到世纪中叶,工人阶级已无法被漠视;巴师夏寿命很长,足以看到 1848 年路易·勃朗创建国家工场,而凯利则看到内战时期绿背纸币混乱。通过一切必需的手段将和谐问题置于他们分析的中心,这些作家在 19 世纪证实了阶级冲突的力量,同样的冲突把马克思推向了不同的方向。调和而不是加剧矛盾成为目标;如巴师夏所说,"如果资本存在仅仅是为了资本家的利益,我准备成为一个社会主义者。"[20]

但是,这种调和的尝试十分可疑。因为他们是在工业资本主义史的初期写作的,两人还不了解未来争取和谐的斗争是如何困难。试图在保存资本主义架构的同时缓和阶级冲突,确实使功利主义思想家进退两难。巴师夏过早地于1850年死去,无法看到对他的希望有众多限制因素。凯利继续活着,同样,他构建的共和主义意识形态也存活了下来。如同戴维·蒙哥马利详尽地说明的,激进的共和主义意识形态作为传统的保守主义和兴起的劳工改革运动之间的折中方案,最终只得转而择一。㉑到1870年,绝大多数激进派已作出了他们的选择,像《民族》中的E.C.戈德金,他们重新发现了自由放任并成为胜利的资本主义的倡导者。世纪临近结束时,和谐仍然是公认的目标,但是,对于国家行动的立场已变得严厉起来,而乌托邦已被玩世不恭的"现实主义"所取代。最初人们还对国家持优柔寡断的观点,现在已成为人们专心致志的问题。

另一种方法至少在理论上是可能的。如果美国激进共和主义者朝着未消失的自由放任走下去,具有同一传统的欧洲大陆思想家则常常变成国家主义者(étatistes)。法国关于团结一致(solidarité)的概念和俾斯麦派对福利立法的兴趣是两个极好的例子。法国的激进主义传统植根于产生过功利主义和亨利·凯利的同一种土壤;克里蒙梭在内战期间访问过美国并最终赞成激进的重建纲领。㉒克里蒙梭在漫长的政治生涯中,因其不止一次改变其思想而著称,但是他从未改变的除了对德国人的仇恨外,还有他试图寻求资产阶级的自得和社会主义革命之间的中间立场。这就是为什么他既谴责梯也尔及其对巴黎公社的镇压(他用语像马克思一样强烈)同时也倡导他自己的镇压纲领,反对那些处于他左翼的人。用约翰·A.斯科特的话来说,他作为激进社会党的创始人,领导了一场运动"试图调和经济生活中的自由放任和国家干预这两种冲突的观念"。[23]

支配这个政党的头头是道的哲学是各种观点的大杂烩,它以来源于圣西门派的称为团结一致的观点为基础建立起来,它为首的鼓吹者是阿尔弗雷德·富耶和利昂·布儒瓦。前者像亨利·凯利一样,被生态学弄得神魂颠倒,并且试图把它引入社会理论。由于达尔文在社会问题作家中的流行纯属伪科学,就有可能把他的观点功利化,并与人们希望的结果背离。结果便出现了富耶使用了达尔文的框架和斯宾塞的一些著作为积极国家辩护,而斯宾塞此先则用相同的思想推断消极国家将不可避免到来。布儒瓦作为一个更加流行的作家,同时又是一个积极的政治家(参见第三章),在理论上采纳了为他强调并被称为"社会情义"的观点。这种学说剥掉其法律外衣,它认为,出于对他们积累的财富的回报,富人有义务使穷人生活得更好,这可以通过国家来实现。斯科特称,他的学说

> 既避免了自由放任自由主义的陷阱,又避免了革命社会主义的诺言;它在保证不触动以私有财产权和企业经营自由为基础的资本主义社会的同时,提出对突出的社会弊端进行改良。它根据劳动分工和人相互依存原则,设计出一种社会和平和阶级间友爱的观念以掩饰社会冲突,使工人阶级远离革命的社会主义,并以此通过支持一种'务实的'社会改革纲领去赢得它。[24]

和谐的国家凭藉团结一致(solidarité)重新振作起来,这是纯粹自由放任的结论以外的一种独特的可采用的办法。

在德国统一前激烈的争论中,工人阶级不过是一个观众。在

84 第一篇 寻求稳定的六种答案

过去这个或那个时期,自由派和传统主义者都在寻求"群众"支持,但双方都担心,把权力授予群众会削弱双方的权力。结果便是斗争的双方都在发展和谐的学说,自由派强调商业自由,而保守派传统上强调爱国主义义务,但双方都以引人注目的相似程度,拒绝采取行动实施这些学说。西奥多·哈默罗写道:"无论哪一方都无法赢得无产阶级的归顺,因为无论哪一方都无法满足它的基本需要。"⑤自由主义缺少的不是普鲁士疆域,它只是缺少权力。像约翰·普林斯—史密斯那样的作家和德意志经济学家大会那样的组织,为一切自由放任布道,但无法使它付诸实施,因为他们在1848年失败了。他们本应转向工人阶级寻求建立联盟,他们的失败部分归因于他们未能较早这样做。他们对将会解放出来的力量感到恐惧,他们选择了雄辩的替代方法,并且用和谐的学说取代了建立联盟的具体尝试。如马克斯·邓克尔表述的,温和自由派"希望阶级和谐,而不是用一个阶级来镇压另一个阶级;不仅要镇压改革的对手,而且要镇压他对于改革的良好愿望"。⑥在另一方面,传统上反对资本主义的德国保守主义,他们时常通过爱国主义的实践向工人阶级调情,但这并非全部内容。俾斯麦曾经将资本主义定义为一种制度,在这种制度下,"那些渴望尽善的人将使他的竞争者成为破产者,那些能够生产最劣等商品的人将摧毁他的竞争者。"⑦1848年革命失败后,像约瑟夫·冯·拉多维茨之类的人士已在试图实行狄斯雷利式的保守党与无产阶级的联盟,但拉多维兹无法取得无论是他的同事还是国王的强有力的支持。在统一的斗争中,俾斯麦选择的不是遵循爱国主义的战略,而是选择了围绕统一这个目标他和自由主义者的联合。尽管夸张地说,他们浪漫主义和空想家的花言巧语用得太多了，德国的创立给了双方一种避免采用他们的和谐学说的方法。

随着统一的完成，这个问题被置之一旁。社会主义政党持续地成长，使和谐的问题以理论空谈变为实际的政治现实。突然间，怎样对待工人阶级的问题不能再被漠视。普遍认为，俾斯麦的反应将在欧洲通过导致现代福利国家的第一个重要的立法。这个观点误读了立法的性质。首先，俾斯麦的"福利国家"不是面向未来，而是朝着过去；它更接近于斯宾汉姆兰制度而不是美国的"新政"。这些法律部分是旧制度对传统的父权制的关心，这些法律是上层感到需要的产物，而不是来自下层的社会公正的要求。如果在20世纪福利国家一词还有什么意义的话，那就是它产生于民众的不满，即来自人民的压力。俾斯麦的社会立法是和谐国家保守主义理论的延伸，而不是通过社会实践开辟新路的冒险。第二，俾斯麦的立法是对积累国家基本功能——即社会控制——不规则的和折中主义的探讨。同样一些人在欧洲通过极富镇压性的反社会主义法，同时又在通过最"自由"的福利国家措施；从他们的观点来看，二者都朝着同一个结果努力，在巨大的社会变动的形势下保持权力。它使人们注意到，把这些法律看作世纪中叶围绕着和谐的国家所能采纳的未来方向问题发生的混乱的一部分。正是这个原因，从1865年到统一后的时期具有意识形态不一致的超现实主义的特征。

从这个基本观点来看，问题就变得清楚了。大约到了1870年，和谐国家的概念分裂为两种，一派思想家强调自由放任，而另一派则积极利用国家以推动社会和谐。这两种方向的冲突不仅显现在国家与国家之间,而且显现在国家内部。在英国和美国,朝着纯粹自由放任的运动并不是毫不受阻地前进。在所有各民族中,黑格尔都被重新发现,如英国作家格林及布拉德利和美国的格朗伦德,利用黑格尔对整体的强调,试图证明一个国家至少在形式上对所有社会阶级负有责任。(一位新黑格尔主义者理查德·伯顿·霍尔丹作为 1914 年的战争大臣宣布,如果世界大战发生,英国军队会成为黑格尔式的军队。)⑩新黑格尔主义以一种全新的形式倡导现在极为流行的社会各阶级的和谐。当 T. H. 格林宣布"没有哪种国家按照它的理念采取的符合它自己利益的行动会与一般社会的真正利益和权力发生冲突",⑪他的调子有很多地方像古典政治经济学家。不能认真地把 1884 年出版的格朗伦德的《合作国家》视为一部政治理论著作,但是就它东拉西扯的形式来看,确实表达了一种使国家造福于所有的人而不只是为少数人的共同意识。他写道,"国家全部职分就是使一切特别的活动为一个总目标共同运作,这个总目标就是它自己的幸福或公众的幸福。"⑫杰文斯的《国家与劳工的关系》则在不太抽象的层面上预演了对纯粹自由放任的攻击。⑬尽管诸如理查德·T. 伊利和美国经济学会的"青年土耳其"创始人引用美国经济学会的宪章,"把国家看作其积极支持是人类进步不可缺少的条件之一的代理机构",⑭然而,在两个国家中,和谐国家有另一张面孔,即以敌意看待问题,它确定了当时政治声音的主调。尽管自由放任输掉了这场战争,它却在这场战役中获胜了,因为其信条成为正统派经济、社会和政治学说的顶点。萨姆纳和斯宾塞的盛名、美国最高法院的司法保守主义、格拉斯顿和布赖特之间的调情,以及稍后像邦纳·劳这样的人物在保守党内的崛起,都代表了被许多人视为已过时的原则盛行一时。像一头濒死的恐龙一样,自由放任在断气前最后重重地甩了一次尾巴,给那些无论它从哪里登陆都设下陷阱捕捉它的人造成不可思议的伤害。

七种矛盾共舞

自由放任在世纪之末的繁荣改写了历史;一种被广泛接受的哲学势必会存在一个时期。实际上它的生命短得靠不住。纯粹的自由放任在 1870 年至 1880 年间的某些时候开始重新流行;到第一次世界大战,除了再次出现在一个衰落中的阶级怀旧的幻想中外,它实际上寿终正寝了。这样,它全部生命仅仅体现在两个国家中一代法理学家、政治家和思想家身上,它的理论戒律事实上曾危害着实际;然而这一代人能够产生一堆观念,它影响的深度就如同作为它基础的哲学一样浅薄。自由放任关键的观念,如同立体闪光灯的迸发一样,在陷入黑暗的虚无之前,以壮观的强度燃烧。恰恰是这种瞬间的光辉隐蔽了它真正的性质,因为在它的全部历程中,这种信条基本的万灵妙方在被工人阶级接受的同时,也被雇主、宗教领袖和无神论者、道德家和不讲道德的社会所接受。但是,当它焚尽之时,这个包含了一系列相当严重的矛盾的原则之无法运作已变得很清楚。尽管当时的人们认为,他们已经发现了会使资本主义永存的一个神奇公式,他们的解决办法事实上是暂时的,因为它的设计有严重的局限性,通过这一原则边舞边走,既牺牲了它在国内的稳定性,又牺牲了它对外的实质作用。

首先是性质问题。在他们要求证明阶级统治不可避免时,随

88 第一篇 寻求稳定的六种答案

后以及现在,空想家们采取了一种伪科学的伪装,因为那些本质上是宣传和非科学的东西,在某些情况下甚至是反科学的信条。流行的达尔文著作为这个意图尽了力,并且,在此同时它可以用于为种族主义辩护。是自然界而不是人命中注定要为生存而斗争,如果生存斗争仅仅留给自然界,说不定也会产生和谐。然而,在达尔文的生态学理论和自由放任之间不存在逻辑性或其它任何联系;如我们看到的,凯利和富耶利用生态学的隐喻,得出了完全不同的关于国家作用的结论,而他们对达尔文著作的阅读如同对斯宾塞著作的阅读一样,却是非常忠实的。同样,对于萨纳姆来说,作为其政治上有可取之处的冲击性,看来是以作为社会科学发展的一部分的大众化的人类学为基础的。然而,回想起来,社会阶级彼此独立不是基于社会习俗,而是围绕着它的其它习惯;在萨姆纳看来,如果不是按照他的作品的年代记的话,那么,首先是政治权利要求,然后才是伪科学。简而言之,鼓吹自由放任的思想家转向科学,不是他们有天赋观念,而是因为他们如此缺乏天赋。这些观点由于自信而提出,似乎世界不可避免地变成这样。这种自信得以存在,只是因为宣传这些观点的阶级也已经赢得对国家整体的控制。那些掌权者会否认权力的存在,而那些控制国家的人会说国家不重要,这几乎成为社会学的法则,因为这些观点将使控制易于维持。这样,此时的自由放任所意味的不是与自然作斗争,而是具有更大重要性的政治斗争;因为如果没有一个工业统治阶级为了自己夺取国家的目的进行决断的、有意识的、无情的尝试,自由放任恐怕就不会被提出。如安东尼奥·葛兰西曾说过的,自由放任远非自然,它是"通过立法和高压手段提出并保持的……因此自由放任主义是一个旨在改变国家领导主体和改变国家本身经济纲领的一种政治纲领"。③对它的验证难以建立非国家干涉思想，甚至那些全然献身于这一原则的人事实上都愿意在某些方面违背这个原则。如果自由放任的确立系出乎本性，它恐怕绝不需要像萨姆纳或斯宾塞之辈用热情和辩才去为它辩护。

第二，自由放任绝没有解决存在于它的一般修辞学和它特殊的诉求之间的矛盾。似乎它捍卫的既得利益越狭隘，在自辩时使用的雄辩术就越丰富。菲尔德法官先生夸张地写道："按照美国用语的含意来说，唯有在一个自由政府的治理下，除了受正义、平等和无偏见的法律的约束外，每个公民追求其幸福的不可剥夺的权利是不可限制的。"④但是，如罗伯特·麦克洛斯基曾指出的，他热情地为少数屠夫向路易斯安那州有关屠杀动物的法令挑战进行辩护。⑤通过他焕发的辩才、利益和谐信条得到了最完整的，因此也是理性破产的表述。

尽管已经申明，自本世纪初以来，对人数最少的阶级有利的东西便对每个人有利，但资本主义社会的生活状况则是另外一回事。固有利益的和谐越来越具有阶级倾向。但很少有人对这一点比对阶级定义本身看得更清楚。因为，根据自由放任理论，唯有工人阶级才构成一个阶级；资产阶级不是一个阶级，而是全社会。任何符合统治集团利益的便符合所有人的利益的说法被普遍化，而任何有利于其他人士（如工人或农场主）的立法的通过，都成为阶级立法，并且作为特例而遭到谴责。赫伯特·萨缪尔这个悲观主义的具有商业头脑的英国自由党领袖，憎恶"关于国家可以攫取一个阶级而给予另一个阶级的观点"，因为这一政策表明，"由于对社会生活的全面干涉而造成脱离公众利益"。⑩ 当然,萨缪尔的全部生涯都致力于从一个阶级那里攫取而给予另一个阶级,因为那恰恰是资本主义和资本主义国家的全部打算。按照这种特殊的逻辑,政府对工业的援助,并没有干扰利益和谐,而在帮助实现它,尽管政府对其它方面的援助严格说来起了相反作用。正是在这样的双重标准下,律师约瑟夫·乔特和乔治·埃德蒙兹要求美国最高法院否决关于收入税的条款,他们辩解说,任何向一个群体征税以支持另一个群体的法律都是"阶级"立法,因此是违宪的,美国最高法院迅速地允诺了这一要求。⑩ 这种对于何以构成一个阶级的分析可能满足对其出价的人对权力的渴望,但是它如此充满矛盾,以致无法长期为人们接受。如果自由放任的倡导者提出阶级立法问题,他们也就提出了可以频繁地用来反对他们的问题。

这种双重标准通过两种方式起作用。由于一个积极支持商业的国家不会从事具有阶级偏见的活动,而一个帮助大多数人的国家却会这样做。按照逻辑推断,——这些人为他们的逻辑感到十分骄傲——因此,在针对工人的无活动被实施时,有助于商业的无活动可以被忽略不计。自由放任胜利的一个反讽表现在,它的一些最著名的反对国家干预的言论与商人毫不相干,而与工人有关。如同在这个世纪早期曾发生的那样,正是劳动力市场而非商品市场被抬高为理想的"自由市场"。为捍卫他们的屠夫,菲尔德曾称"自由劳动力的权力"是"人的一种最神圣和不可侵犯的权利"。⑱ 法院的法官们曾经留心工人们正受惠于雇主们试图避免的自由放任的国家。由于法院按照一种声名狼藉的洛克纳诉纽约案进行统治,工人"绝非国家监护的对象"。⑲ 必须拥护契约自由,而立法调整则应遭到谴责。然而,如果说工人未得到国家监护的话,那么商人则始终得到国家的监护;确实,他们既是被监护人又是主人,他们慷慨地赠予,又将之统统收回。

这些基本主张显示,双重标准成为和谐国家理论的关键因素,这导致它的倡导者进入了无法逃脱的死胡同(culs-de-sac)。恰恰在同一时候,美国最高法院将收入税立法作为一种阶级立法而扼杀了,它又宣判谢尔曼反托拉斯法不适用于制造业垄断商,而是适用于工会。[40] 1895年的这三次决定象征着对自由放任矛盾的年代;法院当然代表了阶级利益,但是在将近40年中,由于它作为最具普遍性的文献——美国宪法的发言人,选择了它自己钟爱的非常重要的特殊利益,它毁掉了它自己的合法性。

多少有些相关的是第三种矛盾,存在于对乌托邦和反乌托邦之间的矛盾。萨姆纳是所有自由放任理论家中最悲观的一位,然而,甚至他也会这样说:

> 现代工业体系是一次伟大的社会合作。它自动地或本能地运作。机构自然地进行调整。各部分为供求这种客观力量聚合在一起。它们可能从不相识;它们可能被地球的周线分割在两个半球。它们在社会作用方面的合作被财政机构加以结合而后又分离,权利和利益的度量和满足根本不根据任何特别的条约和会议。所有这些如此顺利地进行着,使我们很自然地忘了关注它。[41]

萨姆纳的话表明了自我平衡原则的吸引力,在《原富》发表100年来它仍然很得人心。是什么使萨姆纳的观点比斯密更吸引人?这在于后者有一种乌托邦主义的基础;尽管他知道,资本主义革命可

92 第一篇 寻求稳定的六种答案

能真的带来普遍幸福。但是萨姆纳还应当了解另一方面。通过的议案最明显的特点不在于它怎样说,而在于它写出来时,处在一个萧条持续的时代,此时工业暴力几乎达到了它的顶点,®人民党的不满达到历史最高点。®按照这些思想家的看法,全世界社会状态越糟糕,现代资本主义创造的工业乌托邦就越美妙。

这些作家并非视而不见。他们知道世界并非完美;事实上,他们通常将它描绘为陷入一场生存斗争中,一个种族只有适者才能善终。斗争的概念怎样才能与乌托邦的和谐相调和? 只有将和谐置于潜在领域而非现实领域,才可能找到答案。如果不是一个又一个集团(特别是工人阶级)致力于从国家寻求特权,那么和谐早就出现了。这样,自由放任世界同时变成了乌托邦或反乌托邦,既坚守阿卡狄亚 * 的梦想,又宣传适者生存。这是一个必须接受的矛盾,而绝大多数民众作出了相反的选择。面对在提供给他们的虚伪的和谐和他们经历的真实的反和谐二者之间作一选择,他们发现不难把事实与虚构相区别,而和谐国家这一剂到底的苦药则极难接受。

第四,晚近和谐国家的理论为了取得十分世俗的目标,充满了道德和宗教暗示。在两个最得人心的美国新意识形态发言人之间并不一致,劳伦斯主教和拉塞尔·康威尔都是预言家,因为谁有资格比上帝更能担保一种完整和谐的乌托邦在未来具有潜势? 当然了,上帝希望资本家生财,但它似乎也要其他每个人去接受这种形势。合法化的自由放任理论最终无能以及它伪宗教的品质(作为

---

* 阿卡狄亚为古希腊山地牧民,以居民生活淳朴和宁静著称。——译注

一种混杂的学说，自由放任可以同时既是伪科学又是伪宗教），可以从菲尔德法官先生的这段话中看出来："唯有服从，才能够显示出对具有支配权的上一级的爱慕和尊敬。所以，伟大的造物主对他的信徒告诫说：'你们若爱我，就必遵守我的命令。'"㉔菲尔德从未真正弄清楚上帝在一场涉及法律赔偿的争论中起何种作用，但也许这并非不可缺少。一个神授的社会制度为它自身辩护。对菲尔德来说，不幸的是其他人并不清楚上帝究竟采取何种立场；像伊利那样的改革派在上帝身上发现了同样伪善的对积极国家的辩护："上帝通过国家实施其意图比通过任何其它机构更普遍。"㉕神的干预于是中立了；无论是菲尔德还是伊利都得面对这样的事实，即上帝既不是古典自由主义者，也不是功利主义的改革派，他的预言与政治活动领域不相干。两人都需要现世的、世俗的目标，一个需要纯粹的资产阶级的统治，另一个则需要社会改革。崇奉神的干涉，无助于任何人实现其目标。

第五，当物质的价值观受到质疑时，不被束缚的自由放任正在发展成为纯粹的社会物质第一主义的理论。古典政治经济学一直信奉"经济决定论"，因为以对物质得失的经济计量为基础来衡量公民的动机，这是斯密、李嘉图和马尔萨斯的遗产。到了世纪末，把物质的考虑作为正当行为的定义，而将所有其它的考虑都从属于它的倾向达到了顶点。尽管边沁的功利主义在"为最大多数人的最大幸福"和物质福利（它是一种内容含蓄的东西）之间并未建立明确的联系，可是萨姆纳这样做了。被他贴上像"勤勉、节俭、精明和节欲"㉖一般性标签的物质价值观成为最终的价值观。萨姆纳对物质主义的皈依是如此强烈，以至于他能够板着极为规矩的

94 第一篇 寻求稳定的六种答案

面孔说:"储蓄银行的存款人是文明的英雄,因为他们正在帮助那些资本的积累,而它是对我们关心和需要的人世间的一切都是不可缺少的先决条件。"⑰ 把一个存款人等同于奥德赛,恐怕会给前者的无耻行为打上一道粉红色的光彩,但是,忠实于物质第一主义的社会理论的这种灵感,无法与成长的工人阶级意识相比。在争取他们公民权利的斗争中,工人作为人数众多的阶级开始发现政治、文化、娱乐、教育、文学和家庭生活。为适应这种需求,自由放任提供给他们的政治经济学恰恰是他们需要避免的。和谐国家无法超越它创造的纯物质世界,因此它无力作出需要它作出的回答。

第六,在世纪之末,对自由放任思想的神化,把自由和民主思想之间的矛盾表现得比那之前或以后的任何时候都更清楚。从自由主义中直接产生了小国家的观念,而它至今仍然是对政治研究最有持久性的贡献。从那以后,迟钝的国家随之带来一种双重公民身份的观念,如果工人被视为一个能够组织社会达到自己目的的阶级,他们就无法被授予政治权力。另一方面,工业家被授权去掌握政权,因为他们作为一个集团,其利益会有益于每个人。这种两重性的结果便是,可能保存自由主义国家的唯一方式就是保护它免受民主因素的影响。萨姆纳写道:"工业可以是共和主义的,但绝不能成为民主主义的,"⑱ 而对于为工业利益服务的国家也同样如此。对于统治阶级而言很幸运之处在于,至少在美国,政府的一个分支严格说来是非民主的,因此,不用感到奇怪,最高法院将成为纯粹自由主义价值观的最热烈的拥护者。政府离开公众越远越孤立,它就越是拥护古典自由主义,反过来,一种政府越是民主和得人心,它对同一种信条便越不同情。对于那个时代的人来说,这并无特别的奥秘。如哈罗德·U.福克纳曾注意到的,"最高法院知道,当它剥夺了这个[州际商务]委员会推行[谢尔曼]法的全权时,它已经废弃了代表人民去管理州际间商业和消除无疑长期存在的弊端这个压倒一切的愿望。"⑱倡导自由放任基于他们对"高等法"的立场甚过基于政治民主;他们知道,他们不得不在民主和自由主义之间作出选择,而他们作出了他们的明确选择。只有当其它的潜势被削弱时,一种观念才能保存下来。

使工业家悔恨的是,同一种矛盾却产生了不同结果。如果打算设计出一种真正的民主,那么纯粹的自由主义国家恐怕就得取消。如同自由放任的拥护者以简单无比的方式所指出的,甚至最些微的改革都不得不经过斗争。一项改革立法可能看起来天真无邪,但接受它的那些人知道这条路线是从何时开始的。乔治·埃德蒙兹曾就波洛克案说过,如果采纳了简单收入税的提议,

> 随之而来的可能是进一步对私人领域和财产权的侵犯,随着一种恶行跟随另一种恶行,很快我们可能会看到,只有百分之一的人民纳税,而在最后一项条款中,仅剩下二十名拥有大地产的人应当承担赋税,而在共产主义、无政府主义之后,随之而来的甚至是专制主义。⑲

绝大多数当时的法律案情摘要都是如此,它总是关于未来的梦魇,而非现时需要的补救良方,这一点会再加以讨论。由于自由放任害怕民主,它把自己想象为处于绝境之中。它在其世界观上不会做最小的退让,它能够通过一时采取做极端性预测的谋略,避开变革。但是,当它最终采取这种做法时,这种战略也会产生更彻底变革的作用。而对于民主的形势,1905 年派克汉地方一个名叫狄金

96　第一篇　寻求稳定的六种答案

森的法官大胆地问道:"但是,我们所有的人是否会因为这个原因,受立法机构多数人的支配?"⑤问题提得十分大胆又十分夸张,因为他很清楚无法回答。结果,因为它不愿屈服,自由放任最终破产。由于自由主义不愿意接受民主,民主最终会反对自由主义,虽然并不彻底,而是凭借足够的力量,使得无论是最小的国家,还是商人有为所欲为的绝对权力的概念寿终正寝。

所有这些矛盾都可以通过第七点来概括,即国家进攻性战略和防守性战略的冲突。当自由放任最初系统地表述出来时,它曾经纳入了通过激烈的改革运动去改变世界的主张。上升的资产阶级对其想象力的局限性那时知之尚少。如埃米尔·佩里埃在1835 年所说的,"对我来说仅在纸上写下伟大的纲领还不够;我希望做更多的事——在世俗世界写下我的思想。"㊲而他也这样做了,如我们所知道的,像佩里埃那样的人转变了世俗世界。形成强烈对比的是,在 20 世纪,持有关于国家权力最小主义观点的同一个阶级的成员,像那些早期富于进攻性的集团一样转向防御。包容在巴里·戈德华特或玛格里特·撒切尔的陈辞滥调中的自由放任,看起来像是对棘手而且不现实的观点致歉。在自由放任从进攻策略向防御倒退的转型过程中,所讨论的时期多少有点处于中间地带。这种转变的特点使它对自由放任原则的辩护具有两个特点。第一就是转变导致自得。无论是佩里埃还是戈德华特都不得意,一个人希望带来一个新世界,另一个人则要恢复旧世界。世纪末(Fin-de-siècle)对自由放任的倡导具有一种既不改革也不反动的态度;对他们来说,世界的状况不坏。如安德鲁·卡内基在1886 年所说的,"如果被问及什么是我应当改变的'重要的法律',

我必定会说,不,法律是完美的。"⑤因为他们的世界是和谐的,新哲学家假设其他每个人的世界都是这样,而面对他们试图无视的不幸的社会状况他们表现出的自满,归因于褊狭,同时也归因于铁石心肠。意识到他们从攻势转为防守,和谐国家的倡导者看到一种宿命论和厌世主义的气氛偷偷渗透进他们的观念中。作者不再确信未来是他们的,开始仔细思考E. L.戈德金曾说过的民主社会"尚未预见的趋势"⑤。人性的概念经过了从宽大、开放的人性向狭隘的、封闭的、能用金钱收买的人性的转变。但是,无论结果如何,在这个时期,在那些被排除在权力以外日渐具有进攻性战略的人士与那些垄断了权力而取防御性口吻的人之间,有了一种辩证的联系。一些人具有的力量与另一些人的虚弱密切相连,而一种已经成为革命宣言的观念形态,正迅速成为一种反动的理性化。

合法化作为一种倡导自由放任的和谐国家的特别形态和成功的工业精英的真正正统的理论,发展到此时,它同样面临着令人生厌的变化。如果它忠实于自身反国家理论的传统,那么,尽管它落后于工业现实,它在理论上是有说服力的、连贯的;如果反之,它使自己适应新环境并为积极的国家行动辩护,它尚有极好的说话机会,但是它就失去了连贯的意识形态的内容,因此,就无法作为合法化的理论继续存在下去。面对这种霍布森的选择,和谐国家作为一种观念体系,尽管它最初作出了许诺,尽管利益和谐的回声在全欧洲和美国都能听到,却未能缓和资本主义社会内部的阶级紧张状况。⑤但是,如果它在实践中取得成功,它在理论上败北后尚有部分存在的理由(raison d'être),和谐国家观念形态上的瑕疵恐怕已很严重了,但是,如果在传统政治领域它的建筑尚属稳固的话,那么这些瑕疵还不是致命的。然而,当我们此时转到具体的国家行动上来,我们找不到什么牢靠的价值,因此,这种双重失败最终给和谐国家带来的不过是一种对过去的留恋。

和谐国家的政治结构

在 1890 年到第一次世界大战爆发之间的时期,和谐国家的观念体系以其最纯粹的形式使其名声达到了顶点。这是 H. 格拉斯顿对自由党产生最大影响的时期;此时保守党则停止了他们家长制的统治;此时美国最高法院费尽口舌陈述了它对洛克纳诉纽约案的"观点",此时,法兰西第三共和国从一个没有共和主义者的共和国转变为有共和主义者的共和国;此时,乔利蒂把自由放任的自由主义带给了夹在欧洲极端保守和极端革命的阶级之间的意大利。然而,此时也是打下后和谐国家解决办法基础的年代。近代福利立法逐渐被批准;像霍布豪斯、勃兰兑斯和费边派正在揭露传统的自由主义的局限性;从俄克拉荷马到巴伐利亚,社会主义政党在各地区在取得令人震惊的胜利;保守党政府在倡导改革立法;改革派政府正在显示他们的威望;而国外冒险在各地都使国家获得新的生机。换言之,和谐国家的鼎盛时期也是其不可避免的衰落变得十分明显的时期。权力刚刚获得,就形成了对这种权力的威胁;从旧制度向资产阶级的转型刚刚完成,一个新的转型期就又出现了。

美好的时代(La belle époque)的转型性质意味着一种事物的表象可能完全不同于隐藏于表象之下的东西。从这个时期的表面,我们看到稍加修改后接受的积累的国家的政府原则。人们能够通过浏览在这个世纪上半叶支配着政治生活的积极的国家一项又一项主要活动的项目,看出它扩张的一般过程。我已指出,19世纪末各国是如何加强其保护政策的,它甚至开始渗透到英国。金融和通货事务仍然是政治议程的内容,并像以前一样处于折中地位。在仅仅三年时间里,美国国会先是通过而后又撤消了谢尔曼《白银购买法》,这项法案并未为这种通货政策在政治理论上的持续性进行辩解(也没有为谢尔曼辩解,他也投票废除了三年前以他的名字冠名的那项法律)。在这个时期,国家具有更多银行功能的倾向愈益明显;这个时期正是美国联邦储备体系得以发明的年代;这时意大利的金融业危机(1893)导致国家彻底重组金融系统;这时法国国家对殖民地银行的援助成为"不停地呼吁政府对商业实行援助"的一部分。[⑥] 例如,在极具镇压性的 1871 年意大利刑法典中,或甚至更具有镇压性的 1899 年的《例外法》中,"保护秩序"的重要性增加了。[⑦] 由于那些掌权者试图控制妇女选举权和工人的权力要求,以及他们反帝国主义的情绪,在 1890 年到第一次世界大战之间,英国和美国国家镇压权力的加强非常迅猛。[⑧] 就导致增强国家外交政策机制的帝国主义者的要求而言,它必然并且确实导致了国内镇压措施(参见第三章)。法国、意大利和美国都第一次尝试现代帝国主义,而英国政策充斥着关于爱尔兰的问题。国家对商业的直接援助绝未变化,即便自由放任理论似乎在谴责它。大体上按照这个世纪更早的时候的方式在建筑铁路的公共利益和私人利益之间寻求平衡,同样的波折也扩展到其它运输领域,如意大利和法国的商人海运业,各地的情况大体一样。最后,国家在社会生活中的作用继续在增长。在教育领域中,法国这些年围绕着教会对教育制度的控制发生了激烈冲突,对教育制度的控制缓慢地、断断续续地转向国家。[⑤]而在英国,1870年、1880年、1891年通过的法律分别创立了不受教会控制的学校,使教育变成强制性的,并实行了免费教育。[⑥]简而言之,无论自由放任怎样在大声地吹奏它胜利的号角,作为一个整体的管弦乐队演奏着传统的积累的序曲,折中主义仍是这个时代的常态。

然而在这种连续性的表象下面,可以看出积累国家发生了若干重要的变化。恐怕最有意义的是一个新生代即资产阶级政客的崛起。在积累国家时期,国家权力的受益人是旧制度诸成分与新兴工业资产阶级结盟的分子,然而,积累国家的真正班底更偏重青睐传统阶级。据《经济学家》杂志估计,1864年大不列颠的政治职位只向大约5000人敞开,但并非他们中所有的人对这一职业表现出兴趣。[⑦]上院中前后相继的几代人保持了英国政治真正的连续性,即便他们写出的政治史使后来数代人困惑不解:当时是哪个德比勋爵与狄斯雷利共同参政,是老子还是儿子? 是哪个拉塞尔? 又是哪个格雷? 对于地主乡绅来说,政治是公共服务的一个侧面,参与要有闲暇时间、独立的财产和适当的关系。如同特洛罗普在《首相》一书中所写的,决策要由奥姆纽*公爵这些在乡村拥有地产的人来制定,然后在议会中批准。没有具体指明所有这些变革的时间,但变革的作用能够通过对议员背景的一瞥看出。1874年土地所有者和靠债券、地租和房租为生者构成下院议员的32%,

---

* Omnium("奥姆纽")系英语中"担保证券的总值"一词。——译注

1880 年降低到 19％,而到 1885 年降低到 16％,而在此同时,主要从事商业和工业的议员从 1874 年的 24％增至 1880 年的 40％和 1885 年的 38％。[62] 很清楚,一个时代逝去了。确实在英国发生的事情在其它地方也发生了。甚至迟至第三共和国的头十年,当时政治职业仍然为被丹尼尔·哈列维称为"高贵者"——即与旧等级有直接联系的贵族阶级的成员——留着,从整体上说,他们的权力根基是土地,他们的观念根植于天主教整体社会观。[63] 1872 年德布罗伊公爵起来向梯也尔挑战,他直接继承了旧制度和革命时期德布罗伊家族各代人发挥的作用,在很大程度上他也是产生了本杰明·康斯坦特、内克和德·斯塔尔这些人的家族的一部分。对法国政治领袖的阶级出身更系统的研究由让·洛姆在做,部分原因是想看看哈列维关于公爵家族衰落的看法是否正确。洛姆发现,在 19 世纪 30 年代,法国的政治权力是在贵族和以金融家为中心的上流资产阶级(haute bourgeoisie)如佩里埃家族和拉菲特家族之间分享。用他的话说,在 1870 年到 1880 年间发生了变化,这个联盟失去了"大量的"权力。在显贵取得了最初的胜利之后,在选出的第三共和国的立法议会中占压倒多数的是共和主义者,但是,这只是地方选举的情况,在第三共和国改革中,在近代法国史上第一次允许常任地方官员参加选举;一个例子是一个帝国主义战争英雄马雷夏尔·康罗贝尔由于在佩里戈尔的市政委员会中有污点而被一名兽医击败。但是,不只是政治发生了变革。同一年人们目睹了行政机构领域发生的被称为"完美的华尔兹"(la valse des préfets)的事件。1879 年,在法国政治和经济生活中仍很活跃的利昂·萨伊提出了替换一系列世袭的财政职位的建议:任命了一

102　第一篇　寻求稳定的六种答案

个法兰西银行的新行长;塞纳省提名了一个新省长;而陆军部长提议更换五名将军。简而言之,如同洛姆指出的,"政治成为一种职业"。当时它还不是由职业精英构成("如果 1879 年成为转折点,如果说共和国第一次由共和主义者组成,人们还不能断言真正的民主已经到来了,更不用说经济民主了。")[64]像梯也尔那样的人拓宽了立法会议的决定,对那些发现自己身居要职的人产生了影响。[65]

意大利也经历了类似的变革。1866 年,不到人口 1% 的 25 万人在意大利政治生活包括选举中开始起作用。[66]在意大利第一个代议制民主政府体制下,参议员直接由国王任命,他们仍须从有贵族家族背景的人中挑选,这是法律的规定。从 1874 年萧条到 19 世纪末,意大利政治在右翼和左翼之间摇摆,而后者作为一种有力的势力出现。但是,这些只是倾向,只能较清晰地通过其领袖的出身而不是他们追随的政策来辨别。按照克拉夫的说法,右翼力量是以"地主、富有的银行家、富商"为基础,而左翼从"新工业家、律师、小资产阶级和反教权主义者"那里得到支持。[67]随着后一集团在财政部或下院取得更大的权力,那些成功地经营制造业和相关企业的人士有可能开拓其政治事业。到 1911 年,萨米维米尼指出,在政治上取得成功,用奥勒姆的话来说,政治家已经成为"一个缺少资源的社会的掮客和在政党之间奔走的调停者",正好在进入 20 世纪时在那不勒斯发现这种局势存在。[68]

这种模式有两个明显的例外。一是在德国,容克这个自给自足的阶级试图去持有那里的政治权力,他们的努力比起其它地方相似的旧等级的代表要长久得多。按照阿瑟·卢森堡的解释,俾斯麦没有利用中产阶级就创造了一个中产阶级社会。通过推迟帝国，鼓励国家支持的卡特尔的成长，俾斯麦给了资产阶级所需要的东西。作为回报，他得到了工业家并不明确的许诺，即他们愿意把权力交到他手中。"中产阶级的绝大多数，特别是教育界和学术界人士，发现自己的理念产生于自己等级之外，逐渐不相信他们自己的政治判断力。"[69]对于像克虏伯那样的工业家来说，把自己称为"非政治的"，是一件值得骄傲的事，尽管他们以一切方式来为国家服务。在第二帝国期间，议会制政府并不存在，因为中产阶级的政治统治并不存在。然而，甚至在德国，非贵族在国家官僚体制下正在缓慢地取得政治地位。[70]

与此截然不同的形势发生在美国，但仍然与英国、法国和意大利形成对比。因为向中产阶级政治的转变在那里很早就已经发生了。对绝大多数历史学家来说，1836 年马丁·范·巴伦的当选标志着职业政治家在政治上取得胜利。而这是一个比任何其它日子更重要的日子。[71]人们在这个世纪后半叶看到的不是向中产阶级统治的转变，而是中产阶级的统治得到了巩固。它达到了这样的程度，在美国形成了一个贵族阶级，它的许多成员在接近国家权力的过程中，比资产阶级掠夺的还要多。那个时期最腐败的政治行为是由那些想要成为"名门"之辈来实践的。宾夕法尼亚的政治"大亨"是宾夕法尼亚铁路干线的博伊斯·彭罗斯；而试图成为贵族的资本家纳尔逊·奥尔德里奇充当了美国参议院的主席。然而，这些例外情况反映了一种倾向，而不只是一种类型，如果说权力斗争不是如刚刚讨论过的国家那样在同样的时间同样的地点发生，那么在德国和美国，权力斗争都发生了。

贵族和地主政治权力的领域，是一个不民主的领域，对此毫无疑问。在这个世界中,那些升腾到掌权地位的人士相当保守,并且一般来说未充分作为准备以处理近代工业化产生的严重问题。然而,这种制度具有一种胁迫人的威严,人们承认统治权的重要性,并严肃地承担起统治权,就他们对利用权力干什么有明确看法这一意义来说,那些拥有政治权力的人确实构成了一个统治阶级。对于"四百家"来说,不管在什么国家,一般说商业就是商业,政治就是政治,二者之间有一种固定的界限,因为一方要求短期的精明,另一方要求长期的眼光。新人的涌现,如法国的朱尔斯·费里、莱昂·甘必大或 W. H. 瓦丁顿;大不列颠的约瑟夫·张伯伦、赫伯特·萨缪尔或是亨利·坎贝尔—班纳曼;意大利的弗兰西斯科·克里斯皮、朱塞佩·扎纳戴里或是乔万尼·焦利蒂;美国的约翰·谢尔曼或马克·汉纳,他们都预示着一种新的政治学,在其中,商业就是商业,但可以确信,商业也是政治,而政治也是商业。工业家第一次有机会成为统治阶级,而不用再与其它任何集团分享权力。资产阶级如何对待这种机遇呢? 从任何角度来说,结果几乎都令人失望,这些新人表明,他们拥有成为新统治阶级的权力,但没有必需的能力。选民人数比以往更多,国家活动增强,以及同时出现的向国内和国外移民的趋势,造成了资产阶级统治下的新现象,如职业化的政党经理人、系统的竞选活动,以及把追求公共官职作为其目标,而不是作为一种公共事业。所有这一切意味着政治职业的意义发生了变化,政治的意义随之也发生了变化,由资产阶级控制国家唯一的极为重要的结果,还造成了极微妙的定义上的变化(参见第九章)。资产阶级把政治从寡头政制中解放出来并给他注入了民主的潜势,但是,一旦它被解放出来,他们就

第二章 和谐的幻影 105

不知如何去对付它。政治与目的发生了分离,不管怎样可笑,它也脱离了总体的社会秩序的幻象,成为最狭义的阶级统治的工具。正如和谐国家的理论强调的,那些处于社会顶层的人的最大利益便是所有的人的最大利益,政治实践似乎提示,如果新统治阶级利用国家来装饰它的老巢,其他任何人都无权抱怨。从未有哪个阶级有如此的潜在的权力,然而,它同时实际上又如此褊狭。

资产阶级胜利的另一个结果是政治理论的衰落,这不是当代人士需要担心的问题,但是,在历史上却有重大意义。在至少两百年里,政治理论是政治行动的一部分,无论是倡导新秩序的洛克,还是旧秩序的捍卫者伯克,都献身于他们拥护的学说。当政治生活发生变化时,总会出现一种趋势,会有重要的政治著作问世。自由主义商人与那些与传统世界有联系的乡绅之间的阶级斗争,在思想层面上得到了再现,这种再现出现在一些受到广泛阅读和质疑的近代政治手段中,如伯克和潘恩的作品。地主-商人利益和工业利益之间最终的妥协,引起了混杂的反应,但无论被怎样接受,它通常有富于洞察力的表现。那些强调重商主义贡献的人,会用绚烂的辞藻为新的安排辩护,像《联邦党人文集》的作者所表现的古典自由主义思想,极为真诚而有理论深度,但它尚未能用更好的语汇把所描述的政治制度高度理论化。而那些发现新的安排不堪忍受之士,如法国的某个波纳德或德梅斯特,德国的某个斯塔尔,他们则共同提出了谴责它的意见,尽管保守到几乎可笑的程度,可是有充分理由相信这些意见仍受人们赞许。正是这种政治热情与政治理论相结合的倾向,已为积累国家的兴衰所破坏,积累国家供给它的公民的是格言而不是推理,提供给捍卫者的是实用主义而不是原则。这种传统甚至到世纪的后期仍然如此根深蒂固，以至于产生了一个密尔和一个巴奇霍特。但是，通过阅读他们的著作，仍可很清楚地看到政治思想正在起变化，失去的是抽象分析的力量、创造力、热情甚至对某些事物的憎恨。而它们是最好的；到世纪末，政治理论尚未绝迹却正在成为一种供专门研究的学术，而不再是这样一些人的产品，他们本身的职业就是政治、而他们的价值观和欲求结合在他们的职业中。在这个世纪初年，麦迪逊既是一个思想家又是一个总统；如果他生活在世纪之末，他恐怕不得不作出选择。

不难发现这种衰落的原因。如果没有政治概念，就不可能有政治学理论。[20]早期自由主义哲学家一项最有意义的成果是，将经济和政体明显地隔开，其目的旨在加强前者作用，但结果却加强了后者。一种首尾一致的关于政治的观念从中世纪的神秘主义中解放出来。在17世纪、18世纪和19世纪的斗争中得到发展。但是，自由主义总是对政治持一种含糊的态度，而从未达到它全部的潜势；相反，自由主义作家开始将对理性的人的计算法运用于政治领域，因而摧毁了他们已经创立的某些充分的政治自主权。这样，把一种分离的政治概念整合进社会经济概念的工作完成了。当威廉·E.西沃德能够把政党定义为"某种意义上是一种合股公司，其中那些贡献最多的人对公司给予关注，进行指导和管理"[21]时，他论及的是新阶级用经济领域的隐喻取代政治分析和政治词汇的倾向。在摧毁了政治独立和自主性的概念之后，新资产阶级发现不可能发展出一种明确的政治理论。

没有政治理论就不可能有任何政治标准。因而一种转变会导致众所公认的恰当的政治行为。我已经对美国土地管理局从加勒廷的重商主义向杰克逊的较彻底的资本主义的转变加以评论,在这个过程中,土地不再被视为国家贵重的资产,而已成为最大限度地贪婪攫取的对象。这种倾向被所有各届美国政府继承下来,可以将奥纳德·怀特论联邦党人公共行政理论的著作与杰克逊的著作作一对比,就可清晰地看出这一点。[74]简而言之,至少在美国,资本主义没有持久的公共行政的概念。(英格兰则不同,在那里,行政改革协会的发展,加上边沁派对宪法法典的关心,强调了一个新阶级对行政事务的关注。)[75]但是在美国,在意识形态中缺少一种公共行政观念;由于人们尚未设想使用国家,——尽管它正在被利用——因此,将行政管理工作职业化几乎没有什么意义。对于自由放任理论家而言,发展一种公共行政概念就等于承认国家真的在经济中起作用,而这一点他们是不情愿这样做的。因此,推动建立公正的统一标准、关于政府服务的标准以及发放公共馈赠的规则,已被置之一旁,以利于一种允许最强者出于其私人目的控制政府的掠夺制度。在美国这是如此清楚,因为资产阶级的胜利是如此彻底;几乎没有贵族消除这些倾向,以有利于一个官僚(而且专制)的阶级经过这种或那种的训练,以对某种关于公共利益的观点作出反应。资产阶级已经控制了国家,现在它允许国家逸出它的控制。詹姆斯·布赖斯曾就美国说过"在那里政治中没有政治"[76]的话,意指缺少一种政治理论和政治标准,使得美国国家与一个自由市场很相似,在那里,人事班底、程序和政策都由开出最高价位的人来购买。工业家被赋予一双自由的手,完全按照他们的设想去创建一个国家,而少数要人战栗着写出了像《民主》那样的小说。

定义、理论和标准已明显堕落了，所以，纯粹资本主义最值得注意的遗产就是政治上普遍堕落，这一点不足为怪。对国家的控制会加速短期掠夺。政策可以通过它们获得的利润和它们倡导的私利来评估。权力的实施是不受限制的、直接的、并且是明目张胆的。弗里德里克·汤森·马丁在他那本被广泛阅读的著作《懒惰的富人之死》中简洁地表述了这样的观点：

> 我所代表的阶级不关心政治……我们不是政治家和公共思想家；我们是富人；我们拥有美国；我们得到了它，上帝知道是怎么回事，但是，我们希望保有它，因为我们支持的所有巨大的重任、我们的影响、我们的金钱、我们的政治联系、我们收买的参议员、我们饥饿的国会议员和我们具有煽动性的公共讲演术，在反对任何威胁我们财产完整的立法机构、政治纲领或是总统竞选中，都将起决定性的作用。⑦

马丁讲得很清楚，商人和政治家能够按照前者的条件结合，因此一个人身上固有的腐败——如行贿、分赃、哄骗性契约——将会扩展为波及他者的风气。如林肯·斯蒂芬斯在其《自传》中忏悔的："波士顿向我暗示的是商业和政治必须合为一体的观念；这是自然的、不可避免的，并且可能是正确的——商界应当通过行贿、腐败或不管什么办法，征服政府并使政府为我所用。"⑧这个时期国家活动最明显之处不是通过一些法律，而是相互行贿，不是提供决策，而是进行分赃。和谐国家的政治实践更多地是在桌子下面而不是在桌上进行。

只要某些人能够通过牺牲其他人而获取利益，腐败就始终是政治的一部分，所以工业资产阶级的发现并非有什么独到之处。

这个时期出现的新东西不是腐败的存在，而是它采取的形式。如同詹姆斯·斯科特曾指出的，当一个阶级已经取得经济权力而没有取得相应的政治权力时，腐败似乎极易发生。[79]在这样的情况下，这个集团拒绝进入正式的政府，因为他们自己创造了非正式政府，而就其本质而论，这并非合法政府，这种非正式的体制在法律上将被定义为腐败。他说，正是出于这一原因，在旧制度时期官员的见利忘义是如此广泛地发生，斯图亚特朝英国便充斥着腐败。他分析得很正确。正是因为黄金时代并不存在这样的条件，因此它的腐败才如此独特。既拥有经济权力又拥有政治权力的工业资产阶级对非正式政府体制并没有什么复杂要求。由于某种原因，其腐败仅仅表现为纯粹的掠夺，从物当中获得真正的利润。这样，伴随着资产阶级的胜利，腐败的规模在近代史上达到史无前例的水准。同样的扩张的想象力和工程方面的才能，会使一批人意识到可以建立一条横贯美洲中央的运河。同样这批人在法国发展起一种范围巨大、分支众多、复杂非凡的掠夺制度。[80]这是一种有创造力、有想象力的腐败，没有前资本主义社会那种褊狭的出售官职的特点。选区的腐败已经成为帝国的腐败，而衰败选区则变成了衰败的国家。一个曾经使生产要素革命化的阶级，同样也使得贪污的结构革命化。

　　自由放任和巨大的腐败同时得到了充分发展。在一方面取得巨大成功的时期也看到后者大量出现。在巴拿马运河丑闻之前，当发现法兰西荣誉军团勋章像一件寻常的商品被买来卖去时，新资产阶级已表现出什么也比不上金钱甚至民族荣誉更为神圣。按照当时流行的说法，国民议会的议员来巴黎，"与其说是为别人服务、不如说是被别人侍候"("moins pour servir que se servir")。
这用于意大利甚至更正确,在那里有突出的记载:

1892 年:罗马银行丑闻,被亨策尔称为"意大利公共生活史上
　　所知的最糟糕的丑闻";[31]

1902 年:商人海运公司丑闻,其贪污受贿的程度达到罗马银
　　行案同样的水平;

1903 年:出售国营铁路线资金数额巨大(这是意大利持续多
　　年寻求解决铁路问题的办法的一部分),用国库的钱填满了
　　私人投资者的口袋;

1904 年至 1907 年:前教育大臣纳西事件,在这个事件中,发
　　现整个教育部牵涉到"错综复杂的持久的腐败制度";[32]

1912 年:罗马司法大楼丑闻,在这一丑闻中,涉及这座重要的
　　政府建筑的基金被贪污。

资本主义在意大利发展较迟,但是,伴随着它而来的腐败达到如此
大的规模,以至于那种发生在有乡村传统以家族为基础的犯罪,看
起来就像小孩子玩的游戏。如惠特提醒人们的[33],这种转型时期
(transformismo)的制度,即允许政治对手分享持有官职的回报,
以此换取他们支持,不可避免地导致腐败向纵深发展,这种现象在
意大利目前仍然存在。[34]

　　这个时期的政治腐败看来已成为一种世界范围的事态。这种
财政丑闻德语中被称为"创建欺诈"(Gründungsschwindel),是一
种以牺牲小资产阶级为代价获取大规模利益的产物,因此,不仅在
德国有各种各样新花样的腐败出现,它还使中产阶级针对"犹太
人"银行家的慷慨火上加油。[35]索尔兹伯里和张伯伦在英国的统治

以频繁的丑闻为标志：1893 年的自由建筑学社事件、1898 年的新西兰债券公司欺诈和 1895 年的胡利事件，都牵涉到直接购买政治影响。⑱无须增添更多的发生在美国的腐败规模的资料，在那里，贪污受贿与政治是同义语。地方政治机器除了正常的日常运作外，从格兰特到哈定，一条直接线索把共和党、大资本和政治丑闻联系在一起。动产信贷丑闻和梯波特—道姆丑闻是这个时期两端的两个顶峰，但是其间的小山峰也是一样突兀醒目。新资产阶级在赢得了取得国家权力的合法战役之后，开始以极为非法的方式来利用它。

　　强调指出自由放任和政治腐败的同时发生并非偶然，而是严格遵循和谐国家的理论和实践，这一点是非常重要的。首先，因为理论上假设国家所做的事情极少，但它实际上做了大量的工作，因此在政治表象和政治现实之间存在裂隙这种迷惑人的情况便出现了。这种裂隙恐怕会产生重大后果（参见第五章）。但是在当时尚不可能提出一套合理的首尾一贯的高尚政治行为的准则。缺乏一种公共行政理论和腐败的存在，是同一过程的两个方面。如果用另一种方式来描述同一个特点，或许可以说腐败是关于公共行政的理论。在缺乏正式机制的时候，非正式的机制就成了规则，正是后者而非前者成为国家理论和实践的一种规准。这样，乔治·华盛顿·普伦凯特的名言就能作为当时公共行政的教科书来阅读，它对于当时发生了什么作了比约翰·W. 伯吉斯或是弗兰西斯·莱伯的学术著作更确切的叙述。然而，至少有一个人了解当时发生的所有一切，他就是出生于俄国的讲法语的政治学者莫里斯·奥斯特罗戈尔斯基。他将自己对政治机构体系的分析作一结论，奥斯特罗戈尔斯基在解释其成功时指出,在美国已经发展起了双重标准和期望。资本主义是如此成功,它的世界观侵入了政治领域并取得了胜利。"国家作为普遍利益的最强大的根据地,它所有方面都被金钱腐蚀了。"因此,

> 在所有拥有众多工业和财政公司的国家里,机器和老板被金钱养活,就如同一棵繁茂的植物一样,给整个公共生活遮上了阴影,在这些国家,机器是至高无上的,共和国制度实际上只是一种无聊的形式,是哄小孩的玩具。⑧

国家的地位降为一种"形式",自由放任的俗套使它认识不到自身的潜能,因此,国家便成为只是徒有其名的政府。在它可能成为的和它现实中扮演的角色之间的裂隙中,腐败得以盛行,因为非法行为成长的最好时机是期望并不明确之时。

政治腐败和自由放任的深得人心之所以同时产生的第二个一般原因,是资产阶级政治战略的变化。积累国家的政治冲击力始终是有攻击性的,它积极寻求利用公共财政去推动资本积累的方法。在和谐国家时期,仍然继续着这一方向,不过它增加了一些新调子,即防止任何集团利用国家来达到同样的目的。詹姆斯·加菲尔德在一封致伯克·辛斯达尔的信中解释了他作为格兰特总统的顾问所遇到的问题,詹姆斯·加菲尔德如此解释道:"我们进行了一些斗争,使他不致陷入那种愚蠢的见解,即认为有必要把大量经费用于公共工程,以给劳动者提供就业机会。但是财政部长和我尽全力劝他不要中此奸计,我们坚持认为,时下救治财政的真正良方是发展经济和削减开支,直到商业得以自我恢复。"⑧一个在社会政策问题上如此轻易受控的总统,同样也会在贪污问题上受

制于人，这并非巧合，因为美国这种政治制度的结构更强调防止权力落入一个人手中，正如它促使把权力分散到许多人手中那样；这就是说，为了通过法律，一个人必须有能力影响立法机构的许多成员，而通常不可能贿赂他们中每一个人。但是，为了防止法律通过，只需控制住一个占有决定性位置的人就够了，而如果那个人太弱，像格兰特那样，或者说太腐败，像这个时期立法委员会许多任主席那样，控制他就太容易了。这样，在积极国家的活动期和小小的形式上的腐败之间就存在着一种联系，在反对国家行动与巨大的政治腐败之间又存在着另一种联系。由于自由放任时期部分表现出后一种倾向，对它的腐败不应当感到惊奇。

最后，自由主义的和民主的政治概念之间的矛盾促进了腐败的发展。争取最大化利润时可以采取的行动，是对自由主义社会正当性的最终证明，可如果在公有制领域去实施，可能（结果）极坏，在那里，最终为民主社会辩护的公共利益已成为事实。随着他们腐败行为的公开，商人们发出的极为迷惘之声恐怕是坦率的。因为他们实在糊涂了，不知道哪套标准该用于何处。由于国家很大，而商业是国家强大之所在，人们会期待通过国家谋取利益作为回报，而不是戴上颈手枷。但是，随着这个时期民主的价值观开始上升，随着道德观念的变化，几乎不存在关于什么适当什么不适当的准则。这样，另一些裂隙被制造出来，又使得腐败得以滋长。因为和谐国家的顶点既是自由主义国家的最终胜利，也是它衰落的第一步，因此可以看到高层次的政治腐败对这种层次腐败的强烈反感。

所有这些倾向的基本结果可以与和谐国家政治实践和理论上

的矛盾相提并论。总而言之,腐败开始在暗中破坏它旨在实现的真正的资本主义价值观。无论如何,必要的利润都是事业进取心的一个部分,那么秩序、可预见性和可靠性则是另一个部分,可这些正在被抛弃,取而代之的是贪污制度。资产阶级成分变得越腐败,其它成分就越严肃地要求消灭贪污,创建一个"干净的"制度。一个有生气的工业政治家集团开始出现,他们相信实业家将真正控制国家,但目的是为了满足每个人的需要,而不是他们自己的利益。长此以往,如果对政治体制进行改革以确保它有一个公正和比较无私的政府,那么,工业价值观就会被保存下来。其结果是,已经赢得国家权力的新工业家在改革问题上慢慢地开始分裂成两个群体。例如,早在1868年,全国制造业主协会已在美国支持詹克斯文官制度改革法案:

> 决议:为了我们政府的完整和持久,将公共事务按商业原则进行是必不可少的,把公共职位给予政治叫花子和党派观念很强的人,而不考虑他们是否适合,这种危险的习惯不应当继续下去,由于这种做法侵吞了大量的公共岁入,并因此把无用的痛苦的负担加之于人民,而且这种做法倾向于降低公共和私人领域的道德标准,摧毁真正的自由并最终带来消亡。㉚

当某些人在动产信贷丑闻中掠夺国库时,另一些人正在改革行政机构:如邮政局的沃纳梅克、海军中的惠特尼、国防部的斯蒂芬·本顿、埃尔金斯、内政部的希契科克。以这些人和他们在大学中的盟友为中心,一个活跃的公共行政和文官制度改革运动终于真正开始了。1870年亨利·亚当斯曾说过,"政府并不管事,"㉛由于这一原因,某些较有远见的实业家决定在国家面前忍气吞声而不去掠夺它。因为这些著名的实践家他们了解和谐国家是一个神话。问题很简单:如果他们现在打算利用国家以保持他们统治的合法性,他们最好是确信政府能够发挥其功能。而由于自由放任和腐败是如此巧妙地联系在一起,消灭腐败变得与反自由放任的观点联系起来,即想要利用国家缓和阶级紧张关系和减少腐败行为。这样,工业家阵营的分裂遂与全社会阶级紧张的加剧相对应。⑪政治改革的问题成为问题;对改革兴趣的增大与和谐国家的衰落彼此联系着。曾经使和谐国家获得过生命力的腐败和阶级偏见,现在要对它的在亡负责。

积极的富人之死

上述年代(从 1890 年到第一次世界大战)目睹了自由放任思想的胜利,同时看到了在资产阶级政治统治下进行改革的持续努力。要想使关于和谐国家的讨论得出结论,必须对这种改革的特点作出评估,因为政治改革将成为 20 世纪政治中最迫切的问题,而它的起源则能追溯到自由放任的衰落。在新世纪的最初几年,发生了一些非常重要的事件。戴维·托马斯曾经写道:"20 世纪最初十年在德国、大不列颠,国家对经济社会生活的干涉日益增强,美国甚至一点不亚于欧洲"。⑫然而,这种对国家十分流行的看法就其分析来说恐怕是不正确的。由于在积累国家时期政府的活动无所不在,并且,由于在整个后半个世纪国家的积累与日俱增,政治改革恐怕很难说就意味着国家"干预"的"剧增"。国家总是在干预经济,尽管其所有的习法均在文前开列了。但是从另一方面来看,这种立法是独一无二的。在好多年中,实业家"以下"的其它集团一直试图取得国家权力,以达到他们成为一个阶级的目的。尽管工业资产阶级已经在通过斗争进行这些尝试,不过,到世纪的第一个十年,改革才刚刚开始实现。无论它们实际上通过还是未通过,他们严肃的考虑,如废除1907年克列孟梭的提议,仍属一种新政治类型的胜利。因此,政治改革不是在国家活动的目标上而是在活动的主体上,不是在其性质而是在其持续性上意味着一场变革。国家还是同样的国家,但它正被引向一个新方向。它的阶级性并未消除,但它扩展了,它的偏见没有消除,而是扩大了。

改革在多大程度上意味着新方向,这是当代历史研究中辩论最多之处。有人认为存在着"一个改革时期"⑧,在这个时期处境不利的集团利用其数量巨大,使它的生存发生真正变革,这种较为正统的立场,已经遭到像美国的加布里埃尔·科尔柯、英国的O.C.摩尔的挑战,他们认为,一般来说改革符合统治阶级中部分人的利益,而仅仅由于这一原因,它们才能通过。⑭辩论始终很活跃,然而,双方看来对自己的政治观点获胜更有兴趣,而较少注意理解这个时代的政治。19世纪末(fin-de-siècle)改革的关键之处在于,有那么长时间没有通过改革法案了。阿戈斯蒂诺·德普莱蒂斯对于国际事务所说的话同样可以应用于和谐国家内政:"当我看见一个国际问题进入视野时,我撑开我的伞直到它过去。"⑭到目前为止,对和谐国家内部的改革只有一种方法,它依据的是意大利人称为社会政策的吗啡理论,即给这个身体大量注射以维持其残存,相关的翻版是"抢先以避免镇压"或称 prevenier per non vipremere。然而,靠所有这些拖延办法,随之而来的是当社会状况如此恶化,以至于它们无法再被漠视时,德普莱蒂斯之伞恐怕得试着去击退一场洪水。在这些年中有如此多的改革立法通过,只是因为在先前年份只通过极少的立法。两个结果随之而来:第一,1900 年至1910 年的改革不是对那个时期的社会状况而是对 1860 年至 1880年这个时期作出反应;第二,改革立法的通过是不可避免的,它是对许多不同类型问题的折中的回应。简而言之,没有真正的政治改革,只有许多各有其独特特征的改革。无法抽象地对立法的阶级基础进行分析,但是须对改革的类型提出问题。为了有助于理解这个时期政治改革的意义,我将把立法分成三个完全不同的范畴:合理化的改革、镇压性质的改革和反应性的改革。^⑤

合理化的改革是指那些试图改进国家结构并使之结构更好运作的改革。它们并不改变社会中各社会阶级的相对权力,也不触动通过国家活动获利的阶级。就这种围绕法律发生的冲突是阶级内部的冲突,而不是阶级之间的冲突,尽管这派或那派会转向它以外最接近的阶级寻求支持。19 世纪后半叶文官制度改革这一美国主要政治问题,便是一个极好的例子。由于某些实业家受益于"掠夺体制"而其他人则致力于取消它,因此,围绕着通过还是强制实行《彭德尔顿法》(1887)就成为在新工业统治阶级内部分裂的一部分。那些赞成自由放任的人常常成为最能容忍《彭德尔顿法》和日后的《阴谋法》试图消灭种种腐败的人。例如,首席检查官理查德·奥尔尼,他把关于国家官员依靠大公司并创造一个为大公司服务的政府的观念人格化(正是奥尔尼纵容铁路业去控制而不是反对像州际商务委员会那样的"管理"委员会),^⑥他在 1902 年的信件中规定,政府官员"要求"邮政局机关雇员贡献 2% 的工资,并

118 第一篇 寻求稳定的六种答案

不属于彭德尔顿法限制的"恳求"。⑧坚持认为这种要求不算是要求,其难度就如同最高法院七年前试图坚持认为制造业并非商业一样困难。如果想要赢得群众对制度的忠诚,就必须停止这种夸张的想像。更年轻的一代改革家已在像全国文官改革联盟这类组织中向奥尔尼之类的看法进行挑战,或者依靠国家通过文官制度委员会进行挑战。事实上,当这后一个团体的有效领导权落到一个年轻人手中后,它的狂热已变得声名狼藉,这个年轻人把任何事物都打上自由放任的印记,而理查德·奥尔尼则没有这样做。西奥多·罗斯福代表的是总统而不是国会领导权,他代表改革而不是反动,代表长期的而非短视的见解,并且主张依靠一个阶级,而不是按照褊狭看法来治理社会。权力从奥尔尼之辈转到罗斯福一辈,表明正在发生什么。

一直有人认为,"如果没有彭德尔顿法使稳定的、称职的、可靠的公共事业建立起来,那么政府就不可能承担国家在20世纪赋予它的任务。"⑨这个时期合理化改革的重要性便在于此。积累国家时期存在着积极的政府,但它的活动时常是本能的,无计划的,甚至是混乱的。由于自由放任观念不允许自己被强制接受一些标准,这种模式继续贯穿和谐国家历史的始终。但到了20世纪,如果不是就其数量而论,国家活动的性质经历了一场变革。每个控制了一些特别经济部门的大垄断企业得到发展,提议实行"均衡"发展,即每个垄断企业都承认其它垄断企业对其部门控制的合法性,它相应地也获得对自己部门的排他权利。(所有这些将在第四章和第五章中详细展开阐述。)像罗斯福那样的人在文官制度改革中使用的关键词是"国家的政治中立地位",而它是对这对改革涉及的主要问题的一种极好表述。因为"均衡"国家最理想的作用就是扮演中立的角色;如果它不再代表任何人的特殊利益,它只能根据所有人的普遍利益运作。要成为一个阶级的国家,它不能再作为阶级中任何特别的集团或个人的国家。将国家按这种方向调整,合理化的改革便成为工业家阶级观念发展的一个部分。他们是改革为统治集团的利益服务的经典范例,甚至某些以前有权势的人也不得不失去某些东西。

更为复杂的是镇压性和反应性的改革。这二者与合理化不同,涉及到阶级之间和阶级内部的关系。二者都是由于工人阶级的发展而造成的,因为二者都提出了这样的问题:对于那些突然间充斥着城市和工业城镇的大众,控制国家的人会有什么反应? 但是这两种改革在这一点上有区别。镇压性改革是那些尽管他们可能包含金融和其他阶级的利益,但他们不注意占人口大多数的阶级的抗议,旨在使他们成为被统治阶级的成员的改革。反应性改革尽管在大的方面不变革社会政治经济的框架,却是要通过工人阶级的管理,通过他们对国家民主部分的控制,以忽略那些不习惯分享国家权力的人的拖延策略。听起来简单,但事实上很复杂,因为两种改革总是能被包容在同一项或类似的法律中。因此,莫里斯·布鲁斯把教育、工资和劳动时间都包括在"福利国家到来"的例证中。[60]然而,无法想像按照同一规程对两种法律进行讨论;尽管双方似乎都在进行为大多数人民改进生活质量的"渐进的"改革,但是,一个主张镇压,一个本质上是在呼应。

在 19 世纪末年潮水般地出现了关于教育的立法,一个国家接着一个国家建立了国家教育体制,使教育成为必需,并且改革学校

120 第一篇 寻求稳定的六种答案

全部课程体系的符合工业社会的需要。尽管通常将此解释为有意义的改革,因为它们把"学识"给了否则恐怕难以获得它的人民,这些法律似乎也具有镇压的意向和后果。首先,在美国、英国和法国,教育改革法案的通过遭到反对,当时少数已存在的工人组织为此斗争激烈。原因不难发现,如亨利·佩林论及英国时写到的,"并非只有'资产阶级'才有这种普遍的对国家干涉[教育]的不信任感。"相反,它能容易地与马克思提出的国家观联系在一起,马克思主义认为国家是"一种由有产者运转并为其利益服务的组织"。从工人阶级的观点来看,无论是教育改革的支持者还是他们提出的观点,都只会引起怀疑。对于处于社会结构顶层的人来说,教育改革是一种时机到来时的思想。在美国,如卡茨、鲍尔斯、金提斯、乔尔·斯普林及其他人已经表明的,在世纪初,像荷拉斯·曼那样的人已经看到了"公共教育"和对劳动纪律的需要之间的联系,这种联系在新世纪开始时加强了。⑩英国帕西勋爵可以把小学称为"体力劳动者最后的学校",⑪而在 1905 年,一个议员对他的同事们说:

> 帝国的未来,社会进步的胜利和不列颠种族的自由,与其说依靠军队的加强,还不如说依靠国内的儿童来修筑未来生活斗争的工事。⑩

在法国,为法国赢得印度支那并且成为掌权的资产阶级在第三共和国人格化体现的米尔斯·费里把教育改革作为他的关键问题。费里在 1892 年给所有小学教师的信中说到,需要"为我们的国家准备一代优秀的公民",而他推荐下列颂辞,敦促从 11 岁到 13 岁的所有儿童道德上进:

76

    1. 家庭:父母和儿女的职责;主仆彼此的职责;家庭

精神。

2. 社会：社会的必要性和社会的益处。公正是所有社会的前提条件。团结一致和兄弟关系。酒精中毒通过摧毁意志力和个人的责任心，一点一点地摧毁这些意识。

运用发展和公正的观念；尊重人的生命和自由；尊重财产，尊重誓言；尊重其他人的荣誉和名声。正直，公平，忠诚，审慎。尊重其他人拥护的观点和信仰。

运用和发展爱和兄弟关系的观念。它的多样化程度；仁爱、感激、宽容、怜悯等职责。自我牺牲是爱的最高形式，它在日常生活中应该占有一席之地。

3. 祖国：一个人对他的国家要担负些什么：服从法律、服兵役、守纪律、献身、忠实于国旗。纳税（对国家的欺诈行为要加以谴责）。无记名投票：一种道德义务，它应当是自由的、光明正大的、无私心的、开通的。与这些职责相对应的权利：个人的自由、思想自由、交往自由和劳动权利、组织自由，确保所有人的人身和财产安全。国家的主权。对共和国箴言的解释：自由、平等、博爱。[10]

费里的信件描述了教育改革的复杂性。一方面，他对于组织权的承认是一种进步，对于传统的资本主义政治不可调和的阶级偏见是一种有意义的变化。但是，另一方面，他关于教育的概念，是一种强调服从和尊重像他一样的人打算领导的秩序。对于这些人来说，国家启动的强制教育得以通过，与警察力量得以改进，激进骚动得以禁止一样，出自于同样的原因——即确保阶级顺从。

对于这一点，那些认为改革符合统治集团利益的人已在争论

122　第一篇　寻求稳定的六种答案

中取胜,但是,他们的态度不适用于一切改革,而想要做到这一点就要进行最为错综复杂的推理。因为就是在这个时期,民主扩展为一种革命观念,这种观念认为,拥有群众的阶级可以利用国家的民主方面来推进其阶级利益,正像精英曾利用自由主义方面达到同一目的一样。因此,一些改革法案通过了,而这些改革是那些掌权者并不希望的,是他们曾经竭力阻止的,也是他们最终败北的地方。这些改革呼应了国家中的民主因素而不是自由因素。恰恰因为这个原因,它们的通过既不顺利又不完全。然而,它们对于从根本上改变国家受益者的大众统治而言,是巨大的胜利。这一点可以通过对工资和劳动时间立法的考察看出来;可把英国的例子作为范例,在那里最清楚地提出了问题。

77　　与教育不同,工资和劳动时间问题触及了实业家企业的核心问题,即他对工资谈判的控制问题。其实,国家对学校的支持根据和谐国家学说是合理的——教育促进不同阶级之间的相互理解——而最低工资和最长劳动时间则不能;相反,它们产生于对利益和谐信条的故意攻击。这样的法律通过,象征自由放任观念的逝去和资本主义国家中民主因素的增长。与教育改革不同,围绕工资和劳动时间的斗争很激烈。工业家反对,而工人则支持。一项限制矿工劳动日的法案早在 1888 年就第一次在下院提出,它并非不关心恶劣的劳动条件。但是,在这个问题上通过立法就花了二十年时间。⑱它最终在一场威胁整个经济的罢工中通过了,它得到一位首相的支持,他指出,他"极不情愿地"提出这样一项法案,然后宣布它只是"一项临时性和实验性的以应付特别的紧急情况的措施,鉴于一个特殊的工人阶级在一个重要产业部门很特殊的劳动条件下工作"。[108]尽管如此谨慎,关于矿工的法律最终成为其他工人的一个先例,八小时工作制最终成为现实,尽管它"不得不通过在较早的时候已确立九小时工作制的逐步的工业方法而赢得"。[109]如同它带来的困难一样,反应性改革是可能的。

矿工八小时工作制法案改变的远远不止是工作条件;它还提供了和谐国家破产的证据。在 1906 年至 1909 年期间,实业家仍然采取新古典主义正统立场;工业家有权势的发言人是 A. C. 庇古,他劝诫工人说,现存的"工资基金"是有限的,因此,增加任何一个工人群体的工资,意味着其他工人的工资自动地减少。庇古说,在这种"铁的法则"下,对劳动者来说,惟一的希望是增加其生产能力,因为只有取得更大利润才能有更高的工资。[110]资本家和工人利益再次被绑在一起,而且是根据前者的条件,但现在,更早些时期的关于和谐的花言巧语已经获得了一种"科学的"外饰,它被披上了精巧的现代经济学的外衣,令人奇怪的是像这种和谐原则,当时得到了劳工领袖的赞同。工会大会在 20 世纪第一个十年表示它自己极为担心被强制实行集体谈判,并表达了对国家介入教育改革领域同样的不信任。[111]此外,曾产生许多观点(包括八小时工作制)的费边派,希望只是将它运用于数量有限的工业部门中,否决了除了那些投票把他们自己排除在外的工人之外,把所有工人包括在内的对应提案。[112]工时立法通过的意义在于,它是沟通包括雇主和工人在内的双方立场的一条渠道。可以相信,一些实业家最终还是鼓吹自由放任的,他们追随传说中的西普索上校的示范行为,此人一生拒绝乘火车,因为铁路的财政制度使他们成为"社会主义者"。[113]他最初的僵硬态度听起来一副旧派头;《铁路评论》则成为新一代的代言人："要理解矿工罢工的全部意义，并且我们要准备它带来的当局做法上的变化。这应当是我们首要的职责。"⑯工党领袖同时也在发生变化。他们意识到国家权力会使民众生活发生实际变化，因此在队伍中其他成员和劳工运动中激进派的压力下，像拉姆齐·麦克唐纳这样的人甚至十分谨慎地向左转，改变他们对于国家指导集体谈判的反对态度。甚至费边派也发生了变化，1911年一份由 E. R. 皮斯撰写的关于利益共享的小册子，直率地否定了把"和谐"作为阶级关系的基础。⑰事情变得清楚了，如乔治·阿斯克威思爵士在1911年一项关于如何控制劳工骚乱给内阁的备忘录中所写的：

> 维多利亚时代关于资本和劳动的理论已变得陈旧了，但是还没有任何可取代其位置的固定下来的原则。因此，存在一种从工人观点来看待事态的意向，因此对他们的不满不要感到惊奇。而应当对他们的耐心始终如一感到惊奇。⑱

提出新的信条来取代反映维多利亚世风的和谐，恐怕要花二十年或三十年时间，这段历史留到后面再叙述（参见第四章）。

矿工法案通过后，爱德华·格雷爵士表达了自己的不安，他说："关于最低工资问题的大门已经打开，就再也关不上了。"⑲英国统治阶级这种"脚踩门槛"的心态是他们的国家理论靠不住的一个信号，因为正如我们已经看到的和谐国家在被表明它以阶级为基础和有阶级偏见之前，不可能容忍哪怕最小的损害。因此，无论是理性化的、镇压性的还是反应性的改革，政治改革除了使和谐国家头痛外，什么也没有创造。只是晚近才染指政权的工业家，可以在二者中择一。第一，他们可以在反对变革的最后一道防线死战，麻烦之处是,如果他们失守了,他们就全完了。如一个自称为"约克郡自由党人"的匿名作者在 1908 年指出的:"一旦承认工资是高于劳动力经济价值的一种道德权利,……你就无法阻止任何特别的人物,而只有放弃反社会主义的一切。"[⑩]这位先生无疑是正确的,因为把它的合理性置于存在着固有的社会和谐这一基础上,而这种固有的社会和谐是追逐私利带来的意外后果,资产阶级国家的理论家已经陷入了圈套。如果在工资问题上国家的任何作用被承认,那整个为自由放任的自由主义辩解的机制,像在纸牌的屋子一样,恐怕会在一次哪怕非常轻微的修改中倒塌。有鉴于此,第二种方案更行得通,承认改革的必要性,但是,尽可能按照统治集团的利益支持改革。1904 年,德国自由主义者弗里德里希·瑙曼在《帮助》上写道:"就其最广阔的意义而论,自由主义的整个未来依靠它率直地和公开地承认它的阶级偏见,因为只有一个具有阶级意识的自由主义才有力量度过这些阶级战争的岁月。"[⑪]

大体上说,瑙曼的建议正为每个国家采纳,但是随之出现了一个新问题。具有阶级意识的自由主义使工业家仍旧掌权,但它这样做是以牺牲和谐国家的观念为代价。利益的和谐是以所有阶级具有同样利益的明确陈述为基础的;倘若采取一种开放的阶级视野的办法,那将为那种观念体系的棺木钉上最后一颗钉子。正是资产阶级最终丧失了对它的和谐信念的信心,正像工人早些时候那样,由于和谐国家试图打进一个由前资产阶级成分统治的政治制度,它很好地起了为资产阶级服务的作用;在尚未遭到真正挑战时,它工作得还算过得去;但是一旦工人阶级发现它也有国家可帮助实现的阶级利益时,它就立刻无法再好好工作了。当双方都了解到这种真实情况时，已临到了第一次世界大战前夜，此时，研究如何改变和谐的国家的趋势加强了。

第三章　扩张主义的窘境

"现在所有善于思考的人都面临的最具挑战性的问题就是如何为那些供给国内需求后还有剩余产品的工厂主创造一种外部需求……这个问题对于我们所有无私和爱国的公民来讲,具有同样的吸引力,但对于劳动者来说,这个问题具有十倍的吸引力,因为没有工作他就不能生存。除非我们能为我们的工厂主拓宽市场,否则他无法指望得到稳定的工作,除非我们工厂主的产品的售价比外国工厂主低,否则我们就无法扩大我们的国外市场。"

——威廉·E.埃瓦茨,致纽约市商会(1877)

"如果保护制度没有一个稳健的殖民政策作为纠正和辅助,那么它就是一个没有安全阀的蒸汽机……自 1876 年或者 1877 年以来,工业化欧洲饱受经济危机的打击,经济危机之后的灾祸以及随之而来的频繁、持久且鲁莽的罢工,所有这些最不幸的症状在法国、德国甚至英国同时出现,出口额显著且持续下降……欧洲的消费呈现出饱和状态;在现代社会被置于破产境地的悲痛中,人们必须转移到世界其他地方寻求新的消费者阶层。"

——朱尔斯·费里(1890)

128 第一篇 寻求稳定的六种答案

"长远来看,只有德国权力扩张才能够创造国内工作机会并使之逐步增多变得可能,在我们民族的广大民众中能否唤起这种意识,对于我们来讲,这是一个生死攸关的问题。下层民众上升的命运和德国上升为世界政治经济大国并保持祖国的力量和强大是分不开的。"

——马克斯·韦伯(1896)

19世纪末整个资本主义世界爆发了一股扩张浪潮,一个又一个国家努力将其影响扩展到世界各地。尽管对外侵略的历史可以追溯到古埃及和古希腊文明,但是19世纪后期爆发的这次运动具有某些独特性。一方面,无论是简单积累还是虚假的和谐观念都无法向所有人证明新资本主义秩序的合理性,这就引起合法化的真正难题。另一方面,自由和民主世界观之间的矛盾在1890年前后达到顶峰,以至于国家政体似乎将要崩溃。面对这一双重压力,统治阶级转而对外扩张作为解决国内问题的一种方案。在这一章中统称为扩张主义国家的多种多样的实验出现了,每一个实验都试图缓解积累的需要和合法化的愿望二者之间的冲突。但是这些选择的可行性基于这样一个代价:即否认自由主义本身的某些基本价值观。这一章我将探讨其中某些扩张主义的选择以及作出这些选择对自由主义意识形态所带来的影响。

扩张和自由民主的冲突

19世纪后期的扩张主义产生于一个敌对的背景之中。很明显，重商主义的世界秩序已经具有殖民主义性质，并且，工业资本主义的最初动力就是来自对重商主义思想的批评，只要这一点是正确的，那么，熊彼特关于资本主义就是反帝国主义的论点就有他的道理，至少从起源上来讲是这样的。[①]当然，伴随着新兴资产阶级的崛起而出现的自由主义政治思想在这个问题上的观点是很鲜明的。[②]亚当·斯密极为蔑视寻找新的原料市场，认为基于攫取白银和黄金的政策"也许是世界上最不好的彩票"，并且诅咒欧洲殖民冒险的"愚蠢和不公平"的特点。但是，对他来说真正的问题在于殖民主义一般来讲都是由国家管制下的垄断者所操纵的：

> 因此，殖民贸易的垄断像重商主义制度的所有其他卑鄙恶劣的权宜之计一样，压制了所有其他国家的工业，主要是殖民地的工业。这种垄断丝毫没有增加，相反却减少了为自身利益而实行殖民贸易垄断的国家的工业。[③]

李嘉图认为殖民贸易将导致"总的资本和工业更加糟糕的分配"，即"生产出的产品将会更少"。[④]他认为上述这一段文字可以用来维护他的这个观点。即使是后来的约翰·斯图亚特·密尔，对殖民主义还是存有一些反感。密尔认识到殖民地是经济生活的事实，因此他就改变了其论点，认为既然殖民地的存在会增进所有人的利益，而不仅仅是一小部分人的利益，有关殖民地的政策则就应该由国家来执行。密尔希望有一个"自给的殖民体系"，他倾向于将对外移民而非进一步殖民化作为解决国内压力的一种方案。而且更重要的是，密尔拥护静态国家的观念。既然生产力的提高可以代替国外的增长，那么，经济增长自身就是一种目的，也是扩张思想的一部分。但是密尔认为完全没有必要如此。零增长即静态国家,在密尔看来,"总体来说,相对于我们目前状况来讲是一个相当可观的改进。"⑤自由主义政治经济学并非内在地,或者说明确地赞成扩张。

考虑到这种传统,要想倡议一种侵略性的政治扩张体系就需要抛弃那个理应受推崇的信仰体系。对于许多工业主义政治家而言,当他们面对自由主义和生存意识之间的冲突时,就有一种真实的"心灵的呐喊"。自由主义宣扬自由贸易,对殖民地存有敌视的态度;而生存意识则告诉他们,只有通过保护关税和帝国主义才能够获得工人阶级的效忠(同时确保剩余产品得以吸收)。尽管境遇看起来很难,可是还是有解决问题的先例。正如我们已经看到的,自由主义既是教条又具有无限灵活性;如果必须作出某些让步以保持资本主义霸权,那么就必须作出让步。正如自由主义理论鼓吹最小国家的学说却接受相当大范围内的国家干预,反帝国主义的偏见也会因转变人的思想策略而变得模糊不清。朱尔斯·费里曾经是一个坚定的自由贸易论者,受梅利纳的影响最后转而支持高关税。约瑟夫·张伯伦对格拉斯顿重视自由贸易反对殖民主义做法的不满日渐剧烈,最后他脱离了自由党组成了统一派*,这个组织和保守党很难区分开来。尽管导致新党派形成的表面问题是保持和爱尔兰的联合,但是张伯伦认为保护是必要的,这样一种见识也是导致新党派形成的重要问题。即使俾斯麦——很难说是一个自由主义者——由于他所奉行的纲领旨在赢得工业家的支持,

_____

＊ 指 19 世纪后期英国保守党和自由党中的格拉斯顿的反对派,他们反对爱尔兰地方自治,后称为保守统一派,执掌过政权。——译注

第三章 扩张主义的窘境 131

因此也感受到同样的矛盾。尽管 1881 年他曾说,"只要我还是首相,我们就不会推行殖民政策,"⑥ 但是,与此同时,他正在为德国向中东和非洲的扩张做准备。在这里,正如在许多其他地方一样,自由主义者以及像俾斯麦那样采用他们纲领的人缺乏一个一致的国家理论,他们乐意奉行任何有利于他们阶级利益的政策,即使这也许和以前奉行的政策存在极大的抵触。

这些人思想转变的原因在于,他们渐渐意识到,一个国家要想在奉行自由主义模式的同时进行资本积累,而且还要对多数派工人阶级力量的增长作出反应,是很困难的事情。可以从两类事件中理解这一点。资本积累的困难在第一次持续的资本主义经济危机中得到了体现。1873 年世界范围的萧条是一种预兆,预示着上升到工业大国并不意味着进入了一个经济天堂,所有阶级可以和谐地分享其中的繁华。1873 年大萧条对那个时期的政治领袖所产生的影响之大,无论怎样估计都不为过,因为它使他们明白了他们传统的经济和政治分析也许都是错误的。世界各地的政治精英们急于弄清究竟发生了什么,于是尝试着实行一些新政策。那些奉行保护主义的国家开始探究自由贸易的优越性;一些奉行自由贸易的国家开始考虑高关税的可能性;还有一些没有殖民地的国家试图获得自己的殖民地。少许例子就能够证明这种探索的广泛性。在美国,统治阶级奉行的正统思想仍然是亨利·凯利的思想,共和党全面采用了他的保护主义的纲领。为 1873 年的萧条的景象弄得不知所措,新的思想开始萌现。戴维·韦尔斯,对于民主党来说其重要性如同凯利之于共和党那样重要,认为生产相对于需求的过剩只能通过对外贸易得以缩小,因此必须降低关税以激励

132 第一篇 寻求稳定的六种答案

其他国家也这样做。⑦尽管 19 世纪 70 年代的历次萧条并没有导致组建英帝国的全面需要,然而正如罗宾逊和加拉格尔指出的,这些危机确实让人们感知有必要"巩固现存的贸易帝国"。⑧只是在巩固的努力失败后英国才试探着实行保护政策,与美国在对待自由贸易问题上呈现出相同的怯懦且大胆的复杂心态。

在其他国家也引起了恐慌。玛丽·唐森德指出,对于德国来讲,争取统一的斗争一结束,"1873 年可怕的危机和恐慌就发生了。人们普遍感到有必要恢复经济,而当国内的资本和劳动力市场太狭小时,对外扩张就受到广泛的赞成。"⑨这一点也得到了汉斯-乌尔利希·韦勒尔的赞同,他认为,1873－1879 年、1882－1886 年、1890－1895 年的三次大萧条导致了"现代工业体系发展中一个极其困难的结构危机",而这一危机只有通过"实用主义的扩张主义"才能够得以解决,他这样的界定极具睿智。⑩最后,1873年大萧条之后一年,保罗·勒鲁瓦-博利厄发表了其得到广泛传阅的著述《论现代民族的殖民地化》。"殖民地所履行的最有用的功能……是为宗主国的贸易提供一个现成的市场以推动其产业发展并维持这个市场,并为其他国家的居民——无论是工业家、工人或者消费者——提供更高的利润、工资或者商品,"⑪由于这一时期经济状况非常困窘,他的这一论断显得更加具有说服力。突尼斯远征是这一新论点的众多后果之一。

如果萧条象征着所有的事情都有一个好的结局,这样自由主义许诺的力量的衰微的话,罢工就代表着导致有关扩张思想变化的第二类系列事件。工人阶级压力的世界性发展象征着民主要求的崛起。法国建立了它的公社(1871),美国有布鲁斯所说的"暴力之年"(1877)。⑫据估计,在意大利 1860 - 1869 年发生了 132 次罢工,1870 - 1879 年为 553 次,1880 - 1889 年为 752 次,1890 - 1899 年为 1698 次,这是新思潮的剧烈表现。⑬俾斯麦发现他需要严厉的反社会主义法令,即使在英国,从方法上看工人阶级并不具有革命性,可是它的要求也具有革命的潜势;正如哈列维指出的,他们"达到了一种社会主义的形式。因为他们暗示说,在考虑雇主的任何要求之前工人对他的劳动产品享有一种权利"。⑭正如萧条产生了新的经济理论,同样,罢工导致了新的政治理论的出现。托马斯·鲍尔指出了普法战争和巴黎公社是如何"极大地影响了像费里这样的人的见解。他们受到了深深的震撼。战争中法国一败涂地,打破了他们对和平自由世界的希望;公社的暴动打破了他们对于下层阶级的信心。军国主义将是他们这一代人的主导原则,并将打破他们那些美好的希望"。⑮瓦尔特·昆廷·格雷沙姆在 1877 年暴动时是伊利诺伊州的联邦法院的法官,那年的罢工使他对现实失望透顶。他的见解颇有见地,"我们的革命先辈们,在大众政府的观念上走得太远。民主现在是法律和秩序的敌人。"⑯十六年之后格雷沙姆将成为美国的国务卿,在政见上也更加温和,极力推行自由贸易帝国主义的政策来解决阶级冲突。威廉·阿希利爵士在美国读书的时候,目睹了 19 世纪 90 年代的霍姆斯特德和普尔曼罢工,他心烦意乱,回到英国后玩弄起了对于 20 世纪的统治精英们来讲相当具有吸引力的社团主义的概念(见第四章)⑰。经济萧条和工人的战斗精神彼此促进,这两者的双重影响足以使任何人都认识到需要新的办法来缓解自由主义和民主之间的紧张状态。

当自由主义和民主开始发生冲突的时候到底应该怎么办,在这一点上几乎没有达成任何共识,因为自由主义政治统治很长时间以来都是折中主义的。因此,面对萧条,一些人信服自由贸易论,另一些信服贸易保护论;一些人信服帝国主义论,而另一些人则信服反帝国主义论。面对工人阶级的战斗精神,一些人成为家长式的改革者,一些人相信必须大剂量使用镇压的药剂,还有其他一些人,也就是占绝大多数的人,将两者结合起来。然而,无论这一时期的政治家转向右翼还是左翼,将自由贸易论者和公平贸易论者,帝国主义者和反帝国主义者,改革家和镇压者联合起来的是他们的信仰,他们都相信扩张是这个时期越来越紧迫的政治矛盾的解决方案。尽管在手法上存在分歧,有时这些分歧也会转化为阶级内部的论战,但是,统治阶级内的各方都信奉同一个终极目标,即要扩展政治行动的领域,这样才能为自由主义的要求(资本积累)和民主的期望(合法化)提供足够的空间。

尽管一个扩张了的体系似乎可以提供安全感,但是从一开始这种方法就有它的局限。扩张尽管有些侵略的意味,但它不过是承认了失败的现实。精英们将目光放到他们的国家之外,他们这样做就等于承认——即使他们没有意识到这一点——在他们国内根本就没有解决问题的办法。国内失败的东西在国外能够成功这一点根本就没有任何保证。当他们开始认识到扩张主义这种政策的出台更多是源于虚弱而非实力时,扩张主义国家的思想家的语气变得更加趋于守势和悲观。他们的解决之道就是试图避免那不可避免的结果,可是他们同时愈来愈意识到不可避免的事情终将要出现。

扩张主义的手段

扩张主义和殖民主义并不是一回事;寻求殖民地——19 世纪后期在扩张主义的强烈欲望推动下所采取的最激烈的形式——仅仅是众多选择中的一种。自由主义的统治一般来说过于刚愎自用,不会仅仅信奉一种形式的扩张主义。只有在法国才将殖民主义概念本身作为一种目的而教条般地信奉。在所有其他国家都奉行折中主义策略,或者换个说法,就是,教条般信奉扩张主义思想,同时,在方法上表现出极大的灵活性。因此在帝国主义时期形成的帝国既有正式的帝国又有非正式的帝国,殖民既是一种司法范畴,又是一种心态。所采取的特定的手段也因环境的不同而不同。

自由贸易,理论上来讲应该是扩张主义政策的对立物,在英国却转化为一种帝国主义的选择,这一事实就是扩张的折中主义的一个例证。在 19 世纪早期的某个时期,人们绝对不可能想当然地认为国家应该为国内的商人提供帮助;人们还记得一位专员曾经相当惊骇地对爱德华·劳爵士大声说道:"但是,我亲爱的劳,你正在说的是商人啊;你似乎不明白我们在大使馆不和这类阶层的人打交道。"[18] 面对来自新兴工厂主阶层的越来越大的压力,传统的统治者开始重新考虑他们在这类问题上的立场;帕麦斯顿勋爵于 1841 年指出:"为商人开辟道路并保证道路的安全是政府的事情。"[19] 它将会是哪一种情况呢:奉行自由放任的国际主义政策,还是对世界事务进行积极的国家干预? 这是一个很熟悉的选择,是国内同样困境的一部分。如果困境相似,那么解决方案也就相似了。正如我在第一章指出的，力主实行"不干涉"政策以促进其实现霸权的正是那些最大的产业；从国际上来讲，最强大的国家同样也应该这样做。只要英国还是世界上重要的大国，它就能够维持自由贸易的政策，但是，正如罗宾逊和加拉格尔指出的，这样一个决策是"自由贸易帝国主义"——不是为世界体系开辟通道——而是旨在维护英国特别利益的一种形式。[20]

从非扩张主义意识形态向扩张主义实践的转化表明了选择的广泛性。加拉格尔和罗宾逊指明，扩张总是包含"多种多样的手段"，"英国政府采用最适于他们各种不同利益范围的手段确保并维持它的最高权威"。从这个角度来讲，是要有一个"自由"贸易的非正式的帝国，还是一个殖民地的正式帝国，这个问题是一个实践的问题，而不是意识形态问题。正如他们所得出的结论，"很明显一个原则出现了；只有在非正式的手段不能给英国的事业（无论是商业性的、慈善性的还是仅仅是战略性的）提供安全框架的时间及地区，确立正式手段的问题才出现。"[21] 这一点很好理解，但是它所暗示的并不是一个原则的出现，而是相反，它暗示了原则匮乏这一事实的胜利。正如资产阶级规则通常表现出的那样，目的又一次成为手段正当与否的判断标准。我们必须将自由贸易、公平贸易和殖民视为资本主义正在创制的世界体系中不断变化的力量平衡的可能选择。各个国家采取其中任何一种选择完全取决于他们在那个世界体系中的相对位置。

既然是由于不列颠在欧洲（因此在世界上亦如此）的领先资本主义强国的地位而非它对自由贸易的迷恋导致了它的世界性的自由主义，那么，一方的衰落必将伴随着另外一方的衰落，即，当英国与其它国家相比势力衰退时，它排斥保护主义的做法也减弱了。在霸主地位相对衰微的影响下，英国在 1890 年至 1895 年间开始讨论一种处理国际关系的新方法。首先，约翰·西利的《英国的扩张》及查尔斯·迪尔克的《大不列颠的问题》的相继出版为对世界其他地区的侵略姿态打下了思想基础。㉒尽管西利的书可能在当时更具影响力，迪尔克的书比较有趣些，因为迪尔克是一个自由党人，正是布赖特和科布登的自由党在意识形态上最为推崇自由贸易。但是像迪尔克和罗斯伯里这样的人很明显排斥传统的自由主义；他们将他们自己视为自由-帝国主义者，致力于推动本党对殖民地采取一种更近似的所谓"现代态度"。当然，两个人都知道他们的政党正面临着一次危机；尽管自由党，除了个别例外，在英国五十年来都是事实上的执政党，但在 1895 年的选举中他们输给了索尔斯伯里，这一失败象征着传统政策风光不再。在寻找新纲领的过程中，自由-帝国主义者从一个意想不到的角落，即费边社那里获得了帮助。费边派采取了阿莱维称作工业社会的"普鲁士解决办法"：㉓将社会改革和殖民冒险相结合。阿莱维是这样描写韦伯夫妇的："坚定的帝国主义者，寄希望于民族的、军国主义的国家来实现他们温和的集体主义纲领，他们对自由主义和自由贸易的每一个规则都抱有莫大的蔑视。"㉔韦伯夫妇邀请罗斯伯里和其他自由-帝国主义者在一个称作"协同因素"的团体中和他们会面，旨在组建一个鼓吹帝国主义方案的新党派团体。这个团体的唯一功绩就在于它为 H. G. 威尔斯的小说《新马基雅维里》提供了素材；另外，"协同因素"的失败归因于一个很简单的原因，他的名字就是约瑟夫·张伯伦。

138　第一篇　寻求稳定的六种答案

张伯伦比他同时代的大多数人都更清楚地意识到英国经济力量的衰微。他在 1903 年总结说："我认为，我看到了，并且我相信每一个从事商业的人都看到了，如果这些症状不及时加以应对，可能会导致变化和灾难。"除非采取强有力的行动来遏制英国对自由贸易的信念，否则英国将会"沉沦"。无论是当政中或者是在野时，张伯伦的行动都要归结于这样一种感觉。正如二战后的美国政策制订者将共产主义的每一次胜利都视为正在摧毁他们所知世界的多米诺骨牌理论的一部分，张伯伦认为自由贸易侵蚀了英国社会的道德基础："糖没了；丝绸没了；铁处于危险的境地；羊毛处于危险的境地；棉花也将丢失掉。"只有两种方法可以阻止这一场迫在眉睫的灾难。一种方法是建立一种保护制度：用公平贸易取代自由贸易。另外一种方法就是服用适量的"普鲁士式"社会改革的药剂，这将会赢得工人对保护制度的忠诚。后一个政策实施起来是极为谨慎的；尽管张伯伦在社会改革及实施各种各样的国家政策以维护工人阶级利益的必要性方面发表了大量的言论，但是在实际的立法提议上他是谨慎的，他的统一派政府并没有带来一场自上而下的革命。但是在关税改革方面张伯伦的态度比较积极。他对罗斯伯里和自由-帝国主义者的拉拢分裂了"协同因素"团体。他坚持实施保护措施，导致了对自由贸易政策的重大调整。贸易部和外交部不与特定的商业利益发生联系，而只保卫"公众"事务——尽管，一般来讲意味着将商业视为一个总体来看待——的传统在张伯伦的领导下非常缓慢地衰微了。英国的工厂主加速了对公平贸易的呼吁以便他们能够和外国资本家获得平等的地位。张伯伦在爱尔兰问题上的顽固立场使得统一派被赶下台,因此同时代的人认为张伯伦政府是失败的,但是,从更加广泛的意义上来讲,张伯伦的失败正是在于他的成功。在英国的政治中"纯"自由贸易从未再次成为一个争端;自由党向着张伯伦分析的那个方向跨出了一大步;许多改革家,包括劳工改革家,赞成将扩张作为目标;最终,他们提出了正式帝国的问题。张伯伦的政见标志着从一种秩序到另一种秩序的重大转变;它们构成了现代英国扩张主义国家的诞生。

美国事态呈现出和英国惊人相似的进展,只是事态是向相反方向发展的。如果经济衰退导致保护政策的流行,那么,经济增长应该引发自由贸易。传统上保护性的高关税一直是美国所奉行的规则,但是在萧条的压力下,保护主义的正统学说受到了攻击。关税改革指的是降低关税(在英国同样的术语指的是提高关税)在这个世纪是很受欢迎的;众议院会定期地通过低关税的议案,让比较奉行寡头政治的参议院对其进行修正。正如在英国一样,不同的立场也有阶级倾向。高关税直接有利于那些受到影响的工厂主(他们公司的雇员们也会从中受益),而改革家们则力主实行低关税,他们强调,低关税将刺激国外的需求因而整个资本家阶层都会从中受惠(因此,根据利益和谐学说,所有其他的人都会得益)。由于这个原因,尽管自由贸易是更加"进步性"的政策,两种立场的真正分歧在于手段的不同。正如 1890 年《铁器时代》一书所写的:

> 贸易保护论者和自由贸易论者看起来终于达成了一个共识,因为他们都热切地希望能扩大我国的对外贸易。当然,他们为达到这一目的所采取的手段并非相互和谐。㊿

两种方法中,无疑是自由贸易,像张伯伦的保护制度一样,打了败仗,因为 1897 年丁利税率对象征着温和自由贸易胜利的威尔逊-戈曼法作了修正,并提高了关税,丁利税率通过后,像疟疾病患者的体温一样,税率狂飙突进,升到了让人震惊的高度。但是正如张伯伦在为贸易保护主义而战中失利却赢得了更大的战争一样,即使税率还在升高,关税降低论者仍然是最后的胜利者。在这个时期的背景之下,和扩张主义最和谐的是支持低关税的设想。降低关税是一种目光深远的政策,可以促进对外贸易以吸收生产过剩所造成的国内产品剩余,而关税壁垒则是一种过时的做法,只会将美国和世界其他地方隔离开来。借用托马斯·麦科马克机敏的话来说,就是在紧闭国门和开放市场之间进行选择,当美国采取扩张主义的对外政策时,降低关税论者的假定——如果不是他们的直接政策目标的话——是成功的。⑧尽管对关税问题的兴趣减少了(麦金利死后这个问题从美国的政治中神秘地消失了二十年之久),但对这种或者那种形式的扩张的兴趣却增强了。

世界上很少有其他国家的国内矛盾和国外扩张之间的联系比美国更加明显,因为在美国自从西部开发及麦迪逊的大作,即《联邦党人文集》中的第十篇出炉之后,扩张就被视为解决国内压力的方案。正因为那个原因,正如从特纳到现在的许多历史学家所强调的,西部的开发像詹姆斯·布赖斯所说的那样,意味着"一个考验民主制度的时机"即将到来。⑨然而西部的真正重要性在于它总是作为一种逃避的象征,现实并非如此,因为能够逃脱贫困得到自己土地的人的数目要比那个时代的神话所说的小得多。进一步说,只是到了 19 世纪 90 年代,一个规模巨大、在外国出生且具有阶级意识的工人阶级开始成长起来,并且到了这个时候边疆早已宣告关闭了。因此,来自底层的压力是很严重的。"1893年到1895年三年中,几乎所有的事情都以阶级斗争的形式表现出来,这是自从开国元勋时代以来保守主义者和自由主义者同样害怕的事情;几乎所有的事情,说得更精确些,就是除了有组织的革命以外。"拉夫伯这样写道。[2]因此,截至1895年,即英国索尔斯伯里上台和张伯伦一同执掌政权的同年,美国正在为它的第一次重要的扩张活动即委内瑞拉边界争端做准备。如拉夫伯所指出的,"时机选择是相当重要的。既然这次边界争端已经酝酿了半个世纪之久,应该值得提醒人们注意的是,美国为什么选择1895年作为合适的时机来结束论战,并且申明它对于西半球的控制权的原因。"[3]他认为这个时机就是一次工业萧条,这样说肯定是正确的,但是,我们也应该记得,也就是在1895年这同一年,在波洛克、奈特和德布斯案中,最高法庭表示它无法解决自由和民主要求的压力导致的政治意识形态的矛盾。那些判决很清楚地表明,选择和工厂主的利益结盟而对工会的要求置若罔闻的国家是无法赢得合法性的连续性机制的。从这一视角来看,对委内瑞拉的干涉及紧随其后的美西战争,成为民主的代替物。人民在政治领域中不能获胜,相反,所得到的是引人入胜的新闻报道、野蛮征服的传说及外国岛屿的易帜。古巴和菲律宾的例子就是对控制垄断并确认统治权行为的一种替代。

　　极力鼓吹建立一个以英帝国模式为榜样的帝国主义者从未达到他们的目标。正如在英国通过对努力结束自由贸易的不同派别的利益进行调和从而改变了扩张主义国家的最终形式一样,在美国采用门户开放政策也是一种介于孤立主义和帝国主义之间的折

142　第一篇　寻求稳定的六种答案

中方案。威廉斯这样来描述门户开放政策的特点,它是一种"帝国
主义的反殖民主义"的形式,创建了一种非正式的美国扩张主义而
没有背上沉重的殖民地的重负。这个时期全世界范围内都在寻求
如何创建一个比重商主义的帝国更具灵活性而且代价较小的非正
式的帝国,寻求一种新的实用性的道路,而门户开放政策就是这样
一种世界性探寻的一部分。^⑨构成持续重要性的是对解决办法的
探寻,而不是结果。比如说,这些年中德国就组建了一个正式的帝
国,这使得它的外观和没有建立正式帝国的美国是不同的。但是,
即使是正式的德国帝国主义也不是一种有意识且深思熟虑的政策
的产物,相反,说它是一系列失败导致的后果更符合历史事实。在
对德国造成沉重打击的 1873 年经济大萧条后,工厂主们要求实行
高关税的保护政策,这使得他们和那些传统上希望实行保护政策
的容克们达成一致。^⑤在意大利,随着北方的工厂主和南方的土地
所有者们在导致南方的小农场主贫困化的高关税问题上达成妥
协,黑麦和铁之间的联盟也就成为保护贸易主义政策的基础。^⑥一
直奉行现实主义的俾斯麦感觉到新的力量开始发挥其威力,开始
改变其态度,紧随形势的发展。用哈特穆特·波格·冯·施特兰
德曼的话来说,他的态度"从一个温和的自由贸易论者慢慢地转变
为保护贸易论者"。^⑩这样一种政策需要国家发挥某种作用,在反
社会主义运动中镇压性的政府机器的发展推动国家在这方面职能
的完善。但是俾斯麦希望保护贸易主义就足够了,不必再建立正
式的帝国主义。他的口号"没有帝国主义的企业,但是给企业提供
津贴"赞成由私人公司进行并管理的间接扩张。这样方法的问题
在于它给了私人便利条件却不要他们承担公众责任;卡尔·彼得

斯在非洲的无情的镇压运动表明了这种道路的局限性,他可能就是康拉德的《黑暗的中心》一书中高度近视的施虐狂库茨先生这一人物的原型。换句话说,"俾斯麦让商人和公司来管理一个非正式的殖民帝国的基本思想失败了。现在帝国被迫开始干预,担负起愈来愈多的责任,最终建立一个管理体系。"[8]无疑,德国成为一个殖民大国,但是这与其说是有意识筹划的结果,不如说是由于疏忽而造成的后果。

关于这个时期所采取的各种各样的扩张手段最为重要的一点就是,它们并不构成严格的范畴或者选项;统治精英们试图寻找到可以使国内问题上升为国际问题的切实可行的道路,为此他们实验过各种方案,如自由贸易,保护贸易主义和殖民地化,在这个过程中各种方案并不是泾渭分明的,在某些方面它们是交错混用的。这种折中主义正好可以解释扩张主义国家所采取的一些令人惊异的混合形式。试图集各种方法的特征于一身的最佳例证就是被称之为关税同盟的解决方案,英国和美国都曾实验过这样一种道路。这是一个纯粹的自由贸易和保护政策之间的折中方案,即在一个既定的跨国单位内实行一种全面的自由贸易体系(对英国来讲,就是英联邦;对美国来讲,就是门罗主义下的美洲),并且在那个单位和世界其他地区之间竖起一堵高高的贸易保护主义的壁垒。这样一个方案的创意人,美国的威廉·埃瓦茨和英国的张伯伦,[9]希望借之以实现两个世界的最佳状态,尽管这对世界贸易而言过于不便。这类建议与其说是连贯性政策的核心,还不如说是缺乏合适的政策。正如费尔德豪斯所说:"根本就没有强有力的证据表明,任何一个大国的政治家们或者高层官员设想到殖民地将会带来这类或者那类的政治利益,从而事先为 19 世纪 70 年代和 80 年代的对外扩张规划一张蓝图。"⑩这样一个结论表明,这个时期的政治精英们,尽管一致同意扩张的必要性,但是并没有发自肺腑地将殖民主义视为扩张须采取的适当形式。这种折中主义也有两个例外,即法国和意大利,后者的典型性要弱一些。和德国一样,意大利人在统一———一个吸收自身能量的活动——完成之后,即刻就开始进行扩张。本尼迪托·克罗齐写道:"解决了统一的问题后,意大利开始谈到她的殖民地的需要,尤其是在 1878 年前后她更是如此;对于她来讲,情况和德国一样,只能从非洲那儿得到。"⑪然而贯穿这一时期始终,意大利都没有就殖民地化是否就是扩张目标的最好手段这一问题展开辩论。可以确定的是,弗兰西斯科·克里斯皮面对经济危机时,极力鼓吹获取殖民地的种种好处。他说,殖民地"是现代生活的一个必要的部分。我们不能无动于衷,不能坐视其他大国占领世界上所有那些没有得到开发的地区……我们应该[如果我们这样做的话]为这种对国家的严重犯罪行为而感到深深的内疚,因为[那样的话]我们将永远堵塞我们船只的航程和产品的市场"。⑫然而,克里斯皮实际上所采取的政策却是趋于灾难性的,对于他的三心二意的非洲冒险,国内涌现出在美国会被称为"孤立主义"的厌恶。到世纪末的时候,反对殖民主义——早已经不是源于原则性的问题了,而是出于对意大利屡次败绩的愤怒——的呼声开始渐渐消失了。阿尔弗雷多·奥里亚尼的《杰出的执政官》(*Fino a Dogali*,1889)和《意大利的政治斗争》(*La Lotta Politica in Italia*,1902)的出版,阿布鲁齐公爵的极地远征(1899 - 1900),马科尼发明了无线电(1902),拉布里奥拉从正统马克思主义向狂热的扩张主义的转变，1890 年至 1907 年间意大利对外贸易增长率在百分之百以上——所有这些都是意大利对半岛外的地域重新产生兴趣的表征。环绕着像邓南遮这样的作家和未来主义者周围的民族主义情感的萌发是新帝国主义的征兆之一。另一个意义更为重大的征兆就是焦利蒂试图效仿张伯伦，将对外扩张和国内改革两者结合在一起。到 1910 年止，意大利已经成为一个现代资本主义国家，加入了帝国主义大国的行列；其在利比亚的冒险及第一次世界大战就是这一事实的直接后果。总之，殖民主义是结果，但是这并非是经过了广泛的全国大论争之后才出现的；在现代意大利出现之时，其它欧洲强国早已经加入了对非洲的贪婪争夺，意大利希望成为这个世界的一部分，它别无选择，只能和它们一样开始争夺它的地盘。

法国早就对东方虎视眈眈了，在法国历史上很长时间内东方意味着莱茵河。面对着一个敌视的欧洲，丹东曾将大西洋、比利牛斯山脉、莱茵河和英吉利海峡视为法国的自然边界。但是由于俾斯麦封锁了法国在那个方向的行动，19 世纪末国内工人阶级压力的激烈化使得梦想家们试图重建老式的海外帝国。从这个意义上说，相对于其他国家来说，法国更认为扩张和殖民地化是同一回事。第三共和国的政客们在与其有利害关系的事务上向来是直言不讳的，这也是他们一贯的传统；他们毫不掩饰对殖民地的渴望，他们把资本主义矛盾和扩张的需求两者联系起来，在这一点上他们比列宁主义者做得还好。问题是很显而易见的："殖民政策难道不是一个伟大的事实吗，不是我们时代一个普遍的因素吗？"费里这样问道，并不真的希望得到一个答案。"［殖民］政策是……像市

146 第一篇 寻求稳定的六种答案

场本身一样的一种必需。"⑧既然殖民主义是"工业政策之女",那些积极赞成其中一项的很自然在另外一项上也会表现出莫大的积极性。弗里在获取殖民地这个问题上表现出和转换教育制度问题上(见第二章)同样的热心。弗雷西内在法国国内铺设铁路的计划上表现出很大的积极性(见第一章),并在塞内加尔铺设了新的铁路线。法国资产阶级在对待帝国主义这个问题上表现出对歌剧同样的狂热:非常自信,但是总是有那么一丝怀疑,感觉它并没有权力那样做。

93 与意大利的情况不同,法国在殖民地问题上有着各种各样的辩论。右翼的保守派们发出了严厉的谴责;朱尔·德拉福斯于1881年指出:"每一个殖民地在战争期间会导致国家衰弱,在和平期间对国家来说则是一项负担。"⑧在来自左翼的谴责中,克列孟梭是其中之一,他的爱国主义是无可挑剔的,他攻击了法国的突尼斯政策,因为这个政策从策略上来讲是支持俾斯麦的(他想要法国忘记阿尔萨斯和洛林);克列孟梭推理说,任何对俾斯麦有益的事情,对法国来说一定是有害的。然而,这些辩论并不能够有效地改变政策。正如美国在 20 世纪的发现一样,在帝国主义冒险中最为困难的事情就是进行一场公开彻底的辩论。突尼斯战争信任度的投票表决,下院以 429 票对零票通过,上院以 244 票对零票通过。在谈到突尼斯的形势时费里的言论并不符合事实,他编造了一些奇异可怕的故事以确保法国介入突尼斯事务,这也影响了辩论的进行。法国采取殖民政策是在一个蛊惑人心的背景下由精英们作出的决策,他们大多数都会从这类殖民冒险中直接受益。回溯起来,他们的举动看起来更像是亡命之徒而非公共舆论的开明领袖,

第三章　扩张主义的窘境　147

这样的境况并非折射出他们性格上的弱点,而是反映了一个事实,即面对国内严重的矛盾,他们紧紧抓住了一项似乎有望缓解危机的政策。对他们来说很不幸的是,这一项政策并没有带来这样的好处。正如坎亚-福斯特纳指出的,法国的非洲扩张是建立在一系列以为扩张会带来繁荣的神话基础之上的,但是这些神话根本就不是真的。⑥人们总是认为,在河流的下一个转弯的地方会发现黄金或者一个神秘的国度,这将可能会给整个法国带来巨大的利润和支援。费里应该听听亚当·斯密的教诲,因为,事实上,法国的殖民政策是一场灾难。在每一个统治阶级的历史上,在追求不可靠的虚幻的目标时他们都会集残酷性、非理性和自欺性于一身;第三共和国的殖民政策正是这样一幅景象。正如费利克斯·富尔在法绍达危机期间的评论:"我们在非洲像疯子一样行事,旁边围绕着那些不负责任的人,通常称之为殖民主义者。"⑩尽管法国人是坚定的殖民主义者,但是法国并没有像英国、德国以及美国那样试图进一步发现国内的幸福。

扩张的细节

自由贸易、贸易保护主义和新殖民主义背后的理论就是它们将会以这种或者那种方式带来繁荣,因此就可以避免19世纪后半期独具特色的那些萧条景象。然而,避免萧条只是那个时期的统治阶级们所面对的困境的一半而已;他们同样为工人阶级的斗争所困扰。无疑,繁荣将会间接地缓解后一个问题,因为它将会使利益和谐论调看起来更加真实些。但是,这么重要的一个问题只能

148 第一篇 寻求稳定的六种答案

间接地处理吗？作为扩张主义国家的一部分,统治阶级需要某种直接的办法以缓解日益增长且相当活跃的工人阶级运动所带来的压力。

在社会思想家中又一次流行起来的新马尔萨斯人口论提供了一个答案。并不像饥饿这种 18 世纪解决人口过剩的方案,也不像种族灭绝这个 20 世纪的解决方案,这个时期的思想家设想了一种更好的办法,一个更加文明的办法,从而减轻人口过多的负担。既然劳动力是一种商品,既然商品的基本的资本主义规则是它们必须自由买卖,[⑩]那么交换人口就可以吸收 19 世纪后期社会变化所带来的压力。因为在世界范围内转移人口的任务成为这个时期政治生活的一个显著特色,移民出境就应该被视为扩张主义国家的一种重要形式。在一个发展不平衡的世界,生产的因素是不平衡的,用船只无法运送资本(这在国内是需要的)或者土地(这是不能够移动的,尽管肖邦带走了一口袋波兰泥土),只可能运送劳工(这同时能够缓解国内的压力)。在慈善和利润,慷慨和自私这种 19 世纪资产阶级特性的驱动下,移民团体如同雨后春笋般涌现。

当然,移民出境并不是 1890 年至 1914 年间才发明的产物。特定的政治发展阶段,比如爱尔兰的土豆饥荒(仅仅是一场很小程度的自然灾害)或者 1848 年德国革命的失败,产生了大量的移民。据估计仅仅 1847 年一年,十多万的爱尔兰人离开爱尔兰去北美。[⑱]一些观察家认为在 19 世纪 40 年代德国的移民出境接近 100 万。[⑲]然而,世纪末的情况,尽管和 1840 年有很明显的连续性,在外表之下是完全不同的。首先,移民呈现出激烈化这样一个状态,这可以从对美国的一瞥中窥见一斑。美国在国外出生的人口比率 1850 年

为 9.7％,1950 年为 6.9％,但是在这期间的比率却高得多:[⑩]

1860	13.2％
1870	14.0％
1880	13.3％
1890	14.7％
1900	13.6％
1910	14.7％

这个世纪里欧洲向美国移民的四次大的出境浪潮中——1844 - 1854 年,1864 - 1873 年,1881 - 1888 年和 1903 - 1913 年——最后一次浪潮无疑是最大的,仅仅这几年中就大约有 1000 万人从欧洲各地来到美国。[⑪]1903 年有 70 艘船只航行在大西洋上,作了 200 次横跨大洋的航行,至少送 20 万乘客渡过了大洋。[⑫]这场运动中有大量来自俄国和东欧的农民,但是这并没有改变它作为一种安全阀机制的重要性。农业科技的提高迫使人民离开土地;如果去不了美国的话,这些人将会成为他们自己国家里的城市居民,或者,更有可能成为西欧的城市居民,他们将会增加人们对现状的不满。城市无产者一般来说是来自那些离开土地的农民;引起争论的并不是这些移民是否将会增加到劳动大军中,而是他们将会加入到哪个国家。

并不只是移民数目使得 19 世纪后期的移民出境具有其独特性;第二个因素是同样重要的。在 19 世纪 40 年代将农民运到美国是一笔不错的生意(代理商收到委任书,被告知他们可以在船上装多少人,然后他们就能够想出一些伎俩多装一些人,卖出那些多出来位置的就可以赚得双倍利润;蒸汽船公司将船塞得满满的,每

150 第一篇 寻求稳定的六种答案

个人占据的空间小得不能再小了,它们以此来发财致富),到了世纪末这个问题变得很重要,不能再听任它操纵在私人的手中了。积极的国家干预表明在官方这个圈子里移民出境问题的重要性日益增加,它不仅是一项私人获利的事业,而且成为一种官方政策。⑨英国通过了一系列的《乘客法令》,使它的移民出境过程理性化,1906 年的《商船法令》标志着移民规范合理化的最高峰,该法令将移民出境问题置于经济贸易委员会的管理之下。1907 年德国通过了一项法令,协调德国各州五花八门的政策,使之成为一个统一的体系。意大利在这方面走得更远。在 1888 年至 1900 年之间,意大利建立了欧洲最全面的检查制度,并成为其他国家效仿的榜样。已经有大量的作品对移民到达新大陆后的情况进行了描述,然而,关于欧洲社会是以何等的热情来从事这么一项减轻他们多余的不满大军的事业的描述却是匮乏得很。当政府积极参与到人口交换以保护自身,反对民主的实质——人口的数目的时候,马尔萨斯在欧洲变得生机勃勃并大行其道。

世纪末移民出境的第三个显著的特色是它和刚刚讨论过的其他形式的扩张主义国家相互交织的方式。德国的经验就是这种纠缠的一个很好的例证,在整个欧洲来说它都具有代表性。从传统来讲,那些信奉自由贸易的自由主义者,当交换的是人类时,他们也是反对过多的国家干预的;贸易保护主义者,通常立足于弗里德里希·李斯特的理论,欢迎国家加强管理以加速人口流动。截至 19 世纪 70 年代,后一种立场在德国变得流行起来。这从恩斯特·冯·韦伯之类作家那里可以反映出来。韦伯在《非洲四年》(1878)一书中写道,移民出境将是解决德国人口过剩问题最理想的办法(这并不意味着德国人口过剩,只是最重要的思想家们认为可能会这样)。移民出境正如贸易保护主义和殖民化一样,成为面临国内危机的阶级的一种选择;1879年弗里德里克·法布里将这一点表达得极为透彻:

> 每一个强大的政体在它最强盛的时期都需要扩张的空间,它不仅需要将它剩余的能量释放于此,而且从这里它也可以稳定地回收它们的多产的成果并且通过有力的互惠使成果得以倍增。⑤

1879年以后,当俾斯麦的立场从自由贸易转向贸易保护主义之时,用马克·沃克的话来说,德国的移民兴趣有了一种"惊人的、骤然的"增强,并且这种复兴的兴趣是国际贸易领域发生的"同一种转变的一部分"。移民出境成为官方的政策,使得国家更加具有活力,因为"经济增长速度的减慢,资本过度和生产过度的烦恼,外国市场的关闭——这些情况使得德国经济的未来成为每一个人关注的事情,成为国家的事情,国家应该对这些变化作出应有的反应"。⑤反应是两方面的:一方面,同时颁布了反社会主义立法和社会法案,诸如国家对移民出境的赞助,以减轻阶级矛盾;另一方面,一旦德国人已经移民,就需要一种正式的殖民政策以确保他们的安全。商业地理大会和促进德国海外利益大会都就移民出境和殖民主义之间的联系这个问题展开了辩论,正如意大利的科兰迪尼和马拉维格丽奥所做的辩论那样。因此,在移民出境这个问题上存在着一系列的关联,而所有这些都是为了达到相同的扩张主义的目的。

关于移民出境是否真的有效的问题——也就是说,它是否真

152 第一篇 寻求稳定的六种答案

的能够缓解国内的阶级矛盾，是不能给出一个明确的答案的。因为美国社会学刚刚出现——它的创始人之一，爱德华·A.罗斯，事实上对这些"明显的智力低下、多毛、没有教养、大脸庞的人"感到心神不安⑩——因此，没有对这些新来的人进行取样调查以便知晓他们是否会融入到他们母国的那种斗争中去。也许他们不会，至少不会直接参与其中。但是，这一点并不重要，因为有两种移民出境必须专门加以说明。第一类基本上是中产阶级，如，德国人、英国人和法国人，他们在国内不能发财致富，因此便决定移民国外，通常向非洲或者亚洲移民，以便从头开始。另一类一般来讲并非自愿，大批贫穷农民移民到了美洲。这两类人中，前一类能够更好地表达它的不满情绪。这些移民的儿孙辈——像奥威尔、莱辛和加缪这类作家——对那些移民世界各地的人的反叛性进行了栩栩如生的描写。莱辛回忆了英国军队到马萨·魁斯特的本土殖民地，因此就拿一些仍然留在英国的人和那些在一战前就决定移民非洲的人作了对比：

> 突然，一夜之间，街道就变了。挤满了一群身着厚厚的笨拙的灰色制服的人种；在这些不合适的衣着下面冒出的是苍白的脸和手——对于那些一直有足够的食物充饥和足够的阳光的人来说——看起来面容是很差劲的。好像自然已经勾画出了一个理想——一个高大、营养充足的可爱的年轻人，很容易就可以变成一个强壮的英雄——但是，由于缺乏绘画材料，只能尽最大努力完成了。那就是他们隐约的感受；他们不能够拥有这些祖先；他们那些来自母邦的兄弟们是一个矮子的种族，要比他们自己矮几英寸。他们并没有在炎热的太阳底下曝

晒,他们的皮肤并没有变成棕褐色,而是一种不健康的苍白色。他们并不是光荣并且具有反叛精神的个体(来到殖民地的移民曾经是这样的)。当他们小心翼翼、谨小慎微地驻扎在那些狭窄破败的殖民地街道附近的时候,他们看上去仅仅是穿着统一制服的一个团体罢了。[57]

一般来讲,在中产阶级将他们自己的利益和大众运动联为一体之时,剧烈的社会变化就爆发了;从某种程度上说,像马萨·魁斯特的父辈们那样的移民,尽管他们在非洲那样令人乏味,可是却使英国失去了一些潜在的鼓动者。

就农民和工人的移民出境而言,即使去非洲的殖民之路被封锁住了,它也具有与美国西部同样的象征意义。大众传媒的新发展有意识地利用了这种象征意义(《每日邮报》的创刊号在1896年发行)以"证明"逃避的可能性。除此之外,说到那些贫困潦倒的人的大规模的移民出境,很有必要记住的一点就是,这个时期让资产阶级头疼的事情并不是特定的某些人,而是移民的数目。在这个时期,诸如古斯塔夫·勒邦这样的作家创造出"大众"这样一个术语来有意识地替代各种阶级理论。惧怕来自于规模,而非斗争性本身。统治阶级比关注利润更为热心地关注了人口统计学;一个沙漏的普遍形象——沙漏里的沙会慢慢流完——主宰着他们的思想。任何能阻止,或者甚至是减缓沙子流失的政策都会受到欢迎,而移民正是为了这个目的而实施的。

没有移民入境就不可能有对外移民的存在;饥饿或者种族灭绝可以减少一场游戏中的筹码,对外移民则与此不同,它仅是将筹码从一个游戏者转移到另一个游戏者。19世纪欧洲政治之中,一

154　第一篇　寻求稳定的六种答案

些政策和趋势导致了将大量人口送到国外,其他政策和趋势则引
进了不同的人来代替他们。希纳尼是少数几个描述对外移民和殖
民主义的关系的作家之一,据他估计,1876 年至 1920 年间有 1500
万人离开意大利,几乎有一半人到了欧洲其他国家而非美国定
居。⑧总而言之,这个时期进入法国的人很有可能要比离开法国的
人要多;1891 年至 1901 年间法国人口增长总数的 57％来自国外
的移民入境。⑨德国 1907 年 4.1％的劳动力是国外出生的,主要是
波兰和意大利。⑩这种矛盾态度是这个时期资本主义的特色,对人
口过剩的恐惧导致了政治精英和那些具有长远眼光的人鼓励对外
移民,而短期内对廉价劳动力的需求使得另外一些人赞成移民入
境。这两者之间的平衡是由不同势力的实力所决定的,而欧洲作
为一个整体来讲,其方向无疑是倾向于人口外流的。

　　美国同样也同时实行这两种政策,一些人受到鼓励去国外寻
求他们的财富,而其他人则满怀着寻找工作的希望来到美国。然
而,此时,美国西部仍然是开放的,这就吸引了许多潜在的移民,故
此,这个世纪的大部分时间里,美国政策的基本方向是人口内流
的。由于边疆的存在——加上美国是一个年轻的资本主义国家,
很难为它所创造的所有工作岗位都找到足够的人手,更不要说劳
动力过剩从而将劳动力的价格下压了——美国的领袖们积极地促
进从其他国家吸收潜在的工人。"在政治安全之后,共和国所需要
的没有比骨头和肌肉更迫切的了。"1865 年一个商业性期刊这样
评论道。⑪带有积累国家的折中主义特色,为了达到这个目的,国
家同时采取了公共和私人两方面的努力。既然内战使得劳动力大
大减少,国会接受了来自诸如亨利·凯利等人的请求,于 1864 年

第三章 扩张主义的窘境 155

通过《鼓励移民入境法案》，这个法案最令人吃惊的特色就是豁免了那些移民来的劳动力服兵役的义务；工厂而不是前线需要他们。（20 世纪，妇女，而非外国人，将会"移民"到劳动力市场并发挥他们的作用。）内战之后，这项法令被废除，但是废止并不意味着这类国家行为的结束，而仅仅从联邦一级转移到了州一级。每一个州都鼓励移民入境，通常有两种方式。首先，当法律禁止私人公司做广告招募国外移民的时候，美国各州在整个欧洲做广告，张贴具有吸引力的招贴宣传他们州内的生活水平。其次，各州积极地帮助诸如铁路和煤矿以及各种自愿组成的协会，支持他们开展那些宣传运动。在公共帮助下以达到私人目的，进口劳动力就是其中一个领域。

这一经验表明，摆脱，或者获取劳动力的愿望既不是来自掠夺性的考虑，也不是源于理想主义的盛情，它不过是商业市场心理的一部分。利己主义支配着商业，既然利己主义可以随着环境的变化而变化，在美国，扩张主义国家的发展和积极的移民活动的衰微是互动的力量。随着 19 世纪 70 年代和 80 年代的经济萧条和罢工，限制移民入境的思想变得更加流行起来。如果说美国发表过扩张主义国家的宣言的话，那么一定是乔塞亚·斯特朗的《我们的国家》。这本书，以有史以来最强有力的语言为扩张辩护，同时也用同样强烈的语言谴责了移民入境。对一方的促进就是对另一方的批评。在需求的矛盾之中许多商人也变得相当困惑。他们需要移民入境以便得到随之而来的廉价劳动力，但是新工人同时带来了斗争、不满和萧条。"雇主们在不断增强的恐慌和对移民作用的欣赏之间徘徊不已，他们争吵不断，犹豫不决，不能够赞成一种明确的行动路线。"⑤慢慢地,一种限制的立场就形成了。海厄姆称商人们在移民入境这个问题上态度的转变"是非凡的",这意味着对早期鼓励政策的全面转变。⑥因此,当国会对新的扩张主义思潮作出反应的时候,它也开始对新的本土主义作出了反应。1882年的一项立法是迈向这种限制的第一步,1891年的另一项立法将这个问题置于联邦的控制之下,并且开始使这个过程理性化。像美国保护协会和移民限制联盟这类组织的建立表明,政治精英们已经决定,正如对商品征收关税对于保护美国工业来说是必需的一样,对劳动力的限制同样是必需的。一项新的政策开始浮出水面:在东方开辟门户,在国内关闭门户。即使1896年后的一度恢复繁荣使得迅速改变移民法案的需求不再那么强烈,但是结果却是可以预见的。20世纪20年代的限制性立法只是体现了19世纪90年代出现的新态度并使之成文化。

　　我所谈论的移民入境和对外移民以及其他扩张主义手段——贸易,保护关税和殖民地——一样,都具有同样的非意识形态方面的特征。不论赞成开放门户时表现出多么神圣的情感,也不论关闭门户时表现出的贪婪的本性,然而,两者都不是因为他们自身的原因而被人所信奉的,赞成一种道路的人在经济状况发生变化的时候很容易转而赞成另外一种道路。是繁荣而不是理想主义导致了移民入境;是萧条而不是对外国人的仇视态度造成了限制,从二战后共同市场移民入境政策方面的经验中也可以看出这种动态。⑥这种灵活性无疑给予这个时期的精英们一种优势,因为它使得国家能够对于变化的经济状况作出相应的反应。但是同时,这种意识形态方面的不连贯性也一直是积累国家头疼的问题,并不能造就一种适当的、长远的合法性机制。各种形式的扩张，当时看起来是改变局面的唯一道路，最终它所带来的问题和它所能够解决的问题同样多。

扩张和对失败的粉饰

扩张主义作为解决积累和合法化这两种矛盾需求的方法有一个明显的局限，就是世界毕竟是一个有限的空间。某种意义上来讲，所有可以得到的地方都将被占据，这使得冲突不可避免。故此，扩张成为一项最不负责任的政策，因为费里-张伯伦时代的政治领袖们只是赢得了时间，将他们避免的那些难以处理的问题传给了子孙后代。20世纪70年代政治上成熟起来的那一代人正在为19世纪90年代的扩张所代表的怯懦选择付出代价。而且，扩张主义远远没有缓解阶级矛盾，反而带来一种更大的可能性就是，这类阶级矛盾，当它们浮出水面的时候将具有一种更强大的威力——如果它们一出现就得以解决的话就不会如此尖锐化。但是这些局限性在将来还是存在的。在扩张主义国家形成的时候，它的成功之处在于什么地方呢？即使那些人将他们扩张主义的方案付诸实施，也会遇到许多真实的困难，矛盾还是存在的。因为，采取扩张主义就等于宣告自由主义的失败，工业资产阶级一个世纪以来一直在世界各地推行的这样一种意识形态，如今走到了不再为别人，甚至是统治阶级自己所看重的地步。

首先，扩张主义国家实质上将追求保护主义作为其目的。不仅张伯伦违反了五十年来英国对自由贸易的信仰，而且在紧随其后的年代,如菲尔德豪斯的评价所说,"在这个'新帝国主义'时代,保护主义在法国和德国得以复兴,在俄国、美国和其他国家,诸如葡萄牙、西班牙和意大利得以强化,"[66]这已是事实。在扩张主义国家之前,保护主义,如我们所知,是大量存在的,但是它总是被视为一种特例,一种一旦达到了"常态"(一般来说意味着经济霸权)就会被废除的暂时性措施。帝国主义时代这种基本原理被抛弃了,关税壁垒成为永久性的政策。尽管这种变化的经济后果很微小,但是它对于自由主义意识形态的含义却是巨大的。自由主义,像这个世纪后来出现的马克思社会主义一样,呈现为一种国际性运动;甚至从西班牙语借用了"自由"这样一个术语来作为和叛乱者团结一致反对伊比利亚独裁的象征。因此,保护主义对自由资产阶级来说,其作用如同 1914 年的战争信任表决对于社会民主主义的象征性意义,它为了愚蠢地维护自身利益而有意地放弃自己的国际主义主张。因为这个原因,放弃自由贸易,即使它只是一种意识形态,也配得上波兰尼给它贴的"伟大转变"的标签,因为,正如波兰尼雄辩地论证的,19 世纪后期的关税壁垒,某种意义上说,也是反对自由主义自己的过去的壁垒。[67]一战前资本主义国家所采取的保护主义的政策象征着从一个世界向另外一个世界的转变,除此之外,没有比这个更加确定的象征。

自由主义理论和扩张政治之间的第二个冲突涉及到国家的作用。尽管自由主义理论留给世界的思想就是,国家行动是一种固有的坏事物,但是,整个世纪的政治实践和经济需求显示的却完全是另外一番图景。积累的国家和和谐的国家都主张国家对经济和市民社会实施积极的政府干预,这在前两章中有所论述。尽管国家一直以来采取了大量的行动，但是扩张主义的需求更加强化了这种趋势。没有比政府直接采取行动更好的办法来确立关税、向殖民地移民或者赞助对外移民了；而最热心的扩张主义者同时就是批判自由主义理论家，为了扩张主义的目的，乐意为一个积极发挥其能动作用的国家而辩护，其原因也正在于此。T. H. 格林几乎不由自主地成为批判纯粹曼彻斯特自由主义的代言人，用塞米尔的话来说，他"可以说是为自由主义-帝国主义铺垫了哲学基础"。[⑧]许多推动英国走向帝国主义的政治领袖，比如阿斯奎斯和米尔纳（后者发誓说永远也不会结婚以更好地为国家服务），曾经在牛津大学师从格林。在法国，利昂·布儒瓦在19世纪70年代是国内知名度最高的自由放任政策批评家（见第二章），80年代在政府殖民机关中身居要职，这并不是什么巧合的事情。在美国，威廉·格拉姆·萨姆纳是自由放任思想最虔诚的鼓吹者，从未能够接受现代扩张主义；其他人，如约翰·费斯克，仍在争论社会达尔文主义和现代帝国主义之间的关联。那些政策制订者中，像西奥多·罗斯福（他将打破共和党自由放任政策正统观念而赞同一个积极的国家）同时也成为最具闯劲的扩张主义者。在德国，黑格尔和李斯特都曾经主张扩张主义，反对自由主义。到1890年为止，他们的思想遗产影响了整整一代的政策制订者，因为德国帝国主义，正如韦勒尔所指出的，最好可以理解为"成长中的干涉主义国家的一个方面，统治精英们为了社会和经济制度的安定而创造更好环境的一种努力"。[⑨]最后，像邓南遮这类意大利式的民族主义很明显是与攻击自由主义联系在一起的，焦利蒂式的民族主义更是如此；意大利扩张主义国家最后的形式演变为法西斯主义，彻底放弃了国家自由主义理论。

统治阶级和自由放任政策的决裂意味着他们放弃了对工人阶级压力的最后一道防线。如果承认一种具有主动性的国家概念，从逻辑上来讲没有理由不让工人阶级也从政府那里获利。理解了这一点，许多帝国主义者发起广泛的社会改革方案以期促进这种明显功效。俾斯麦立法——"福利"立法、政治镇压和帝国主义三者相结合的产物——成为各处效仿的模式。在英国，费边派为俾斯麦的纲领所吸引，而威廉·阿什利爵士那样的自由主义者在古斯塔夫·施穆勒和讲坛社会主义者的思想中发现了灵感，它将和谐国家理论和对殖民地的需求结合起来。⑩意大利改革者并不想落在其它国家后面，他们也借用了施穆勒模式，弗兰西斯科·克里斯皮借用俾斯麦的反社会主义立法作为他镇压运动的模型，焦利蒂向他的同僚们指出"有必要……重新唤起下层阶级对我们的制度的热爱"，⑪他借用了张伯伦的改革纲领，而张伯伦也是受到了俾斯麦的影响。美国政治科学的创始人约翰·W. 伯吉斯是改革家、种族主义者和帝国主义者，他曾经在德国接受训练，在他身上，三种立场成功地合而为一。总之，一旦传统的自由主义被抛弃，改革就必须得到承认。但是帝国主义者的社会改革倾向于家长式的，尽是些花言巧语，不足以缓解资本的迅速积累所带来的压力。工人阶级得到了一些，就想得到更多，20世纪工人阶级参与国家事务的要求非但没有减少，反而加强了。

第三，扩张运动是传统自由主义哲学基础的一个支柱。自由主义世界观最通常的一个假设就是，对私利进行理性考虑就可以给全人类带来好处。帝国主义彻底否认了这一点。T. H. 格林

"反对边沁功利主义,因为它支持科布登主义的原子论个人主义并鼓吹一种新的有机国家概念"。[72]伯纳德·鲍桑葵用一种完全和理性考虑的政治相抵触的神秘方式赞美国家。无论哪里具体都不是抽象的对手:民族、团结,显然的命运、帝国主义思想,甚至是总罢工。进一步来讲,甚至利己主义也被否定了。危在旦夕的是国家的、种族的、世界的利益。正如阿莱维指出的,帝国主义谴责功利主义者的"利己主义的道德"学说。他分析了像罗斯伯里和张伯伦这样的人的言辞,得到这样一个结论:"他们远远没有迎合他们听众的私利,而是号召他们牺牲他们的个人利益,甚至是他们的生命以追求高尚的民族理想。"[73]个人私利的概念,已经尽心尽力地为资产阶级服务了一百多年,当看起来不再需要时它就被无情地抛弃了,但是随着它的死亡也带走了自由主义传统中最后一丝的哲学连贯性。

对自发性和非理性的崇拜——这是扩张主义国家时期社会思想明确的特征——是伴随着种族主义和对外国人的惧怕和仇恨的。因此对犹太人和有色人种的攻击,就是第四次抛弃自由主义:即所有人生来是平等的思想,即使事实上并非如此。正如汉娜·阿伦特所表明的,排犹主义和帝国主义之间,尤其是在法国,存在着一种直接关联;[74]德雷福斯案可以被视为一种国内帝国主义形式,一种相对于国内"殖民地"的文化优越性的声明。在英国,本杰明·基德的《社会进化》一书对理性进行了猛烈攻击,为新种族主义打下了基础,而新种族主义是由卡尔·皮尔逊所完善的,他将种族主义和家长式男性至上主义结合在一起,这比纳粹主义早了三十年。[75]一代帝国主义者——米尔纳、张伯伦、阿斯奎斯、罗斯伯里——他们的政见都建立在种族主义理论基础之上,甚至提议建立一个条顿人民的联盟,一个英国、德国和美国之间的联合,以反对地中海的劣等拉丁人。这种思想得到了其他"条顿人"的强烈支持。美国主要的扩张主义者,像阿尔弗雷德·赛耶·马汉、布鲁克斯·亚当斯和西奥多·罗斯福,认为北欧人的种族优越性是不言而喻的,因为这个时候,一个绅士派头的优等民族联合体是贵族式政治的一部分。德国人对德·戈比诺的《论人种不平等》一书的迷恋几乎不需要做什么评论了,只有一点需要说明的是,戈比诺是一个法国人,使得"雅利安人"必须重申这同一个思想。也就是在这个时期,那些最热切地为意大利扩张而辩护的人发现了一个特定的意大利种族。新古典主义思想家暗示说,罗马帝国将会再生,也许非洲就是罗马帝国再生的地方。镇压国外的人似乎需要提高国内人的思想,但是后果是严峻的。种族主义不仅为种族灭绝提供了借口,而且它也释放了一种宣传者都无法加以控制的力量。当自由主义者转变成为种族主义者后,他们创造了一个怪物,像消灭有色人种一样对自由主义进行了无情的破坏。"资产阶级"这个术语中含有的司法平等思想被世界上大多数人都是低劣民族这样一个相反的概念所取代了。

最后,也许是最重要的一点就是,扩张主义国家尽管具有侵略性,却标志着自由主义从乐观前景向悲观前景的转变。尽管沙文主义,正如它的称呼一样,看起来需要一种狂热的神秘性以维持其魔力,但是,在帝国主义扩张动力之下的是强烈的毁灭感。罗宾逊和加拉格尔将对非洲的争夺和英国早期的经历进行比较后,认识到了这一点。他们归结说,19 世纪 80 年代英国非洲政策中"最突出的特征就是它的悲观主义。它反映了对世纪中叶美好愿望的一种痛苦的反动；对一个更加凄凉的现状的顺从，一种对旧扩张主义的粉饰"。[⑰]当日渐衰微的资产阶级理解赞同新悲观主义学说的时候，乐观主义的自由主义丧失了其理性攻势。这种从光明走向黑暗的转变在这个时期的文化中得到很好的描述。早期浪漫主义的生机勃勃——在德拉克罗瓦*对纯朴世界的发现，柏辽兹**的形式革命，或者雨果和比才***试图动摇资产阶级虚荣性的努力等等中可以窥见一斑——已经转变成为越来越信奉虚无主义的自然主义。出现了信仰的迷失，这从根本上来讲就是惧怕阿诺德的《多佛海滩》的"无知的军队"。莫拉斯、都德和马蕾斯，既是画家又是政治反对派，发展了将会成为法兰西行动（Accion Française）的思想，同时，一代意大利诗人以同样灵巧的手法赞美活力和毁灭，赞美未来，但是同时也鼓吹衰退。[⑱]阿伦特写道："衰退的学说看起来和种族思考有某种紧密的关联。"[⑲]也许应该加一句，和对外移民需求及寻找殖民地也有着某些关联。新扩张主义中心的悲观主义的内核打破了和传统自由主义的另一个联系。至 1914 年为止，资产阶级政治思想和亚当·斯密的精神的任何雷同之处都是纯粹的巧合。

"抱有希望？不可能！当我不能再相信那个唤醒我的东西——也就是说——民主的时候，我怎么能够继续保持希望呢？"

---

   * 德拉克罗瓦（Delacroix，1798 - 1863），法国画家。《自由女神领导人民》又名《1830 年 7 月 27 日》，是其最具浪漫特色的杰作之一。——译注

   ** 柏辽兹（Berlioz，Hector，1803 - 1869），法国作曲家、指挥家、音乐评论家。——译注

   *** 比才（Georges Bizet，1838 - 1875），法国作曲家。——译注

164 第一篇 寻求稳定的六种答案

据说克列孟梭在他临终前这样说过。⑰精英们已然抛弃了传统的自由主义，却还没有准备好迎接民主的到来，因此，不知该转向何方，这就导致了他们的悲观主义。统治阶级是何等地惧怕民主的到来，又是何等地惧怕一战前夕革命的民主思想，现在很难如实描绘了。这种惧怕的原因之一就是工人阶级仍然在相当长的时间内反对扩张主义国家的帝国主义构想。尽管有"失实"新闻的毒害，普通市民不为吞并古巴为美国的殖民地的需要所动。正如美国在圣地亚哥的领事于1898年指出的："除了极少数例外，财产所有者无论其国籍如何，都强烈地渴望兼并，而对斗争的任何一方统治下的稳定的政府都不抱有什么希望……但是这种举动在大众中并不流行。"⑱扩张越是极端，欲望越是具有反民主的性质。一个英国殖民地行政次长认为，不管如何不受欢迎，对几内亚和桑给巴尔的扩张应该继续，"直至当今'公共舆论'这个名词所代表的庸俗偏见发生转化，从而对这个问题有了一个符合常识的且不具煽动性的认识。"⑲由于这类"庸俗的偏见"，扩张主义国家的规划通常必须和民主政府相互孤立开来。正如鲍尔笔下所写的法国，"在突尼斯的大多数计划和重要行动因此都由那些不直接向人民负责的人或者那些不向法国选举产生的代表进行磋商的部长们所承担。"⑳在20世纪帝国主义的设计和谋划中，蔑视公共舆论，偏好非民主的政治结构将会重新出现（参见第六章）。

　　资产阶级社会既不能成为自由主义的，也不愿成为民主的，他们在扩张中发现了解决其局限性的暂时性权宜之计。然而如果工人阶级不乐意接受扩张主义选择，海外冒险将仍然是那个样子。因此，扩张主义者在工人阶级这个问题上花费了相当大的精力，尤其是在它的"道德"的提高方面。在第二章中所讨论的帝国主义和教育改革之间的联系在这儿值得重申一下，因为每一个国家都有它自己的朱尔·费里，在对外扩张和教育转变这两个问题上都有它自己的鼓吹者。那些曾经在牛津和 T. H. 格林一起学习的帝国主义者听了他的《政治责任原理讲座》，它用一种非典型的直接的方式宣扬"教育应该由国家来执行"。格林在国家教育联盟中相当活跃，在这个压力集团促使下，1870 年通过了英国教育改革法律，而 1870 年法律是年轻的约瑟夫·张伯伦政治上的胜利。在美国，无所不在的乔塞亚·斯特朗——美国爱国联盟的奠基人——也鼓励新的教育方法，这个联盟的杂志《我们的国家》的名称就是取自斯特朗的一本书。美国爱国联盟主张创建学生政府以使年轻的男女们在工业体制中发挥适当作用，这个联盟的成员名单看起来像是美国扩张主义者的光荣榜。在一个接着一个的国家中，那些希望看到国家对外扩张的人也赞成对工人阶级实行一种由政府执行的强制性教育制度。

帝国主义和教育改革之间存在着关联，其原因并不难找出。正如前者在依附国家中需要一种控制体系，后者，如爱德华·A. 罗斯——另一个扩张主义者、种族主义者和教育改革者——所说，必须被视为一种"警察经济体制"的一部分。如果工人阶级反对扩张主义，那么将会在他们身上实行些许的扩张。在一种像斯坦利·霍尔或者雨果·闵斯特伯格*这样人的新心理学控制下，大

---

* 雨果·闵斯特伯格（Hugo Munsterberg, 1863 – 1916），出生于德国，后移居美国，是工业心理学的主要创始人，被称为"工业心理学"之父。——译注

166   第一篇　寻求稳定的六种答案

多数人都将会去掉他们的恶习,"在道德上得到提高",准备扮演一个帝国主义强国公民的角色。在移民地区尤其需要这点,因为人们根本不相信欧洲人带来的思想。迟至 20 世纪 20 年代,中产阶级社会对种族学说、教育改革、帝国主义和移民的迷恋可以从纽约的拉斯克立法委员会在这个问题上提交的一个全面报告中看出。⑧后来,教育改革的语言变化了,但是迄今为止教育仍然是那些盼望其国家发挥帝国主义作用的人所热切关注的领域。

　　在这个背景之下,教育改革被重要的政治领袖们视为一种方法,既可驾驭工人阶级,又不必给予他们民主。另外一个达到同样目标的方法看起来也是可行的,即操纵日常文化以赢得对扩张主义政治秩序的合法性的顺从。大众文化,换句话说,并不是凭空而来的;它必须被创造出来,重要的是,许多重要的帝国主义者也积极发起各种形式的供公众消费的景观。赫斯特和普利策的低级趣味的新闻仅是最醒目的例子。大众体育不那么明显但是同样有趣。塞西尔·罗兹是帝国主义者兼运动家的原型,他仅仅是这一类中的一员而已。还有罗伯特·布拉奇福德也是帝国主义的一个更重要的改革家代言人,他发起了一场全国性运动,主张工业城市的工人们在周日应该有他们的体育运动,希望这样一来他们就不会将新获得的自由时间花费在思考上。⑨在 1850 年之前,如罗伯特·马尔科姆森所示,英国工人阶级体育运动不仅仅是工人们可以参与其中的,而且可能是抵制市民权威的一种形式;到 19 世纪末之前,一代帝国主义者兼运动家试图将体育运动或者转变为一种表演性活动,或者转变为一种"绅士"活动,以确保尊重规则和公平竞争的原则。⑩同样,在美国,如乔尔·斯普林所示,那些受商业利益驱使而着迷于扩张的人积极倡导将体育作为学校课程设置的一个必要组成部分。[⑪]大众文化——比如体育运动和大众新闻——表明扩张主义国家试图给工人提供除权力之外的任何东西,可是,只有权力才是惟一能使他们生活好转的东西。

严肃地来讲,教育改革和大众文化的发展都无法成为扩张主义解决困境的方案。要解决传统自由主义的无能以及拒绝接受民主而引起的棘手问题,这两种方法都不是解决之道,相反,它们是一种选项困乏的表征。如果精英们对自由主义衰微的反应是一种顺从性的容忍的话,他们对民主压力的反应则仍然是抵制和惧怕两者兼而有之。统治阶级陷入了两种政治哲学之间的真空地带,努力寻求一种切实可行的国家理论。19 世纪 90 年代出现的矛盾因为一战的原因暂时被搁置起来,直到 20 世纪 20 年代战后繁荣开始消退之时才直接处理这个问题。像教育改革之类不热心的措施填补了三十年空白,在这三十年中仍然无法找到解决国家问题的新途径。只是在实验了战时经济、社团主义和法西斯主义——所有这些都会在下一章谈到——之后,将公共权力授予私人团体的独特形式才成为解决扩张主义时代出现的自由主义和民主之间矛盾的途径。

第四章　授予特权的国家的起源

"迄今为止工业家仍分散于通常自治的组织内,而并没有宣称自己是一个统治阶级。他们以经济为基础,为自己产业的未来奋斗,但是在公共生活中却没有一个严密的具有积极和统一的领导的组织。现在新时代向工业家们发出召唤,要他们在公众事务中扮演更重要的角色。"

——丹特·菲拉伊(意大利工业总同盟首任主席,1919)

"资产阶级国家……正在分裂成组成它的两个部分。资本家像无产者一样,也在形成自己私人的政权。……国家努力要把这场竞争限制在它自身的法律秩序的框架内,但这种努力是徒劳的。"

——安东尼奥·葛兰西(1920)

"因此我认为进步存在于国家内部半自治团体的成长和得到认可——这些团体在其固有领域的行动标准唯有他们所理解的纯粹的公共福利,而且,根据他们的深思熟虑,他们考虑问题的动机不是为了私人利益,尽管在人们的利他主义更广泛地发展起来之前,某些领域还有必要留给特殊的集团、阶级或公会各自的利益——这些团体通常主要在自己的规定范围内按照正常的秩序实行自治,但最终仍服从由议会代表的民主主权。"

——约翰·梅纳德·凯恩斯:《自由放任的终结》(1926)

绝妙的学校

在国家这个问题上的斗争支配了 19 世纪晚期的政治生活,第一次世界大战使这些斗争达成了表面上的统一。然而整个战争带来的情绪高涨无法永远掩盖尚待解决的紧张局面,其中最重要的是那些存在于统治阶级内部以及统治阶级与其他阶级之间的紧张。当商人们致力于塑造对自己的目的有利的国家并获得最终的成功时,他们肯定意识到在其阶层内部存在着重大的差异:大资本对抗小资本、工业对抗农业、金融资本对抗制造业资本,甚至资本主义国家之间也存在冲突。一旦国家取胜,这些传统的分歧就要重新表露,他们暂时的联合注定要分裂,而且,在所有的喧闹结束之后,获胜的国家就成为不牢靠的战利品。自相矛盾的自由放任即便作为一种意识形态,也是为了让国家声明不采取行动,必须有一个特殊团体控制政府的矛盾。来自下层的压力越来越大在 20 世纪肯定是政治生活的现实,这种控制能不能维持下去? 当完全积累、利益和谐的主张以及国外冒险都失败或者显示出严重的局限性的时候,这个问题肯定会支配公共讨论。

阶级内部的竞争与阶级之间的斗争这一对孪生因素严重损害了自我调节的市场和无为而治的国家这种传统的自由主义结构。使这一点更突出的是,一战的发生使自由世界更加接近末日。战争象征着工业性质和阶级关系发生了变化。现代战争的成功进行

170　第一篇　寻求稳定的六种答案

需要工业的配合,以实现比简单获利更高的目的,并且也需要有一些民主结构和合法性方面的举动,这样才会有大量的民众愿意牺牲生命去追求那些并非符合他们最大利益的东西。换言之,战争见证了一个世界向另一个世界的转变,正如卡尔·波兰尼所指出的,"除了在变化问题的理解方面,自由主义哲学没有在哪个地方的失败这么明显。"[①]这场战争首先损害的却不是真理,而是自由主义。

　　战争一爆发,新的工业统治阶级内部任何一个工业家的私利和作为阶级整体的共同利益之间的紧张就成为必须首要解决的问题。这不是一种新现象,而是源于资本主义机制中永恒的难题。但战争既使这个问题持续激化,又为解决这个问题提供了演练场。生命正在丧失和国界正日益受到威胁,这把许多商人眼中抽象的值得怀疑的哲学问题转化成日常关注的问题。如果商人们不相互合作,把原料变为战争工具的过程,就没有计划性可言,终有一天敌人会打到工厂门口。如果外国势力一并控制了国家和工厂,世界上所有的利益都将变得无足轻重。同时,合作也意味着对全面自由的限制,许多商人在达到任何权力都不能阻止其行动的地步后,不愿意承认事实上确实有这样的权力可以阻止他们。必须采取措施来平息这种紧张的局势,而战争提供的第二种新因素提供了解决办法,因为战争形势既紧迫又得应对突发事件,因此就可以自由地对新方案进行实验,而这在和平时期是无法得到的。因此,尽管国家在打仗,战争却成了一个私利与公利关系的大试验室。用美国国防委员会前主任格罗夫纳·克拉克森的话来说,"它是一所绝妙的学校"。[②]

第四章　授予特权的国家的起源　171

学校是一个既教又学的场所；在这种情况下工业资产阶级发现同教比起来，他们更得学。课程因国而异，但战争每一方都对阶级内部竞争这一问题发现了类似的原理。简言之，他们学到的是传统政治结构不足以应对阶级紧张，必须找到解决资本主义国家问题的新办法。美国和德国的经验都显示了这种探求的广度。

尽管美国参战比任何其他主要参战大国都要晚，从它开始讨论还是比较合适，因为在这里对国家的恐惧比之大陆上那些较为静止的国家来说要强烈。很大程度上因为受到的意识形态的训练，美国商人只要一想到积极运作的国家，就吓坏了。[③]赢得国家的目的就在于让其不被利用，而不是为了运用它。对商人们来说，对于任何涉及阶级利益的问题，最理想的解决方式，与涉及个人利益问题的解决方式相反，是商人们私下会晤，以一种假斯文的方式来化解他们的冲突。这一理想方式成为解决战争时期补给问题的首选方式。伯纳德·巴鲁奇与其许多同事相比更清楚地看到了合作的需要，他被选为军需品标准局委员，该机构是一政府代表处，权力很小，仅限于提点建议。巴鲁奇动用私人关系，于一个星期天的下午趁铜矿巨头丹尼尔·古根海姆"在家"时拜访了他，争取到一次谈话机会。巴鲁奇力谏铜矿业以一半左右的价格向政府出售产品，他耐心地解释说，这一对战争的慷慨贡献会产生好的公共关系，这样任何损失都会因之得到更多的补偿。古根海姆被说服了，他给该行业另外四位寡头打电话，达成了一项交易。叙述这一段历史的史学家称这整个过程是"商业联系中的一次演练"，其中，"私人朋友关系……的作用不应被忽视"。[④]如果在每一次转机时都可以如此轻松地获得这样的合作，那么商人们就会既得到他们

172 第一篇 寻求稳定的六种答案

的个人主义蛋糕，也会获得他们的集体主义盛宴。

111　铜业协议成为 20 世纪美国第一次系统的战争动员的范例。在 1917 年 4-6 月间,巴鲁奇成立了"工业合作委员会",负责确保阶级内部冲突不致妨碍动员目标。但这些合作委员会并没有像与古根海姆的交易那样获得成功。问题在于弗兰克·考珀伍德精神依然存在;德莱塞在小说中描写过一位工业家,他诅咒所有影响其获得最大利润的合作,这个形象的原型是一位突有其人的巨头查尔斯·耶基斯。而许多工业家更喜欢耶基斯,而不喜欢巴鲁奇。结果是一些巴鲁奇委员会的主席们,如木材委员会,没有办法从不服从的制造商那里得到任何合作。然而还存在另一个问题:由军官和公务员这些受过训练从国家角度来思考的人员组成的军事机构,无法接受相关商业组织的极端自私的争辩。当志愿主义接连不断碰壁后,只可能有两种选择:回归和谐国家的原则和实践,这样会取悦于个体商人,但会对战争努力造成损害;或者回归一个更为集权的国家,这样可以(通过有效地作战)拯救该阶级整体的利益,但又必须对某些商人进行强制。由于两种选择都必定会招致一些人的厌恶,而为解决这一问题成立的战时工业局又试图同时取悦双方,这样一来就暴露出其弱点。

　　战时工业局是 20 世纪⑤国家和商业合作之典范,这种论调受到了削弱,因为有证据显示它不能解决的问题比它能解决的要明显。在其工作最广泛的三个领域——建立工业的优先权,确定价格和构建工业规划,工业局因为其私下的失败倾向于采取积极的和信心十足的态度。商人们一直习惯于为所欲为地去做任何事情,无论别人如何告知他们这一切完全符合他们的最终利益,他们对眼中的外来强制总是反应得不热心。商人们对既得利益的强烈渴望使目光长远的新经济体制鼓吹者感到绝望。对这一意识形态的争论,塞缪尔·P.亨廷顿在另一份文本中也有涉及,在其中他对支持自由放任主义而敌视任何军国主义者思想形式的"商业和平主义"和积极的政府和军事必需的"新汉密尔顿妥协"进行了区分。[6]尽管战时工业局的理论——它宣称可以用国家权力来维持国家利益——支持新汉密尔顿主义者(他们反过来也支持战时工业局),但是这个工业局的做法——尤其是它没有抵抗得住既得利益——却是支持商业和平主义的。关键问题在于对国家权力的权威式运用,而这是被敷衍应付的问题。战时工业局并没有单调地宣称它确实有权力强制执行其协议,而是倾向于以具体的方式解决具体的问题。尽管更反动的商人不喜欢其理论,但却接受了其实践,正如积极国家的空想家接受了其理论,但却对其日常运作痛苦地摇头。由于战争结束,这一问题的全部含义从来没有得到解决,国家又回到了商业和平主义的原则上,1918年末,战时工业局被解散。

这些事件尽管可以被视为国家职能最小化的推动者的胜利,这些人倾向于使制造业利益越来越小、越来越有限,[7]另一些趋势却显示其胜利只会是暂时的。因为第一,战争期间的经济实践趋向使以最大和垄断为目标的工业家受益,他们更可能推进积极国家的形成。[8]第二,这样一个国家形象至少在理论上存在。更多有阶级意识的商人具有了这一幻想,作好了充分的准备以应对战后可能发生的斗争。战时工业局成员莫里斯·L.库克1917年在弗里德里克·温斯洛·泰勒协会的讲话中详细说明了这一观点:

174　第一篇　寻求稳定的六种答案

让我们整理一下我们的屋子。让我们在这些产业中建立民主组织，让我们建立一个至少能与德国结构媲美的结构；让我们把工业组织成几乎是政府一部分那样的形式，政府可以来找我们和我们做生意，而且还会感到我们几乎是一个对等的政府分支。⑨

库克意欲超越的"德国结构"是什么呢？这是一个由瓦尔特·拉特瑙设计的体系，可视为美国资本家意欲解决同一问题的另一种解决办法。

爱德华·芒奇曾为拉特瑙画过肖像，拉特瑙还是罗伯特·穆齐尔小说《没有个性的人》中人物的原型，他不切实际又有一点古怪，这跟在描写商人的章节中可以找到的人物一样。尽管他耽于幻想、神秘及德国浪漫主义，其较实际的一面则是设计了一份战时组织德国经济的计划。作为陆军部战争物资管理局（KRA）的首脑，他发起了一个用其传记作家之言来说"完全原创及他自己的典型思想"的过程。⑩这个主意就是绕过现有的公司，创立新的明显兼顾公私利益的组织，以此来获取国家征用的原材料，把它转化为工业产品。这一措施，巴鲁奇明显没有付诸实施。在这整个过程中，国家扮演着比在美国更为积极的角色。国家不但声称拥有原材料，而且指导私人对原材料的开采，声明它有权否定私人计划，只要它觉得有必要采取这样激进的一步。尽管普鲁士在国家干预经济方面有较为悠久的传统，拉特瑙显得更为乐观，正如美国式解决之道遭到了那些政府最小化角色的策划者的反对，拉特瑙计划也受到了为政府角色最大化而感到担忧的既得利益者们的反对。1915 年 4 月 1 日，拉特瑙在强大的压力下递上辞呈，要辞去战争

第四章　授予特权的国家的起源　175

物资管理局领导的职务。

摆脱具体责任的束缚后,拉特瑙写了一些重复而通常很空洞的书来表达自己的思想,但这些书毕竟展现了一些相当激进的观念。在《买来的俸禄》、《新经济》和《新国家》等书中,他预见了一个消除阶级冲突、整个经济都严格按照职能方针来组织的社会。在每一个工业部门内部,要设立发展为卡特尔和商会的大型产业联盟等等。拉特瑙的梦想提出了一种社团主义观点,但同下面即将谈到的社团主义计划一样,他的梦想从来没有解决国家问题。在严格意义上的社团主义办法中根本不需要国家。商会调节工业,预设了一种经济的和谐平衡,其中国家的作用既不必要又不值得,拉特瑙从这个角度出发,说国家"隐"在最大的联合会之后,只有"极度自制的权力"。[11]但国家作为经济积极参与者的角色,对他又很有吸引力,他在其他场合描述政府就同尼采描述超人一样:"国家将成为所有经济生活中不断移动的中心。社会所做的一切都必将通过国家来进行,且为着国家着想。"[12]

正如这些摘录所显示的,拉特瑙是一个矛盾的思想家,这象征了 20 世纪即将出现的一个基本事实:资本家只有放弃其严格的自由政治思想,接受一种不但可以是非资本主义的、而且可以是反资本主义的国家活动观念,才能够继续存在。尽管这是自由主义传统的结果,拉特瑙以资本主义社会阶级紧张的两大主要形式为中心,在两点上进行了妥协,就像瓦尔特·斯特鲁夫指出的一样,只要涉及到阶级斗争,拉特瑙就与瑙曼和韦伯这些自由主义者站在同一阵营,试图重新界定自由主义的精英概念,以保护那些当权者不受所谓的"无理性"的"暴徒"的[冲击]。[13]拉特瑙与许多同时代

176　第一篇　寻求稳定的六种答案

的知识分子一样,在解决自由主义和民主之间的矛盾时以前者为基础而反对后者。一涉及到阶级冲突,拉特瑙就支持政府行为以确保阶级合作,他的工业家同僚们理解这一点但讨厌这样做,(其支持国家的行为)使他与其阶级之间有一种模棱两可的关系,一个痴迷于人类知觉现象学的小说家对此有最好的描述。罗伯特·穆齐尔比任何历史学家更出色地叙述了保罗·安海姆博士(很明显拉特瑙是其原型)及与他打交道的人的关系:

他臭名昭著,因为他在董事会上引用诗歌,并坚持商业与其他人类活动不可分离,而确实应当只从国民生活所有问题的大背景下才能考虑,包括精神生活,甚至精神本身。然而尽管他们是微笑着听这些东西,却并非完全看不到,其实正是因为小安海姆喜欢与这些东西打交道才使公众舆论对他越来越有兴趣……他们都相信,如果只让供求自由发挥作用,而不是靠军舰、刺刀、统治者和对财政毫无所知的外交官的帮忙,这世界会变得更好。但世界是这个样子,而且存在一种旧有的偏见,即,人们更尊重对国家有骑士精神和忠诚的人,而不怎么尊重首先利于自己个人,其次才间接地有利于公众利益的生活,公共利益比私人利益更合乎更高的道德,这些人最愿承认这一点;众所周知,他们充分地利用了靠武力来支持关税谈判或以军力对付罢工对公共福利的益处。但正是沿着这条路,商业发展出了哲学(因为在现今,只有罪犯才会在没有哲学帮助的情况下伤害他人)。因此他们开始习惯于把小安海姆看成他们事务中的教皇使节。尽管他们看待他的口味时有一点讽刺的意味,他们得承认在他身上有一种可以把他们的情况既能在主教秘密会议上、也能在社会学家大会上提出的能力；事实上，最后他在他们中也确实有一种类似漂亮聪慧的妻子那样的影响。这样的妻子尽管看不起无休无止的办公室工作，但因为所有人都欣赏她，因此对事业还是有用的。[⑭]

正是拉特瑙思想和其阶级内外关系中存在的矛盾使其成为过渡时代一位让人如此着迷的代表人物。

拉特瑙不由自主地成了一个重要的公众人物，1915 年他辞去战争物资管理局的职务后，影响力也没有下降。战后，他又一次努力走上了权力地位。不但早期魏玛时代国家经济委员会的创建是他的主意，而且他还在使煤、钾、钢铁工业国有化的进程中扮演着重要角色。作为重建部部长兼第二届社会化委员会委员，他起草了许多工业国有化的方案，导致随后一切辩论都围绕着他的草案而进行。但他还是下不定决心。拉特瑙称社会主义者对工业家不予补偿的计划在"现在这种环境下不实际，也不可能"。"如果突然消灭了煤矿主的话"，他继续说，"煤炭生产就垮了。"[⑮] 国家经济委员会对拉特瑙的建议进行修订后，对既得利益的这种敏感性更趋强烈。大工业家的支持者们提出了国有化计划，以使这些计划对其后台老板的损害要小些。正如戴维·费利克斯所认为的那样，"他们希望的是政府支持下的煤炭卡特尔——具有社会主义所有优点的资本主义。"[⑯] 这一波国有化浪潮中复杂的谈判结果使国家变得比拉特瑙最初的预料更少独立性。在这种情况下，商业赢得了实质性胜利。"德国煤炭工业的再度社会化以及失败，"查尔斯·梅尔写道："标志着德国改变经济力量分配的任何根本努力的终结。"[⑰]

178 第一篇 寻求稳定的六种答案

这样,在德美两种解决方式之间就出现了奇特的一致。在一个国家,采用了一个国家最小角色的解决方法表明,如果不给国家足够的权力会产生什么危险,而另外一个国家采用了一个国家最大角色的解决方法,却证明了完全相反的结果。两个国家从这一问题的不同结果中看到了新办法的发展,它们认为通过回避国家权威的关键问题以及宣称随着具体情况的变化进行调节可以步步为营地解决问题,原来不同的解决办法就会走向一致。第一次世界大战其它所有参战方试验的解决办法都介于这两种模式之间。在意大利,工业化过程开始相当迟,战争提供了创建意大利工业总同盟的理论基础。很快,意大利工业总同盟开始支持大资本对付小资本。它利用它的关键位置来推进一方超过另一方的利益。像吉诺·奥利维蒂和丹特·费拉伊这样的人依靠国家,在意大利工业总同盟内来推进自己的阶级利益。正如罗兰·萨蒂表述的,"工业家和政府官员们肩并肩地坐在同一个规划机构中,在那里他们学会了欣赏经济规划和经济合作所带来的好处。"[18] 同样在法国,战争和工业自行组合同时出现,又同时消失。尽管法国工业家中有人对合作的主意持强烈反对意见(他们担心如果他们组织起来的话,就不能再宣称法国总工会这个最大的工会是一个非法的阴谋),商业部长艾蒂安·克莱芒泰尔几乎就是下面这种政治家的原型:"从做代表到后来任参议员,在议会中几乎完全公开代表组织的商业利益。"[19] 他努力推动这一思想,并最终在 1919 年成立了法兰西生产总同盟。英国也不能自外于此。每个产业都以阿瑟·索尔特爵士在船运业中的工作为模型,建立了计划委员会。[20] 供应部正如塞缪尔·比尔注意到的,只不过是一个被纳入政府机构的商会罢了。[20]战争即将结束时,工业组织达到了巅峰时期,所有的国家运输部,个个都是某个商会或卡特尔的产物,沿着国家方针合并成总部设在伦敦的同盟国海上运输委员会。私人资本与国家之间的伙伴关系是超越国家层面的,这是由战时条件所引发的最终实验。

总的说来,战争的教训既矛盾又令人困惑。工业家获得政治权力所依靠的动力是二元的,这个二元动力早已成为他们的信条。一条信条认为在短期内利益的最大化是最高的利益,而另一信条则假定通过大力宣扬个人利益,共同利益也会显现出来。战争使两者都受到了质疑;战争表明一项保证短期利益和私人扩张的安排只有在具有长远目光和普遍合作的机构存在的情况下才有可能维持。要理解这一教训的全部推论,需要细致和辩证分析,但这两者都非商人特色。毫不奇怪,在我们刚刚讨论过的五个国家中有三个国家其支持国家扮演积极角色的重要人物是犹太人。巴鲁奇、拉特瑙和奥利维蒂象征着独特的内/外二元结构,这一结构成为国家斗争中的必要部分。在同事们的眼中,他们作为商人即使不完全合法,但也算是合法的。但作为潜在的受蔑视的人种,他们比那些只顾私人利益的人眼界要开阔些,长远些。即便在宗教因素不很重要的领域,工业还是需要一种新的发言人。在论及勒内·迪舍曼战后为克劳德·吉纽取代其在法兰西生产总同盟内职务时,亨利·埃尔曼这样描写法国商人:"在他们感到管理权威,或许甚至是私有财产机构受到威胁的情况下,他们更倾向于把他们的利益托付给不支持可能冲突方、把雇主作为一个阶级来保护的人的手中。"[22]对于法国商人来说,能意识到他们有作为一个阶级的利益已经是很有意义的变化了,正如在其他国家,认为国家的作用不只限于积累方面也代表着一套全新思考方式一样。这些经验很重要,幸运的是他们找到了这么奇妙的一所学校。

社团主义的诱惑

战火扑息,因战事而来的大多数试验,实践和解决之道亦随之终结。在法国和美国,商业对国家传统的敌视又出现了,原来匆忙之间拼凑起来的各部门又同样匆忙地被解散。在英国,掌权者只希望回归战前,在生于美国故带来美国式政府权力观念的新领导人邦纳·劳的影响下,保守党首次开始采用自由放任的观点。商人被选入战后首届下院之众前所未有,他们着手取消价格控制、政府对原材料的控制、消除公众对工业的影响等等工作。作为战败方,德国和意大利试图向新世界秩序表示它们的忠诚,至少有一段时间如此。两国都抛弃了自己的历史传统,包括在经济领域动用国家力量的做法,并在法西斯主义的联合胜利之前看到古典经济自由主义的勃兴。各处的商人似乎都只希望回到和谐国家时的温馨的日子。

但他们的希望绝对不会实现。社会条件变得太剧烈,自由放任再也不能存在了。首先,正如我们所看到的,战争证明私利与公利间的矛盾是真实存在的,企图回到国家缺席的状态并不能解决这一问题,只是假装这一问题不存在而已,至少一些受到战争磨炼的商人就不再对这一伪饰感兴趣。更重要的是,战争突然强烈地释放出对变革的民主压力。俄国布尔什维克的胜利就是一个讯号,而且资本主义世界的统治阶级在国内也有足够的证据。德国北部港口城市都爆发了革命,甚至在保守主义如啤酒一样受欢迎的南方,工人阶级政党也一度取得了胜利。㉓在美国,1919 年也许是该国历史上最热衷于政治的一年。一系列的罢工在西雅图史无前例的大罢工中达到顶点,加上种族骚乱,不满的退伍军人的要求——这一切一起导致了统治精英的大恐慌。㉔在英国,价格控制的取消提高了价格,而当政府以在国有煤矿削减工资相威胁时,一场罢工的爆发波及到其他重要产业。工会会员人数剧增,社会主义日报出版,共产党组建,都成为不满的讯号,这一切势头不减,一直到 1921 年 4 月 15 日著名的"黑色星期五"工会领导向雇主的抵制投降时才告一段落。㉕正如安妮·克里格尔在其巨著《法国共产主义的起源》里叙述的那样,铁路工人的总罢工,黑海海军哗变,还有 1919 年导致大规模镇压的声势浩大的五一示威,都显示了对战后各国政府的不满。㉖出于同样的不满,1920 年意大利工人占领了工厂,并在都灵成立了工人委员会。社会主义者时而平静、时而激动地讨论着该如何夺权的事。在掌权者和特权人士看来,必须采取某种措施恢复秩序,以使受战争刺激的工业生产能不受阻碍地继续下去。

正如查尔斯·梅尔曾证明过的,秩序的力量在面临这种革命的爆发时,能重新申明其领导权,但(他未能充分强调这一点)它们需要付出代价。㉗商人陷入依靠国家又拒绝承认这一点的两难境地,他们发现若想保住前者就必须牺牲后者。在 20 世纪 20 年代,资产阶级力量并没有失去权势,但他们却失去了对其传统意识形态的控制,而这同样是非常严重的。对每个主要资本主义国家稍作回顾就能揭示这一平衡是如何产生的。

182　第一篇　寻求稳定的六种答案

　　恢复社会和平的明显方法既包括与不满者的谈判，也包括政治压制。由于掌权者很少愿意采用第一种办法，就有越来越多的人采用第二种。有些镇压可由保安委员会（如此一时期之美国军团和德国自由军团）秘密执行，但总体上讲，无论是像在意大利尝试的那样的谈判，还是如其他各地进行的压制都需要运用国家的职能。结果是，战后工业家的思想同时向两个相反的方向发展。一方面，他们充满了怀旧的幻想，想恢复最小化国家；另一方面，阶级内部持续不断的冲突和明显的阶级斗争的爆发主宰了他们的日常活动，这些现实又要求国家发挥机制作用，他们将组织成为一个阶级。由于大多数国家战后都受到了来自两方面力量的压力，那些还没准备好支持国家充分发挥作用的精英们最后一次试图不用政府力量的手段来解决他们的问题。这一办法就是社团主义，它似乎既可带来阶级合作的好处，又可在面临下层要求时提供保持权力的方法，而且在意识形态方面和现实实践中都用不着担心国家干预；20世纪20年代，在每一个主要资本主义国家，社团主义方法都以这种或那种形式大行其道。

119　　社团主义可以被定义为不同的经济部门的一种自行组合，各部门通过和谐的互动达到稳定和具有生产能力，而完全避免国家干预，或使国家尽可能不介入。但这一定义对在社团主义名义下进行的试验的多样性只能有微乎其微的把握。正如菲利普·施密特在一篇对这一概念进行综合评论的文章中讲到的一样，社团主义不但适用于天主教欧洲和拉美地区的试验，而且同样适用于斯堪的纳维亚和大不列颠，甚至也适合于东欧的社会主义国家。⑧要使这种多样性显出意义，施密特采用了罗马尼亚社团主义者米哈伊·曼诺莱斯库社会社团主义和国家社团主义的分类方法。在前一类（与自由民主制有关联），国家的作用很小，经济部分的组织无等级，是否参与全靠自愿，而后一类则显出权威政治体制的特征，包括积极的、发挥指导作用的国家，有严格的等级组织和强制性参与。鉴于我的重点在于自由与民主之间的冲突，故对社会社团主义有最大的兴趣，因为许多人都能从这一解决之道中看到解决这一冲突的方法。但是"自愿"社团主义引发的问题同其解决的总是数量相当，结果导致了20世纪20年代社会社团主义的失败。考虑到其固有的矛盾，进行社会社团主义实验的国家面临着这样一种选择：他们要么可以试图保留这一社团主义工具，这样他们就走向权力主义，走向国家社团主义，要么放弃社团主义的诱惑而寻求走出困境的其他途径。意德倾向于前一方向，有待讨论的其他国家则趋向于后一种方向。

用"法西斯主义"这一简单术语远不能解释20世纪20年代的意大利，当时它是一个流动的社会，阶级冲突激烈，解决阶级冲突的努力也比较认真。同其他地方一样，战后意大利的第一本能反应就是重申经济自由主义的古典概念。1920年6月，焦利蒂又一次掌握权力，他表明了自己对传统自由主义的坚定信念。矛盾的是，作为国家首脑他最重要的行动却是达成与工厂工人的妥协，动用相当大的力量劝说保守的工业家接受这一妥协，而这些工业家则念念不忘昔日权力独占的时光。这种渴望在1922年6月加入议会经济联盟的商人们那里得到了体现，他们呼吁"政府放手那些不是特别必要的职能"。[②]从1922年10月到1925年7月，任财政部长的阿尔贝托·德·斯特凡尼的计划直接来源于亚当·斯密。

184 第一篇 寻求稳定的六种答案

像电话公司这样的公共事业归还给了私人商业集团。战时由于合法化的压力而创建的劳动福利部被取消了。与墨索里尼有联系的跨国集团最有魅力的爱德蒙多·罗索尼极力推动劳工发挥积极的作用，但失败了。向无拘无束的自由放任主义的暂时回归就是其失败的象征。然而，尽管有这些更植根于19世纪而非20世纪的运动的爆发，还是有些不同的地方。首先，若要取消法律就必须控制立法，因此商人的政治活动在这期间非但没有消失，事实上反而增加了。第二，战争经历的影响遗留下来，因为商业希望以利用国家达到自己目的的一系列政策也与经济自由主义实行了调和。

负责讨论经济政策广泛措施的国家经济委员会的创建体现了背离自由放任的趋势，这个机构中三分之二的席位是给实业界的，实业有权参与有关劳工问题的决策，劳工对于实业却没有这样的权力。进一步而言，实业部门如工业、农业和商业"成员几乎全部由实业集团代表组成，这些集团会受到部门政策的直接影响，这是一个由被管理者实施管理的明显例子"。[30]1924年5月8日，商业私人委员会被直接吸收入政府，成为国家经济部的一部分，称为经济临时委员会。1926年9月，意大利工业总同盟被国家正式认定为所有劳工谈判中工业雇主们的唯一代表，确认了实践中确立起来的东西。正如朗佐·德·费利斯在其《法西斯政府组织》中阐明的一样，把私人机构以新机构的形式（或只是换个新名字）并入国家，而这种新机构对于每一经济部分的工业家而言有点像政治联盟，这一趋势在20世纪20年代中期加剧了。[31]出现了一些新情况；用萨蒂的话说，意大利工业总同盟现在"既享受私人组织的自治管理，又享受公共机构的司法权威"。[32]

第四章　授予特权的国家的起源　185

　　然而,对"最高"组织的吸纳并没有解决国家的问题。实业利益继续反对康采恩寡头,强制实行卡特尔的法律即便是后来通过的,实业利益也能阻止它们的实施。正如他们认为的那样,并入国家是为了使国家中立,而不是使它更强有力。这个过程几乎是不可能的,但这一事实并没有使他们受到干扰,因为为了避免国家的干预他们极度需要国家;也就是说,他们希望能利用国家把他们自己组织成为一个阶级,以使自己能更有力地打击任何阶级出于相同目的来利用国家的愿望。③正是这一原因,使他们对任何与他们分享国家权力的其他想法采取抵制。当然,正如墨索里尼的界定,社团主义包括社会所有部分,甚至劳工。1934年社团部成立,代表 22 个不同的经济部门,包括工人,公共委员会也同样代表劳工,尽管实业界对此强烈地表示反对。当时,美国的萧条对意大利经济产生了影响,实业界人士"除了接受私人事业和公共事业有着难分难解联系的混合经济的崛起外,别无他法。"④

　　这样,事实很清楚了:工业家只是对社团主义的诱惑更有兴趣,而不是拥护真正实践。他们更希望的形式是某种只适用于实业自行组合而非用于其他目的的删节版本。然而他们发现,通过国家的实业自行组合会直接导致其他所有集团都对同一事物提出要求,而原则一旦确立,从逻辑的角度或是实践的角度,就没有办法可以阻止其发展。进一步说,当社团主义付诸实践,国家问题就会自动重现。理论上国家的角色应该最小化,而现实中这种情况只有在国家自己限定现实,允许社团主义出现时才可能出现。因此不管怎么说,国家都拥有最后的权威,它可以随时取消社团主义安排。正如在意大利所发生的那样,社团主义非但没有变成避免国家的最终解决途径,而且看到了国家权力在法西斯主义下的增长。

法西斯主义并不意味着与过去的全面决裂,也不意味着与未来的全面断裂。正如一位历史学家所言,"法西斯主义没有压制资本主义斗争和阶级竞争;它鼓励集中和协调这种冲突,正如其他国家发生的一样。"[⑨]法西斯主义积极分子明确抛弃资本主义安排的自由民主原则,但这只是因为他们认为法西斯主义是这些原则所引起的问题的解决办法。法西斯主义不民主只是因为统治者不喜欢他们认为由民主带来的后果:不自由是因为他们用自由主义不能获得他们所要的东西。由于我的主要兴趣在于自由与民主的矛盾,故对走向法西斯主义的道路比其后果更有兴趣。法西斯主义的胜利证明,至少在两个国家,社会社团主义所需要的微妙平衡是达不到的;法西斯主义的胜利即是社团主义的失败。通过消灭自由主义和民主而解决它们之间的矛盾,社会社团主义发展成了国家社团主义。

在德国和意大利,以社会社团主义开始的实践却以相当不同的面貌结束。拉特瑙持有一种社团主义观点,但他希望劳工也可以获准参与社团,而且认为政府应该支持社团,这些都与纳粹的实践相反。社团主义在德国曾特别风靡,吸引到奥斯马·斯帕尔这样的人,用莱博维奇的话说,他从中发现"一种中产阶级的社会主义"。[⑩]根据这项有趣的研究,社团主义的德国形式之所以具有吸引力,是因为它提供了解决工人阶级问题的万灵药。如同教皇的《新事物通谕》(*Rerum Novarum*)和《四十年通谕》(*Quadragesimo Anno*),德国作家们强调社团主义既指组织起来的资本,又指组织起来的劳动。而且,这一事业的要点在于提供稳定和平静,但这两点在纳粹的统治之下都没有多少得到了保证的迹象。出于这些原因,第三帝国的社团主义用纽曼的说法是一个"神话":"德国的经济组织确实同社团主义或等级主义理论都不像".[⑰] 原因是在纳粹统治下,实业界人士发现他们被迫为自己的利益做事情,而且是以政治领导建立的条件为基础。德意志帝国工业协会变成帝国工业组织并不只是简单的换换名称;新组织是国家的一部分,它有权对成员进行强制,而原组织作为"私人"商会没有这个权力。[⑱] 国家权力的这种扩张使纳粹主义不但成为一种相当独特的资本主义形式,而且抛弃了社团主义。换种说法,纳粹使仍在自由主义观点(社会社团主义)内的解决方法变成了一种完全外在于它的办法。

如果说在意大利和德国社会社团主义导致了国家社团主义,因此使其失去了作为自由主义和民主之间矛盾的解决办法的资格,在其他地方,社团主义则成为最终被放弃的诱惑。在英国,同在意大利大致相同,这一想法是持左派观点和忠于传统的右派作家思想碰撞的产物。在其提倡者看来,社团主义解决方式的巨大价值在于它消除了阶级斗争(这可不是小事一桩),所有乐见其成的人们——不管是左翼的工业家还是右翼的工联主义者——都拥护这一想法。G. D. H. 柯尔和韦伯夫妇从费边主义的传统出发,力倡将被称为"基尔特社会主义"的主张。而从约翰·罗斯金为代表的特征奇怪的贵族社会主义中也出现了阿瑟·J. 彭蒂写的广为流传的《行会制的恢复》(1906)一书。恢复行会制度的吸引力在于内部调节,可以使外部压制变得没有必要。一战向一些实业界人士表明"社会主义"思想也并非那么坏。社团主义基本的反意识形

188   第一篇   寻求稳定的六种答案

态的吸引力表现在保守党通过 1917 年威特利委员会计划而间接
支持的一些理念,这些理念倡导阶级冲突的解决在于创立工业家
和劳工领导都要参加的"工业委员会",这个工业委员会可以在国
家不直接干涉的情况下,制定出工业关系中每个领域的程序规
则。㊴社团主义观念如果不只是名义上的社团主义,在保守党和工
党内都有重要成分的拥护。

　　社团主义不同于迪斯雷利对积极国家的理解,迪斯雷利认为,
积极政府既有助于增加资本的积累又有利于减少这种积累在工人
阶级中造成的痛苦,原因有二:一,社团主义的诉求与其实践相反,
它反对国家并因为反国家而不合于这种托利主义。二,迪斯雷利
掌权时,没有全国范围内合作的、有力的、卡特尔式的商会;如 S.
E. 芬纳指出,私人集团在规模、势力和数量方面的长足发展是 20
世纪的现象。㊵为国家新举措提供必要条件的正是保守党执政联
合,这种联合深受或许可能成为自由派的工业家的影响,而这些工
业家们在一战后大规模联合会出现时才掌握了政权。1921 年《教
育法》、1924 年《全国健康保险法》以及早期法律如《贸易委员会
法》的行政实践,都内含着一个新的原则。按照比尔的看法,这些
法律代表了"一种新的向集团代表合法化的观念的转向,特别是代
表了现代经济中新组成的生产者集团"。㊶这些立法恰与一场工业
理性化运动——通过更有效率的实业安排消除竞争中的"浪
费"——同时发生,这一理性化过程在意识形态上与社会社团主义
极为接近。结果国民政府时期(1931－1935)一个主要的推力就是
鼓励私人工业的卡特尔化,正如阿瑟·F.卢卡斯文件中记录的那
样。㊷为了控制价格、产出、销售和能力作出了权宜性的安排。但

比尔注意到,结果产生的结构并没有代表完全社团主义,尽管也有一些人支持完全社团主义;相反,他称之为"准社团主义",其中"既非一实业压力集团指挥政府,也非政府机构计划实业活动。决策更多的是在讨价还价和谈判的过程中作出的"。[43]

正如在意大利和德国,尽管原因不同,这些发展阶段的参与者发现了社会社团主义安排的内在局限。困扰他们的不是卡特尔化的反民主暗示,而是更为世俗的私利问题。如何对待国家的问题在这里同在其他地方一样都存在着,英国愿意尝试对此烦心问题的新解决方法。权力既没有交给私人商会,也没有设置在政府本身内部,而是创造了一套运用关税的间接的控制系统。在国民政府时期保护主义的立法的通过使国家赢得了不服从的企业的服从,其手段是强制力的威胁,而并非强制力本身。所谓的"成熟"企业可以被赋予所有帝国青睐的利益,而那些只为私利的则得不到这些。用内维尔·张伯伦——他在因外交政策而名声扫地之前是新国家规划的一个重要的设计者——的话来说,关税"给我们提供了这样一种手段,这种手段以前任何政府都未拥有过,它可以诱使,或若你愿意换种说法,可以迫使工业进行内部整饬"。[44]英国的实业家们比起其他地方的同行来说更具有阶级意识,他们听懂了这一讯息,这些措施无法强化社团主义。哈罗德·麦克米伦当时还是一个年轻的有远大目光的议员,他于1935年毫不犹豫地建议工业自我管理时,受到了冷落,因为"政府既不愿意交给工业强大的强制性权力,同样也不愿意承担中央计划的重任"。[45]而且,来自下层的压力在英国也没有在大陆强,这消除了权力主义方法的另一个借口。一个具有阶级意识的精英层加上一个不具阶级意识的

190 第一篇 寻求稳定的六种答案

工会运动使完全的社会社团主义在英国没有必要。尽管社团主义的要求继续对保守党有影响——吸引了麦克米伦、阿尔弗雷德·蒙德、查尔斯·皮特里爵士、L. S. 艾默里和珀西勋爵这样的人[46]——到20世纪30年代后期，许多知识分子抛弃了社团主义，而更热衷于我即将讨论的替代解决方法。

自法国大革命以来，社团主义就是法国社会理论中的一个组成部分。[47]同其他地方一样，它对保守作家和有激进传统的人都有吸引力，保守派作家欣赏它对秩序和等级的关注，而激进派则从中看到联合化已扩展到生活的所有方面。试图调和天主教原则与工业组织的帕特里斯·德·拉·图尔·迪潘和革命的社会理论的宣传代表乔治·索雷尔都可视为有影响的社团主义作家，法兰西行动的反动派与辛迪加式工会中的革命者都受到他们的影响。然而理论是一回事，实践又是另外一回事，法国的实业家比除美国之外的任何国家都更加抵制合作的需要。这一反动的意识形态，一与雇主中强烈的家长主义传统相结合，就意味着社团主义在法国会出现得比较晚，而且即使出现，形式也会比较独特。诚然，到1930年法国雇主似乎变得"政治上现代化了"。法兰西生产总同盟进行了重组，易名为"法国雇主全国委员会"。这一新名词表明，这个"最高"组织不再仅仅关注工业生产，而且也关注现代雇主们的所有问题。吉纽这位致力于工业合作的人成为新组织的领导，法国实业界似乎要采取一个新的方向了。但在这些变化下面还是古老的法兰西。"在现实中"，埃尔曼写道："1936年以前就存在的雇主运动，从来没有能够使大多数法国实业界人士相信组织起来会有任何好处。"[48]1938年的大罢工刚刚被旧式的抵制和镇压方式破坏,就出现了对吉纽的反动,他被珀蒂耶男爵取代,而珀蒂耶是一个古典自由主义的信奉者。"政府与实业界的关系有好几个月很不明朗,比较混乱。"⑱

正是在这种气氛下法国的社团主义终于开始显得有点吸引力。当阶级斗争无处不在(正如人民阵线时期),而实业界人士的冲突无法通过神圣干涉而停止时,声称超出政治层面的方法就变得有吸引力。社会行动互助委员会明确自称是一个"反政治"的组织,在20世纪30年代有了一批追随者;专业组织中央委员会的情况也是如此,两者都是社团主义。每个团体都支持国家应当把管理权交给私人协会的原则,私人协会在这里指的是雇主。尽管这样一种方法使法国实业界人士有机会在没有政府强制干预的情况下合作,但他们大多没有意识到这一点而选择了各行其是。在20世纪30年代,社团主义仍然更多地是一种呼吁,而不是现实。然而这些团体拥护的原则在维希政府时得到了实践。1940年的"比舍洛纳法"在法国经济生活中的每一个领域都成立了组织委员会,把商会并入国家并看到公与私时已普遍的联合。这些委员会直接建立在拉特瑙的实验基础之上;其创建的目的就在于"避免极权主义计划和唯利是图的罪恶"。⑲这一安排之成功的秘密在于在既得利益与国家之间找到一个双方都可接受的平衡点。然而平衡找到之后其形式却得不到法国实业界人士的喜欢,这可能是由于他们长期反对合作的缘故。

尽管20世纪的社团主义者"除少数例外,与早期的理论家一样,对通过国家命令形式建立的社团政体的前景表现出同样的焦虑",⑳指挥官们却证明非常具有企图心,利用国家来使他们自己

192 第一篇 寻求稳定的六种答案

扩张到许多实业界人士认为不妥的所有活动中。因为这一原因，贝当和中等的工业家们都不喜欢这一安排，但它却得到重要的文官、大资本和德国人这样一个难以对付的联合体的支持。德国人是最重要的支持者，他们欣赏这一卡特尔化的趋势是因为它能提高经济效率并因而如罗伯特·O. 帕克斯顿指出的，能够"为德国解放劳动力"。最重要的结果是"维希……给法国实业界人士和管理者在经济规划和国家对经济的管理方面提供了迄今为止最实质的教训"。换言之，社会社团主义又一次揭示了它自己是一个幻想中可怕的凯米拉*，它是一个有趣的想法，但却会导致国家干预，而这一问题又是其所要避免的。因为大资本家因之受益，而小资本家没有，因此社团主义不能在整个资本家阶级中解决合作的问题。它是一个时机已至的想法，但又是一个时机已失的想法。

受社团主义观念影响最小的国家是美国，尽管这一意识形态并未从美国海岸消失。在一本有关此主题的引人入胜的书中，詹姆斯·B.吉尔伯特把社团主义理论的影响追溯到六位优秀的美国思想家那里，这里我们又一次见到了左派与右派的独特的交会。爱德蒙·凯利这样的工业家，詹姆斯·伯纳姆这样的前激进分子，以及其他处于两者之间的人都拥护"现代社会组织应该模仿工业组织形式"的想法。正如吉尔伯特所表明的，这些人也不得不处理有关国家的问题，这时社团主义的矛盾就生动地显示了出来。并不是他们崇拜国家，只是它"由于疏忽——或说通过其他社会因素"被赋予了重要性。国家之所以成为合作的机制只是因为没有

---

* 希腊神话，吐火女怪。——译注

第四章　授予特权的国家的起源　　193

其他的机制存在。不管这些理论被称作工业民主、内政改革，还是美国费边主义，使这些作家走到一起的是对阶级斗争的厌恶和这样一种意识：即如果"政治"为有效且理性之行政所取代，世界将会变成一个更好的居住地。这些人对他们生活时的实际的政府安排从来没有多少影响，尽管有些人在地方政府中很有影响力。[⑤]他们理论中对集体主义和合作的强调在国家层面上自然遇到了严重的意识形态方面的障碍。

当本章考察的五个国家都在一战后短期地驻足于 19 世纪自由主义的原则时，美国的情形却更像一种延长的停留。被希克斯称为"共和国优势"的东西扫涤了战争产业委员会、公共信息委员会、国联以及其他任何建立在合作与长远考虑基础上的所有这些概念。[⑥]国家只剩下一个保护和镇压的职能。最高法院里反对派占多数席位，他们有意识地将时钟拨到那个实业界人士不必为困扰其欧洲同行的问题所担惊受怕的年代。然而，问题还在，一睁眼就能看见。在这一段时期内，眼睛睁得最大的人是赫伯特·胡佛，有意思的是（考虑到其声名），正是他与欧洲的社团主义思想最为接近。正如威廉·阿普尔曼·威廉斯和格兰特·麦康内尔两人都指出的那样，[⑦]胡佛预见到社会活动的三个方面：实业（包括农业）、劳工和公共领域。胡佛对其观察能力不那么强的同事们提出了一个天才的解决建议：他实际上说，让我们允许劳工组织起来，这样我们才可以换得我们的组织权。早在约翰·肯尼思·加尔布雷思创造"平衡权力"这一术语之前，胡佛就通过巨大利益的平衡来为公共保护辩护。在出任哈定政府的商业部长时，他就试图把他的机构变成一个庞大的贸易联合会，他受到了冷遇，因为他的解决方法需要其他各局也进行类似的发展，而没有一个人愿意这样做。作为总统，他把他的一些想法融入复兴金融公司（一个1975年又变得流行的想法）中去，⑧但这已是他总统任期行将结束的时候了。胡佛建议的事情需要时间，而时间正是大萧条冲进美国生活时最贵重的商品。胡佛最好被看作一个碰巧当上总统的理论家，而不是一个正好有些想法的总统。他的任期是社会社团主义在美国最接近得势的时期，但正如在英国那样，社会社团主义最终被抛弃了，因为人们选择了其他解决方法。

总之，社会社团主义总体的成功是得失兼有，而更倾向于否定一面的。其一，"自愿"社团主义需要工业家的阶级意识，而在20世纪20年代长远的眼光仍然不很流行。与这时出现的一种"法人自由主义"观念恰恰相反，最明显的特征是实业界人士坚持短浅的目光和过时的想法，即使这些想法与他们的利益相悖。他们拒绝隐藏自己对利润的直接关注，这导致社会社团主义分解为其两种选择之一。其次，社团主义从来没有解决国家问题，而只是通过新的形式将之表现出来。正如拉特瑙的著作所预言的那样，不论政府"位处幕后"还是积极地介入，都不能通过演绎来决定，而是通过痛苦的斗争得来的。再次，社团主义没能解决阶级冲突的问题而只是试图忽略它。它在其余各处的力量只是表面上在提供一种解决冲突的方法，或是实业界人士所贬称的"政治"解决办法。通过人各司其职的做法，它也使等级制安排变得神圣，而在其中实业通常居于首位。它认为正常的实践不需强制即可实施，并提出一种有关国家萎缩的类似于马克思与无政府主义理论的版本。社会社团主义的主要问题在于它是乌托邦式的，表达了一种结束阶级内部以及阶级之间的斗争的渴望,但当时这些力量却前所未有的巨大。简言之,20 世纪 20 年代和 30 年代早期的经济和社会条件(更不要说政治条件了)使社会社团主义成为一种有趣的、但却有缺陷的解决方法,它兴盛过一段时间,然后就开始衰落。在不同的条件下,这一思想会再次变得流行,这是 70 年代中期经济危机时,社团主义主张为什么又被提出的原因,其时它们的实现比五十年前有了更好的机会(参见第十章)。在其早期,社会社团主义的矛盾在没有导致法西斯主义的国家里,促进了组织国家的其他可行方案。

授予特权的国家的发明

20 世纪 30 年代世界范围的萧条使人们缓和资本主义政治矛盾的要求变得有点绝望,因为革命似乎随时可能爆发,要不是情况如此严重的话,实业界人士为自己的特权所作的辩解,肯定会变得极其可笑,他们辩称,他们给所有人带来了繁荣。问题是要发展出一套可以使实业界人士合作的结构,既不至于导致过于严格的、独裁的国家社团主义,又不至于引发不够专制的 19 世纪的自由主义无政府形式;同时,任何解决办法还必须能够解决来自下层的要求更公正的压力。此时,矛盾已经变得如此严重,任何长久的结构似乎都不可能,但还是可以找到办法,通过暂时的安排来延缓它们的冲击。几乎是偶然地,鼓励实业界人士合作的想法被提出来,只是这种合作既不是通过国家来强制他们,也不是以一种没有任何影响的方式向他们提出建议,而是把这两者结合了起来。特别是,国家权力可以由私人机构来代表,但是又以国家的名义来实施。当这一切由一家商会完成之后,就会满足阶级内部合作的需要。公共权威正得到实施是不容置疑的事实,但同时,这种权威又是披着自己的同事的外衣来进行的,这就有点可以接受。换句话来说,必要的时候还是可以进行强制,但他们极不可能这样做,因为公共权威和私人权威之间差别的把戏使得非正式的谈判可以(私下)解决这些冲突。反过来,当社会下层的抗议变得太强烈的时候,他们可以安排给每一部分有足够力量的一小部分国家权力供其使用。这种组织的领导接着就被要求,要控制其内部的不满,以保住其在国家中的位置。尽管这一主意出现时并未表现出对其进行总结时暗示出来的那种精确性,这种解决办法却似乎太好了而不可能实现。

新的解决办法同社团主义相似,因为它存在着私人部门的自行组合,但它的意识形态基础却极为不同。社团主义尽管在理论上是反国家的,在实践中却越来越像国家主权主义。而新的解决办法却正好相反;它在理论上称赞国家,这使它区别于传统的自由主义,在实践中它却通过把公共权力授予私有机构而减少了政府的影响。因为这种区别,给这种新的安排一种新的称呼就很有意义。因为由此产生的结构类似于特许经营的运作,有一个中心总部,并且还有一系列的分支机构以其名义做生意,所以新的解决办法可以称作为授予特权的国家。授予特权的国家以各种形式主宰了大萧条与20世纪50年代之间的自由民主社会的政治。

在社团主义取得成功的地方,授予特权式的解决办法不一定能够成功,反之亦然;所以美国对其一表现出极度的憎恶,对另一个却又极度喜欢。围绕着新政的实践就是一个授予特权的国家如何出现的例子。正如美国参加世界大战第一年的志愿主义使第二年战时工业局(WIB)的成立成为必需,实业界无法阻止大萧条使钟摆又摆向了国家采取行动方面。然而,战时工业局是建立在战争存在的基础上的,这样就产生了一个在总体和平时期是否允许积极的国家存在的问题。如果不幸没有发生战争,一场战争也可以被幸运地创造出来;正如威廉·E.洛伊希滕贝格令人信服地显示出来的,战争主题支配了几乎所有第一次新政的计划者的思考。所以他们在进行立法计划时,在他们脑子里一直萦绕着战争的意识形态问题,因此毫不奇怪在国内领域如公共权力、住房、农业、农村重建、银行以及全国复兴局等领域所提出的解决方法都"严格以战时工业局为样板"。[⑳]具有讽刺意味的是,不考虑字面意义,一个意在对付战争的办法竟然在和平时期取得成功。

然而在新政期间创立的机构,在一个极其重要的方面与战时工业局不同。战时工业局从来没有在委托权力的问题上创建一种正式和法律的途径。许多实业界人士拒绝与之合作的原因就在于它的支撑理论是如此具有新汉密尔顿主义的色彩,如此不受他们的直接需要的影响。与之相对的是,全国复兴局从一开始就明确是为与最重要的工业家们合作而设计的。这一目标是弗兰克林·德拉诺·罗斯福1932年9月23日在联邦俱乐部的著名演讲中确立的:

> 负责任的财政和工业领导们,不应出于私利办事,而应该为了共同目标精诚合作。他们必须在必要的时候牺牲这样那样的私人利益,通过互相自我克制而追求共同的利益。正是在这里政府——政治政府,要是你愿意这样称呼的话(原文如此)——介入。

那么国家的确切角色就远远不是强制性的："管理包括制定政策的艺术并且运用政治技巧以达到政策目标,即获取普遍的支持,要一直劝说、领导、牺牲、教育,因为政治家最重要的职责就在于教育。"实业学,政府教。但是合作性的安排中政治代替了强制,它可以保证工业合作,却无法(罗斯福本人也意识到了)促使"孤单的狼,不讲道德的竞争者,不顾一切的推进者,和对每个人都不利的以实玛利*或者英萨尔们"服从。㊿在完全不要国家权力(这样会延长萧条,而人们把萧条看作是一场战争)与拥有一个积极国家(大工业不愿意看到这种情形)这两者之间进行操纵的努力中,雷克斯福德·特格韦尔和其他支配早期新政的规划者们建议采用委托权力的理论。㉑

全国工业复兴法(NIRA)成为新途径的模型。其细节很熟悉,这里只需快速总结一下即可。在全国复兴局监督之下的每一个工业部门,都要制定公平实践的法规,包括价格控制、生产限额、劳动实践等等。商会必须在其每一个工业部门制订规则。政府有权强制其服从,但这种权利不到万不得已的时候不得使用。洛伊希滕贝格叙述这次立法的结果时说:

> 通过把价格和生产的权力交给商会,全国复兴局创立了一系列私有经济管理部门。正如沃尔特·李普曼所观察到的,法规起到了建立东印度公司的特许状那样的效果。支配法规权威的最大的公司动用他们的力量抑制竞争,削减生产,通过提高价格而不是扩大生意规模攫取利益。由于罗斯福、修·约

---

* 出自《圣经》,人名,喻倾听某人诉苦。——译注

翰逊[将军]以及[唐纳德]·李希伯格在使用惩戒性权力方面都犹豫不决,又没有采取广泛的国家计划的意图,实业公司中的私有利益远远超过了公共利益。[62]

全国复兴局最后在"病鸡肉"事件[63]中被判违宪,但正如西奥多·洛伊正确地指出的那样,委托权力的原则不但继续存在,而且还有所加强。[64]在1935年舍希特尔诉美国案中,最高法院发现这些法规是不符合宪法的,原因并不是他们把公共权力交给了私人机构,而是因为这种代理权是从政府的一个分支转移到了另一个分支,而且还因为这种转移不明确,也没有系统。只要国会用心起草立法,赋予国会的权力可以随处分配的原则就极有可能被支持。雅库斯诉美国案在二战中使价格控制合法化,战争结束时就很清楚地看到法院会完全接受委托权力的原则。[65]尽管这些案件只是技术性地处理将权利委托给州政府或行政机构的问题,而不是给私人机构这些权力,对后一程序缺少任何法律上的挑战意味着即使全国复兴局停止运作后,把政府权力交给私有集团以求自我调控的观念还会发展。到了20世纪50年代,权力代理的观念成了现代资本主义国家唯一最重要的原则。全国复兴局本身特别不受欢迎,正如埃利斯·霍利所显示的那样,[66]它继续存在,但是没有正式的名称和结构;在其存在历史中特别明显的失败之处在后来的年代里却成为实业和政府关系的典范。

石油业体现了对全国复兴局组织终结的一种反动。美国石油协会是一家由一批属于战时工业局成员的石油商于1919年组成的私人商会,在全国复兴局存在期间被允许规定价格及调节生产。全国复兴局被解散之后,得克萨斯参议员汤姆·康纳利在不经立

200 第一篇 寻求稳定的六种答案

法审议的情况下,使一项旨在创建石油天然气贮藏州际协约(IOCC)的法律获得通过,这项法律又非正式地创建了与"蓝鹰"体制下相同的价格控制体系。石油天然气贮藏州际协约本质上既非私有的,也非公共的,它使这个产业可以同时避免"竞争和反托拉斯行动这对双重恐怖"。⑩二战爆发后,石油工业赞助了战争石油管理局的创建,并向华盛顿派遣了3000位经理,利用联邦政府的力量大获其利。战争结束后,内务部石油天然气分部负责规范产业秩序,而这一分部则由一个"私人"组织,即国家石油委员会所掌控。换句话说,把公共权力委托给私有工业一点也没有因为最高法院对全国工业复兴法的撤销受到阻碍。诚然,石油工业并不具有代表性,因为它是美国最大的工业,但是对任何工业——如西德尼·法因对汽车工业⑪进行细致的研究都能显示同样的模式:试图复制利用委托权力来控制竞争的原则。这个想法太美好了,在实业和政府的关系上根本不允许最高法院的裁决或公共的期望对此有所妨碍。

如果考虑到美国对私利的狂热追逐,而这个体系又正是通过委托国家权力给私人企业以使他们谋利,那么,这个体系在美国大行其道也就不足为奇了。法国的情况则更为特别,因为法国自拿破仑以来,就有一套国家官僚体制爱惜它的权力而不可能把它交出去。⑫而且,法国实业界人士传统上就无法为了获得共同利益而彼此合作,一个积极的、庞大的、有时激进的左翼一直是法国现代政治生活中的现实。如果授予特权式的运作在这里可以行得通,那它在其他任何地方也就极可能取得成功。由此安德鲁·肖恩菲尔德注意到这个现象的重要性:

法国人通过这种方式所发现的对其他民主社会来说早就很熟悉了,尤其是在北欧和北美地区。典型的程序是以在相关利益集团中达成共识为开端,其次是把这转化成国家政策和行动,官方要尽量少干预。[20]

在第四共和国期间(在第五共和国期间程度轻一点),不但国民议会变成勒内·梅耶尔总理所谓的"公司内阁",[21]比内总理甚至在1955年向《世界报》抱怨,生命似乎处于危险中,"我已经被特殊利益包围了"。[22]两个人都从其处于政府顶端的位置上认识到在他们之下已经建立了一个旨在追求巨额既得利益的庞大的国家特权的体制。

维希政府的经验并没有很好地预示到战后授予特权的国家的创立。我们看到的战时占领时期的趋势指向社团主义的意识形态,但却矛盾地导致国家扮演极其积极的角色。当这与战后对实业的极端憎恨——"在伦敦我可没有看见你们这些人,"戴高乐在战后与雇主代表第一次会晤时这么说——结合到一起时,创建的新关系是反对大生产者利益的。组织委员会得以以新名字继续存在,国家有权强制推行他们作出的决定。[23]然而实业最终成功摆脱了敌视的公众看法,重新获得了公众的善意。这部分是因为在雇主内部进行了充分的辩论。新领导者,如皮埃尔·里斯卡、亨利·达弗扎克,以及与新企业主有联系的人们,展开了攻势,有说服力地进行了论辩,要求终结古典自由主义信条。尽管他们从来没有接管这一组织,他们的影响却十分强大,他们的观点总体上占了上风。正如乔治·维利尔斯总统战后所言:"我们将努力让好心的雇主们理解,向过度的自由主义的任何回归都是不可能的,他们必须

202　第一篇　寻求稳定的六种答案

接受在组织起来的实业的框架内的必要的纪律。"那些"好心"人确实理解了,而且最后他们能够证明对其同事采取新态度所带来的好处。

第四共和国的宪法结构反映了这种意识形态上的变化。授予特权式的原则直接写入了宪法;一个例子是,因这一文件而创立的国家经济委员会,呼吁"最有代表性的"私人协会参加,因此使授予特权的国家进入了该国的最高法。然而在法国,只要一涉及到实业与政府的关系,就没有简单的事情。法国政治生活的特征就是从统制经济马上转到自由放任,然后再转回去。这反映了实业家在自己对"小规模"的钟情与"现代化"的需要之间的模棱两可。两种原则都与授予特权的国家不符,因此就导致了这样一种情况,现实中发生的事情不断地在理论上被否定。宪法禁止委托立法,而这是把国家权力授予私有集团的一个重要方面。但是在实践中,正如菲利普·威廉斯所显示的,委托立法在第四共和国有变成惯用方法的强烈趋势。国有化的动力又一次揭示了互相矛盾的趋势。鉴于国有化是每一个抵抗集团纲领的一部分(甚至包括戴高乐),宪法写得很明确:"任何对国家公共服务有用的,或者形成事实上垄断的商品或者企业,都必须成为共有财产。"这一原则在1946年到1948年间被付诸实施,煤矿、电力公司、银行、运输公司以及其他重要的私有工业部分,都改由国家控制。但正如阿道夫·斯图姆撒尔指出的那样,在英国国有产业的行政管理责任很明确,但法国与英国不同,国有化采取的形式有意使"共有财产"的原则含混不清。管理新公司的委员会在三方代表制的名义下被赋予混合的特征,对此一过程我将在下章更为详尽地进行考察。在整个第四共和国时期,原来的私人工业家被恢复到新产业的控制职位;一个复杂的例子是 1953 年的一项提议(该建议终告失败),以使委员会在四方代表制领导下运作,新的组织由"具工业或财政竞争力的工业家"组成。⑧确实,新结构中的所有矛盾都被包含进了广泛流传的口号中:"国有化并不意味着国家控制",这既反映出了国家指导经济的必要性,也反映出了资产阶级世界观中一直存在的对积极国家的恐惧。

工业的国有化,尽管不完美,都不能被视为授予特权的国家的组成部分,因为它的方向是公共控制。但撇开这一领域,第四共和国看到了,用一位兰德公司研究这一现象的经济学家的话来说,"一种法国前所未知的公共法律与私人法律的杂交混合品"的成长。⑧专业化的议会委员会在公众很少监督的情况下处理管理中的琐碎事务;私人成员议案的重要性猛烈增加;离开国家部门进入私营企业工作制度(在其中首席管理者会在私人产业中任职,同时带来了他们的合同与数据)——这些联合起来加强了私人集团对公共权力的使用。几乎没有其他任何政治体制像法国第四共和国这样让私人压力集团使用纯粹的权力。威廉斯说,立法制度"允许由某个压力集团的殷勤效忠者组成的委员会阻碍一项大多数人盼望的政策;或者由几个代表不同利益的利益集团联合起来,共同对公共钱箱发起攻击"。⑧一项政策通常很难逃脱这些集团的控制。

税收改革就是国家被这些组织起来的集团俘获的一例,因为"税收改革最严重的阻碍是利益集团为保护自己的既得权利而进行的联合抵制"。⑧规划是另一个例子。规划的理论,据其狂热的拥护者所言,就是规划可以提供一套机制以避免资本主义生产模式中固有的矛盾,包括特殊利益与整体利益之间的矛盾。莫内和赫希计划,尽管充满了对卢梭和《伟大的愿望》的引证,®给予私人利益集团的要比从他们那里拿走的多。用兰德公司对法国经济的研究来说,第四共和国规划机制的最重要的结果是"政府对商会的广泛活动给予了重要的鼓励和支持,这导致了商业运作较大成分的集体组织"。®尽管第五共和国在战后刚开始几年里稍微偏离了这一方向,斯蒂芬·科恩说:"规划工作是大实业为了大实业而作的。"®

第五共和国正式的意识形态更为含混。作为一个保守主义者,戴高乐确实很同情大规模的工业,但这种同情经常会为强烈的讨厌所抵消。所以戴高乐希望既看到统制经济的加强,由国家对经济进行指导,又希望看到既得利益对其外交政策,特别是对其阿尔及利亚外交政策的支持,而这需要的又是正好对立的事情。前一方面在第五共和国早期戴高乐最重要的发言人米切尔·德布雷的作品中得以显示。德布雷习惯于这样表述:

> 选择、命令、强制……的权力是国家的……[国家]代表了共同利益、民族的权力和自由的需要。这一高尚的责任与奉献和干涉的权力同等重要,这个权力当然是有限制的,但其原则在任何范畴都不能受到挑战。®

在其 1957 年的论文《我们政府的君主》(Ces Princes Qui Nous Gouvernent)中,他把法国描绘成由私人利益完全统治的国家,行动方式褊狭,不负责任。但是戴高乐时期的共和国却从来没有按照这一反对实业的观点来实践。足以包括所有强大私有集团的经济参议院的建议,对私人权力来说同"协调"的想法一样可以接受,后者是经济社会委员会使用的一套通过广泛地进行议会以外的与私人利益的咨询来进行公共决策的制度。而且,第五共和国经常绕过立法机构,这意味着私人集团"把他们的主要努力从议会转向了行政部门"。在这次转向之后他们发现了什么？尽管高层的行政人员,如国家大社团里的那些人,应当是强烈的中央集权论者,具有德布雷敌视私人利益的传统,可情况正如埃兹拉·苏莱曼显示的,要更为复杂。苏莱曼在对公共行政人员进行了长期的采访之后发现,对私人集团的敌意几乎总是指向中层,不怎么有势力的组织。当涉及到最高协会时,同样还是这些人,却又总是认为它们是相当合法的;在这些人看来,最高协会不介入政治,而只是涉足正常的行政管理。简言之,国家中的这些人所持的合法性的观念"显示了一种不可否认的偏见,偏向于强大的、典型的组织"。正是因为这个原因,麦克阿瑟和斯科特得出结论说,第五共和国的实际政策创建了一种有利于最大的公司,且鼓励经济集权化和卡特尔化的国家结构。第五共和国对授予特权的国家的敌意充其量只是暂时的。

在法国和美国所发生的事情在其它资本主义世界也都有发生,尽管在时间和程度上变化很大。在法西斯主义国家,国家权力广泛扩张,授予特权式原则直到战后才得以实施。然而,它们实施的基础却是存在的。在意大利,公私范围的模糊不清、使用权宜安排的趋势以及对公共政策的权宜标准的应用的过程,都在战后出现了,尽管采取了新的形式。正如萨蒂所指出的,"工商部,这一前公司部的直接产物,今天可能比公司部都更热心于意大利工业总同盟的利益。"意大利战后对管理分部的依赖的趋势——这是公共政策的要害,在其中由最受它们直接影响的私人集团实际上秘密作出重要决策——属于授予特权的国家的范畴。私人集团用来维持其特权所使用的所有策略,十多年前约瑟夫·拉帕罗姆巴拉就对此作过很好的描述,现在仍然存在。[62]在意大利从法西斯主义到自由民主制的转变并未使私人集团减少对公共权力的行使,反而可能增加了。

德国战后的政治安排则是在相当不平常的环境下完成的。由于"占领国的经济安排主要反映了美国的考虑",[63]美国人对授予特权的国家的热衷就进入了德国。战后西德政府的发展最好可理解为两种相对立力量的妥协。一方面,占领国希望稳定和恢复经济,使其最有保证的措施是不触动法西斯的经济机器,而只是找来新的一批人(可能是旧人,如在纳粹上台之前做指导工作的那些人)来使之运行。[64]由于纳粹的制度依赖卡特尔和控制经济原则(指导下的私人企业),延续下去就意味着国家扮演强有力的角色。但同时阿登纳集团的经济思想又在路德维希·埃哈德身上得到了反映,他拥护一种类似于自由放任的政策。因此一种类似于授予特权的国家的非意识形态的解决办法对于在两种原则之间游走最合适不过了,一种原则尽管特别实际,在道德上却十分让人讨厌,而另外一种原则尽管道德上正确,却相当不切实际。

最后,在英国政治中有许多把公共权力授给私人集团的例子。事实上,社团主义与授予特权式解决办法之间的差别在1939年《经济学家》的一篇文章中得到了很好的展现。文章注意到一战中许多主要机构的行政首脑都"主要是从要掌控的工业部门以外挑选出来的",文章继续指出在二战中"工业如何控制自己"。[65]文章还附有供应部长长的各种商品清单以及负责每个主要商业利益的人员名单,最受影响的产业的代表们协调以下原材料:铝、酒精、亚麻、大麻、钢铁、皮革、有色金属、纸、丝、化学品、木材和羊毛等。而且,食品部让牛奶、谷物、茶叶、肉类、水果、糖、土豆和食用油业的代表直接管理。难怪《新政治家》会抱怨这种组织形式代表了"一种把权力交给……资本主义集团的政策的延续,这些集团赋有控制生产和价格的权威……现政府很明显是一个资本主义政府,在经济政策事务上它的一个想法就是要给大资本家协会对于消费者的权威"。⑯

战争中确立的先例在战后保存了下来。1946 年政府的正式组成部分公路货运组织被合法地解散,其行政职能则交给一家私人公司。⑰战争中在食品部和蛋糕饼干同盟之间发展出来的磋商机制在和平时期得以继续。在私有安排方面确实有一个剧增,在某些情况下事关生死的问题,比如当毒药委员会作为其例行程序出版致命物质名单之前曾咨询不列颠化学制造商协会。⑱当官方对私人权力的整个问题展开调查时,事情到达了关键点,接下来仲裁选择委员会 1950 年报告有下面一段目前已人人皆知的话:"部长们习惯于在制定政策基础时与商会协商。"⑲同年,据估计英国工业联合会直接任命了大约 34 个重要政府部门成员,而英国职工大会则任命了 60 个。⑳诚然,有势力的利益[集团]与国家之间所表现的差异显示,不是所有的事情都朝前者希望的方向发展。在某种程度上讲,这种差异反映了公共信任的真正增加,比如在某些国有化工业领域。但正如芬纳注意到的,公众的这种无谓的争吵和恋人的争吵很类似。就像联合可能会遇到摩擦,而且经常很严

208　第一篇　寻求稳定的六种答案

重,但仍然有一种使之维持关系的共识:"双方的联系越紧密,其联系就会越长久,引起的争吵就会越使人感到厌恶。"⑩由于涉及到每个人,这些"联姻"中最吸引人的一桩是英国医药协会和卫生部之间的联合。哈里·埃克斯坦在其对这种关系的全面研究中表明,看起来敌视私人利益的法律是如何被私人利益所利用的。"在重要的方面,这些职业领导人都可以一直按照自己的方式办事,只有一个明显的(报酬方面的)例外,以至于人们可以明白无误地说,全国健康服务机构在很大程度上是英国医药协会和卫生部的合作企业,而不管卫生部在成立之初是多么的拒不妥协。"⑫1947年保守党工业宪章中倡导的应该把公共权力委托给商会的思想成熟了。⑬

　　在成立授予特权体制的思想中产生并成为理解其性质的关键在于:包含在授予特权的国家中的基本原则(如果可以这样说)不是那些"二元论"统治阶级预言家的结果,他们理解社会将要变化的方式并成功应对这种挑战。相反,授予特权的国家是防御性地发展起来的,几乎没有什么思想的先驱;在授予特权的国家刚刚完成对其存在的理性化之后人们也几乎找不到什么操作手册。正是先前其他办法的失败导致了它的产生,在它成为主要资本主义国家的组织形式的所有地方,它都是以一种内敛的、谦虚的形式进行的。简言之,它是通过后门进入垄断资本主义的大门的,并且,只要它还能继续以一种让人满意的方式发挥作用,它就可以继续待在里面。但它还没来得及坐下来,就发现别人已经在敲门了,而且这一次敲的还是前门,它发现要是想继续待在屋内,最好还是把别人请进来,哪怕只是请到入门处。

授予特权的国家的扩张

把公共权力委托给私人商会似乎解决了工业统治阶级所面临的一个主要问题。它创造了一个既非强制亦非自愿的国家机器，这一灵活性清楚地反映了重要实业家对政府的模棱两可的态度。在必要的时候强制已经具有实业家能够接受的形式，这一事实意味着，在他们与政府打交道时使他们担忧的让人恐惧的社会主义不会再被提出了。一战以来一直困扰实业阶级的紧张终于有了某种形式的缓解，在20世纪40年代后期到50年代，所有资本主义世界都舒了一口气。但永久的避难所还是没有找到，因为还有一个问题，也就是来自下层的威胁要把整个结构都摧毁。

大萧条与第二次世界大战的双重影响使这种压力前所未有地强烈。在每一个言论自由的国家，都有明确又直言不讳的信息：商人贪得无厌，正是他们的活动使世界经济走向毁灭。这种仇恨在战后更甚，因为大部分工人都为了胜利而推迟了罢工的权利，而商人则很明显从其战争活动中获取利益。战争仆息，不但法国的工人们占领了工厂，在欧文·伯恩斯坦看来，美国的罢工潮也是美国工人在20世纪最严重最激烈的运动，在明尼苏达、旧金山和亚拉巴马都爆发了。⑧在意大利一直被法西斯主义打压的共产党在选举中大获全胜，该党威胁要中断马歇尔计划和美国为实现世界"稳定"而提出的其他建议。共产主义在整个东欧地区的胜利给人一种世界处在革命中的印象，尽管事实上这些事件中有许多相当保守。国内激进的不同声音和国外反资本主义的胜利一起使局势很明显,那就是如果授予特权的国家只是应用于实业的话,它在一个充满敌意的世界中是不会长久成功的。

这次解决来自下层压力的办法很简单。如果这些要求太过于尖锐,那么,提出要求的部门领导,假设它可以通过改革变得"成熟"和"负责"(我将在下章讨论这些术语的意义),就会被迎入授予特权式体制中,并接受一部分国家[权力]为它自己所用。授予特权的国家在这一观念下得以保持;实业无法获得其想要的一切,但它仍然有第一项特权,就像汉堡包柜台和加油站,选择最佳地点是使这一制度按照自己的利益运作的关键。所以在授予特权的国家被发明出来的那些年,它也向工业以外的其他政治生活领域进行了扩展;实业对社团主义控制的恐惧,以为社会将全部被组织起来,结果却是在与社团主义相差无几的条件下,国家权力还要增长,这种恐惧真的变成了事实。部分的胜利也比完全溃败要好。

不管在什么地方,农业总是一个能快速进入授予特权的国家的部门,因为农民有时会支持反对派运动,左翼的和右翼的都支持,为了防止这种情况发生,依照授予特权原则对农业进行"调整"比较好。因为农业是一个许多年来没有为自由市场驱动的产业,因此一个涉及国家的解决办法是成熟的。这在英国是通过1947年农业法实现的,该法是战争期间由较大的农业组织控制的农业部制定的。法案故意被制定得模棱两可,因为人们认为细则可以在行政管理的过程中制定出来。对这些事件最有研究的人总结说,"然而,法案确实表现为以政府和主要农业组织合作的形式来处理这些问题的方法。"⑥全国农场主同盟的组织结构最近比过去更为集中,就在法案中作为非正式的代表,因为普遍认为,法案创造的郡行政委员会的代表是从这一组织中产生的。结果是,整个国家的农业政策就由这一得失受其影响最大的组织制定。正如塞尔夫和斯托林注意到的,"即使在政府与利益集团关系最紧密的时候,其关系在范围和强度方面也比较具有独特性。"[16]

　　英国把农业吸收进授予特权的国家的方法是其他国家的原型。在美国,把公共权力交于农业综合企业的第一个立法是1933年的农业调整法(AAA),这项法案实际上是美国农业公署联盟(AFBF)在其华盛顿办事处制定的。[16]在最高法院取消了前一项法案后,第二部农业调整法(AAA)在为农业综合企业创造一些国家权力供其专门使用方面走得更远,正如下章还要讲述的农业安全署的经验显示的一样。1934年的泰勒放牧法把国家复兴法(NRA)和第一部农业调整法的原则应用到放牧牲畜方面,授予西部的大土地所有者国家部门的权力。[18]1933年5月创立的田纳西流域管理局在两年多的时间里使南部地方精英被增选到授予特权的国家运行机制的机构。[19]在法国,一直有一种支持独立农民的传统,巴尔扎克笔下的葛朗台先生的吝啬和怀疑让步于需要合作的现实,二战后,国家积极地介入价格支持、剩余价值分配和交易活动,所有这些都是在其他国家制定的利益集团框架里进行的。[20]西德的"绿色联盟"为成立一个农民协会而游说,这是一个农民的社团主义政府。[21]最后,在保罗·博诺米的领导下,私有组织耕作者协会担负起意大利农业政策公共管理的责任。通过一项始于1944年、1958年达到巅峰的体制,每个农业地区都有一个康采恩,所有的康采恩都组织起来成为一个康采恩联盟。这些组织与美国农业公署联盟的县代表制度极为相近,执行包括信贷、贮藏、确定

212　第一篇　寻求稳定的六种答案

价格等公共职能,唯一不同的地方在于耕作者协会所代表的农民比美国农业公署联盟代表的那些小一些。[⑩]像科学家同时独立地作出同样的发现一样,农业进入授予特权的国家,无论何时何地,似乎只是同一过程的重复。

　　工会的进入要更为复杂一些。农场主们不管如何表达他们的不满,至少还算是实业家,对工人却不能这么说。几乎无一例外,工会进入国家都受到实业利益激烈的抵制,如果认为工会的胜利在某种程度上是实业领导人所期盼和计划的,那就是篡改事实了。诚然,事情一成定局,一些实业家就决定接受这个新现实,试着与之合作,但这完全是另外一回事了。劳工不经过斗争就进入授予特权的国家是不可能的,一旦进入,就不能再把国家看成简单的依靠别人的产品而生活的人的代表,而是吸纳了生产者自身的代表(即工人),即使是在一个不完美的程度上。在大部分地区,这种斗争采取了两种形式。一种是劳工的授权在国家以外完成。工会和商会的参与者们私下进行会晤,制定劳工得以参与的协议。最经典的例子是 1938 年瑞典的基本协议,瑞典人试图每年都对之进行修订,并以他们能够避免国家介入的程度为荣。[⑪]另一种实际吸纳的途径不怎么剧烈,是经一系列法律的通过和管理完成的,其逐渐而来的结果是劳工领导人私人得以分享部分国家权力。英国和法国属于第一种形式,美国和西德则属于第二种。

　　1936 年的马提尼翁协议是一系列私人安排如何得以永久地影响国家结构的绝妙例子。1936 年,巴黎由人民阵线掌权,全法国有超过 100 万的工人进行罢工,经济本身真的可能停滞不前。为了避免可能出现的结果,4 个工业代表,8 个工会代表和 4 个政府代表在马提尼翁宫会晤，制订了一个方案改革法国工资和工时的法律，以换取罢工的结束。[18]尽管这项协议还在法国建立授予特权的国家之前，它却提供了雇主对劳工辛迪加（劳工组织的权力）的首次认可。实业界假装认为这一切不过是一场从未发生的恶梦。支持马提尼翁协议的人则被从雇主委员会的职位上清洗出局。直到戴高乐时期，雇主们用典型的家长主义赞助了一项劳资间的"伙伴"计划，但由于雇主们想把所有权力捞到自己一方而从未付诸实施。尽管有这些不顺应时间的举动，马提尼翁还是成为了新秩序的象征。其精神在几乎三十年后的1965年都可以看到，那年，左翼的戴高乐政府劳动部长吉尔伯特·格兰瓦尔成功地通过了一项议案，它强制在工业中建立一套劳资都可参加的委员会制度。[19]实业界讨论许久但又几乎不按其办事的劳资协会成立了，只有这一次有国家权威在背后支持。这只是一小步，因为不管怎么计算，劳工在其中只是一个次要角色，但这也低估了劳工属于授予特权的国家的一系列安排的权利。

在二战后关键的年代里，议会外的会晤也使英国的劳工进入了国家。塞缪尔·比尔所说的1948年的工资限制谈判就是组织起来的劳工和组织起来的资本之间的旷日持久的谈判。[20]英国工业联合会、全国制造者协会和英国商业联合委员会（其后这些组织马上合并成为一个高层协会）从其领导中选择组成了一个小型的委员会，与工会的关键领导和艾德礼政府的代表进行会晤，终于达成一项工资和价格的协议。工会领导为了换取对利润的限制和降低商品价格，同意采取限制工资的政策。这样，阶级战争就变成了"绅士们"在具有共同利益的领域里的不同意见。这向那些出身较好的人证明了工会领导和工党政府能够保存资本主义安排，并使劳工参与国家事务合法化。自相矛盾的是，同样的安排，对于统治者而言，也显示出更大的恶兆。用比尔的话来说，"旧的辛迪加做法被合法化了。因为组织起来的工人阶级得以提高自身受排挤的低下地位，靠的不是他们的选举权，而是他们对实现重要的国家利益的生产工具的控制。"[⑪]保证劳工参与的既不是善心，也不是民主原则，而是权力被用来实现私利的威胁。

"对经济进行政府管理把工会大会从权力的边缘置于制定经济决策的中心，"[⑪]一位政治科学家写道。今天的情形是进行经济决策就等于进行政治决策，劳工能参与国家不足为奇。英国工业关系的全部体制可以被视为一个过程，1948 年的工资谈判成为一种司法关系。[⑱]随着劳动部变成就业与生产部，工业法庭的机构化（威特利委员会计划规定的），价格与收入政策的采用，劳工参与经济计划（工会大会的全体大会有六位成员被允许出席国家经济发展委员会，这是一个全国计划机构），劳工好像已经可以为所欲为了。从某种程度上来说，这种现象有欺骗性。首先劳工是在它落伍的时候参与计划的，至少其传统形式已经落伍。具有讽刺意味的是，正如肖恩菲尔德注意到的，在所有建议的计划中，劳工一直支持建立在授予特权原则上的那些计划，而实业家——至少有一部分如此——表现得更具有改革色彩。[⑲]劳工领导作为刚刚得到权力的人，他们对权力占有欲极强。劳工在国家中扮演的这种半介入半不介入的角色，必然十分模糊，多尔夫曼指出，从长远的角度来看，这对它自身有害。[⑱]就当时来说，英国的劳工组织同法国一样，还是在国家权威外部进行正式协商的过程。

在德国,立法在前,协商在后。劳工参加每一个负责全部产业关系的部门委员会,这种共同决策制度在所有国家是非常独特的。尤其是在国家能在多大程度上认可劳动组织参与国家这个问题上,德国与其他国家不同。共同决策的结果,正如斯皮洛所显示,是限制实业界的家长主义,同时鼓励不同的联合会之间进行合作。⑫总的来说,在其影响下,阶级冲突取决于一套使其更加温和的规则制度。正如达伦多夫注意到的,包含在共同决策中的这种制度创造了一种和谐的感觉,"矛盾和紧张的概念被不计代价地避免。"⑬"对综合体的怀旧",因为比德意志帝国的家长制更可取,导致劳工比实业界更强烈地支持授予特权式的安排,这一点同英国的情况相同。社会民主党重复了一战的经验,又一次使资本主义制度运作起来。

如果无法达成私下的协商,那会发生什么呢?可以从这一角度来理解美国的情形。在创立授予特权的国家之前,美国劳工联盟(AFL)内部就是以授予特权式的原则运作的。一位历史学家写道:"联盟把实在领域和想象领域都分配给了国际组织,这是不可侵犯的。因此,国际机械师联合会对所有的机械师都拥有权力,不管工会实际上有没有代表他们,或者他们的部门没有工会,或是他们再建一个工会或干脆就不要工会。"⑭具有讽刺意味的是,为了进入授予特权的国家,私有特权必须被取消,这必然意味着美国劳工联盟的狭窄的技术基础为了工业联合主义而改变。由于授予特权的国家的目的就在于顺利地解决阶级冲突,大型的劳工组织而不是较小的劳工组织必须被代表,哪怕只由一小部分领导来代表。所以,参与新的解决办法扩大了并民主化了劳工在公共事务中的角色。

对美国劳工最初融入国家的历史进行回顾似乎给人一种熟悉的感觉。按照全国工业复兴法（NIRA）的第七款（a）部分，全国劳工局在发生阶级冲突时有权进行干预，以使各方可以和平地解决分歧。不只是雇主们，工会领导们也拥护和谐国家的意识形态，所以他们尽可能不运用国家机器。美国劳工联盟在1923年称："工业必须把自己组织起来管理自己，给自己下任务，定规矩，进行自我整顿。"⑱对全国复兴局的首次考验是在宾夕法尼亚州的雷丁进行的伯克郡编织工人罢工。它使国家小角色办法得到了杰出的证明，可与古根海姆-巴鲁奇铜矿协议、马提尼翁和英国工资限定协议相媲美。所有各方都是自愿合作，因为其本身利益指向就在这儿，协议达成了，并且也为雇主方和雇工方接受。国家扮演了中间人的角色，强制根本没有必要。但正如反动的实业家们使巴鲁奇的工业合作委员会的自愿性质有所降低，迫使政府在战时工业局中扮演强制的角色，像威尔顿钢铁公司和巴德制造公司这样的公司也断然傲慢地拒绝与全国劳工局（NLB）做交易。他们如此轻易地进行挑战使自愿的性质受到怀疑，而当罗斯福总统似乎支持汽车工业中雇主们的挑战时，国内就爆发了严重的罢工潮。这里真的存在一个问题：建立一套国家机器，能够迫使（不仅是建议）人们忠于经集体协商所达成的一致。对于实业界来说，积极国家并非产生于聪明的计划，而是因为其他机制没有能控制阶级内部和阶级之间的冲突。由行政命令和1935年瓦格纳法共同作用，战时工业局的类似物，一个不单有建议权的实体，在这里变成全国劳工关系局，它使组织起来的劳工成为授予特权的国家中次要的成员。国家冲进了一个私人方面害怕或不敢踏入的领域。

农业和劳工的加入使授予特权的国家的基础比较稳固,故在所有资本主义社会授予特权的国家历史性地成为同一原则——把国家权力委托给垄断私人组织——在其他生活领域的重复性扩张;例如,在美国,退伍军人的事务转给了美国军团(与英国对退伍军人事务的处理方法很相似)。⑱住房被交给了真正的地产界;航空事务完全交给了航空公司。洛伊对商业部、劳动部和农业部的描述记录了政府性质的这一转变的最后结果;他们"不是做管理工作的机构,只是以一种边缘性的方式进行。他们现在和从前都只是作为代表机构。换言之,他们建立起来不是让他们做管理工作,而是被管理"。⑲正如德·托克维尔所言,美国人发现只有一件事比开始一场战争更难,那就是停止一场战争,⑳授予私人集团国家权力的做法一旦开始,就像怀俄明州的森林大火一样蔓延。除了已经提到的这个案例,也可以从国会允许全国枪支协会分发多余的军队弹药这件事上看出授予特权的国家在发挥作用。酒吧协会和医药协会拥有公共职能,甚至禁止虐待动物协会于 1974 年在纽约市受到了攻击,因为它为了私人目的滥用其公共权力。在健康领域,西尔维娅·劳及其同事的最近成果显示,复杂的财政安排成为一道烟幕,烟幕后面则是一个私人组织"蓝十字"确立了整个联邦健康体制的形式。㉑给电影分级、评估食品营养、检查商业广告、训练基督教和犹太教的青年男女、"保护"业余运动员、检查道德文明、组织游行、维护图书馆、维持专业标准、保护历史文物建筑——这些都由掌握公共权力的私人机构来完成。最奇怪且奇怪到几乎要违反信念的是,甚至国家本身都寻求成为国家的一部分。军队部门,尽管已是国家的一部分,支持建立私人游说联合会(海军同盟、空军协会、陆军协会)以谋求用公共权力来支持这一部分国家机构。[⑤]当这些组织为自己的兵种游说资金时,他们就声称自己是私有的,而当他们驾驶各兵种的车辆,管理各兵种事务时,他们就保持缄默。从这一点上来说,国家不但不是一直在获得权力,而是正在迅速地失去权力;人们不禁怀疑还有没有剩余的未分配的权力。

也许授予特权的国家的原则在美国比在其他地方运用更远。然而这里所描述的总的结构或多或少具有本章所讨论的每个国家政治运作的特征。尽管每个国家都有自己独特的历史传统,授予特权的国家中所包含的解决途径对资本主义生产模式来说却是一个过于方便的答案,不可能被长期忽视。公私之间有意的混淆、委托权力的使用、协商与委托主义、为消弭不满的扩张授予特权式安排——所有这些在战后成为下列国家政治体制的明显特征:法国、意大利、英国、德国以及荷兰、奥地利(那里有一套叫比例代表制的体制,[⑥]每个大的利益集团都被保证有一定比例的代表参加所有的公共委员会,这一体制使授予特权的国家的理论得出精确的结论)和加拿大。这种安排受欢迎的程度还可以在下面的例子中进一步体现:意大利的实验如国家碳氢化合物公司(ENI)和工业复兴公司(IRI)这些在管理和责任方面的公私混合体明显地为英国的工业重建公司、法国的公共发展局、加拿大的发展公司、澳大利亚的工业发展公司、瑞典的 Statsforetag、西德控股的 VIAG 公司所效仿。[⑥]它为什么这么这么有吸引力? 在某种意义上讲是因为没有其他的选择。20 世纪资本主义社会的政治生活受到下层要求的压力,只能变得民主,面对着这种现实,授予特权的国家似乎是最不违背资本主义和自由原则的解决办法了。所以授予特权的国家成为资本主义国家的首选形式,它客观地承认了本章导论中所讨论的自由原则和民主原则之间的矛盾。曾经存在于社会中但不是政府中的矛盾现在在社会和国家中都出现了。从这时起,国家不但从事其传统的积累职能,而且积极地从事真正的合法化的过程。国家现在既不能被看作真正民主的实现,也不能被视为19世纪社会主义的理论所说的简单的阶级国家,而应该被理解为两者的结合,而其具体情形下的结合和比例则成为所有问题中最重要的问题。

第五章 授予特权的国家的运作

> "从政治上讲,除非在战争情况下,资本主义民主似乎不可能组织足够完成这个宏伟实验的经费,可以证明我的论点。"
>
> ——约翰·梅纳德·凯恩斯(1940)

> "在座的每个人都有私人利益,一些人是公司的董事,一些人的财产可能会受到正在通过的立法的影响,如此等等……我们不是一群没有任何私利、任何关系的绅士在这里集会。若是那样,就太可笑了。那可能在天堂才会发生,但令人庆幸的是,不是在这儿。"
>
> ——温斯顿·丘吉尔爵士在英国议会下院的讲话(1947)

> "公私部门的分界已经变得不确定了。"
>
> ——安德烈·塞格弗里德:《从法兰西第三共和国
>
> 到第四共和国》(1956)

也许除了人的身体机能这一唯一例外,别无其它的人类体验能比商业机构为描述国家提供更多的比喻。如果说费迪南德·拉萨尔的"守夜人"对应的是竞争资本主义时代,而把国家比作巨型托拉斯对应的是经济集中时期("托拉斯最完美的形式是国家",[①]

一个美国改革家在 1895 年这样说），那么 20 世纪授予特权的实业运作在私有领域的广泛盛行对公众产生了影响便不足为奇了。加油站、获经销特许权的汽车商、快餐汉堡店已经成为组织公众力量的典型。以下是授予特权实业运作在其组织上的特点：具备一个保留决策权的中心权威机构；其权力的一部分转交给分支机构，分支机构根据中心权威机构的规定并以之为名义行使权力；每个分支机构按等级组织，其经理是唯一与中心总部保持联系的人，他向下级传达命令，这些命令应当是统一规范的，但是也允许有明文规定的或非正式的局部变动；在权限问题上，经理们的意见分歧应在他们之间解决，仅在陷入无法解决的僵局时才诉诸中心权威机构；最后，整个组织的目的是为了（以一定价格）生产统一的产品，质量一般不是很高，产品销售让处于实业运作组织最高层的人们获利丰厚，让处于最底层的人们成为更加被动的消费者，并支撑起处于中间的庞大的官僚机构，尽管如此，大多数消费者仍然认为该产品价格便宜。所有以上这些特点，都已成为 20 世纪资本主义国家的特点，只是程度强弱不同，地区与地区之间有别。

委托和双重偏袒

授予特权的国家的第一个重要特点——具体体现在美国国家复兴法、英国联合政府时期的立法、法兰西第四共和国以及战后西德的基本法——是中心总部把公共权利实际委托给半私有组织。那么何时进行权力的委托应由什么决定呢？显然不是每个人提出申请就能被接受，否则这种解决之道就毫无意义了。为了搞清楚在授予特权的国家哪些人具有参政资格,我们必须首先来看看哪些人没有参政资格。新政时期为我们提供了一个例子,当时,自由官僚主义者力图解决农村贫困问题,这一问题在约翰·斯坦贝克、詹姆斯·艾吉以及沃克·埃文斯笔下曾有十分生动的描述。在导致农业安全署建立的1937年班克黑德-琼斯农业租佃权法中,产生了授予特权的国家的所有标志。农业安全署试图通过提供贷款,使贫农资产阶级化,成为小资本家,这样,他们就可以像大资本家邻居一样,获得自行使用公共权利的准许。农业安全署被一位作家称为"一个行之有效的政府分部",[②]可它却存在一个简单的问题:它行之有效,正因为如此,它和其它立法计划曾遭遇的结局一样,极不公平地、具有讽刺意味地并且痛苦地成为一个废计划,这是一段至今仍令人义愤填膺的历史,甚至那些因接二连三的有组织政治力量偏袒的案例而变得麻木的人们也会对此感到愤慨。已通过美国农业公署联盟成为授予特权的国家一部分的有权势的农民,发动了一场针对农业安全署的残酷斗争,其原因并不复杂,他们想独占所授予的特权。佃农们发现自己处境堪忧,正如威廉·洛伊希滕贝格所描述的:

> 农业安全署没有政治拥护者——佃农和季节农工通常没有投票权或发言权——而他们的敌人,尤其是那些需要廉价劳动力的大型农业企业和反对农业安全署并拒用佃农的南方地主却在国会有众多代表。农业安全署的反对者把对农业安全署的拨款控制得很低,以至于农业安全署从未在大范围内取得任何成绩。[③]

一个明显的教训是,不能把授予特权的国家理解为仅仅是一个法律形式;其机构建立起来相对容易,但是除非选民具有一定的有组织的经济政治力量,否则机构就毫无意义。

美国对贫困宣战提供了另一个反映在授予特权的国家规则下某个群体无法获得有效的权力委托的显著事例。1964 年,当林登·B.约翰逊决心消除贫困时,在新政时期首先推动了授予特权的国家发展的"模拟战争"再次复兴,从而再次证实了这样一个观点,即国家只有在以军国主义方式对待国内问题时,才能集中全部力量把问题解决。(在约翰逊战争十年之后,通货膨胀代替了经济失调,成为美国人民必须"战胜"的敌人。)人们可能会认为,消除贫困的简单办法就是把钱分发给穷人,和社会保障大致相似。但这样一个可被形容为简单的福利政策的办法,并不符合形成于美国的授予特权的国家的新意识形态。把国家援助直接发放给穷人——这个概念简单执行容易的办法未被采用——而是十分费力地试图通过给予穷人组织,而不是钱,使他们进入授予特权的国家政治。[④]国家试图建立起一定的先决条件,不具备这些条件就不可能在授予特权的国家参政,它们是:机构组织、领导阶层和正确的意识形态。

这一尝试彻底失败,只在一个方面除外。一项研究对洛杉矶地区贫困管理委员会的创立进行了深入调查,发现那里的穷人"没有获得左右委员会决定的权力,也未能减少公共机构对委员会支配性的影响"。[⑤]换言之,和授予特权的国家的其它地方不同,在这里,公有领域支配了私有领域。领导阶层形成起来,但是这些新的穷人代表似乎已萎缩了,是没有追随者的领导,像没有顾客光临的汉堡店。许多人被远大的期望与现实的失败搞得焦头烂额,从未能形成正确的意识形态,反因每次计划的失败变得更加激进。没有能力建立起群众组织,使之由"负责的"、理解并接受授予特权的国家运作的人领导,意味着当对贫困宣战无力进行下去时,几乎没有既得利益集团可以使特权的授予继续运作。在"贫困"部门中,一个有组织的团体便是社会工作者,这个团体从经验中受益匪浅。正如丹尼尔·P. 莫伊尼汉所说:"中产阶级职业人士——不管他们有什么种族或民族背景——当被要求想出办法改善下层社会人民的生活条件时,总是感到吃惊的,一再提出一些首先会改善中产阶级职业人士生活状况的方案。"⑥莫伊尼汉有些夸张(正如他自豪地声称的那样,自己除了私利外,没有任何兴趣,于是在别人身上也发现不了理想主义),但总体说来,他是对的:穷人仍然是穷人,而有组织的团体却拥有官僚势力。这情形就像我们没有顾客的汉堡店,供应商使它保持营业;供应商暂时是成功的,尽管他们很有权力,却不能永远和市场规律较劲。汉堡店再度因为现存的特权力量(例如城市政治"机器"),未能发展稳定的顾客,这就意味着中心权威机构最终会停止其营业。

因此,显而易见,正如 E. E. 沙特施奈德曾指出的那样,在授予特权的国家参政需要有对那些政治组织严密的团体的政策偏祖。⑦这样的团体能够集聚起可供受他们支配的资源,并通过控制这一资源,获得其认为所需的国家权力。四种资源似乎是最重要的。当然,绝对的经济力量曾经是——也仍然是——能进入政界的第一个标准。全国复兴局首席商务策划是来自通用电气公司的杰拉尔德·斯沃普,他代表了美国最大最具战略性的产业之一,而瓦尔特·拉特瑙的商业背景是与通用电气公司相当的德国通用电

第五章　授予特权的国家的运作　225

气公司,这些都绝非偶然。授予特权的国家被构想出来不单单是为了和巨头打交道,也是为了和巨头中的巨头打交道。但是,正如上一章所指出的那样,为了缓和自由主义和民主之间的紧张局面,又设立了第二个标准。人们曾经郑重其事地尝试过使工人阶级在授予特权的国家获得自己的代表。劳工不仅在最基本意义上控制了生产过程(没有工人,就不能生产任何东西),而且他们也是获得大量选票的基础,这在自由民主政治中可不是件细枝末节的小事。第三点,道德节操和意识形态上的自以为是两者相结合也可通过某种方式成为获得参政权的标准,尤其是在那些已严重政治化、却被认为是非政治性的领域。爱国协会、职业运动员组织[⑧]、宗教团体[⑨]、禁酒协会以及国民道德的卫道士,都可以在某个时期成为公共权力的行使者。最后,一个团体也可以通过控制一种稀有资源进入授予特权的国家政治。无线电波和电视信号只能穿过有限的大气层:在美国,控制穿过这一大气层的广播电视信号的特权授予了私营公司,这些特权一旦被获得,其本身就成为一种稀有资源。[⑩]电视产业一贯反对将允许更多频道存在的技术进步,那就会使有线电视这一潜力十分可观的发明,得不到充分的发展和利用,因为任何对稀有资源的入侵都会破坏特权的基础。管理天赋似乎被赋予给了那些压制发明、拒绝探索、否定才干的人,这与资本主义早期的精神特质背道而驰。

150

　　无论是什么原因——经济力量、控制选票的能力、意识形态的纯洁,或者对具有战略意义的资源的控制——刚才谈到的每个团体都有能力夺取国家权力的一部分为自己服务。但是,在这第一层偏袒后,还存在另一个阶层系统,因为当显示了自己权力的部门

226　第一篇　寻求稳定的六种答案

获得准许时,这个准许不是被整个部门获得,而只是被其内部有权势的人获得。当罗伯特·米歇尔斯提出寡头政治的铁律——即私有组织将不可避免地由少数几个处在顶层的人领导——时,他对当时社会的认识十分准确,但是正如他自己也曾想到的那样,这一认识对所有时代所有社会来说并不准确。[①]米歇尔斯意识到寡头政治竞争的原因之一是私有组织为了控制可利用的资源而互相竞争。授予特权的国家把这种竞争转化成其存在的理由。和授予特权的国家参政规则强制新的私有组织采用的僵化体制相比,米歇尔斯研究的政治体制是民主开放的典型。要么选择公正而无能,要么选择丰厚回报和寡头政治,在这样一种政治制度下,谁能说选择后者是错误的呢?授予特权的国家一个最可笑的特点不是作出哪种选择,而是不得不作出选择这一事实。

　　严格的等级制度是授予特权的国家最重要的组织原则。在意大利,这个例子有点极端却很有启发性,意大利金融协会和国家立法机关财政委员会之间的紧密联系导致了一系列规则的建立,根据这些规则,只有联盟主席可以和委员会委员长会谈,副主席则和立法机关副委员长会谈,依此类推直到最低层。[②]在权力最高层,爱好相似的人很容易辨认出彼此。国家中的精英政治在私人协会内部找到认同并使之进一步巩固,反之亦然;垄断组织的领导者发现,比起那些在组织里职位比自己低的人,他们和其他领导更有相同点。埃兹拉·苏莱曼发现法国"大联盟"的情形适用于整个西方:"因此,大联盟的成员从精英政治的气氛和公正的美名中受益;他们在行政部门、附属行政部门以及私营部门都占据了重要职位;他们构成了行政机构内外关系网的一部分,这个关系网使他们能够仲裁纠纷协调政策——所有这些意味着他们已深入地参与了决策过程。"[13]

国与国之间确有不同的是最高层相互影响所采用的形式。在法国,从企业最高层到国家最高层任职的变动往往是单向的。"*Pantouflage*"是一个专有名词,用来形容行政官员在其事业的某个时期放弃公务而把自己(和自己掌握的情报)卖给出价最高的私有企业这一过程。而在美国,相互影响是反方向的:国家直接从受其行政权限影响的社会部门征募职员。布鲁金斯机构的各种研究已证明了这种关系。一项研究针对的是 1933—1961 年这段时间,这也是最能体现授予特权的国家运作的时期。这期间,对任命的所有副部长和部长助理的全面调查发现了一个令人吃惊的事实,商人在这些年间比在哈定、柯立芝和胡佛总统任职期间获得了更高的任命;这一时期财政部所有任职者的 75% 直接来自金融以及法律界;国防部中来自大型企业的官员人数是国内部门中有类似背景官员人数的两倍;被任命到内务部和农业部(在这两个部门授予特权的国家的原则可能得到了最好的贯彻)的过程反映了私有领域统治阶层的利益,它通过来自受影响地区的国会议员得以行使;艾森豪威尔任命到商业部的 15 名高官,有 13 人是商人,两人是律师;反过来在劳工部,杜鲁门也做过同样任命,只是比例不那么显著;在国务院"招聘人员十分依赖政府内外的一群人——他们来自大学、外交政策协会、律师公司和金融机构——这群人对国际事务有着广泛积极的兴趣"。[14]一项相似甚至更为细致地对 1933 年和 1965 年之间任命的所有联邦行政官员的研究,把有关产业的一些数据进行了细分,这是前一项研究没有做到的。这项研究显示,把和防御事务相关的政府职位任命给那些为防御承包商工作的人,这一趋势在肯尼迪和约翰逊任职期间有显著的增强。此外,从受其管理的产业任命行政官员的比例也会随着刚才讨论过的委托权的四个标准而变化。产业代表最多的是被任命到经济力量强大的部门,例如财政部(到 SEC)和铁路部门(到 ICC),或者被任命到那些控制某一稀有资源的领域,例如航空公司(CAB)或交通部门(FCC)。任命到规模较小的产业(FTC)和公众极为关注的部门(FPC)的比例最小。⑩这两篇研究报告的作者没有对其数据作出总结评价,然而这些数字却明白地显示了这种在授予特权的国家开始起到重要作用的相互增强的等级关系。

有权势的个人和政府高层官员之间的连锁关系,不管始自哪方,都导致了授予特权的国家最显著的矛盾现象之一:它使公民生活更加民主,同时也更加精英化。一方面,更多的团体第一次参与国家事务,由此境遇大为改善。但是同时,人们付出的代价是决策越来越多地通过一种半秘密、非正式的方式被制订出来,所有重要细节都由观点相近的精英们制定。这种矛盾现象在法国实施规划的过程中得到了具体体现。根据它自己的夸辞,该计划被看成是民主意识形态的胜利,是对被剥夺政治权力的团体更多参与政治的呼声的回应。事实上,若能提前预料到资本主义社会本可采用如此之多的社会主义基本思想,同时还能保持相对完整,应是件困难的事。但在实施上,这个计划却有不民主的恶名。肖恩菲尔德一贯用词谨慎,也不客气地把这个计划的实施称为“一个阴谋”。他指出该计划的制订过程忽视了政客、小商人和一般民众,他这样写道:“在某些方面,20 世纪 50 年代法国规划的开发可以被认为是一种高级公务员和大型企业管理人员蓄意勾结的行为。"他接着说道，其结果是"从阴谋到规划"，对于那些认为"阴谋"一词过于强烈的人，他补充说这个词是有根据的，"因为结果取决于私有企业承认了政府官员可以个人行使相当可观的权力，这些权力可被用来影响私有企业的成败。因此，也就是完全取决于公有和私有经济力量主要中心部门之间一系列的交易。"[16]

所以授予特权的国家委托权力的过程揭示了一种双重偏袒，首先是只对某些组织的偏袒，然后是只对这些组织中某些有权势的人的偏袒。很明显，这一过程保守的实际结果是双重的：不仅是组织的领导者可能从现有决定中获得既得利益，不管其组织是什么性质（劳工领袖向来专注于现状，和许多国家的资本家领袖相比，经常是有过之而无不及），而且由非官方精英作出决策的趋势也很难和民主原则保持一致。讨论过在六个不同国家的规划经历之后，肖恩菲尔德感到最为吃惊的是由此导致的公众期待的困惑。他建议道："也许这种对实际情况的困惑，不论自觉的还是不自觉的，都来自更深的不情愿，人民不愿承认规划的某些部分和西方民主的现存体制根本不能很好地适应。"[17]同样，在对大不列颠利益集团的作用的分析中，S. E. 芬纳发现民主体制已被绕了过去："谈判所作的决定一般是一揽子交易，把更广大的公众尤其是议会排除在外。"[18]别的地方情形也是一样，毫无疑问，公众立法权力衰弱就是垄断性私有权力增强的原因之一。因此，行政机构的壮大不仅归因于纯粹的技术因素（许多技术因素更容易被用来推进民主化和立法政体），也归因于社会内部阶级力量的平衡。大型卡特尔式组织的领袖需要一个和他们自己极其相似的人构成的积极有效的官僚机构;正如爱德华·希尔斯指出的那样,完全由一群与众不同的人构成的立法机构,[19]对他们来说高度"运转不良",于是只要有可能他们就设法削弱这些立法机构的力量,这是一个常见的现象。立法机构的衰弱反映了对授予特权的国家的利用反民主的一面。

1916年美国一位左翼社团主义者写道:"于是,社会主义多少意味着行政事务向产业的延伸。"[20]他真是大错特错。在欧洲大陆,正是资本主义把官僚机构延伸到了私有公司,而在美国,则是由产业延伸到了行政机构。但无论在哪种情况下,私有领域和公共领域的精英阶层的紧密合作已发展到消除了经济界和政界的差别,而这一差别正是早期资本主义理论家努力维持的。正如马克思曾预言的一样,在一些地方,国家变成了统治阶级的执行委员会;而在其它地方,例如美国,统治阶级变成了国家的执行委员会。但是在两种情况下,国家和统治阶级都越来越脱离人民,而没有人民的忠诚,就不可能有什么国家或者统治阶级,这正是授予特权的国家委托权力的方式所包含的双重偏袒导致的最终结果。

把家务管好

在被问及为什么要任命一个恰好是新泽西美孚石油公司的职员担任国防部重要的石油后勤部将军时,德怀特·D.艾森豪威尔似乎知道自己做的事情尽管完全合法,却很不合情理,他这样为自己辩护:"雇用一个对石油生意知之甚少的人来当顾问是毫无用处的。他必须来自石油产业。"[21](旁白:授予特权的国家衰落的一个

第五章　授予特权的国家的运作　231

标志是当福特总统设法做大致相同的事情,任命一个从石油公司获得"额外报酬"的人担任联邦能源部部长时,他的境遇与艾森豪威尔不同,他的提名遭到了强烈反对而未能通过。)类似这样的例子,加上委托公共权力所包含的双重偏袒,共同揭示了一个受益于新政策的精英阶层的存在,但又不能说明这些益处到底是什么。为什么不同的部门都想参与授予特权的国家政治呢? 参政能带来什么利益和不利呢? 我们应坚决避免简单的回答,因为授予特权的国家既不是私人团体提高地位的安全港(许多力量雄厚的团体反对建立授予特权的国家,拒绝参与其中),也不是公民义务彻底的胜利。相反,最好的办法是把授予特权的国家建立并扩展的过程看成是一个交易,每一方都从中获得了自己需要的东西,但是也放弃了一些本愿交换获得的东西。尽管这项交易的具体条款在不同地点不同时间会有所变化,但是总的来说,其条款可被解释为以故弄玄虚换取自我管理。除了极其个别的情况,私有部门通过进入授予特权的国家谋求到了独立自治,使其不受政府从而也就是公众的控制。但是,这种自治不可能维持,因为授予特权的国家需要其组成部分之间互相依赖。在一个互相依赖的时代大力推行独立自治,导致了一系列的故弄玄虚和混乱状态,而由此导致种种期待和猜测上的混乱,结果倒成为参政所能获得的主要益处。为了回报这一收益,每个新加入者都会保证,用形容授予特权的国家最流行的比喻来说,"把家务管好"②,他们会根据一定的协议标准管理自己。首先是根据条款实行自我管理,然后才是从故弄玄虚中受益,考察这一现象会对了解授予特权的国家的日常运作有更多启发。

232　第一篇　寻求稳定的六种答案

　　自我调节有不同形式。要带着虔诚念出最关键的口令,方能进入授予特权的国家,这一口令即"责任",以此来确保自我调节是正当的这一暧昧特质。在授予特权的国家商业构成内部,"责任"这个词的历史起源于第一次世界大战期间实业统治阶层内部爆发的冲突。一般而言,最大的资本家是那些拥有最大的阶级利益和最先预见到合作需要的人,他们带头谴责那些只顾眼前最大限度追逐私利的行为,这是那些眼界狭隘的同行们的特点。在大小资本家永恒的斗争中,前者往往用责任和"成熟"为自己的行为辩护,把明显暗示留给了后者。对短期商业行为的攻击几乎没有哪个社会学家比拉特瑙更猛烈了,然而在意大利,小型企业团体和"意大利工业总同盟"的大型企业之间的辩论经常是刻薄恶毒的。另外一个具有讽刺意味的事实是意大利最大的资本家们,像菲亚特蒙特坎提尼公司的代表,甚至认为"意大利工业总同盟"过于狭隘,不对他们的口味;菲亚特的领导根本不通过中间机构直接去找政府,除非中间机构能为他们提供方便。㉒在法国,这种斗争经常体现在"法国全国雇员联合会"(CNPF)和"中小企业总同盟"之间;在对一项国民收入政策的辩论中,后者带头重申反对国家干预经济,而前者却犹豫不决。㉓因此,在法国规划中常有"好""坏"垄断者之分,管理国民经济只期望前者参与。㉔在美国类似的区分也十分常见,据此,责任变成了"理智的"垄断行为的代名词与"不理智的"垄断行为相对,并由美国最高法院在对谢尔曼反托拉斯法㉕的阐释中明文昭示。这一术语是由全国公民联盟(National Civil Federation)提出的,该机构拥护通过最后成为联邦贸易委员会法㉖的赫本法案,对推行长期企业规划起到了主要作用。好坏商业行为之

第五章 授予特权的国家的运作 233

间的区别来自于阶级内部斗争，这一事实说明当观察者谈及那些
"高尚的"公司，或在最近的研究中，谈及"成为政府臂膀"⑱的"成
熟公司"时，他们描述的不是什么优秀品质或良好教养，而是最大
型公司商业运作的逐步合理化。

尽管理智和不理智商业行为的区别究其根本是意识形态上
的，代表了致力于建设与授予特权的国家相反的和谐的国家，但
是，自我调节已在工业和政治领域对实际决策产生了影响。价格
议定、公共关系、工会联合实施工作保障、宣誓关注社区事务，这些
已基本上取代了虚报价格、明目张胆的欺骗消费者、野蛮剥削的工
作条件以及掠夺性的矿产开采。自然也有例外；当涉及到社会最
贫困区域，那些没有融入授予特权的国家的区域——例如伦敦南
部大英帝国难民居住的大片地区，巴黎地区临时搭建的简陋棚户
区、农村贫困地区和城市贫民窟——老式商业行为仍然是日常生
活一个特点。但是，在那些被定义为授予特权的国家一部分的
组织内部，商业行为已经有了重大变化。

商业部门努力改变自己的政治策略作为参与决策的代价。意 156
大利人称为"小信封"(la busterella)的这个词，是贿赂和腐败的统
称，其本质已有了转变。正如我在第二章所指出的，贿赂是和谐国
家一个十分重要的方面，因为当缺少明确的标准来判定谁是公众
慷慨的受益人时，非官方的标准就会很快出现。贿赂很有趣地预
示了20世纪的解决方案，因为通过行贿，资本家收买了国家的一
部分（例如个别立法者）使之为自己服务。

授予特权的国家的发展即使没有改变腐败行为，也改变了腐
败理论。首先，公然行贿本应减少，因为它已成为公共政策议程的

一部分。当事人和代理者之间的行政管理和谈判商讨起到了在许多和谐的国家中由贿赂起到的作用：选择买卖特权，管理向国家申诉的原告"市场"，验定对良好服务的奖赏。佛蒙特州参议员艾肯曾声称，结束越南战争只需宣布战争结束并撤离就可以了，按照他的办法，贿赂也只需保持原有行为而使之合法化，就可以从理论上被消除了。强大的既得利益集团已被准予控制一部分国家，就不必再去收买。于是，集团首脑们便可以谴责贿赂，说那是过去的事，取而代之的是更加文雅的活动和行为，例如提供资助款、津贴、债券或进行竞选资助等。但理论和实践从来不会相符，在这个例子中自然也不会。尽管非法行贿的表面原因已被消除，需要政府服务的广阔市场仍然使违规行事无比诱人。1972 年 9 月法国的阿兰达事件表明，在分摊承包合同时，戴高乐主义一派的官员很不适宜地发挥出了最佳水平。同年奶业生产者联合会对理查德·尼克松竞选的捐助也违反了已经很低的对此类捐献的合法标准。有趣的是，在两个例子中，没有一个是"必要的"。也许，两例中涉及的私有领域和公有领域的官员原本都会获得他们所要的东西，如果他们多些耐心，少点贪婪的话。但是由于遵守自由市场规则受到称赞，同样也被忽视，遵守需要国家服务的自由市场规则也一样会在私利受到威胁时被忽视。贿赂和腐败仍然继续在政府中盛行，尽管代替它们的合法行为已被接受。

从竞争资本主义到垄断资本主义的转变也改变了立法机构。老式的议会是亨利·亚当斯在《民主》中描述的那种，以"见不得人的卑劣阴谋"⑩为特点。它好比一个集市，具有各自的立法者、委员会、供出价最高者购买的法律以及购买者之间激烈并往往残忍

第五章 授予特权的国家的运作 235

的竞争。在更现代的条件下,正如垄断者控制并"驯服"市场竞争,立法事务也变得合理化、简单化,于是立法的买卖双方便可在一种确定、互利的气氛下举行会谈。在意大利,立法委员会经常在"sede deliberante"(意即能够直接在委员会内通过法律,不需要递交更高立法机构)私下集会,拉帕隆巴拉认为这一制度为私有组织自由行事提供了"大量的机会"[③]。在第四共和国时期,国民议会教育委员会大部分委员是教师和牧师;健康委员会一半由从事医疗的人构成;农业委员会 44 位委员中的 38 位来自农村;饮料委员会 18 名委员中 13 名来自葡萄种植地区,等等。[③]美国众议院的农业委员会不仅几乎完全来自农村地区,而且每个农产品小组委员会往往也是由为相关具体产品生产商代言的人主持。[③]立法买卖关系更加合理化的另一例子是特别委员,他为某一特殊利益代言,同时在立法机构供职,这样就省去了为该行业雇用说客的麻烦。有了皮埃尔·安德烈(钢铁),马塞尔·安东尼奥兹(旅馆和酒吧)和安德烈·利奥泰(葡萄酒)这些人,[③]第四共和国把这一模式加以完善,成为了一种艺术。在美国,一位参议员兼四年一届的总统候选人被称为"来自波音公司的参议员",因为他与这一特殊行业有着密切联系。[③]在授予特权的国家的巅峰时期,一位美国记者曾提到在美国参议院内部存在着一个由有权势的人组成的"俱乐部"[⑤],这种情况也是法国国民议会的特点。[⑥]这也是授予特权的国家政治的一部分,因为这些"内部人士"的资历无一例外归功于其席位的稳固,而这又在很大程度上得益于他们与地方重要私有利益集团建立起来的良好关系。俱乐部绅士作风的特点(盛气凌人的参议员即使拥有正确的政治策略,也永远不可能成为其会员)反映了在私有领域君子协定已取代了侵略性竞争。进一步说,授予特权的国家和"俱乐部"一同消失;当发现前者不够健全的时候(60年代中期的美国),后者也变得不再重要。

随着立法机构变得更加"商业化",商人们便会轻视贿买选民的行为,而在政治行为上表现出同样的负责和成熟。这不仅使进一步的自我管理变得不那么迫切,也推动了 V. O. 基曾生动描述过的过程。他说:"大型企业最大的政治胜利是生产了一种有利于、或至少容忍大型企业的政治观点,和早期占主导地位的极其敌视垄断和托拉斯的态度形成了对比。"⑩自我管理是为此付出的一个很小的代价。

凡是对商业有利的,对那些已赢取政府一部分为己所用的其它部门也是有利的。当授予特权的国家通过议会以外进行的谈判接受工人代表时,这在授予特权的国家才能成为常规的行为已经被付诸实践,因为被允许谈判的工会领袖不仅是精英而且往往来自较为保守的、最有可能被认为负责任的工会。正如责任意味着特大型公司的行为,在工会界,负责的工会是那些对商业意识形态最为认可,从而对维护他们将被允许进入的一系列政治决策最为关切的工会。⑪只有此类工会的领袖能被委托自我调节这一棘手的任务。劳工必须肃清自己"不负责"的行为,包括未经工会允许的罢工、不同政见组织和无耻诈骗。美国的经历是体现这种"肃清"过程最完整的版本。

在围绕导致引入自我管理的瓦格纳法展开的辩论中,自我调节对于美国劳工将会意味着什么首次露出了迹象。当参议员瓦格纳第一次介绍他的议案后,罗斯福总统并不喜欢它,希望国会马上休会,要求通过第 44 号公共决议。这一妥协给了总统在必要时建立劳工事务委员会的权力。他的理由是,由于瓦格纳的议案引起强烈争议,必须被延迟,但是由于当时一场钢铁工人全体大罢工正在如火如荼地进行,第 44 号公共决议可以使他解决罢工而又避免让广大劳工获得突破性进展。但是在通过之前,罗斯福坚持美国劳工联盟的领袖威廉·格林压制住钢铁工人罢工,格林答应照办,在美国劳工联盟上大肆攻击这次罢工,煽动性地动摇了罢工的支柱。正如欧文·伯恩斯坦所说,由于他的行为,"铁钢锡工人组织联盟内部的一次民众运动被彻底击败了。"[38] 这句话的含义既模糊又明确:工人参与授予特权的国家的代价是成熟,亦即意味着不能再有未经工会允许的行为。当然在瓦格纳法之后,自发的民众运动并没有消失,正如粗鄙的商业行为和商人的右翼个人主义也没有消失一样,但是现在对其进行劝阻已被认为是正当立场且理由充足。

劳工还要以清除有组织的持不同政见者为己任,因为用美国社会特殊的行话来说,坚信社会变革一般会被认作不负责任。把共产主义者从工业组织大会中清除出去最有趣的一面是它不是一个国家镇压的例子;相反,是工会领袖们亲自发起了这场运动。在 1949 年工业组织大会的会议上,虽没有明显的国家帮助(不过有它的默许),电力工人联盟被驱逐,共产党党员被禁止担任公职,并且通过了一项宪法修正案,允许以后驱逐共产党占多数的工会[39]。问题是为什么工人领袖要在这时自我整顿,而以前他们却是十分乐意让共产党组织国家一些最难的产业?很明显,答案是劳工参与授予特权的国家的政治地位已不再稳固。第二次世界大战后,保守的国会议员曾试图重新发挥瓦格纳法的影响。马虎起草的1947年塔夫脱-哈特利法并不严密,但是它明显的意图反映了"对由工会代表劳方集体进行的劳资谈判的偏见",这"可能被不理智地用以限制工会行动".① 不像商界,参政权一旦稳固,就不再受到怀疑,作为初级参与者的劳工,必须不断证明自己是负责任的。在一个疯狂反共的时期,对左翼的清洗就是向政府作出姿态,表面工党领袖会管好自己的事,于是劳工仍可是授予特权的国家的成员。在国际工人兄弟会(由卡车司机、汽车司机、仓库工人和佣工组成)快速发展中体现的"商业"联合主义的回归,尽管发生了罗伯特·肯尼迪对詹姆斯·霍法的仇杀,仍然得到了政府的鼓励。此后再没有什么严重的企图把工会组织从授予特权的国家驱逐出去。

　　跟一般活动和有组织的发表异议这些问题相比,诈骗问题显得更加复杂和不明确。谴责非法暴力是美国人普遍认可的,像商业正在抑制采用警戒行动一样,人们也希望劳工能够颂扬这种净化理念。进行自我调节的努力并未停止,例如,戴维·杜宾斯基开展活动,力使众人都知道美国劳工联盟正在谴责诈骗,这也是他为了使国际妇女服装工人联合会返回美国劳工联盟所付出的代价之一。在1940年5月召开的大会上,戴维·杜宾斯基提出了自己的议案,该议案包含自我调节的所有组成部分:被指控道德沦丧的官员的免职;作为成为美国劳工联合会成员条件的纪律程序的制定;调查和公开的规定。② 驱逐共产党员比驱逐罪犯显得还要容易,戴维·杜宾斯基的议案被彻底地击败,取而代之的是另外一项不会遭报怨的议案,在大会获得通过。为什么? 部分原因是美国的强大经济利益可以从诈骗中捞取油水:它把共产党员拒之门外,组织混乱的劳动力市场,通过恫吓控制普通民众的不满,并鼓励保守的商业联合主义。㉝在这个事例中,自我调节的失败导致了积极的国家干预。基福弗委员会(1951)、麦克利兰委员会(1959-1960)、兰德勒-格里芬法(1959)和有组织刑事控制法(1970)正式地免除了工会的自我调节,随即而来的便是对诈骗问题进行直接的政府控制。然而,大部分这些意见听取会和法律只是形同虚设;有组织的犯罪活动继续成为工会生活的一个积极部分,毕竟它起的作用太大了。

自我调节就像讨价还价,它追求的目标是自治,即每一个部门在尽可能少的国家干预下追求实现自己目的的自由度。但一开始寻求自治的时候就存在一个问题;因为授予特权的国家导致了不断制定官僚规则,它也会把自己拓展到诸如劳资谈判等新领域,所以在它的原则下,社会的相互依赖程度会增加,而不是相互独立的程度会增加。如果对自治的四处寻找要求我们进一步加强合作和寻求共同利益,那么自治还会是一个现实目标吗?只有一种可能——除非在政治领域发生混乱,以至于私利可以在相互妥协和不明确的不良气氛中获取。在相互依赖的形势下寻求自治产生了三种混乱,他们业已成为授予特权的国家政治蓝图的三种主要特征:公有与私有界限的模糊;资本主义与非资本主义界定的模糊;最后一个是公共利益与私人利益界限的模糊。

正像任何一位研究过发达资本主义社会政治的作家都会总结的那样,公有和私有领域的混乱是 20 世纪政府和商业关系的一个主要特征。牵扯到公共利益的事情,却由参与的私人公司进行直接控制,这已屡见不鲜。农业便是最极端的例子,因为所有被考察的五个国家二战后都创立了新的官僚机构,其中,私有土地利益可

240 第一篇 寻求稳定的六种答案

以在遭遇很少阻力甚至没有阻力的情况下参与包括价格、分配、开发、贮藏、运输和盈余的决策。曾被格兰特·麦康内尔认真研究过的美国农业公署联盟就是一个典型的例子[44]。没有桥梁、公路和其他诸如此类的基础设施,农民就无法把他们收获的粮食运进城市,也就是在这些地区,公共决策被私有集团支配的现象显得尤甚。在法国,"桥梁与道路交通行会"在 18 和 19 世纪曾是一些公共行政官员的坚盾堡垒,他们不会把自己的特权让渡给私有利益的代表,[45]而从那以后,"桥梁与道路交通行会"、"煤矿协会"和"土木工程协会"一道都成了私人集团能够施加影响的官僚机构的一部分[46],其方式极像美国陆军工兵团所采取的那样。[47]在英国,郡议会协会、市政当局协会、住房与地方政府部的联系使私有和公有利益有了紧密的合作。[48]据一位作家描述,西德的利益集团可能比其他任何资本主义民主国家都要多,他们当中有很多既非私有也非公有,而是介于两者之间。[49]在研究"公共"管理时,对私有团体的涉猎也是很有必要的。

意外敛财和由之而带来的权力向私有机构不自然的延伸足以引起愤怒,但与此同时,另一种结果也应运而生,它比私有公司凭借拥有公共决策权而收到的短期利益要重要得多。亨利·埃尔曼总结了对法国有组织的商业活动所作的详尽考察,他写道:"实际上,有组织的利益已不仅仅在政府的众多部门找到代理,他们表面上摆出一副保护公共利益的样子,实际上却企图在用自己的活动来替代政府。国家和社会之间的界限经常消失。"[50]这种界限消失的重要性很难被夸大,因为正是这种界限的存在才形成了对自由民主思想的辩护。生活中的一些领域是私人"权利"的一部分,不允许任何公共权力的干涉；其他领域则属于公共利益的一部分，人们通过行使自己手中的公共权力来对他们进行控制。一旦界限遭到废止，"公共利益"就很难有任何意义，除此之外，属于私人自由的领域也会被破坏殆尽。换句话说，授予特权的国家政策制定的不准确性和临时性，造成了公共和私有之间的人为混乱，这种混乱又会产生一种迷惑，而这种迷惑则破坏了促使授予特权的国家形成的意识形态。人们以为能够解决自由主义和民主之间矛盾的方法最终反而会导致二者的丧失。

荒谬的是，以责任的增加而引以为豪的政治安排由于自身产生的混乱实际上却助长了不负责任。公共与私有之间的模糊意味着，在方便时，一般当有最大的利益可图时，授予特权的国家的某个部门可以声称自己只是一个正在从事商业活动的私有组织。其他时候，尤其当失败发生需要澄清责任时，该部门就会摇身一变，呈现公有的特征。例子不胜枚举，有两个例子表明了参与授予特权的国家的两面性质。一个极端的例子是，1953 年美国石油公司的主要代表沙利文和克伦威尔公司的一名律师阿瑟·H.迪安拒绝为政府反托拉斯调查提供材料。⑤即使政府坚持要求得到这些材料，该律师却说，石油公司决定不透露信息，因为其中涉及到国家安全问题。另一个极端例子是，一家私有组织曾声称，自己比国家还要清楚国家的最大利益是什么。我们又想到 1973－1974 年的那场所谓"能源危机"，当时，公共官员无法获取关于私有公司对外供应能源的资料，因为私有公司认为他们是私人的，资料也理所当然归他们自己所有。但另一方面，在适合和有必要的时候，某些集团又会获取公有地位。一家公司一旦具备公有的特征，那么对

242　第一篇　寻求稳定的六种答案

它的罢工就转变成对国家的罢工,对那些文明人来说,这样的罢工是他们所不能容忍的。休·约翰逊将军在一些主要行政官员的支持下,曾这样诠释国家复兴法,他说任何针对已接受国家复兴法的企业的罢工都是非法的。[⑰]罗伯特·恩格勒对石油业的阐述在授予特权的国家普遍适用,他说:"国家的最大工业在每一个方面都在越来越多地呈现公有性,而在关系到责任和获取利润方面则不然。"[⑱]公共和私有之间的混乱以及由之产生的不负责任势必会对公众态度与合法性问题产生影响。这一点我会在第八章加以讨论。

在相互依赖的形势下寻找自治产生了另一种混乱,即市场规律停止运作。这听起来很不寻常,因为从授予特权的国家中受益的商业公司本来应该非常赞成市场规律。但换个角度来说,资本家一般非常憎恶竞争资本主义,他们会带头破坏它。对商人来说,授予特权的国家的一个很大优点是它允许他们成为没有沾带丁点儿资本主义不利因素的资本家。特别是,授予特权的国家使参与的企业省去了五个过程,这五个过程过去曾被认为是竞争资本主义经济必不可少的。它们是:承担风险、资本积累、利润获取、价格竞争以及使工人进行生产的物质条件的复制。承担风险的反面是计划,过去大商人曾认为这个概念非常可怕,而现在它已成为人们日常生活的一部分。[⑲]作为一种活动,计划在欧洲舞台已展露多年,它甚至已向自由放任自由主义的最后一块堡垒美国发展,包括它的私有领域(公司计划)和公有领域(预测、税收政策、金融管理、联邦货币本位)。计划的受欢迎程度不同,在美国和西德人们对它相当冷淡;在法国则比较受欢迎。但肯定的是,在所有发达资本主义国家,把不受约束的冒险活动视作商业活动主要动力的观点已急剧减少。授予特权的国家强制施加的秩序和合法化取代了商业冒险。

其他竞争活动的遭遇也和承担风险活动一样。资本积累,作为资本主义存在的历史原因,越来越成为一种政府功能。国家有卷入资本积累过程的倾向,这种倾向的结果便是授予特权的国家的消亡,因此,我们将在本章的后面部分对这个过程进行充分探讨。我们再来谈第三种趋势。尽管创造利润仍是商业公司的一个中心活动,即在很多情况下,对资产负债表最后一行的最准确描述应该是"接受利润"。公有公司应该以获取利润作为其存在的理由,但他们不是通过自己的活动"创造"利润;在很多情况下,国家给公司提供完全的利润保证,当他们陷入困境时,国家会给予他们补偿。美国发生了一个极其奇怪的事例,体现了上面这种倾向。依据法律规定,美国海军部把自己开采的原油出售给出价最高的私人竞标者,然后再以市场价格购回这些石油——一个令人难以置信的过程,在此过程中,虽然没有公司活动,但他们的利润已经通过纳税人纳税得到保证,这就是最能说明"接受利润"是什么意思的一个非常生动的事例。[4]第四,授予特权的国家的一系列经济举措压制了价格竞争。垄断资本主义对社会竞争十分纵容,然而对价格竞争,它却加以排斥;对价格竞争的排斥达到了对社会竞争纵容的程度。还有,政府的举措几乎永远只使最大的商业公司受益。正像安德鲁·肖恩菲尔德说的那样,"毋庸置疑,像在法国付诸实践的计划活动增加了大规模商业对经济政策的系统影响。"[5]正如默里·韦登鲍姆所揭示的那样,在美国,国防系统中大量防卫

244　第一篇　寻求稳定的六种答案

合同的订立使该领域内的最大公司捞得很多油水。[57]尽管有反托拉斯法的存在,但授予特权的国家的举措却实际上在鼓励纵容垄断,因此也就限制了价格竞争。最后,允许工人工作的条件越来越多地得到公共权威机构的保证;教育、失业保险、公共住房和医疗保险过去都曾是属于私人性质的,是工人自己的事,是私人慈善机构的事,或是家长式的商人心血来潮时所做的事。

　　合法化、标准化和私人地位提升的一般过程是授予特权的国家所有参与者的一个共同特点,而不仅仅是商业的一个特征。凭借自己是授予特权的国家成员的资格,农业避免了生产的过剩(唯一的危险是低利润),同时,它获得了公共财富的使用权,并专门为那些最大的农场主谋取私利。在一个又一个国家的资本主义生活当中,没有其他领域比农业更忽视市场规律。农业政策变成了依赖政府支出但却以提供私人利润为动机的宏大计划。工会也期望得到授予特权的国家的帮助以挫败那些对最大工会的支配地位提出的挑战;与工业集中相并行的是垄断性工会的增长,他们从政府为了维持对劳资谈判的霸权而采取的一系列举动中受益。因为工业的垄断缓和了对商品的市场影响,所以同业工会的集中控制了劳动力市场,尤其是经济的垄断部门中的劳动力市场。在参与授予特权的国家的那些经济领域里存在一个受到控制和限制的劳动力市场,它以规范化和可预测性为特点。在那些没有获准进入授予特权的国家的领域,劳动力市场处于竞争和无政府状态。因此,一些经济学家所宣称的"双重劳动力市场"[58]要想长久存在下去,就要依赖于授予特权的国家的参与规则。

　　总的来说,跟往常一样,商业在授予特权的国家中最重要的政治效果就是助长了排他性——一个部门内部的最大集团决定本部门组织的权利。如果这种排他性内在地与关于资本主义的传统观念相抵触，这只是必须伴随的矛盾之一。正是这种排他性而不是其他特点反映出对让·巴蒂斯特·科尔贝经济改革时期法国和伊丽莎白一世当政时期英国的眷念；沃尔特·亚当斯曾把美国国防工业中的政府承包描述为"半政府性质的商业活动，它靠'皇家'特权来维持自己的特权地位"。[⑩]我们进入一个通过外部保证而获得内部自治的世界，这种不稳定状况最后将不得不崩溃而实际上也已经崩溃。产生这种解决办法的条件立即开始破坏自身的存在；为了维护资本主义而精心建立的制度否定了除私利以外的其他所有逻辑。

自治和相互依赖的矛盾是授予特权的国家的一个特点，这种矛盾的最终结果便是人们迄今为止广泛谈论的观点，即国家活动取得了公共控制的外表和形式而非本质。[⑩]结果，授予特权的国家作为管理的替代物开始运作，而且相当有效。当不端行为曝光之后，授予特权的国家所有参与者的传统反应就是指出产业内部已经存在解决问题的机制。1933 年在美国创建的商业咨询委员会是授予特权的国家喜欢繁育的半公有半私有组织。该组织在商业部的母体中孕育，在它流产之前，提出商业足以进行自我监督，依此肩负起贬低对商业的公共控制的重要性的任务。最近，商业保护行政局在竭力做着同样的事情。[⑩]当涉及到那些明显属于国家一部分的机构时，相似的过程发生了。正像一个又一个的观察家指出的那样，国家和联邦管理委员会变成了受自己管理的产业进行秘密活动的掩蔽所，因此也就起到了阻止对他们进一步加强控

246   第一篇　寻求稳定的六种答案

制的作用。毋庸置疑,这种带着迷惑性的公共控制的系统有自身的经济优势,但我们接着又在这儿引出一个主题,即其中也包含一个非常严重的政治问题。如果这些国家机构想维持控制的外表,他们有必要使用迷惑的手段和象征性的权力,那么政治过程又增加了另外一种不真实性以及另外一种方式,其中欺骗成了日常政治生活的一部分。由授予特权的国家产生的迷惑性的积累(公有对私有,自由市场对规范化市场,控制对自治)一定会在时间的某一点上要求得到偿还,在所有资本主义国家都存在的人们对国家的普遍不信任(见第十章)是这种迷乱的三重过程的遗留物。

论权力之间的关系

尽管自治是授予特权的国家追求的目标,但结果却是相互依赖。因此,一定要想出某种方法来管理授予特权的国家众多参与者之间的相互合作。正像某个授权企业必须保证商人之间的矛盾冲突以和平的方式得以解决那样(新泽西美孚石油公司为了达到这个目的曾在企业内部制定了一套完整的司法系统),[⑥]授予特权的国家一定要制定出一些规定和程序来控制部门之间的矛盾冲突。这项任务变得尤其重要,因为正是由于部门之间不能建立自愿的合作机制才引起国家的介入并充当仲裁的角色,而国家一旦介入,授予特权的国家的逻辑本身就会遭到损坏。因此,私有部门之间关系的审视过程也正好是授予特权的国家无法解决导致其自身产生的种种问题的过程。

在授予特权的国家中发展起来的一种用于管理部门之间关系

第五章　授予特权的国家的运作　　247

的方法是三方代表制概念,商业、工会和公众共同解决阶级冲突的现状。在美国,三方协商委员会首先用来排斥工会以保护商业;当只涉及商业利益,比如说与战时工业局密切相关的利益时,它不会竭力把其他部门包括在内,而一旦牵扯到工会利益,例如与全国劳工局和全国劳工关系局相关的利益时,三方代表制就会付诸实施。1940年,希德尼·希尔曼到国防咨询委员会任职,这种正式偏袒才宣告结束,至少表面看来是这样,但一种非正式偏袒依然存在,因为他本人在里面没有多少实际权力。[⑤]这就是在美国普遍现象的一个反映,公共官员似乎一直和商业站在一起来排斥工会。然而,这种偏袒只会加深原本促使这些众多委员会产生的矛盾;他们建立的初衷是施以公正的外表,而决策制定却一直偏向某个组织,这有损于他们存在的理念基础,而待遇的不偏不倚却与资本主义经济中各方的真实权力相悖。陷入这种窘境,三方协商委员会尽管拥有有限的象征意义,却从未在公共决策过程中发挥重要的作用。

　　尽管现实力量的平衡不同,但欧洲在实行三方代表制的过程中存在同样的矛盾。有利于工会的决策并非不寻常,因而三方协商委员会的商业一方失去了幻想。在德国,一条1951年的法律导致共同决策的创立,在这种制度下,很多重工业都成立了工人委员会。[⑥]委员会包括六名管理代表和六名劳工代表,还有另外一名代表主持该委员会。共同决策似乎加速了管理规范化进程,对阶级冲突的平和处理也起到了一定作用。不过,工业资本家不断抱怨这种制度;对一组德国社会科学家也作了采访,受访的工人中每四人就有一人做出大概这样的陈述:"它的目的只是想抚慰工人。他们会认为自己现在境况已大为改观。但实际上,他们只是被容忍停留在那……工人委员会里有自己的人当代表，但他们应该怎样获得自己的发言权呢？……实际上其中只有资本能操纵一切。劳工不能与之竞争。"⑤如果说德国三方代表制取得的成功人们评论不一的话，法国的三方代表制最好被描述为一场失败。二战后，收归公有的工业原本是基于三方代表制进行管理。参与三方代表制属于劳动者总联盟和共产党的一种权利，而一旦他们提出要求，保守集团便开始指责这种制度。然后，另一个问题也随之出现，比如在"法国煤炭开采协会"内部，拥有各种不同利益的集团把自己的利益带到协会，他们不是致力于解决利益冲突，而只是把协会当成了他们大造舆论的场所。审视三方代表制的实行过程，政府的一个会计部门——公有企业账目审查委员会于 1952 年公布："这次试验没有取得预期效果。像先前的报道指出的那样，解决过程滞后，妥协方案无效，这都表明了利益的冲突。"⑥总之，法国人发现，当阶级冲突激烈时，三方代表制只会对它起到助长作用，而不会起到缓解作用。

管理主义是调节授予特权的国家众多参与者之间关系的另一种方法。随着国家作用的增长，国家文官制度的性质有变化的倾向。国家需要行政官员与私人利益一道工作，同时希望那些接受相似培养的文官之间的非正式联系可以便利实力强大的私有集团之间的联系。自成一个阶级的行政官员能"驾驭"冲突，并将其引入不至于产生威胁破坏社会和平与和谐的秘密场所。在法国，高层行政官员背景的相似和培养模式的完全一致，促使这种阶级的核心产生，而在没有类似于法国"师范学校"的意大利，很多行政官员来自南方，有着相似的背景。⑦还有，意大利的高层官僚从私有部门的同僚那里吸取教训，把自己组织成被称为国家行政管理人员全国性协会联合会(DIRSTAT)的协会,[⑥] 由此设法谋取了国家的一部分权力，即设法维持了自己的地位。传统的英国行政机构范围比较狭小，这也有利于一种阶级角色的产生；在直到 19 世纪晚期才有重要行政官僚机构的美国，众多改革家竭力从匮乏的物质环境中创造一个由高贵和有远见卓识的公共行政官员组成的阶级。

跟任何其他阶级的崛起一样，意识形态的存在使行政阶级的崛起合理化；像其他意识形态一样，行政观念形态内部存在着矛盾。[⑥] 因此，管理主义同时是关于权力、但不是关于政治的。绝大多数新出现的管理者和改革家都持有这么一种高傲的观点，他们认为在文明世界里，冲突是肮脏和不必要的，但同时他们又在掌握国家权力，而该国家存在的理由也正是社会冲突。同样，管理主义强调中立、职业化和对一切负责，但作为一种意识形态，它却有意识地对精英阶层产生益处。以上这些矛盾并没有被发觉；对管理者来说，他们认为所有阶层之间存在着潜在的和谐，这掩盖了他们工作中的政治和阶级偏见。这会使他们在很多情况下能够以裁判的角色亮相，但他们却没有意识到他们正在裁决的比赛从一开始起结果就已确定。管理者也不能成为集团之间的中间人，因为他们和那些集团的领导已经融合得太深了。他们变成了他们原本希望解决的冲突的参与者。

管理主义所遗留下来的便是对政治的极度不信任；跟垄断破坏竞争一样，授予特权的国家竭力借助相同的方式驾驭政治。在他们的拥护者看来，这些新的政治组合形式意味着当今出现的问题不能再通过阶级斗争和执著的寻求一种更美好生活的方式加以解决。当今的问题是技术性的，它们要求一种新的解决方法，这种方法需要以专门知识和避免斗争为基础。这种感受在很多地方都有反映。高层行政人员和实力雄厚的私有集团的代表之间的紧密合作业已营造出一种氛围，在这种氛围中，合作取代了斗争。法国的各个部成立了众多的"技术处"，它们的工作就是把与同业公会的联系接触合理化，以此来提高效率。[⑩]描述这个过程的术语是"监护"，它揭示了一种师生关系，一种相互学习的过程，而不是要求者和被要求者之间那种对立关系。对政治的另一种不信任表现是专家委员会的大量涌现，二次大战以后，各地纷纷成立了专家委员会。法国的全国经济委员会[⑪]、意大利全国经济和劳工委员会、英国的规划机构全国经济发展委员会以及美国经济顾问委员会都是这种倾向的例证。这些高级"专家"的目的是确保能够制定所有重要集团都赞同的国家"目标"。看得出来，他们中的大部分关注的都是经济规划，但同时其中也包含着很大的政治规划因素，因为阶级斗争生来就是反政治的，而反政治是发达资本主义社会最突出的政治反应(见第九章)。

三方代表制，管理主义和专门委员会的激增都是为了消灭阶级冲突或者使阶级冲突不产生危害，但同时他们又遇到一个特别明显的问题，也就是说，只要分化成各个阶层的社会对那些居于高层的人提供过多的好处，那么斗争极有可能无处不在。然而，促使斗争解决方式产生的心理思维显得特别荒谬，在这种心理思维里，极端的实用主义和最纯真的乌托邦主义得到了调和。他们为自己感到骄傲，因为他们认为自己能够摆脱感情主义干扰，处处从实用主义出发，对效率的提高投入很多关注，但也就是这些人同时又转向另一个方向，预想一种社会和谐，要是圣西门伯爵和弗朗索瓦·玛丽·夏尔·傅立叶还在世的话，他们也一定会为这种预想的社会和谐感到脸红。这看起来好像是安东尼奥·葛兰西所称作的"福特制"的胜利，"福特制"也即是工程师所期待的把最高效率和清教徒似的精神再生同时实现的一种梦想。[⑦]统治阶级费尽心思来欺骗他人，而最终结果却是带有讽刺意味的自我欺骗，这种自我欺骗如此强烈以至于大部分受它影响的人仍然感受不到它的影响。我将在第八章更详尽地阐述此种乌托邦主义。

消灭政治是普遍的愿望，然而这个目标却无法实现，这十有八九是"多元论"成为主要描述授予特权国家的运作方式的原因。回顾起来，我们很容易看出这是怎么发生的。授予特权国家的正常运作应包括精英人士对某个部门的控制，而他们与相关的国家机构通力合作。在发生这个过程的范围内，大多数时候就是这样的，它不再被认为是政治过程的一部分，因此也不再是政治科学家关注的问题，即使经济学家和公共管理专家不能忽视这个过程。一旦正常的条件遭到破坏，每一个部门便被迫开始与其他部门谈条件；在这些情况下，由于冲突是公开的，我们可以说政治就产生了，看得出来，它是相当多元的。精英人物之间的商谈过程变成了真正政治的替代者，在多元主义是那个过程的描述的范围内，它曾是对现实的一种正确感知。谈条件是关键：权力、福利、社团和目的这些问题——当不是由商谈的某一方单方面决定时——在一种类似中东集市的气氛中被谈论、解决。这种冲突形势下作出的决定不是基于哪一方在说实话，谁对国家利益的看法更始终如一，也不是基于谁拥有最民主的拥护者,而是基于哪一方是商谈中最强大的参与者。做个好商人与做个好市民未必是一回事。前者应该具有的素质包括对商品供应的控制,大量的财富或过人的才能,诡诈,驾驭狂暴力量的能力,顽强的坚持,对私利的深情依恋以及对感情主义、理想主义、关心社会福利和其他诸如此类人性"弱点"的憎恶。这些素质构成了在授予特权国家取得成功的最典型的特征。查尔斯·林德布洛姆和罗伯特·达尔等人对商谈大加赞赏,认为它是维护民主价值观念的最好方式。[13]他们好像并没有意识到商谈掉的正是那些价值观念本身。对本章讲到的很多东西的最大讽刺是自由市场原则不是在人们认为其应该成功的私有部门取得最终胜利,而是在认为其不会成功的公有部门里获得最后胜利。在授予特权国家的早期,瑟曼·阿诺德曾这样理解这种颠倒情况:他说:"我们的政府即使当它沿着纯粹的人道主义路线来配给食物,分配权力或者对摇摇欲坠的机构提供经济支持时,必须佯称它只是在竞争的世界中进行买卖罢了。"[14]私有部门的计划实施是平稳有序的,而相比较,公有部门则陷入竞争性的混乱无章。

当发现集团之间的冲突不能通过自愿的方式消除时——像隐含在三方代表制、管理主义和专家委员会中的自愿方式——为了把解决方法强加给所有各方,现实的反应便是求助于国家。然而,这样做会损害授予特权国家的逻辑,因为它存在的目的就是为了防止国家权力的过度增加。在授予特权的国家运作的范围内,它也的确防止了国家权力的过度增加;从公平的角度看,它的主要缺点不在于它拥有权力,而在于权力的匮乏。当采取的措施会侵扰既得利益的特权时,它公开地拒绝采取行动,因此,它往往只是名义上的国家而已。假如赋予它权力来调解各方之间的冲突，它也许会变成一个事实上的、而不是名义上的国家；简而言之，对那些自治权它本来应该给予保护的部门，它也许会开始使用它的强制性权力来针对他们。这就是二战以来统治阶级所不得不面对的进退两难的局面。部门之间的冲突会破坏社会和谐；社会和谐被认为是最重要的价值观念；因此，国家被越来越多地用来恢复社会和谐。一旦这种情况发生，授予特权的国家便开始走向死亡，因为，它将被迫收回已经下放的权利，并收回他下放的特权。资本主义国家一直拥有但却未曾使用的潜在权力开始被使用，由此，用来解决自由和民主原则之间矛盾的另一种方法发现了自身的局限。

授予特权的国家消亡的例子之一体现在欧洲实行国家计划的过程中。在二战后那些风和日丽的宜人日子里，既得利益无论想要什么，经常可以堂而皇之地打着国家利益需要的幌子，通过国家计划的方式来实现。兰德公司曾派遣一位经济学家到法国考察国家计划的过程，他的主要结论如下："法国存在一些强大的势力，它们遏制竞争的发生，并降低竞争在分配资源、促进经济增长方面的效能。总体来说，政府行为的实际效应似乎使这些本身就十分强大的势力得到了进一步的增强。"[①] 他发现，这种类似于卡特尔的强大组织随处可见，它们从国家的经济活动中获取着最大利益，不管是通过经济决策出台的税务改革还是农业。这种情况在战后渐渐地得到了改变。在法国，私有利益的根深蒂固在战后作为一种传统继续了下来。尽管技术专家治国论迅速崛起，私有集团的影响仍然十分强大。社会科学家们对"保守主义"的抱怨与过去相比有过之而无不及。法国被描述成一个"封闭的社会"[②]，在这样一个社会里,进步(一位政治科学家一针见血地指出,这个词在此是指美国式的进步)⑰已没有可能。考虑到他们作为自觉的精英受到的训练,许多公务员开始利用计划过程刺激求动,以摆脱困境的举动也便不足为奇。安德鲁·肖恩菲尔德描述了接下来发生的事:

> 换句话说,国家常常发现自己处于一种讨价还价者的位置,而且它也愿意这样。不错,它有资本讨价还价,但是由于存在着在某个阶段它不得不达成妥协的可能性,它的整体方法因此受到了影响……一旦国家承担了不停介入以使社会获得某种良好条件的义务,它不久就会发现它的行为对长期的潮流造成了巨大的影响,不管它乐不乐意。⑱

国家扮演的积极角色是将第一个计划与第二个计划区分开来的主要特征。按照斯蒂芬·科恩的话说,前者是从小处着眼,而后者则试图制定宽泛的社会政策,尽管它也没能提供这样做的具体方法。⑲前者向后者的转变表明:人们对"纯粹"的授予特权的国家更不信任。

在英国,国家职能也发生了与之非常相似的转变。1951年保守党重新上台后,表面上对放任主义青睐有加。于是,就像奈杰尔·哈里斯说的那样,"保守党政府在处理每个工业问题的时候都抱着实用主义的原则,对确定其作出决定时背景的外在压力依赖颇深(对这种依赖性,它解释说是出于"保持平衡"的需要)。这一总体上的态度决定了它要被工业的潮流左右,而不是扮演工业潮流缔造者的角色。"⑳但是,保守党执政得越久,授予特权制就越让他们失望。正如R. A. 巴特勒所言:"我们不怕利用国家。优秀的保守党党员从来就不怕利用国家。"㉑基于这个原因,保守党再次执政时，执政的主次就发生了逆转。1964年的选举之前，"所有的经济要素都或多或少地被集中到一起，以构成一个国家工具。"⑰授予特权原则在又一个国家从内部遭到了破坏。

授予特权的国家消亡的最后一个例子，也是一个特别有意思的例子，与美国实行防卫合同的经历有关。正像在1917年是一场战争使美国开始向授予特权的国家靠拢一样，另一场战争使它向相反的方向移动，这一次，是冷战。前者需要一个积极的国家把人民快速地广泛地动员起来。像以往一样，在战争期间工业家们从政府行为中捞到了不少好处（在华盛顿工作的行政官员虽号称"没有任何报偿"，他们的报酬是在自己的公司里领的；反托拉斯法停止生效了；还爆发了储备"丑闻"），然而，紧迫感对长远利益和保持稳定并没有什么帮助。随着冷战的来临，一些商人看到了机会：他们既可以获取这场没有硝烟的战争带来的高额利润，又可以实现对国家的控制。在这样的氛围中，现代国防工业诞生了，从一开始它就采取了H. L.奈伯格所说的那种"契约国家"的形式，⑱适应了授予特权的国家的原则。政府需要一项服务时，它就会通过签合同的方式承包给代理者——或私有企业，或州政府（州政府通常又会再次承包给企业），或地区性团体，或半公有半私有的组织。于是，在授予特权的国家之前成立的海军部独立完成自己的工作，而国防部则将它在电磁学这一新领域97%的需要承包给了别人。⑲二战以前，联邦预算的最大一项开支是薪水；二战后则是获取物资和服务的承包开支。⑳刚开始时，委托公众权力代表制似乎要永远地继续下去。

两个因素强化了这一假设。首先，国防开支像火箭一样一路

256 第一篇 寻求稳定的六种答案

飙升,承包总额大得惊人。在 1950 年到 1970 年的二十年间,国防部的预算从 129 亿美元(占总预算的 32.7%)增长到了 830 亿(占总预算的 56%)。⑩其次,规划者们了解到,承包没必要局限于国防事务。兰德公司收到它那份丰厚的新利润,应约翰·林塞市长之招去纽约拯救那座城市,与此同时,为国防领域制定的原则被应用到了包括福利在内的各个领域。除国防部外,在 60 年代中期,政府部门把他们 90% 甚至更多的钱当作政府津贴给了州政府和私有承包商。它们包括国家航空航天局、卫生教育福利部、经济机会局、住房和城市发展部以及交通部。⑪在肯尼迪和约翰逊执政期间,利用政府间津贴以及合同的方法处理国内难题的几率增长了十倍多,授予特权的国家集权于少数人手中的趋势也有所增长。这一过程非常重要,政府间关系咨询委员会特意撰写了一个报告,分析这样做的后果。⑫

承包额增长的结果并不是受益者期望看到的。看到把国家的钱赚进自己腰包的机会,他们自然不能放过。然而随着钱数的增长,国家开始加强对过程的监控。这中间存在某种逻辑。既然政界变得越来越像市场,市场规则也便紧随其后。其中一条是,谁控制了商品供应,谁就控制了商品的分配。如果把公共权力看作一种商品——大众是付了钱的——那么,国家便可定义成该领域的垄断商。政府承包商把公众的财富变成了自己坐收渔利的源泉,通过这种方式,他们造就了一个力量比他们强大的势力,同时也造就了一个最终能控制他们的势力。事实证明,干国防生意是很危险的。

这一过程在政府承包运作过程中体现得最清楚。刚开始时,防卫合同是一个组织混乱的大摊子。国家向公司提建议,公司也向国家提建议。竞标方都按规定密封起来,政府努力保持竞争的存在,让私有企业亮相。人们坚持这样一种观点:私有企业控制这一过程,它们是卖方,政府是买方。这种情况很快便发生了变化。首先,随着科学技术的成熟和专业化,把竞标方密封起来的做法就变得滑稽可笑。政府如需要一单精密仪器的合同,会直接和一个公司谈判。(20世纪60年代,国防部和航天局签的合同中,有80%是谈判达成的。)[⑱]其次,过程的庞杂是造成效率低下以及总体预算膨胀(只有当丰盈的国库见底之后,预算才会成为一个问题)的部分原因。再次,那些很可能只能用一次的建筑器材,它们的费用私有承包商不愿承担,是由国家承担的,尤其是当这些器材的费用是个天文数字时。最后,国防承包商们发现,共同分享政府这个市场,而不是为之竞争,对他们的长远利益更有利。于是便达成了非正式的共识,取得了一种"谅解":这个武器的订单给通用动力,那个给洛克希德。

要弄清发生了什么,方法之一是看清国家从买方到卖方的角色转变。国家不再是接受的一方,来购买产品,而是摇身一变成了主动的一方,开始出卖它的需求。值得注意的是,这种转变发生在肯尼迪及约翰逊任内,防卫合同大幅度增长之时。戴维·贝尔是肯尼迪任内时的预算局局长,在看到这一体制的乱七八糟的本来面目之后,他提醒说:"在许多重要领域,推动研究发展并为其投资的责任已从民间机构(包括研究机构和商业机构)肩上转移到了联邦政府肩上,政府已取代其位置成为主要发起人。"[⑲]在新的体制下,国家的决策者们先决定需要什么。然后以谈判好的价格,让一

258　第一篇　寻求稳定的六种答案

个私有承包商去完成任务。最后的产品总会"超过"最初的提议，这时国家会装出很不满的样子，对其大加指责。然后，这一过程又会重新开始。私有承包者赚了不少钱，但不再拥有很大的权力。甚至他们的赚的钱也不是没有问题——整个过程效率低下，这表明，如果国家不支持他们，他们便会失去了存在的理由，沦为失败者。

在这一过程中，国家地位的提升可从几个方面体现出来。这首先表现在它对资本的控制上。私有承包商制造产品时，用的是国家拥有的机器。1967 年联合经济委员会的一项调查表明，有 209598 台私有国防承包商使用的仪器，法律上属于政府所有，其总价值超过 25 亿美元。同时被使用的还有价值超过 140 亿美元的政府财产。而且政府还在购买电脑设备和其他昂贵的先进仪器。[30]一言以蔽之，政府已成为私有公司资本积累的主要来源。其次，政府使这一程序合理化的努力——从 50 年代的体制管理承包到 60 年代的计划-规划-预算体系——导致了新的控制。[31]再次，研究和开发，这一工业增长的重要方面，其经费已经由国家来承担。90％的太空业的科研项目是政府出资的。[32]另外，政府制定了承包商们必须达到的标准；结果造成合同都成了单方向的。正像默里·韦登鲍姆指出的那样，《军队采购条例》用长达 2400 多页的篇幅详细列举了私有承包商必须满足的条件。[33]最后，美国号称自己是个民主国家，必须装出一副关心整个社会需要的样子。这一事实意味着，承包商们必须对反歧视法案忠心不贰，必须达到国家认为他们应该达到的其它一些"政治"上的要求。在这一领域公司在自治权方面的缺乏，与它们在授予特权的国家时期那段春风得意的日子比起来，对比的确鲜明。

第五章　授予特权的国家的运作　259

除了阶级冲突和战争之外,另一个凸现授予特权的国家结构上弱点的难题是 60 年代资本主义世界爆发出来的社会不满。这种不满情绪总体上表现为三种形式。首先,在授予特权的国家制度下对私权的滥用在很大程度上导致了左翼政治的复苏。对大学的抨击,对帝国主义军国主义的抨击以及对种族主义不良影响的抨击都与战后占统治地位的企业和政府的行为有这样那样的联系。尽管美国和欧洲的学生运动活跃期比较短,但在一个国家它几乎导致了一场暴乱。而在其他国家,学生运动也向人们表明,至少对一部分人来说,国家的中立地位以及私有权力以权谋私的行为再也不会是一件理所当然的事情。右翼势力也反对授予特权的国家。由于它要确保一定的利润,且必然产生不必要的重复,因此,它要生存下去,必须要有很高的税收。高税收必然引起不满。中产阶级的反抗死灰复燃。他们或以民粹主义为基础,或以右翼为基础。在西德和美国,一种思想上的保守主义如雨后春笋般地冒了出来。在这种保守主义看来,国家权力的增长是件坏事。纳税人的反抗、对政府发的"通报"的厌恶以及对个人利益的攻击都把矛头指向了授予特权的国家的活动。这有时使右翼和左翼的观点听上去非常相似,让人感到不舒服。对授予特权的国家的最后一种反抗形式表现为愤世嫉俗思想的流行。这种思想认为,政府和富人互相取悦,穿一条裤子,对这种情况人们无能为力。冷漠乏趣、淡出政治以及对资本主义前的生活方式的颂扬是这种思想的不同表现形式。不少人——如果不是大多数人的话——都在选举制社会中赚了一票,但是,由于它引起的矛盾,很少有人认为它情有可原——无论是道德上、思想上,还是政治上。

260　第一篇　寻求稳定的六种答案

　　总而言之,阶级冲突,战争以及一种近似于社会危机的东西曾促使了授予特权的国家的形成。也正是这三个条件,导致授予特权的国家走向末路。这三支力量的巨大影响可以从利润率下降趋势的对应面——国家预算增长趋势中反映出来。在美国,1945年到1950年公共支出占国民生产总值的12.8%。而1966年到1970年则占22.4%。[65]过去二十年中,为联邦政府、州政府和地方政府工作的人数增长神速。[66]退役军人局在国家机构中并不算大,它花钱的总数都超过了比利时一年的预算,[67]国家新的规模可以想见。美国并不是出现这种情况的唯一国家。加拿大也对国民生产总值比例以及公务员总数进行了与美国类似的调查。结果表明,加拿大也存在类似的趋势,只不过程度小一点。[68]据估计,英国的公务员总数在1914年到1938年间是减少的(那时,授予特权的国家正在形成)。在1938年到1966年间这个数字翻了一番(此时,英国正面临最激烈的矛盾)。[69]在西德、法国、英国和意大利,用于政府活动的资金占国民生产总值的百分比在40%的水平上居高不下(美国则占27%)。在实行自由民主资本主义制度的国家和国家支出高的国家之间存在一种简单的位次上的对应关系。[100]考虑到这样的趋势,詹姆斯·奥康诺认为,国家已经成为资本再生产的一环。毫无疑问,即使上述事实没有发生过,那它也一定在发生的过程中。[101]资本主义已变得太臃肿,矛盾重重,资产阶级已不能控制它。授予特权的国家是为了将经济权力保留在私人手里所作的最后一次重要的努力。而在授予特权的国家里这权力慢慢地转移到了政府组织中。尽管这种政府组织是为资本服务的,但其本身已不属于是资本主义的。[102]

第六章　双头政治的兴衰

"国家的手段越来越体现在从国际阴谋中追求利益,而与之相称,它也不可避免地拥有了一种愈发阴暗的性格,其普通的工作也愈发地要在夜色中或乌云下进行。"

——索尔斯坦·凡勃伦:《不在者所有权》(1923)

"民主要在一个盛气凌人的极权主义世界中存活,就必须放弃一些以往的民主奢侈品。"

——J.W.富布赖特参议员(1961)

"世界的主张? 我不相信所谓的世界主张。权力才是关键。"

——约翰·麦克洛伊对约翰·F.肯尼迪语(1963)

对双头政治的迷恋

为解决发达资本主义所面临的社会矛盾而出现的授予特权的国家正逐渐没落,这使得一些警觉性较高的政府规划者开始考虑手中剩下的选择。二战后,他们似乎面临着一个无法解决的难题:好像没有哪一种政府组织可以同时为多数人和少数人服务;好像没有什么方法可以使得一个政府既是自由的又是民主的。但是,

262 第一篇 寻求稳定的六种答案

有一群足智多谋的政治家和思想家并不愿承认这是个无法完成的任务,他们发挥了一点想象力,发现还有一个选择。如果授予特权的国家不能调和那些无法调和的矛盾,的确,如果单个政府无法做到,那么,为什么不试试两个政府,让它们各负其责呢? 这个想法简单,又极富创新,让人惊异,两个政府的思想——更确切地说,一个有着两副面孔的二元国家——如同一个极乐世界在政策规划者们的美梦中慢慢出现。

两个政府同时存在,但又为不同的需求服务,这种理念有许多思想根源。例如奥古斯丁关于两个城邦的思想("一个城邦中,君主及其征服的小国由喜爱统治者统治;而另一个城邦中,君主和臣民怀着爱意互相效力。")[①];再如在霍亨索伦王室的官僚专制主义中出现的政府与社会之分化[②];又如在"强权政府"和"右翼政府"之间的一般性区别[③]。尽管这些例子都非常有诱惑力,但却并不适合发达资本主义的政治学。然而,当上文论述到的那些矛盾越来越明显的时候,古老的双头政治也不得不披上了现代外衣。资本主义发展过程的三个具体特点促成了二元国家理论的复活,这三个特点是:一个占多数的工人阶级的崛起,理性主义和非理性主义的矛盾,以及帝国主义的问题。这三个特点在二战后的影响力达到了顶点,促成了现代形式的二元国家的诞生。

在 19 世纪的欧洲,崛起的工人阶级要求分享选举权,这给那个时代的作家摆出了一个严峻的题目;像约翰·斯图亚特·密尔这样怀着高贵动机的作家,总无法使他们接受,这些人有资格享有完全的选举权。只有《经济学家》的编辑瓦尔特·巴奇霍特对这一动态的反应最值得注意。他劝说他的同仁们毋需担忧,因为那些普通人,那些"无知而谦恭的……可怜虫们",只需要给他们演一场戏,就可以让他们听话,就可以将他们的目光从政府身上引开,从而就可以顺顺利利地行政了。巴奇霍特首先假定,因为统治阶级"过着闲适的生活,受过长期教养,阅历丰富,使得他们的判断力不断地得到锻炼,不断地改善",所以这个阶级自然而然最适合做统治阶级。对其他人来说,则可以给他们"戏剧般的社会表演",因为对他们而言,"最容易激起其尊敬的因素是那些戏剧性的表演因素"。巴奇霍特使用了一个直接指向正在迅速城市化的社会的暗喻来描述一个普通人:

> 一个乡巴佬初到伦敦,发现自己仿佛在看一场由那些无法想象的机械物上演的大型演出和巨型展览,同样地,面对我们这个社会的结构时,他也会发现自己仿佛在看一场巨型的政治展览,这么个东西,他从未想象过,更别说自己去应付了——他觉得,这些东西他是永远无法企及的。④

基于对阶级的如是分析,他发展出了一对非常有名的概念,即政府中吸引公众注意力的"威风"部门,和制定重要决策、比较隐秘的"效率"部门。巴奇霍特认为,"公众"只关注前者,所以后者才可以在一个民主社会中毫发无损地生存。因此,自由民主社会的矛盾就可以通过建立一个二元国家来解决,一面是为精英而设的默默无闻、高效运作的政府,另一面是为"群众"而设的哗众取宠、表演夸张的政府。有了这两者的和谐运作(而巴奇霍特觉得,这样的和谐只可能出现在英国),一个二元国家就可以解决多数主义面临的难题。而统治阶级也可以同时享受到精英主义和民主的好处。

在现代使用二元国家的概念还出自另一种考虑,即理性和非理性之间的矛盾。如果说现代社会看见过越来越"去魅"的倾向（马克斯·韦伯用这个术语来描述魔力和符号被现代管理理性所替换的现象⑤），那么所有自称是政府的政府就都是一种政府。但是纳粹主义的得势让一些政治分析家确信，萨满还没有从现代社会消失。厄内斯特·弗伦克尔认为卡尔·曼海姆对第三帝国的阐释虽然被人们忽视，但却是很重要的。曼海姆详细阐述了实质理性和功能理性之间的区别，前者指"一种思想行为，可以揭示出对一个特定场景中事件相互关系的思想认识深度"，而后者则指"一连串行为……组织起来以达到某个预先确定的目标，这一系列行动中的每一个要素都有自己的功能位置和角色"。⑥弗伦克尔认为，纳粹主义可以看作是这两者之间矛盾的产物："第三帝国的法律秩序被彻底地功能理性化了，以规约那些和资本主义方法相一致的生产和交易。但是晚期资本主义经济活动却并非是实质理性的。因为这个原因，它一方面赋予这些方法以非理性活动的空洞性质，另一方面又求助于政治方法。"也就是说，为了满足其在生产领域的秩序，法西斯主义是极端理性的，另一方面，为了保证其疯狂的征募和对其完全的服从，它又变得极端地非理性。弗伦克尔认为，其结果就是一个二元国家的诞生，一个"非理性外壳里的理性内核"。他使用了在德国法律理论中的一对概念来命名二元国家的两个部分，即特权政府和法制政府：

> 特权政府是指不受任何法律规约限制地行使专断和暴力的政府体系，而法制政府则指被赋予了完全权力的管理机构，用来捍卫法令中规定的法律秩序、法庭的宣判和管理机构的活动。

接着他用下面的几句话总结了他的整个分析："德国的资本主

义为了生存需要一个二元国家,在政治领域其根基是专断,在经济领域则是理性的法律。现代德国资本主义正是依靠二元国家才得以生存。"⑦如果巴奇霍特是对的,那么统治精英就可以同时享有自由主义和民主;如果弗伦克尔是对的,那么他们又可以同时享有理性和非理性。

当资本主义强国开始发展成帝国主义强国,致力于把它们的影响扩展到全世界时,二元国家的第三个用处就显现出来。帝国主义一个很重要的合理化进程是种族主义的存在,或者至少是某种形式的文化沙文主义的存在;因此,在国内是好的到了国外就未必是好的。在国内的政治领域,会有一个很受欢迎、很民主、合乎宪法的政府,但是结果就是它会越来越无能。它以政府中的法律部门为中心,其组织原则也非常地让人放心:决策者决策,执法者执法,审判者审判。一些标准的行为——如适当的法律程序、民主选举程序以及对历史和传统的参考——也得到了应有的尊重。然而对帝国的受害者来说,却还有着另一套标准和行为准则。一个以速战速决方式来解决问题的政府将会负责控制这些人的事务。诸如财产、道德、宪法和法律之类的问题都不在它考虑的范围之内。政府的这个隐秘的面孔常常身处法律之外,使得其预算、人事、计划和程序都尽可能地隐秘。哪里有帝国,哪里就会诞生出这样一个二元国家——印度、阿尔及利亚和越南就是这样。不过正如罗杰·希尔斯曼所说,问题在于这样一种结构很容易就产生一种"国家中的国家",这种情形与传统的民主理论是很难调和的。⑧而这恰是 1964 年一本美国畅销书的主题,开篇就是下面这些惹人注目的词句:

当今美国有两个政府。一个是可见的,而另一个是隐身的。前者是公民们在报纸上读到、孩子们在公民学课本上学到的那个政府;而后者是冷战时为美国执行各种政策的那个授予特权的隐秘国家机器。⑨

这第二种政府的影响之广(我在本章中就将具体讨论)让很多关心政治的公民认定,像美国中央情报局这样的机构同美国的政治传统是不相容的。然而这最多只是说对了一半。尽管秘密机构很明显是反民主的,但是它们绝不是反自由的。正是中央情报局在很多方面使得美国的自由理念得到了合理的实现。它在全世界范围内的主要任务一直是为促进资本积累而组织必要的条件。中央情报局的运作方式类似于霍布斯的君主和洛克的市民社会,它给可能发生骚乱(即共产主义)的地方带去秩序,它的位置是介于文明与自然国家之间。中央情报局之于第三世界国家内部事务,就有如汉密尔顿的行政官之于十三个州,它们都是保证稳定秩序的机器。秘密活动的兴起绝不是反对自由原则,相反,这正说明了这些原则已经同民主本身背道而驰,只能在暗地里兑现。阿兰·杜勒斯和约翰·麦科恩把自己当作是自由传统的真正继承人是再正确不过的了。⑩

在本章中,我将着重分析一种特殊形式的现代二元国家,在1944年到1976年的美国出现。为什么在这段时间中会出现一个二元国家呢?这也许可以归因于上面讨论的三种特点的共同作用。首先,民主化进程使得多数主义的选民开始提出政治要求,这是1880年到1920年最重要的政治问题。除了一些短暂的权宜之计,多数主义问题从未真正得到过解决,只要出现不满情绪,这个问题就马上会显现出来。其次,资本主义的逐渐垄断趋势强化了功能理性,因为消除竞争的目的正是为了让经济行为变得可以预见、有规可循;但是同时,因为现代广告手段的发展是为了促进消费,所以用垄断资本主义来代替竞争资本主义又引发了一种非理性的狂热情绪。这一矛盾开始于 1920 年左右,以广告"学"的发展为标志,并一直持续到现在。① 最后,在扩张主义国家时期建立起来的帝国被证明越来越难聚合在一起;地方自治的要求也越来越频繁,使得压制这些要求的任务愈益紧迫。在内外一致反对的情况下如何继续维持帝国的问题出现在 1945 年,这是发达资本主义社会在外交政策上都要面临的关键问题。这三个条件对二元国家的产生缺一不可,而到 1945 年,它们恰恰同时都出现了。发达资本主义国家希望尽量地维持他们各自的帝国。为对付工人阶级成长而提出的各种反民主理论构成了半秘密政府的理论基础;而发达资本主义经济固有的非理性又为运作二元国家所需的煽动性和神秘性准备好了土壤。

于是,在二战后期,发达资本主义国家开始尝试二元政治的理念。二元国家会有两张脸:一张是民主的、民众的,关心民主合法性,并争取大众对政治秩序的支持;另一张脸像卡西乌(Cassius)一样精干、野心勃勃,而且是自由主义的(取其经典的意义),负责资本的积累,并保护执行积累的机构。有证据表明,这段时间在很多地方都出现了这种形式或那种形式的二元国家。在《看不见的政府》将美国中央情报局曝光之前,意大利的恩里科·诺比斯就出版了《无形政府》一书,他在书中抨击了垄断企业,认为它们的权力之大甚至创造出了一个专供自己使用的政府,而留给其他人的则

181　是一个无能的政府。[12]在法国,阿尔及利亚战争挖出了一个反动将军集团,这个集团可以蔑视中央政府的法令,搞自己的一套恐怖主义计划,就好像自己就是一个政府一样;自从那时起,法国政府的秘密活动大幅度上扬,使得诸如吉拉尔德·梅萨迪这样一些清醒的分析家开始质疑在法国是否还有私人生活空间可言。[13]对那些认为英国是民主最后的避难所的人来说,他们会异常惊讶地发现,早在维多利亚时期,英国就建立了谍报机构,用来监控那些虽然安静但却并不平和的宪章主义者。[14]这种癖好一直到今天也没有减弱一点。正如戴维·威廉斯所言,"国家安全法令"为"国家利益"的护卫者们制定了一套特殊的规章,到今天,这个法令仍罩在一片隐蔽的气氛之中。[15]我们会看到,英国政府的这种结构非常重要,正在建设自己二元国家的美国人一次又一次地对之盛赞,把它作为在自己的国土上效仿的典范。

　　在美国,二元国家的理论和实践都达到了别处无法达到的极致。在本章中,我将脱离本书中前几部分的模式,单独对美国版的二元国家进行研究。这部分是因为它是发展最充分的版本,与之相比,欧洲那些秘密冒险行为不过轻轻触动了一下民主实践的领导而已。不过更重要的原因是自相矛盾的事实,那就是尽管美国的二元国家比别人更钟情于秘密活动,但对审查却十分开放。"五角大楼文件"和"水门记录"的泄露对政治学家来说都是天赐良机,因为这些独一无二的文件使得他们有机会研究正在运作中的国家权力。在美国发生的事不能对所有的发达资本主义国家推而广之,在尝试着应用二元国家的原则去解决我一直关心的核心问题时,在自由主义和民主无法调和时,可以用来使那些可能存在的一般性矛盾凸现出来。

美国二元国家的产生要经过一系列初看去似乎并不相关的阶段。首先,必须采取一些准备措施,包括改变公众态度和政府结构。然后,必须在国内和国外都建立起国家的秘密机构,而这又是一个充满了反复与失败的过程。之后,得到改进的手段终于获得成功,它们被制度化、专业化,并且应用在国内。最后,过分热衷于二元国家的人士打破了两面之间脆弱的平衡,局部地摧毁了这个二元国家。通过追溯这些阶段中发生的事情,我希望能够揭示出这一解决方案的长处,并且希望通过那些掌握权力的人的视角揭示其局限性。

厉兵秣马

一个隐密的和不民主的政府恰恰是一个公开的和民主的政府的对立面,但即便如此,仍然需要对传统的美国政府观念进行一番很激进的修改,它才能正常地运作。和其他国家(除了英国)相比,美国可以说是自由主义和民主的发源地,而且,不管政治权力的现实情况如何,大多数人都把自由民主的价值观——自由选择、文官控制军队、代议制政府、所有国家的自我决定权和隐私权——作为任何政治讨论的首要条件。大众的这些期待,以及精英阶层对"礼节"的贵族式理解,共同组成了一种行为框架,任何违背民主准则的举动都必须谨慎对待。但是在弗兰克林·D.罗斯福的总统任期内,大概三十到三十五年前,就出现了三次象征性的举动。首先,总统通过"五十艘驱逐舰交易"协约谨慎而又保守地对英国进

270 第一篇 寻求稳定的六种答案

行了军事援助,国会没有对此发表任何声明,而这在任何清醒的人看来都是一桩非常事件。其次,陆军部长斯廷森在一份著名的宣言中称拒绝参与解码这种不体面的活动,并说"是绅士就不会互相偷看信件"。最后,海军中将马克·安德鲁·米彻尔在一次讲话中提及军方一直为自己不参与制定公共政策而自豪,他宣称:"请相信我。华盛顿那边怎么做我是一点都不知道。"⑩ 面对这些观点和行为,要建立一个隐密的政府,首先就必须同时打破公众对民主的态度和贵族对礼仪的态度。

形成一种反共的共识正好可以达成这两个目标。说实话,反共情绪其实在美国出现共产主义之前就已经存在了;所不同的是,在二战后是一个观点从一大堆观点中脱颖而出,并成为一种共识。当反对共产主义不再是一种观点,而成为一种宗教时,废除民主价值观也有了借口。统治阶级中的那些狡猾分子故意而虚伪地利用对共产主义的害怕情绪,好让自己可以进行秘密活动以服务于那些强者的利益;但是这一点并不是最重要的。其实,像杜勒斯这样的人似乎对他们自己宣称的"赤色威胁"是深信不疑的;丝毫的虚伪都会使得他们的言论显得不那么吓人。不管他们的动机是什么,最重要的是随之而来的气氛确实造成了一种危机不断的情绪,使得诸如言论自由和自我决定的既定观念也开始变成是古老的——"奢侈品",富布赖特参议员使用的这个词让人觉得遗憾却又很符合实际情况。新政府成员反对托洛茨基的理论,他们预见到了一种永远的反革命趋向,但是实际上,他们中的很多人不自觉地模仿着托洛茨基的分析却不理解它。要保留战争的有益方面最可靠的方法就是一直有仗可打,如果可以最大限度避免真正的战斗,那就尤其可取。

随着公众态度的这种变化产生了贵族价值观的变革,而其中的关键因素就是永久性危机的意识形态。大多数历史学家都认为这一变革中最重要的日子是 1940 年 6 月 19 日,这一天,罗斯福总统吸收了两名贵族共和党人进入他的内阁。[17]其中一人是陆军部长亨利·L.斯廷森(另一个人是弗兰克·诺克斯),他具有保守见解,但是他的重要性并不在于他做的事,而在于他指派做这些事的人。通过斯廷森,像罗伯特·洛维特、哈维·邦迪和约翰·麦克洛伊这样的人开始为政府效力,这些人也都出身名门,但却有着不同于名门的性情。他们鼓吹一种新的道义,认为任何维护"国家安全"的行动,只要是有效的,那就是可行的。正是这些人的后裔——字面上指邦迪和詹姆斯·弗雷斯特尔,而引申开来则无处不在——将这种新道义传播到了地球的各个角落。没有他们,二元国家就不可能存在,因为他们那种贵族的体面风度是掩盖其邪恶的、常常又是残暴的政策的最好面具。他们的双重道德观使得他们很有吸引力,正如理查德·巴内特所言:"他们在承担公共角色之时,头上却顶着他们的个人道德标签。"[18]如果要找一个这种双重身份的例子,那非克米特·罗斯福莫属,他是美国所能产生的最显贵的人物,而他所做的却是在德黑兰街头组织杀手和暴徒阻碍这个国家的民主自决权。

怎样来解释这一变革呢?如同我将在下一节中具体论述的,原因之一是二战后,贵族的权威逐渐让位给了新政拥护者和反动的共和党人,他们之间的冲突尤其体现在关于各军兵种是否该合并的争论上。为了表明他们仍然"廉颇未老",而且甚至愿意互相

272 第一篇 寻求稳定的六种答案

私拆信件,他们把反共当成了他们新的认同的标记。另外,在战后民族自决的气氛中,他们发现自己的先辈创下的帝国似乎开始崩塌。此处,国家安全的言辞至关重要。尽管国家安全这个词的反复出现使得某些人将战后的政府描述成了国家安全政府,但是实际上那些鼓吹安全的人却是最不安全的;二战后出现的政府实质上是一个"不安全的国民政府"。贵族统治阶级不再有威尔逊执政时代的那种飘飘然的乐观主义,那个时代里一切都似乎充满希望。威尔逊的国务卿罗伯特·兰辛可以欣然认可"坦率盟约、坦率立约"的观念,而他的侄儿约翰·福斯特·杜勒斯就无法做到,因为杜勒斯亲眼目睹了二战后唯一一桩最重要的事件:共产主义革命在世界上最大的国家里取得了胜利。正是因为"失去"了中国,统治者才觉得没有了安全感。有趣的是,多米诺骨牌理论就好像是一种宣称自己个人性格弱点的理论。他们占据了上风,他们会一直保持优势,我们必须做点什么,哪怕是垂死挣扎也好,但我们又很可能没有那种意志力和坚强的性格。在一种极度的安全恐慌中,共产主义者们被赋予了他们自己很可能一直希望拥有的力量。这种病态恐慌的典型反应是密谋和狂想,其结果就是,对秘密活动的极度重视加上间谍活动那充满英雄气概的言辞,使得二元国家的隐密一面得以诞生。这绝非是对美国作为帝国主义强国的崛起所作出的反应,相反,这是意识到美国作为强国开始没落而作出的第一次重要反应。二元国家是挫败和局限的产物,而非胜利和扩张的产物。

态度和价值观的改变只代表了二元国家准备阶段的一部分而已。假如有民主的期盼,一个故意实行非民主的国家就不可能

第六章 双头政治的兴衰 273

存在,同样地,如果有着民主的体制,它同样无法存在。18世纪重视和谐、平衡和些微的德行,它导致的政府体制让二元国家理论家们觉得束手束脚。他们需要国家民主的一面,但又要对之进行改革以提高效率。他们没有整个地抛弃这个体制,因为这样会毁了他们的伪装;他们也没有整个地继承它,因为这样会妨碍他们执掌大权。于是他们选择对这个体制进行调整,从而既可以保留其民主的特征,又赋予他们自己以必要的灵活性。同地震过后大地重归平静的情形一样,国家结构在二战期间及战后经历了重大的改变。在很多文章中,这被称为总统权力的扩大,但是这个说法会造成一种错误的印象,因为真实的情况并不是总统从其他两个权力机构攫取了权力,而是这两个机构自愿地将权力交出,并且除了为公共事务办公室增加点额外津贴之外,不要求任何代价。总统权力的"扩大",在很大程度上可以说是因为统治阶级发现他们正面临着越来越大的困难:一方面他们要保住自己的权力,另一方面又要让越来越多的人群在政治上处于无权状态。权力的集中是矛盾冲突的结果,而不是"现代政府日趋复杂"(或其他类似的说法)的结果。总统职位是三个权力机构中最不民主的一个,二元国家自然要筑巢其中。

分别来自两个较弱机构的两个例子是当时向总统屈服的标志。现在,国会应该在战争事务上起主要作用的观念被认为是浅薄而幼稚的,但是撰写宪法的那些人并不这样认为。而在1937年,在永久性危机成为现实之前,美国人民也不这样认为。在那一年,一个名叫洛德劳的人在国会提出了一项宪法修正案,认为在宣布战争之前必须进行公民投票。因为战争是对一个国家的损伤,

274 第一篇 寻求稳定的六种答案

所以这个提案并不像当代"现实主义者"向人们展示的那样荒诞，当时 75％的人表示赞同，使得这个动议在国会中只差十票就可以获得多数通过。反对此提案的口舌之战和一年前在加利福尼亚发生的纷争很相似，当时的对象是厄普顿·辛克莱尔，他提出了一个同样愚蠢的想法，即在该州消灭贫穷。憎恨洛德劳修正案的小阿瑟·施莱辛格将之称为"战争权的民主化"[19]；人民有权在自己如何被杀戮这个问题上发言，而这个法案就成了维护这一观念的最后努力。在 20 世纪 60 年代一位来自路易斯安那州的种族主义者和保守分子提出的一个相似提案，没有从国会中得到丝毫的支持，这清楚地表明了美国政治病态的状况。尽管嘴上说着即时决策、现代战争、紧急事件和极权主义侵略，但是事实就是国会的激进传统使它下定决心，将它的战争权呈交给了总统。国家的这个最民主的机构发现宣战的责任更多的是一桩麻烦，而其结果就是为二元国家的诞生扫清了一个障碍。

最高法院不是一个大众化的机构，却会时常宣称自己代表着人民的良心；然而在提出洛德劳修正案的前一年，它同样决定应该赋予总统更多的权力。法官们对国内事务中出现的联邦干涉感到惊骇，他们赋予了总统在处理对外事务时可以自由行事的权力。[20]这一年的另一个决定将总统决策权阐释为总统在没有经过国会审批的情况下可以签署任何协约。[21]而更值得一提的是，当法院必须在民航部诉 S. S. 沃特曼案中直接处理建立一个秘密政府的问题时，它直截了当地说："法院在没有相关信息的情况下要考察甚至可能取消决策人根据一些合理的秘密信息做出的行动，这是不合情理的。"[22]爱德华·科温担心这样的一些举措将会在和平时期及战时,在国内事务及对外事务上,削减宪法的效力;这种担心变成了现实;科温孤立无援,但是他知道永久性危机的概念已经使得美国的民主结构面目全非。㉓

一旦发现没有其他机构对其发展表示反对,总统的权力就好像日本恐怖电影里的怪物一样,开始增长增长再增长。其一是因为在国内政策方面,很多自由主义者和改革论者把总统权力的增长看成是一件好事;而罗伯特·塔夫脱这样的保守主义者虽然对此持反对意见,但却无法积攒足够的力量来进行阻止。因此,秘密政府结构的真正开始可以追溯到新政时期;战时紧急情况的观念和使用总统权力控制紧急情况的决心都和这个时期相关。其中一个最关键的立法是 1935 年的《紧急救济拨款法》,洛伊希滕贝格认为它"批准了美国和其他国家历史上最大的单项拨款权力。这条法令允许罗斯福酌情使用巨额钱款,标志着权力从国会向总统的重大转移"。㉔另一个关键动作是 1939 年 9 月 8 日《第 8248 号总统令》的发布,它进一步将权力集中到总统,在总统的工作人员中增添了行政助手的职务,并将预算局引入白宫。㉕理查德·尼克松滥用的人员体系就源自新政。最后,正如弗兰茨·舒尔曼所指出的,支配了新政思想的安全辞语其实和支配了冷战帝国主义思维的辞语没有什么区别,只是后者的安全扩大到了世界范围。㉖简而言之,在决定国内事务时其他机构的回避和中央政府的成长都促成了民主政府结构的变化,从而使得二元国家可以更灵活地建立起来。

因为一个孩子降生到我们之中

在政府结构和公众对权力使用的态度这两方面的转变只是为二元国家的诞生准备好了手术台。真正的降生并不是在新政时期，而是在二战末期和二战刚结束的时期。双头政府的运作必须先完成两项任务：首先，必须在华盛顿创建一个中央机构，作为政府运作的大脑和决策中心；其次，"在战场上"，必须确定策略，建立政策机关，以执行中央的决策。但是两个领域都缺乏可操作的指导路线，而且关于什么是合法的、什么是不合法的并没有定论；这些都意味着所有的计划都只能是实验性质的。另外，二元国家建立的目的本身就是相互矛盾的，因此不管它采取何种形式，都会遇到无法估量的困难。二元国家不是一出生便是成人，和通常的情况一样，它是经历了对现实世界别扭、痛苦的认识过程之后才开始成熟的。

除了一般的新生事物所遭遇的小困难外，二元国家的创建者们还发现有三个主要的制约因素挡在前面，阻止他们实现自己的目标。它们是期望与努力、共同利益与既得利益以及控制与自决这三对矛盾。它们一直没有得到解决，从一开始便制约了二元国家的有效运作。

如果一个国家想保持二元的存在方式——一面负责维护权力阶层的特权，另一面负责为这些特权争取支持——那么，它就必须极力地保持这两部分的平衡。这个问题可以表述如下：如果一个运行良好的秘密政府是在广泛的军事力量支持下得以建立并维护的,那么一旦战后的过度兴奋开始消退,它的维护费用以及它违反了一些重大民主原则的事实就会使它失去广大民众的支持。而另一面,如果费用保持在一个比较低的水平,又坚持民主的行事原则,那么它又不可能充分地保护"国家利益"(这是一个用来描述当权者利益的妙词)。这个两难处境的严重性可以在标志着二元国家正式诞生的事件中看得一清二楚,比如1947年国家安全法的通过。这个涵盖范围异常广泛的法令完成了备受争论的兵种合并,将参谋长联席会议设为正式机构,建立了国家安全委员会,并且把几个机构合并为中央情报局。每一个美国人的生活都因为这个法令的通过而改变,但是对此却很少有专门的研究。[⑰] 它的通过将二元国家面临的所有矛盾都串联了起来。

1945年6月19日,就在二战结束前夕,海军司令詹姆斯·福雷斯特尔问一个名叫费迪南·埃伯施塔特的商人三个问题:军事统一是好事吗? 如果不是,应该做什么改革呢? 战后的国家安全机构的职责范围应该是怎样的? 埃伯施塔特是福雷斯特尔的朋友,应该会给福雷斯特尔他想要的答案,尤其是对军事统一的反对(这一点埃伯施塔特倒是做到了),但尽管如此,在埃伯施塔特传送的信中仍有一丝责备:

先生:军队的战斗力不是影响我们战后军队组织结构的唯一因素。为了能够为人接受,军队的组织应该不超出我们的传统和惯例的框架。它的规模和它的性质必须能够赢得民众的支持。它必须着眼于改正在最近的战争中暴露出来的弱点。最后,它必须与维护和服务于我们国家安全的那些政策和目标保持一致。[⑱]

278　第一篇　寻求稳定的六种答案

问题摆出来了;虽然埃伯施塔特最重要的建议,即反对军事统一的建议没有被接受,但是他坚持认为民主渴望是必须考虑的重要因素,这使得他的报告读来让人非常神往。在关于国家安全法的讨论中出现的"传统和惯例"具体是三个:文官对军队的控制、民主外表的保留和通过高效率来降低征税。

　　文官控制军队的概念不能被当作统治阶级的无聊废话扔到一边;它本身的出发点就很有价值,即牺牲一点效率,以忠诚于国家对其的要求。而且,文官掌管军事可以淡化军兵种之间的竞争,因为这种竞争常常可以发展到很严重的地步;而让商人来主持国防部就意味着,对海军来说,掌权的不是一个陆军军官,而对陆军来说,掌权的也不是一个海军军官。因此,我们有理由相信下面这番话,它摘自全国安全组织特遣部队胡佛委员会的报告(同样是由埃伯施塔特主持):

　　　　完全高效的安全体系绝不会是节约的,而完全节约的安全体系绝不会是高效的……文官控制军事会带来一些不便和拖拉的程序,而且很可能会导致一些严重的技术错误;但是军事没有了文官的控制就会出现更严重的错误——很可能是一些无法弥补的错误。㉒

　　为了推进这一原则的执行,人们采取了一些举措。人们达成一致,同意任用文官为新成立的中央情报局的主管。当军种合并的提案得到通过时,人们同样达成一致,任用文官为(用参议员施达尔斯·布里奇斯的话来说㉓)新的"超豪华机构"的部长。另外,国会,或者更具体地,两个军种委员会的重大决定都将会有文官参与。最后,国家安全委员会被置于总统的指挥之下,使得后者的总司令角色得到了加强,而这个由文官和军官共同组成的委员会将是一个决策机构。政府中军事活动的范围大幅度增加,但是关键的问题是,尽管文官控制的观念总处在危险的境地之中,人们还是必须采取大量措施来强调这一观念。大众对将军掌权总是怀有难以驱散的恐惧。

在秘密活动上出现了类似的问题。一方面,大家都同意暗箱操作以及秘密机构应该是战后政府的一部分,但另一方面,也有人认为这同样会让政府面临合法性的难题。和往常一样,埃伯施塔特的报告摆出了这个矛盾:"[国家安全]委员会应该每年都向总统和国会递交报告。考虑到国家安全并不一定要牵涉到秘密活动,其报告应该出版。从而大众就可以从一个权威和可靠的来源了解到这些重大的事情。通过这种方式,委员会就可以逐渐以确定、一致和有效的军事及外交政策赢得大众的支持。"㉛很明显,过多的秘密活动被认为是一个问题,但这不是因为这些人将效忠于开放型政府作为他们的原则,因为他们并不效忠于开放型政府,而是因为开放性会使得大众接受新的现实。他们是功利主义者,而非理想主义者。不过除了这层担忧,当时对这个问题并没有给予及时的注意。哈里·杜鲁门说,他从未想过中央情报局会变成一个独立的决策权威机构;用他的话说,它应该仅是一个信息的收集机构。㉜在对1947年国家安全法的参议院听证会上,中央情报局只出场三次,而且只有一次是比较务实的讨论。泰丁斯参议员是马里兰州一位非常保守的共和党人,后来成了约瑟夫·麦卡锡的牺牲品,他表达了他的担忧,认为这条法令中牵涉到中央情报局的第202节过于模糊,一旦中央情报局开始运作,对这个机构将没有任何束缚。霍伊特·范登堡将军向他担保不会出现这样的情况,因为马上就会出台一个新的议案,具体规定其权限。这个新的议案准备好了吗,泰丁斯问道。是的,回答是:"但是我们想等到我们有合适的理由在必须提交这个议案时再把它提交上去。"③ 显然他们一直没有找到合适的理由,因为一直就没有关于中央情报局的严肃讨论,直到中央情报局犯下它最严重的错误。议员辩论微乎其微;倒是有一个议员像预卜吉凶的预言家卡珊德拉那样说道:

> 我们必须防备在我们的政府中出现一个军事盖世太保。我们
> 都清楚地知道,刚过去的那场代价惨重的战争就是源自军队
> 控制了公民的政府。普通的公民时刻提心吊胆,害怕军队的
> 情报机构。他害怕发表意见。甚至害怕自己的思想。④

但是,这样的意见孤立无援。而且,对于这样的法令,议员辩论也只是做做样子而已;任何实际的立法行为都必须通过两个军种委员会,而在那里很少讨论中央情报局的作用。军方的领袖们需要它;而这些委员之所以得以进入委员会,正是因为他们知道应该怎样去倾听军方领袖们的意见——安静地、谦恭地倾听。

在大多数情况下,国会议员会选择不去过问在政府内部组织专业间谍的行为所包含的意味。但是在 1947 年 4 月 2 日,他们却不能再假装不管不问了,因为海军中将福雷斯特·谢尔曼为他们把这个问题清清楚楚地提了出来:"我认为,"他说,"在当今世界形势下,中央情报局是一个必不可少的关键部门。这种必不可少是随着我们国际责任的增长而增长的,同时也是因为我们遭受突然袭击的可能性、由于远程武器和大规模杀伤性武器的发展而增大了。"⑤ 而和往常惯例相悖的是,一个名叫艾伦·杜勒斯的纽约平

民商人被问及他对中央情报局的意见。因为杜勒斯正前往欧洲，所以他提交了一份意见书，参议院武装部队委员会的主席将之归入档案。杜勒斯在其中说道："情报局应该由一群数量相对较少的精英来领导，他们应该对匿名活动有一种激情，又愿意坚持做这种工作。"他强调，中央情报局的领导应该是一个文官；杜勒斯说，就像高级法院的官员一样，中央情报局的领导应该有很长的任期，并且应该不受"政治变动的干扰"，这是指选举而言。他认为英国的体系是完美的，并呼吁应该给予中央情报局"执行秘密情报活动的独立司法权力"。[36]总结起来看，这样的言语指出了秘密的情报活动将会对维护民主结构产生一定的威胁；一小部分人可以不承认这个矛盾，但并不代表这个矛盾就不存在。谢尔曼和杜勒斯其实是很明显地在支持一个秘密的、反民主的政府。

在这些讨论中，人们还提及了第三个问题，认为它比文官掌权和秘密问题都更重要，这就是花费问题。一个国家军事机构花费过高就会引来纳税人的反抗，而如果费用太低，又会严重地损害掌权者准备赋予这个机构以最高权力的初衷。这次又是第一份埃伯施塔特报告强调了这个问题。它很直白地说："美国人民不会支持那种过分要求其服役和缴税的军事机构。"[37]在对国家安全法的听证会上，这些主要来自中西部的保守的绅士们最关心的正是花费问题。要减少费用，看来只有一个办法，但是这个办法又极为自相矛盾。胡佛委员会1949年的报告阐述了这个办法，其中一个"基本原则"就是，"撤消浪费性的重复机构是一个良好政府的基础，但是……在合理的范围内维持一种健康的竞争精神以及岗位自豪感和传统感又是进步以及良好风纪的基础。"[38]那究竟该怎么办呢——选择竞争,那可能会浪费纳税人的钱,还是选择删除重复机构,而这又会损害既得利益? 这样看来,这个问题其实反映出了在撤并和既得利益之间的冲突。

如埃伯施塔特报告一再重申的,美国在二战时期军事政策的主要问题在于缺乏协调,在军队内部机构之间、在政府和私营制造商之间都存在这个问题。如果这确实是实际情况,那么我们很可能期望这个报告提出将独立的军兵种合并,但是报告却正相反,它认为合并是不正确的。埃伯施塔特在一段非同寻常的文字中揭示了当时即使是统治阶级内部的自由主义者都怀有的对法西斯主义和斯大林主义的崇敬之情,他说道:

> 这个国家的民主政府的行事程序有时显得是如此笨重和缓慢,即便面临战争的紧迫压力亦是如此。我们经常是如此地向往着一人决策,经常不自觉地去贬低我们体制中的那种平行、相互竞争有时甚至是对抗的决策努力所带来的巨大益处。我们还会不时地带着妒意地观察那些无须这种耗时程序的政府体制。但是,我们在仔细观察时又恍然发现,他们其实和我们一样处于不利的处境,却又没有我们所能有的好处。⑧

这是反对军事统一的最明显的理由,但是它所说的最多只有一半是正确的,因为并没有人宣称要建立个人独裁。真正的关键在于陆军部和海军部之间的激烈争斗。我们很容易就陷入到对这些争斗的细枝末节中而忘记了他们争斗的真正原因;他们在军事联合问题上争斗的根源其实是一种社会矛盾,后者比这两方引为理论支持的那些公共管理理论要重要得多。

1906 年,德国历史学家和法律理论家奥托·欣茨写道:"陆军

第六章　双头政治的兴衰　283

是一种深入到政府结构中并对之进行重塑的组织。而海军只是延伸到外部世界的一个铁拳而已。不能用海军来对付内部的敌人。"⑩欣茨的目的是想说明,在英国存在着民主机构,而德国则没有。他的观点是,一个海军占主导的国家更有可能维持其民主的结构,而由陆军将军们支配的国家就会比较独裁。这个分析对我们理解美国的军事事务很有帮助。一直以来,海军部是美国统治阶级中最贵族的部分;人们曾一度认为,担任海军副部长对罗斯福牢牢掌权来说是一个必不可少的阶段;伊莱休·鲁特是亨廷顿称为新汉密尔顿派的关键人物⑪,同海军也有着千丝万缕的联系;阿尔弗雷德·塞耶·马汉是美国帝国主义重要的辩护士,类似这样的作家也被看作和海军是一体的。⑫而另一面,陆军的基础不在新英格兰,而是在南部和西部,是在美国社会的边缘地区。⑬(20 世纪 50 年代以来,这种征兵的模式已经开始改变。)在工业统治阶级内部,赞成改革的商业贵族和地区狭隘主义的制造业阶层之间存在分歧,同样地,在军队内部也存在着认识上的根本分歧。当詹姆斯·福雷斯特尔这个贵族阶级的绝好代表要求另一个绝好代表埃伯施塔特反对军事联合的时候,他其实是在忠于其"改良"传统。因此,当处于这样高的职位上的福雷斯特尔也最终归于失败时,就意味着不仅仅是政府结构发生了变化,同时也意味着阶级力量天平的变化。1949 年 4 月海军的平甲板航空母舰的要求被拒绝,这就很清楚地表明海军正在迅速地失势,同时也意味贵族统治阶级开始没落。以杜鲁门为代表的新政民主党人以及和陆军统治阶层关系密切的保守派共和党人联手建立了新的军事掌权集团,这个集团更加积极地推行地区主义、孤立主义(但奇怪的是,他们又更

192

284 第一篇 寻求稳定的六种答案

加地好战），更加愿意为了狭隘意义上的国家安全利益而抛弃其民主的外壳。这种联合并不像初看上去的那样出人意表。正如舒尔曼指出的："民主党人一直就比共和党人更偏向陆军；一般来说，其中的原因在于，陆军和其他两种精英军种相比有着更大众化的民主个性。但同时，陆军又和一个强权总统更相容，而这种强权正是民主党人一直致力的。"⑩ 除了加强总统的权力，这种联合还代表了一种方向，逐渐远离民主合法化的进程，转而支持一个虽然不民主但却"有效"的对外政策机构。

在"国家安全法"通过的过程中，杜鲁门的决定作用是逐渐体现出来的。尽管最初他并没有意识到这个立法的重要性，但是当他意识到的时候，他就以最大的努力致力于军事联合。埃伯施塔特报告中的一个短语激怒了他。埃伯施塔特写道，国家安全委员会在战时将会转变为一个"战争内阁"。⑮ 在这个时期，赞成改革的政治科学家认为应该从英国借来一种模式以替代美国政党的混乱局面⑯，费迪南·埃伯施塔特等人和他们一样，认为英国指挥战争的体系是世界上最完美的。但是杜鲁门却被这种思想吓坏了："在某些方面，"他在回忆录中写道，"一个内阁政府的效率确实要高一些，但是在英国的这个体系之下，事情是由内阁集体来负责。在我们的体系下，这种责任集中在一个人身上——总统。"⑰ 很明显，行政部门拥有至高权威的概念正在慢慢成形。杜鲁门需要的不是一个战争内阁，而是一群在他之下工作的顾问，因此，他当然更喜欢将各个军种合并为他的形式内阁中的一个部门，而不是各个部门各自独立、各自追寻自己的既得利益。最终的结果更接近杜鲁门的设想，而不是福雷斯特尔的设想，也即各军种合并到了一起。为

第六章　双头政治的兴衰　285

了挽回面子,福雷斯特尔用各种名字来称呼合并,比如并合、结合,但是当参议院泰丁斯不无嘲讽地问他,他是不是坚持认为玫瑰如果叫上别的名字闻起来就会不一样了,这才告一段落。[48]不过,杜鲁门并不是大获全胜。正如1947年3月18日福雷斯特尔所说的那样:"如果我不承认这个法案的通过是妥协的结果,那我就太不诚实了。"[49]也许是因为福雷斯特尔表现出经受得住失败和为法案说话的气概,他被指定为新的"超豪华机构"的部长,而他原本并不想有这么一个机构。而另一面,杜鲁门获得了随时绕过国家安全委员会的权力。[50]另外,1949年通过的一系列修正案加强了国防部长办公室的权力,从而进一步推进了杜鲁门的理论、加强了福雷斯特尔的权力。[51]和授予特权的国家一样,政策是在政治交易的基础上制定的。

　　双方越来越感觉到,过分的争斗只会逐渐地破坏通过合作已经获得的优势。1949年时,埃伯施塔特已经是全国防卫组织特派部队胡佛委员会的主席,他表示愿意支持新的决议。他的新委员会注意到"我们最大的需要是将军事思想提高到一个高于单个军种目标和野心的层次",并建议加强国防办公室,因为"在军队领导机构内部需要更大程度的权力集中"。[52]如果这代表海军观点的逆转,那么陆军的支持者也表现出了妥协的意愿。比如,杜鲁门在实际的行动中缓和了对国家安全委员会的反对。在朝鲜战争之前,他甚至不愿和它会面,而在那场激烈的"冲突"期间,国家安全委员会获准行使职责,当然只是以顾问的方式。[53]不过,最令人惊讶的情况出现在艾森豪威尔总统任内。艾森豪威尔在支持国家安全法令时一直忠实地站在陆军的立场上,因此人们都认为他在国家安

286　第一篇　寻求稳定的六种答案

全问题上自然会采取同样的陆军立场,[㊾]但是新上任的总统却非常赞同地倾听着持不同意见的顾问。纳尔森·洛克菲勒领导的一个委员会也支持埃伯施塔特小组关于国防部长的建议;[㊿]而这个委员会因为其成员大部分都和统治阶级有关而闻名于世。另外,和杜鲁门不一样的是,艾森豪威尔尽力地每周都和国家安全委员会会面,甚至在他生病的时候都把他们召集到科罗拉多举行会议。[㊿]在肯尼迪执政的时候,认为艾森豪威尔的职员体系不够精简、不符合实际的批评对像汉斯·摩根索和亨利·基辛格这样的政治科学家来说是家常便饭,[㊿]但是就好像一件再发现的装饰艺术家具一样,艾森豪威尔的职员体系的价值要在回顾当时的场景中才能发现。它最大的优点在于,正是因为其官僚的本质,才使国家权力得到谨慎的使用。在 1945 年 5 月,艾森豪威尔的参谋长联席会议发布了一个令人吃惊的声明:他们认为"从美国的角度来看整个远东的局势可以发现,在印度支那已经不存在决定性的军事目标,因此在印度支那分配超过象征性的军事力量将会是对美国有限的力量的一种牵制。"[㊿]而之前,艾森豪威尔公开发表声明说他无法"想象出,对美国人而言,还有什么比(在东南亚)深陷入一场全面战争更惨的悲剧"。[㊿]换句话说,对国家安全委员会机制的依赖、对遭到鄙视的战争内阁的观念的认同,虽然明显是不民主的,但同时也不是军国主义的。政党之间在维持一个帝国的共同愿望面前愿意调和他们的不和,这一点表明,合并与每一个军种的既得利益之间的矛盾得到了暂时的解决。

194　　但是另一个相似的问题同样不可忽视。如何来处理合并后的新军事领导机构与机构外的单位之间的关系? 如果个体商人追寻自己的个人利益,那么为冷战获得资源的过程就会受阻。如果国防产业的工会继续罢工,那么后果也是如此。如果大众继续其个人主义的生活方式,不响应国家的爱国主义号召,那么新的结构所必需的动员机制就无法实现。为了对付这些问题,领导层想尽了一切办法。对福雷斯特尔来说,答案在"和谐国家"原则中。他认为,国家安全法"为对外政策和国内政策的融合以及我们的民用经济和军事需求的融合提供了条件"。[⑩]如果真是这样,那就万事大吉了,但是每个人的利益并非都是一样的,当军事需求扩大的时候,民用经济就受到了损害,而且是极大的损害。而外交政策在越南问题上、然后在一个接一个的领域里破坏了国内政策。而对其他人来说,"扩张主义的国家"的原则是一条好的出路;大帝国将会创造大量的财富,只有那些厌恶人类者才会抱怨公民自由权受到了侵犯、抱怨巨额税款和日常生活的军事化。但是这里的问题在于,帝国无法安然地维持下去,两年时间里扩张主义的乐观修辞就被安全第一的防守言论所代替。最后,另外一些人认为解决方法是"授予特权的国家";国家安全和生活的其他领域一样,可以从属于个人利益的追寻,方法是将权力给予大众,这种方法可以通过对权力给予的巧妙使用来缓解不满。因此,埃伯施塔特设想了一个在和平时期和战争时期都将存在的"国家安全资源委员会",并具体地制定了其根本原则。为了寻找"合适的组织性单位",报告称"军队组织的一个重要目标必需是在各军种和工业权势集团(包括工人)之间保持一种非常紧密的关系,因为他们必须依赖后者来生产他们必需的武器装备"。[⑪]由工业和劳工代表共同组成的顾问委员会将被直接纳入政府,以帮助其制定和国家安全相关的重要政策。实际上,埃伯施塔特委员会在他们提出来的组织计划图中清晰地描绘出了一个完整的工团主义的经济组织模式,将公共事务和私人事务完美地融合为一体。[⑫]

这些尝试一一陷入了困境,人们最后尝试了另一种答案,来解决既得利益和共同利益之间长期存在的这个问题。这回不是把军队推向人民,而是把人民拉向军队。换句话说,就是日常生活的军事化将会赋予每个人一种共同的利益,即支持新的军事领导机构,从而解决上述问题。而且,这个解决方案还可以解决合法化的问题,因为它可以给予人民一些他们可以支持的东西。这个想法非常诱人,值得我们大段地引用埃伯施塔特报告中的话:

今天,美国人民似乎已经认可了我们必须用武力去反对侵略国,从而实现我们自己关于世界秩序的理想。从这一点来看,公众对国际合作的支持就和任何军事政策的制定都高度地相关。如果希望这种公众的支持能够得以增长并起效,那么在组织结构规划上就必须谨慎地考虑到,不同的结构形式对公众的理解和公众的利益会有着不同的影响。

要建立起美国人民在我们的军事领导机构中的利益关系,并不是单纯通过聆听公众的意见就可以完成的。它还可以建立在更坚实的基础之上,只要能够为那些与军事政策的具体方面相关联的组织提供便利,使之积极参与到军事事务的各个环节中来,就可以做到这一点。因此,公众支持度基本上就取决于工业和劳工代表在多大程度上被要求参与到动员规划之中去,取决于在多大程度上,其他民用领域的专家被赋予了就国家安全相关问题提供他们的意见的机会。教育机构和科学实验室可以作为军方与地方交流的渠道。这就要求与大学以及工业和科学实验室达成协议，从而可以使他们的专业人士能够在华盛顿和其主要工作岗位之间运动自如。这样的协议应该可以产生出我们想要的结果，也就是打破与地方生活隔离的孤立局面，这种局面很容易将军队变成一个独立的集团。[6]

除了没有考虑到在二元国家下战后生活的每一个方面，这个方案还是很成功的。二十多年来，大多数关键利益集团——商人、劳工领导、科学家和知识分子——都从日常生活的军事化中获得了不少利益，因此二元国家的扩展并没有遇到任何实质性的反对。在越战结束时期，当人民终于觉醒过来时，他们的幻灭感如此强烈，正是因为这种幻灭感一直就太微弱了。没有这种政策提供的"伪装"，二元国家永远都无法成为现实。

除了期望与表现以及一元利益与共同利益之间的矛盾之外，制约二元国家取得成功的第三个因素在于它不是在真空中建立起来的。这个政府的整体目标是为了控制民众——首先是国外，然后是国内。这个任务面临的困难有一些是相对较小的。上一个时代国际道德的原则——比如所有国家都有自主权以及开放条约的观念——可能都必须重走"权利法案"以及低税的老路，但是这一点很容易做到，因为美国人民从来就不怎么关心在遥远地方发生的事情。另外一个小困难是国内政党对政府帝国主义角色的反对，大部分（这是指次数而言）是来自右翼而不是左翼。现在为我们所轻蔑的孤立主义在那时构成了反对二元国家的主要国内力量，而威廉·E.博拉发出的警告现在听起来更像是富有远见的预

290　第一篇　寻求稳定的六种答案

言而不是歇斯底里的吼叫。⑤但是，反对二元国家的人并没有可以和掌权者的修辞相抗衡的言辞，因此，在国内并没有任何对新政治秩序的真正挑战。

令人惊讶的是——至少让那些规划这些事情的人很惊讶——对建立二元国家的政治反对来自国外，而这些力量将是二元国家控制的对象。这段时期真正关键的问题并不在于美国阻止共产主义扩张的能力，因为正如加布里埃尔·科尔柯所详细阐述的，二战后全世界的共产主义运动一直就是很保守、有时候甚至是反革命的。⑥真正的目标应该是阻止和（如果没有成功）疏导战争在第三世界国家引发的民族主义热情。传统欧洲霸权的瓦解意味着广大的地区将重新变成剥削的对象，但是这一切又不能用通常的殖民方式进行。在这些国家，有很多人，甚至包括一部分领导，都不愿遭到外来干涉；而二元国家的建立就是试图在这种情形下将这些人置于美国的控制之下。简而言之，二元国家面临的是一对矛盾，一方面是它自己的宣言——让"自由世界"变得安全，另一方面是它维护不自由的旧秩序的事实，尽管这个秩序披上了一件新的外衣。

为了深入地探讨这个问题的影响，我必须把焦点从华盛顿移到"战场"上去，去观察二元国家的决策者们试图在没有美国存在的地方建立存在的时候所遇到的种种困难。这个问题可以简化一点：在将政府扩展到新的领域时应该使用怎样的方法？

现在我们应该能清楚地看出来，政府的决策者们并不是很有想象力的人，在遇到新的困难时，他们总是试图重新调用陈旧的方法。他们目睹了在新政时期授予特权的国家的创建，而且又不知道别的方法,因此他们就想把授予特权的国家直接平移到国外去;1932 年在田纳西州行得通的,1948 年在非洲和亚洲也应该能行得通,或者他们是这样认为的。但是我们从上一章中知道,授予特权的国家正常运作必须有一些前提条件:一个需要进入的部门;一个被认为是负责任的部门领导人;可以阻止一个部门侵入另一个部门的原则;可以解决单个部门与中央权力之间矛盾的机制;以及所有党派同意不破坏这个脆弱的机构的协议。第三世界的国家没有一个拥有这些前提条件。但是,华盛顿的决策者们带着传教士般的热情(同时也带着必然的幼稚)决心要让这些条件成为现实。政治科学家们再次被召集起来,具体设想现代化进程——也就是融入到授予特权的国家的进程——所需要的条件,并且制定了将这些想法诉诸实践的计划。

第一个任务是确定这个部门的各种特性。很明显,世界上的每一个国家都可以比作国内的一个部门,至少在概念上可以这样类比。问题是很多新的国家都只是名义上存在而已。如果一个单位结束和开始的地方都没有达成一致的话,那么单位之间的合作就会非常困难。有时候,这种困难会造成非常严重的后果,比如在当时的比属刚果(扎伊尔),唯一一个比较重要的政治问题就是政府构成成分的问题。一般来说,领土问题超出了美国的控制范围,因为这些问题在欧洲介入这些地区之前就已经存在了。二元国家的实践者所能做的就只能是支持那些在政府于何处开始和终止的问题上和他们保持一致的派别,然后就听天由命了。

其他事情似乎就好办一些。因为成熟、可靠的领导层对一个授予特权的国家来说至关重要,所以美国政策制定者们的目标之

292 第一篇 寻求稳定的六种答案

一就是在新出现的国家中寻找愿意遵循新规则的领导人。一旦找到他们，他们就将像农业局或协会的领导一样获得权力，作为对他们控制住了其"部门"的内部事务的回报。美国政策中授予特权的国家成分体现在各种名称中：托管、平等租借交换和最重要的委托政府概念。在二战混乱的环境中，美国就已经开始在欧洲寻找"可靠"的领导层，比如支持法国的达朗和不在波兰国内的反共波兰人联合会。即使在罗斯福掌权的时候，极端的右翼观点也已很明显不会阻碍美国形成成熟的认识。[60]尽管像达朗这样有着强烈法西斯倾向的人会让最坚定的人也感到不安，但是支持他的理由却也是显而易见的；戴高乐确实是无可厚非地保守，而且绝对是一个反共主义者，但他却同样也是独立的。美国并不想要强有力的领导，它需的是听话的领导，这些领导会不假思索地就接受这样的事实，即他们的权力都是由华盛顿的中央权威赋予他们的。怎样去找到一个软弱但又可以管理国家的领导，他们自己是精英主义者但又能够获得人民的忠诚、自己是反革命主义者但又可以在革命热情高涨的时期里进行统治，这成了二元国家国外活动的重要部分。

美国对其部门领导的要求是如此自相矛盾，以至于世界上可能找不出一个符合这些要求的人来，但是这一点似乎并不重要。人们仍然带着极大的热情在寻找着。例如说，一个自由主义的天主教徒曼斯菲尔德议员和一个新政法理学家威廉·O.道格拉斯一起推荐了一个人选，他们认为这个人在他的国家完全符合这些要求。他就是吴庭艳，这个国家就是越南。但是，曼斯菲尔德和道格拉斯这样比较老练的人都错了，这就足以说明寻找可靠领导的

过程已经变得非常艰难。吴庭艳的例子清清楚楚地表明了这整个
方法存在着问题。吴庭艳把授予特权的国家的逻辑整个颠倒了过
来；最有权的人呆的地方最无能，而最无权的人都是大人物。"五
角大楼文件"记录了，吴庭艳总能不时地让美国满足他的要求，但
是却从不完成美国提出的任何条件。[67]把美国变成纸老虎的不是
毛泽东，而是吴庭艳，而且他还是如此难以置信地得心应手。原因
就在于授予特权的国家的模式在世界环境下是不合适的，吴庭艳
知道这一点，但是美国却不知道。授予特权的国家的概念要起作
用，参与各方都必须有共同的期望，必须认可一方付出时必须也有
回报。但是在美国和越南之间如此遥远的文化距离里不可能有这
样的谅解。另外，授予特权的国家基于一个在国内很容易实现的
假设，即部门领导人可以控制住整个国家，并使它遵照自己的愿望
运作。但吴庭艳无法控制住越南的事务。当美国试图推行基于授
予特权的国家模式的各种政策时——比如"策略哈姆雷特计划"，
"五角大楼文件"的作者很清楚这个计划的本质，因而称之为"代理
式平定计划"——这些政策一一归于失败。[68]马克斯韦尔·泰勒对
这个问题有所察觉，他在一份备忘录中提到，美国必须"强行让越
南人在各个领域把他们的房子清扫干净＊"，[69]他使用的仍是以前
国内的授予特权的国家理论家们经常使用的比喻。[70]但是房子并
没有像期待中的那样得到清扫；为了维持越南在美国国内的驯服
形象，美国尝试着继续忍受吴庭艳，正如约翰·F.肯尼迪在 1961
年 11 月致诺尔丁大使的电报中所说的那样；[71]但是一个试图"劝

＊　喻指检点自己的行为，进行内部整顿。——译注

294　第一篇　寻求稳定的六种答案

导吴庭艳按照美国的意愿行事"② 的授予特权的国家模式最终仍是遭到了被抛弃的命运。于是美国支持了一场政变将吴庭艳整个推下了台。

这些发生在越南的事情是整个世界形势的缩影。简而言之，授予特权的国家无法在战场上起作用的事实导致了武力行动和暗箱操作的兴盛。中央情报局的行动在 20 世纪 50 年代达到了高潮，正是因为不需要使用秘密力量的选择——比如授予特权的国家的方法——行不通。另外，武力的使用也使位于华盛顿的二元国家总部得到了极大的扩展，而那些负责谍报的部门开始拥有既得利益，因此这个新的机构必将更大规模地介入到战场上去。其造成的恶性循环不断升级——这是当时的流行术语——直到二元国家秘密的一面变成政策事务中的全面伙伴——另一个术语。

对谍报活动的依赖度日益增加，这已经毋庸置疑，但是这仍然不能保证暗箱操作总是能达到预期的目的。尽管谍报人员喜欢把自己描绘成专业人士——冷酷、超然、精湛，但是实际情况却是，他们只是在试验新方法的业余人士。因此，全面使用秘密力量的最初尝试就不可避免地带上了一种小丑的模样，一种以后还将在水门事件中重现的模样。如果不考虑到有人遭到谋害，不考虑到自治权遭到了阻碍，那么 20 世纪 50 年代在国外的秘密活动完全可以当作是"马克斯兄弟"滑稽闹剧的好题材。1953 年在伊朗，秘密活动的负责人出现在"一伙大人物"的系列广播节目中。1954 年，杜勒斯的兄弟们为了扩大他们自己的公司利益而介入危地马拉的事务，结果被曝光于世。1956 年中央情报局对苏伊士运河地区即将到来的冲突毫无察觉。1958 年，印度尼西亚总统苏加诺揭露了中央情报局在印尼的活动,赢得了国内广泛的支持。[73]再加上对中央情报局的种种争议,使得中央情报局——以及它所附属的二元国家的秘密一面——的开端并不乐观。

业余人士的光辉岁月随着猪湾入侵的失败而宣告结束;这次失败可能是二元国家历史上影响最重大的一件事。"这次失败的冲击力撼动了国家安全的整个体系,"[74]小阿瑟·施莱辛格写道。看来人们将要对中央情报局实行强力控制了。他们最终确实遭到了这样的命运,但是这其中的过程却更能揭示这种解决方法的不稳定性;二元国家专业化的进程值得另辟一节。

成　　熟

肯尼迪在位的三年是二元国家加强和专业化的三年;战后没有其他的三年比得上这三年的重要性。肯尼迪的竞选主题——"我们一起来让这个国家再动起来吧"——表明,二战后支配了美国政治的不安全主题又加强了。我们行动迟缓、体态臃肿、洋洋自得。世界正在变化,而我们能不能跟上它尚不可知。另外,肯尼迪继承和加强了二元国家在发展过程中出现的每一种秉性。他从贵族精英分子中寻找顾问,这群人极力地要通过任何可能的方式维持自己的权势。因为肯尼迪是民主党人,所以他对20世纪50年代出现的反共热潮有点过敏,甚至采取措施去疏导这股冲劲。在意识形态上他受杜鲁门的影响,认为可以以战争内阁和职员体系为牺牲来保证总统的权力。他和约瑟夫·张伯伦一样,将对外冒险和对内改革结合了起来,或者如机敏的观察家所说的,他的"革新主义和帝国主义是不可分割的".⑦他决心进行专业化改革,寻找"最好"的有才之士,极力避免过度的任人唯亲。他因为权力而爱权力,他放置在自己周围的人都会告诉他,对权力的崇拜是一个领导最高的责任。而且,对于他这样有着政治抱负的人来说,不管花多大的代价,损害民主形式也好,动荡的危险也好,不管怎么样他也不会允许大美帝国在他的任内崩溃。在肯尼迪这里,二元国家找到了自己天然的港湾。

但是,肯尼迪对二元国家的态度也充满了矛盾。一方面,他非常希望能够控制它,能够为它注入一种开阔的统治阶级视野,而不至于因为极力追求狭隘利益的行为(比如杜勒斯卷入危地马拉的事务)而陷入尴尬的境地。同时,虽然肯尼迪说得很多,但是行动上他却是最谨慎的总统,不断地把创新推迟到虚构的第二任期去。他总是无法决定该支持既得利益还是政府各部分之间的协同合作,这一点可以从他指派去调查猪湾吉隆滩入侵失败的委员会的组成看出来。这个四人小组正好是对半分;罗伯特·肯尼迪和马克斯韦尔·泰勒告诉总统他应该控制住中央情报局;艾伦·杜勒斯(对那些无法找出失败原因的人委以重任是授予特权的国家时代流传下来的遗产)和阿利·伯克则告诉他旧有的政府结构基本上是健全可靠的。⑧有这么一个班子,含混不清的建议是免不了的;肯尼迪接受了其建议,允许中央情报局继续像以往一样运作,但是禁止它再进行类似直接入侵别国这种棘手的行动。他任命性情急躁的国防部特工约翰·麦科恩为他的中央情报局长;从这点看来,肯尼迪仿佛是偏向于地方狭隘势力的既得利益,当然如果他真的曾经偏向过哪一方的话。

第六章 双头政治的兴衰 297

　　肯尼迪需要一桩事来帮助他下定决心。越南战争不光是新武器的试验场,也是新的政府理念的试验场;战争给了他下决心的机会。在中央情报局屡遭失败后,肯尼迪确信,政府中的秘密力量机构都是自立门户的,只对他们自己负责,因此他们就总是会出错,因为他们不能或不愿和其他人一起检讨他们对现实的认识。而同时,政府机构中公共、公开的部门——比如国防部——却被看成是萎靡不振的部门,没有管理的能力。肯尼迪的决定是把这两个机构都撇到一边,重新建立一套机构。肯尼迪很厌恶战争内阁的想法,他更喜欢撰写国防部越南战争秘史的作者所说的"非正式"程序。[⑰] 国家安全委员会这样的机构被认为是无效的;用一位二元国家理论家的话来说,这是因为这样的机构"插在总统和那些只有他才能决定的事情之间"。[⑱] 既然"只有他"才能决定这些事情,那么权力自然而然应该集中在"他的"地盘上。在肯尼迪任职期间,总统国家安全事务助理的职位成了秘密政府的藏身之所。在这一点上,肯尼迪受参议员亨利·杰克逊的影响非常大,后者组织的对"国家安全机制"的小组听证会正是为了全面探索所谓的"单一、小型但是组织严密的顾问小组"。[⑲] 最初建立的小组包括麦乔治·邦迪、瓦尔特·罗斯托和卡尔·凯森以及一些过渡性质的前朝老臣;肯尼迪绕过现有的机制,而看重忠于自己的小组,对他的这种基本政策,邦迪小组给予了极高的赞赏。马克斯韦尔·泰勒被任命为总统的军事特别顾问(直接给了参谋长联席会议一个巴掌),邦迪和他的顾问小组的出现(很明显是替代了国家安全委员会),以及大量的任务交给总统的弟弟去做(以前这是国务院的职责),这些都代表了一种新的动向。

201

理论上说，新的机制应该避免中央情报局的秘密主义和地方狭隘主义，也应该没有国务院的官僚懒散习气。但实际上新机制却都没有做到。新的机构原本是要控制秘密活动，但却成了受害者，反倒受其所制。而肯尼迪的个人顾问们也陷入了一场殊死的官僚游戏，拙劣的决策执着地一个接一个。这到底是怎么回事？其实，问题在于肯尼迪做的这些表面上的改变只在形式上改变了二元国家的核心矛盾，并没有触及本质。肯尼迪的政治思想是一种接近极权主义（"不要问你的国家能为你做什么……"），再加上那场美国逐渐失势的战争情势逼人，使得肯尼迪只能单从政府协同这个方向来解决既得利益与政府协同之间的矛盾。埃伯施塔特的和洛克菲勒委员会的第二份报告都一针见血地指出，清除二元国家道路上的绊脚石只能依靠权力的集中，而这一点在肯尼迪任内达到了顶点。邦迪对权力的渴求在政府的领导所能获得的巨大权力的转移过程中走到了极致，权力从国会交到内阁到战争内阁或国家安全委员会，交到总统和他的参谋，最后交到总统最钟爱的顾问们手上。H. R. 霍尔德曼之所以能够在他的上司沉醉于阴暗的复仇幻想之时仍能统治整个国家，完全要归功于肯尼迪这一群人，正是他们把总统的参谋顾问变成了二元国家的权力根基。

将权力集中到越来越少的人的手中解决了协同政策的问题，但是同时却也牺牲了既得权力机构的直接利益。活跃的国家安全委员会和参谋长联席会议意味着独立服务机构权力的减少。但是权力交到总统班子手中就剥夺了所有这些部门的权力；而这些部门似乎不会轻易地接受这种低人一等的新地位。总统对外交事务的控制权是靠中央情报局争取得来的，所以此时的中央情报局也已经是一个既得利益机构。要想绕过这些机构,就意味着必须给他们一些东西,好让他们按照规则继续游戏。于是给了他们一场战争。于是,中央情报局可以玩它的恶作剧;国防承包商可以造他们的武器;将军们可以发出恐怖的警告;着眼国防的政治科学家们可以发明新的战略;研究机构可以玩战争游戏;空军可以扔炸弹;义务征兵制度可以毁掉更多的生命;爱国者们也可以有持不同意见者来惩罚了。让他们在那个地方忙活着,就可能让他们忘记他们正在逐渐丧失的权力,因为他们还从来没有这么舒服地拥有过权力。因此,实际上,没有通过任何计划,既得利益与国家政府之间的矛盾就被解决了;而答案就是在二元国家内部再建立一个二元国家。大二元国家的秘密一面被分割成两半。一半臃肿且没有任何实质的权力,但是却非常有钱,而且有着许多象征性的威望。另一半变成了内核中的内核,更加秘密,更加小巧,而且随着在战争中的节节败退,它更加地疯狂、更加地不顾道德。换句话说,当公民们慢慢开始深入地了解二元国家时,以前的秘密部门全都变成了公开的部门,而另一个新的秘密部门却悄悄地建立了起来。因此,当我们发现中央情报局的情报副局长并不知道猪湾入侵计划时,[30]或者当我们发现越南战争打得热火朝天,而主要的政策制定者们却只能通过读报纸了解到基本的政策时,虽然我们会感到震惊,但其实这些都已经不足为奇了。那些原本自以为拥有权力的人突然发现自己其实被忽略了,然后才开始理解在现代政府中无权的真正含义。[31]

　　这些动向基本解释了肯尼迪/约翰逊和尼克松任期内二元国家的结构。正如拉尔夫·斯塔文斯所说,在前者的政府中,暗箱操作从偶尔需要的层次上升到了日常现实的层次。越南战争是由一小群人计划和指挥的,这些人动用了各种各样的秘密机构:303 房间、"反叛乱特别小组"、当地小组。这些都代表着"总统的战争权力扩大到了这个国家前所未有的程度。第一次,对几个国家安全机构的指挥权完全集中到了总统办公室这一个地方"。⑩与此相仿,尼克松政府也在亨利·基辛格周围建立了一套秘密机构。颠覆智利的民选政府的计划就是由一个名为"40 委员会"的小组制定的,这个小组每周都和基辛格会面,以调整国家的战略。那些影响到世界上数百万人的主要决策都是由几个人制定的。在 1947 年到 1961 年间的紧张和矛盾之中诞生的二元国家在 1962 年到 1967 年间终于最后定型。

因此,在 20 世纪 60 年代的某一个时间,一个完全发展的二元国家形成了。因为它是秘密的,所以很少有人意识到了它的出现,不过如果坚持阅读当时的日报的话还是可以隐约地感觉到情况发生了变化;因为它没有公共的责任,所以它傲慢、无情,在所有它下定决心的地方强加自己的意志;因为它自认为无所不能,所以它发展出自己的语言、自己的规范、自己对合理性现实的规则——总之,发展出它自己的象征体系;⑪因为它和它行动的后果分离开来,所以它发展出了自己的判断原则:尸体数量、行动次数、获取的文件都用来标记所谓的"进步"。虽然说在它诞生过程中,每一步都逻辑地来自前面一步,但是整个结果——当这些步骤最终组成到一起的时候——是令人恐惧的。因为一批前所未有的数量巨大的大规模杀伤武器落到了一群前所未有的少数人手里;而同时,政治却仍以从前的方式运作着。选举照样进行,法案照样通过,情绪照样被煽动,希望照样受挫败——而在这一切的同时,一个政府内的政府在欢快地运作着,仿佛周围这所有的事情对它都没有任何影响。在这样一个小小的国家里,巨大的权力集中在它的手上,是为了说明,一个逐渐没落的帝国主义强国可以向世人证明它仍然可以统治整个世界。但是它不能,所以尽管二元国家手中有着权力,但它的末日也指日可待了。

完整意义上的二元国家只存在了十年左右,大约从 1963 年到 1973 年。在那段时间里,二元国家公开的一面和隐秘的一面各自的细节在巨大的争议中达成了一致。其中最重要的例子可能是东京湾决议。约翰逊使用当时已经让人生厌的局势紧急和总统决策权的言辞,从国会赢来了这么一个决议,而这个决议只能说明国会的无能。如果真的有可以质疑二元国家的时机,那就是这个时候,但是国会拒绝了这个机会。不过,这件事的重要性还不仅在于约翰逊,它还表明二元国家的内核仍然使人感觉到,他们需要公开政府的宣言;那些在内核里的人还没有准备好完全忽略政府的现有机构。⑭当国会认识到他们事情的重要性时,这种态度已经发生了变化。当参议院对外关系委员会召开对一项要求国会参与对外事务的决议的听证会时,当时二元国家的法律理论家、恰好又是司法部长的尼古拉·卡岑巴赫发布了以下一条令人惊讶的全新的规则:

富布赖特主席:您认为宣战过时了?

卡岑巴赫先生:在这种语境下,我认为宣战这个表达法已经在国际舞台上过时了。⑮

然后,卡岑巴赫完整地阐释了二元国家运作的基本原理。如果国会不喜欢,他告诉他们,他们可以弹劾总统。(在那个时候,这种情况很难出现,就好像预测世界将在那一天结束一样。)国会感觉很失败,于是撤销了东京湾决议,但是它所面临的两难境地在后来表现了出来;它通过了一条法令限制总统发动有限战争的权力,但其实却是第一次为二元国家的战争奠定了合法的基础;而这一点只有少数参议员能够理解,比如托马斯·伊格尔顿。

正如一位评论家所说,在约翰逊时代,"华盛顿官僚的最高层主要是负责计划秘密活动。"⑧不过,有卡岑巴赫这样的人为政府这种形式的活动辩护,不管他辩护时多么傲慢,这个事实都说明了在二元国家的两面之间还存在着一种平衡。然而,这种平衡是非常不稳定的,而且一个错误——比如二元国家过多地干涉国内事务——就可能轻易地打翻这个平衡。这个潜在的危险没有花多长时间就变成了现实。

年轻的二元国家步入晚年

这个秘密的、独断的、极权的政府主要是用来控制海外那些难以驾驭的民族,但是它同样也可以为了相同的目的用到国内来;现在我们回头来看时发现,这种倾向似乎是不可避免的。这种情况并不是从某一个很关键的时刻开始的;相反,二元国家插手国内是件很缓慢的事情,其成因很难轻易就阻止。首先是构成二元国家基本原理的理念被运用到国内。当 20 世纪 60 年代国内的激进主义爆发时,反共产主义可以很轻易地复活。在面对外来威胁时应该强调全体一致,这种论调很容易就被约翰逊所利用,正如当年被麦卡锡利用那样。其次,国外和国内事务之间的区别变得微不

第六章 双头政治的兴衰 303

足道。为了能够导演它的战争，秘密政府必须征兵，所以从一开始，它就对国内施加自己的影响力。掩盖坏消息，加强后备军官训练的计划，通过义务兵役制重塑劳工阶级，通过战争消耗造成通货膨胀——所有这些都是对外决策在国内造成的后果。最后，资本主义社会中的政治动力导致了对效率的重视；因为秘密机构依然存在，所以那些有商业头脑的人就到处去使用它，把它当作是最有效率的机制。这最后一点千真万确，尤其是当总统将他的国内政策隐藏到战争论调中时；而这种策略在新政时期是非常流行的。单单在 1965 年，就有对贫穷、黑穗病、疾病、自满和通货膨胀的战争，每一个战争都要求有战争的思维方式。伦道夫·伯恩预言说："战争就是国家的健康。"[⑤] 这个预言在各个领域都被证明是正确的，远远超过了他的期望。

当发现秘密政府出现在国内事务上时，美国民众的普遍反应是震惊，好像 1947 年那条禁止中央情报局介入国内事务（将之留给联邦调查局）的法令就是一个社会契约，总是面临着毁约的危险。人们发现，中央情报局一直就在花钱支持它中意的组织，比如全国学生联合会。政治科学家们用干净利落的范畴将一个复杂的世界划分成简单的图表，但是中央情报局的人和他们不一样，他们清楚地知道在国内和国外事务之间作区分是愚蠢的，所以他们把这个认识作为行动的指南。尼克松总统认为自己在水门事件中的行为并不是不体面的，他在为自己辩护时告诉美国人民，中央情报局在国内事务中的活动——非法入室、邮件检查、国内监视——都可以追溯到 20 世纪 50 年代，民主党和共和党组织的政府都牵涉其间。[⑥] 就这一次，他没有撒谎。但是，贿赂杂志和小规模监视和

304　第一篇　寻求稳定的六种答案

后来发现的比起来简直是小巫见大巫。《纽约时报》一向会给读者一个圣诞礼物，以揭露骇人听闻的大事件，自从尼克松辞职后，《纽约时报》已经很久没有可送的礼物了，不过在 1974 年 11 月底，它披露了中央情报局国内活动的范围之广。⑱至少有 1 万人因为反对越南战争的"罪行"而被记录在案。在当时的局长理查德·赫尔姆斯的领导下，中央情报局完全变成了针对国内的镇压机器。正如一位中央情报局官员所评价的："你们拥有的是一个不受国内安全机构和核查制约的绝缘的秘密警察机构。"⑲二元国家回家来了，不过是回来报仇的。

秘密组织对国内社会周期性的突袭伴随着其他一些动向，这些动向同样很重要。20 世纪 60 年代的历史表明了，民主党在需要对国内动用国家镇压权力的时候绝不会犹豫。因为只有在国内存在可以镇压的东西时才有这样的需要，所以当国内以新左派和黑人权力运动为代表的激进主义兴盛起来时，政府内部马上就产生了一个镇压机器。⑳不时的镇压使得那些"法律和秩序"的看家狗必须更加专业；在司法部，则是制定了控制国内人民的新计划。这些手法不免是秘密的，因为它们同社会上大部分的民主修辞相抵触。中央情报局在国外是什么样，联邦调查局和地方警察力量也就是什么样。（联邦制度保证了会有足够的实施控制的警察力量和受控制的群体。）一系列的秘密活动开始在政府的各个层次展开：红色小队、政治谍报、搭线窃听、非法入室、邮件检查、全面监控以及卧底的使用。打着控制警察部门权力的旗号，其实却建立起了一个警察政府。

然后就是水门事件。当尼克松上台时，二元国家集权和专制的一面早已存在。在对外政策领域已经不可能再进一步推进它的权力了，但是在国内却有着广大的空间。民主党人早就开始在国内建设二元国家的势力，但是到1968年时这个工程还没有完成。也就是说，尼克松班子并没有自主地要去建立一个秘密的国内政府，而只是捡起了别人剩下的工作罢了。这种非常自然的承接在尼克松一名手下的事后反思中可以看得很清楚。当杰布·马格鲁德知道他参与构筑的秘密政府将大白于天下时，他意识到：

> 我的生活从那天起整个改变了。我第一次意识到，我想我们大家都意识到了，我们卷入的是一场犯罪活动，如果事情败露，我们都要进监狱。春天的时候，当利迪向我们展示他的非法入室计划的时候，我本应该意识到，那是非法的，但是不知怎么回事，当时它看起来还是很不错的，可能是因为我们是在美国司法部长的办公室里讨论这件事吧。不过那个星期六早上的时候，我意识到这并不是那么简单，不是什么精明的政治策略，那是犯罪，可能把我们大家都给毁了的。因此，我们不假思索地自动地进行了掩盖工作；没有人想过不要去掩盖它。凭借我们这么大的政治权力，我们绝对不可能抹不去我们犯下的这个错误。⑳

这段话展示给我们的，并不是一个罪犯在很不坦白地辩解没有意识到自己是在犯罪。确切地说，有两点值得注意。首先，"不假思索地自动地"的观念表明，对政府里的幕后人员来说，进一步秘密活动成了一种条件反射，而不是有意识的行为。秘密活动已经成为民主政府的生活方式，甚至不需要对它做任何讨论；将政策事务公开化这个颇具争议的选择已经变成了一种特例。其次，马格鲁

306　第一篇　寻求稳定的六种答案

德表明了，有国家权力在手就有了足够的借口，可以采取任何行动。正如他所描述的，利迪的计划是如此怪异，任何有理智的人群都会一笑置之。但是，在一个由我在第九章中称为异化政治思想（也就是马格鲁德所说的"精明的政治策略"）控制的社会里，有国家权力在手并不会导向理性。尼克松的人很害怕——害怕外国人、害怕持不同意见者、害怕普通人、害怕他们自己——因此他们坚定地表现得像一个很害怕的人，在秘密活动中推行着他们的幻想，然后在被抓住的时候又把错误全都推到别人头上。

　　一般很害怕的人都会做出些愚蠢的举动，而正是尼克松"小组"——包括那些最害怕的也就是最愚蠢的人——无与伦比的错误，才最终使得水门录音带文字本公之于世。二元国家的内核商讨事情的过程第一次展现在世人眼前，而这文字本还被篡改过的事实更引起了极大的震动，这种震动只有在一个极力否认自己的存在的事物终于浮出水面时才会出现。在录音带文字本交出来之后，人们不再怀疑二元国家存在的事实；有理智的人只会在讨论其意义时才存在分歧。因为这些录音带提供了足够的材料，让评论家们忙了很多年，所以在这里讨论围绕水门事件的各种事件，反倒不如用这些事件来突出二元国家的本质更有意义。因为水门事件这个二元国家的合理产物同样永远地改变了二元国家的形式，原因就在于它产生了一个让秘密活动不可能再存在的因素：公开性。

　　水门事件的阴谋家们并不是法西斯主义者，并不想终结民主政治。也许他们可能确实想过要这么做，但是从录音带可以听出来，自由民主政体的期望总是在限制着他们的"选择"，改变着他们的"剧本"。约翰·迪安在直接向尼克松汇报其"调查"时，谈到了

第六章 双头政治的兴衰 307

约翰·米切尔出庭面对大陪审团：

迪安：我得到了很清楚的指示，不准调查此事，但是如果所有的事都让选民知道了，那就真的不得了了。我正在想一种遏制的法子……

总统：可以。

迪安：好让事情就在那里打住。

总统：对。⑥

这个暗喻比迪安设想的还要合适。遏制政策原本是一种用来对付共产主义的理论，对付敌人的理论。在以往，当尼克松在加拉加斯被人扔石头而在洛杉矶大受欢迎时，他知道该遏制的是谁；但是当开罗的人们热情欢迎他而纽约给他的是一片嘘声的时候，事情就不那么明了了。现在需要对付的是另一群公众了，这里迪安仅仅是提出了一种设想，而不是点出一个新的发现，而对这个设想，尼克松只能表示赞同。白宫的人现在正在学习的东西，二元国家的幕后人员是付出了艰辛才学会的：民主期望是一柄双刃剑。当霍尔德曼将司法部调查组向他提出的问题抛在一边，并说那"基本上是公共关系的职责"的时候，⑥他是还没有搞清问题的所在。法律只有在法律制定者同样遵循法律的时候才能被用作一种社会控制的方法。霍尔德曼自己曾在1973年3月27日说道："是的，没有人能凌驾于法律之上，这也是我们工作的准则，但是……"接下来，他就提出了一种回避这条准则的策略。⑥尼克松的手下如此地沉醉于国家的具体化（见第八章），以至于他们完全忘了政府自己的行为准则，而这是他们毁灭的一个重要原因。

尼克松倒台的第二个原因是他的政府对既得利益问题的处理

方式太不得体。到 1968 年的时候,中央情报局和联邦调查局都是二元国家外围的既定组成部分。肯尼迪尝试着去控制这两者,发现其方法就是分别给他们一点事情去忙,并且尽力地避免去刺激这两个机构行动的敏感性。在这样的环境下,尼克松手下人的行动就显得非常罕见了;他们一方面对私有部门的既得利益很敏感,但另一方面却往往忽视二元国家内部的地方利益权力。政府的内部关系和垄断资本主义经济非常相似。当联邦调查局向中央情报局询问关于一个叫李·D.彭宁顿的特工(他是詹姆斯·麦科德的朋友)的信息时,中央情报局"藏起了"正确的信息,而提供了使人迷惑的信息,他们之间就好像那些跨国巨人试图在价格上互相愚弄的情形一样。[⑥]但是同样和在经济中一样,这些机构在遭受攻击的时候也往往会团结在一起;而尼克松战略的后果就是迫使这些既得利益机构结成了一种联盟的关系。

尼克松把二元国家内他能够得罪的既得利益全都得罪了。他在国内最极端的镇压计划,休斯顿计划被 J. 艾德加·胡佛破坏了,因为没有人去"安抚"他,让他获得参与计划和实施计划的机会。[⑦]白宫不停地向联邦调查局撒谎,比如他们把霍华德·亨特保险箱里的东西送到联邦调查局时,却没有告诉他们里面重要的东西已经被拿走了。[⑧]这些手段使得一系列的特工向《华盛顿邮报》的记者透露重要的消息,否则的话,掩盖罪证的整个故事永远都不会有人知道。[⑨]"联邦调查局已经不听使唤了,"1972 年 6 月 23 日霍尔德曼向尼克松抱怨道,[⑩]很明显,他没有意识到这一切都是他们自己的错。对中央情报局他们也尝试使用同样的策略。尼克松愚蠢得令人惊讶,他自以为若将用在美国人民身上的那套修辞用到中央情报局身上,中央情报局也同样会退缩下去。他指示霍尔德曼告诉当时中央情报局的局长理查德·赫尔姆斯,告诉他情报局应该"停止工作":

> 总统:好。就推迟(噼啪的噪声)(无法识别)就说(无法识别)有了亨特这个家伙真是倒霉,啊,他知道的他妈的太多了,要是他也牵扯进来——你难道不知道?如果发现这一切都有干系,那么古巴那件事就会是个大灾难。就会让中央情报局很难看,会让亨特很难看,也很可能会把猪湾的事整个都抖出来,而这肯定是很不幸的——在这个时候,对中央情报局和对国家,对美国的外交政策都是很不幸的。[⑩]

赫尔姆斯这个二元国家的专业特工会被像猪湾事件这种十二年前的陈芝麻烂谷子吓倒,会因为威胁到了政府公开一面的圣洁而退缩,这种想法是令人惊异的。实际上,赫尔姆斯更敏感的,是尼克松的手下接二连三地欺骗他的副局长弗农·沃尔特斯将军,是他们要求中央情报局牺牲自己的伪装来掩护在水门大楼被捕的五个人。赫尔姆斯才有资格威胁尼克松,而不是倒过来,等尼克松认识到这个情形时已然太迟。

导致尼克松辞职的最后一个因素是水门事件幕后策略的失败。建立二元国家以控制国外的民族,最终陷入了业余手段和当地抵抗的双重问题;与此类似,尼克松班子赢得了他们的最初目标——在1972年选举中获胜——但是却付出了昂贵的代价,将整个二元国家的行动都给毁了。谍报活动上的马虎导致整盘棋的失败。在非法进入101的课程(宾夕法尼亚州大学以前曾教授的间谍课程)上学到的简单事情被忘得一干二净,让那几个小偷轻易就被抓住了。到他们中间放一个和白宫有关联的人会更可靠一些，而现在这样，正如马格鲁德很现实地考虑的那样，整个事情就好像完全变成了民主党的一个计策。这些事情让我们想起了中央情报局早期的小丑表现。但更重要的是，既然这些事情已经败露，接下来的政治问题就变成了去控制民众，而对这个问题的处理他们同样是一副不可救药的模样。在国外，美国的对外政策制定者们一直就假设，最符合美国利益的肯定也最符合那些美国试图去控制的国家的利益。所以到了这里，尼克松身边的人也相信，对他们自己有利的对其他所有人也是有利的。他们只需要说出"国家安全"这些词，就会安然无事了。但是在掩盖罪证的计划中提出来的战略并没有遏制住大众好奇心的浪潮；相反，这些策略却强调了这种浪潮。尼克松和他的伙伴们开始了解到，以一种牺牲多数来满足少数的方式来处理事情是多么困难。尼克松在手足无措中大喊："我真不知道事情会变成什么样。就是这样，我就是不知道。"⑰一个聪明点的人就会知道；他早应该意识到这样的战略是行不通的。

水门事件、中央情报局在国内活动的暴露、"媒体文件"（联邦调查局控制持不同政见者的文件）的出版⑱——头一次公开了如此多和二元国家的国内行动有关的材料。这三者表明了，二元国家的规划者们在 1947 年制定国家安全法律时所面临的矛盾，那些他们表面上解决了的矛盾，以一种新的形式重新出现了。

首先，是努力与期望之间的矛盾。二元国家只有不摧毁公众对民主政府的期望才能使自己秘密的一面得以保存。当一位中央情报局官员得知中央情报局介入国内事务的情况将被公之于世的时候，他说："这将是毁灭性的，会毁了情报局。"⑲他把这个问题简单明了地表达了出来。他的担忧会不会成为现实，这个问题现在还无法确知，但可以肯定的是，二元国家再也不可能轻率地抛弃它的过去了。福特的总统任期表明，这个国家的政治领导希望能够重建二元国家在尼克松以前的岁月里的和谐状况，但是他们能否做到还是个问题。恢复中央情报局的信誉度是卡特任期的情报局长斯坦菲尔德·特纳的头等任务，但是他仍然需要像以前那样为情报局的活动提供正当的理由。

其次，共同利益与既得利益之间的矛盾在1947年法令的妥协中得到了表面的解决，但是这个时候看起来却比以前更加突出了。正是这个矛盾使得肯尼迪建立了一套他自己的外交决策机构，这是二元国家的秘密一面在集中权力的过程中最重要的一步。而同样是这个问题，导致了尼克松时代的信息泄露情况，因为正是一个秘密机构的愤怒和对权力被另一个机构篡夺的嫉妒导致了有破坏性的消息的泄露。美国人民能够知道这么多事情还要归功于这么一个事实，也就是，秘密政府的各个部门都非常忠于各自官僚的"地盘"，甚过忠于他们维护二元国家结构的共同利益。

最后，也是最重要的，控制与自决之间的矛盾在国外存在，在国内也同样存在。美国人民并没有像二元国家理论家设想的那样顺从。对压制政策有过反抗，也许不像希望中的那样强大，但是也足以使得秘密特工们的任务变得更加困难。防卫委员会、反对政治审判的游行、陪审团即使遭遇"有罪"判决的压力，也坚持对政治犯作出无罪宣判——所有这些都在国内政治压制政策的实践家们设想的平坦大道上放置了一块块绊脚石。简而言之，二元国家成功的背后少不了这些一路同行的矛盾；在亚洲、非洲和拉丁美洲出现的同样也出现在了美国,只是其表现形式和当权者所想象的不尽相同而已。

这三个矛盾很清楚地表明,将水门事件完全归因于尼克松先生怪僻的个性其实是曲解了真实的情形。比较合适的是把水门事件看作一个大问题的一部分,也就是二元国家的兴起与衰亡这个问题,而这个问题是牵涉到各种社会力量的结构性问题,不是说如果总统咨询了某个分析家就可以凭他个人能力避免的。具体而言,美国战后发生的事情都来自二元国家最初诞生时所遭遇到的各种压力。美国的统治阶级从来就没有完整地认可过政治民主。暴虐的精英主义一直就是战后当权者的主要特征。在美国历史上比较特别的是,一批"现实主义"知识分子宣传了这样一条信息,权力的理由就是权力本身,只要符合"国家利益",那么任何事情都是允许的。他们传达的这条信息所产生的效果可以很轻易地在约翰·肯尼迪和理查德·尼克松身上发现。这两个人都通过他们的行动暴露出一种足以让沃尔特·贝奇霍特骄傲的对民主政府的蔑视。美国当权者对逐渐成熟的多数政治参与者的回应首先是赋予他们群众煽动,然后把他们变成摆设。但是如果说是一个民主的多数团体促成了二元国家的诞生,那么同样他们又必须为它的部分毁灭而负责任。和 20 世纪 50 年代的社会学家所宣言的相反,人民要比领导更加尊敬民主形式,而正因为此,保存民主形式的努力才成为可能。

然后,我们有必要回到功能理性与实质理性的矛盾上来。战后的岁月里不仅出现了统治阶级内部的反民主意识形态,而且还出现了现代资本主义开始破坏助其诞生的边沁主义逻辑的情况

（见第八章）。资本主义的兴起在早年确实在祛除迷信和巫术、推动世界的理性进程等方面起到了积极作用，但是到了20世纪中叶，理性化进程完全颠倒了过来。垄断资本使得资本主义存在的唯一合理的理由也变得毫无意义，也就是资本主义可以通过竞争保证效率和廉价的理由。没有了唯一合理的意识形态，商人们就只能通过将非理性推向疯狂的极致来保住自己的特权了。广告变得越来越重要，而实质理性则逐渐衰败。生产机构在理性程度方面呈现越来越低的趋势，与此相对应的是，在意识方面，这些机构转而强调人的最基本、最不合情理的需求。政治领导发现他们的统治已经不再是既成的事实后铤而走险，转向秘密阴暗的行动，而那些工业领导，同样发现他们对生产方式的控制面临着合法性缺失的问题，于是转向了对大众媒体的操控。这种转变造成的氛围中，任何事情都变成了可能；关键部门被中止；幻想变成了现实。没有这种氛围，二元国家所必需的秘密活动也不可能起作用；功能理性和实质理性之间的矛盾作为二元国家的结构成因，其重要性不容忽视。但是对欲望的操控并不能永远有效；不可能永远欺骗所有的人。正是因为人民要求知道实际情况的要求，像戈登·利迪和霍华德·亨特这样的人才会锒铛入狱。二元国家所制造的毒雾虽然还没有完全打破，但是已经足以让每一个潜在的间谍心中产生出恐慌来。

最后，二元国家的兴起和衰亡应该理解为帝国兴起和衰亡的一部分。"国家不安全政府"的诞生所暗含的所有恐惧都在美国输掉了亚洲那场战争中体现了出来。除了原子弹，其他一切方法都尝试过了，而且都失败了。战争失败的一个直接结果是"五角大楼

314 第一篇 寻求稳定的六种答案

文件"的泄露,而这又将二元国家的存在暴露了出来。《纽约时报》
安排就这些文件撰写第一批文章的记者是尼尔·西汉,他独自坐
在旅馆的房间里一页页地翻看这些文件,他慢慢地看到诞生了

> 一个中央集权的政府,比其他一切都要更有权力,因为它的敌
> 人不仅仅是共产主义,而是其他的一切,它自己的媒体、自己
> 的司法部、自己的国会、外国的友好政府——所有这些都是潜
> 在的敌人。它经常把反共问题作为反对政府其他部门和媒体
> 的武器,从而让自己生存下去,让自己不朽;到了最后,它的作
> 用甚至不一定是为了国家利益,而是为了它自己的目的,它自
> 己的不朽;它有一套和公共规范完全不同的规范。秘密活动
> 是它保护自己的一种手段,倒不是防备外国政府的威胁,而是
> 防备自己的人民,防备他们觉悟过来,然后质疑它的能力和
> 智慧。[19]

西汉所清楚地看到的,对其他所有人来说也是显而易见的。二元
国家的"伪装"被如此粗鲁地扯掉,它再也不可能翻身了。二元国
家试图在越南"不负众望",但是它失败了,这失败的影响可以从其
他地方看出来。二元国家无法避免"五角大楼文件"落到美国人民
的手中,部分是因为,战争本身就清楚地表明了,不能相信这些人
的话。他们撒谎,是因为他们无法与新的世界秩序达成一致;世界
各地的国家都坚持本国自决的权力,美国的领导越是将自己摆到
与这种愿望相对立的立场,就越促成了作为反革命潮流的领导而
建立的二元国家的坍塌。二元国家是为适应帝国而建立的,因此,
它同样也随着帝国的瓦解而遭难。

总之,尼克松时代的事件是二元国家开始步入晚年,而它其实

还很年轻。那段时间里发生的事情并不是尼克松的错（虽然他的政治判断力和他的个性确实影响了这些事），而应该归因于民主领导的政治傲慢、在垄断资本主义条件下非理性主义的极度膨胀以及全球范围内实行反革命政策的必然失败。那这是否意味着二元国家作为一种解决方案就此终结了呢？这样的结论是草率的。在写下这些文字的时候，针对中央情报局的战斗已经打响，而结果则不可预知。卡特总统任命西奥多·索伦森为情报局长，暗示着总统希望控制情报局的过分行为，以使它在民主理论的框架内更加合法。但事实上索伦森却不得不放弃这个职位，这又说明了那些专业的间谍并不会轻易地投降，他们会坚持战斗，维护自己对情报局的控制。接任索伦森的是特纳上将，很明显，他恼火的是那些将二元国家的丑事曝光的人，而不是那些做出丑事的人。且不管哪一方会赢得这场即将到来的战斗——看起来，中央情报局好像已经神奇地转移了因为其欺骗行为曝光而招惹来的批评——现在摆在我们面前的情况很清楚，新一代二元国家的人员已经开始掌权。只要国内和国际的矛盾不消失，二元政治的迷梦就会一直延续下去，不过在未来的日子里，二元国家应该不会再像它鼎盛时期那样神气活现了。

第七章　全球化的矛盾

"记录表明,我们的对外投资到现在为止收益甚微,唯一的例外是在加拿大的投资,而我认为加拿大并不能算作外国。"

——一位不知名的美国商人(1946)

"美国的对外援助,目的是把私人资本动员起来,而不是要取而代之。"

——迪安·腊斯克(1964)

"世界政治体系完完全全过时了,起码一百年都没有变化,相对技术进步来说过时得可怜。"

——雅克·迈松鲁热致美国驻外使领人员协会书(1969)

几乎一切都已尝试过了,却没有一样尽如人意。纯粹积累、维护和谐、扩张、社团主义、授予特权原则与两头政治都无法永久性解决政治生活中自由主义理念同民主的政治生活理念之间的固有矛盾。结论似乎很明显:当这些选择已穷尽时,国家内部的紧张局势必定会加剧。然而,可能出现一种例外的情况,即当国家终于要面对其内部的矛盾时,它可能作为一个重要的历史实体走向消亡。当国家不再能作出影响个人或群体生活的决策时,其内部的紧张关系将会导致它分崩离析——提出这样的观点是毫无意义的。有人基于民族国家的消亡提出了一些设想，其态度往往是很严肃的。在我结束关于历史解决方法的局限性的讨论之前，必须对这些设想作一定的关注。

两种最具理性的赞成民族国家消亡的观点均涉及跨国性的兴起。某些作者与政客打着各式各样的幌子暗示，20世纪下半叶，主要决策机构不再是19世纪民族主义遗留下的单个国家，而是超民族的组织，权力已经而且必将继续向这些组织转移。在本章里，我将较为仔细地研究一下这类观点中的两种。第一种观点是有关联合国、欧共体这样的跨国政治单元的。人们对这些试验最初的热情早已消退，但对其成就与局限作一番分析，将有助于理解合法化与积累的国际性一面，这在20世纪已无疑变得更为重要了。第二种观点认为，在放眼全球的空想家中间，跨国公司的发展已经取代了早期对联合国的迷恋。用雅克·迈松鲁热的话说，跨国公司使民族国家"过时"了，言下之意，民族国家的内部矛盾无足轻重。在本章里，我的观点是，不论跨国政治组织还是跨国经济组织都没有超越自由主义和民主之间的历史性僵局，但将其提到了新的高度。它们非但未曾解决矛盾，反而将矛盾国际化了，从而使其比以往更加重要。随着跨国性的出现，过去仅仅影响欧洲与美国的矛盾现在影响了全世界。

未联合的联合国

跨国政治组织建立之后，很可能面临与国家政治组织相同的

318 第一篇 寻求稳定的六种答案

问题。一方面,它们的目的在于保留一种体制,在其中某些人比其他人能从一种特定的经济体系中获得更多的利益,尽管在这种情况下这种经济体系已是世界性的。另一方面,上述体制只有得到其所有成员拥护方能长久,而只有其所有成员都认为其决策合法时才会拥护它。自由主义和民主之间的历史性问题转化成为霸权和合法性之间的紧张状态。要建立新的超民族体制,就必须全体一致服从其决策,否则这个体制就没有存在的理由。然而为了全体国家利益着想而作出的决策不大可能为那些惯于畅通无阻地决定世界秩序性质的人所看好,原因正是在于这样的决策是为全体国家利益着想的。简而言之,跨国界的国家要想既推行霸权主义又同时合法,就如同资本主义国家既要自由主义又要民主一样困难。这就是美国准备进行跨国政治单元试验时汲取的教训。

国联的失败既体现了建立跨国界国家的设想,又揭示了该设想固有的问题。然而,经济大萧条和二战的到来让梦想家重温旧梦,因为这些事件表明,19 世纪政治的一大特征——对国家主权自私自利的追求——正在飞快地把世界引向灾难。正如一些资本家肆无忌惮地追求私利会把国家搞得一片混乱一样,不受限制地追求国家利益会导致世界的不和谐,而这是与建立全球性资本主义经济的梦想格格不入的。二战之后,即使是最固执的工业家也清楚地认识到国际合作的必要性,此外,过去因未曾参与建立跨国界国家的努力而显得特立独行的美国这时候看来不仅愿意参与跨国主义,而且急于在其中充当魁首。

尽管美国早在 19 世纪 80 年代就已表示出对国外事务的关心,但在此之前从未登上过世界领袖的位置。美国商人在 19 世纪发现，要想当好领袖，就得要一套领导理论，一种能够让自己的行为看起来合情合理的意识形态。他们发现，只要控制了国家，纯粹自由放任政策就能够最好地保证他们的利益，因为别人无法插手。到新政实行时，这种霸权失去了，纯粹自由主义也随之不复存在。但对于全世界来说，情况未必如此。早在二战之前，美国已经成为世界首要强国，因此在国内行不通的意识形态在国外仍然可以发挥作用。在富兰克林·德拉诺·罗斯福和他的"新政"在美国国内瓦解自由放任自由主义的同时，罗斯福的国务卿科德尔·赫尔却在国际上推行自由放任，这的确是个引人注目的矛盾现象。卡莱奥和罗兰指出，1934 年《贸易协定法》（同年通过了《证券交易法》等反自由主义措施）代表了赫尔主张的胜利，因为该法正式在自由贸易意识形态上打上了美国的烙印，在此之前英国一直是靠这种意识形态号称世界领导者的。[①]

从美国的国际经济政策，尤其是推行该政策达到的顶峰——布雷顿森林会议中可以看出，自由贸易自由主义对跨国合作有何重要意义。英国过去曾像原教旨主义者鼓吹救赎一样鼓吹自由贸易，现在竟试图搞贸易限制，以帮助其受到重创的经济得以恢复。具有象征意味的是，出席布雷顿森林会议的英方谈判代表就是约翰·梅纳德·凯恩斯，他的名字已成为反对古典自由主义传统的同义词，参加这次会议时他恰好处在思想最为左倾的时期。与英国的转变相映成趣的是，19 世纪一直奉行保护主义的美国像得到救赎的罪人般大力提倡自由贸易。这样做的理由不难发现：一方面，美国此时已占据世界统治地位，而自由贸易自由主义是维护霸权地位的典型方法。而与此同时，美国的政策制定者似乎担心奉

320　第一篇　寻求稳定的六种答案

行保护主义的欧洲和实行社会主义的俄国将使维持这种控制大权
变得困难许多。查尔斯·P.塔夫脱这样指出问题之所在:"即使
将自由企业限制在我国这样大的疆域内它也无法为继。自由企业
在国外遭到破坏,如同民主[即自由主义]在国外遭到破坏一样,
会危及国内的自由企业与民主[即自由主义]。"② 这样,自由主义
便用来维护国内的社会安定(威尔·克莱顿反问道:"如果我们的
国外贸易受到管制,您认为自由企业还能在我们的国内商业领域
内维持多久呢?")③,在国外则用来支配其他国家。作为国际货币
基金组织(IMF)和国际复兴开发银行成员之一的美国,提出了与
英国和苏联截然相反的要求,用劳埃德·加德纳的话来说,所有的
成员国"都要在其贸易活动中遵循基本的资本主义商业标准"。④
无怪乎布雷顿森林会议最终产生的跨国经济组织"从其原则上讲
远比其他跨国经济组织更接近美国的计划"。⑤

　　在布雷顿森林所发生的事情具有双重重要意义,因为从这一
事件出发酝酿了建立联合国的想法。换句话说,最初设想是要使
跨国界国家成为国际货币基金组织这类组织的政治上的对等物。
由于新的跨国经济组织是建立在古典自由主义基础上的,任何新
的政治机构也应当按同样的方式组织起来。克莱顿这样把自由贸
易和建立联合国组织的提议联系起来:"我们要在世界上恢复多国
贸易,这是一项极其艰巨的任务,所以我们也不指望马上取得成
功,但是我们坚信,只要联合国能够维护和平,我们就必定会成
功。"⑥ 但是坚持自由主义也给政策制定者们带来一大难题:从理
论上讲,古典自由主义要求国家越小越好,但国际经济秩序却需要
某种仲裁。这样一来,自由主义的设想便无可阻挡地引出了对国

家的需要,在这种情况下,应该是跨国界的国家,不论其号称采取何种意识形态。卡莱奥和罗兰总结了赫尔的政治理念,指出:

> 赫尔恪守联邦党人的传统,认为任何主张或协议,倘若没有一个组织来体现与强制执行它,都是岌岌可危的。所以自由贸易需要一个国际贸易组织,自由兑换需要一个国际货币基金组织。大厦的屋顶应该是自由主义者长久以来梦想的全人类议会,这便是联合国。[⑦]

所以,对赫尔这样的人来说,霸权问题和积累问题是一回事,都归结为自由主义的最小国家理念,这样一个国家在大国之间通过劝说——实在不行就通过强制——作出评判。赫尔借用了19世纪的守夜人作为其跨国界国家的模型;自由主义在民族国家内部也许已经过时,但在民族国家之间也许还能发挥新的作用。

赫尔的经济与政治自由主义在三个关键方面受到挑战。首先,美国的盟友,尤其是丘吉尔和戴高乐,都不是傻瓜,他们都有作为保守主义者的经验,知道在大讲自由放任的背后是自私自利,故不大可能将主权交给一个由单一大国主宰的国际组织。第二,苏联本身是一个没有自由主义传统的社会,所以赫尔的设想让苏联人感到吃惊。斯大林赞成搞权力集团,建立一个方便世界统治者开会的组织,以便能够继续统治下去。第三,也是这一时期的反常与前后矛盾现象的例子之一,即赫尔提出的世界范围内的自由放任遭到在国内信奉同样路线的人——来自中西部的共和党"孤立主义者"的猛烈抨击。这三重的反对是至关重要的,因为它早在联合国宪章签署之前就摧毁了联合国背后的自由主义,犹如此前国内对自由主义原则的失望重演。古典自由主义国家因为对左翼出现的新的多元权力中心无动于衷而遭到损害,而当其承认要采取变革时,又遭到其桀骜不驯的右翼捍卫者的破坏。如第四章所示,当面临来自各方面的矛盾时,自由主义国家形式发生改变,最终变成授予特权的国家。于是,赫尔的设想由于受到批评而发生变化,出现新的妥协,使建设中的跨国界组织带有明显的授权色彩,便如同打破了纪录一般。

在国内,授予特权的国家努力同时做两件事:一是为阶级内部矛盾找出既不独断专行又行之有效的解决方案,二是对来自下层的要求作出适当安排,让比较"负责任"的人进入政治框架。在世界体系内,问题变成处理处于领导地位的民族国家之间的矛盾,同时允许一些国家进入,如果不允许它们参与,它们就会破坏作出的安排。从这一点开始,授权制色彩就模糊了,因为国际上的解决方法同国内完全相反。在国内,授予特权的国家的失败是因为私人机构未能发挥作用,给予它们的公共权力被国家重新吸收了;但就世界而言,当超国界组织失去在几乎所有事务上的发言权时,各组织仍保留自己的权力。尽管如此,考察一下赫尔式的自由主义是怎样瓦解,变成一个建立在国家权力的集中而非跨国界权力的集中基础上的模型,还是很有用的。

二战后,美国政策制定者遇到的主要问题是,主宰世界的目标与反共产主义的目标间出现了一种特殊的不相容。采取自由主义,通过自由放任达到主宰世界的目的,要求对美国的命运抱有非常坚定的信念,相信美国可以在一个中立组织中不通过在规则上做手脚即可赢得每场斗争的胜利。相信这一点的人是理想主义者,他们愿意冒偶尔失败的风险,以挽救一种国际秩序,这种秩序从长远看来能够维护美国更加稳固的霸权地位。然而反共产主义对世界图景的解读全然不同。如果苏联人果真如同人们所说的那样不择手段,他们就会在规则上做手脚,美国唯一的希望在于迫使其服从规则。简而言之,战后反共产主义的胜利从一开始就使赫尔式的自由主义陷入了厄运。参议员阿瑟·范登堡扮演的关键角色只有在这种情境下才能够解释得通。人们常常认为,范登堡从"孤立主义"到国际主义的转变保证了杜鲁门建立世界新秩序计划的成功。实际情况恰恰相反。是自由主义者向范登堡的反共产主义投降了;尽管联合国的形式得以保存下来,美国参与的缘由发生了变化。具体来说,美国加入联合国,不是带着自由主义的意识形态,而是怀有反共的战略。范登堡要求美国国务院将挑战苏联作为其首要目标,而国务院也渐渐接受了这种观点。范登堡后来写道:"美国代表团和国务院接受了我就此路线提出的每项要求,接下来就该看我们和伦敦与莫斯科交锋时会发生什么事了。"⑧

预想中的交锋没有发生。对英国与苏联来说,范登堡的现实政治比赫尔那套过时的自由主义容易理解得多。具有讽刺意味的是,国内反共的胜利反倒保证了联合国基本上按照斯大林的三国合作构想组织起来,而不是成为赫尔所设想的形式上不偏不倚的组织。一旦赫尔的设想遭到了失败,就可以毫无障碍地按照建立授予特权的国家路线来建立联合国了。现在的问题就是建立一个既有全球参照系、又考虑到国家主权的体系,对这个问题俄国人同美国参议员了解得同样清楚。要达到这种双重目标,可以采取授予特权的国家既给予商人自由、又维护整体经济秩序时采用的方法——明智的妥协、临时的安排、逐日进行的变更及对精确定义小心翼翼的歪曲。旧金山会议产生的联合国宪章充分反映了这样的模棱两可。安理会和联合国大会，大国的否决权，前苏联控制三票，美国非正式地控制 20 票——诸如此类的妥协对授予特权的国家的决策者来说是熟悉的。联合国充其量也就能成为这样一个组织：允许强大的民族国家追逐各自的利益，同时建立一个能够以非强制性而仍然有意义的方式解决利益冲突的体系。联合国远未成为跨国政治组织，而是借用了能最明确地避免霸权问题的国家内部治理模式。自由主义的意识形态让位于霸权主义的现实。

反共产主义还以另外一种重要的方式导致了联合国采取类似授予特权的国家的体系。在古典自由主义市场上，商人要改变不利处境只能靠自己，如果他赔了钱，他要么改弦更张，要么就破产。战后的欧洲是一个遭到重创的合作伙伴，从这个意义上说，马歇尔计划和促进欧洲经济的措施尽管从反共角度来看非常合情合理，却不符合传统的自由主义（在《国富论》中当公司遇到麻烦时不会互相帮助走出困境，尽管美国的汽车工业有这种做法）。美国决定建立一个国际的授予特权的国家，这逐渐反映在地方分权主义的盛行上，例如大西洋政治共同体。正如一个商人卡特尔将他们的公共权力融合在一起以支配商品市场一样，大西洋联盟背后的理论是，它将使美国与欧洲能够联合起来对付来自苏联及所谓"新兴国家"的挑战。这一舍自由主义而取联盟的决定代表了与赫尔建立跨国政治经济组织方法的决裂，如下所述：

> 联合国和国际货币基金组织的普遍性萎缩成了北约与欧洲经济合作组织的大西洋主义……与赫尔时代相比，对未来的设想已经……大大降级了。随着第三世界越来越不愿意服从整

合的命令,自由主义制度逐步变成世界发达资本主义经济强国的大西洋集团,该集团与其说体现了科布登、赫尔、摩根索的经济理想,还不如说体现了马汉、艾奇逊和杜勒斯的地缘政治构想。⑨

到20世纪50年代初,美国对世界其他国家的姿态已经不再是自由市场的世界性政治对等物,而是体现在诸如中央条约组织,北约和东南亚条约组织这样的地区性条约上,每个条约都表明了一个由授予特权的国家构成的组织的存在。

霸权主义还只是问题的一半。跨国政治体系不仅要能解决大国之间的矛盾,也要采取能为一些弱小国家接受的行动。然而联合国的经验表明,合法化同相互依赖一样难以实现。在最初讨论建立联合国时,美国强烈支持民主组织方式,即一个国家只能投一票。坚持这种主张既有理想主义又有务实的成分。总体说来,利益和谐原则是自由主义治国方略的一部分,赫尔等人既已取后者,也必然取前者。既然自由资本主义是个很好的制度,施行民主就不会有问题。其他国家只要能有自由选择的权利,是乐于加入资本主义世界体系的;如果让它们投票的话,它们是不会投错票的。怀疑者则认为,应采取一种较务实的观点。由于第三世界国家——尤其是南美国家——的领导人是亲美的,这些国家的票也就是美国的票。这样一来联合国就会像城市政治机器一样,行使真正的选择自由的被压迫者会选举压迫他们的人。怀疑者或许凭直觉感到巴蒂斯塔可能变成卡斯特罗,还是将信将疑;旧金山宪章在诸多方面严重歪曲了一国一票原则。但赫尔等人的推理仍使准民主体系变得可行,因为这种体系能够提供一个对霸权主义威胁

326　第一篇　寻求稳定的六种答案

最小的合法化机制,如果运转正常,还可能促进霸权主义的发展。

　　然而并非事事顺利。很难确切指出第三世界从何时开始争取自身利益,但下列这些事件都可以作为标志:中国和古巴的革命;万隆会议;纳赛尔和不结盟概念的兴起;1964 年召开的联合国贸易与发展大会,会上 77 个第三世界国家集体投票。到了 20 世纪 60 年代的某个时期,赫尔解决民主问题的方法显然已和他解决霸权问题的方法同样过时了。正如国内的工人阶级一样,其他国家发现,发达国家曾许诺很快会实现的利益和谐并没有实现。民族主义情绪加上社会主义革命正引导第三世界国家——由于普遍投票权带来的无情的结果,它们已成为该组织中的大多数——展示它们的实力。新的发言人宣布新的政策,其中,1975 年决定允许巴勒斯坦解放组织拥有代表席位尽管是最出人意料的决策,但只是很多出人意料的决定中的一个。对美国霸权地位的诸多挑战让美国面临 19 世纪统治阶级面临过的问题:如果民主与继续统治之间产生矛盾,该选择哪一个? 这次的答案与以往相同:恐怕得牺牲民主。

　　美国的政策制定者在 20 世纪 40 年代时曾坚定地支持将联合国建成一个民主机构,而到了 20 世纪 70 年代,他们竟领导起一股反民主情绪来。早在 1964 年——这一年新的权力集团开始清楚地浮现出来——美国国务卿在哥伦比亚大学演讲中指出,美国对联合国负有特殊责任,所以应当享有特殊地位。⑩同样的情绪在理查德·N.加德纳的思想中也有所反映,他是狂热支持使联合国成为美国一部分的人中的一分子。在做了一番详尽的发言,赞成美国继续支持旨在反对保守的撤退情绪的组织之后,加德纳承认保守派的一种观点是正确的："联合国的方法措施只有准确反映世界权力格局的现实，才能对人类的和平与幸福承担更大的责任。"[①]

直到 1970 年左右，诸如此类以正规外交方式提出的"改革"建议尚未触及一国一票的敏感问题。但美国政治一贯是由共和党来执行最初由民主党提出的政策，所以到了尼克松和福特执政的最后几年，腊斯克-加德纳的立场合乎逻辑地达到了顶峰。美国决定对第三世界采取"强硬"立场。需要一个能够直率抨击美国欲建立世界性民主的狂热情绪的人物，这时几乎是侥幸地找到了这么一个人，他为在国内抨击同样情绪从意识形态角度加以辩解，其贡献超过了所有其他政策制定者。美国驻联合国大使丹尼尔·P. 莫伊尼汉——提出过"善意的不理睬"的人——领导起一场对国际平等的进攻。民主党总是为共和党执行的政策作出合理解释，于是在莫伊尼汉向第三世界发出威胁的同时，美国开始强调"现实主义"与"可能的艺术"。1975 年，加德纳成为一个由 25 个成员组成的国际小组的美国代表，该小组提议对联合国的结构作出大的变动，这个提议试图超越民主与霸权之间的矛盾，因此充满了妥协与模棱两可。[②]一方面要避开联合国中最民主的联合国大会，使其成为如同巴奇霍特的君主那样体面的象征物。但另一方面，第三世界在国际货币基金组织中的代表席位将有所增加。不管怎样，该提议反对对联合国宪章作出修改，相信谈判是解决困难的途径，其未曾明说的主要结论就是，联合国的政治矛盾让人麻木不仁，所以最好绕开正式程序，希望通过非正式程序使组织得以延续。该提议不论被采纳与否，都可以看成是跨界国家可以采取民主的组织形式这种观念的终结。尽管安德鲁·扬被任命为美国大使也不大可能扭转这种反民主的潮流。

有人提出建立新的反映跨国公司统治的国际秩序,从这些提议中产生了另一种对待国际民主的新的"现实"态度。IBM 公司的雅克·迈松鲁热和曾任职于美国国务院的乔治·鲍尔一直鼓吹他们为建立新的跨国体系制订的计划,因为他们一贯认为旧的体系"陈旧"甚至"可笑"。鲍尔的观点很有分量,因为他由于反对越南战争而被看作民间英雄,但他的思想在很多方面与伍德罗·威尔逊和科德尔·赫尔一脉相承,但有一点很重要的区别:早期的自由主义者愿意进行民主试验,可鲍尔不是这样;他还大肆宣扬精英主义,这多少让他那"当权的持不同政见者"的形象打了折扣。鲍尔清楚,任何建立多国世界秩序的提议都面临两个迫切的问题:其一,如果这个秩序是民主的,美国就无法控制它,这对鲍尔来说是无法接受的;其二,如果它不民主,第三世界的国家就不会认为它是合法的。正是这种两难局面造成了国家的授予特权的国家形成,因此鲍尔采纳了"逐步进入"这一授权概念。他的潜台词是,如果要作出艰难的选择的话,那就只好这么选择。于是他拒绝在他的跨国界国家中采取任何形式的联合国模式。鲍尔的世界秩序是自由主义的,不是民主的,只允许主要的大国参与,目的是为世界经济寻找合理化解释,而不是要扰乱它。当其他国家表现出责任感时——即接受多国资本主义世界秩序的主张时——可以允许它们加入。尽管鲍尔直言不讳地反对民主,他的提议虽号称"现实",骨子里其实是乌托邦的;他的主张到头来不过是承认矛盾,但一个矛盾也解决不了。设想一下,各国可以限制跨国公司在其境内的活动——这其实已经在进行着了——跨国界国家遇到这种情况该当如何呢？鲍尔一遇上具体问题，便只能给出一番毫无意义的说辞："确定这些限制的标准反映这样一种意图，即确保东道国能够在最小限度地影响他国利益的情况下保护其自然利益，同时仍然保留捍卫有效利用资源这一核心原则所必需的自由。"[13]

美国反对国际民主，这并未解决跨国界国家的矛盾，而仅仅是把矛盾从一极移到了另一极。美国选择了霸权主义，从而牺牲了合法性。美国不再能够扮作人类理想的救世主，不得不采取强迫手段——枪炮或电视广告的极力灌输——维护自己的地位，1945年，正在积极建立国际新秩序的约翰·J.麦克洛伊打电话同国务卿斯廷森聊了一会儿。麦克洛伊催促美国采取任何自己选择的方式保护其霸权利益，而斯廷森则认为应坚持国际原则。在讨论了诸多问题之后，麦克洛伊说道："但我一直认为我们应该兼得鱼和熊掌。"[14]美国战后在对国际组织政策方面的分歧表明，长远看来，鱼和熊掌不可兼得。尽管主张自由贸易的自由主义者被劳埃德·加德纳恰当地形容为"空中楼阁建筑师"，[15]其实麦克洛伊之流的反共产主义的现实主义者何尝不亦如此；后者虽在推行反共战略方面大获全胜，却失去了国际道义上的领导地位。他们的选择破坏了自己兢兢业业建成的跨国界国家。

构建虚幻的欧洲经济共同体

关于跨国政治组织的任何讨论，倘若不稍微涉及一向被认为是跨国界国家最优秀代表的欧洲经济共同体（EEC），就是不完整的。在联合国，积累问题已演变成霸权问题，而共同市场则不然，从一开始就一直关心纯粹的积累。为新的经济共同体出谋划策的最积极分子都是毫不掩饰的资本家,他们植根于西欧基督教民主党,坚信经济复苏是欧洲重新称雄世界的前提条件。欧共体最重要的筹划者中有许多人反对让民族国家在资本积累中扮演主要角色的国家经济传统,赞成古典自由主义。乌韦·基青格写道:"提倡欧洲团结联合的是一些拥护自由贸易的自由主义者,他们力图减少政治国界与国家政府对经济生活的影响。"⑯欧共体委员会第一任主席瓦尔特·哈尔斯坦是这些人中的典型,他发表了下面这番高论:

> 共同体整个经济和社会制度均以自由为中心,商人,或者说企业家,有作出决策的自由⋯⋯企业受市场状况、供求法则的支配,自由的企业活动使其产品享有的市场与过去相比得到无限扩大。雇员可以根据意愿选择在何处工作,可以在共同体内随意更换工作地点。⑰

要促成欧洲大陆的团结,却完全借用不属于欧洲大陆的英国与美国的那一套说辞,这未免显得自相矛盾。事实上矛盾的确很明显:这些人尽管口称自由,其实是在建立一个国家,当然是跨国界的国家,但仍然是不折不扣的政府机构。政府参与积累的程度在西方资本主义历史上大大超越了以往,有一套反国家主权的理论用来解释这种现象。新生的欧共体前景广阔。

欧共体奉行的自由主义也同民主传统之间产生了直接矛盾。作为召集口号的国际主义,其性质可为自由,亦可为民主,欧洲经济共同体的理想在吸引仅仅想让生产方式国际化的人之外,必定还会吸引寻求建立更加公正合理的国际秩序的人。民主问题以两种重要形式出现。加入欧共体必须得到国内人民的支持,哈罗德·麦克米伦在拒绝英国加入时讲出了这一点:"有件事是肯定的,我们应当面对,那就是我们的人民不会把关闭矿井和炼钢厂的权利交给任何一个国家之上的当局。"[18]工人和工会刚刚赢得参与民族国家的权利,不愿看到刚刚得到的权力被跨国组织所吸收。欧洲共产党和一些社会主义政党反对参与欧共体,这些党中又有很多是大党,这就使得民主参与从一开始就变得问题重重。此外,考虑到合法性,任何国际政治组织都应建立在可以接受的民主原则上,而大国,尤其是法国,是不同意这样做的。经过一番迂回曲折,最终达成了妥协:分三步走建立共同体;在部长会议中采取五种不同的投票程序;欧洲议会对投票作出评判。简而言之,欧共体的筹划者遇到了任何一个资本主义国家决策者都会遇到的问题:如何同时兼顾民主与自由。

于是,欧共体的历史就成了试图解决民主原则与自由原则之间矛盾的一系列努力。在这种背景下,罗马条约的第二款令人瞩目,因为它仅用一个短句便同时做到了遵循积累原则、和谐原则、扩张原则和授权制国家原则:

> 共同体的目标应当是,通过建立共同市场,积极协调成员国的经济政策,全面促进共同体内部经济活动的和谐发展,持续、平衡的扩张,加强稳定,加快提高生活水平,并加强成员国之间的关系。[19]

换句话说,从意识形态角度来讲,欧共体并不像热衷分子鼓吹的那样具有实验性,因为其理论与实践均建立在一系列不仅陈旧而且显然已经失败的概念的基础之上;欧共体其实代表一种向资本主

332 第一篇 寻求稳定的六种答案

义发展早期的回归。采用自由放任的自由主义、以利益和谐为本、
226 执着于纯粹积累、提倡不民主的、不代表民意的政治体制——这一
切都像是属于 19 世纪而非 20 世纪。尽管欧共体的计划者们号称
面向未来,其实倒像过去时代的幽灵。

　　既然任何传统的资本主义国家形式都难以解决国内的阶级
内及阶级间的矛盾,在主权更成问题的国际背景下就更难解决这
些矛盾了。欧共体遇上了无法调解的矛盾,只能形成反映其各组
成部分之间妥协的思想和结构。这样,欧共体就如同赫尔关于联
合国的设想一样,偏离了最初的国际自由主义,倾向于一种意识形
态的大杂烩,这正是 20 世纪资本主义政治的一大特色。基青格描
述了指导欧共体实践的混杂思想:

> 起初,欧洲人设想在外交政策方面处于中立,既不主张第三方
> 力量概念,也不赞成大西洋联盟;贸易政策在地区主义和多国
> 主义之间摇摆不定;对亚非新兴国家态度暧昧;对天主教与反
> 教会势力之间的文化、教育问题保持缄默;经济政策亦保持中
> 立,既非自由放任的自由主义,也非社会主义计划经济。[20]

在克服这些分歧方面也并未取得多大成效。林德伯格和沙因戈尔
德在讨论他们所谓“欧洲可能之政体”(一个恰如其分的称谓)时,
深入讨论了对欧共体互相矛盾的要求所产生的妥协。他们认为,
在经济方面有主张自由放任的自由主义者和国家政策规划者之
分,在政治方面则有联邦派与邦联派之分。这样从逻辑上说就可
以产生四种欧洲联合的模式,关键在于,欧共体的政策与这四种中
的任何一种都不相似,但这四种的某些方面都包含在内。[21]正如构
成欧共体的国家一样,欧共体没有一贯的指导原则。

决定了欧共体形态的妥协非但没有使这一超民族国家因实用主义而得到加强,反而使之因机会主义而大为削弱。民族国家的霸权仍然是一股实实在在的力量,戴高乐力图保持法国霸权地位的努力使欧共体由超民族的理想变成政府间的现实。然而这样的转变并非由于国际时代偏执的民族主义情绪,而是由于世界资本主义发展的内在运动规律。欧共体的目的是加强欧洲的资本主义,故其失败即应归咎于其成功。资本主义既已复苏,向来为其衍生物的民族国家亦随之复兴,而一旦民族国家抬头,对跨国界国家的需要即被削弱。尼科斯·波朗查斯是仅有的几个怀疑超民族高论的作者之一,他很清楚:

> 我们所看到的并非一个超越民族国家之上的新国家,而是现有民族国家下面潜藏的国家统一的破裂。这体现在地方分权主义这一重要现象上,而地方分权主义又表现为民族主义的重新抬头,这说明资本的国际化与其说带来了国家的超民族化,不如说造成了历史形成的国家的分裂。[22]

简而言之,由于欧共体完成了其经济任务,便打消了实现其政治任务的可能性。欧洲的团结是一个梦想,只能等待下一次世界危机才有望实现。

欧共体在政治方面的失败还有一个高于民族主义和超民族主义矛盾之上的原因。国家之间的矛盾可以比作国内政治制度下统治阶级的内部矛盾,但是发生在阶级之间并且在国际上发生的矛盾对社会和谐的破坏力要大得多。由于二战之后左派在欧洲势力强大,欧共体在很大程度上是靠对抗这股势力推动的。从马歇尔计划中的欧洲支付联盟到共同体采取社会福利措施,欧共体的计

334　第一篇　寻求稳定的六种答案

划者一直以遏制左派势力为中心。在所有的策略之中，最有意思的莫过于非政治化的总政策，因为它与晚期资本主义在国内产生的最重要的影响颇为相似（见第九章）。林德伯格和沙因戈尔德认为：

> 莫奈先生及其支持者采用的策略明显是要将因该计划而引发公众激烈辩论的可能性降到最小，所以为达成超民族的妥协而进行的讨价还价和索取回扣不仅是为了让主要政治力量得到满足，而且是为了让它们不吵起来。③

一种以非政治化为目的的政治策略当然自相矛盾，所以必然失败。尽管英国工党和意大利共产党已正式转变立场，不再反对共同市场，但人们感觉欧洲工人阶级仍是建立跨国界国家道路上最大的一块绊脚石。对工人阶级暴动的恐惧仍然足以产生"紧急情况法"（1968 年通过的一项西德紧急情况法案，赋予国家限制工会活动的权利）③这样不民主的怪物，某些欧共体计划者出于这种恐惧，利用跨国组织抵消工人阶级在 20 世纪 60 年代取得的进步。⑤在这种状况下，工人要求征收保护性关税，反对欧共体号称的不可信的"国际主义"，这些都不是反动行为，而是体现了对一种比较传统的资本主义控制策略的不信任。

228　　倡导建立欧共体的主张甚嚣尘上，宣称民族国家为每个欧洲国家做到的一切，跨国界国家必将为整个欧洲做到。这个梦想已破灭，不过也许通过一种难以预料的方式实现了。跨国界国家和民族国家正变得越来越相像，在面对严重的社会矛盾时同样不能保住其权威。欧共体在政治上的失败类似于资本主义国家普遍的在政治上的失败。沙因戈尔德关于欧共体局限性的描述对任何一个学国内政治的学生来说都是熟悉的：

> 欧共体各机构在结构上几乎同产生它们的条约一样具有两面
> 性。有一个不立法的立法机构（欧洲议会）、一个既提议立法
> 又行使法律的行政机构（委员会）、一个不向任何人负责的内
> 阁（部长会议）和一个最高法院（欧洲法院），它要假设这些明
> 显的弱点和奇怪的异常现象统统都不存在。⑧

回头想想，指望一群连自己国内政治问题也解决不了的人来解决
国外政治问题，谈何容易。跨国界国家所走过的道路，和先前企图
纯粹以政治途径解决社会及经济矛盾的所有尝试都非常相似。

跨 国 反 革 命

　　跨国政治组织没能解决霸权和合法性之间的矛盾，这本该让
梦想全球化的人们变得愤世嫉俗，可事实上他们开始寻找新的能
够实现他们的国际主义理想的机构了。像泛神论者在下一棵树里
寻找上帝之灵一样，全球主义者希望发现能够表现他们的国际主
义内容的形式。他们发现了跨国公司。由商业建立、为商业服务
的世界秩序可以做到跨国政治组织没能做到的事；IBM 将接过联
合国丢下的火种。但是我将在本章接下来的部分中说明由跨国公
司主宰的世界秩序不能解决先前的失败，反而会使其更加突出。
多国公司并没有在跨国性中带来一场革命，而是恰恰相反——试
图将早已过时的国家理念强加于人。

　　20 世纪跨国公司的飞速发展伴随着宣称民族国家不再是一
种重要的政治现实的论调。政坛各界都在预言它的消亡。乔治·

鲍尔是这一社团行为最新形式的首席宣传员,他硬邦邦地提出了自己的主张:"民族国家已远不足以胜任界定现代社团企业活动的机构,而小型民族国家作为经济组织来讲是滑稽可笑的。"⑳ 不仅如此,对跨国公司提出非难的人似乎也很赞成尽说跨国公司好话的鲍尔的这一判断。"跨国公司领导者最先创立了可信的全球化的未来模式,"㉓ 这是两位最近出现的跨国公司批评者得出的结论,他们想当然地接受了流行于这些企业领导者之中的那一套说辞。倘若果真如此,跨国公司真的象征了对民族国家的超越的话,那么资本主义国家就已经发展到了一个新的水平,连进行分析的基本单位都要发生改变了。

出于某种原因,最保守的人常常喜欢自诩为"真正"的革命者,也许正是这种情况。可以提出一个有力的论点:跨国公司活动绝非代表了资本主义发展过程中令人惊讶的新阶段,而只不过一如既往,是商业合乎逻辑的延伸。如斯蒂芬·海默所言:"自工业革命以来,从事制造业的公司规模日益扩大,延续不断,几乎可以视作资本主义积累的一条普遍规律。"㉚ 由此看来,跨国公司的所作所为是公司一贯的行为,即追求最高利润,这促使其探索出新的领域,公司规模也因此普遍得到扩大。1860 年,一家纽约公司在圣路易斯开了家分号,同样的道理,一家美国公司 1960 年向仰光投资。进一步而言,即使这资本主义最新发展阶段果真将遍布全球,资本主义世界秩序也并非首次建立。重商资本主义拥有相似的国际远见,况且因 16、17 世纪技术甚为落后(没有国际会议、没有协和式飞机、没有卫星,也没有跨大西洋的电缆),早期的国际主义远较今日令人叹为观止。几乎可以认为,重商主义在通信与交通均落后的情况下仍发展成为了世界体系,而20世纪60年代的跨国公司之所以得以推向全球,则全靠通信与交通的改善。一旦找到资本主义积累的"秘密",除了加强力度和扩大规模之外就没有什么东西可言了。

尽管如此,二战之后对外投资的增长还是颇为令人瞩目的。各个作者喜欢引用的统计数字不同,但他们一致认为过去三十年中社团行为的一大特点就是国际商务的活动剧增,美国公司尤为突出。迈拉·威尔金斯指出,自美国建国以来跨国活动就是其商业的一个方面,[30]但直到1946年至1970年间,外国投资从0.23%上升到4.40%,跨国商业活动才成熟起来。[31]另一项研究表明,美国公司国外附属机构的数量虽自1901年以来不断增加,却是近年来才达到最大增幅。1957年至1968年间,美国公司国外附属机构总销售额在加拿大增加了一倍,在拉美增加了两倍,在欧洲增加了三倍,在其他各地增长将近500%。[32]据美国参议院财政委员会估计,跨国公司控制了约2000亿有形资产。[33]长盛不衰的国际活动仍有扩展余地。

人们显然要问:这突如其来的增长是因为什么? 对国家来说意味什么? 在跨国公司发言人看来,答案一目了然。之所以增长,是因为增长有好处。人们在不停地寻找最有效的办法,把最多的商品送到最多的消费者手里,跨国公司就是一个复杂的合理化过程中新的一步,其成长壮大是由于别的机构都无法达到那么好的效果。跨国公司从强大走向强大,处于攻势,新一代公司巨头最喜欢说的陈词滥调就是"世界是我们的"。[34]于是人民与国家摈弃偏见,适应新变化,前途一片光明。甚至一些批评者也表示赞成,起

338 第一篇 寻求稳定的六种答案

码是部分赞成,尽管未曾把未来描绘得灿烂美好,仍然觉得跨国公司处在攻势,是科技与生产飞速发展的合乎逻辑的产物。巴尼特和马勒等评论家试图(且成功地)指出跨国行为的消极后果,却不知不觉写下了"资本家宣言",因为他们在著作里暗示跨国现象是强者所为。

然而有证据表明,二战之后跨国活动的激增与其说源于强大,不如说源于衰弱更为合理些。战前签订的跨国协定企图限制竞争,遏制来自国外的挑战,当然是——用熊彼特的话说——一种返祖现象。雷蒙德·弗农写道:

> 1900 年至 1940 年间,关于几乎每种重要的加工金属、多数重要化工产品、重点制药工业以及从 A 打头的碱到 Z 打头的锌的各种产品都达成了国际卡特尔协定,其目的总体来说与新材料工业领域达成的类似协定相同:消除市场中的不确定因素。⑤

对战后跨国公司活动的剧增可以作几乎与此相同的理解,不是什么"美国提出的挑战"——海默和罗索恩对此观点提出了严厉批评——而是向美国提出的挑战。⑥ 罗索恩通过经济学分析得出的结论是:1957 年至 1967 年间,日本公司增长幅度最大,欧洲其次,美国再次。美国只在电力领域占优势,在其他七项重要产业中,美国的增长率约与英国相当。⑦ 海默认为:这种来自外国的竞争,"加上 20 世纪 50 年代美国经济发展缓慢,改变了世界市场份额,因为局限于美国市场的公司发现自己已在竞争中落后。"⑧ 1950 年至1970 年间,美国对外投资剧增的原因不是美国资本很强大,而是其效率和威力的衰减。由此得出的结论就不言自明了:"可以很容易提出这样一个观点：跨国公司的时代不是方兴未艾而是已穷途末路。据我们所知，讲述全球伙伴关系的书也许并非是国际合作的先声，而是美国欲接管旧的国际经济企图的墓志铭。"[33]

跨国公司代表的是由强抑或由弱而生的举措，这关系到在跨国时代如何理解资本主义国家的问题。如果罗索恩和海默等作者说得对，其证据、推理均颇令人信服，则民族国家仍然好好地存在着。如我在前几章中所述，资本家不能达到其自诩将达到的目标时，就会要求国家提供援助；从此意义上说，政治权力的增长与资本权力的削弱是有联系的。另一方面，如果跨国公司体现了资本力量的新阶段，则世界将变成一个巨大的自由市场，全球实行自由放任，而国家主权，用弗农的话说，真是穷途末路了。这种最小政府的情形之所以未曾出现，是因为跨国公司是因衰弱而起。国家活动的先兆仍时时存在，政府与公司之间的关系仍应理解为对前几章讨论的矛盾所起的反应。国际商务尚未建立切实可行的跨国界国家。

对于自由与民主之间的矛盾，跨国公司的感触甚于跨国政治组织。自由主义的积累理论没有演变成霸权主义，不仅在起作用，而且已延伸到世界范围。在洛克等人看来，"原始"社会表现自然状况，应依原样保留，做自由主义世界秩序好处的陪衬，而到了20世纪，原始必须纳入"文明"之中。[40]垄断资本主义使对资本的追求扩大到全世界，将全球各地均纳入由它建立的经济体系。与此同时，积累问题的政治解决方式也必须推向全球，举措之一，便是向非洲、亚洲与南美输出自由主义意识形态。罗伯特·帕肯安认为，美国对外援助不仅包括具体货物与服务，还包括自由主义意识形

340　第一篇　寻求稳定的六种答案

232 态；在依赖美国的国家建立新的基础结构与获取其资源同等重要。[41]但是，一旦宣称积累的目的是自由主义性质的，在依赖美国的国家里马上就出现了随之而来的合法性问题。除非采取措施应对新兴国家欲控制自己经济的要求，否则革命就可能作为一种生活方式取代积累。（胡志明由美国独立宣言向社会主义的思想转变是由自由主义向民主转变的一种形式。）占主导地位国家的资本家赞成把依附国建成自由主义国家，促使他们这样做的因素使之对国内国外的民主均表示怀疑。戴维·洛克菲勒把问题概括为："国家越是民主，就越不赞成外来投资。"[42]由跨国公司组成的跨国界国家同产生它的民族国家一样，发现要自由就不能同时要民主，但如果要响应民主要求，就不得不在自由主义方面作出让步。历史性矛盾已扩大到全球，但是依然存在。

全球大拼盘

　　跨国资本家虽然喜欢夸夸其谈一个世界与超越民族国家的国际新秩序，在现实世界里却像他们的前辈一样毫不犹豫地利用民族国家达到目的。换言之，积累的国家在跨国时代依然存在。其实，跨国活动使纯粹积累重新变得重要起来，因为资本投资的国际化使之产生了新的功能，于是资本主义国家的积累倾向变得更为重要。1972 年，通用电气公司前总裁弗雷德·博尔奇在全国外贸大会上发言时强调了这一新动向：

　　　　我们的政府必须承认并接受——这一点日本和欧洲的政府很久以前就认识到了——商业及其雇员实际上是国家收入的唯

一来源……对于每条立法提案，国会和政府均应根据其对美国国际竞争力的影响进行审查。[43]

19世纪政府与商业之间的关系到20世纪依然堪为模范，除了要求重建积累国家这一请求之外，几乎没有更好的证明了。

其实美国在此之前就已认识到自己在这方面的"责任"。如果没有积极的国家干预，跨国公司就不可能发展起来。1918年韦伯-波默林法"允许美国商界联合出口，无须担心受反托拉斯法压制"。[44]埃奇法修改了联邦储备法，以便于美国银行开展国际活动。1922年的对华贸易法给予美国商务公司税收优惠。国务院的外交活动使石油公司在对外投资中享有很大优势。尽管新政时期这一势头有所减弱，耐火黏土公司在利比里亚遇到麻烦，罗斯福拒绝帮助。（到二战时期政府重新活跃起来。很多最专注于扩大规模的公司仅仅跟着美军跑遍欧洲，就将德国工厂据为己有，获得了最大利润。国际电话电报公司不仅用这种方式免费获取了资源，而且在遇到麻烦时美国政府还给予补贴。）[45]战后，1948年经济合作法公开给予私人公司投资保障，到1967年该原则又扩展到78个国家。1954年农业贸易和发展法库利修正案、1969年对外援助法、进出口银行与世界银行的发展都是国家向私人公司提供援助的一部分。如同俾斯麦与舍瓦利耶时代的欧洲大陆一样，跨国公司发现政府可以办成它们办不到的事情。

倘若要编一本目录，记载民族国家对国际商务的援助，则这本目录将比积累的国家所编写的还要庞大。前美国商务次长杰克·贝尔曼已经编写了一部，包括下列熟悉的项目：资助、推动、制订规定、司法程序、控制、建议和计划、所有权和合伙经营以及保护。[46]

342　第一篇　寻求稳定的六种答案

包括国务院、国防部、商业部和农业部在内的 20 个美国政府机构积极促进国际商务。在白宫里，对外经济政策委员会、贸易协定委员会及出口政策咨询委员会之类机构间组织公开就理论上属于私人的问题给出建议。一系列特派组，如格雷的对外经济政策报告，或克莱的对外援助报告，都是为了私人公司的利益在行动。政府帮助美国商人获得国外合同，干预有关被征用企业的谈判，保护工业产权，支持在其他有利于美国公司的国家建立特定的基础设施（由于国务院的干预，美国有线电视征服了欧洲）。跨国时代的国家活动可以开列出一个长长的单子，要理解纯粹积累的再度兴起，最好的办法是仔细研究一两个例子。进出口政策与对外援助体现了政府对国际公司援助的多样性。

234　　19 世纪经济政策的一大特征是在自由贸易与贸易保护之间摇摆不定（见第三章），这一历史现象在跨国时代重演，而且变本加厉。大体上说，跨国公司采取的是自由贸易思想体系。20 世纪 40 年代，面向国际的经济发展委员会以其显赫地位支持降低关税的要求，这以后就一直是主流。但是，同上个世纪英国致力于自由贸易的情形一样，该政策与其说产生于对政府干预形而上的反感，不如说产生于经济规模；最大的公司能吸引很高的保护性关税，因为他们得益于一种由他们决定价格的局面。在其他涉及进出口的领域，这些公司不仅不反对，甚至还欢迎国家在其中起作用。商人希望对来自外国的收入征收关税以与支出相平衡，这是一种缺乏远见的政策，具有很强的潜在报复性。从国家赞助的——譬如艾森豪威尔领导的——出口行动，以及全国发展出口委员会（由美国商界巨头和商业部长组成）与进出口银行中可以看出商人在有利可图时是多么欢迎政府。反对保护政策是基于自身利益考虑，正是由于这一点，可以设想很快就将发生转变；前一小节已经指出，大型跨国公司未必强大，随着弱点暴露出来，很可能转向保护政策。1975年已经可以察觉重要的美国跨国公司正在采取一种张伯伦式的远离自由贸易的举措。卡莱奥与罗兰写道："70年代初，美国普遍存在的保护主义情绪，尤其是尼克松的贸易措施受到欢迎，这都揭示了整个自由贸易政策惊人的脆弱性，这种脆弱性表明，自由贸易政策的根基已遭到侵蚀，人们对其基本构想越来越感到失望。"[⑰]

在外援方面也可以看到积累的国家仍在活跃的残留物在起作用。贝尔曼认为："美国政府可能在对外经济政策的其他任何方面都不曾给予这么多的事务性建议。"[⑱]美国商人一时没有意识到外援的好处（预算应低而平衡的思想与孤立主义精神过了很长时间才消失），但一旦意识到，就热情高涨地采纳了新政策。这样一来，尽管大部分商人似乎对为战后欧洲重建及对第三世界提供的援助不感兴趣，但一场由商界精英和政府领导的声势浩大的运动使之回心转意。经济发展委员会和全国计划协会带头示范如何在海外创造"有利的投资环境"。从戈登·格雷1950年的报告到1969年创立海外私人投资协会（OPIC），对对外投资问题共进行了12项全面考察。商界领袖发表了观点。譬如1951年国际发展咨询委员会主席纳尔森·洛克菲勒敦促杜鲁门总统支持该主张。这样做的还有船运公司的J.彼特·格雷斯，他的发展联盟委员会致力于研究对外援助在哪里会起作用。政府通过国际开发署给予发展联盟委员会金钱支持，1962年外援法使其得到政府的正式承认。最终发展联盟委员会背后的理念分为公与私两半；拉美商务集团继续作为私人利益集团运作，而海外私人投资协会将政府的各项职能集中为一个机构，其唯一目的就是为私人资本谋利益。与此同时，格雷斯和洛克菲勒的兄弟戴维加入了同国际开发署和国务院常有接触的拉丁美洲委员会，并支持建立旨在向不发达国家"借出"美国行政人员的国际行政服务公司。私有商人与政府官员以类似19世纪的方式共同建立了资本主义经济发展必需的金融基础结构。

这些例子说明，所谓民族国家消亡的说法终究还是空话。尽管乔治·鲍尔对新的政治体系满怀热情，但跨国时代带来的不是向未来迈出的一大步，而是向过去倒退的一大步。国家的指导原则取自于19世纪法国与德国的国家经济。必须面对这样一个矛盾：跨国经济活动的发展不会造成国家权力的削弱，而是会促使其增长。正如两位意大利马克思主义者所言："似乎不大可能有什么能够比民族国家更好地行使镇压与整合职能，这些职能对资本主义制度的生存是至关重要的。"[49]罗伯特·吉尔平也得出了同样的结论：

> 有人认为跨国公司将取代民族国家，而我认为，与此相反，较符合实际的看法应该是，在经济生活与政治生活方面民族国家的作用在增强，跨国公司实际上促进了国家权力在经济方面的扩张。[50]

如果说在跨国时代，积累的国家继续存在，甚至有所发展，资本主义国家的第二种历史形式也是如此。利益和谐原则似乎重获新生，只是望和平共处的各集团已遍布全世界。凯特皮拉拖拉机公司执行副总裁李·摩根认为,跨国公司代表一种"双赢"的解决方案;他的结论是,如果允许在任何地方投资,"每个人都会受益",不论他是在国内还是在依赖美国的国家。[51]雷蒙德·弗农使该观点获得了学术地位。东道国国会不会反对外国公司存在,对国际电话电报公司的设施进行轰炸?美国劳工会不会联合抵制将工厂搬到海外去的美国公司?会的,但弗农不管卡尔·马克思那一套,认为这只是一种倒错的错误意识在起作用。如果国家和工会能够懂得他们终将从跨国活动中获益,他所谓的"破坏性的紧张政治局势"(阿连德、卡斯特罗)将会在更高级的相互兼容的综合体中消失:

> 由于工作具有跨国性质,由美国控制的跨国公司的领导者从中发现了机遇与选择。某些在美国国外经营的企业促进了生产,这类企业所在的国家可能从中受益。甚至美国劳工也可能从中受益,当然这一点还不很清楚。[52]

可以回想一下,19世纪的和谐国家有两种形式,一种倾向于自由放任,一种通过国家干预促进阶级和谐。跨国时代也是如此。这些人,如道化工公司主席卡尔·A.格斯塔克所说的,在公共领域,"作为政府应尽量不要有所作为……道公司正在成长,需要有寻找自己的道路的自由。"[53]这样的恳求,像社会达尔文主义一样,是不可过于认真对待的,因为道希望的不是最小的政府,而是最少的规定限制;在生活中的其他方面,格斯塔克先生会和他的同事一样支持有所作为的国家。与此同时,另一条建立和谐国家的途径也很受欢迎。米尔斯总公司主席詹姆斯·P.麦克法兰的观点不容忽视,他设想了一种国际化的新社会社团主义。他在白宫"1990年的公司"会议上的发言中勾画了自己的立场:"政府、商界与劳

346 第一篇 寻求稳定的六种答案

工——事实上所有社会因素——都应坐下来,对未来作出一番计划,确立国家的首要任务,就目标与战略达成共识。"⑩尽管商人仍担心国家干预会限制其权力,却承认政府可以作为一种庞大的促成和谐的机制,通过鼓励政策而不是强迫政策保证社会的和平安定。英国 T. H. 格林与德国"讲坛社会主义者"的团结一致论,似乎仍然不仅与 20 世纪 70 年代占主导地位的跨国精英密切相关,而且同某些 19 世纪 70 年代上台的国家精英也有相通之处。

既然跨国公司从性质上来说是一种国际现象,那么很容易得出结论,在其兴起过程中,扩张主义的国家的理论与实践会起到重大作用。实际情况的确如此,只是形式略有出入,需要解释一下。在第三章,我指出扩张的方法是多样的,正式的殖民只是其中之一。假如"帝国主义"这一名词意在暗示一个正式的殖民帝国的存在,那么跨国公司就应像熊彼特所谓的典型的资本家那样,是反帝国主义的。从另一方面讲,如果"帝国主义者"这个名词用于表示任何国际控制体系,包括非正式的,那么跨国公司就是彻头彻尾的帝国主义。有趣的是,跨国公司并非兴起于美国企图建立世界帝国之初,而是之末;跨国公司兴起势头愈演愈烈,美国对外政策在越南惨败,这两者大致可以看作一块硬币的正反两面。从这个意义上说,扩张主义的国家对跨国巨头的预见是一种后帝国主义的预见,以通过消费实现间接控制的体系代替了通过武力直接控制的体系。要对他国人民进行控制,可以采取使国内的美国人效忠的同样方法,即通过资本的善行,因为,正如美洲顾问委员会所言:"消费者民主比政治民主更重要。"⑭在这种情况下,扩张意味着资本主义方式的经济增长,它将把对民主权利的要求淹没在圈套的海洋里，现代扩张主义者正是这么想的。

新型扩张国家与 19 世纪的扩张国家有一点是共通的，即同样跟意识形态无关。张伯伦与俾斯麦等人想要探索出一套实用的方法解决他们遇到的麻烦，不管这样一种解决方法将会怎样违背自由主义，在跨国时代，美国与苏联和中国恢复关系，从中又可以看出上述探索的迹象。反共产主义尽管目光短浅，作用消极，至少还有一套原则。基于反共的对外政策包括一些设想以及从这些设想可按一定规律推出的、可预见的推论。跨国公司影响深远的成就之一便是协助美国摆脱了二元国家时期主宰美国政治的歇斯底里的反共产主义，而这种歇斯底里正是跨国公司造成的。在克里姆林宫销售百事可乐以及与中国建交是扩张主义的胜利，实现了 1898 年提出的原则。美国式扩张主义的第一个重要宣言——门户开放政策发表时，意在针对中国，而直到近八十年后毛泽东执政时，大门才终于打开。两个世界上最大的市场，也是仅有的可供扩张的地方，都是共产主义国家。美国商业面临反共意识形态与扩展市场的自身利益之间的矛盾，如以往一样，牺牲了前者以保全后者。换言之，跨国公司既咄咄逼人地扩张，又"反对帝国主义"。在跨国公司看来这并不矛盾，而是必要的互补。他们的看法是对的，因为跨国公司想把世界变成一个巨大的市场，可以满足积累的需要，通过消费又可解决合法化问题，要实现这种愿望就需要稳定与秩序；在这种背景下，游击战和民族抵抗运动只能视为捣乱行为。新的黄油加面包政策是否能胜于老的枪炮政策尚未可知，但与此同时跨国公司已使扩张国家的传统之一得以延续。

跨国时代还出现了一些与二元国家性质类似的理念。积累的

348　第一篇　寻求稳定的六种答案

国家的主要任务之一就是建立一套政治压迫体系,以在工人阶级中培养资本快速积累必需的态度,同样地,民族国家为跨国公司起到的最重要作用之一便是收集情报,以及在突然发现自己已成为资本主义世界秩序一员的国家建立警备力量。在 20 世纪完成这样的任务需要隐蔽,于是二元国家大行其道。很明显,国内的人民会反抗由外国政府和外国公司来决定他们的生活,有一种方法可以使之变得稍微易于接受一些,那就是招募国内的精英为外国办事,由于这些人的地位常常岌岌可危,所以为其安全起见需要保密。而且由于赌注颇大,参与者又想投机取巧,所以似乎自然而然地搞起了间谍活动。管住人已经够难的了,要是外国人明显为了自身利益来管人,就加倍困难。既需要管,而又不可能管起来,结果便出现这样一种情况:行之有效的决策都是外国人秘密作出的,不论依附国的政治结构如何。

　　在跨国的二元国家中,私人情报搜集与公共情报搜集之间与国内相比要平衡得多。许多职业中央情报局官员通过该行业中所谓"商业秘密协定",在行使政府职能的同时明目张胆地为跨国公司服务。典型的协定是这样的:特工为公司"合法"工作(所获利润由中情局和公司瓜分),而中情局则付给他工资,并以办公室与工作人员经费形式提供款项。据估计,约有 200 人在这种独特的亦私亦公的状况下工作。⑱有些人虽然没有这种商业上的掩护,为中情局做着全职工作,有时也直接对跨国公司给予协助。不仅纳税人要为这种服务掏钱,而且这类活动还因保护"国家利益"而得到辩护。由于,用贝尔曼的话说,"为美国商界提供的政治情报帮助其作出长远决策,避开短期陷阱",所以中央情报局这样的机构能够在公司活动方面起到关键作用。⑰前驻厄瓜多尔中情局特工菲利普·阿吉在日记中披露，他把大量时间花在预测一位平民主义总统将会影响厄瓜多尔对美国投资吸引力的反商业行动上。他最信任的内线之一是厄瓜多尔财政部长，此人曾亲自协助他栽赃一位杰出的左派人士，因为中情局想要使其难堪。⑱他的另一项活动是向厄瓜多尔的工会渗透。中情局不遗余力地遏制厄瓜多尔政治中的左派倾向，最终导致了由军官支持的政变。阿吉对这一事件的评论暗示了中情局工作的整体目标："站在我们的立场上看，军政府无疑暂时却有利地解决了暴动带来的阻碍发展的动荡与危险的问题。军政府通过实行该国必需的改革以及坚决镇压极左势力，将恢复信心，逆转资本流失，刺激经济发展。"⑲秘密工作竟然如此划算，彼特·J.格雷斯（在拉美为中情局工作，任美国自由劳工发展署董事会主席）这样的人只有惊叹的份了。阿吉的书表明，搜集情报与政治压迫之间的分界线是多么的细微（常常根本不存在），因为要搜寻的情报从来就不是中立的，而是一套统治体系的一部分。他的日记回避了戏剧性的、广为宣传的中情局的冒险行为，揭示了隐蔽政府的另一面：旨在确保私人投资有一个国家可利用的日常工作。

除了政府对他国人民生活的正式干预，以及秘密商业协定半公半私的干预之外，二元国家还从事私人间谍活动。理查德·伊尔斯指出，一些美国公司在国内建立了可观的间谍网，这些公司在向国外扩张时继续进行同样的活动。⑳跨国公司对外国公民更缺乏尊重，认为应该尽其所能了解一切。尽管在每个国家只进行一项间谍活动效率可能会更高一些，但跨国公司出于对国家的不信

350 第一篇 寻求稳定的六种答案

任及追求自身利益的意识形态,纷纷建立了自己的间谍网。据安东尼·桑普森所言,国际电话电报公司的官员为他们公司的安全机构比中情局的安全机构工作效率高得多而颇感自豪。[61]他们的感觉或许不错,但情报的扩散造成的不仅是混乱,而且是非法,最终于己不利。作为世界上最受关注的人,第三世界的公民已经开始憎恶将二元国家出口到他们那里的企图了。

受益于这个时代的人宣称这是一个革命性的时代,而这样的传统国家形式却依旧顽强地存在,这值得关注。这种政治保守主义意味着跨国时代资本主义国家扮演什么样的角色呢? 它起码暗示以得失所系的方式取得政治权力是不足取的。跨国政治权力的增长并不代表国家政治权力就会削弱。罗宾·默里这样表述了问题所在:

> 即使跨国公司的发展的确需要与之平行的国际政治组织,民族国家仍然适合行使某些经济职能……所以问题不在于民族国家是否与国际形势相容,而在于民族国家在国际资本时代可能继续行使哪些职能。[62]

其次,在资本主义国家的历史形式中,最古老的、最传统的形式显示出最强劲的东山再起的势头。一场超级现代化的技术革命伴随着一场政治上的反革命,16 世纪到 19 世纪间出现的国家理念反倒比晚近出现的国家理念更为适用。跨国时代最具讽刺意味的现象就是,那些认为自己正在改造世界的人却牢牢地抓住一百年前就已过时的政治观念不放。这与一直延续到跨国时代的自由与民主间的矛盾密切相关。跨国公司的发言人如果能把所有的问题都抛到脑后的话,就可以像 19 世纪初的资产阶级那样,理所当然地认为自己是革命的力量。但由于他们的主要问题——民主主义与自由之间的矛盾——不仅没有解决,反而激化了,他们不得不从自己的过去中挖掘出一些混杂的观念,指望这能使其本已微不足道的生命保留得尽量长久些。

查尔斯·金德尔伯格说过:"民族国家作为经济单元来讲已经日薄西山了。"此话或许不假,但只有依附国是这种情况:在这些地方,跨国公司的计划使各式各样的第三世界政府成为摆设,刘易斯·特纳对此有过详细介绍。跨国公司的反讽之处在于,他们的国际主义是通过牺牲他国而不是自己国家为代价实现的。就资本主义国家而言,跨国公司活动非但没有使之消亡,反而使之延年益寿。

跨国性与矛盾的激化

跨国政治与经济活动将资本主义国家的历史矛盾推到了新的高度。资本主义统治初期,矛盾冲突的复杂程度往往较为初级。有各式各样的斗争,但积累的国家与和谐的国家内部基本的、对体制最有决定作用的斗争如同一场篮球赛一样,是一对一的:在前者是新兴精英对老精英,在后者则是由此造成的联合对发展壮大的工人阶级。到了扩张主义的国家与授予特权的国家时期,矛盾又上了一个新台阶。两种斗争同时进行:在传统的阶级斗争之上,统治阶级分裂加剧,复杂程度又添一层。二元国家,更重要的是跨国界国家,使矛盾再度升级。统治阶级内部矛盾加剧;阶级之间的历史矛盾尽管受到压制,却仍然存在;随后,一种新的矛盾在主宰国

352 第一篇 寻求稳定的六种答案

家的精英与依附国逐渐显露的自身利益之间产生了。矛盾的加剧
是经济衰落的政治对等物;跨国界国家不是一种让越来越多的人
加入资本主义世界秩序的努力的产物,而是统治阶级精英无力建
立使其既可获取利润又可进行政治控制的世界格局。

尽管联合国与欧共体这样的政治组织失败了,尽管跨国活动
性质保守,但二战之后还是出现了跨国资本主义倾向。谢尔·斯
杰尔斯贝克举了个例子:非政府国际组织,如国际航空旅行协会、
国际奥委会和世界基督教协进会,数量由 1954 年的 1012 个增加
到 1964 年的 1470 个,到 1968 年又增至 1899 个。⑥很明显,先进资
本主义的需要使政治生活与经济生活都国际化了。然而,这正是
国际主义的有趣之处,我试图阐明,这些超越民族国家的行动多半
不代表革命性要求,而代表巩固性需要。所以,在对跨国性的需要
与这种需要背后的保守动机之间确立的紧张关系是造成一系列新
242 矛盾的原因,这些矛盾不但没有取代原有的矛盾,反而在平行或高
于旧矛盾的层面上积累起来。跨国时代阶级斗争的复杂性几乎不
曾解决任何问题,反倒激化了许多问题。

授予特权的国家期间公与私、自治与相互依赖以及约束与决
定之间的混乱,到了跨国时代并没有解决。随着资本主义积累成
为遍布世界的一种现象,这些混乱产生的效应成倍增加。国际电
话电报公司在智利的活动使私人组织制定公共政策的做法死灰复
燃,但这次受到影响的是两国而不是一国的公民。类似的道理,世
界政治经济的建立使公司与国家比以往更加相互依赖,但也导致
公司更强烈地要求自治。1974 年的“能源危机”极好地说明了在
一个相互依赖性加强的时代追求自治会造成怎样的一场大灾难。

最后,随着约束的需要不断增长,公司行为似乎更加不易加以约束。尽管州际商务委员会这样的组织在对铁路的管理上软弱无力,可是比起国家试图管理国际航空旅行的努力来说还是有力多了,在该领域,国家连一个有效的公共管理机构的形式都不具备。20 世纪 30 年代到 20 世纪 50 年代之间出现的政治矛盾到 20 世纪 70 年代变本加厉了。

　　跨国性使这些矛盾与困惑又增添了新的方面。首先,正如安东尼·桑普森指出的,国际电话电报公司这样的巨型跨国公司真是左右逢源:可以宣称附属于其选择的国家,高兴时也可以号称国际公民。⑩如同国内公司可以根据情况采用公共身份与私人身份一样,跨国公司可以随心所欲地进出民族国家。现代自由主义与现代民主都通过民族国家走向成熟,而民族国家的下场却同所有其他阻碍资本主义积累的障碍一样。其次,跨国界国家利用世界的多样性把统一性强加于世界,破坏了自身存在的理由。建立跨国公司的首要原因便是,世界上某些地方拥有先进资本主义国家需要的东西——原材料、廉价劳动力、特殊的气候等。但在开发利用这些特色的同时也是在对其进行破坏。原材料枯竭,工人觉醒,生态差异受到扰乱。从政治上讲,跨国界国家的扩展将世界纳入了欧洲历史上经过三个世纪确立起来的模式;自由主义与民主之间的矛盾不再为西方所特有,而是成为一种遍布世界的现象。跨国界国家试图摆脱这一矛盾,结果却使之扩散。

　　跨国性的所有涵义中,最为重要的便是它加剧了自由与民主之间的不相容。这造成了某种历史性的终结。尽管 19 世纪初期人们已懂得自由主义与民主之间存在矛盾,然而,正如我在导论中指出的,二者之间的区别较为模糊。跨国界国家取消了这种模糊,重新确立了现代国家自由与民主理念之间的紧张关系。一方面,这是由积累功能的加强造成的。跨国界国家应一种类型积累要求而生,却干涉另一类型的积累要求。从诸多方面来讲,国家计划是资本主义历史上最重要的政治阶段之一,因为这说明资本家已暗暗承认,作为分配机制的市场不能正常运转。积累太重要了,不能依赖一套纯粹由私人作出决策的混乱无序的体系。但跨国界国家通过把受决策影响的范围推向国际化,使计划功能失效。马蒂内利和萨迈尼看到,跨国公司在四个不同领域干涉国家计划:充分就业、持续增长率、支出平衡与公共开支水平。⑦正当资本主义似乎已经摆脱了混乱无序问题时,跨国界国家又悄悄把它从后门带了进来。但这次有所不同了。19 世纪时的混乱无序是由于当时几乎别无选择,但到了 20 世纪 70 年代,既有国家计划又有社会主义分配机制,回到这种状况就很危险了。无计划的经济受到双重诅咒,不仅失败了一次,而且其他经验表明,可以通过新的途径达到增长的目的。这么多商人在采用授予特权的国家时甘愿违背对古典自由主义的信仰,如今竟一心要打破选举权国家,回到古典自由主义,这可真叫人匪夷所思。原因一定是他们从一开始就不大愿意分权,当授予特权的国家开始真正于己不利时,发现国际资本主义倒是可以提供一条逃逸之路。国际商人通过重新采取在他们的帮助下临时提出的解决方案,发现了用极少量支票获取巨额利润的机会。

此外,跨国公司活动将自由主义与民主之间的矛盾转移到国际资本主义体系中去,从而使矛盾升级。随着卡特政府上台,这种转移趋势还会加剧,因为还没有哪一位总统与跨国公司如此密不可分。由卡特的顾问兹比格纽·布热津斯基创建的三边委员会十分清楚世界体系中什么东西处在成败关头。譬如,布热津斯基就写道:跨国公司代表了美国所象征的悠久的自由主义传统,而第三世界国家更直接关心的则是平等问题。问题在于,自由与平等常常是矛盾的,所以美国外交政策的问题就是在受到其中一个的威胁时保持另一个的信誉。[⑱]布热津斯基号召回到自由主义原则。如果他在国家安全事务助理任上成功地实现这一理想,就会使自由主义与民主的国际冲突变成实实在在的正面交锋。

倾向自由主义就不可避免地要远离民主。获取利润要以牺牲合法性为代价,因为在资本主义国家的六种主要形式中,跨国界国家是最不民主,即受大众参与和控制最小的。卡尔·凯泽写道:"跨国关系及其他跨国过程严重威胁对外交政策的民主掌控,在先进工业社会里尤其如此。"[⑲]巴尼特和马勒认为,出现这种情况一个重要原因就是,跨国公司商人愿意直接同政府的行政部门打交道,这些部门往往对国家精英与国际精英比较热情,而不愿同立法机关打交道,这些机关总是同地方利益关系较为密切。跨国公司一直助长着行政部门制定外交政策时的具体化倾向。但大众对国内政策的掌控也在削弱。直接影响跨国公司的决策对公众只产生间接影响,使这些事情成为"行政"而不是"政治"问题。此外,跨国公司的庞大规模本身也成了一项政治因素。官僚主义不是偶然的;跨国公司太大,不论从内部还是从外部都无法控制。正是他们的规模免除了它们应承担的责任。如果它们失败了,那么不应施以惩罚,而应给予奖励,因为其规模使其成为"国家财富"(见第八章)。如果它们直接处理关系国计民生的问题,必须允许它们在该领域决定公共政策,因为它们对经济来说太重要了。1975年一个公司的规模要超过1775年的整个共和国,所以有关大众控制的政治理念最好有所改变。由于政治理论无法跟上经济实践,跨国公司和为之效力的治国者得以从理论与实践两方面破坏民主。如果跨国界国家回到纯粹自由主义的世界,就将清醒地放弃民主的世界。20世纪70年代将经历18世纪70年代就已明了的事:自由与民主不可同时兼得。

插叙：晚期资本主义的出现

正如我在本书前半部分试图说明的那样，资本主义社会的政治史走过了一条曲折而又复杂的道路。在转到第二部分的主题，政治史在当代产生的后果及影响之前，最好先停下来回顾一下我们前面得出的结论，并确定我们下一步向何处去。

我一向认为，自由主义民主恰好代表了西方政体内核中的一个悖论，即资本积累和法制化这两种不同要求之间的矛盾。这一矛盾即使不是普遍存在的，也一直被认为是资本主义固有的。积累对私有制的需要导致了自由主义意识形态的产生，这一意识形态又构成了公众对于国家的政治理念；同时，对于公众认同和服从的欲求造就了关于政治生活的民主观念，而这种观念则同早期的自由主义是相悖的。在过去两百年的时间里，先后出现过六种不同的资本主义国家的"理想类型"，每一种都暂时缓解过这两种期望之间的矛盾，每一种也都与一个特定的历史时期相对应。尽管总结无法还原真实历史阶段的微妙和特殊，但在这里，为了我下面将要展开的论述，简单做一段总结却是非常有益的。

与出现于资本主义工业化的第一次浪潮相对应的积累的国家，把促进资本积累作为其合法化的机制。既然最终目的是积累财富，而且任何服务于此目的的必要手段都被视为正当的，因此积

358 第一篇 寻求稳定的六种答案

累的国家在意识形态上并不遵从自由放任,而是任凭政府积极地
干预经济和社会秩序。积累的国家至少对六种不同的公众需要作
出了反应:确定新兴资本主义社会的参量,维护秩序,调节宏观经
济环境,提供直接资助,组织战争,支持各种折中举动。积累的国
家是重商时期的活跃政府同工业资本主义的要求彼此妥协的结
果,具有折中的特点,这既是其优势又是其弱点。这一国家类型满
足了过渡时期对灵活性的要求,但随着工人阶级的兴起,合法化的
任务显得日益迫切,该类型的内在矛盾就使其无能为力了。尽管
这一类型的某些痕迹一直保留到今天,但"纯粹"的积累的国家在
19 世纪中叶就已经退出了历史舞台。

取而代之的是对合法化的关注,和谐的国家应运而生。两种
不同的思想倾向都强调在资本主义条件下,让资产阶级控制国家
符合各阶级的利益。其中一种思潮直接继承了古典自由主义,主
张政府对任何事物都不予插手,并承诺这样可以达成最终的和谐。
另一种思潮则是自由主义的改良版,对国家行为从意识形态方面
248 进行了理性化的阐述,以应对来自下层的工人阶级的威胁。尽管
这两种思潮经常被视为截然相反,他们却不约而同地利用和谐理
论使资本主义体制合法化,这就使得两种思潮又有某种相似之处。
然而第一种思潮由于其固有的矛盾,不能作为一种合法机制长期
发生作用,这一点看看它在社会达尔文主义中的体现便一目了然。
与此同时,后一种思潮引发了具体的变革,由于不得不首先支持改
革,它又证明了利益和谐不过是空中楼阁。除了这些潜在的理论
问题,和谐的国家在实践中也遇到不少困难。资产阶级政治家控
制了 19 世纪后期的政治,他们赋予政治以新的定义、新的组织方

式以及新的进程,所有这些却变得日益腐败。理论缺陷加上实践腐败使得和谐主义看上去苍白无力,从而导致人们寻求新的方案以解决资本主义社会中的国家问题。

当自由主义和民主的矛盾眼看要到极限时,对外扩张就变得更为诱人,尽管它不为古典自由主义所容。帝国主义的对外政策虽然看似能够缓解来自国内下层的压力,却要为此付出高昂代价:自由理论遭到如此公然的破坏,以至于自由主义开始土崩瓦解,而今天的破坏者就是昨天的大肆鼓吹者。扩张主义绝非"未来派",它象征着古典自由主义时代的终结。政府在结束自由贸易和无限制移民的同时,又试图用新的方式控制工人阶级,比方说通过教育和大众文化。对外扩张的全部矛盾要显现出来尚需要一段时间,然而截至一战末期,将扩张主义的国家作为目标来实现已经空洞无文了。

一战表明社会各阶级的斗争和统治阶级之间的尖锐矛盾共同导致了国家的瘫痪。战后的政治成为一系列实验,目的在于控制这些领域中滋生的不满情绪。其中最著名的实验之一即社团主义,可它不是走向过分集权就是沦为毫无威信。为了弥补不足又出现了一种新的办法,即将公共权利授予私人团体以期规范阶级斗争。我称之为授予特权的国家大体解决了问题,尤其在授予特权的国家的理念扩展到工业部门之外的团体后,稳定的局面维系了相当长的一段时间,因为那些团体已经组织了足够的政治力量使他们的声音直达朝野。然而授予特权的国家最终还是引发了不少问题。比如神秘化,这本来是国家运作所必需的,但在需要制定明确标准的时候它却起了副作用。国家本应放弃权力而不是行使

360　第一篇　寻求稳定的六种答案

它,可由于私人机构不能有效地制约自己,授予特权的国家开始衰
落。作为一战实验的产物,授予特权的国家的弊端到了二战后变
得日益显著。美国的国防经费以及欧洲的经济计划成为国家揽权
的领域,理论上来说这些也一直属于国家权力。这样一来,授予特
权的国家便成了过时的而并非对未来有用的解决办法。

　　为了缓和国家的自由与民主之间与生俱来的紧张关系,二元
国家或许是最不寻常的一种尝试。不同于以往的一个国家身兼两
职,而是建立两个国家,一个维护秩序,另一个保证民主。为了有
效运行,二元国家要求其政治领导对国家的各种职能了若指掌,其
早期经验证明这是相当难的平衡手段,因为对付秘密事件时十足
的外行做法比比皆是。尽管这些问题一度得以消除,二元国家不
为人知的东西随着隐秘需要的增加却日益减少。此外,二元国家
在其构成部门的既得利益与其对秘密情报部门的情有独钟之间进
退两难。无论谁执政,这些内部困难都将始终存在,尼克松政府的
无能则更加激化了矛盾。二元国家的命运如今还不甚明了,但是
即使它在公众面前能就水门事件和美国中央情报局的曝光进行成
功的自我辩护,它仍将面对诸多内外矛盾,这些矛盾会限制它的总
体实用性,使它不能一劳永逸地解决自由与民主原则之间的矛盾。

　　当民族国家受累于政体矛盾时,资本国际化却推动了跨国公
司的发展,它把全球而不是某个国家视为其市场。可这一发展并
没有超越民族国家的诸多问题,因为自积累的国家鼎盛时期以来,
跨国公司对政府支持的依赖已到了前所未见的地步。换言之,在
我称为跨国界国家的阶段所进行的重要实验,如欧洲共同市场和
联合国,非但没能解决资本积累与法制化的矛盾,反而把它提升到

插叙：晚期资本主义的出现　361

了一个新层次。因为它们把资本主义国家的历史局限提升到一个新水平，因而跨国界的政治体制与其说解决了问题不如说反映了困境。

这六种方案价值的降低引发了一个显而易见的问题：还有别的办法可供选择吗？或者说，西方自由民主国家制造了这些社会矛盾，却已经不能从自身找到解决问题的办法了吗？这一问题既重要又难以处理。为了解决它，首先我想在政治经济的传统中寻求答案，这一传统力求理解晚期资本主义的结构局限和历史困境。我的回答深受作家詹姆斯·奥康诺和恩斯特·曼德尔的影响，其实在探讨自由民主国家是否已经穷尽其政治解决方法之前，简要地回顾一下他们的研究是大有裨益的。

许多马克思主义者在分析资本主义社会时都热衷于说明这一系统是如何高效地运作的，却忽略了那些易于导致不稳定的因素。詹姆斯·奥康诺是个例外，他认为可将《资本论》这样的著作视为解释两个同时发生而又相互矛盾的进程的一种尝试。[①]一方面，资本原始积累经历了一个转变过程：由简单的小商品生产转为现代化的大规模生产，工人出卖劳动力的方式也日趋激烈。对这一过程的描述使《资本论》享有盛名，后人似乎别无补充。但是，詹姆斯·奥康纳继续说道，还有一个因素应该考虑，即在同一过程中既然有东西被积累，就有东西被消耗。大规模资本主义生产兴起的理论同时也能被看作是简单小商品生产让位的理论，后者奥康诺称之为商品生产。根据这个逻辑，似乎可以说资本的原始积累将在某个时刻导致其非积累趋势，19世纪中期建立的那个体系将会自我摧毁。据奥康诺所言，马克思很清楚这一点，而且他的一些分析,如利润率的下降趋势,也预言了该体系的衰落,相关解释在《资本论》第一卷就开始了。因为马克思写《资本论》时这一进程刚刚开始,所以他没有对资本的非积累做出完整的理论描述(同理可知他为什么没提及早期社会主义),而这件事便落在当代马克思主义者的肩上。

根据这一逻辑,奥康诺接着分析了晚期资本主义的经济概略。晚期资本主义生产之所以是非积累型的,是因为生产剩余价值所需要的必要条件受到了限制。不创造任何剩余价值的必要劳动所占的比例在不断上升,这既是因为工人们通过对技术变革采取保守抵制的态度,有意保留他们的劳动力,又是因为他们拒绝通过罢工来消耗劳动力。因为劳动力的规模、资本与劳动力在国民收入中的份额、以及工作时间都是相对固定的,这就很难再为资本积累谋求新的策略。因此,与资本积累阶段相比,劳动力的流动性降低了,市场需求必须受到刺激才能成活,没有更严格的纪律与监控,工人们就会怠工,而阶级斗争也采取了一种微妙、间接却又持续、有力的形式。此外,更多人愿意为国家工作而不愿投身工业生产,工人们的抵制行为又增加了对"监工"的需求,这些都导致剩余价值生产的下降。奥康诺总结道,经济停滞和晚期资本主义生产所特有的积累缺乏正是早期社会主义出现的两个征兆,早期社会主义就这样诞生于一个日趋死亡的资本主义生产方式的母体之中。

恩斯特·曼德尔将他的分析建立在马克思的《政治经济学批判大纲》中一些引起争论的段落上,曼德尔对晚期资本主义的停滞现象另一番说辞。他认为,现阶段不应被称为"后工业"阶段,它

插叙:晚期资本主义的出现　　363

表现的是资本主义社会历史上工业生产第一次向经济的各个领域所进行的扩张。在此压力之下,出现了结构性的危机。一方面,随着自动化的加强,即资本有机组成的一种增长(也就是说,更注重资本集中型的投资而非劳动力集中型的投资)以及剩余劳动中工人劳动时间的减少,都使得工人阶级的实际工资难以增长。另一方面,工人们要求增加工资的呼声却日久不息。两种压力相互冲撞,除非出现诸如法西斯主义或战争这样的重大紧急事件,没有什么力量能转移它们的破坏力。因此晚期资本主义社会必须面对一个事实,即没有任何一劳永逸的办法能解决这种存在的紧张。自动化既象征着晚期资本主义的成长,也标志其走向颓废与衰落:

> 一方面,它代表了物质生产力的完全发展,这一发展能把人类从强迫性的机械重复、沉闷异化劳动中解放出来;另一方面,它又成为工作与收入的新敌人,导致焦虑、不安全感的增加,导致周期性的大规模失业、导致消费与收入的周期性损失,还导致知识与道德的沙漠化。[2]

"非积累"这一术语指资本主义社会所受的各种结构制约,这些制约使其不能找到永恒的能源来增殖剩余价值。[3]非积累一词也有重要的政治文化内涵。在以非积累为标志的晚期资本主义社会中出现了统治阶级的政治选择权将要穷尽的趋势——无独有偶,晚期资本主义为进行再生产而生产剩余价值也以失败告终。这一现象已引起了相当关注。以于尔根·哈贝马斯为例,他认为晚期资本主义的特征在于它的生存空间里充满了一系列相互关联的危机。[4]政治体制已经不再能够完成经济赋予它的任务。随着多元论解体,各种利益不同的组织无法在国家之外解决分歧,他们相互抵牾的要求就会使整个国家陷于停顿。此外，由于象征物不能像以前那样有效地激发人们对社会的忠诚，一种意义危机也随之出现。根据哈贝马斯的观点，这些都导致了晚期资本主义法制化的许多严重问题，堪比奥康诺和曼德尔等学者所讨论的资本积累存在的诸多问题。

在本书剩余部分我将详细探讨晚期资本主义国家这种合法性危机。我认为晚期资本主义自其伊始就对应着政治方案的枯竭，本书第二部分全面讨论了这个枯竭问题。所谓政治权衡的枯竭，是指资本主义国家在自由民主的框架内为解决资本积累与法制化的矛盾而创造的六种主要形式都无一例外地以失败收场。说政治权衡山穷水尽其实也就意味着自由民主主义的固有矛盾将日益浮出水面。换言之，在晚期资本主义阶段，主要的政治问题将不再出现于自由民主的框架之内而是立于其上。

政治方案枯竭造成的后果已昭然可见：晚期资本主义的出现给西欧和美国的政治体制刻上停滞的标记；挫折、封锁、政治黑箱、僵化、神秘化、全无方向以及混乱无主控制了社会。晚期资本主义今后的政治史将成为一场拉锯战，一方面迫切需要做点什么，另一方面却又无力做任何事。与大刀阔斧行动起来的呼声相伴的是一贯的麻木。政治思潮将随风前后摇摆，一时充满启示录式的期望，一时又愤世嫉俗针砭时弊，一时强烈敦促改革，一时又坚决主张守成出新。国家受到礼拜，国家的行为却遭受诋毁。政治被非政治化取代时将受到嘉许。一种摇摇欲坠的稳定成为晚期资本主义的标志，直到全面的合法化危机促使国家对人民进行控制或国家为人民所控制。如自由主义与民主之间的紧张显示的那样，出路或者是沿着权利主义方向（资本积累压倒合法化），或者是沿着民主方向（合法化压倒资本积累）。虽然无法预测走哪条路，却可以推断两者必取其一。

为了完全理解方案枯竭这一论题，请依次注意两点。第一，所谓资本积累与合法化之间的矛盾形式已经完全表现出来的论点，不过是经验观察的结果，而不是理论性的论述。也即，将来未尝不可能出现第七、第八甚至第九种形式（或许现在就已经在褓褓中了）。人们甚至可以毫不费力地提出一些新的选择供不同阶级考虑。然而那些设想在理论上虽然可行，实际上却无一被采用。如果接下来要讨论的制度缺陷一直存在，那么沿着第一部分所论及的六种方案是无法找到出路的。事实上，当前政治思潮的主要推动力是回归更早期的国家构想而不是关注未来的蓝图。那些远离现代的理论家如斯密、洛克、马尔萨斯以及圣西门，如今却重振威名，这比什么都更体现严肃政治思想的空洞无力。有本书认为自由放任在 1975 年仍能适用，这真让人深刻感受到政治思想的衰退。[5] 同样，大力宣传复兴社会契约也不是一种进步，即便它的政见不那么野蛮。[6] 一种新马尔萨斯式优先分配理论对谁能生存下来做了仔细计算，这表明资产阶级思想的一个重要成分在 19 世纪早期远比在 20 世纪晚期更容易被接受。马尔萨斯就像一个古老的护身符，一旦自由社会陷入困境就被拿出来驱灾辟邪。[7] “未来主义者”对后工业社会的预想也反映了同样的心境，因为圣西门和最新空间时代的小玩意同样成为他们那些科幻小说的基础。[8] 即使在马克思主义者中，路易·阿尔都塞关注的问题也体现了同样几乎确定的缺乏时代性。[9] 政治思潮也像大众文化一样崇尚怀旧，因此资本主义国家的六种形态总是趋向于与外界隔绝，而不是走向外界以寻求新的方案，这无疑表明政治世界出现了问题。不仅是政客们，就是那些政治思想家们都成为沉默的绝望者。

第二，晚期资本主义可供选择的方案的枯竭是一个历史发展阶段而非突变。没有人将找到或能够找到任何迹象来预测晚期资本主义的寿数。断言自由民主在土崩瓦解是由于自由民主之间相互矛盾的要求不再能被调和，但这并不是断言社会主义或法西斯主义会马上复仇并取而代之。矛盾的体系会继续存在一段时间，自由民主也会这样（或许不会）相安无事。关键在于，以历史的眼光来看，自由民主或许是强弩之末，但它的最后射程有多远却无法肯定。至于告别它的那一刻何时到来，还有赖于多数阶级和少数阶级的计算。我强调解体理论，但无意重弹我们熟知的西方世界末日的黄昏小调（Götterd!?mmerung），换言之，我认为生产方式和与之相伴的政治形态不是一成不变的，同样，我们现有的这种也会消亡。这一过程中出现了一些重要的政治阶段，各有其生灭之时，接下来我将谈到这些发展。

第二篇

政治和方案的枯竭

"因此'应该怎样'是具体的;事实上,这是对现实唯一真实的和历史主义的解释;它本身就是发展中的历史;它本身就是政治。"

——安东尼奥·葛兰西

第八章　国家的具体化

　　"我认为,事情进行不顺利时国家就应该介入,但事情顺利时国家就应该置身于外。换言之,这是个由国家贸易状况决定的政策。"

——梅杰·劳埃德·乔治(1946)

　　"日益明显的是政府庞大而不强大,机构臃肿而不得力,花费过多却无所成就;同样明显的是老百姓越来越不信任政府,越来越不留恋政府。事实上,政府抱恙在身——而此刻我们正需要一个强壮、健康、精力充沛的政府。"

——彼得·德鲁克(1969)

权利增大,选择减少

　　采取一定的新政策以增加国民生产成为现代国家不言自明的标志。政府机构的臃肿也很突出。在英国,公共支出占国民生产总值的比例 1910 年是 12.7％,1937 年是 25.7％,1951 年是 44.9％,1973 年是 50.5％,公立团体的资本支出包括在内。[①]不包括国家生产企业,经济合作与发展组织 1972 年的数据显示,所有晚期资本主义社会都有相似的高比例公共支出:英国 39.8％,法国 36.7％,西德 38.0％,意大利 40％,美国 34.3％。[②] 这说明政府已经成为现代资本主义的一个中心要素。

公共支出的增长已是不言自明的事实,它的真正意义却容易被忽略。一出充斥戏剧张力的剧总是很容易让人过于关注其戏剧性,而无视角色本身的变化。同样,仅仅关注政府的戏剧化膨胀就会忽略公共生活这一角色发生的变化。[③] 因此,"政府的权力与范围近年来大大增加"[④] 的论断与其说是误导,不如说是片面。法国让·穆兰俱乐部的说法也不全面,它认为与路易十四的绝对主义君主专政相比,夏尔·戴高乐的政府享有更多权力,因为它的决策"涵盖了日常生活的方方面面"。说现代国家是"财富的主要创造者,是进步的推动者"[⑤] 只对了一半。这种田园诗般的国家成长神话,和二流批评家的见地一样,只注意到了那些浮华的表象,而忽视了问题的实质。

因此,考虑到 1660 年至 1960 年这三百年间所发生的社会转型,将这两个时期的国家权力加以比较显得十分愚蠢。而且,即使真的进行这一比较,让·穆兰俱乐部的观点也站不住脚。税收不正是"涵盖了日常生活的方方面面"吗？柯尔伯对工业的支持不正体现了国家是"财富的主要创造者和进步的主要推动者"吗？任何关于现代国家的特定政策的论断都面临着一个相似的问题。如果说现代国家扩展的原因是为了履行其福利功能,那就无法解释政府救济政策三百年来发展的历史。[⑥] 如果说政府对工资争议的干预是现代国家的标准,那又如何解释早在 1351 年就出台的用于控制工资和物价的《劳工法》?[⑦] 如果说促进经济发展是国家至关重要的职能,那么柯尔伯和伊丽莎白的国家体系都可称得上是 18 世纪积累型资本主义国家的先驱。越是仔细审视这些国家体系，关于现代国家独特性的简单推断就越显得站不住脚。

分析晚期资本主义国家的核心问题，既不是自身的规模，也不是特定政策，而是政府特征的变化。尽管两百多年来矛盾性一直是资产阶级政治的一部分，第一部分中讨论的六种方案的失败非但没有解决矛盾反而加剧了矛盾。用现有方法解决自由需要与民主欲求对政府特征会产生什么影响呢？这正是我在本章要讨论的问题。随着其活动不断增加，国家已成为一个主要的生产者且的确成了主要的消费者。但往往被人忽视的是，伴随着国家潜在权力的增长，国家行使权力的手段却在减少。由于这个原因，国家活动的增长并不意味着其可供选择的方式增加了，而是反映出可供选择的方式耗竭了。在西方社会的领导人手中，和巨大的政治权力并存的是运用这些权力来达成既定目标的普遍无能。简而言之，国家做得越多，它能做的就越少。这一问题正像一些社会学家所说："政府活动的扩张与其说是政府力量强大的结果，不如说是政府力量衰弱的结果。"[①] 晚期资本主义对国家结构产生的最重要的影响就是形成这种怪异的趋势，即权力越大越无能。

因此阶级斗争就成为晚期资本主义国家政治停滞的根本原因。在国内，既得利益阶层阻碍有利于弱势集团的改革；同时，残存的自由民主的参与分子则在形式上反对国家成为统治阶级不受限制的武器。在国际上，反对霸权主义国家的斗争使得这些国家手中的武器全无用武之地；同时，因为政治需要而发展的官僚机器却无法真正满足这些需要。此外，政治的迟滞又造成了许多自身的矛盾。私人资本积累体系创造资本的能力下降了，这就使得国

372　第二篇　政治和方案的枯竭

家必须在资本积累的过程中扮演更为重要的角色：为大型企业提供政府津贴，帮助跨国公司征服领地，为研究和开发提供经费援助，改变税收结构以帮助私营企业增加他们的利润。⑨因此，要使各阶级之间的力量平衡不被打破，就必须维持并加强国家在福利和镇压方面的功能。而随着霸权国家控制能力的丧失，他们的军费预算、新武器开发项目和相应的国家支出也都同步增长。惯性推动着此一趋势，而必要性则推动着彼一趋势。资本主义国家就这样陷入进退维谷的境地，国家必须履行的职能越多，它履行这些职能的能力就越弱。国家履行这些职能与否都只能落得里外不是人，所以国家再生产社会关系的效用已经到了山穷水尽的地步。

在举例说明权力增长与选择减少的矛盾之后，我将讨论这种状况给晚期资本主义公共生活带来的影响。首先，国家内部吸收阶级矛盾带给公共官僚机构一个不可能完成的任务：即在一个非政治意识形态的框架中解决政治问题。其次，这些矛盾导致了一种边沁式唯理性的颠倒，行政人员不再由理性控制而成为一个幻象与谎言世界的牺牲品。结果是，政治科学家和公共官员们共同促成了对国家权力的自相矛盾的期望，一面褒扬国家的能力，一面又对它的潜力感到绝望。晚期资本主义国家无法杀出生产条件和政治生活期待共同引发的矛盾的重围，这一点虽未明说，却贯穿整个论述。

约翰·F. 肯尼迪曾说："统治就是选择。"如果统治的艺术在于创造选择，那么晚期资本主义社会的统治者就是抄袭者而非创作者，因为他们能选择的可能性已经减少了。看看肯尼迪自己的经历吧。如果要选取肯尼迪最辉煌的时刻，则非古巴导弹危机莫属。当时,肯尼迪手中握有最大的国家权力,控制着数量惊人的摧毁性武器,而且群情激昂的气氛使他对国内政坛极具影响力。二元国家的发展意味着最终的决策总是由极少数人作出,而当时这一小撮人都是支持肯尼迪的。反叛力量还没有成功地掣肘美国的政权,这使得许多外国政府都臣服于美国。换言之,古巴导弹危机正发生在美国国家领导人的权力处于巅峰之时。然而,经过仔细研究,格雷厄姆·埃利森告诉我们,事实上肯尼迪最终采取的行动是他唯一的选择。当时国家安全委员会向肯尼迪提出了包括不采取行动和发动全面战争在内的六种方案,但这些方案中极端的做法都是自欺欺人。肯尼迪权衡之后,面前只剩下两种选择:或是进行外科手术式打击,或是对古巴进行封锁。前者可以像吸尘器一样把问题一扫而净,用索伦森的话来说:

> 几分钟之内美国飞机用常规炸弹突然而迅速地解决核问题,——即所谓外科手术式打击——这个念头吸引了几乎所有想到它的人,包括肯尼迪总统。[10]

对这些人而言,外科手术式的打击成了一个有待实现的愿望,一个幻想,所有激怒他们的事物都能被他们从视线和脑海中驱逐出去。然而事实未必如此,因为武力并不能保证行动的"彻底性"。于是六个选择只剩下一个,"一个介于按兵不动与武力打击之间的方案"——封锁。[11]即使作出这一必然决定仍然存在限制。比方说肯尼迪决定把美国的原子弹从土耳其移出来就受制于时间,后来又受制于行政机构。"世界上最有权力的人"不能控制他自己的国务院,握有闻所未闻的权力的人作出的决定

　　杂糅了错误的感知,错误的传达,错误的信息,源于讨价还价,

374　第二篇　政治和方案的枯竭

生拉硬拽，六亲不认，混合了国家安全利益，各种目的，以及政府计算，这都见于一些更司空见惯的说辞中。[12]

尽管拥有闻所未闻的权力，肯尼迪和他周围的人都只能作出有限的选择。

权力增长与选择减少的矛盾既不限于对外政策的制定中也不限于美国，同样的情况也见于内政中。当然，过去四十多年来有大量机会进行国内改革。有关社会政策及其实行的知识增加了；资本主义社会修改了公民权利义务的概念，谴责贫困与饥饿；公共管理专家大有人在；政治多数派支持改革成为（或曾经是）常规；管理复杂社会系统所需的技术能力业已具备。然而以美国为例，新政期间花费最少能量实施新方案的历史一去不返，四十年来几乎再没制定过有效的国内政策。与国家看似拥有的巨大权力相比，与明显存在的未满足的需求相比，缺乏有效的国内政策是一个令人吃惊的事实，即使有一点新举措也不过更证明了国家的停滞。约翰逊的脱贫之战力图打破僵局，却因为冲击了既定利益不战而败；尼克松的家庭援助计划如丹尼尔·帕特里克·莫伊尼汉所言，费尽心思要超越新政遗留的保守与自由之争，它看似为一种新的改革提供了保证，却也成了政治私利祭坛上的牺牲品。[13]如果是一项无甚见地的国内政策，又被置于奉行了四十年之久的体系框架内，那它还有得到贯彻的机会。但要是这项政策有着哪怕是一点点真知灼见，又试图去动用潜在的国家权力，那它就只能以流产告终。国内战线和国际战线一样，都面对着选择缩小的尖锐问题。

国家活动增加和选择减少之间的矛盾也是欧洲晚期资本主义社会的一个特点。用"困顿的社会"（société bloquée）来描述法国已经成为很时髦的说法。在法国,"无法实现任何革新和体制进步的人为冲突阻滞了政治前进的步伐。"[14]克罗齐埃对"法国机构的官僚体制"的研究仍是解释停滞的经典例子;为了抵抗这种停滞,像[15]财政选择合理化(rationlisation des choix budgetaires)的改革可看成法国公仆们为了"让他们的国家再度运行起来"所进行的主要尝试。同样,英国是否也成为尚克斯所说的"停滞社会"[16]呢?对这一问题的关注引发了一场深思熟虑的改革,力图让英国朝着更为现代的方向发展。不论是在国家经济发展委员会发起的国家规划体系中,还是在诸如富尔顿报告(1968)之类的政府服务问题上,对于英国权力集团而言,政府改革优先成为议事日程。如特雷弗·史密斯指出的,"20世纪60年代在政府机构与人员中发生的广泛变革在英国政治历史上是史无前例的——至少在和平时期是如此。"[17]然而推动变革产生的最有趣的结果却是变化微乎其微。英国越是努力修正过时的政府结构,政府就越是变得不合时宜。无论在位的是保守党还是工党,"大型政府"的趋势都是相应走向无能政府。在英国,国家就像其经济一样缺乏动力。

意大利也有大同小异的政治僵化。奥勒姆将战后经济的活跃和政体的缺乏革新进行了对比,他把这种停滞归因于随晚期资本主义出现的阶级力量的失衡。奥勒姆认为,几乎整个20世纪50年代,控制政权的资本主义统治阶级都处于商人与银行家的良好关系之下。从资本主义的角度来看,大约有十五年的时间国家都处于理想状态,在社会内部不同力量之间进行调和以求最高财政利益。但是到了20世纪60年代,由于经济增长引发了社会问题,要求国家采取行动,这一体系出现了危机。意大利的统治者们一方面试图改革以解决自己制造的问题,同时又害怕旗帜鲜明的工人运动,最终却发现自己山穷水尽走进了狭窄的死胡同。总而言之,奥勒姆说:"不是政府推卸了所有责任,常常是当它面临自身内部对抗时,它的决策就姗姗来迟且收效甚微。"[18]这一结果加速了基督教民主党在意识形态和政治上的破产,而腐败似乎便成为统治能力的代名词。

这些例子都说明,无论是因为国内阶级斗争还是国际霸权的中落,晚期资本主义的政治体系都发现自己的选择越来越少。缺乏选择迫使它依赖国家行为,这样一来固然能解一时之困,从长远来看却使选择更少。停滞导致作出加强停滞的选择,这一恶性循环注定要影响晚期资本主义国家实行其公共职能,我们只要看看该职能最显著的特征便了然于心。

晚期资本主义的公共生活

晚期资本主义公共生活唯一的,也是最值得一提的特征是官僚机构的僵化。官僚机构的存在固然历史悠久,在晚期资本主义阶段由于政治选择的枯竭,它更有其独特性。只要国家格外关注它的资本积累功能,政府机构就会精简而且易于管理,或者说,以美国为例,易于被错误管理。缓和积累与法制之间矛盾的需要改变了原本不复杂的形势;出于这一需要,现代官僚国家开始成长。因为,用洛伊的话来说,"行政管理是使高压政治常规化的一种方式",[19]对官僚机构的滋长贡献最大的莫过于国家控制和遏制阶级斗争的努力。比如,授予特权的国家的决策者有时通过鼓励准私人集团参与公共决策，从而规避对国家的依赖。这种做法同时也可避免决策过于强硬从而对各方都形成约束力。而一旦有必要制定强制性的决策，那么除了将这些私人集团转变为政府机构之外就别无办法。因此，越是需要政府制定权威决策来协调阶级内部及各阶级之间的矛盾，政府机构就越是不可避免地随之膨胀。机构膨胀根源于自由派和民主派对国家看法的矛盾，这一矛盾又被移交给试图用专门方法解决它的公共机构。

新机构的衍生等于是说，发达资本主义的基本矛盾无法在私人生活的范围内找到解决办法，这使国家不得不诉诸其最后的手段，即亲自充当冲突协调人的角色。然而，国家的介入非但没有解决问题，而是以两种显著而又彼此矛盾的方式改变了问题。一方面，每当公共机构一劳永逸地理顺阶级冲突的尝试遭到失败，都会产生建立新机构的需要，从而导致更深刻的失败。官僚机构就这样无序、矛盾、浪费性地蔓延孳生，没有什么比晚期资本主义国家的这一产物更能说明其无力摆脱自身困境的状态。与此同时，对国家提出的新要求却与进一步扩充官僚机构的趋势恰恰相左。在此，克劳斯·奥菲关于分配型国家活动和生产型国家活动的区分非常有用。[20]奥菲认为，资本主义国家可以从事两方面活动：将现有资源在竞争各方中进行分配，以及通过参与积累过程直接创造新的资源。在资本主义晚期，国家的生产型活动转向为经济和政治的停滞状态"生产"解决办法。但与分配型活动不同，生产型活动与官僚体制的组织模式互不兼容。奥菲注意到，生产型活动会产生一系列官僚机构无法回答的问题：生产型活动的最终目标是什么？达成目标的最有效手段是什么？如何为这一活动提供资金支持？基于上述原因，晚期资本主义的诞生带来了新的需要，这些需要是官僚体系在鼓励其自身膨胀的同时所不能满足的。换言之，晚期资本主义最引人注目的特点，是官僚体系愈来愈陷入其责任和无能构成的困境之中。

这种情况还可以用另一种方式来表述，即在晚期资本主义条件下，人们诉诸公共管理的手段去解决一度通过市场来处理的问题。哈贝马斯称这一趋势为生产关系的重新政治化，亦即国家担负起四重职责：组织和维护生产模式，对市场进行补充，必要时代替市场，并对处于弱势群体压力之下的市场进行补偿。[21] 在资本主义经济条件下，一旦国家担负起分配甚至创造资源的职责，就会导致灾难性的矛盾。正如奥菲所说，如果国家控制了资本积累的必要条件，那就必须按非资本主义的逻辑来组织政府。从另一个角度说，如果国家的一番努力否定了资本主义逻辑，那么它就破坏了它所应该支持的资本主义。[22] 用哈贝马斯的话来说，晚期资本主义的这一核心矛盾导致

> 两种相互矛盾的准则：一方面为实现集体资本主义计划的目的，需要增强国家的计划能力；另一方面则恰恰是迫切需要遏制这种能力的扩张，因为它会威胁到资本主义的继续存在。因此，国家机构不得不在许多矛盾的选择之间摇摆：或是按照期望的方式进行干预，或是被迫放弃干预；或是以威胁到资本主义体系的方式独立于任何利益集团，或是屈从于这些集团的特定利益。[23]

这些截然相反的紧迫要求，使得晚期资本主义的公共生活成为充斥着各种矛盾诉求的大杂烩。晚期资本主义国家支持一些它必须

压制的官僚做法，而压制的结果则又是使这些做法变得必要。我将要用这一部分剩下的文字来讨论，这种对于官僚机制的需求和绝望是如何构成了晚期资本主义国家公众生活的主色调，并决定性地赋予晚期资本主义国家以矛盾的特征。为了进行这一论证，我们可以研究一下对于国家行为的这种模棱两可态度的四点后果：政治化、中央集权化、非集中化和理性化。

由于新官僚机构的膨胀并不能解决它们造成的问题，国家面临着行政危机，为公众所熟知的财政赤字只是其危机中的一部分。沃尔克·朗基表明，这些行政危机是由资本积累和合法化的矛盾要求造成的，这种要求将国家的决策者们推向两个截然相反的方向。他认为，这一两面性的主要后果是打破了资本主义社会对于政治和行政的传统划分。既然在面对矛盾期望时"越来越多的行政组织必须努力为它们的政策争取支持"，那么官僚机构就无法不为自己的决策赢得支持，因此它们的政治味也就变得和行政味一样浓。[24]但这种政治化又产生了新问题，用美国预算局（BOB）1950年以来的经历恰好可以说明。预算局若要履行其重要的行政职能，就必须拥有休·赫克洛所说的"中立能力"——即拥有以他们独特的非政治性特征为自豪的忠于职守的公务员。[25]中立能力的存在使得预算局成为行政体系中至关重要的一环。但正因为这一环重要，将其政治化的要求也变得强烈。尼克松决定将预算局改组为管理和预算办公室（OMB），这是将其政治化的最极端的措施："对预算局中立能力的威胁并非始于尼克松政府，艾森豪威尔和肯尼迪政府也曾咬牙切齿地表示要报复疑似对新任总统不忠的预算局。"[26]换言之，履行重要职能的部门有被政治化的倾向，而一

380 第二篇 政治和方案的枯竭

且它们被政治化,那它们也就不能再履行这些职能。政治化源于控制官僚机构的欲望,但却破坏了进行控制的最终目的。

晚期资本主义国家对官僚体系的矛盾态度产生的另一个后果是中央集权化。在相当长的一段历史时期内,私人领域内的垄断不是公共领域卡特尔化的对手。随着公司逐步消灭了竞争行为并将经济置于完全的理性化体系之下,政府机构却仍然保持着以资本主义的标准来看是狭隘、竞争、低效的特点。在这一时期,工业家对公共领域感到失望,大声质疑为什么政府没有垄断资本国家应有的效率。但是假如垄断部门最终依赖国家,[27]组织起这两个领域的原则之间出现的分歧就变得难以容忍,于是只好试图用垄断的方式管理公共部门。要将权力向超级行政部门集中是公共管理者恪守的箴言。在美国,自由主义共和党人约翰·林赛曾为纽约市建立过超级行政机构;而另一位保守派人士理查德·尼克松则提出要在四个高层部门之间划分行政权力,这四个部门由管理和预算办公室负责协调。[28]在 20 世纪 60 年代的英国,大一统的政府部门鼎盛一时,特别是在国内政策方面。[29]这使得塞缪尔·比尔等政治学家开始思考中央集权是否已成为英国政治的一个主要特征。[30]美国和英国,尽管它们公共管理的传统差异甚大,但在晚期资本主义矛盾的压力之下已变得非常相似,正如伊恩·高夫所指出的:

> 国家开支的增长已经导致现代资本主义国家出现了一种明显的政治集权化趋势……地方政府的很多职能被剥夺并被重新组织到更高级别的政府当中去;地方政府的开支受到更严格的控制;公共领域债务管理的集权化;增设了许多新的特别机

构；增加地方规划机构以及行政机构内部对公共开支的控制；

在英国，所有上述趋势已经和美国一样明显。[31]

在其它国家也可以发现这些趋势，不过形式略有变化。比如在法国，受训于美国的公务员被视为"特种部队"，他们共享信息，一同努力克服政府传统官僚机制中的地方保护主义。[32]无论在公共生活或在私营领域中，垄断都被视为必不可少。

当竞争的自由资本主义转变为垄断的资本主义，市场作为一种分配机制被破坏了，并被行政指令定价所取代。与此相类似，国家将官僚机构集权化的打算虽然消除了浪费和重复（尽管这一点仍有争议），但却是以牺牲其自身产生的规范标准为代价。正如奥菲所指出的，企业和国家按照不同的标准运作，因为后者并不是积累资本的机器，其制定决策的标准并不受到利润、市场等考虑的制约。[33]而且随着凯恩斯财政政策的采用，就连财政预算是否收支平衡也不再是制约国家行为的因素了。[34]正如保守的经济学家抱怨的那样，在这种情况下，集中化导致国家陷入无限循环的消费怪圈之中，能限制其手脚的就只有政治进程。

同时，在晚期资本主义的条件下，中央集权化还会对创新产生严重的影响。赫克洛和怀尔达夫斯基发现，在英国财政部里，对于出洋相的恐惧已经成为官员们的主要行为动因：

> 大家渴望建立并保持信任，这就解释了为什么在阁员和公务员之中会产生对于茫然无措的普遍恐惧。茫然无措不是什么过失，但却会降低自信和增加同事们的不信任感。阁员们努力避免在公众面前，特别是在下议院面前出这种洋相，这已成为英国政府里为人处事的主要动力之一。阁员的许多失误可

382　第二篇　政治和方案的枯竭

以忽略不计,但茫然无措或对重要的事件懵懂无知则是远比失误和犯错更糟糕的事情。⑤

在一个出洋相比犯错误更可怕的地方,创造力当然无从施展。赫克洛和怀尔达夫斯基将财政部视为一个类似俱乐部的群体,一个人若想在这里有所发展就必须刻意去避免冒险。这样做对公务员的个人事业是有好处的,但却是导致英国政府官僚机构僵化的一个主要原因。

还有一个例子也可以说明集权化对于冒险精神的影响,那就是美国政治中以辞职表示抗议的行为。韦斯班德和弗兰克发现了一组十分有趣的统计数字:从高官位置上辞职以表示抗议并将辞职原因公之于众的人数在 1910 - 1919 年占 16%,1920 - 1929 年占 10.5%,1930 年代占 21.7%,1940 - 1949 年则为 10.7%,1950 - 1959 年为 5.1%,1960 年代越战期间为 6.3%。⑥似乎可以看出,决策机构的集权化程度越高,对于政策的不同意见就越是难以公之于众和引起争论。进行此项研究的人员还发现,随着这种以辞职表示公开抗议的行为减少,不仅明达的政策难以制定,公共部门的创造力也更趋匮乏:

> 现在联邦政府关键的行政职位只对那些唯唯诺诺者开放,以确保他们讲话温和,能保守大大小小的秘密;这些人将自己界定为一个精选出来的"合格者俱乐部"的成员;总统可以相信他们绝对不会超越对总统的忠诚去顾及自己的良心或是公众的愿望。⑦

这样做的一个后果就是那些具有想像力和远见卓识的人不愿从政,或是在公务员的考试中被裁汰,而那些刻意拒绝创新的人却会获得提升和奖励。在晚期资本主义国家中确实存在着一种责任倒置,正确的见解和判断不仅不能得到表彰,反而会遭致怀疑,这种现象在越战期间的美国达到了高峰。当时像保罗·卡滕贝格这样真正懂得国际事务的人实际上都被从有实权的位置上排挤出来,取代他们的则是那些对真知灼见故意充耳不闻的家伙。[38]晚期资本主义政治和晚期资本主义经济的一个通病就是,保守的老办法总是比那些高风险高回报的新办法吃得开。

这样,官僚机构的中央集权化最终进一步加剧了政治体制的僵化。对此,克罗齐埃评论道:"国家作为主要的订约人担负起项目执行人的角色。它竭尽一切努力对项目进行控制,完全没有意识到它所有鼓励、资助、调控的手段都与它追寻的目标背道而驰。"[39]控制正是问题的症结所在。赫克洛和怀尔达夫斯基在著作里也经常替他们采访过的官员说话,他们注意到:

> 由几个曾经独立的小机构结合而成的大型集约化部门的兴起,使得分配代理权成为必然,但这也使得财政部对于其控制权的有效性产生疑惧……财政部的官员们不知道如果他们不掌握政策的内幕,是不是就意味着既无法控制总的开支又不能随时了解情况。[40]

既然集权化无法提供一种有效的控制手段因而与预期的目标相悖,那么一个明显的解决办法就是进行非集中化。这和我们尝试过的做法截然相反,但是没有关系,因为解决晚期资本主义困境的种种手段一向富于弹性;既然关税可以在短时间内涨涨落落,那么官僚机构也可以以类似的频率组合又解体。在试图为矛盾的官僚化这条死胡同寻找出路的过程中,非集中化最终成为和集权化同

384　第二篇　政治和方案的枯竭

样具有吸引力的办法之一。

按照垄断资本主义的标准来看,非集中化机构或许效率更为低下,但还是获得了很多人的极力赞许。马丁·兰多之类的政治学家试图说明重复的分工并不一定造成混乱;在他看来,一定的冗余反而可以通过鼓励广泛交流从而增进合作。[41]此外,相互竞争的部门就像竞争经济中的各个公司,必须为了贫乏的资源讨价还价。而整个讨价还价的过程和市场一样,成为政府制定政策时平衡各种不同利益的法宝。[42]与集权化论者相反,一种学派坚持认为最好的选择是国家内部权力的分配也通过市场体系来调节。每一个联合部门都要求建立凭证制度,发挥地方主动权,实行有创造力的联邦制,以及鼓励自发项目。同一个人甚至在同一时间既倡导集中化又鼓吹非集中化,以理查德·尼克松为例,他会一面为建设性的联邦制公开呐喊,一面却进一步地集中国家权力。[43]在意识形态如此混乱的背景下,人们必须认识到两种方案本身并非答案;事实上政治思潮从一极转向到另一极,恰恰证明了晚期资本主义官僚体系的问题到了何等难处理的地步。

非集中化和集权化一样虚幻,这也是两者又一个共性。一部分非集中化的支持者或许明白这一点。因为在那些倡导官僚部门非集中化的人当中,就有很多人同时呼吁停止继续向社会政策的目标前进;[44]因此非集中化实际就是崩溃。但即使为慈善目的考虑得更多,使各官僚机构在国家内部进行竞争的办法或许也可以像经济领域内各企业的竞争那样取得成功。在联合经济委员会关于政府经济问题的听证会之前,查尔斯·L.舒尔茨说:"在大多数情况下,我们并没有借助竞争手段来为公共部门引入提高效率的激励机制。"⑩舒尔茨还探讨了其它方法,比如建立针对政府行为的评估机制,以及向公共部门收取由他们造成的"成本"。但他这些建议的缺陷更进一步说明,非集中化和集权化一样,都不足以解决官僚体系存在的问题。核心问题并不是官僚体制应该以何种方式运作,而是官僚机构不得不履行那些存在着固有矛盾的任务。

晚期资本主义条件下官僚机构矛盾职能在第四方面体现于将官僚体系理性化的企图。60年代,为了给混乱的行政程序带来秩序,出现了许多新的战略,这些战略风靡各国,决策者们对它们推崇备至。这些战略包括美国的"规划-计划-预算法"(PPBS),英国的"公共开支调查委员会"、"规划分析与评论"和"中央政策评估委员会",法国的"预算选择合理化程序",所有这些都表达了一个新的理念,那就是理性化的标准可以被用于预算程序,希望藉此来使其它所有程序都井然有序。⑩然而,这一次官僚体系所面临的问题又是和经济领域里曾出现过的问题极为相似。在本书的前半部分里,我多次讨论到既得利益和更广泛的阶级利益之间的冲突,在这种冲突当中,后者的代表会以改革的语言对前者的特权进行攻击。官僚体系的理性化也以类似的方式运作:具有改革观念的"世界主义者"试图突破顽固的"地方保护主义者"筑起的藩篱。正是基于此,怀尔达夫斯基这样批评改革的人敏锐地指出,上述提议从本质上讲是政治的而不是行政的,因为它们所涉及的不是程序的改变问题,而是权力的分配问题。⑰表面看来是理性化的过程可以简单地解释为是一个政治化的过程。

"规划-计划-预算法"等改革方案是否取得成功了呢?总体上讲,这些战略从来没有真正进入官僚高层的既定权力核心;这和一

386 第二篇 政治和方案的枯竭

战前反对派商人的事例一样,眼前利益总是比长远利益更受到人们的重视。这些改革方案要想具有影响就必须去适应而不是反对处理公共事务的传统方式,而这正应该是首先需要进行改革的一点。⑱正如奥康诺所指出的那样,由于没有合理的分配体系,预算的问题只能留给传统的渐进主义方式解决,⑲其后果我将在下一章讨论。赫克洛和怀尔达夫斯基注意到英国的情况:"尽管近来充斥着关于优先权、战略和合理分配的讨论,英国内阁还是无法考虑周详并制定出任何清晰而全面的资源分配方案。"⑳美国的情况也同样如此。换言之,企业无法忍受的市场无政府状态仍然存在,但造成这种无政府状态的不是企业竞争而是官僚机构的蔓生。晚期资本主义赖以运作的原则曾被认为适合 19 世纪的经济体制,但后来却证明是极为无能的。

与政治化、集权化、非集中化和理性化有关的种种问题进一步证明,晚期资本主义的公共管理体系承继了许多原本存在于经济体系中的矛盾。换句话说,在国家的范畴内缓解阶级斗争的过程意味着官僚机构必须单独去面对曾经属于全社会的不可调和的矛盾。在晚期资本主义条件下,官僚机构变得不仅笨拙累赘,而且被赋予了不可能完成的任务。谁可以在什么时候如何得到什么东西,这在过去要由阶级斗争和政治进程来决定,而在晚期资本主义条件下,这一任务则要由官僚机构来履行。但公共生活并不是根据这一任务的需要来安排的;事实上,官僚机构的意识形态理念是非政治性、在斗争中保持中立、只关心行政的合理性。晚期资本主义的公共管理体系夹在政治化的使命和非政治化的理念之间,不遗余力地为其棘手的任务寻求解决办法,但却发现每一种可能的办法在解决掉一部分问题的同时又制造出了同样多的新问题。

因此说，官僚化是晚期资本主义国家特有的政治方案枯竭的标志。我们还可以得出这样的结论：在晚期资本主义社会里，阶级斗争越激烈，官僚体系也就越瘫痪。但同时，越是有阶级斗争的地方，也就越需要国家的干预来使之保持平衡。在这种双重受缚的情况下，政府的性质发生了一种变化，对这种变化最好的解释是奥菲的"选择性理论"。[31]奥菲认为，晚期资本主义国家的根本问题不应被看成是要将某些活动置于其它活动之上，而是要将那些会干扰国家阶级特性的问题和政策从议事日程当中排除出去。他将选择机制描绘成一种"过滤体系"，这一体系旨在不同层面上排除各种诉求和利益。早期资本主义国家通过进行某种活动来为资产阶级的利益服务，而晚期资本主义国家则是通过不进行某些活动来为资产阶级利益服务。这就是为什么那些关于"无为"的理论比那些关于"作为"的理论更适应公共管理体系的原因。[32]在晚期资本主义社会里，选择性至关重要，极少有什么东西被遗落在可选择的范围之外。

由于公共官僚体系承担了阶级斗争和政治斗争的后果，行政部门的政治化成了一个非常重要的现象。但正如我将在下一章里讲到的，在行政生活政治化的同时，政治生活也变得越来越具行政色彩，因为政治进程逐渐失去了其原有内容而服从可预测的规律。圣西门以来的激进作家都十分推崇他的预见，即以人为对象的政府将会被以物为对象的行政机构所取代；但晚期资本主义的情况与这种预见恰恰相反：出现了以人为对象的行政体系和以物为对象的政府。因为对越来越多的社会生活施加行政手段只能被理解为国家穷尽了其政治方案,陷入了绝望之中;想想肯尼迪那句名言:政府并不意味着作出选择,而意味着选择不去作任何选择。随着国家政治方案的穷尽、选择的减少,由官僚体系所代表的公共生活变成了一个拥有行动企图却没有行动能力的泥淖。由于晚期资本主义社会的统治者们巨大的权力被打了死结,他们倾向于决定他们不作出什么决定而不是他们要作出什么决定。晚期资本主义社会的公共行政体系越是显得强大实际上就越脆弱,这一矛盾最终是由其政治需求和其行政理念之间的巨大差异造成的。

边沁主义合理性的消亡

现存的拥有巨大潜力的国家却在行动中表现得十分无能,这不仅反映出官僚体系的运作方式,也暗示了官僚们认为他们应该以何种方式去工作。在较早时候,一种基于边沁主义原则的公共管理科学风靡资本主义世界。我曾在第一章指出,在美国没有哪一种公共行政理论可以站得住脚,但即使如此,边沁主义仍然影响到了美国的一些领域,比如亨利·劳埃德创建现代化军队的实践。[33]这种理论的逻辑十分极端,人们只是臆造出一种符合公众利益的需要,再设置一套政府机器来响应这种需要,然后就着手去解决所谓的问题了。在这一部分里,我将要说明晚期资本主义的政治矛盾破坏并改变了边沁主义的合理性。国家成了根本意义上的不合理性的受害者。要审视这种不合理性的程度,一方面可以追溯官僚机构解决问题的职能的衰落,以及作为官僚机构动力的公众利益的消失,另一方面可以追溯政府实际运作中假象和谎言的增加过程。

对于公共行政体系而言，一套能够在解决问题之前对问题进行确认的程序至关重要。然而值得怀疑的是，在晚期资本主义条件下，国家是否还有能力开展这样的程序，因为两种不同的趋势造成了国家的这种无能。其一，晚期资本主义政治方案的穷尽引出了"归隐派"政治理论，关于这派理论我将在下文论述。改革派的激情使他们可以自诩为"激进人士"，但这种激情很快被避免提出问题的政治理念所取代，因为一旦提出问题就等于承认有采取行动的必要。因此，现代行政体系中的反边沁派通过在一个又一个领域内否认改革的必要性和可能性而独树一帜。总统请顾问来不是要他们告诉他要做什么，而是告诉他不要做什么，比如尼克松就曾经十分欣赏爱德华·班菲尔德的《并非超凡的城市》。但与此同时，国家的活动不是减少了而是增加了，公民社会和阶级斗争中越来越多的内容被纳入国家的范畴。从这个角度来看，国家需要审视的"问题"太多了，以至于想要确认其中任何一点都会陷入迷惘的泥潭。一面是要认可没有任何问题，一面是要面对重重难题，边沁主义方法论的合理性就此被破坏无遗。

问题越来越难以解决造成了严重后果。既得行政利益非但不是力图祛除社会的有害面，反而使之变本加厉。为什么空气污染大户却可以在污染控制部门加官晋爵？这不仅仅因为其中私利攸关，更是由于政府官员需要确保他们的乌纱帽继续戴下去。这自然导致前面一部分描述过的职责被逆转；既然执政者的任务是保留问题而非解决问题，那么那些明察秋毫的人就难免遭贬谪或忽视。另外，行政部门由于没有任何基于外界因素的行动纲领，因

390　第二篇　政治和方案的枯竭

而纯粹按内部原则行事。政府过去的成例往往成为既定标准,这就意味着行政活动中产生的错误会不断积累。举例来说,为什么洛克希德公司在自主向外国提供资金的同时又能从本国拿到经费? 答案就在于行政部门的错误如同多米诺骨牌效应,一个接着一个:

> 尽管洛克希德公司效率低下、管理不善,但由于规模足够庞大,它一直能从美国纳税人手中拿到经费。洛克希德有太多屹立不倒的资本——它提供了 2.4 万个工作岗位,拥有 2150 亿美元的订单,航空营业额高达 2 亿 4 千万美元。(银行为援助洛克希德的行动辩解说,洛克希德如果破产,美国环球航空公司也会跟着垮台。)[54]

问题无法解决,决策就只能被锁进历史事件中搁置起来,其结果用怀尔达夫斯基的话来说就是:“问题被一次又一次压下来,直到它们不再显得急迫或是又出现了更为棘手的问题,但这并不等于问题已经解决了。”[55]缺乏一个可以解决问题的机制,国家制定新路线的能力就萎缩了。由此,社会发展被阻滞,保守旧产业、抵触新突破的趋势也变得更加顽固。

问题解决得不切中要害,公众利益就得不到保证。这并不是说现在或过去有一个所谓公共利益的东西,而只是要指出,在边沁主义的政府里,执政者需要在他们理解的基础上开展工作。他们观念中的公众利益其实就是当时正崛起的资产阶级的利益,但这个概念本身却使他们的执政行为具有目的性。弗兰茨·舒尔曼注意到,每个官僚体系都可被看作以理想和目的为一方,以得到保证的私利为另一方的斗争的结果。管理者试图“将所有政治转化为利益问题”,而传统政治家则努力使利益问题转化为理想蓝图。理想是民主化的手段；用舒尔曼的话说，"意识形态是一扇门，通过它人们可以进入封闭的利益殿堂。"[56]解决问题能力的下降和公众利益观念的衰落平息了双方的斗争，其结果是以牺牲普遍目标为代价而有利于纯粹的私利，这个趋势由于资本主义晚期社会的反政治性而更加强烈（参见本书第九章）。如果官僚体系脱离公众利益的观念进行运作将会产生什么影响呢？可以论证，管理者取代了过去的政客，正如同解决问题的模式的丧失，都是造成晚期资本主义国家僵化的重要原因。

重要的是，公众利益的衰落对官僚体系自身合法化的能力产生了负面影响。没有理想的官僚体系是由洛伊所说的"利益集团自由主义"所控制，在这种体系里"现代法律不再是针对公民的一系列律令，而是以行政人员为对象的一系列指示"。[57]在这种情况下，行政系统变得越来越精英化，而公众参与则被贬损，形势更有利于行政咨询。结果，"随着上个世纪政府一步步的重要扩张，公共权威出现了危机。"[58]此外，当私有利益高于公共理想时，行政系统就会失去边沁式的清晰性，因为，如拉帕罗姆巴拉所言，"利益集团在既混乱又肮脏的行政环境中兴旺发达。"[59]目标变得模糊不清，各部门的分工又不依据基本原理，政府行为的目的不再清晰，即便是行事者都对此不甚了解。夹于这两种趋势之间，晚期资本主义特有的方案枯竭更加严重。行政系统具备的"效率"根本是虚幻的，因为它在于一个与人民失去联系的世界中，而这些人民正是他应该管理的。一个没有远见的官僚机构，归根结底，就是一个没有权利的空壳。

颇具讽刺意味的是，尽管边沁主义者都宣扬自由主义，他们却从未真正信任过自由放任政策。尽管一些人认为那只"看不见的手"或许会在经济领域中发生作用,然而,在国家政治中,大家都公认,它毫无用武之地。很有必要给公共利益一个准确概念,因为它不会自然出现。当代反边沁主义者中,与边沁主义截然相反的观点是正确的。他们支持政府干预经济,倾向于通过竞争和妥协这只看得见的手调节国家政府部门间的关系。阿伦·怀尔达夫斯基,或许是边沁主义的头号反对者,举例说明了政府内部的多元论:

> 一个不公平的竞争系统中,不同利益集团争相控制政策(遵守公认的规则);另一个系统则希望通过每个人善意地寻求公共利益从而发现最佳政策;前者比后者似乎更有可能作出合理决定——也即,考虑了各种价值的决定。[⑩]

在晚期资本主义环境中,怀尔达夫斯基是正确的。方案的穷尽使得人们能期望的最佳结果就是利益集团自由主义。也正是由于方案的枯竭,晚期资本主义国家的官僚机构朝着有效协调和预见做出的任何改变都"相当于国家政治体系中的一场激进变革"[⑤],怀尔达夫斯基这样认为。

既没有解决问题的方案又没有一个说明公共利益的概念,它们留下的真空必须加以填补。在晚期资本主义阶段,取而代之的是对政治幻想的关注。当然,幻想始终在国家事务中占一席之地。在绝对主义国家阶段,一般用 arcana imperii[权力暗箱操作]区别统治者的真实动机和他们的公开言论。一些人已经讨论了这种老式做法的最新版本[⑫],如瑟曼·阿诺德和默里·埃德尔曼。在他们看来,政治领袖有意图地使用符号来保留他们的霸权。更是说明了大量管制委员会是如何发挥作用,慢慢灌输政治沉默意识的。

因为一旦政府的大举措与公众之间发生论战,"往往是一边坚决执行之,一边花言巧语压制之"。所以,"行政系统,就像符号和仪式……使精英统治者的动机合法化,化解威胁,有时还催化对立双方的共生关系"。⑩

人们或许会质疑精英统治者是否有这种机动性,使他们能像埃德尔曼想象的那样自由使用符号。在晚期资本主义,决策者非但不为公共消费创造幻想,其自身也成了消费者。在编织了如此多神话之后,他们开始逐渐相信自己的谎言,以致到了操纵幻想欺骗自己而非公众的地步。随着方案的枯竭,行政官员们陷入了他们自设的符号陷阱,日益远离整个社会的需要和利益。这种趋势的一个例子来自日益增长的权力和日益减少的选择之间的矛盾。哪怕它的权力再显而易见,一个官僚机构若不能实现其愿望,它就会热衷于一种更可控的符号式幻想生活。古巴导弹危机期间,许多将领和高层国家官员都试图阻止把美国导弹从土耳其运出来,而总统及其顾问却支持拆除它们。于是有了一场尖锐的官僚斗争,其激烈程度令人咋舌。世界的未来似乎已危机重重。然而令人难以索解的是,斗争各方都觉得土耳其的这些导弹即使有点儿所谓的战略意义,也是无关痛痒。⑫这些人恨不得把全世界炸平,目的却不是为了保卫他们的国家,而仅仅是捍卫主权——一个信仰体系的象征物。这表明,他们已经失去了区分他们自己的"真实意图"和他们展示给公众的意图的能力。

公众利益的衰落同时也助长了有害的错觉。由于官僚管理其事务如同在其私有的范围内活动一样,它就像任何与世隔绝的部落那样,发展出了自己独有的一套仪式、语言和进行隐晦交流的符

394　第二篇　政治和方案的枯竭

号体系。正如一个封闭的文化在感受到来自外部的威胁时会强化其特有的仪式，官僚机构在面对所谓的公众觉醒和要求拥有知情权的情况下，也变得日益依赖其内部的符号和仪式。关于武器系统的听证会就是解释这种现象的极好例子。舒尔曼曾讨论过这种听证会是如何以某种符号的形式开展的："听证会上，所有的信息都经过编码，只有作为演员的政客能够理解，而旁观的公众则是一头雾水。"[⑤] 这些游戏的玩家或许以为他们欺骗了别人，事实上他们只是愚弄了他们自己，因为如果他们的讲话必须以编码的形式进行，那只是表明他们已被异化和孤立。

官僚机构被孤立得愈甚，在其中占据职位的人士的行为方式就愈趋于仪式化。二元国家的发展过程证实了这一规律，因为二元国家这种政治实验潜在的一面就是造就了资本主义社会史上最为孤立的政府。政府远离民众的视线，根据只有它掌握的信息制定决策，却不直接对决策后果负责。理论上说，远离民众能让政府官员行动更理智。实际上，从目前所披露的政府官员的行为来看，他们的所作所为和边沁有关正确理性的标准完全背道而驰。以肯尼迪政府为例，它体现了青春期最明显的特征。官员们成为时尚的追求者，如果游击战被鉴定为最新趋势，他们都会跑出来，或自命为游击战专家。[⑥] 他们喜欢吹捧，极尽所能地吹捧上司乃至总统本人是加官晋爵的必经之途。[⑦] 他们执迷于琐细，纠缠于细枝末节，却对大是大非视而不见。肯尼迪的后继者们将这些陋习变本加厉。尼克松政府对身份的关注趋于病态。杰布·马格鲁德就描述了 H.R.霍尔德曼对高尔夫球场座车的级别次序是如何精益求精的，其执着堪比 20 世纪 50 年代的青少年争抢游艇驾驶员副手座位时那股不要命的劲头。㉘他们的幼稚极为明显,有人认为 G. 戈登·利迪炫耀手枪的方式就像神经错乱者暴露私处的行为。他们被表面现象所吸引,霍尔德曼会当众斥责他的助手不该戴花哨的领带。㉙在二元国家内部,政治领导们被视为婴儿,如果不是因为"草民们"的成熟世故——他们要求结束越南战争和水门事件——谁知道这个被国家领导人统治的虚假世界还会陷入多大的危险之中?

不要以为这种幼稚的领导行为仅仅局限于美国,赫克洛和怀尔达夫斯基通过对英国财政部进行考察,发现在英国的高层决策者那里也存在着许多相同的问题。可以明显感觉到,随波逐流已经成为这些人的一种生活方式。有这样一个人,他的困境是因为他不是伦敦人这一"缺点"造成的。"时时处处,这位外省人都表现得不擅长人情世故。他极有可能被排挤出局,因为在决策者眼里,通晓当前的行为方式甚至思维方式,是一项很重要的德行,这是'圈里人'的内行知识。"㉚在这种情况下,重要的不是业务能力,而是恰恰相反的素质:熟悉最新的风尚。这种对于人情世故的关注所造成的一个明显的后果就是,它妨碍人们形成独立判断。于是墨守成规的行政管理成了一种没有自主性的行为:"对那些参与公共支出的日常管理者来说,分析局势的最重要的方法却是既虚伪又简单:他们只要对决策的运作冷眼旁观就行了。"㉛随波逐流之风盛行,于是不仅理性的决策受到破坏,对独立判断的怀疑也随之而来,这又增长了停止僵化的趋势。以幻觉为基础的政治极少是有活力的政治。

最后,以幻觉为基础的政治演变为一种虚假的政治。决策者们知道谎言比真相更为人们所推崇,官僚体系的集体工作已经成为一种仪式性地编造神话的活动,大多数人都知道这些神话是假的,但他们的工作环境却要他们把谎言当真理接受。丹尼尔·帕特里克·莫伊尼汉在主张通过一项"收入保障方案"的同时,也提出了一个避免该议案负面影响的策略:"但是没有任何要求规定我们必须把这个保障方案称为保障方案……。于是,总统宣布'家庭援助计划'不是一项保障方案。"⑫当然,正如莫伊尼汉进一步说的那样,总统和他的顾问都很清楚,他们否认是保障方案的这项计划其实正是一个保障计划。与此类似的是,阿伦·怀尔达夫斯基为执政者们设计了一系列行动指南,帮助他们达成他们的目标。他的这些建议听起来非常像是斯蒂芬·波特《高人一等》三部曲的政府公务员版,其中有一条就是撒谎。怀尔达夫斯基亦自循其道,将这撒谎说成是夸张。"总而言之,高高兴兴地接受夸张的华而不实就是为了从对突发事件的应急处理中获得好处。"⑬晚期资本主义阶段,官僚阶层与群众的脱离,以及政府内部堪与自由市场经济相比的战争状态都给谎言加了一层保险,并使编造神话成为美德。行政人员深得沃伦·阿维斯所言之真谛:"诚实是无利可图的。"⑭

如果官员们能够坚持真与假的区别,全部事件就成了马基雅维里式的权谋之术,既不新鲜也不值一提。但是,它之所以独特,是因为官员们相信自己制造的幻象,最终把那些他们起初也认为错误的东西当作正确的接受下来。受锢于自己的谎言,他们的管理能力也因此削弱,直至如今他们几乎出于本能地掩藏真相。就像顽固不化的罪犯一样,晚期资本主义的官员们把撒谎当成家常便饭,以至于他们的真诚能骗过最好的测谎仪。最明显的例子就是那些二元国家的顶层人物,表面上没有任何公众压力能迫使他们撒谎,然而那些如保罗·D. 哈金斯中将一样理智的人,自 1961 年以来就开始定期伪造情报报告。[35]哈金斯和军方不愿看到坏消息,便只有两个选择:改变世界本身,或者改变有关世界的报告。无法改变前者,他们只好取后者。他们也不是孤家寡人,基本上整台政策制定机器都开始对自己撒谎。戴维·哈伯斯塔姆对此有过生动的描述。国策制定者们认为南越的吴庭艳政权能得到南越人们的欢迎,戴维·哈伯斯塔姆却写道:

> 他们知道这种看法不对却从不反对,因为这是他们以前想法的判断,也因为他们无法控制自己的官僚机构,最主要是因为他们认为是否告诉美国人民真相并不重要。他们——包括肯尼迪、腊斯克、洛奇、哈里曼、希尔斯曼、特鲁哈特以及福雷斯特尔——都知道获胜无望,却不肯公诸文字,也不肯泄于言辞,对国会领袖们也守口如瓶。谎言变成了真实,政策制定者也身陷其中;他们的政策失败了,他们却不能承认。[36]

撒谎,在马基雅维里的传统里,能给领导人留有余地,可是当骗子成了受害者时,结果就适得其反了。既无余地,僵化与滞阻就占了上风。如阿伦特指出的那样:"撒谎与欺瞒的麻烦在于他们的效果完全取决于对事实的明确认识,而这正是他们试图掩藏的。这样看来,就算民众不欢迎真相,它也不可避免要胜过谎言。"于是,"在政治领域中,偷偷摸摸和刻意欺骗始终起着重要作用,自欺是最危险的,自欺的骗子不但与其听众也与整个世界失去联系。这个世界会惩罚他,因为他能隐藏思想却隐藏不了身体"。[37]因为这些习惯于撒谎的人如此疏远他们统治的群众,他们控制世界的能力也减弱了。所以,幻象政治和谎言既成为晚期资本主义政治方案枯竭之趋势的原因,又是其结果。

边沁式的合理性适用于具有活力的时期的资本主义国家,却反作用于一个基本政治选择已消耗殆尽的社会。国家领导人们用幻想代替现实,用真理代替谎言,并非因为他们是坏人,而是因为社会的政治矛盾使他们别无选择。尽管晚期资本主义国家的执政者们宣称,因为缺乏标准才使他们的统治更具灵活性,以此证明边沁式合理性的衰弱是必然的;可是实际上,国内的非理性却更表明执政者是如何被自己制造的矛盾所困扰的。

具体化与弃权论

晚期资本主义的含糊、混乱以及无理性都阻碍了对合法化的追求。为了不遭挑战地继续其统治,晚期资本主义社会的精英们需要一个机构使社会矛盾看上去并不存在,或者正得到解决。但是到哪里去找这样一种机构呢?公司是不行的,因为它遵循私有财产的逻辑,而私有财产,顾名思义,自然排斥公共角色。教会也不行,因为生产方式已认可了社会的日益世俗化。家庭也因其特殊性不能担此重任。于是,唯一一个能解决国家内部矛盾的机构就是国家自身了。它每为此努力一点就把矛盾激化一点,因此就要求更多的国家干预。在国家由于阶级矛盾而停滞不前的同时,国家还必须证明这些矛盾根本就不存在。只有国家才能凌驾于阶级斗争之上,虽然它正是阶级斗争的目标。那些自称为本阶级代言人的商人或劳工领导们都希望国家既是他们的支持者又是反对者,既能为他们的特殊利益服务又能为大众利益着想。因此晚期资本主义社会若要满足其阶级利益就必须具有普遍的代表性,而若要具有普遍代表性就必须扮演好它的阶级角色。国家既是问题的一部分同时又是解决办法的一部分。

简而言之,晚期资本主义国家的使命是在扮演一个角色的同时还要扮演另一个角色,这是它不可能完成的任务。这种西西弗斯式的特点导致晚期资本主义国家产生了目前的转变。人们通常认为,一个机构如果被赋予不可能完成的任务就会威望扫地,在某种意义上这种说法是对的。于是诞生了一派不妨称之为政治弃权论的观点,它认为国家的行为无法带来任何根本的变革。但这一派理论家当中有很多人曾经持有截然相反的观点,而他们的作品中更是体现出一种时常改变信仰的人所特有的"坚定"立场。事实上,在对于国家的失望情绪出现之前,人们对国家基本是持肯定态度的。通常的观点是,国家可以担负其它任何机构都无法履行的职责,即保障阶级社会的社会和平。总而言之,公共秩序的捍卫者们将越来越多的权力和能力赋予国家,希望它能够像施展炼金术那样,神奇地压制住各种矛盾,并且在现存的阶级结构中缔造出一个乌托邦来。因此毫不意外,晚期资本主义社会的矛盾性格也导致了看待国家的矛盾态度:对国家的赞许和对国家的批评;国家能够处理所有问题和国家什么也应付不了。不管是哪一种态度,国家都不再像以前那样被理解为它本来的形象,而是要么被视作庄严的天堂,要么被视为诡异的地狱。尽管这两种看法差异巨大,但它们其实是对相同问题的相似解答。

晚期资本主义社会的重要的政治发展就是认为国家可以解决

超出其能力范围的问题,并且这种认识趋势在不断加强。国家得到更多能力和不可思议的权力,却没有解决这些问题,因此,集权化的支持者们便要求以进一步强化国家作为解决办法,结果便出现了一个怪圈:由于无能,而需求更大的权力,却又导致了更高层面上的无能。国家越是失败就越被崇拜,而越是被崇拜就越失败。我把这种国家被赋予广泛的神话般的权力的过程称为国家的具体化。⑱

国家的具体化是晚期资本主义社会政治生活的一个重要方面。确切地说,崇拜国家并赋予其非常权力的趋势由来已久,开始于柏拉图,又经过博丹、马基雅维里和霍布斯等人发展到现代,在绝对主义君主政体那里臻于极盛,又在当代的法西斯主义者手中复活。这些例子可以被看成是前现代的异化形式,因为每一次国家被赋予更大的权力都是为了满足国家以外的目的:在柏拉图那里,是为了寻求正义;在早期近代政治哲学当中,是为了民族的观念;在绝对主义时代,这是上帝的旨意;在法西斯主义者那里,这是民族的光荣。马克斯·韦伯对政治社会学的贡献之一,就是表明了理性化过程是如何剥光上述的种种理由,展现国家作为赤裸裸的权力工具和合法使用暴力手段的垄断者的面目。在这种背景之下,当国家权力被认作是其自身目的,而非达到某个目的的手段时,具体化随之发生。以国家可以促进秩序稳定为理由来为国家辩护,实际也是参与了这种具体化:因为从定义上来讲国家就是秩序的维护者,那么,以此为基础来为国家正名就是循环论证。国家好就因为它是国家。这一逻辑也适用于那些以国家维护民族利益为由来为国家声辩的人,因为他们也视国家拥有共同的利益。这种现代的世俗的具体化在两种条件下最有可能发生：首先，广泛的社会冲突迫使人们依赖国家，也使政府权威的问题变得重要；其次，民主化的因素也要求合法化理论。这些条件都是和晚期资本主义相连的，这就是为什么国家的具体化并非封建社会的残余，而是对现代资本主义生活而言的一个重要事实。国家的具体化可以作为政治选择方案枯竭的一种切实表达。

国家的具体化的近代形式似乎经历了两个发展阶段。第一个阶段，在阶级矛盾如此激烈以至于资本主义社会面临分裂危险之时，政治思想家们开始把国家视为社会凝聚的解决办法。这一趋势可追溯至黑格尔，以及世纪中叶他的哲学的追随者马修·阿诺德（"对于所有公民来说，国家是去除了迷信色彩的宗教"）。[⑰] 第一个发展阶段最重要的时期是一战前后，保守派与改革派思想的变化共同引发了对国家的重新评价。保守主义再度发现国家作为一个有机整体能缓解自由社会的无政府状态和极端狭隘主义。无论我们怎么看待法国的迪尔凯姆、意大利的莫斯卡-帕累托-米切尔、德国的亨利希·冯·特赖奇克（"国家……不仅自善其身而且教化其民。惟其通过国家民众才能完善自我，因为对公民身份的切实感受激发对共同体的热情，一如责任心激发个体荣誉感"），[⑱] 还是英国的霍尔丹（受过布伦奇利和鲍桑葵的影响），保守思想的复兴是对阶级冲突的直接反应。同样，在改革者中，无论自由主义者还是社会主义者，都对国家有着浓厚兴趣。连带责任的继承者如克列孟梭，加上韦伯夫妇，讲坛社会主义者以及美国的理查德·伊利等人，似乎都赞成保守主义者把国家视为一种方法，解决阶级矛盾引发的种种问题。自绝对主义以来国家还从未得到如此重视。

402 第二篇 政治和方案的枯竭

因为总是与保守的机体论或自由的改良主义相关，现代国家
具体化的第一阶段意识形态色彩浓厚，它有着明确的原则。但随
着各种形式的资本主义国家都开始暴露出局限性，为国家行为声
辩的理论越来越非意识形态化。国家权力的执掌者也不再关心国
家行为的目的，而是把进行国家活动当作行使其权利的任务。这
些人当政之际正值意识形态失信之时，他们辩称，国家权力的优点
就在于它是国家权力。现代社会使国家的具体化的企图在某种程
度上暗示了晚期资本主义国家的这一发展的重要性。

国家具体化最常见的三种形式是国家的人格化、客观化和史
诗化。人格化是指权力归属的逆转。国家不是被看作产生于人的
活动，它的活动被人格化了，被赋予人的特性，而人的活动则被非
人格化并使之成为国家的工具。人格化的根源存在于迪尔凯姆等
人的研究中。在迪尔凯姆看来，国家是一个"有机体"，具有"思考"
的职能。[⑥]至于人能有某些人格特性，那完全是因为国家这个社会
的"主要推动者"将这些特征给予了他们：

> 正是国家将孩子从父权社会和家庭威权之下解救出来；正是
> 国家将人民先后从封建桎梏和公社集团之下解脱出来；也正
> 是国家将手工工匠和他的主人从行会的暴虐统治之下解放
> 出来。[⑧]

迪尔凯姆有关国家人格化的理论遗产在尼克松任总统时即有典型
的体现。乔纳森·舍尔注意到，尼克松颠倒了国家与公民的关
系，[⑨]不是后者有权要求前者对其负责，而是前者可以对后者行使
权力。对尼克松而言，国家好比一个人，有言论自由的权利、为它
自己声辩的权利，而且（在实际上）有权获取大量的利益。另一方

面,公民的最佳选择就是"沉默",因为实现真正的自由全在于让总统以国家/公民的代表的身份替他们说话。于是18世纪自由主义哲学的基本信条被倒置了,在国家黔驴技穷之时,它们全都服务于为国家行使权力寻找正当理由。

客观化与人格化形成鲜明的对比,它是指国家被赋予某种特征,使它看起来像是一个客观的存在而不是人民意愿的工具。国家的客观化常与机械的社会观紧密相连,因为如果把社会看作一部机器,那么国家就成为保持社会自我平衡的阀门,只要随机应变地进行一些调节就可以使这部机器运行良好。专家治国论是国家具体化的一大动因,就如同"黑匣子"原理推动了政治科学一样。[⑭]在实践当中,这种具体化更为常见的一种表现形式是那些专业公务员,特别是法国(全体)高级官员之类的公务员的思维方式。高层公务员常常认为自己完善了国家这个复杂的机制,从而让社会运作得更为流畅。既然国家是一个客体,那他们这些态度客观、政治中立、技术出色的治国专家们就可以像机械师修理汽车那样修理国家这部政治机器。国家的"客观物质性"只有在这些专业行政人员的政治理论中才得到了最充分的论述。

最后,国家的史诗化是指政客们从公仆角色转变为具有史诗维度的公众英雄形象的过程。公仆这一概念别致而且进步,因为它表达了这样一种观念,即当权者是遵照把他们放在那个位置上的人民的命令来掌权的,作为遵命掌权人,应对人民选择给予他们的一切优惠心存感激。随着国家的具体化,公仆的观念经历了彻头彻尾的转变,走到了它的反面。掌权者成了主人,而广大公众则是他们的奴仆。"我们"应该对"他们"给我们的一切感恩戴德,因

404 第二篇 政治和方案的枯竭

为我们要依靠他们的恩赐,尽管从理论上讲是我们恩赐了他们。对国家领导人的英雄崇拜是这种转变的主要方式之一。肯尼迪的执政是一个清楚的例证,因为那些在1961年上台的政客们刻意地将他们的总统描绘为一个史诗式的英雄。肯尼迪最后死于非命,但正像豪斯曼刻画的垂死的运动员,在成就达到顶点之前英年早逝,但这却使其经历更具传奇和英雄色彩。阿瑟·施莱辛格的《一千天》就是一部现代版的《罗兰之歌》,是一部征服者的史诗,歌颂了肯尼迪这个坐在椭圆形办公室里为人类的未来殚精竭虑的总统。古巴导弹危机是使这位美国总统成为史诗英雄的最重要事件。在处理危机的过程中,罗伯特·肯尼迪有一次看着他的哥哥想:"在这飞逝的几秒钟里,似乎其他人都不存在了,而他也不再是总统。"⑥这位司法部长闹了笑话,他的哥哥并不是"总统",他只是一个在履行自己职责的人,这一点在危机时刻显而易见,但一旦事态恢复"正常",就不再清晰可见了。国家的史诗化是一个复杂的过程,发生在许多层面上,但与它相关的有意识地编造神话的活动则基本可归因于肯尼迪政府的犬儒主义。

从一些它的最具代表性的鼓吹者的著作中也可以看出国家的具体化。下面将举出一个法国的例子和几个美国的例子。米歇尔·德布雷在为第五共和国描绘政治蓝图的时候指出,建立在传统部门基础之上的旧式国家正在被新式国家所取代,这种新式国家应对了一些部门的新需求,如铁路、汽车制造、电力和天然气等部门。这些任务创造了一个"其它任何集体机制无法完成"的机遇,但同时行政和财政上的职责也产生了一种"政治问题,它对于法国未来的重要性才刚刚开始显露出来"。德布雷在其著作中暗示,有他这样的有识之士来"效忠国家"⑱实在是一件幸事。德布雷用大量篇幅对他自己和国家进行了论述(在他的观念里这两者似乎是不可分割的),然而人们在他所有论述中找不到一点对他的行动的理论证明,只有一些老生常谈(国家所保障的是"秩序、正义和良好的管理")⑲或是循环论("国家是凌驾于其它所有机构之上的政治权威,它具有高尚的集体责任,并在过去几个世纪里为履行这些责任组织了构成'国家'这种实体的各种服务和人群")。⑳似乎德布雷在他的心底里,也察觉到他为国家政权的辩护缺乏真正的论证,他就像传说中的荷兰鬼船的船长,感到自己受到召唤,将他的要旨说给那些愿意倾听的人。德布雷的各种论著构成了晚期资本主义国家具体化的一个极好例证,因为它们包含了对国家行为的情绪化的辩护,而与之相应的恰是对于这些行为之目的的普遍忽视。

第二个例子是美国,尼克松总统任期代表了国家的具体化的兴盛。尼克松不仅不断地将国家人格化,还采取切实的步骤将这种人格化付诸实施。尼克松的国内政策几乎都表现了一种要将所有权力揽在自己手中的厚颜无耻的企图。他一方面毁谤国会,一方面以集权化的方式"改组"行政部门(城市事务委员会、禁烟与保健行动委员会、管理与预算办公室等)。在内部"安全事务"方面,尼克松试图建立一个直接隶属于白宫的监管体系(休斯顿计划),同时企图打破中央情报局和联邦调查局的独立性。在国际事务方面,外交政策由总统和国务卿两人商讨制定,其结果或是事后宣布或是秘而不宣。通过这种抬高国家的意识形态(通常是以摆脱它为名义)和一系列将这种意识形态付诸实现的政策,尼克松使国家的具体化达到了更深的程度。

406 第二篇 政治和方案的枯竭

　　但尼克松的做法与其前任们的理论及实践相去不远。现在不准备详细回顾国家是如何在现代美国思想中备受吹捧的,却想说明几个重要问题。在外交事务中,后尼布尔"现实主义者"构成了一股力量,他们主张任何保卫国家利益的行为都是正当的。在国内事务方面,民主的后熊彼特派理论家们被他们对欧洲集权主义的有意误读所吓倒,提出了各种排斥大众参与的国家权力模式。[⑧]

284　对爱德华·A.珀塞尔所谓的"民主理论危机",[⑨]美国政治科学的反应是一方面开始为所有现存的政治制度辩护,另一方面则开始编纂各种手册颂扬有组织的政治力量。这一新态度的两种表现,一是学术化,一是大众化,都表明了国家的具体化。理查德·诺伊施塔特在《总统的权力》一书中,用其阿谀奉承的新马基雅维里式风格劝告总统们,只要他们抑制自己对权力的永无止尽的欲望就会尽善尽美地为国家利益服务。西奥多·怀特,一个不在朝廷却有权入朝的叙事史家,或许最能影响公众对总统职务的看法。他自有一套写史的方式:

　　　　我一直在白宫进进出出,如今已亲历五任总统。可无论跟哪个总统说话,我都是战战兢兢的。一些人进来后,站在那儿,身体僵直,忘了他们准备问总统什么事……我总是有一种敬畏感,以至于每当我的确要与总统谈话时,通常都会事先送一张便条请示他:"我想要和您讨论一下如下事项……"白宫是个令人不安的地方,却又如此安宁,如此寂静,如此美丽。[⑩]

　　诺伊施塔特和怀特等人的态度受到了当政者们热情的信任。比施莱辛格-索伦森更为狂热的是麦乔治·邦迪1968年3月在哈佛大学所做的关于戈德金的讲座。当时在邦迪的鼓动之下,肯尼

第八章　国家的具体化　407

迪和约翰逊正危险地着手将政权进一步集中化，尼克松后来才学会这种方法。邦迪在他的作品中写道："当今美国的政府体系太过虚弱，以至无法完成它目前所担负的责任，更不要说它应当担当的重任。"由于总统权力已使政府的代表性形同虚设，邦迪辩驳说："行政部门……自身的能力已经虚弱到了危险的程度，甚至无法进行持续、协调和活跃的行动。"[②] 在尼克松出台将整个内阁置于其个人控制之下的计划前三年，邦迪就已经提出了可以达到相同目的的内阁改组方案。当谈到所有这些集中化了的政权最终要服务的目的时，邦迪就显得黔驴技穷了。他声称，政府的目的是增进自由，但在他的著作里没有对自由作出任何界定，并把自由和效率，即完成任务的能力混为一谈。[③] 简言之，权力必须要集中，但这样做的原因却从来没有澄清。如果正如我在第六章指出的，二元国家在尼克松时期获得发展是基于邦迪等人的行为，那么在尼克松身上体现得极为明显的为权力而追逐权力的观念，同样可以在邦迪那里找到根源。

　　具有讽刺意味的是，邦迪在很多方面并没有说错：政府的确太虚弱了，以致不能很好地履行它的职能，只是政府虚弱的主要原因恰恰是它所彰显出的力量。由于这个原因，邦迪强化政府的建议反而只会使政府更加虚弱。但是，比从晚期资本主义的死胡同找一条出路更重要的是，国家的具体化有象征性的重要意义。像德布雷和邦迪所做的那样，去吹捧某种程序而不是结果，等于是在揭示政治观念的彻底失败。具体化属于思想领域，而政治方案的枯竭属于实践范畴。毫不奇怪，那些手中握有巨大权力却又在运用权力方面表现得极为无能的人，会不顾权力最终所应服务的目的去吹捧和美化权力。国家表面的具体化因此代表了晚期资本主义国家将自身逼得走投无路的全过程。

最终,将成就甚小的国家具体化的努力变得越来越困难。邦迪大声疾呼要注意强化政府,但实际作用却很小。在国际上,二元国家的集中化并不能帮助美国控制世界;如果说它有什么效果的话,那就是美国的霸权随着其政府的强化而削弱了。针对官僚机构蔓延所采取的遏止性改革并未缔造出一个更节俭、更容易在理性的方向上进行管理的政府。事实上,似乎每次改革都只是增加了政府开支,最终导致在共和党人尼克松和福特当政时期,总统手中握有史无前例的巨大预算。不管国家已在何种程度上具体化,用尼克松的名言来说,国家都已经成为一个"可怜的、无助的巨人"。结果,由于国家缺乏具有资产阶级意识形态特色的原则,那些最初支持国家行为的人也转而质疑他们先前的信念。国家的具体化走向了它的反面,那些公共哲学家们又以最初支持者的热情来质疑国家权力。

换言之,随着欧美的公共政策逐步陷入障碍和瘫痪,又兴起了关于辞职的政治理论。这种具有新基调的迹象随处可见。过去三十年里最重要的一个政治事件或许要算英国政坛上一次戏剧性的政策倒转:英国工党宣布它准备在福利国家政策上"走回头路",试图减少国家的作用。[59]与此相类,在 1976 年美国总统大选中,政客们纷纷表达他们的反政府立场,这种现象十分矛盾,因为在大选中取得成功的人居然彻底与国家决裂。在吉米·卡特统领他一直批评的国家机器的同时,甚至在福利国家观念构成政治共识的一部分斯堪的纳维亚国家,国家行为的批评者也开始占上风,例如丹麦

的摩根斯·格里斯特鲁普。国家不再被看作社会冲突的解铃人而
被接受。

这股新的政治风气开始得到知识界的理论支持,许多人著书
立说,倡导"从目标向后撤"。[65]他们论述说,改革是无望的,由于无
法避免既得利益集团紧握自己手中的权力,所以政府无法促成任
何根本的改变。丹尼尔·帕特里克·莫伊尼汉认为,决策者所需
要的不是什么远见卓识,而是处理短期危机的能力,或者说是"对
付的能力"。[66]政府与其在公众之中制造那些它无法满足的欲望,
还不如利用现有的机制来"混日子"。小心翼翼已经成为格言:"国
家组织必须对它可能提供的期待十分小心,因为如果不能满足这
些期待就会被认为怀有恶意。这并不是说不应该让人们有期待,
只是说不应盲目地制造期待。"[67]彼得·德鲁克在解释他称为的
"福利国家的惨败"时警告说,"政府已经积重难返",最好的改革途
径或许是"重新恢复私有化",而绝不是制定什么新的公共政策。[68]
具有讽刺意味的是,一个知名的智囊团组织身先士卒地在名为《公
共利益》的杂志中论证说,国内政策方面的改革已陷入僵局,以至
于固守现状才是唯一明智的选择。

要想在改革方向上动员起晚期资本主义国家的能量是非常困
难的,特别是在改革与既得利益相冲突的时候,情况就更是如此。
政治弃权论的主要问题不是其所作的分析,事实上这些分析都是
非常准确的,只是该理论对政府为什么会陷在泥潭里难以自拔缺
乏合理的阐释。有时人们认为阿伦·怀尔达夫斯基所说的"人类
认知的基本情况"是解释这个问题的关键;他认为,专业化的预算
程序建立在预先分配的基础之上,分工琐碎、重复、按部就班,这比

410 第二篇 政治和方案的枯竭

建立在公共利益和理性基础之上的预算程序更符合人的感性原则。[59] 戴维·里斯曼关于否决群体的理论常常被人们借用，而人们责难的重点则是私营群体在一个多元、民主的社会里所行使的相互抵消的权力。[60] 这种解释当然比人的感性认知要容易理解，因为这类群体的确经常行使否决权，但它仅仅是对实际情况的一种描述而不是诠释。问题的症结与赋予这些私营群体否决权的结构因素有关，因为这些群体并非一向拥有否决权。最后，现代生活的无序状态可以被归结为超越任何原因的一个起点。德鲁克说，政府的通病已蔓延到世界各地，因此不仅忽视了古巴和中国所彰显出的公众能量（这两个国家有很多可以指责的地方，但谁也不能说它们的政府不够积极），而且也没有注意到英属哥伦比亚和牙买加。简言之，政治弃权论是关于晚期资本主义特有的政治方案枯竭的正确揭示，而不是一种可以解释为什么会发生这种停滞的理论。

作为国家具体化的对立面，政治弃权论使其更加全面。关于国家的这两派观点都是对晚期资本主义政治矛盾的反应，因为它们都指出为经济和社会矛盾寻求解决的道路未可预断。只要人们还期望晚期资本主义国家去解决那些无法解决的压力，它自身存在的矛盾就会造成对其行动的矛盾期待。对于国家的评价总是在赞扬和批评之间打转，这似乎已经成为晚期资本主义政治生活的一个明显特征，反映了选择增加还是减少权力之间的怪圈。现代国家的确是一个独特的现象，只是它主要体现在它的矛盾而不是它的能力上。

第九章　异化政治

"在美国,现在使用'政治'和'政客'这两个词已经带上了相当强烈的贬义色彩,这标志着政治手段的一种倒退,值得每一个热爱这个国家的人给予关注。'政治'已经成为仅仅服务于党派利益或是其领导人自身利益的政党活动;而'政客'一词也只是直接用于竞选;或指地方委员会的委员、委任经理人等,一句话,用在那些管理政党和分配公职的人身上。"

——《美国世纪杂志》(1887)

"我一直努力使外交政策不受竞选的干扰。两党制的美国在外交政策上应该任何时候都保持一贯——特别是在国家大选之际。我甚至提出要在德威﹡的火车上设一座电报交换机,以便这位共和党候选人能在外交事务进展的过程中亲自获得相关信息。"

——哈里·杜鲁门:《回忆录》(1955)

"公民的政治权与普通的民权不同,充满着对资本主义体系的潜在威胁,尽管那些小心翼翼地将政治权沿社会阶层向

﹡ 托马斯·埃德蒙·德威(1902 - 1971),美国政治家,在1944年和1948年的总统选举中被共和党提名参加竞选,在随后的旅行竞选中出乎意料地被哈里·S.杜鲁门击败。——译注

412 第二篇 政治和方案的枯竭

下推广的人或许还没有完全意识到这种危险有多么严重。"

——T. H. 马歇尔(1963)

政治的政治学

1973 年 12 月和过去三十九年里的每个 12 月一样,美式橄榄球的球迷们云集在一起参加"海斯曼奖"的颁奖典礼,该奖项每年授予大学校际橄榄球比赛的最佳运动员,这一年的得主是约翰·卡普拉提,宾夕法尼亚州队的中卫。这次典礼在纽约的希尔顿举行,请到了当时的副总统杰拉尔德·福特讲话。福特先生赞扬了橄榄球运动,因为橄榄球所体现的"个人主义精神"是美国性格中必须的一个因素。他说:"向我展示一个个人主义精神被压抑的国家,我就会向你们展示一个优胜的欲望被压抑的社会。"这次讲话没有什么特别之处,也顺理成章地登上了《纽约时报》,报纸的评论是:副总统的讲话"无政治色彩"。①

这清楚地表明,对于很多人来讲,"政治"一词只适用于那些竞选公职的场合。任何其它的事,比如公民权、意识形态、价值观、合法性以及服从等在福特的讲话中体现出来的东西,则必须被冠之以其它词汇。然则将政治一词用于某些行为而不用于另外一些行为,这一现象本身就必然蕴涵着深意。如果政治仅仅涉及争权夺利的行为,则理查德·尼克松这样的人就该被称为最出色的政治家——事实上这也正是他对自己的评价。如果不是这样,政治要被定义为对一个可独立发展的人类社会的认真寻求,那么这同一个尼克松就要被认定为曾入主白宫的最无能的政治家了,因为他六年半的执政生涯表明，他不善于从事与人合作的工作。因此我们必须问这样一个问题：一个社会为什么会以某一种特定的方式来界定"政治"。任何对"政治"的定义都不应被视为意识形态上的中立性，也不能不深入地提出问题就盲目接受。任何社会总会决定某些行为、观念、体制、做法以及某类人可以称为政治性的而又有哪些可归置于非政治性的，这一过程本身就是一种政治行为。要阐释这一行为，我们需要"政治"的政治学；要理解晚期资本主义社会的政治动态，必须以政治的方法来对政治本身加以分析。

政治的政治学曾经确确实实地存在过。汉娜·阿伦特提醒我们，在某种意义上造就了现代政治观念的希腊人曾细致地说明过在政治的范畴里包括了什么和不包括什么。[②]照希腊人的观念，任何仅由偶然机遇造成的结果，包括发生在低于国家层次（比如家庭）上的事件，涉及物质需要而非主观意识的事情，关注效率和手段而非终极目的的问题，以及——这点最让人感到惊讶——处理统治者和被统治者之间的关系的问题，统统不能认作是希腊人观念中的政治。简单地讲，古代雅典人提供的例证清楚地表明，对于"政治"的专门定义可以给社会生活造成多么深远的影响。在他们看来，一个政治性的社会是指一群地位大抵平等的人住在一起，内部需求和外部安全都以通常的手段去追求，并且都可以得到保证，这样一个社会应包含快乐、自由和自给自足。希腊人生活在奴隶制、世界视野狭窄的前工业时代，他们的经验当然与现代资本主义并不相关，但他们定义"政治"的过程却为所有社会都提供了一个可资比较的标准。

在对政治观念的自我意识方面，现代资本主义社会是如何与古希腊相区别的呢？要回答这个问题就必须考虑与之密切相关的阶级斗争的性质与程度。资产阶级在其崛起之日就在寻求国家控制权的同时发展了自己的政治理论。同旧制度下固有的哲学形成对比的是，自由主义的政治观念主要是工具性的，强调以政治手段实现世俗目的。正如卡罗勒·佩特曼所说，洛克等理论家走得更远，将西方对政治的传统定义转化为一个与个人主义的秩序观更为合拍的概念。③如果说古希腊的定义可以用作确定政治范畴的标准，自由主义的胜利则是反政治性的；随着自由主义的兴起，沃林所说的"纯粹政治性的侵蚀"成为政治生活的一个特点。④尽管自由主义孕育出很多重要的表述清晰的政治哲学家，他们以严谨的逻辑和热情努力维护的立场却标志着政治理论从西方界定最鲜明的政治的政治学的一次撤退。

如果说自由主义的工具性使它蒙上了反政治的色彩，民主理论则在一开始就抱有与古希腊的理想更为相像的政治目的，尽管后者正是因为不民主而臭名昭著。比如，民主思想家卢梭在城邦国家的制度中找到了解决社会问题的理想办法。但是民主不仅是一种卢梭式的理想，也是下层阶级的一种政治运动。随着19世纪工人阶级的形成，一种新的理想力量被导入政治进程，与资产阶级的工具主义、实用主义发生冲突。工人阶级不仅使民主成为可能，也使"政治"凸显出来，因为一个多数阶级的存在迫使政治体系去面对最终方向和目的的问题。一系列国家的例子可以证明，19世纪阶级斗争的一个重要后果就是重新提出了这样一个问题：什么样的活动应该被包括在"政治"的范畴内？

工人阶级的兴起对"政治"观念究竟产生了何等举足轻重的影

响？在法国我们可以找到一个最清楚的例子加以说明。19世纪初期，法国的乡村政治仍由地方显贵来把持，他们以家长式的作风组织政治生活，地主以压倒性的优势甚至是全票通过赢得地方政权是很常见的现象。在城市化和工业化的压力之下，这些政治活动的性质开始发生变化，特别是在1848年革命期间及革命刚刚结束的时候。西奥多·泽尔丁写道，大批民众"满怀热情地进入政治生活……巴黎在这一时期的活跃程度在其日后的历史中只有两三次关键时刻可以与之相比"。政治活跃是这一时期的主题。"甚至在俱乐部和咖啡馆里，人们也在进行无休止的讨论，还结成了一些小有成效的组织。"⑤简言之，政治化的过程已经发生了，社会各阶级之间的关系由此无法再恢复原状。工人阶级每一次表述他们的政治理想都会遭遇抵制，而法国政治的特点就是在阿里斯蒂德·佐尔伯格所说的"疯狂的时刻"⑥——如在巴黎公社这样的解放时期，新的政治形式看来有可能出现——和第二帝国或是第三共和国平静的政治生活这两极之间摆动。另外，不管资产阶级社会的潮流如何变迁，对于政治的动态观念总是左右着政治左派的行为。把朱尔·盖德的个人特点和他的煽动性言论放在一边不论，他对于政治的观念在看待政治的方法上颇具革命性。在北方和加莱地区，盖德的追随者们建立了一个组织严密的有力的党派，该组织最终"成为19世纪末法国最大的也是唯一的社会主义政党"。⑦此外，它之所以能这样，因为他的党派以"非凡的程度"渗透到

> 各纺织业城镇的地方事务中，并利用传统节日和娱乐性社团来为政党服务。该党派组织舞会、音乐会、庆典、竞赛、弹子和棋牌比赛、剧社和射击俱乐部等，他们以这种方式使传统社会

活动有了新的革命性内容。⑧

政治化的迫切要求是具有创造性的,它不仅向资产阶级的统治提出了挑战,而且也触及了"政治"观念日益明显的衰弱趋势。这种要求相当之强烈,甚至那些明显属于非政治性运动的持不同政见的人士,如工团主义者,也积极组织各式各样的工作交易会所,以提升他们所谓的集体性社会生活,尽管他们在投票和选举当中总是采取弃权的态度,他们的活动也开始政治化了。⑨在法国,工人阶级、民主化和政治化这三股大潮几乎齐头并进。

英国也发生了类似的变革。许多解释认为,英国政治的革命性变革发生在 1832 年《改革法》出台,但正如加什所说,事实并非如此,该法案出台以前的许多丑恶的选举方式一直持续到 19 世纪50 年代。⑩《改革法》使中产阶级进入了贵族的政治生活,扩大了选举权的范围,但并没有从根本上改变和费利克斯·霍尔特等激进人士针锋相对的家长式选举体系。直到 19 世纪下半叶,英国的村级政治生活仍充斥着恐吓、暴力和吃吃喝喝。真正使英国政治有了革命性变化的是组织起来的工人阶级力量;在这一背景之下,变革的最明显标志不是《改革法》,而是权力由自由党向工党的转移。并不是自由党的政策使他们自己逐渐出局;事实上,自由党中的很多人都准备在改革旗帜下能走得比社会主义者更远一些。更主要的原因是自由党所赖以为基础的政治理念与获得了政治解放的工人阶级和女权运动所造就的活力充沛的政治形式不相容。要使来自下层的政治意愿得到表达,就必须越过自由主义,于是人们或是求诸工会(工会正是构成工党的基础),或是寻求高度政治化的非议会活动,如潘克赫斯特派的活动。⑪简单讲来,正如亨利·佩林所说，"政治变革中的一些长远变化"[12] 应对一个政党的让位和另一个政党的兴起负责。尽管这些例子不如法国的情况那么典型，英国也同样经历了资产阶级政治观念和工人阶级（或者如女权主义、不同政见派）政治观念之间的冲突。

在美国，民主化的问题困扰着自麦迪逊和德·托克维尔以来的许多文人，他们发现工人阶级的解放力量总是在某种程度上被城市里的政治机器所遏制。"老板"打消了下属的政治热情，用好处来收买他们的顺从态度。一种既腐败又玩世不恭的"政治"观念使得不同的"政治"观念之间无法进行针锋相对的冲突。尽管如此，各阶级之间关于"政治"观念的斗争仍然产生了巨大的冲击力。城市的这些政治机器虽然具有非政治化的特点，但他们在一定程度上对工人阶级的社会需要负责，因此也对资产阶级的霸权构成了一定威胁，尽管威胁不大；在下文的论述中我们还会看到，城市的改良派发现，这些政治机器常常违反他们自己非政治化的原则。其次，19 世纪末期的美国政治和今天全然不同，具有强大得多的动员力量。据瓦尔特·迪安·伯纳姆说，当时的美国政治"可以将潜在的选民完全动员起来"。[13] 尽管也有许多弊端，但人们从本质上来说都以很严肃的态度参与。选举总是围绕着重要的社区问题展开，各候选人立场鲜明并同选民进行交流。尽管美国幅员辽阔，但还是尽量创造机会进行面对面的交流；在 1896 年投票支持威廉·麦金利的共和党人中，有 13％ 曾在竞选期间亲自去过麦金利家中，这极好地证明了简洁的"政治"观念是如何在庞大的政治体制中运作的。[14] 托马斯·哈特·本顿画中所描绘的政治集会的情景至今仍是社区政治生活的一部分。即使就政治体制的总体而

418　第二篇　政治和方案的枯竭

言,民主化也比后来各个时期展现出更大的活力。最后,政治化作为左派运动最明显的特征也在工人阶级政党中达到最高潮。查尔斯·莱嫩韦伯的研究表明,纽约的社会主义政党在 20 世纪最初几年里开创并保持了一种街头文化,不仅包括演讲术,而且有社区活动及性质更为普及的文化活动。[15]美国的政治也许从没有过"黄金时代",但毫无疑问,美国工人阶级的兴起刺激了政治生活。

　　在本书第一部分我试着解释了自由主义和民主所承继的关于政府的不同理论是如何构成了资本主义国家的特点的。"政治"的政治学也同样如此。社会最终接受的"政治"观念是经过民主内部活跃的政治化倾向与自由主义内部工具化的反政治张力之间的反复斗争形成的。也就是说,在自由主义民主体制里,人们可以看到两种相互矛盾的"政治"观念在争夺意识形态霸权。结果 19 世纪末,居统治地位的精英阶层发现民主化所释放出的能量不仅威胁到他们的统治,而且还对他们的"政治"观念构成挑战。这样,对于政治行为的性质之争也变得和对于政治行为的结果之争同样不可开交。

　　人们已经深入研究过 19 世纪末自由派对民主派政治理念的攻讦,美国的情形讨论得尤其多。理查德·詹森曾发表观点说,政党竞选已经从高度发动的选民为基础的"军国主义"转变到了以利益集团的领导人相互联盟为基础的"重商主义"。[16]阿瑟·利波精辟地指出,这个转变意味着选民的基础将不再像过去那样广泛,在这一过程中起主导作用的是与进步主义相联系的法制改革。[17]一项项改革措施以"民主化"的名义颁布出来:选票标准化,这使得政党不再参与选票的印刷;初选以直选的方式进行,这对于小党派造成了无法挽回的伤害……这些措施逐渐使政党成了少数人的事务。城市改良传统既试图消除腐败也寻求避免工人阶级的战斗性,它在改变政治体制时所依据的原则同它改革企业秩序时遵循的原则一模一样。正如桀骜不驯的工人和过度贪婪的老板一样是良好的企业秩序的毒瘤,政党及其造成的民主风暴也都会危害一个稳定的、秩序良好的政治世界。詹姆斯·伯纳姆因此认为,导致19世纪的积极政治发生转变的主要因素是"人们找到办法将大量的、具有潜在威胁性的选民控制住,使之就范于一个适合'资本主义民主'的政治体制"。[⑱]萨缪尔·海斯在一篇出色的论文里扩充了伯纳姆的观点,他说:"政治改革运动是对19世纪发展起来的整个政党体制的一次攻击,它将社会的参与排斥在决策的制定之外,并要求公众只能通过政党以外的其它机构参与讨论。它基于对社会政治推动力的恐惧而不是信赖。"海斯还认为,地方政党的结构由于其民主基础而与正在兴起的企业秩序不相吻合,这种企业秩序要求"动议必须自上而下而不能自下而上或是出自中层"。在政治化、积极进取、地方性强、丰富多彩的政党结构和冷漠、消极、国家色彩浓厚、程式化倾向严重的企业结构之间,改革派毫不犹豫地作出了他们的选择:"改革派的模式是公司企业,而不是政党。"[⑲]资产阶级发现"政治"不仅讨厌,甚至还对他们的目标构成威胁。商人对"政治"的不信任也为他们把政治踢开找到了出发点。

　　充满活力的政治衰落的另一个原因可以在工作方式的变革中找到。自从亚当·斯密和大卫·李嘉图发现理想的政治体制存在于和自由市场最相像的社会结构中,工人的生活就一直与市民的生活密切相关;用T. H. 马歇尔的话来讲,"民权对于充满竞争

420 第二篇 政治和方案的枯竭

的市场经济来说不可或缺。"⑳因此毫不奇怪,政治真正繁荣的时期同时也是工人相对自主的时期。正如凯瑟琳·斯通和斯蒂芬·马格林指出的,在 19 世纪的许多工厂里,生产条件与今天大相径庭。㉑那时工人们参与各种决策行为,对他们自己的日常活动有一定的选择权,在工厂的论坛上拥有积极的政治生活。尽管有对这种自主权的深度广度加以浪漫化的趋势,但很明显 19 世纪的工人(如钢铁工人)拥有现在已经绝迹了的个体独立和集体认同,而它们消失的一个原因就是那同样改变了政治体制的"改革力量"。伴随着哈里·布雷弗曼所谓的"工作蜕变为抽象劳动"㉒,公民权也从实实在在的权利变成了抽象的东西。随着工人被贬低,剥夺他或她工作的快乐,公民也被孤立,远离了他们在社区的社会生活。布雷弗曼注意到在 19 世纪最后十年里有几年对抽象劳动的发展特别重要;㉓同样是在这几年里,城市改革使得一个生机勃勃的政治进程变成了一个越来越僵化的"政治"观念。"政治"的衰落和"工作"的蜕化在同时进行。

因此,这几年正是两派"政治"观念为主导权而斗争的时期。管理因素和反政治因素对于解决授予特权的国家和二元国家的问题至关重要,这表明自由主义观念在大多数斗争中取胜了。但胜利却是充满悖论的。为了能有效地进行非政治化,自由派的"政治"观念必须能够进行有效的政治化——也就是说,它必须迎击民主的挑战并取得胜利。结果,自由派和民主派之间的"政治"观念之争构成了时代运动和择向的基础。这场斗争本身给这段历史时期赋予了一定的机动性。

在此之后,这一运动的基础消失了。在晚期资本主义条件下,自由主义反政治的需要与民主主义政治化的诉求发生强烈冲突，以至于出现了僵持的局面。政治以其最原始的含义越来越深地介入晚期资本主义问题的解决方案，而这些解决方案中又带着资本主义社会固有的矛盾，因此"政治"必然受到压抑。由于政治方案枯竭，统治阶级保有他们至今仍是脆弱的政权的最佳办法就是进行广泛的非政治化，因为这样可以确保反对他们的阶级也同样手段枯竭。僵化的局面造成了对政治的恐惧；于尔根·哈贝马斯对这一点做了如下表述：

> 由于阶级调和已成为再生产的基础，所以国家机器必须在有
> 限定的条件下完成其在经济体系内的使命。这种限定条件就
> 是大众的忠诚必须既能在一种民主形式的框架内得以维持，
> 同时又同统治阶级的普遍价值体系相吻合。这种合法性的压
> 力只有通过一个非政治化的公共体系结构才能得到缓解。[24]

用哈贝马斯颇有见地的话来讲，在一个由于解决方案枯竭而变得非政治化了的世界里，公民同时"既是参与者也是牺牲品"。[25]晚期资本主义发现自身与产生它的政治之间变得越来越矛盾。

但是，在晚期资本主义社会的统治精英被迫变得反政治的同时，普通民众却由于被要求遵守国家的决定而继续保留了他们的政治特性。普通民众要求参与那些会对他们生活造成影响的决策，这不可避免地与晚期资本主义的非政治特性发生冲突，结果使政治能量有了新的来源。另外，没有政治就没有合法性；为确保民众会接受既定秩序，必须鼓励一定程度的政治化。也就是说，晚期资本主义对于政治的态度是既需要又值得怀疑的。面对这种半推半就的矛盾状态，政治进程就好像我们在第八章里讲到的国家的

422　第二篇　政治和方案的枯竭

停滞那样陷入僵局。在这一章里,我希望说明这种政治化与非政治化的矛盾是如何恶化了解决方案枯竭的局面,从而造成了晚期资本主义生活的僵化。所谓的政治进程表现了这种矛盾并试图杀出僵局,这种政治进程在历史上早些时候曾是斗争发生的中立战场,但到此时却已成为斗争本身的一部分。在晚期资本主义条件下,这种"政治进程"的每一部分都要受缚于非政治化要求与政治化需要之间冲突的导火索。为了进一步说明该进程,我将分析上述矛盾出现的三大领域:个体行动的舞台、个体与国家之间的调停机构以及直接牵涉国家的诸事务。

精神分裂的公民

　　夹在民主派的政治化诉求和自由派的非政治化倾向之间,晚期资本主义的公民患上了一种政治精神分裂症。其性格的一方面为非政治化过程所害,变得保守、沉闷、而且乏味。而性格的另一方面则充满愤怒之情,一有机会就要通过政治狂飙运动来表达,比如激烈论战甚至是集体暴力行为的爆发。在与两种不同的言说方式进行对话的时候,晚期资本主义社会的公民为了寻找一条摆脱困境的出路,必须与这种既模棱两可又自相矛盾的政治生活达成妥协。公民的这种精神分裂处境可以在与个人生活相关的两个重要领域找到佐证:政治态度的发展变化和政治参与的涵盖范围。

　　政治学家们越来越清楚地认识到,公民权形成之初期至关重要,因为那也是成体系的政治态度最初形成的时候。政治社会化的研究基于一种从心理认知理论中借用的发展模式开始萌芽。被

第九章 异化政治 423

应用于政治科学的心理发展理论与经济发展理论具有很多相似之处。人们认为低水平的经济发展与缺少高级的政治生活密切相关,这就好比儿童成长的早期比晚期更加幼稚。完美的政体应该尊重自由主义民主的"游戏规则",就好比一个健全的成年人应该懂得接受这些规则。这两种研究方法的逻辑惊人地相似,所以立即引起了人们的警觉。政治发展理论由于带有偏见的价值评判而变得体无完肤,他们的科学客观性都受到了质疑;与此相类,近年来关于政治社会化的研究与研究者的价值取向之间关系更加密切,反而同政治原则的认知相疏离。换言之,在研究年轻人多血质中得到的数据可以推导出与政治成熟性及复杂性的成长模型完全不同的结论。

在这一部分里,我将对政治社会化领域收集到的数据重新作出解释。如果说生活在矛盾信息的夹缝中的晚期资本主义条件下,公民权的核心内容是精神分裂,那么创造出可资利用的分裂人格就成了社会化进程的职责。儿童并不经历一种政治社会化的进程,相反,他们在某种意义上天生具有政治性,并在成长中经历非政治化社会化的过程。同龄群体、家庭、学校——社会化研究的三个焦点——成为非政治化的媒介,儿童天生的政治价值观经过扭曲,最终进入晚期资本主义政体平稳运作所需要"经过消毒处理"的成人世界。这样,社会化进程成了政治斗争的一部分,因为它以一种政治理念为代价来倡导另一种政治理念。正如伊斯顿和丹尼斯所说:"在美国,儿童不会通过某种随意或是不规则的方式建立起对他们的政治体系的忠诚。"㉓在这种非政治化的过程中,社会化研究揭示出的三种转变特别重要:从亲密关系向冷漠关系的转

424　第二篇　政治和方案的枯竭

变,从权威向合法性的转变,以及政治指令从零碎向系统化的转变。

对任何一个晚期资本主义社会的社会化进程加以研究,都可以清楚地发现人们的态度在从热情向冷漠转变。用伊斯顿和丹尼斯的话来说:“因此孩童对政府的观念总是经历着由远及近的发展阶段,从一小部分人到很多人,从个人形式的权威到非个人形式的权威,并最终认识到我们体系的制度化特征,这套体系的原则就包含在代表大众民主的观念之中。”[20]在英国的学龄儿童中可以发现一个共同的趋势:“对政府的认识由个人化向制度化的转向。”[28]对法国儿童的研究表明,儿童对政治有着非常模糊而且抽象的认识,这种认识会随着年龄的增长越来越清晰。[29]一项对青春期少年的跨国研究表明,随着儿童长大,他们会建立起“对个人与社会关系的不同认识”。[30]简言之,所有的研究都表明,孩童的政治观念是无差别的、个人性的、道德性的(“在我们调研的过程中有证据表明,年纪小一点的少年确实会在思考政治问题时运用更高级的道德准则,但这只限于处理面对面的社会问题”),[31]而且是简单化的。也就是说,如果这些孩童的思维方式一直持续到成年,任何代表性的政府体系都无法存在。幸运的是,这些思维方式并不持久——思想成熟的成年人都抛弃了这些不恰当的态度并建立起与其社会的复杂性相适应的观念。

上述调研的结果还可以有不同的解释。儿童比成年人更具道德性可以说明,他们拥有更为完善的政治意识,对正确与错误有着更敏锐的察觉。然而,过度的道德观念与晚期资本主义的意识形态自相矛盾相冲突,而且为了超道德的相对性必须被压抑。后者是否比前者更为"成熟"还有待探讨。可以类比的是,儿童——就像古代的雅典人——在面对面交流的层面上理解政治。遥远的世界取代了眼前的社会,结果在日常生活中重现了萨缪尔·海斯在19世纪末所描述的从"礼俗社会"向"法理社会"历史性的政治转变。[29]尽管许多社会学家认为一个大的、无个性特征的、有差别的社会比一个个人化的社会更加优越,但对于政治复杂化来说,随着儿童成长为成年人,向个人化社会的转变却不一定是一个胜利,而是对于以社区为基础的政治观念的一种打击。最后,儿童将政治人性化的趋势——将之赋予强烈的性格并依据这些性格来诠释政治的做法——代表了对社会事件得到的批评与赞扬进行评估的意图。人性化意味着因果推理以及儿童能够将事件与重要人物联系起来。对政治体系冷漠的、非个人化的观点代替了这种人性化则意味着这种因果推理受到压抑,而占优势地位的政治观念差异巨大,甚至失去了可靠性和责任感。简言之,社会化研究得到的证据可以证明,人对社会的关系从亲密向非个人化的转变是一种倒退和非政治化的表现,并且对社会是有害的。

　　社会化研究揭示出的第二个重要转变是由权威转向合法性。根据普遍的研究结果,儿童将政治等同于警察等各种权威形象,这种趋向随着他们进入青春期而逐渐消失。如伊斯顿和丹尼斯的研究显示的,在二年级到八年级的学生心目中,作为政府的象征,警察的地位在逐步下降,而选票的作用却在逐渐上升。[30]将政府与警察或是其它具有负面色彩的权威形象等同起来,也是被"异化"的儿童的一个特征,比如肯塔基州的贫困儿童或是内陆城市的黑人儿童。[31]对政府的概念从权威形象向一般政治象征的这种转变通

426 第二篇 政治和方案的枯竭

常与政治观念从个人化走向分异化的转变有关。用伊斯顿和丹尼斯的话来讲，"在某种意义上，孩子们对政府权威的观念从非常个人化逐渐发展为'法理化'、制度化或是非个人化，其轨迹是韦伯式平行线的延续。"[⑤] 这也是传统的神话权威走向法律合理性这一历史过程在儿童成长方面的体现。伊斯顿和丹尼斯认为，这一过程是推进式的，因为最初对警察等权威形象的认识会被融入后来对整个政府体制的观念，没有开始对权威形象的认同，后来的合法化过程会更加难以实现。

如果人们可以认同资本主义国家的主要任务之一就是再生产一套不平等的社会秩序，则将警察认同为政府就是一种正常、甚至是有见地的做法。从这个角度看，用法理化的标准来取代这种认同并非成熟的标志，而是将政权的性质神秘化的结果。也就是说，上述调研结果所揭示的并不是所谓的政治社会化过程，而是错误观念的发展历程。这些调研结果本身就可以为这个结论提供充足的证据。正如罗杰斯、泰勒、格林伯格等人注意到的，同白人儿童相比，黑人儿童极少会将政治即警察的看法转变为政治即政府代理的观念。[⑥] 这些由于生活环境驱使因而将政府视为压迫的儿童，很难克服这种早期经验的影响。因而黑人与白人不同，更趋向于保持他们童年时期的政治世故。从论述政治效力的著作中我们也可以得出相同的结论。伊斯顿和丹尼斯在另一项时常被引用的研究中提到，人们对政治效力的感觉从三级如何戏剧般地猛增至八级。[⑦] 但事实上，在晚期资本主义社会，大多数对他们的潜在效能有强烈感受的人都是在自欺欺人，用理想来代替现实。正如伊斯顿和丹尼斯所说，"早期认知的这种关于政治效力的规则在抵消后期的成年经验时起到了潜在的重要作用,这些成年经验在以理性组织的现代大众社会里,往往破坏社会普通成员的政治重要性。"[38]在这样的语境当中,很有趣的是,尽管男孩和女孩具有相同的政治效力感,但成年女性的政治效力感却比成年男性要低得多。[39]这似乎可以说明,弱势群体比那些建立起虚假的安全感的人更不可能对他们的权力产生神秘化的看法。所有这些的潜在含义是,以法理化标准置换了对权威形象的认同的儿童以及建立起高度政治效力感的成年人,都具有最明显的非政治化倾向,因为他们和社会权力的现实脱节最为严重。要使政治能够表达对美好生活的集体诉求,那么就必须理解压抑这种诉求的种种因素。

最后,有关政治社会化的论述说明了人们对政治秩序的认识是如何从支离破碎向系统化发展的。政治哲学家约瑟夫·阿德尔森一直试图揭示儿童对一些基本的政治哲学问题的态度,他的研究结果十分有趣。阿德尔森发现,尽管儿童都是"自我中心主义者"(这个词所用的是皮亚杰指出的含义),但随着他们长大,他们会逐渐熟悉一些复杂的观念,比如公共利益、公民自由以及社区意识(阿德尔森将这里的社区意识定义为一种国家的而非地方的集体性)。[40]习得这些价值观念之后,他们就成为了"更好"的公民,更愿意生活在一个民主社会的框架之内。政治哲学提供了判断标准——一种价值观、秩序感和财产意识。菲利普·康弗斯也进行了类似的研究,并发现时间本身也是一个重要的政治变量。[41]人越是年长,他们的政治信仰就越是稳定。康弗斯认为,民主国家的稳定性至少在一定程度上可以归因于这种逐步稳定的过程。从童年到老年,公民的政治观念有一种发展趋势:从分散到具体、从随意

428　第二篇　政治和方案的枯竭

到有序,从不可预期到规范化。在这个过程中公民的基本政治观念逐渐变得稳定起来。

　　一个人的稳定则意味着另一个人的归隐。从零星概念到系统观念的这种转变可以表明,年轻公民灵活、开放、不依附于任何特定的意识形态准则;而年长的人则被锁定在固定的立场上,对改变世界的努力不是感到厌倦就是感到精疲力竭。因此对阿德尔森的研究结果可以作这样的解释,即公民不是在政治上变得更成熟了,而是他对社会复杂性的认识使他走到老生常谈和空喊口号这一步就停滞不前,而不是将他的政治理念付诸现实。而康弗斯所说的政治观念会随年龄增长而固定下来,则可能只是出于厌倦的原因。由于对这种和他们生活无关痛痒的政治光景不感兴趣,人们拒绝严肃地对待政治界所宣扬的那些价值观,他们退守他们自己僵化的信条,这使得政治生活中的重重矛盾更容易被接受。康弗斯自己的研究表明,晚期资本主义社会的大多数公民更喜欢那些"简单、具体、或是'实实在在'"的道理,而不是"脱离实际、空泛、抽象"的教条。⑫由于后者与他们生活太远,人们的精力就都集中在前者了。考虑到公民普遍的无权状态,这个结论真是切中要害。因此可以说,政治观念从零散向系统的这种转变代表了非政治化大潮中的一股支流,是避世主义和犬儒主义的体现。

　　关于政治社会化的研究表明,社会化的进程在很大程度上是阶级斗争的一部分。伊斯顿和丹尼斯指出:"社会正在为传达一种适合美国政治体制的观念而付出巨大的努力。"⑬为什么需要付出巨大的努力呢? 我们可以从自由主义和民主在政治理念方面的矛盾中找到答案。对统治精英而言,低调的政治观念是精心选取出来加以强调的。埃德加·利特在一项针对公民教科书的调查中发现，工人阶级的读本中包含着一种讲求顺从和利益调和的政治观念；而更为富有的阶级则可以读到理想主义的、积极的政治理论。[④] 这些都体现了晚期资本主义政治社会化进程的作茧自缚的本质。要想使政体具有合法性，一定程度的政治化是必需的，在最有可能产生出政治精英的人群中尤其如此。与此同时，在广大的民众中则要鼓励消极的政治态度，以便国家在履行积累功能时可以不被潜在的动员力量所阻挠。然而，阶级之间的这种关系还必须在个体公民之间重现。晚期资本主义的儿童被他们天生的道德理想和运用抽象、异化的政治观念使他们完成非政治化转变的企图分裂成两半。他们从自身的民主性格中获得了一套政治观念，又从社会中习得了另一套政治观念，因此不难理解他们的价值体系为何如此自相矛盾。而他们得到的最重要的教诲就是：作为未来的公民，他们为了完成"社会化"转变就必须同时保有两套不可调和的价值体系。

晚期资本主义公民在童年时期获得的精神分裂性格为他们必须参与政治进程的日子做好了准备。和社会化问题一样，这种参与问题也是当代政治学以经验主义方法进行细致研究的课题之一，然而在研究中所发现的事实往往与提出的用以解释它们的理论相悖。近年来关于公民权问题最有影响的著作当属阿尔蒙德和维巴的《市民文化》，该书以类似发展理论的思维方式，把更为成熟、也更为市民化的晚期资本主义社会与相对落后的意大利、墨西哥等地区相比，指出了所遇到的不断增长的搀杂性。[⑤] 然而他们所举出的数据却常常不能支持他们的结论，特别是在政治参与这个问题上。如果说成熟公民的标志是他有参与政治进程的意愿,那么意大利应该是一个比美国成熟得多的社会——因为意大利的选民投票率超过 90％,而且在国外工作的意大利人也会经常回国参加选举,而美国则是所有发达工业国中投票率最低的一个国家。实际上,从这一对比可以得出的假说是:一个社会资本主义的发展程度越高,它的政治化程度就越低;反之亦然。为给上述事实找到一个解释,阿尔蒙德和维巴将最成熟的市民政治形式定义为:不是指最为鼓励政治参与的社会,而是指最为鼓励政治精神分裂的社会。最发达的"市民文化"同时也是精神分裂特征最严重的社会。

阿尔蒙德和维巴在他们研究的最后详细阐述了这一惊人的结论。他们区分了尊重传统的地方文化、顺从上级的附庸文化和崇尚民主的市民文化。他们还指出,市民文化"有时展现出矛盾的政治态度",而这"恰好适合民主的政治体制,因为此种体制本身亦是政治矛盾的混合体"。因此,

> 市民文化是一种混合的政治文化。在这种文化中,许多个体公民都积极参与政治,但也有许多人扮演着消极的从属角色。更为重要的是,即使在那些扮演着积极政治角色的公民之中,从属的文化和地方文化也没有被完全取代。政治参与是在附庸角色与地方角色基础上新增的一种角色。这意味着,积极的公民既保留着他们传统的非政治性的纽带,也保留着他们更为消极的从属角色。

基于这种种矛盾,我们就不难理解为什么"民主公民被要求朝着彼此矛盾的目标迈进;他必须同时积极又消极;参与又不能参与太多;有主见又要恭顺"。⑯再没有比这更合适精神分裂公民的描写。

这种积极-消极、参与-逃避、主动-恭顺的公民也在提示我们：在晚期资本主义条件下，政治诉求是如何与非政治需要相冲突，从而造成含混、困惑和矛盾。

对于阿尔蒙德和维巴所描述的这种精神分裂公民的出现有一个明确的解释。从古希腊至今的政治哲学家们都知道，国家和公民彼此之间是辩证的关系。既然晚期资本主义国家具有矛盾的功能，晚期资本主义国家的公民也就怀有矛盾的期待。由于国家和公民之间是辩证的关系，所以只有消极的民众才会有积极的国家，反之亦然。用阿尔蒙德和维巴的话来说，"普通民众的消极态度和他们影响决策的无能为力帮助政府的统治精英们获得了他们制定决策所必需的权力。"同时，一个国家合法存在的先决条件则是具有积极的公民。还是用阿尔蒙德和维巴的话来表达，"政治精英的权力必须受到制衡。公民的反制作用，即公民作为政治精英政策的积极而有影响力的支持者，来自于他对积极公民权的强烈负责精神和他对自己成为有影响力的公民的坚定信念。"因为国家必须同时担负积累和合法化这双重功能——懂得这一道理的不仅是马克思主义学者，还有像阿尔蒙德和维巴这样的政治科学家，更直接懂这一道理的还包括哈里·埃克斯坦——所以公民必须既积极又消极。因此，精神分裂的公民已成为晚期资本主义的必然产物。

因此只有政治参与的目标被界定之后，参与才会真正有意义。在晚期资本主义社会，公民被鼓动去参加整个具有仪式性却又脱离真正需要、并无法产生持续利益的政治进程。例如，人们一向认为，美国选举中最基本的特征是"选民参与政治时情绪低落；选民

432 第二篇 政治和方案的枯竭

对政治事务麻木不仁;选民不能用成体系的意识形态语汇来思考政治问题;选民对政党具有强烈的依附感"。⑩所有这些特征都可证明美国政治具有非政治化特性。低落的政治情绪源于竞选政治的异化特点;由于竞选脱离实际需要,所以对之报以高度的热情无疑是一种病态。对公共官员的漠视则反映出这样一种共识:既然政客们并不是权力的主要行使者,那么选举他们的活动当然也就不是人们生活中的主要事务。而人们不能用意识形态的方式进行思考则是资本主义国家近两百年来意识形态方面前后不一的结果。对党派的依附则表达了避世的情绪,这是因为人们得到的信息有太多冲突,所以人们能做的只有抓住某一党派的标签并不分好歹坚持到底。散漫的投票、毫无意义的选择、虚幻的选择权、令人乏味的竞选——这些都成了资本主义政治的主要特点。在这种情况下,参与晚期资本主义"政治进程"的目的就变成了非政治性的。政治于是成为政治被替换的手段。

在美国,政治进程的非政治性本质最为发达。几十年的精神分裂讯息和仪式性的选举终于有了"成效"——已有超过三分之二的美国人可以被称作政治上的"不参与者",他们只是偶尔投投票,不扮演其它任何政治角色。⑩进一步说,即使对那些参与政治的人来说,非政治化进程的结构也是在以一种过滤机制运作,这个机制将政治考虑从整个进程的每一个步骤中清除出去。正如我在前一章里指出的,克劳斯·奥菲将晚期资本主义国家称为一个选择机制,从政治讨论的日程表中筛选出各种抉择。所谓的政治进程也是以类似的方式在运作。在这样的背景下,科布和埃尔德建立的一个模型可以有助于我们理解。⑪他们预见政治进程将成为一系列"建立日程"的步骤,包括从广泛的民众意见到狭隘的国家讨论的各个层次。但他们真正描述出的并不是这些日程是如何被建立起来的,而是这些日程是如何解体的。这一进程中的每一个步骤都是一个路障,使政治考虑走上弯路,直到最后,某一"事件"到了决策者那里,几乎其所有的政治内容都被剥尽而不得不受制于专家治国论的考虑。就像扁桃腺一样,政治进程中的各种机制——选举、政党、利益集团——吸收了政治,最终自己膨胀起来,却又将一种清洁过的、无菌的物质传送到身体的其余部分。一种运作良好的非政治化进程成为了晚期资本主义社会的一个重要方面。

有证据表明欧洲的政治正变得和美国的一样具有非政治化的特点。在西德,政治科学家们强调了"休眠的国民"的概念,它指那些几乎是毫无保留地接受某个非政治化角色的相对消极的公民。[52]但在这个国家也存在着政治精神分裂,一项研究表明,德国的年轻人倾向于不参与政治但同时又具有高度的政治效力。[53]人们或许会假设,如果他们倾向于参与政治的话,则他们的政治效力就应该相应下降,因为政治进程鼓励消极的态度。在法国,尽管实行的是多党制体系,选民却非常熟悉美国式的非政治化。康弗斯和德波写道:"普通的法国公民看来并不比他们的美国兄弟更关注政治,而且很可能关注得更少。"无论出现在哪里,异化政治都造成了类似的结果:

> 无论从民族性格、体制、或是历史角度来说,都没有任何数据表明法国公民倾向于形成比美国人更加鲜明清晰、或是囊括更广泛的政治事务的政治观念。在这两个国家里,随着政治客体和政治安排逐渐远离他们的观察者,政治观点的形成过

434 第二篇 政治和方案的枯竭

程都受到了阻滞；而对法国人和美国人来说，大部分政治都已
十分遥远。[54]

毫不奇怪，人们十分关注欧洲政治中出现的不满和异化。正如
德·帕尔马所说，那些被孤立的公民胸有不平、愤世嫉俗，他们不
会参与政治进程，无论是在欧洲还是在美国。[55]尽管德·帕尔马以
警觉的态度看待这种避世，我却要说那些从整个异化过程中被孤
立出来的人是潜在的健康者；这些胸怀不满的人不参与资产阶级
政治，这或许意味着如果有更真实的政治出现替代了资产阶级政
治，他们就会成为积极的参与者。

在这个非政治化进程中，唯一的例外是常被政治科学家们认
为"极端"的群众运动。只要一个政党将缔造并普及社区作为其目
标，它就可以使其成员充满激情并具有政治化特征。意大利共产
党可以做到这一点，是硕果仅存的几个具有真正政治性的政党。
意大利共产党拥有广泛的组织机构，致力于加强文化中心主义、大
举办报、积极参与社会活动，这样，意共已成为政治化方向上的一
支积极力量。唐纳德·麦克龙对阿尔蒙德和维巴在意大利收集到
的数据重新进行了研究，发现意共在下列各个方面都超过了基督
教民主党：即对公共事务的兴趣，讨论政治的主动性，政治活动中
的主人翁意识，对选举的兴趣，对于选举政治的支持程度。[56]正如
蒂莫西·亨尼西对这些数据的评价，"那些认同左派政党——特别
是共产党——的人，是目前政党体系最有效、最投入的支持者。"另
外，"与共产主义者形成鲜明对比的是，基督教民主党表达的政治
观念却正好与民主政治的游戏规则相背离。"[57]除了这种非资产阶
级政党比他们的反对派还能更好地实践资产阶级原则的情况，上

述事实还表明非政治化并非一个不可避免的过程,民主精神仍在继续发挥动员性的作用。同时也有证据表明,意大利共产党在沿着意大利社会主义道路的方向追求权力的过程中,可能正在失去其政治特征。西德尼·塔罗论述了随着在资产阶级政治中的效率不断增长,意共如何不可避免地浸淫了资产阶级文化,而非政治化无疑会就此泛滥。⑱的确,由于意共具有塔罗所说的"双重本质",⑲它于是成为精神分裂政治的一个示范,即在试图保持其独特的政治化倾向的同时,又出于满足社会要求的需要而强化其非政治化倾向。意大利共产党和晚期资本主义社会的公民具有相同的命运。

对晚期资本主义国家政治事务的参与是一件矛盾的事情,同时既要强调参与又要强调逃避,因此其后果也通常是严重的。一个主要的后果是国家中出现的僵化趋势会在政治进程中重现。正如我在第八章指出过的,国家的自由观念和民主观念之间的矛盾在晚期资本主义时期达到高峰,其结果是产生了一个公共管理体制,尽管存在非政治性意识形态,它也必须履行政治使命。但在政治进程之中所发生的则是相反的过程,因为尽管存在着政治化的意识形态,社会化和政治参与也必须履行非政治性的任务。前一个矛盾导致了国家的具体化;而后一个矛盾则造成了公民的麻木。随着政治机构的非政治化和非政治机构的政治化,精神分裂的公民发现他们的精神状况已接近病态。维巴和诺曼·奈写道:"正当有效的政治参与变得更为艰难之际,实际和潜在参与政治的人数却在增长。公民对政治或许参与得更多了,但从中获取的乐趣却变少了。"⑳面对这些自我否定的双面信息和两重性的机构,晚期资本主义社会的公民和被双重期待压瘫的国家一样失去了效力。阻滞后者完成其合理化进程的僵局也在前者身上造成了消极避世、玩世不恭和疏远孤立。政府的呆滞导致了公民的死板，而这两种因素合在一起造成了晚期资本主义大量的合法性问题。

调和机制的崩溃

当一个公民将他的期待、欲望和要求导向国家的时候，社会化进程和政治参与就都变得与他相关。在这些信息到达国家那里之前，它们会首先遭遇到一系列调和机制，如政党、私人协会、利益集团等等。至少从德·托克维尔以来，政治观察家们都一直很迷恋中间机构，他们将之视为民主社会稳定的核心。理论上讲，调和机制的作用在于它们可以调和公民的过度欲求和国家的独裁需要，可以造就一种被称为多元化的妥协状态。[31]有理由相信，这一理论曾经一度符合实际情况，特别是在二战刚刚结束的时候。但晚期资本主义的总体经历却向我们提出了一些重要的问题。在政治方案枯竭之后，调和机制的境遇如何呢？如果说国家由于选择的减少而进退维谷，公民由于精神分裂式的期待而变得瘫痪，那么调和机制还能继续以人们期待的方式运作下去吗？换言之，有必要在晚期资本主义政治方案枯竭的条件下对调和机制的理论与实践加以重新审视和考察。

政党性质和功能的变化表现了中介性体制的一种转变方式。政党曾经拥有清晰的动员功能，在政治进程中积累权力并唤醒人们的政治意识。只要疆界、公民权、国家的性质等问题仍然存在，政党就会不断扩展其基础,将新的因素融入到人们中间从而使人政治化;不断扩张、充满活力的资本主义经济体系拥有一个活跃的政党体制。随着资本主义的现代化,他们解决了疆界问题和阶级构成问题,政治权力的意义就开始发生变化。用莱因哈德·本迪克斯的话来讲,"一旦对一块领地及其居民的统治被视为一个共同体——民族国家——的功能,政治就不再是关于主权分配问题的斗争,而是关于国家产品的分配以及影响这种分配的政策和行政措施方面的斗争。"⑤在整个 19 世纪和 20 世纪初期,分配问题一直是政党斗争的核心问题。尽管民族国家本身不会再扩张,但政党仍然具有在民族国家的范围内进行扩展的空间;为了争取移民、工人、妇女和失地农民的选票而展开的竞争使政党,尤其是左派政党,得以继续履行其政治化的功能。正如上文提到过的,政党在19 世纪末期已变得相当活跃,这也是改革家制定他们宏伟蓝图的原因。资本家阶级在发现经济领域的竞争不堪忍受之后,就无疑会在政党的范畴内用蔑视的眼光看待经济竞争。当资本主义的统治精英发现政治化不再对他们有利之后,政党体系的政治化特征就开始解体了。

20 世纪的政党活动史就是一部非政治化的历史。伯纳姆在研究美国的情况后发现,从 1920 年到 1950 年,美国的选举政治"朝着比 20 世纪初期的一体化程度高得多的方向发展"。随着选举失去独立自主的特性,"政党政治也在逐渐丧失其控制选区的权力"。伯纳姆称这个"走向政党解体"⑥的过程是政党非政治化的一种表现。观察家们也同样在欧洲政坛上发现了政党政治的这种转变。罗康-李普塞的政治社会学派认为,近几年来政党已经失去

438 第二篇 政治和方案的枯竭

了意识形态特征而变成了为其各组成部分的利益讨价还价的机器。由于左派和右派都已接受了彼此的合法性,人们更加关心"中间派"的选票投向何方。政党的努力方向不再是确保其意识形态理想而是要集结所有统治力量成为同盟,在这层意义上,奥托·柯奇海默将政党称为"全民"党。柯奇海默认为,全民党的困境在于它一方面希望掌握国家政权,从而必须变得温和,另一方面又需要使自身合法化从而必须听取和表达愤怒的声音。"现今全民党的本质使其在这两条道路中间无从选择。因为这种选择要求政党在其关键角色和其作为支持性组织的角色之间不断转换,这种转换很难开展,但更难避免。"全民党在这两种彼此矛盾的需要之间摇摆不定,最终失去了其政治化的特性:

> 政党原本是一个社会阵营联合对外的组织,是精神的庇护所和理想的栖息地,但现在变成了短浅、分裂的政治选择的载体。这一转变使政党暴露在消费品零售商所面临的类似危险之下:同另一种几乎完全相同、但品牌更出名、包装更精美的商品进行竞争。

这样,在自由民主社会里,政党被困在两种截然不同的功能之间。为了赢得国家政权,政党必须唤起期待,但为了保住政权,它们又不得不压抑这些期待。多数情况下,资产阶级政党在面对这个矛盾时选择压抑期待。因此在晚期资本主义社会里出现了非政治化的政党,它们主要的原则就是尽其所能地避免政治化。用奥菲的话来讲,政党必须"从其成员的头脑中驱除这样一种认识,那就是不同党派的支持者总是来自社会利益相对立的成员——而这正是政党最初向民众表明的政治目标"。美国是非政治化特色最明显的国家,用柯奇海默的话来说:"美国仍是全民党体系最经典的范例。"⑧一方面,美国政党在推选候选人时更偏爱那些态度中立、能普遍代表公民的党员,而不是那些可能真正激起政治情绪的活跃分子。沃尔特·卡普在他论证粗糙、但却不失深刻的著作中清楚地说明过这一点:"政党组织在所有政治层面的全部目的就是要剔除、排挤、甚至是清除那些具有独立政治野心的人,这种人不能取得政党的信任。"⑩美国政党的另一种方式也证明了它们的非政治化特征:如果面对或保护其地方组织或维护其手中的国家政权这两种选择,它们通常都会为保护前者而牺牲后者。人们一直认为政党把赢得竞选置于一切考虑之上,事实与此相反,政党就像那些有地位的拳击运动员,有时会为了保持其特权而把选举"抛到一边"。卡普对此评价说:"任何可能在选区引起震动或是会激起选民政治兴趣的事,对政党组织来说都是有害的。"或者用更简练的话来说,"想不去赢得选举有时并不是一件容易的事。"⑪

晚期资本主义政党非政治化的重要性不容低估,因为积极的国家要求有消极的公民与之配合,而政党组织通过它的弃权,已成为保障公民消极性的最佳途径。然而仍有很多评论家无视政党非政治化的重要性,坚持认为政党是政治化的动员媒介,这就使他们无法解释一些看似神秘的情况。因此,唐纳德·斯托克斯在思考《美国投票人》的调查结果时表示困惑:"由于实际上很少有美国人对政治有浓厚的兴趣,因此对政党的忠诚会如此普遍就多少成为一种悖论。"⑪这其实并非什么悖论。正是因为 20 世纪 50 年代时党派认同率如此之高,因此当时民众对政治的兴趣才会那么淡漠;晚期资本主义政党所鼓励的正是这种冲淡的政治热情。那些强烈认同某一党派的人或许是民众中最具非政治化倾向的因素。几年之后，塞缪尔·亨廷顿描述了一种他称之为"独特悖论"的情形，即"公众对政治的参与在不断增强，而政党作为组织和规范这种参与的机构却在逐渐削弱"。[22]亨廷顿的"独特悖论"和斯托克斯所说的"温和悖论"一样不足为奇。如果政党已经成为了非参与的代言人，则随着它们的削弱，政治参与必然增多。这两位评论家都在无意中指出了晚期资本主义政党的非政治化功能。

非政治化本身也担着一定的风险。由于政党的职责变为确保以专家治国的方式取代政治治国，他们就逃避了其动员民众的历史职责，因此也就可能失去公众的支持。换言之，随着政党抛弃其调和的职能而向国家靠拢，他们也就不可避免地和民众拉开距离，这就是政党合法性的下降，它有多种表现。首先，政党认同和政党投票率都大幅度下滑，这在年轻人中尤为明显。在美国，20世纪50年代参加政党直选的投票率高达80％，而这一数字在70年代则下滑到50％。另外，在50年代，二十几岁的青年人中只有28％称自己为无党派倾向的独立人士，但到1971年这一数字却上升到43％。[23]第二，正如杰克·丹尼斯所说，美国公众对于政党的忠诚度正在直线下降，这一点同样在年轻人身上有更明显的表现。[24]在阿尔蒙德和维巴的统计数据中可以找到政党受尊重程度下降的证据；当英、美、意三国的接受调查者被问及他们愿意以何种方式对地方政府施加影响时，只有1％的人表示会以政党作为渠道，这个比例只相当于那些选择使用暴力的人。[25]第三，由于政党的支持率下降，因此它们要在财政上做到自给自足也变得越来越困难，这就需要国家给予援助。在德国，政党所需资金有35％是由国家提供的，⑰在意大利和美国，新近通过的法律中有关于政党可以得到公共资金支持的规定。像洛克希德公司和纽约市一样，政党在面临破产的危机时也需要国家的援助，但和前两者不同的是，政党的破产既代表了其财政上的崩溃也代表了其政治和意识形态上的失败。

政党的非合法化使它们不再是表达阶级斗争的工具，而是成为自相矛盾的斗争双方。政党为了效力于国家就必须非政治化，而为了取得合法性又必须鼓舞民众，因此政党和晚期资本主义的公民一样，也有着精神分裂的特性。政党通常会牺牲其合法性来保全其非政治化特征的事实，并没有解决它们最根本的问题，而只是将重心由一个问题转移到另一个问题。只要国家还是在履行矛盾的职能，服务于国家的政党也就只好追随它。是通过"改革"为政党找到非政治化的成功之路，还是把非合法化当作通向真正的政治的突破口？这些问题仍要在斗争实践中寻找答案。不容否认的事实是，在晚期资本主义条件下，政治斗争并非发生在政党之间，而是把政党作为斗争课题。

毫不奇怪，对政党产生影响的一些矛盾也同时改变了其它调和机制的特性，如利益集团。几乎所有政治学研究都公认，利益集团通过鼓励"参与"来保持其民主的价值观。也就是说，当一些公民为谋求他们的共同利益而聚在一起的时候，他们实际形成了一个微缩国家，在其中可以学习参政及其它民主行为的规则。阿尔蒙德和维巴认为，"自愿形成的组织在民主政治的文化圈里扮演着重要的角色。与那些不属于任何组织的人相比，组织里的成员会把自己看作更有价值的公民，会更积极地参与政治，对政治的了解和关心也更多。因此他也更接近一个民主社会公民的标准。"[⑦]然而,阿尔蒙德和维巴也认为,这种民主公民具有明显的两面性,在态度冷漠和积极参与之间摇摆不定。如果真是这样的话,那么我们可以指望利益集团发挥部分非政治化的功能,使其成员"冷静"下来,这样一来对本集团事务的参与使他们不再参与社会上范围更广的集体性政治生活。

另外,由于利益集团比政党更为直接地触及到资本主义的核心阶级矛盾(资方与劳动者的斗争),因此非政治化的趋势还得到了加强。尽管阶级斗争有时也会蔓延到政党领域,特别是在法国和意大利;但更多的情况下,阶级斗争采取了企业、商会、工会等"利益"集团之间直接冲突的形式。在某种意义上,这些集团之间争夺资源的斗争体现了自由主义和民主两种不同政治期待的区别,因为企业是前者的产物而工会则是后者的产物。但同时,这两种组织的领导人发现他们的共同利益要求将这些分歧置之一旁,以便在更有利的条件下就资源分配问题进行谈判。因此,利益集团也和政党一样,不得不唤起其成员的希望,而最后又以行政调节的方式将这些希望打碎。在这种矛盾的状况下,要想保持"一切照常",就必须使谈判永远是高于煽动的第一选择;因此利益集团的领导人之间达成默契,所有关于劳资斗争的资本主义核心问题都不得在利益集团的范围内来解决。对于生产过程的争执高度公开,以至于人们的注意力已经不能放在产品本身的性质和特点上。利益集团在寻求自身利益时产生的政治能量随着整个利益集团体系不断寻求将真正的政治问题置于晚期资本主义日程表之外而逐渐丧失。下面是奥菲对这一变化的描述:

在资本主义社会组织并不严密的早期,控制和压迫机制仍要求居主导地位的个人组织按照其意愿展开行动。今天的情形则完全不同。政治机构运作的方式以及保持其稳定的内在条件已使这些机制自动行事。确切地说,这些机构的职能仍是相当的:规范利益的多元体制从形成共识的过程中剔除那些具有普遍本质、而且不与任何特权阶层相联系的要求,那些对利用资本和劳动力资源没有任何功能意义、因而不能解决冲突的要求,以及那些不能无条件遵守审慎谈判的实用原则从而超越特定历史体系代表乌托邦理想的要求。[20]

和政党一样,利益集团非政治化的特性也引起了合法性的下降。哈里斯在美国进行的问卷调查显示了利益集团失去其政治特征之后发生的情况,如下表所示:[29]

表1　公众对各机构的领导表示"很有信心"的比例(百分比)

	1966	1971	1972	1973
机构:				
大公司	55	27	27	29
工会组织	22	14	15	20
高等教育机构	61	27	33	44
医疗机构	72	61	48	57
宗教组织	41	27	30	36

米歇尔·克罗齐埃发现,欧洲的情况也很相似,所有的私人集团在公众眼中都越来越缺乏合法性,包括教会、教育机构和军队。[30]简言之,利益集团不可能左右逢源。如果它们动员民众并表达他们的"利益",他们就会受到欢迎;如果它们压抑政治利益,那它们就

444　第二篇　政治和方案的枯竭

不受欢迎。当这些调和机制不再发挥调和作用时，它们就遇上了真正的麻烦。

政党、利益集团等调和机制的衰颓必将对晚期资本主义的政治生活产生严重的影响。这方面所有值得探讨的课题之中，有两点与本书的主题特别吻合：合法性功能的国家化以及我称之为"异化政治"的向心性。

随着政党和利益集团失去调和的特性，它们同时也丧失了大部分合法性。这种衰颓所造成的负担就必须由某个其他机构来承担，在大多数情况下首当其冲的是国家；在资本主义社会的历史中，合法性的趋势是由下层向上层传递的，从家庭和地区到政党和利益集团，并最终传到国家手中。就在国家越来越深地介入积累功能的同时，它发现自己对合法化过程的参与也在不断增加。获取大众对现存秩序的忠诚这一使命变得"国家化"了，其方式竟和铁路国有化大致相同。无数学者指出过国家在这方面不断上升的重要性。赫斯和托尼发现，作为国家一部分的学校在社会化过程中扮演起了比家庭更为重要的角色，特别是在特定价值观的灌输方面。[31]另一份研究则表明大众传媒在塑造政治态度方面已变得多么重要；在大多数晚期资本主义国家里，传媒都是国家的一部分，即使有些国家情况例外（比如美国），媒体也基本服务于相同的利益。[32]随着国家越来越多地卷入政治压制的过程，行使起曾由私人警察行使的权力，[33]国家对市民社会的介入变得在很多方面都可以同其对经济的介入相媲美，而后者相对而言得到了更广泛的认可。

合法化功能的国家化造成了矛盾的后果。一方面，国家在个

人领域活动的增加使其外表强大。一个例子是公共机构增强了对
个人生活的监督,詹姆斯·鲁尔最近的一部著作就讨论了这一话
题。尽管鲁尔反对简单地下结论说社会对人性进行了严酷的压
抑,但他的分析的确"让人相信大众监督体系是现代工业社会的一
个新产物"。权力积累的过程似乎一直伴随着数据的积累,在这一
过程中,"监控能力的总体增长"[⑧]必然会削弱个人生活的发展能
力。另一方面,国家增强其对个人生活的干涉也和国家增强其积
累功能一样,是虚弱而并非力量的表现。国家背水一战承担起合
法化的职责,这就意味着其它所有机构在这方面都已失败。正如
私营的企业无法产生出足够的资本,政党等非政府机构也无法赢
得足够的忠诚,这对资本主义秩序是一个严重破坏。在这层意义
上,合法性功能的国家化还有一个更严重的后果,那就是它构成了
政治方案枯竭的一个重要方面。国家对社会再生产的介入成为一
个活生生的例子,向人们昭示着晚期资本主义的矛盾是如何在某
个统治阶级试图保持其特权时缩小他们的选择空间。有趣的是,
国家参与的增加总是发生在国家合法性的危机变得尖锐的时候。
在下一章里我将更深入地探讨这一话题;在这里有必要强调的是
罗兰·英格尔哈特所谓的"后资产阶级价值观"[⑧]的出现——那些
与传统的资本主义积累方式不相匹配的价值观——它们出现在国
家活动的高峰时期。对于晚期资本主义的合法性危机,合法性功
能的国家化不是一个解决办法,而是一个具体表现。

　　调和机制失败的另一个重要影响是异化政治的向心性。政
治手段的非政治化使得政治行为的意义发生了某些重大变化。在
晚期资本主义社会里,政党和利益集团处于十分尴尬的境地,因为

446 第二篇 政治和方案的枯竭

要想进行有效的非政治化活动,它们就必须吸收公民的政治能量以便国家可以不受干扰地自行其是。政党和利益集团通过吸收他人的政治能量膨胀起来,便自称为政治权力的源泉,但其实政党所拥有的每一点权力都是从其成员那里攫取的。如果沿用希腊人的观点,将政治看作是平等公民对社会公正和幸福的共同追求,那么可以说,在晚期资本主义条件下这种政治已被一种"异化政治"的形式所取代,即政党和利益集团开始吸收人民的普遍权利,并用这种权力来统治最初拥有这些权力的人。⑯正如一个工人发现他生产的产品异化成为商品、从而和他相分离一样,晚期资本主义公民也发现其自身异化的根源正在于他所从事的生产活动,只不过这次他所生产的不是商品而是社区。"挪用"不再只是一种经济现象。

异化政治也是造成晚期资本主义社会僵化的一个因素。真正的政治不存在,就不得不找到替代品。比如,权力在其使用方式上被概念化了,而权力本身的来源却被否认或忽视了。⑰或者说权力被普遍视为一个交换过程,人们以投票的方式将权力交出去,回报则是他们所能得到的好处,但这种观念也是将政治生活的公众基础神秘化了。⑱无论是权力的使用观还是交换观,像关于生产过程的类似观念一样,既描述了资本主义社会现实的一个侧面,又提升了政治观念,使之与人的行为相脱节。这种脱节与晚期资本主义的政治行为失去与公民日常生活的关联性这一事实有关。当政者所关心的问题与他们的切身利益关系密切,而与选民则极少关联。担任公职的人按照他们认为恰当的行为规范办事,而这些原则和普通人的生活并不相关。要对别的当权者负责就必须对其他人不负责,而对每一个人都负责就会葬送自己的政治生涯。政治的特性变得像粉尘一样,似乎是漂浮在社会之上而不是社会的一部分。像 19 世纪的强盗式贵族一样,20 世纪的强盗式政客从民众那里积累了尽可能多的独立性,但却发现他们置身于稀薄的政治空气之中,无法为他们的行为找到坚实的支持。在 20 世纪初期,公众的注意力集中在约翰·D. 洛克菲勒身上,关注他不择手段的敛财方式;后来,公众的注意则开始转向罗伯特·摩西这样不择手段聚敛权力的人。[⑩]的确,摩西是异化政治在具体政客身上的体现,是那些将自己与权力来源割裂开的当权者的生动写照。

合法性功能的国家化与异化政治的向心性合在一起,构成了对政治生活的意义和目的的巨大困惑。前者造成了个人生活的政治化,即越来越多的个人事务成为国家干涉的对象。与此同时,异化政治则推动了一个相逆的过程:公共生活的私人化,即政治进程失去了与社会或共同目标之间的联系。最终,自由主义对人类最大的贡献,亦即公共生活与私人生活之间的划分,就成了自由主义传统本身的牺牲品。这种结果真是双重的不幸。它不仅意味着个人隐私的丧失,因为如果以丧失个人隐私为代价可以换取更大的集体利益,也是可以接受的。它意味着个人生活被纳入国家的范畴,而与此同时,公共生活又以失败告终,也就是说在晚期资本主义里,无论是个体自由还是集体目标都得不到满足。这种关于什么应该纳入政治的范畴而什么则不该的困惑使得国家僵化的问题尤其难以解决。一个非政治化政治取代了真正政治的社会也同时丧失了一切转变的能力,因为它缺少真正政治所具有的那种动员力量。那些惧怕社会的破坏力量的人最终成了这种恐惧的牺牲品。这样,晚期资本主义的政体尽管僵硬,却并不稳固;调和机制的崩溃只是机动性缺乏的又一个表现。因此,非政治化不仅不是一种聪明的领导战略,反而是缺乏明智战略的一个标志。

统治阶级的乌托邦化

政治的紧迫性与非政治化的必要性之间这种时隐时现的斗争必将对国家当权者产生巨大的影响。作为政治进程的产物,晚期资本主义统治精英的态度和倾向必将受到各种现象的影响,诸如精神分裂的社会化进程、公民权的矛盾观念、调和机制的"熄火"而不是"开动"等。当权者在面对政治方案枯竭的局面时会发生重要的变化,这样真正的政治也就不断被转化为一种失去了个性的复制品。在本章的结论部分我将探讨这些变化可能涉及到的一些问题。

在研究现代资本主义对新型政治家的兴起所产生的影响的著作中,最有影响的当数马克斯·韦伯的论文《作为职业的政治》。[19]韦伯注意到,政党一度是显要人物的组织,其成员局限于精英阶层,围绕着某种特定社会观念,具有明确的共同利益。但随着韦伯所说的平民民主的兴起,资本主义人生观开始取代贵族人生观在政治进程中居于主导地位,典型的例子包括英国的竞选指导委员会体制和美国的政治机器。特别是在美国,"职业政客"与选票积累的关系正如资本家与资本积累的关系:"什么是职业政客?就是一个自负盈亏去提供选票的政治资本家。"和资本家一样,"职业政客没有坚定的政治原则;他是一个完全无原则的人,只会问:怎样才能争到选票?"这些人靠政治生活而不是为政治生活,但这并不是说他们没有激情；只是正如韦伯所说，他们的激情都放在那些可以产生一种有价值的比例感的"就事论事"方面了。"这就是政客们具有决定意义的心理素质：他们有能力在现实袭来时保持一种内心的专注和冷静，因此可以与事务和他人保持特定的距离。"最后，资本主义政客并不是没有道德规范。韦伯就提到了两套相互冲突的道德规范。其一是追求终极目标的道德规范，在本质上是宗教性的，以获得完美的人生为目的。另一种则是担当责任的道德规范，没有第一种的宗教色彩，追求有限的目标，承认人和社会的局限性和缺憾。由于"暴力是政治的决定性手段"，因此那些追求终极目标道德规范的人，如工团主义者和革命的社会主义者，是文明生活的大敌；与之相比，资产阶级政客尽管缺少原则也拥有某种美德。只要作为职业的政治仍是那些争权夺利而不理会公民福祉的政治掮客的专利，民主社会的脆弱性就无法改变。

因为法西斯主义的胜利似乎证实了韦伯的现实主义，所以韦伯为无原则政治进行的辩护对 20 世纪的政治社会学产生了重要影响。丹尼尔·贝尔将终极目标伦理和责任感伦理之间的区别作为他分析"意识形态的终结"㉝的理论基石。一个英国人在 20 世纪 60 年代还在书中论证说"一个对任何事情都讲原则的人对政治是不会满意的"，这显然是韦伯的话的翻版，已经接近剽窃。㉞另一位政治学家则将韦伯比较两种道德规范所用的条件抛开不理，直接用这种观点来攻击所有的政治激进派。㉟韦伯的含义与丹尼尔·布尔斯廷的观点认为：与欧洲国家不同，"美国政治的天才创造"就在于其彻底的灵活性和其非意识形态特征。㊱实用主义真像布尔斯廷说的那样是天才的创造吗？在很多方面的确如此，资本主义政客背叛曾被他们自己神化的信条以修正他们立场的能力也称得上是一门艺术。但这种实用主义能像它的支持者说的那样确保民主价值观得以延续吗？在理论上，原则的缺失会赋予当权者高度自由，使他们可以不受限制地作出选择。由于没有任何意识形态的束缚，这些权力经理人可以对政治方案的枯竭说不，可以运用出人意料、不受限制的非常规手段去解决那些难以对付的问题。因此这里要讨论的问题就是，晚期资本主义的政客们是不是会运用原则缺失理应带来的这种灵活性。

那些为这种政治灵活性的重要性进行辩护的人总是将统治精英和普通人区分开来，比较他们的政治态度。他们认为，普通人的政治态度教条、不够宽容、而且道德味过浓；领袖则不相同，他们的思想灵活开放。他们进一步说，没有领袖对民主规则负责，脆弱的民主结构就会轻易破碎。⑩然而，领袖只是缔造他们的社会的一个分子，必定会感受到和其他人一样的压力。更细致的研究可以帮我们看清诺曼·卢特贝格所揭示的现象：领袖和选举他们的人一样，也对政治感到矛盾和困惑，他们也"很难在他们信仰体系的整体框架内为他们的观点找到位置"。⑪简言之，如果所谓的晚期资本主义政治进程就是精神分裂的诱因，那么脱胎于这一进程的领袖们就应该是最严重的精神分裂患者。晚期资本主义的政治精英们最过人的特点恐怕是他们在普通人无法忍受的矛盾处境中仍有游刃有余的能力吧。

统治精英的精神分裂特征最明显地体现在那些选举产生的官员身上，因为他们与异化的政治进程关系最为密切。P. A. 奥勒姆对意大利那不勒斯国会候选人的调查是有关这一问题的一项颇有见地的研究。⑩奥勒姆认为,那不勒斯的政客们夹在两个世界之间:一个是几乎还处于前资本主义氛围之中的地中海,一个则是他们所服务的具有法理社会特征的后资本主义国家。由于要扮演国家与社会的中间人的角色,这些政客们在某种意义上说是被困在两种矛盾的期待之间无所作为。如果他们认同国家,改造自己,那他们就有失去家乡父老的信任的危险。如果他们保持了自己选区的"民间"特征,那他们就是在国家层次上将自己与政权割裂开来。奥勒姆认为,这种矛盾的主要后果是政客们不再把他们的精力放在政治分析方面,而是着力编织"煽情的言辞"。因此,乔治·加利在研究意大利的国会辩论时发现,各党派的代表们都用大部分时间来发表空洞的演说和指责他人;在这些"政客们"的所作所为中,政治内容竟少得可怜。⑱官员们发现,他们生活的矛盾本质和选举他们的选民一样,都在推动着他们从政治中退出来。一种反政治的新型政客开始主导晚期资本主义社会,他们与古希腊政治观念之间的关系几乎已是毫不相关。这些反政治的人却被称为政客——事实上是他们抢先占有了这一头衔——而实际上他们身上十分缺乏政治的成分,这造成了巨大的困惑。立法机关中这种政治缺位的现象只是整个晚期资本主义社会非政治化大潮中的一股支流而已。

　　罗伯特·普特南对意大利和英国的议员们进行了一项比较研究,发现这两国带有意识形态色彩的议员也倾向于参与议会生活中那种扯皮活动。⑲空想的和实干的这两类政客其实并非水火不容,他们中很多人都是集两种角色于一身。对于这种一身兼两职的一个解释是,意识形态职能的对象是选区,在那里合法化的问

452　第二篇　政治和方案的枯竭

题占上风；而实用职能则服务于国家，因为国家要求有效率的积累。换言之，一种和奥勒姆所描述的矛盾类似的两面性在不列颠和那不勒斯同样存在。在非政治化的问题上，普特南的发现则表明英国在这条路上走得更远。和政党及利益集团的情况一样，议员们也不愿承认政治世界的核心因素——阶级斗争。

> 很多英国政客认为，和谐和一致是社会和政治中应有的原则，这种观点在意大利要少得多。进一步讲，这两个国家中都有很多政客强调斗争，但也都强调斗争的根本可调和性。很多意大利人都强调社会关系中几乎不可逾越的利益冲突，而在英国持这种观点的人并不多。在意大利，这种观点谱系与传统的社会阶级关系观念紧密相连；而在英国，人们则以不那么剑拔弩张的方式来诠释阶级斗争，对社会斗争或是凝聚的看法与特定阶级形象的联系也不那么密切。在这两个国家，尤其是在意大利，有大量的人关注表面冲突和实际冲突之间的区分，前者可能十分激烈，而后者则被他们认为相对无关痛痒。⑩

与理想化政治观念相对的专家治国观念在英国的政客中比在意大利的政客中更有市场，这也反映出晚期资本主义与非政治化之间的相互关系。

研究统治精英的政治学家们总是把注意力放在那些最无趣的行为关系上——社会背景、年龄、职业等等——结果很难在更为有趣的研究，如奥勒姆和普特南的研究等基础上进行总结。如果接受他们的数据，那就表明了"实用主义产生更大灵活性这一观点"有部分的局限性。比如，普特南清楚地证明，总是那些意识形态色彩更浓的人,特别是左翼分子,具有最大的灵活性。[10]但更重要的是,晚期资本主义政客角色的两面性并未产生灵活性,反倒造成了一种局部的僵化。政客们与选民的关系以政治动员为基础,而与同事的关系则以非政治动员为基础,夹在这两重关系之间的政客们必须同时既煽动又压抑人们对政治的关注。由于通向政治成功的道路最终取决于国家而不是选区,议员们面对这两者的冲突往往会压抑政治而选择进行口舌之争,煽动性地处理一些象征性的事务,就一些皮毛小事进行毫无意义的争辩,或是把在公众面前做秀本身当成目的。晚期资本主义政客和造就他们的政治进程一样矛盾重重,而他们置身其中的整个体制也和与他们发生互动的政党及利益集团一样不能容忍政治考虑。

这样,我们就会发现,晚期资本主义造就出来的官员只能算是半政治化的,他们只有在与选区发生关系时才有可能担负起政治动员的职能。甚至这一点仅存的政治性也受到了晚期资本主义特有的种种趋势的威胁。首先,调查表明,按照传统的标准,年轻政客们比起年长政客来意识形态色彩更为淡化。普特南发现,年轻政客更普遍地强调技术知识的重要性,也更趋于认为"后工业"社会的来临使阶级斗争退到了边缘。[60]如果这种趋势继续的话,残余的政治性将会进一步萎缩。其次,权力从以选区为基础的政客手中转移到行政管理人员的手中,这进一步削弱了精英们的政治性。尽管人们倾向于以平常的眼光看待选举产生的官员失势的状况,就像看待洪水或是地震一样,但事实上这一趋势是由晚期资本主义固有的矛盾造成的。弗兰克·迈尔斯在积累与合法化的矛盾之中找到了个中原因:

立法机构的衰落……与社会及其生产体系的基本发展密切相关。代议机构的不断削弱是解决平等主义和民主两股潮流之间的矛盾的基本条件。在这潮流所植根的体系之中,工业生产者要求政府给予他们相应的权威以确保进行长期规划所必需的持续的经济稳定。虚弱的立法机构允许法人国家以一种暗中与自由主义理论相对立的方式顺畅地运作,尽管有时自由主义理论还会得到口头上的提倡。⑩

换言之,非政治化——这一次表达方式是不断削弱的半政治化机构残余——又一次成为解决由阶级斗争造成的瘫痪的唯一途径。

尽管淡化了政治色彩并变得毫无原则,但执掌国家的新人们却并不因此而具有开放的思想。那些沿着非意识形态战线追求狭隘目标的人致力于追逐权力,并把权力当成终极目标,这使他们的政治行动带有十字军东征的色彩;而那些关注拯救灵魂的人,一味追求资产阶级的尊严,结果将实用主义的经纪人哲学错误地当成资产阶级政治的特征而采纳为自己的立场。因此在 1973 年法国共产党领导人乔治·马歇和其后不久即成为法国领导人的瓦莱里·吉斯卡尔·德斯坦之间的一场电视辩论中,传统角色发生了奇怪的逆转。马歇成了纯粹的现实主义者,大谈特谈通向权力宝座所必需的切实计划和步骤;而吉斯卡尔则似乎是一个乌托邦主义者,描绘了专家治国的美好前景:社会冲突和技术矛盾都不复存在,人人都可以生活得更好。在理论上也发生了类似的颠倒。采纳圣西门和傅立叶的"乌托邦社会主义"的人,不是持不同政见的政党活动家(他们看来专心一致地去作出不同的逻辑和战略决策),而是那些自称为"现实主义的"社会学家,他们追随第三共和

第九章 异化政治 **455**

国时期出现的专家治国论意识,欢迎普遍缺乏竞争这种后工业社会的特征的出现。[30] 用韦伯的术语来说,承担责任的伦理本身始终通过终极目标的伦理来追求,反之亦然。对阶级冲突的担心使得乌托邦主义者脱离实用主义者,而分享政治权力的要求则使得实用主义者脱离乌托邦主义者。

关于原先的革命运动逐渐非激进化已有很多评述,但却鲜有人论及统治阶级逐渐乌托邦化的过程。将韦伯的一种伦理观融入其另一种伦理观,结果导致了晚期资本主义社会最矛盾、最令人困惑的特点之一,即随着统治基础变得越来越实用主义,统治精英们却变得越来越具有意识形态倾向。具有反政治特征的政客们掌权之后并没有带来预期的灵活性,而只是提供了将权力本身作为目的来追求的盲目承诺。我在前一章里提到过的"国家的具体化"伴随着对权力本身一厢情愿的崇拜而不是使用权力所要达到的目的。权力不再是令人恐惧的东西而变成了颂扬的对象。权力是好的。权力成就非凡。权力似乎是纯净的,而绝对的权力更是绝对纯净。用一位新韦伯主义者的话来说,权力已不再是"狂飙突进时期"的现象,而变成了"服务集体目标利益的社会体系的总体功能"。因此,"可以断言的是,权力尽管容易遭到滥用并需要加以各种控制,但毕竟是一个高度组织化的社会必须而且颇受欢迎的一个组成部分"。[31] 以此来看,权力的积累和分配就成了政治体系的目标,而那些履行这一职责的人就成了政治精英。

大多数能够促使大众向集体表达方向靠拢的信仰体系都涉及那些政治行动所要服务的目的:如正义、自由、平等、民族、社会主义等等。然而,伴随晚期资本主义国家的发展,对这些目标的怀疑却在逐渐加重。对阶级斗争的恐惧使国家朝规律化和规范化的方向发展而不再以救世主自居进行政治动员，原则性的缺失也改变了人们以不惜破坏自身合法性的方式一贯工作所服务的目的。结果，在资本主义晚期，国家的具体化和政治想象的衰减造成了意识形态方面对手段的重视和对目的的忽略。但是，要用手段来动员民众是非常困难的，而统治阶级又摧毁了目的，因而国家和那些效力于国家的人的意识形态任务就变得难以完成。正如恐惧会使人同时求助于内在力量和神迹的帮助，统治阶级在面对这些困难的时候也同时被两种不同的理念所吸引：残酷无情的强权政治和仁慈的乌托邦主义。晚期资本主义社会在实践中提炼理论，用犬儒主义缔造乌托邦，从虚无主义中造就使命。

在技术领域内也可以见到冷酷的实用主义和幼稚的乌托邦主义并存的现象。就连科学家和工程师这些素来以能够用最灵活的方式对事实进行一丝不苟的调查而受人尊敬的人也无法避免乌托邦主义的影响，罗伯特·博格斯劳有趣的著作《新乌托邦》清楚地说明了这一点。[⑱]由于他们对控制论及控制过程的沉迷，新乌托邦主义者不仅在控制技术的目标方面，甚至在控制过程本身方面也成了理想主义者。在很多科幻文学作品中，甚至在《桃源二村》之类的小说中，控制技术本身都比控制所要服务的目标更令人着迷。人们天真地相信，控制技术会带来一个完美的反馈系统，缔造一个由各种相关机制和谐组成的名副其实的乌托邦。于是在政治进程中出现了一群控制论乌托邦主义者。在他们看来，他们的意识形态有一个核心目的，那就是对民众实行社会控制，将所有的不同因素都融入到一个顺从和克制的共同体系中来。缔造这一和谐体系的理由并不是为了更美好生活的前景,而是将和谐与融合本身作为目标来追求。就像既爱孩子又具有家长作风的严父一样,新兴的政治乌托邦主义者一方面贬低权力,不把它作为行使控制的动因,一方面又建立起一个具有极大破坏力的权力体制。他们的权力观念既见识短浅又玩世不恭,是等级社会中社会工程核心矛盾的一个体现。因为在一个阶级社会里,进行和谐融合的企图必然会带有乌托邦主义的维度。在这层意义上,由于保守主义阻滞改革而造成的晚期资本主义统治失利,对统治阶级中乌托邦主义的出现特别有利。那些将和谐的梦想编织起来的"受压迫者"最终成为统治精英而不是普通民众。

在政治精英中以各种隐蔽的形式同时存在着对现存权力的卫护和对社会群体自我平衡的乌托邦式的渴求。这种两重性的一个例证是英国牛津大学的工业关系学派,他们希望通过改良工业关系行为来平息阶级斗争。[40]其它例证则可来源于吉斯卡尔及其追随者的专家治国理论,[41]以及亨利·福特第二或阿涅利的家长式管理方式。甚至尼克松的统治,就其风格而言,也同时包含了上述这两种因素。尽管尼克松及其高层幕僚们在玩弄权术的世故和追逐权力的冷酷方面鲜有其匹,但在他们的秘密谈话中仍显露出种种无奈的乌托邦梦想,主要表现在他们相信他们可以控制"局面"并以对他们有利的方式解决各种争议。实用主义越是冷酷无情,对秩序和控制的渴求就越是具有乌托邦色彩。这一矛盾最清晰的例证来自罗伯特·麦克纳马拉,他是与博格斯劳所说的新乌托邦主义者最为相像的行政管理者。他的职业生涯显示了韦伯理论的逆转。最令韦伯恐惧的是,狂热分子有可能掌握运用暴力手

458 第二篇 政治和方案的枯竭

段的特权,从而以末日审判的方式使所有人遭到灭顶之灾。作为国防部长,麦克纳马拉所拥有的运用暴力手段的权力比韦伯能想到的要大得多。作为一名决策者,他的动议也多次使暴力手段以韦伯所恐惧的形式付诸实施。然而这种祸灭三国的暴力行为服务于什么样的目的呢?其真实目的仅仅是要证明权力本身的可靠性,而与正义、人类平等或上帝之国等"终极目的"毫无关系。在追求这种带有意识形态色彩的非意识形态性的过程中,麦克纳马拉就像晚期资本主义的"马丁·路德",对各种乌托邦主义观念都采取戏谑的态度,仿佛这一领域是终将替代士兵厮杀的电子战场,或是可以结束"侵略"的由机械生成的边界。[10]麦克纳马拉的态度在对于技术的狂热而幼稚的崇拜和对于人类以及共产社会的可能性彻底而实际的蔑视之间游移,这浓缩了晚期资本主义政治精英身上特有的那种对政治的恐惧和由此引起的对权力的崇拜。

321   对于新韦伯主义者而言——实际上对于我们任何人而言都一样——不幸的是,晚期资本主义的政治精英们并没有提供可以与政治方案枯竭相抗衡的灵活性;相反,他们给了我们罗伯特·麦克纳马拉和理查德·尼克松。晚期资本主义国家的执政者们一边固执地将权力本身作为目的来顶礼膜拜,一边却圆滑世故地对待权力所要服务的真正目的。于是人们得到的是两种最坏的可能:既没有原则,意识形态也僵化。理查德·尼克松正好符合这种情况,他被认为是美国历届执政者中最无原则的一个人,同时他也最为古板,这不仅表现在他的个性、外表、服饰风格等方面,也表现在他的政治观念上。正是由于他心无旁骛地坚持追求权力,所以才肯在原则方面付出牺牲,而由于他放弃了原则,他的权力欲又得到

第九章　异化政治　459

了进一步刺激。尼克松是实用主义和对政权失控的恐惧这两种观念近两百年来发展的最终产物。晚期资本主义政治进程的精神分裂性格造就了和整个矛盾体系一样进退无路的当政者。

　　总而言之，晚期资本主义最突出的政治特点就是政治的缺失。我在第八章讨论过的晚期资本主义国家的僵化其实是一个可以解决的问题，只要政治进程能够产生出新的政治能量资源。但实际情况却恰恰相反。公民在早期资本主义社会曾是构建共和政体的主要资源，但此时却由于分裂的期待而变得无所作为，几乎彻底退出了政治舞台；其结果不是公众观念的混淆，而是公众观念的缺失。没有了公众，代议制政府就失去了意义。调和机制也不再是政治动员可资利用的资源。调和机制长期不履行其动员功能，而选择去支撑政府的两面政策，结果既失去了合法性又失去了与政治变革的联系。无论是党派还是利益集团都失去了任何有意义的政治性。最后，在政府担当公职的人都是整个非政治化进程的产物。晚期资本主义的政客们谨小慎微、缺乏想象力、又毫无激情，他们唯一缺乏的特点就是政治性；他们政治生命中最突出的特点就是害怕自己会以政治的方式行事，这是他们尽全力避免的。简言之，晚期资本主义政治的政治学显示出的是那些不在场的因素而不是那些在场的因素，并且再次表明，政治方案的枯竭是如何破坏了社会解决它所产生出的政治矛盾的能力。

第十章　国家的合法性危机

"任何客观的分析……都只能断言如今在人们对其政府的反应与评价中存在着一场最严重的危机。"

——路易·哈里斯(1973)

"我相信我们正面临西方社会的一个分水岭；见证着一个资产阶级理念的终结——一个有关人类，有关社会关系，尤其有关经济交换的理念——这一理念在过去的两百年间一直对现代形成起着决定作用。"

——丹尼尔·贝尔(1976)

"相反，基于美国模式的自由民主在 19 世纪日趋成为君主制的条件：政府的一种留任形式；处处把持那些孤立而特别的部门，在特殊情况下甚至能一显身手却对未来无甚建树。"

——丹尼尔·帕特里克·莫伊尼汉 (1976)

我在序言中已指出，自由民主的坚决支持者们满怀希望地迎来二战后的年月，如今却对它究竟是否有前途极为悲观。经常能听到政治观察家们说"如果民主国家的公民们能减少些期待，那未必不是件好事"，[①] 尽管这种言论一度被认为极为右倾，不可当真。政治科学一贯平和的语言中悄悄出现了一种新语气，以安东尼·

金的这些冥想为代表：

> 尽管没有人为当今英国政体的瓦解写出一部合理的剧本，可重要的是，人们正在谈论其可能性。20世纪70年代中晚期我们或许就面临着"政权危机"，而1832年以来，甚至自17世纪以来，英国对此都一无所知。[②]

这种新论点颇具传染力。威利·布兰特预言西欧的民主制最多持续二三十年，"冷战斗士们"感觉共产主义会风靡地中海国家，这与亨利·基辛格的防御理论都是基于同一个设想，即自由民主的鼎盛时期就我们所知已经随风而逝了。[③]罗伯特·尼斯比特的分析极尽悲观和残酷，他认为大众民主权的兴起极大破坏了政治文明，以致军国主义、官僚主义和脱缰的权力造成使现代人绝望的处境。"政治集中化的趋势"和现代国家"社会分裂"的特征致使重建政治共同体的努力成为泡影。[④]在他看来，我们似乎只能在众多虚无的可能中选择一个。

毫不奇怪的是，这种悲观主义显然很有市场。正如我们看到的那样，晚期资本主义的出现已经严重地改变了国家的性质以及它赖以运作的政治体系。政府徒有其表而无力达到自己宣称的目标，决策者们远离公众，理性被蚀，代之以幻象和虚假，传统政治思维破产，异化政治取代了真正的政治，国民性出现精神分裂，调停机制崩溃，以及统治阶级乌托邦化——所有这些一起发生作用，使得晚期资本主义国家严重瘫痪。

某种意义上说，谜底在于自由民主已不再名副其实。当一些人，尤其那些政客，继续宣称幸福社会将再次出现，民意和学界却都作出相反结论。政治方案穷尽的趋势引发了一系列重要问题：

462 第二篇 政治和方案的枯竭

资本主义国家是否能以最小的合法性继续存在？如果不能，它又将采取什么样的新形式？晚期资本主义的合法性的危机给西方国家的未来提出了诸多不容忽视的问题。

对自由民主的攻击

如今人们每天都能听到一些自由民主世界里的"不和谐音"，大都见怪不怪了。以 20 世纪 70 年代末《世界报》的民意测验为例，结果表明 47％的法国人认为国家保护富人，只有 8％说国家保护穷人。此外，42％认为国家褊狭或不公正；24％认为国家倾向于右派而 3％则说它倾向于左派；69％表示国家对他们的日常生活很有影响，只有 27％不以为然；73％认为自己在国家面前无能为力，而 23％却认为自己能影响国家的行为。⑤一个有关 1964 年至 1970 年间美国政治态度的调查被广泛报道，调查结果与法国不谋而合，证明法国人对国家的传统敌意并非独树一帜。美国这项调查的一些数据值得转引如表 2。⑥此外，这些年来与政府的疏离已打破阶级和地域的限制，影响到每一个团体。⑦1970 年以来诸如此类的观点似乎有所加强。剑桥调查研究组做了一次民意测验表明，1972 年被调查者中有 38％认为他们的领导人经常地撒谎；1974 年这一数字上升到 55％，1975 年春更蹿升至 68％。⑧密歇根大学的阿瑟·H. 米勒犀利地断言："普遍存在的对政府根本不满以及政治异化，这就是当今美国面临的形势，"⑨这一结论似乎还不够尖锐。人们一定会想一个半数以上的成员对政府和掌权官员极度不满的社会还能存在多久？

表2　公众表示对政府不信任的比例（百分比）

	1964	1966	1968	1970
1. 多大程度上你相信华府做的是正确的？ 只是有时：	22.0	31.0	37.0	44.2
2. 你认为政府极大程度上是由少数满足一己私欲的大财团控制吗……？ 极少的大财团：	29.0	34.0	39.2	49.6
3. 你认为几乎所有的政府要员似乎都不知道自己在做什么吗？ 不知道他们在做什么：	27.4	—	36.1	68.7

　　类似这样的调查结果使得一些重要的社会政治思想家重新审视人们对自由民主的态度。这一新趋势的代表是"三边委员会"发布的一篇报告《民主统治的可能性》。它完全可以标志资产阶级社会科学对自由民主的态度的分水岭，[⑩]是一个由美国、西欧和日本的"秘密"公民兴起的组织，近来因与卡特政权的密切联系引起了公众的关注。[⑪]在兹比格纽·布热津斯基等人和一些我称为跨国国家的策划者的领导下，委员会认为，只有通过所有主要资本主义国家间的合作——与掌握大量资源的第三世界国家领导人和谐地进行协作——才能维持现有世界格局的稳定。由于这种观点要求牺牲一些短期主权和个人利益以换取长远的全球规划，该委员会经常被看成与美国共和党的目标相对立的自由派。由包括戴维·洛克菲勒在内的许多欧美银行家提供资助的"三边委员会"公开支持国家规划，与前财政部长威廉·西蒙的自由放任政策相异。国家规划这种方法愿意为了长远利益牺牲任何企业的短期目标。由于三边委员会与卡特政府的联系，它对民主政体之"可操作性"

464　第二篇　政治和方案的枯竭

的评论显得尤为重要。

三边委员会的报告分为四部分:第一部分关于欧洲,第二部分关于日本,第三部分关于美国,其它是关于格局变化的结束词。欧洲部分由米歇尔·克罗齐埃撰写,而美国部分的作者是塞缪尔·P.亨廷顿,这两部分最为有趣,我也简短地谈论一下报告中最富争议的结论性建议。无论在欧洲还是美国,所有"政治"社会化常见的机构都已瓦解。人们不再恭顺,不再把当权者对他们说的当做神圣不可亵渎的真理。价值体系已经改变,新的期望已经使政治生活革命化。以克罗齐埃为例,他应和于尔根·哈贝马斯在《合法化危机》中的观点,认为西方有关理性的传统标准,如目的与手段的区别,已经开始解体。人们抛弃了顺从与传统价值后,开始对国家提出政治要求。换言之,第九章中那些患精神分裂症的公民开始寻找治疗方法。其结果是"超负荷"输入信息,政府无法接收。于是,用克罗齐埃的话说,"现代国家要做的决策越多,就变得越无助。"⑫

326　　　亨廷顿比克罗齐埃更悲观。他称"20世纪60年代的民主浪潮"就是对所有现存权力体系的一次挑战。人们一旦政治化就不可避免会失望,因为市民们不顺从民主社会就无法运转。结果人们对政府的信心大大减少,上述密歇根大学的调查就是一例,亨廷顿大量引用了它。与对政府失去信心相伴的是对政党体制的失望,再加上总统们无力完成任期,都导致了亨廷顿所暗示的"民主骚乱",阻碍政治体系执行其传统的国内外政策。如果这一体系想走上正轨,就必须遏制"过度民主"。这无疑强调了一个事实:"民主程序适合的舞台是有限的。"既然一个功能体系要求"一定的冷

第十章 国家的合法性危机 465

漠和不参与"，个人和群体就都应该非政治化。总之就是要求"平衡"；

> 一个通常不错的价值体系被最大化时并不一定被最优化。我们必须承认经济增长中有一些潜在的令人向往的限制。同样在政治民主的范围中也有这样的限制。如果有一种更平衡的存在方式，民主就能存在得更长久。⑬

为了恢复这种平衡，作者们提出了很多有争议的方案。首先，他们极力主张进行经济规划。报告说："统治的可能性有赖经济的持续扩张，"这就暗示让人们接受政治冷漠的唯一途径是增加收入，而这项任务如此重要绝不能由市场机制来执行。作者们对规划的期望不仅在政治方面，也在经济方面，因为对他们而言，一个可运作的资本主义经济及其结构能否被接受是联系在一起的。其次，该报告还呼吁加强政治领导。人们本以为越战和水门事件后已消亡的观点现在又戏剧性地复活了："过去十年期间总统这一职位享有的权力持续减少［?］，这种趋势应该被遏止并颠倒。总统无疑有责任在经济和外交政策方面的重大事务中确保采取国家行为。即使受到微不足道的立法限制和禁令的束缚，他也不能推卸责任。"有些人似乎从未认识到，甚至于老根还没被彻底拔除，一场新水门事件的种子早已播下。第三，报告请求在濒死的政党中注入新的活力，允许政府资助各政党，但竞选资金来源必须平衡。让国家资助自己的选举是调停机制崩溃的后果之一，第九章已有论述，这也是让这些作者烦恼的一个问题。第四，极力主张对新闻不加具体限制的自由。（"但也要确保政府有权能够最早封锁消息。"）第五，教育应该缩短，因为教育民主化已经使期望值上升太

466　第二篇　政治和方案的枯竭

高,尽管这种民主化程度最低。假定教育和"积极履行公民义务"有关,那么"就需要一个项目能降低那些大学生的求职期望值"。另一方面,如果公民训练不是教育的目标,那么大学就应该变成庞大的职业训练中心。第六,"更为积极地介入工作领域",因为要对异化进行斩草除根。报告否定了德国共同决策的经验,赞成国家资助尝试新的工作组织形式。最后,鼓励主要资本主义国家之间进行合作,成立超国家机构,包括私人秘密团体(就像"三边委员会")分享"互相学习的经验"。[⑭]

《民主统治的可能性》以少有的直率打破了民主社会的一个禁忌,即不管多痛恨民主都不应该公开扯破它华丽的面纱。于是这份报告在三边委员会内部激起了轩然大波。当它于 1975 年 5 月 30 日和 31 日在日本京都会议上正式露面时,众多来自美国和欧洲的委员会的成员纷纷指责它过于悲观,一些人甚至敦促三边委员会将它自行遗弃。现为伦敦经济学院院长的拉尔夫·达伦道夫也是批评者之一,他在一次重要演讲中说道:"与今天很多人相反,我对民主的将来并不悲观。"[⑮]京都辩论的热情反映了自由民主依然有其追随者,传统的知识分子们也并非铁板一块地对它嗤之以鼻。然而尽管三边委员会内部那些反对克罗齐埃-亨廷顿分析的人言真意切,人们却总感觉他们对民主的忠诚既是原则性的又是策略性的,他们打算保留这些民主大厦直至它完全倒塌。人们讨论《民主统治的可能性》时是非常严肃的,包括反对它的人。这样使得其观点具有合法性,它的观点被赋予合法性,因为它使得十年前还会被视为极端的立场变得合乎情理。就像印度支那战争期间,国防部一直采取不久前还被称为过激的"选择",现在的西方知识分子们也平静地讨论着他们一度认为近乎疯狂的假设。随着他们捍卫的体系变得难以维系，社会理论家们也变得具有千禧年主义特色，这种趋势说明，有关自由民主的论辩差不多已深入到政治辩论所能达到的深度了。

　　为什么自由民主持续存在了一个时期后会变成一个人们争论而非公认的假设呢？一定程度上能从上述民意测验中找到答案。这些测验表明了 20 世纪 70 年代国民特有的对国家缺乏正面的情感。三边报告的作者们都被这些数字震动了。他们说："在民主社会里领导一词声名狼藉，"[16]然而没有对领导的信任我们所知的民主就无法生存。亨廷顿对美国的论述突出了这一论调。对他而言，"民主骚乱"最根本的原因并不在于各政府最近一直在做什么而在于政治参与的变化模式；莫里斯·杜维格近来所说的"富豪民主"变化莫测，这不是政府而是公民的责任。[17]亨廷顿尤为关注美国黑人政治参与的增加。他将此归因于黑人日益增长的团体意识，他认为，参政意识增强的原因并不是教育程度的提高，而是个人或团体对政治问题关心的程度。有关民主价值观的表述开始受到重视，如亨廷顿所言：

　　　　长期以来，对这些标准的信奉既无热情也不热烈。然而在社会急遽变化的时期，这些美国信条的民主和平等的价值观被再次得到肯定。在充满信念的时期，信仰的坚定引发对固有权威的挑战，并试图改变政府结构使其更多地符合这些标准。[18]

简言之，民主开始运作了。

　　公众对政府失去信任与要求严肃对待民主价值观是相互关联

的。自由民主失势是因为它还不够民主,它的自由主义要以牺牲民众性为代价。同时,资本主义模式的生产所固有的结构因素导致积累危机,20世纪70年代的经济问题就集中反映了这点。资本主义社会似乎无法再出现赖以为自豪的繁荣昌盛了。随着私有资本不再能提供足够的投资供养该体制,国家就得代表私有资本越来越多地干预经济。詹姆斯·奥康诺在《国家财政危机》中指出,这不过是拆东墙补西墙,因为政府援助就是承认资本主义制度失败。[19]政府资助私有资本反过来加强了民众的愤世嫉俗,因为他们本来就认为国家只帮助有钱人。换言之,合法化的问题与积累问题相互作用。资本主义似乎就要寿终正寝,民主正开始崭露头角。前者衰后者兴,两者之间的根本差异便显露出来,以至于那些不惜血本要保留资本主义制度的人不得不成为民主的批评者,尽管前者求生渺茫,后者却前所未有地充满活力;而那些认为自己真正民主的人也越来越反资本主义。合法性的危机是由晚期资本主义国家的无能造成的:如果它要保留积累功能就不能坚持民主论调,如果它要忠实于民主理念就不能刺激进一步积累。三边委员会洞悉了这一矛盾:

> 问题的核心在于,"民主统治的可能"中纠缠着许多根深蒂固的矛盾。因为从某种程度上说,统治可能性和民主就是敌对的概念。过度民主就意味着缺少统治的可能;易于统治则说明民主不完善。在民主政府的历史上,这只钟摆有时远远地往这个方向荡,有时又荡往另一个方向。

说到在晚期资本主义国家"天平已倾斜得很厉害,矛头远离政府",[20]三边报告的作者们明确表示了他们的偏爱:积累远重于合法化。如果民主与资本主义相冲突，他们会选哪一个是不言自明的。

我们无须迎合三边委员会的结论以支持所有的分析。他们的论证归根到底就是说合法性危机正从主观——基于人们对政府的反感——变为客观——基于资本主义社会自身的结构矛盾。就这一点而言，我肯定会同意他们。我一直认为晚期资本主义社会的政治矛盾已经牢牢地禁锢了国家行动，在这个矛盾之牢里没有一个简单的出口。陷入如此僵局，自由与民主的固有矛盾浮出水面也就不足为奇了。第一部分谈及的临时解决方案已经出局，到了 20 世纪 70 年代，那些 19 世纪没得到解决的问题更为严重地重现了。资本主义和民主必须面对面地作出选择，不久的将来——谁也说不准——其中的一个就会占上风。由是，晚期资本主义面临的这个突出的政治问题不会在游戏规则之中产生，而会支配这些规则。

各种力量已经在问题双方整好队列，三边报告一心要把蓄势已久的反民主情绪公之于众，这不过是一个新政治声音的一个迹象。由于晚期资本主义社会无法在自由和民主主义之间达成新的妥协，于是他们自己将选择其中一个。权力的捍卫者已经开始下达明确指示了。他们的方案包括降低对民主的各种期望，攻击参政原则，有时甚至公然提议独断专行。民主的捍卫者尚未组织起来发表意见，但异议人士已逐渐重视民主问题了。本书最后部分我想综述一下部分已提出的权力主义计划，并把它们和可能复兴的民主梦想进行对比。我们不能未卜先知，预言资本主义和民主的胜负，却可以分析一下双方力量的对比。

470　第二篇　政治和方案的枯竭

权力主义的倾向

晚期资本主义的合法性危机已使得现存社会分工的捍卫者们寝食难安,迫使他们否定一些曾经言之凿凿的价值观。当他们试图把握逐步滑落的体制之缰时,他们的自由主义就变成社会管制,对社会福利的关注也被善意忽视,民主信念则转变为对等级制度的追求,国际主义蜕变为吹毛求疵的种族中心主义,至于未来的梦想更是变成了现在的噩梦。探究变化原因,他们发现世界并非自己想象的那样,因此为了把世界带回自己预设的褊狭的轨道,他们随时准备使用极端手段。他们处心积虑地警告反对者要遵守游戏规则,可当游戏规则损坏他们的利益时,他们又希望中止规则。这里我想谈谈资本主义生产方式的捍卫者提出的一些反民主的对策。我并不认为自由民主国家将会蜕变为某种形式的法西斯国家;法西斯主义要求一定的军事动员,这与晚期资本主义非政治化的特点不相容。^①此外,我将描述三种极有可能的选择:限制政府活动;加强异化政治;公开转向权力主义构架。每种选择都有其鼓吹者,尽管没有一个独占鳌头。

目前为止,最得人心的一个趋势,或许因为它表面上看起来最不激进,就是努力限制政府活动。这反映了我在第九章中提到的放弃的政治理论。该理论认为,既然不存在解决基本问题的办法,采取政治行动去纠正它们也就毫无成效了。资本主义国家不得不直面政府在解决社会和经济矛盾方面的无能,而每当无法在国家范围之外找到解决之道,资本主义国家便会随之扩张。因为这个原因,反中央集权论者极力反对上述立场,并形成了一股重要力量。事实上,大部分国家开支是受欢迎的,并非从理论上说(人们通常都在调查中抨击庞大的政府),而是因为它影响到具体每个人(社会安全、医疗、失业赔偿,等等)。这个三段论是不可改变的:福利开支是民主的;一些人想要完全或大量削减它;削减它的人是不民主的。换言之,限制政府活动就成了不加粉饰的对民主攻击。

商人对大政府的攻击最为猛烈,他们这样做的动机显然出于对民主的怀疑。据称为了花钱平怨怒,商人们是支持福利国家的,事实却不然,大部分公司执行官极其不愿意接受政府在社会福利方面的开支。既然资本主义经济处于停滞性通货膨胀期,这些长期潜伏的反民主的声音迅速变得响亮。对美国公司执行官的一次调查发现,私下里商人们并不愿服从于一人一票的理想及其所意味的一切;他们的态度与和谐国家的自由放任精英意识没什么区别。⑫能分辨出下述引文中哪些是 19 世纪的,哪些又是 1975 年的?⑬

是一人一票。既然穷人和无知的人占多数,我想那些掌权的人一定会用权力以他们认为更公平的分配方式分配世界上的好东西——只有这样才符合人们所知的人类天性。

一人一票会导致民主的最终失败。

我们是世纪末的恐龙。权力基础从工商业转移到了群众手中,而群众不能解决现代社会的复杂问题。

民主进程的正常目的是把平等权利给予不平等的人,让他们追求自己的快乐。自由企业制和我们同样信奉的民主是有区别的。

472 第二篇 政治和方案的枯竭

> 根据这一善举,民主国家里每个人都能投票,国家的情报和财
> 富就任凭无知者、懒惰者和恶棍摆布了。

第一句是英国人 J. A. 弗劳德 1887 年说的,最后一句是一个美国
商人 1868 年说的;中间三句虽然在语气上和这两句没什么差别,
却出自 20 世纪 70 年代中期美国公司执行官之口。这些声明体现
了商人们对民主主义的不信任,这种不信任与他们对社会福利计
划的厌恶有直接联系。《华尔街日报》论及"限制社会计划",^⑳言
下之意是觉得人们想要的太多,不幸的是民主政体又使得他们认
为自己能得到很多。在这些商人看来,真正能减少过度开支的办
法就是限制过度民主。

过去五年里,商人们这种市侩偏见已经被众多欧美政治科学
家好好文饰了一番。塞缪尔·布里坦同时供职于伦敦的《金融时
报》和牛津大学,他指出"自由主义代表性的民主遭受内部矛盾的
煎熬",这些内部矛盾近来已露端倪。一个地方病是"民主给各种
期待以一种自下而上的偏见"。^㉑这就导致了丹尼尔·贝尔所谓的
"增加权利的革命",^㉒即公民们似乎认为他们的梦想都能成真,比
方说,经济不安全能被废除。然而这些要求却让资本主义国家难
于治理,因为老百姓拿的钱越多可供积累的钱就越少,人们越政治
化,国家能行使的权力就越少。安东尼·金这样说英国:

> 它之所以变得更难治理是因为,一方面人们要求政府解决的
> 问题大量增加了,与此同时,政府解决问题,甚至是许多老问
> 题的能力却下降了。并非问题数目的增加带来麻烦,也不是
> 能力下降的问题,而是因为两者同时出现。^㉓

根据金的说法,不能大刀阔斧地改变政府职能;因此唯一的出路就

是降低公众期望值。政府就像一个电路系统；这个系统，用新派反民主信条喜爱的词来形容，已经"超负荷了"。[②]这些作者断言，最明智的做法是减少电流，尽管增加新插座也能解决问题，并让所有的灯正常照明。

剥去其社会科学的文饰，超负荷或正名理论和大商人们传统的反民主偏见没什么两样。此外，两种立场存在的矛盾使人们对他们的真诚有所怀疑。商人们希望政府少管一点儿，却支持用510亿美元实现意大利工业"现代化"的计划，还支持吉斯卡尔于1975年9月用70亿美元作为政府的投资刺激国民经济，更是支持英国首相詹姆斯·卡拉汉1976年4月提出的特别的"一揽子能源计划"预算。[㉙]近年来他们唯一拒绝的商业拨款是前副总统洛克菲勒提出的1000亿美元的能量包，这与其说是一项严肃的政策方案，不如说是他的一时兴起。无独有偶，新新汉密尔顿派的政治科学家（新汉密尔顿派是西奥多·罗斯福的追随者）认为必须简化政府，同时又期望一个强有力的总统直辖机构，由一个庞大的军事外交机器支持，并能增加警察机关的开支。[㉚]简言之，无论商人还是社会科学家都不是早期无政府主义者；是民主，而不是政府，引起他们的愤怒，他们对政府的攻击不过是约束民主的一个前奏。在他们看来，只有减少民主才能保存自由主义社会。[㉛]

这种对民主的不安与对资本主义自身的关注密不可分。如丹尼尔·贝尔所言：

> 尽管历史上资本主义和民主是一起出现的，并且已经接受了哲学意义上的自由主义的检验，但是无论在理论上还是实践中，两者都不是必然拴在一起的。[㉜]

474 第二篇 政治和方案的枯竭

一些人坚持认为,只有约束民主才能保存资本主义。对政府的要求被视为一种"政治膨胀"。正如一些人不惜牺牲公共利益以饱一己私欲"导致了"通货膨胀,过于自私地追求个人和团体需要也会削弱民主国家的能力。[33]控制失控的通货膨胀要求采取一些非资本主义措施,如控制工资和物价以及进行国家计划;控制失控的民主或许也要求控制期望,以及如果必要,国家要出面压制。布里坦追随熊彼特的观点,正确地指出,民主的矛盾本质上就是固有的经济矛盾。[34]

20世纪70年代的经济衰退强化了统治阶级的看法,即资本主义有麻烦时,就必须减少民主要求。阿瑟·奥肯不经意间为这种观点提供了一个原理。[35]他说:运作良好的资本主义经济产生大量不平等,但是对平等的顽固追求没有任何经济效能。奥肯是以其折中主义口吻倡导平衡,而他的原理在经济困难时期却很容易被理解成降低平等期望经济就会增长。1976年3月号的《商业周刊》说,高失业率"已经造成一种经济形势,令人不安地想起卡尔·马克思的预言"。当《商业周刊》和卡尔·马克思看法一致时,形势想必真的很严重了。那篇文章还说:

334 　　在西方世界里,政治经济学的某些东西已发生了巨大变化。经济学家和政客们现在都承认,政府支出或增加货币供给等刺激经济的传统方式,都不能终止高失业现象。[36]

根据这个判断,民主党和共和党都找不到答案。奥肯的平衡表现为充分就业法案,全面职业训练,以及其它政府政策,这充其量不过是一个权宜之计。共和党试图削减开支,可这点钱于危机而言不过是杯水车薪。如此言辞闪烁无非暗示一点:经济条件的激烈

第十章　国家的合法性危机　475

变化要求政治体制做出相应变化。换言之,因为资本主义不起作用所以民主就遭受攻击,说起来应该受攻击的是资本主义,因为民主是起作用的。

由是,限制政府活动就被看成是增加统治阶级选择权的一个方案。然而这是有代价的。对政府支出的批评代表了对平等的清醒认识,这也是民主理论的要点之一。"期望值"被降低的公民已经成为等级制度最底层的一群,只能听天由命。没有了机遇的神话,必然可见溢于言表的不满。论及减少给穷人的社会服务时,《商业周刊》援引加州大学人力资源专家劳埃德·乌尔曼的话说:"我关注年轻人,尤其是黑人。他们现在抗议得越少,未来我们要面临的问题就越多。"[⑨]日益增长的不满来自那些已在期待社会福利方案的人群,这种不满成为整个策略的头号绊脚石;对统治阶级而言,减少福利是把双刃剑,以长期的合法化问题为代价换取一时的机动性。因此,为了摆脱困境,其它一些可能的方案无疑会引起注意。我在第九章中谈及的"被异化的政治"愈演愈烈,成为晚期资本主义阶段统治阶级手中的第二个可能策略。

政治被异化到如此程度,以至于人们的日常政治活动被用来强化他们的被动性,而不是让他们用来接近共同的既定目标。被异化的政治很多方面都类似于剩余价值。为了增加剩余价值和资本,一个雇主面临固定长度的工作日时,会制定一个"加速度"来努力提高工人在该工作日里的"生产力",如果所有成本或再生产这个工人的花费保持恒定,那么这个"加速度"就能使他从剩余产品中获取更多利润。同样的道理适用于统治阶级。异化政治的加剧要求提高政治行动的生产力,以便公民享有更少比例的集体社会

476　第二篇　政治和方案的枯竭

力量。完成这项任务最明显的办法是打击人们参与政治社会活动的积极性以增强被动性。如果减少政府行动的策略代表对平等的攻击，那么异化政治的加剧就会降低参与程度。正如我在导论中指出的，平等和参与是民主理论的两大支柱，那么强化异化政治，如降低期望值一样，便成为对民主的攻击。

　　颇为讽刺的是，想要打击参政却无从打击。直接明达的参政几乎从来不是这个资本主义国家的特征。相反，授予特权的国家的解决方案倒是构成了一个商谈体系，洛伊称之为"利益集团自由主义"。⑧在此体系下，受不同程度影响的利益集团之间由领导者进行仔细协商取得一致，取代直接参议。鉴于晚期资本主义固有的停滞问题，作者们开始认为这种最低限度的参议都过量了，如果自由民主想完好无损地生存下去，就不能再承受这种利益集团自由主义。如我们所见，塞缪尔·布里坦认为，造成自由民主内部矛盾的主要原因之一是普通民众对社会福利的要求，但他把利益集团为其成员争取回报的趋势视为一个更重要的因素。⑨他断定这两种要求都必须减少，否则自由民主就会分崩离析。基于相似立场进行的一场更为激烈的辩护发生在 1968 年，当时《公共利益》在纽约市主办了一次讨论会。与会者包括许多著名官员、教授和作家，会议主要讨论美国是否"正在目睹一次对自由思想终极目的进行的最后的毁灭性挖掘"。在这场讨论中，纽约市一时象征着麦迪逊递增利益政治的精髓，在这座城市里，有组织的"子系统"竞相博取公众好感。然而由于内部矛盾，这些子系统已趋于解体。当选总统尼克松曾宣读过一个备忘录，其中那场会议的讨论结果一目了然：

第十章 国家的合法性危机 477

社会在解体意味着自由国家将无所作为。它一定会遭遇无政府状态或内战,而被一个能明确认识子系统之必要性的政权取代,当那些子系统崩溃时,这个政权就准备好为它们制造替代物。我们的问题在于明达的意见正朝相反方向离去。⑩
如此说来,只有国家对利益集团进行组建才能保留利益集团自由主义。本已很少的民主参政此时会变得更少。由于不能抛弃一丁点对现存自由民主的承诺,"明达的意见"或许正在另谋出路。

尽管如此,《公共利益》的讨论仍然颇有预见性,因为讨论焦点是纽约市,20世纪70年代中叶的纽约市是面对新政治现实最前沿的阵地。纽约的问题一直被描述为"财政危机",这不过说对了一半。1975年至1977年间最重要的决策是取缔了纽约的传统政治体制。如《公共利益》指出的那样,纽约的政治是利益集团自由主义在美国国内最先进的表现形式,因为在这座城市里,利益集团之间的商议是决定大部分公共政策的关键。在这个背景下,决定成立像紧急金融控制委员会这样的机构就表示要将新政府结构强加于该市,这样一来,商议体制中仅存的一点民主就被从上而下的决策取代了。几乎所有参与这些事件的人都认为,纽约市的预算本身并不是问题,问题在于公共经济政策的执行方式。处身于已成事实的政变之中,市民们最好减少期望,打消政府会欢迎他们参政的念头。因为在不远的将来,利益集团的领袖们会花更多时间把国家需求强加在成员们头上,而不会把成员们的要求上达于国家。《公共利益》要求建立新的子系统却成了一个噩梦。

不仅纽约市发生了如此变化,世界上其它地方或许也差不多。就统治阶级而言,参议明显是一个过时的概念了,我们还可以看到

478   第二篇   政治和方案的枯竭

一些人试图重现战后争取扩大参议权而取得的少数胜利。在西德，为了让工会取得共同决策制中的平等权所做的努力就被一个追求经济增长的联盟破坏了。争取平等的共同决策权的失败对各种联盟来说是个警告，即资产阶级能接受的参议程度是有限的。然而对非异化政治原则的攻击有其自身的问题。正如人们对一定程度的社会服务已存期待一样，他们把参政也视为一种权利。这不是说不论什么时候他们都想参政——大多数人，尤其在美国，认为参政很乏味——但也不是说他们受不公正的待遇时仍不行使自己的权利。在这个意义上，限制参议不仅和民主相悖，而且也违反了自由主义的一些基本原则。资本主义社会的捍卫者或许会发现，不仅民主与自由主义需求相矛盾，自由主义自身的一些方面也是如此。如果自由主义和民主同时遭受攻击，晚期资本主义的自身繁殖能力或许能增加，但为此付出的代价却过于巨大，以致他们会把政治结构变成某种无法辨认的东西。

因为限制政府行动是反民主的，限制参政又有损自由主义，一些人便适时地总结说资本主义社会将越来越多地需要明确的专制型政治结构。我们已经看到三边委员会有关《民主统治的可能性》的报告也作了不少这样的建议，在报告完成后的一次已公布的采访中，塞缪尔·亨廷顿说得更清楚：

> 我们应该现实地认识到，我们不能退回到一个更简单的世界，我们将生活的世界由大型组织、具体分工制和等级制构成。同样，我们也应该接受这一点，即不同社会机构都需要权威的事实。[41]

亨廷顿的观点或许有些极端，但一些西方资本主义社会确实已经面临权力主义的选择。意大利或许一如既往地标示着未来,因为那里的基督教民主无论在理论上还是实践中都存在严重问题。泛阶级主义者梦想所有阶级都能分享国家商业监护这株大树的阴凉,如今这种理想已经抵挡不住左翼党派的吸引力。贾柯莫·萨尼已指出,公众基本上希望吸收前"反体制"党,如共产党,而基督教民主党的领导们却依然对此过于谨慎。[42]显而易见,如果后者拒绝接受前者进入政府,意大利的自由民主不会成为共产主义的牺牲品,而会毁在一个未准备好接受自己的政治逻辑的资本主义政党手里。就此而言,引用 P. A. 奥勒姆的话来说,短期内,"意大利的统治阶级将被迫在改良主义和权力主义之间作出选择。"[43]根据该国目前的民情,基督教民主党想撇开左翼党执政的任何努力必然都是权力主义的。

但是,借用托尔斯泰的话来说,所有稳定的政治体制都一样,不稳定的体制则各有各的不同。权力主义的版本和民主的形式一样繁多,方案明确的权力主义方案作为一种可能并不能解决所有问题,反而提出了不少问题。如果晚期资本主义社会真要走这条路,我们将看到何种形式的专制政府呢?从我已经论述过的种种趋势推断,专制主义最有可能采取的形式是新社团主义,具有 20世纪 20 年代进行的早期试验的一些特征。我在第四章中说过,对社团主义进行的早期试验遇到了困难,因为商人们在意识形态上还不能接受对其自由的限制,而这些限制又是实现社团主义所必需的。授予特权国家的经验或许能改变这种情况,如果真是这样,相对 20 世纪 20 年代,70 年代末和 80 年代则是推行社团主义的一个更成熟的时机。没有什么比这个五十年后才等到机会的思想更强有力的东西了。

在这里,区别社团主义和法西斯主义是很重要的。20世纪20年代意大利的经济以前者为标志,后者继承了前者并传播到德国。法西斯主义包括国家对经济的公然指导、义务警察镇压体制以及大规模军事动员。尽管很多商人支持大规模动员,有些商人仍然认为这是不稳定的。社团主义与资本主义模式的生产更为协调,也更类似于自由民主政体的各种形式。菲利普·施密特详述了社团主义形式如何产生于资本主义的需要:

> 现代国家越是承担更多的调节和综合任务来充当资本主义不可或缺的权威保护者,就越会发现自己需要专业人士的意见、专门的信息、预先汇总的评价、收缩能力以及延缓的共享合法性,这些只有特异的代议制垄断公司才能提供,公司按等级治理,统一领导。[44]

以下可视为一个社团主义组织所具备的主要特点:第一,经济处于私人投资的垄断公司控制之下。第二,这些垄断公司将与一个国家计划机构密切合作,这个机构将帮助它们以最快速度作出进一步投资决策。第三,"可靠的"工会将挑选代表作为计划机构的顾问,负责确保有关工资的决策能被接受。第四,通过一个工资和价格控制体制防止通货膨胀,尽管对工资控制较多,对物价控制较少。第五,要限制集会和言论自由,以防止体制的连续性受损。第六,为了同样的目的,要保留社会福利计划。第七,总体上非政治化将成为社会政治生活的主题。第八,跨国政治团体将把社团主义框架拓展到所有资本主义国家,因为如果其它国家都抛弃了从前的民主制,任何一个国家都很难再保留它。一种新社团主义

第十章 国家的合法性危机 481

形式如何诞生于已存晚期资本主义实践的扩展中就很清楚了。社团主义不会在午夜偷偷发生,而是日常活动中细微变化的结果。当所有有效权力从各代议团体转移到各个公司和政府计划机构时,社团主义制度也就建成了。

目前本书提到的国家没有一个能称为社团主义者,但每一个都在尝试具备该主义潜力的提议。所以我对这些实验的描述并非暗示它们的倡导者都是有意识的集权主义者,而是说他们的想法很容易被改造来迎合集权主义者的意图。费利克斯·罗哈廷提出重新成立"复兴金融公司"的建议就是一例,这个建议是 20 世纪20 年代的半社团主义方案之一。[⑤] 费利克斯·罗哈廷在纽约市紧急金融控制委员会中扮演重要角色,也是力劝美国实行国家计划的商人之一,他还因为支持社会计划支出被很多人视为"自由主义者"。他说得很清楚,"复兴金融公司"计划不只是建议把公款拨给私人公司;他希望建议机构能把钱作为武器迫使各公司按合理的计划程序办事。简言之,他的"复兴金融公司"为经济的社团主义组织提供了一个政治经济外壳。其他一些提倡美国实行国家计划的人也做出同样结论。这些主张计划的人可以分为两大意识形态阵营。左翼如约翰·肯尼斯·加尔布雷思、伦纳德·伍德科克以及瓦西里·里昂惕夫,支持类似汉弗莱-贾维茨法案的立法,一面保留民主结构一面试图在积累进程中加入理性成分。支持国家计划的右翼人士如亨廷顿和三边委员会,认为国家计划既能保证社会和平又能允许理性的积累。[⑥]《财富》的马克斯·韦斯试图在两者中走一条中间道路,提出经济要有"一种新的政治姿态"。韦斯对罗哈廷和他的计划颇为推崇,像所有新社团主义者一样,韦斯对

482 第二篇 政治和方案的枯竭

传统的自由放任经济和反对社会开支持批判态度,但同时他又希望控制民主要求:

> 越来越多的投票者已经发现,通过政府行动他们的生活可能得到改善。这一发现本身是民主进程的合法延伸。但是美国还没有学会如何引导、抑制这些过剩的压力以防止它们弄巧成拙。[47]

大概某个引导抑制机构将决定哪些行动是"合法的"而哪些行动又必须被抑制。

倘若考虑到晚期资本主义的优先次序,左派提出的计划方案会很容易被右派采纳,并朝权力主义方向发展。美国主张计划的人应该向英国学习。当保守党无力解决矿工罢工问题时,新一届工党政府便上任了,亲左派的领导如安东尼·韦奇伍德-本支持《全国兴办企业法》,该法将陷入困境的产业进行国有化。[48]然而《全国兴办企业法》已经不同于原初的设想了,它已经成为一个新兴的社团主义形式,更符合托利党对社团主义解决办法一贯的向往。[49]法案一成立,就由唐·赖德爵士掌握了领导权,他是一个以强硬闻名的实业家。虽然现在预言《全国兴办企业法》的结果还为时过早,但一家工党报纸于 1975 年表明"优先进行工业开发,而后再考虑消费和其他社会目标"[50]的决心似乎暗示《全国兴办企业法》将更多地关注私人投资决策而非对社团的民主控制。除非国家计划机构吸收消费者组织及联盟的积极分子,否则这些机构会尽其所能为新社团主义开辟道路,沿着经济路线"简化"政体,使其"现代化",以此进行政体"改革"。

如此公然地青睐准集权主义方案来解决晚期资本主义的政治

第十章 国家的合法性危机 483

矛盾将会造成什么样的后果？毫无疑问,这样做会严重破坏人道和民主的价值观念。一个把自己逼入困境的统治阶级可能造成的破坏是不可低估的,每一个活着的越南农民都认识了这一点。晚期资本主义社会的精英们在得到国家控制权之前是能够造成巨大破坏的。对社团主义的迷恋既暗示了晚期资本主义统治阶级的自卫性,又揭露了它们试图控制眼前一切权力的野心。社团主义是一个经过实验证明不起作用的方案;20世纪20年代它还是一个先锋思想,如今却已陈腐无奇。从这个意义上说,集权主义方案或许能激起统治阶级的兴趣,因为他们发现自己成了非法的,不久前安东尼奥·葛兰西就提到过这一现象:

> 如果统治阶级丧失了它的舆论基础,即不再"领导"人民而仅仅"统治"人民,强行执政,那就意味着广大群众已经脱离了他们传统的意识形态,不再相信他们曾经信任的一切了。[50]

统治阶级考虑像社团主义这样的方案,人们就能质疑他们能否继续充当"统治者"。如果统治的艺术在于选择不同方案保存权力,那么晚期资本主义内部的统治力量正在丧失其统治能力。因此"强制统治"自身就是个矛盾。专制方案体现了统治无能,体现了不择手段保存权力的要求取代了进行选择的权利。所以,这一方案的鼓吹者代表的是破产和无能,而不是冷静的现实主义,代表的是政治极端主义而非适度与文明。那些试图用某种权力主义结构取代自由民主的人,与其说为统治阶级献计献策,还不如说宣告了统治阶级的衰败。这不但没让集权主义对人道主义价值观念的威胁减少一点,反而更加暴露了一个体制的绝望,这个体制在大多数人的希望面前已经无处容身。

民 主 的 梦 想

本章论及的反民主知识分子把他们的分析建立在一个假设之上，即自由民主已出现一个历史性僵局，所以西方社会若干年后将发生重大变革。我已经说过，有理由相信他们的分析大体上没错，但在一些细节方面我仍不同意他们的看法。首先，没有人知道这一僵局会持续多久；一个历史时代或许正在走向终点，但历史时代的终结往往需要很长一段时间。要经过一段相当长的时间后才能拿出一个后自由民主方案。此间现存结构将形成一个政治框架，转型就在这个框架中完成；为此现存结构依然重要。其次，没有人知道未来会发生什么。虽然能够准确预测下一步会发生什么是件令人愉快的事，却只有傻子、占星家或者社会科学家才会这样做。事实上，所有可能的未来都靠人民自己决定，不是由普通民众提出他们认为适合的国家，就是精英人士按他们的方式解决棘手的矛盾。想要知道这场战斗的结果必须到别处去找；想要知道战斗的原因或许可以留下来观战。因为我说过，直接的战斗原因就在于国家能把握的选择，而且这些选择是人们政治思想行动方式的产物，对于晚期资本主义的政治前途，普通民众比统治阶级的精英们有多得多的话要说。

长远看来，民主的梦想比权力主义倾向要重要得多。自下而上的压力已经构成一股动力，迫使统治者采取新措施解决资本主义的政治矛盾，这股压力也使得那些一度被采用的方案一一被弃。没有压力，就不会有紧张，也就没有什么能防止资本主义国家完全

第十章　国家的合法性危机　485

沦为积累的简单机器。民主的梦想来来去去,有时以对人道主义世界的想象出现,有时又变成反复无常的噩梦,因为人们在寻求答案缓解生活压力的过程中变得绝望沮丧。但是,这些梦想或许一时受到压抑,它们的存在却永远不能被轻视,因为希望成为有意义的群体中的一员是人类的一种强烈愿望,迄今为止没有任何历史事件能完全征服这种欲望。那么民主梦想在晚期资本主义阶段处于什么位置呢?自下而上的压力能否抵制统治阶级的权力主义倾向,从而让我们带着期盼而不是恐惧展望未来?问题没有抽象的答案——只有政治斗争才能决定结果——但我们能唤起大家对斗争重要性的注意,并对斗争可能采取的形式做一些推测。

普通民众面临的困境与统治阶级面临的刚好相反;如果后者希望扩大选择权,那么前者则希望缩小选择面,尤其在阶级斗争公开化的地方。就此而言,民主压力的主要目的就是反对来自统治精英层内部的指令:增加政府参与行动的数量;减少异化政治的比例;发挥想象找出超越资本主义生产方式局限性的、建设性的、民主的解决方案。

那些主张在社会项目上减少政府开支的人知道自己在做什么,因为假如国家要行使积累功能,唯一一个减少政府行动的方式就是攻击最民主的方面,亦即社会福利政策。然而有争论的不是类似“支出”或“政策”这样的抽象名词,而是人们在现实生活中实实在在的需要。因此,对普通民众而言,最急切的政治策略应该针对如何保留并扩大政府服务这个问题。短期内,用一种社会民主的眼光看问题是很有意义的。首先,这种观察以历史传统为基础,因为福利国家已经存在相当一段时间了。那些希望收回社会福利

486 第二篇 政治和方案的枯竭

政策的人才是真正的极端分子,我们应该指出他们脱离历史与社会的企图。其次,无论像福利这样的政府行为有多么荒谬,它仍然部分满足了最贫穷的那部分社会成员的需要。也正因为这样,无论用哪条人道主义标准来衡量,都不该中断这种行为。最后,也是最重要的,扩展政府行为限制了统治阶级拥有的选择权,因为每增加一点社会开支,就意味着削弱一点国家的积累功能,或加重一点财政和政治矛盾。掌权者对此心领神会,于是准备反对为社会项目增加开支,这便使得福利国家能否继续存在成为民主梦想能否实现的关键。

皮文和克洛沃德对此进行了最清晰的阐述,他们提出当社会缺乏基本经济变革时,就要"激发"福利体制的救济作用。⑳皮文和克洛沃德的文章写在国家财政危机激化之前,但他们为福利对象预想的一切既成为大多数人的命运,也成为一个对付大多数人的策略。文章用隐喻暗示,企图削减高等教育、医疗保健、治安维护、卫生设施以及国内服务其它方面的开支,使得每个人都成了救济对象。因此,1975 年和 1976 年发生在纽约市的事件不仅对统治阶级降低期望值、掠夺参政权的策略进行了检验,也成为大众需要的试金石。例如,经济不景气时期,即使没有其它原因,为了吸引失业者并让他们充分利用时间,也必须扩大而不是紧缩公共高等教育。同样,经济"困难"时期基本上也是政府开支增加的时期,与此相应,大多数人也梦想得到更多保护而不是沮丧。可实际上这并没发生,纽约市大部分人似乎已承认减少开支的"必要性",这暗示着统治阶级正在赢得这场特殊的战争。大部分人似乎已经忘记国家欠他们一份体面的生活,他们有权要求所有这些社会服务,正因为他们忘记了这些,统治者也就省略鼓舞士气这一首要步骤了。在这种情况下,保留并拓展已有社会福利计划将成为对商业条件决定公共政策的性质这一概念的批判。

但是,延伸国内社会政策,不管在短期内如何必要,作为策略本身都不会使晚期资本主义国家的本质有根本的民主变化。我一直指出,国家的权力建立在人们对政治的生产和再生产之上,因此最有意义的长期策略就是将政治的非异化特征最大化。即为了实现民主梦想,人民必须设法利用政治活动产生的力量为自己服务,同时将该力量中反作用于他们的那部分减至最小,因为他们对这部分力量的用途毫无发言权。完成这个计划大体有两条途径:一是"储藏"人们产生的社会力量,一是把这股力量用于人们决定进行的活动之中。

储藏是朝非异化政治方向迈出的第一步,是对作用于自身的异化力量的一种拒绝。⑩人们常常认为,如果工人不工作,不出卖劳动力,就不会生产出价值,那么资本主义生产方式也就慢慢消亡了。同样,如果晚期资本主义国家的公民要抑制他们的"政治生产",为自己储藏政治能量,那么晚期资本主义国家就不能长久运转了。政治储藏有不同程度。仅仅对有组织的政治进程漠不关心是一种,正因如此,三边报告的作者非常担心人们对政府的积极感情越来越淡漠,因为这种漠不关心是储藏国家政治力量的第一步。非政治化的矛盾在于减少对国家的要求的同时又不小心造成这样一种印象,即现存政体对人们的需要毫无反应。还存在更有组织的储藏形式。从事合作性工作的人——如街坊杂货合作商店、日托中心以及其它社会工作——某种意义上都在储藏一定量的国家

488 第二篇 政治和方案的枯竭

力量,即使他们声称自己并无政治动机。那些隐居乡间尽可能按自己的方式生存的人也一样。即使这些"反文化"活动本身并不直接威胁现存秩序,但只要它们不履行现存政体所定义的公民之生产性"义务",它们就是一种储藏方式。工人罢工时就为自己储藏了自身劳动力;政治变革的一个重要策略应该包含"公民罢工",人们通过这种罢工拒绝参与那些打着晚期资本主义社会政治旗号的有组织的仪式活动。

但是,储藏不过是一种消极办法,就像罢工一样,是理解压迫的本质所必需的,但会引向新的政治方向,甚至走向自我毁灭。如同罢工者们常理解的那样,罢工对于实现眼前的具体目的以及它所产生的团结都同样重要;同样意义上,公民们的罢工导致政治力量囤积,当罢工释放的政治能量可以动员人民为自己作出基本决策时,它就变得重要了。差别在于公民们一度认为自己的权责无所作为,如今却重新参与政治活动。长期以来,经济学家们一直把劳动分为剩余劳动和必要劳动,前者产生剩余价值,导致资本积累,后者则不。⑬作为公民也一样。在资本主义社会里,一个"生产性"公民能为国家的政治力量作出贡献,帮助国家将一种异化权力强加给其他人。储藏是对无生产性公民的维护,这就是为什么只要人们参加不符合"规则"的政治活动,他们的努力就会被摒弃为"反建设性",事实也的确如此。从非生产性公民转变为重新政治化的公民是关键的一步,人们的目的是力图在正式的政治舞台之外为自己寻找真正的政治。任何形式的动员,甚至那些"反动"动员,如反对校车制,都能释放出一种政治能量,让人们感觉到这或许就是他们的解放。重新政治化的群众能够颠覆那些与晚期资本主义国家联系着的占统治地位的意向。

重新政治化最引人注目的形式莫过于人们把政治权力直接用于实现自己的选择。人们不满足于仅仅储藏力量,或是找一种手段展示自己的重新政治化,他们参与有组织的政治运动,这些运动的目的就是为了与人们分享社会权力而不是让权力高高在上。该策略是在现行选举制内部运作,还是外部运作,抑或是与之并行并不重要,只要保证一个关键要素,即承诺一种非异化的政治。选举舞台之外的例子本身就包括文化和社会活动,如意大利共产党为了在资产阶级社会建立一个可行的文化世界进行的尝试。这些运动,如果能起作用,将产生一种集体力量感和能力感,较之在立法机关再赢得一个席位而言更有意义。选举制内部的解放活动或许包括公共部门的官员们在地方范围内设法与选举他们的群众分享权力与信息,这些官员试图成为权力建设者而不是权力经纪人。这也是美国许多极端分子决心投身于地方选举的潜在原理。⑥换言之,在这类策略背后人们认识到,晚期资本主义社会非政治化的需要必定会遭到被解放的政治力量的反击,这种政治力量唤醒了人们,使人们感觉到自己是人,自己能够决定使用集体力量。要避免在反对运动中再次形成晚期资本主义非政治化的特点,因为如葛兰西曾警告的那样,"政治斗争中人们不应该效仿统治阶级的方法,否则就会很容易陷入埋伏。"⑯

我一直暗示的不过是要把它转化为政治禁令而不是别的什么,这与其说是个策略不如说是个命令。不是告诉人们做什么而是怎么做。它的意义不在于策略而在于理念。举三个例子能更好地说明政治性禁令是什么意思。首先,问题是左派是否应该组织

490 第二篇 政治和方案的枯竭

政党,回答取决于是否承认目前没有政党存在,资产阶级党派完全没有政治性,因为他们表现出的异化政治与西方原初的政治意义相去甚远。承认这一点还没有回答问题(人们自己会对问题作出回答),但它暗示如果要建立一个真正的政党,该政党必须扮演一个独特的角色,因此它的任务就不能源自现存党派。同样,向后资本主义社会过渡期间,如果知识分子担心自己是否能发挥主要作用,那么答案是肯定的——他们确实发挥主要作用。因为如果关于政治概念的斗争像我说的那样重要,那么对概念定义者的需要就和对组织者的需要一样大;引用葛兰西说过的话,"'大众信仰'和类似的思想本身都是物质力量。"[57]最后,政治性的重要性不能化解改良主义与好战性之间的宿怨,但它着实说明压抑大众参政积极性的"改革"不得其法,而激发、维系这种积极性却能建立一种政治化的基础,并有所扩展。左派内部有关改良主义的争论关心的是目的——即改良主义应该怎样——其实方式问题同样重要。

重新政治化的最终目的,在我看来,应该是复兴民主观念,这个理念如此重要,绝不能成为资本主义的牺牲品。我已经说过,资本主义社会的政治矛盾,源于对两种需要进行调和的企图,一方面需要哲学意义上的自由主义所认可的积累,一方面需要产生民主的合法性认证。如丹尼尔·贝尔所言,积累会发生于任何复杂经济中。[58]问题不在于资本主义社会存在积累,而在于积累的方式。为了限制积累收益者的数量,就要划定一条边界,这条边界不允许民主侵入;自由主义意识形态声称,你们可以建立政治体制,或者至少部分建立,但你们得把资本积累留给我们。随着自由主义日趋落伍,积累虽然不会彻底消灭,但即使对那些自由主义的最有力

第十章 国家的合法性危机 491

的辩护人来说,也是时候考虑如何使积累民主化了。消除积累与合法化的矛盾就要在两方面都实行民主原则——进行投资和分配决策时也要给予人们发言权,就像在更直接的政治决策中人们理论上拥有的发言权一样。积累的民主化可以称为社会主义,其实名称并不重要,关键是名称后面的概念。认为社会主义能避免本书论及的政治矛盾并非说任何现存的社会主义社会都有这些矛盾——这些国家在积累中引入民主化的程度各不相同——而是必须声明,积累的民主化将阻止权力拥有者的所有非代表性团体为了满足自身扩充的私欲,滥用民主从而扭曲民主进程。只有当民主逻辑跨越人为障碍,并被应用于现代社会的所有基本决策中,民主才能变成现实,现代社会逐渐拥有的非凡的科技能力在很多方面为实现这个目标提供了便利。

如果一定要在自由主义和民主之间作选择,我希望晚期资本主义绝大多数人选择后者。他们会不会作出这样的选择不是我能决定的,也不是我能说得准的。此时无论革命的乐观主义还是节制的冷嘲热讽都不合适。情绪不决定斗争的结果;只有交战双方在优势和劣势上的对比能决定。一方有权控制镇压和意识的方式,另一方有数量优势,顺应历史,拥有民主梦想。两者都没有必胜的把握。理解就有建树,在本书中我一直希望向普通民众阐明他们所处的社会所具有的政治矛盾的本性,以便他们可以为自己找到出路,复兴民主之梦。归根结底,他们的洞见将决定集权主义和民主究竟谁会主宰我们的政局。

注　释

导　论

1. 约翰·E. 索耶: "当世界发生转变时" ("As the world Turns"), 《纽约时报》, (*New York Times*), 1974 年 12 月 30 日, 第 13 页。

2. 《民主统治的可能性》(*The Governability of Democracies*), 纽约: 三边委员会, 1975 年。一种分析参见艾伦·沃尔夫: "资本主义露出其真面目" (Alan Wolfe, "Capitalism Shows its Face"), 《国家》, 1975 年 11 月 29 日, 第 557–563 页, 参见以下第 10 章。

3. 埃里克·诺德林格: 《分裂社会中冲突的调节》(Eric Nordlinger, *Conflict Regulation in Divided Society*), 坎布里奇: 哈佛国际事务中心, 1972 年。

4. 胡安·林茨 (主编): 《民主的中断》(Juan Linz, /ed. /, *The Breakdown of Democracy*), 即将出版。

5. 参见弗里德里克·派克和托马斯·斯特里奇 (合编): 《新法人》(Frederick Pike and Thomas Stritch, eds. , *The New Corporatism*), 印第安纳, 南本德: 圣母大学出版社, 1974 年。

6. 罗伯特·斯基德尔斯基: "凯恩斯未完成的事业" (Robert Skidelsky, "Keynes and Unfinished Business"), 《纽约时报》, 1974 年 12 月 19 日, 第 45 页。

7. 罗伯特·海尔布罗纳: 《对人类前途的调查》(Robert Heilbroner, *An Inquiry into the Human Prospect*), 纽约: 诺顿出版社, 1974 年, 第 90 页。

8. 格奥尔格·卢卡奇: 《历史与阶级意识》, 伦敦: 默林出版社, 1971 年, 第 101 页。

9. 卡尔·马克思: 《资本论》德文版第 2 版跋, 纽约: 国际版, 1967 年, 第

1卷,第16页。

10. 汉娜·阿伦特:《极权主义的起源》(Hannah Arendt, *The Origins of Totalitarism*),克利夫兰:世界出版社,1958年,修订版,第137、139页。

11. 麦克菲尔森:《个人所有制的政治理论》(C. B. Macpherson, *The Political Theory of Possessive Individualism*),伦敦:牛津大学出版社,1964年,第208、221页。

12. 卡罗·佩特曼:《参与和民主理论》(Carole Pateman, *Participation and Democratic Theory*),剑桥大学出版社,1970年,第20-22页。

13. 卢西奥·科莱蒂:《从卢梭到列宁》(Lucio Coletti, *From Roussean to Lenin*),纽约:月刊评论出版社,1973年;马歇尔·伯曼:《政治真伪》(Marshall Berman, *The Politics of Authenticity*),纽约:雅典娜出版社,1972年。

14. 卡尔·马克思和弗里德里希·恩格斯:《共产党宣言》,《马克思恩格斯选集》,纽约:国际出版社,第52页。

15. 阿瑟·罗森堡:《民主和社会主义》(Arthur Rosenberg, *Democracy and Socialism*),波士顿:灯塔出版社,1965年,第138页。

16. 参见于尔根·哈贝马斯:《合法化危机》(Jürgen Habermas, *Legitimation Crisis*),波士顿:灯塔出版社,1975年,其中的文学批评。

17. 卡尔·曼海姆:《意识形态与乌托邦》(Karl Mannheim, *Ideology and Utopia*),纽约:哈维斯特丛书,无日期。

18. 卡尔·波拉尼:《大转变》(Karl Polanyi, *The Great Transformation*),波士顿:灯塔出版社,1957年,第172页。

19. 西摩·马丁·李普塞:《政治人》(Seymour Martin Lipset, *Political Man*),纽约,花园城:铁锚丛书,1963年,第297页。

20. 一个例证可参见哈里·格维茨:《自由主义的演进》(Harry Girvetz, *The Evolution of Liberalism*),纽约:科利尔丛书,1966年。

21. 这种倾向最好的例子是罗纳德·雷多什和默里·罗思巴德(合编):《新利维坦史》(Ronald Rodash and Murray Rothbard, eds., *A New History of Leviathan*),纽约:达顿出版社,1972年。对于这种资本主义国家探讨的更详细的批评,见艾伦·沃尔夫的《新的演说和老的解释:历史的框架》("Il New Deal: Discorsi Nuovi e interpretazione vecchie", Quaderni Storici, 28(Jan-

494 注释

uary-April 1975),294－301)。

第一章

1. 马克·布洛克:《封建社会》(Marc Bloch, *Feudal Society*),芝加哥:芝加哥大学出版社,1961 年,第 2 卷,第 408 页。

2. 雅各布·布克哈特:《意大利文艺复兴的文化》(Jacob Burkhardt, *The Civilization of the Renaissance in Italy*),纽约:新美国丛书,1960 年,第 39－120 页。

3. 对这个过程极好的研究,见威廉·F. 丘奇:《黎塞留和国家理性》(William F. Church, *Richelieu and Reason of State*),普林斯顿:普林斯顿大学出版社,1973 年。

4. 汉斯·罗森堡:《官僚、贵族和专制政治》(Hans Rosenberg, *Bureaucracy, Aristocracy, and *),波士顿:灯塔出版社,1966 年,第 13 页。

5. 皮埃尔·古贝尔:《旧制度》(Pierre Goubert, *L'Ancien Regime*),第 2 卷,"社会",巴黎:科兰出版社,1969 年。

6. 费尔南·布罗代尔:"什么是 16 世纪?",《年鉴》,第 8 期(Fernand Braudel, "Qu'est que le XVIe sièle?" *Annales*,8),1953 年 1 月至 3 月,第 73 页。引自伊曼纽尔·沃勒斯坦:《现代世界体系》,纽约:学术,1974 年,第 68 页。

7. 佩里·安德森:《绝对主义国家系谱》,伦敦:新左派丛书,1974 年,第 18、40 页。

8. 尼科斯·波朗查斯:《政治权力和社会阶级》(Nicos Poulantzas, *Pouvoir politique et classes sociales*),巴黎:马斯佩罗出版社,1971 年,第 1 卷,第 171 页。

9. 安德森:前引书,第 19 页。

10. 沃勒斯坦:前引书,第 406 页。

11. 约翰·U. 内夫:《1540－1640 年法国和英国的工业和政府》(John U. Nef, *Industry and Government in France and England, 1540－1640*),费城:美国哲学会,1940 年,第 50 页。

12. 引自埃里克·福纳:《自由的土地,自由的劳动,自由的人》(Eric Foner, *Free Soil, Free Labor, Free Men*),纽约:牛津大学出版社,1970 年,第 23 页。

13. 威廉·阿普尔曼·威廉斯:《美国历史概略》(William Applemen Williams, *The Contours of American History*),芝加哥:四边形出版社,1966 年,第 41 页。

14. 对这种双重含意分析的结果可参见施洛莫·艾维里:《黑格尔的近代国家理论》(Schloma Aveneri, *Hegel's Theory of the Modern State*),剑桥大学出版社,1972 年,第 141－154 页。

15. 奥托·欣策:"民主的民族国家的出现"(Otto Hintze, "The Emergence of the Democratic Nation State"),载于海因茨·卢巴茨(主编):《近代国家的发展》(Heinz Lubasz, ed., *The Development of the Modern State*),纽约:麦克米伦公司,1964 年,第 70 页。

16. 托尼:《平等》(R. H. Tawney, *Equality*),伦敦:独角兽丛书,1969 年,第 102 页。

17. 阿历克西·德·托克维尔:《旧制度与大革命》(Alexis de Tocqueville, *The Old Regime and the French Revolution*),纽约:花园城,铁锚丛书,1955 年,第 20 页。

18. 戴维·罗伯兹:《维多利亚时代英国福利国家的起源》(David Roberts, *Victorian Origins of the British Welfare State*),纽约:耶鲁大学出版社,1960 年,第 14 页。

19. 赫克希尔:《重商主义》(Eli F. Heckscher, *Mercantilism*),伦敦:艾伦和昂温出版社,1934 年,第 2 卷,第 271 页。

20. 莫里斯·多布:《资本主义发展之研究》(Maurice Dobb, *Studies in the Development of Capitalism*),纽约:国际出版公司,1963 年,第 120 页。

21. 引自西奥多·席德尔:《我们时代的国家和社会》(Theodor Schieder, *The State and Society in Our Times*),伦敦:纳尔逊出版社,1962 年,第 4 页。

22. 居伊·P. 帕尔马德:《资本主义和 19 世纪法国的资本主义》(Guy P. Palmade, *Capitalisme et capitalisme française au XIXe Siècle*),巴黎:科兰出版社,1961 年,第 265 页。

23. 威廉·C. 卢贝诺:《政府成长的政治:早期维多利亚时代对国家干涉的态度,1833－1848 年》(William C. Lubenow, *The Politics of Government Growth: Early Victorian Attitudes Toward State Intervention 1833－1848*),伦敦:戴维和查尔斯出版公司,1971 年。

24. 阿瑟·刘易斯·邓纳姆:《1815－1848 年法国的工业革命》(Arthur Lewis Dunham, *The Industrial Revolution in France, 1815－1848*),纽约:解

说出版社,1955 年,第 388 - 419 页。

25. 亨德森:《1740 - 1870 年普鲁士国家与工业革命》(W. O. Hendenson, *The State and the Industrial Revolution in Prussia 1740 - 1870*),利物浦:利物浦大学出版社,1958 年。

26. 路易斯·哈茨:《1776 - 1860 年宾夕法尼亚的经济政策和民主思想》(Louis Hartz, *Economic Policy and Democratic Thought : Pennsylvania 1776 - 1860*),坎布里奇:哈佛大学出版社,1948 年。

27. 亚当·斯密:《国富论》,伦敦:鹈鹕丛书,1960 年,第 233 页。

28. 卢贝诺:前引书,第 10、116、125 页。

29. 邓纳姆:前引书,第 409 - 410 页。

30. 威廉·曼彻斯特:《克虏伯的军火》(William Manchester, *The Arms of Krupp*),纽约:班纳姆丛书,1970 年,第 158 页。

31. 法律改革后股份公司的形成,开始了被克拉潘称作"民主化"的过程,以区别于他称之为"贵族式的"早期过程。参见克拉潘爵士:《现代英国经济史》(Sir John Clapham, *An Economic Hisrtory of Modern Britain*),第 2 卷,自由贸易和钢铁,1850 - 1886 年,剑桥大学出版社,1952 年,第 142 - 143 页。

32. 阿道夫·伯利和加德纳·C. 米恩斯:"公司",载于《社会科学百科全书》(*Encyclopedia of the Social Science*),纽约:麦克米伦公司,1931 年,第 4 卷,第 418 页。

33. 哈茨:前引书,第 7、37、54、71 页。

34. 引自埃利·阿莱维:《19 世纪英国人民史》(Elie Halèvy, *A History of the English People in the Nineteenth Century*),第 2 卷,自由主义的觉醒,伦敦:本出版社,1949 年,第 72 页。

35. 理查德·科布:《人民和警察:1789 - 1820 年法国的民众抗议》(Richard Cobb, *The People and Police : French Popular Protest 1789 - 1820*),伦敦:牛津大学出版社,1972 年,第 19 页。

36. 艾伦·西尔弗:"1829 - 1831 年国内危机中英国精英反动的社会和思想基础"(Allan Silver, "Social and Ideological Bases of Brithish Elite Reactions to Domestic Crisis in 1829 - 1832"),载于《政治与社会》第 1 期(*Political and Society*),1)。1971 年 2 月,第 180 - 186 页。

37. 马瑟:《宪章运动时代的公共秩序》(F. C. Mather, *Public Order in the Age of the Chartists*),曼彻斯特:曼彻斯特大学出版社,1959 年,第 56 页。还可参见艾伦·西尔弗:"市民社会对秩序的要求",载于戴维·博达(主编):《警察》(Allan Silver, "The Demand for Order in Civil Society", in David Bordua, ed., *The Police*),纽约:威利出版社,1967 年,第 1 - 24 页。

38. 马瑟:前引书,第 67 - 68 页。

39. 埃利·阿莱维:《哲学激进主义的成长》(Elie Halévy, *The Growth of Philosophical Radicalism*),波士顿:灯塔出版社,1960 年,第 403 页。

40. 引自马瑟:前引书,第 124 页。

41. 卢贝诺:前引书,第 59 页。

42. 引自蒙哥马利:《平等以外:1862 - 1872 年的劳工和激进共和主义者》(David Montgomery, *Beyond Equality: Labor and the Radical Republicans. 1862 -1872*),纽约:文塔奇丛书,1972 年,第 383 页。

43. 这是一位爱尔兰农场主而不是政治哲学家,他极好地接受了积累国家的先入之见,他曾说:"天晓得政府会送给我们食品而不是派出军队。"引自塞西尔·伍德姆—史密斯:《大饥荒》(Cecil Woodham-Smith, *The Great Hunger*),纽约:律师丛书,1964 年,第 132 页。

44. 切克兰德:《1815 - 1885 年英国工业社会的兴起》(S. G. Checkland, *The Rise of Industrial Society in England. 1815 - 1885*),纽约:圣马丁出版社,1964 年,第 329 页。

45. 夏尔·莫拉泽:《中等阶级的胜利》(Charles Morazé, *The Triumph of the Middle Classes*),纽约:花园城,铁锚丛书,1968 年,第 316 页。

46. 参见福纳对这种意识形态兴起的全部历史的叙述。

47. 看起来不可思议,这种马尔萨斯的逻辑从未消失。到 1974 年它们仍然很流行。时至今日,其传播遍及全世界。有关这种思维方式的一个很好的例证,可参见杰伊·弗雷斯特(Jay Forrester)在《波士顿世界报》(*The Boston Globe*)1974 年 11 月 24 日上的评论。转引自杰弗里·巴勒克拉夫:"世界大危机之一"(Geoffrey Barraclough, "The Great World Crisis I"),《纽约书评》,1975 年 1 月 13 日,第 25 页。

48. 莱昂内尔·罗宾斯:《英国古典政治经济学中的经济政策理论》(Lionel

498 注释

Robbins, *The Theory of Economic Policy in English Classical Political Theory*),纽约:圣马丁出版社,1968 年;罗杰·瓦伦·普劳蒂:《贸易部的转变》(Roger Warren Prouty, *The Transformation of the Board of Trade*),哥伦比亚大学博士论文,1954 年;亨里·帕里斯:"19 世纪政府革命:对重新评价的再考虑"(Henry Parris, "The Nineteenth Revolution in Government:A Reappraised Reappraised"),载于彼得·斯坦斯基(主编):《维多利亚革命》(Peter Stansky, ed., *The Victorian Revolution*),纽约:瓦兹出版社,1973 年,第 63 页;马克·布劳格:《李嘉图的经济学》(Marc Blaug, *Richardian Economics*),纽黑文:耶鲁大学出版社,1958 年;J. B. 布雷布纳:"19 世纪英国的自由放任和国家干涉"(J. B. Brebner, "Laissez-Faire and State Intervention in Nineteenth Century Britain")《经济史杂志》(*Journal of Economic History*),1948 年第 8 期,第 59 - 73 页;以及爱德华·R. 基特里尔:"英国古典政治经济学中的自由放任"(Edward R. Kittrell, "Laissez-Faire in English Classical Political Economics"),《思想史杂志》(*Journal of the History of Ideas*),第 27 期,1966 年 10 月至 12 月,第 610 - 620 页。

49. 斯密:前引书,第 169 页。

50. 引自卢贝诺:前引书,第 177 页。

51. 亨德森:前引书,第 98 页。

52. 上引书,第 192 页。

53. 普劳蒂:《贸易部》;亨利·帕里斯:《政府和铁路》(Henry Parris, *Government and the Railways*),伦敦:卢特利奇和基根·保罗出版社,1965 年。

54. 卢贝诺:前引书,第 24 页。

55. 谢泼德·班克罗夫特·克拉夫:《法国国民经济史,1789 - 1939 年》(Shepard Bancraft Clough, *France: A History of National Economics, 1789 - 1939*),纽约:斯克里布纳出版社,1939 年,第 147 - 148、178 - 179、235 - 236 页。

56. 亨德森:前引书,第 163 页。

57. 上引书,第 186 - 187 页。

58. 谢泼德·班克罗夫特·克拉夫:《现代意大利经济史》(Shepard B. Clough, *The Economic History of Modern Italy*),纽约:哥伦比亚大学出版社,1964 年,第 69 页。

59. 帕里斯:前引书,第 205 - 206 页。

注释　499

60. 托马斯·C.科克伦和威廉·米勒:《企业时代》(Thomas C. Cochran and William Miller, *The Age of Enterprise*),纽约:哈珀和罗出版社,1961 年,第 132 页。

61. 关于国家在美国经济发展中作用的见解萦绕着卡特·戈德里奇。参见他的《政府对美国运河和铁路的促进,1800－1890》(*Government Promotion of American Canals and Railways*, *1800－1890*)(纽约:哥伦比亚大学出版社,1960 年)和《政府和经济》(*Government and the Economy*)(印第安纳波利斯:鲍勃斯—梅里尔出版社,1967 年)。戈德里奇的见解遭到道格拉斯·C.诺思的批评,后者认为前者用过去来解释现在。参见《美国过去的成长和繁荣》(*Growth and Welfare in the American Past*)(恩格尔伍德克利夫斯,新泽西:普伦蒂斯—豪尔出版社,1966 年),第 98－107 页。实际上这可以看作双方辩论中的一个特点,尽管在它的读者看来戈德里奇提出的论据更有力。

62. 斯蒂芬·萨尔斯伯里:《国家、投资者和铁路:波士顿和奥尔巴尼,1825－1867》(Stephen Salsbury, *The State*, *The Investor*, *and the Railway*: *The Boston and Albany*, *1825－1867*),坎布里奇:哈佛大学出版社,1967 年,第 34 页。

63. 对加勒廷观点的最好的阐释见诸威廉斯:前引书,第 188－190 页。

64. 莫拉泽:前引书,第 136 页。

65. 克拉夫:《法国民族经济史,1789－1839 年》,第 172 页;兰多·E.卡梅伦:《1800－1914 年法国和欧洲经济发展》(Rando E. Cameron, *France and the Economic Development of Europe*: *1800－1914*),普林斯顿大学出版社,1961 年,第 134 页。

66. 亨德森:前引书,第 89－95 页。

67. 克拉夫:《现代意大利经济史》,第 80 页。

68. 亨德森:前引书,第 120－147 页。

69. J. H. 克拉潘:《现代英国经济史》第 1 卷,早期铁路时代,1820－1850 年,剑桥大学出版社,1950 年,第 521 页。

70. 引自约翰·克拉潘爵士:《简明不列颠经济史》(Sir John Clapham, *A Concise Economic History of Britain*),剑桥大学出版社,1963 年,第 274 页。

71. 阿萨·布里格斯:《近代英国的形成,1783－1867 年》(Asa Briggs, *The Making of Modern England*, *1783－1867*),纽约:哈珀火炬丛书,1965 年,第 339 页。

72. 布雷·哈蒙德:《从革命到内战美国的银行和政治》(Bray Hammond, *Banks and Politics in the United State from the Revolution to the Civil War*),普林斯顿大学出版社,1967年。

73. 威廉斯:前引书,第241页。

74. 卡梅伦:前引书,第203页。

75. 阿尔贝·索布尔:《法国革命史》(Albert Soubol, *Historie de la révolution française*),巴黎:加利马尔,1962年,第2卷,第339页。

76. 邓纳姆:前引书,第399页。

77. 引自哈罗德·U. 福克纳:《1890-1900年的政治、改革和扩张》(Harold Faulkner, *Politics, Reform, and Expansion, 1890-1900*),纽约:哈珀火炬丛书,1963年,第140页。

78. 参见罗伯特·M. 斯图尔特:《保护主义政治》(Robert M. Stwart, *The Politics of Protection*),剑桥大学出版社,1971年。

79. 布里格斯:前引书,第323页。

80. 上引书,第313页。

81. 奥列佛·安德森:《战时自由党政府:克里米亚战争中英国的政治和经济》(Olive Anderson, *A Liberal State at War: English Politics and Economics in the Crimean War*),纽约:圣马丁出版社,1967年,第93页。

82. 罗伊·F. 尼科尔斯:《美国的利维坦》(Roy F. Nichols, *American Leviathan*),纽约:哈泼科洛汾丛书,1966年,第244页。

83. Ex Parte Milligan, 4 Wall. 2, 18 L. Ed. 281.

84. 蒙哥马利:前引书,第47页。

85. 哈兹:《经济政策》;戈德里奇:《政府对美国运河和铁路的促进》;西德尼·法因:《自由放任和普遍福利国家》(Sidney Fine, *Laissez-Faire and the General Welfare State*),安阿堡:密歇根大学出版社,1967年,第19页;亨利·W. 布劳德:"国家在美国经济发展中的作用,1820-1890"(Henry W. Broude, "The Role of the State in American Economic Development, 1820-1890"),载于哈里·N. 沙伊贝尔(主编):《美利坚合众国经济史》(Harry N. Scheiber ed., *United States Economic History*),纽约:克诺夫,1964年,第118-122页。

86. 克拉夫:《法国国民经济史》,第24页。

注释　501

87. 克拉夫:《现代意大利经济史》,第 47 - 51 页。

88. 马尔科姆·J. 罗尔博:《土地局事务:1789 - 1837 年美国公共土地上的殖民和管理》(Malcolm J. Rohrbough, *The Land Office Business: The Settlement and Administration of American Public Lands, 1789 -1837*),纽约:牛津大学出版社,1968 年,第 300 - 301 页。

89. 奥列佛·安德森:"19 世纪中叶英国激进主义两面神"(Olive Anderson, "The Janus-Face of Mid-Nineteenth-Century English Radicalism"),《维多利亚研究》(*Victorian Studieo*),第 8 期(1965 年 3 月),第 231 - 242 页。

90. 哈茨:前引书,第 289 页。

91. 安东尼·特罗洛普:《菲尼亚斯·芬恩》(Anthony Trollope, *Phineas Finn*),伦敦:企鹅英语文库,1972 年。

92. 托马斯·卡莱尔:《宪章运动》(Chartism),载于艾伦·谢尔斯顿(主编):《托马斯·卡莱尔著作选集》(Alan Shelston, ed. Thomas Carlyle: *Selected Writings*),伦敦:企鹅丛书,1971 年,第 189、192、194 页。

93. 马克思曾称卡莱尔为天才,但却是一个落魄的、把他的崇拜者抛在他身后的天才。见马克思:《资本论》,纽约:国际出版社,1967 年,第 1 卷,第 255 页。

354

94. 卡莱尔:前引书,第 187 页。

95. 戴维·罗伯特:"英国维多利亚早期托利党的家长制和社会改革"(David Robert, "Tory Paternalism and Social Reform in Early Victorian England"),载于斯坦斯基:前引书,第 147 - 168 页。

第二章

1. 引自谢泼德·班克罗夫特·克拉夫:《1789 - 1839 年法兰西民族经济史》,纽约:斯克里布纳出版社,1939 年,第 182 页。

2. 托尼:《平等》,伦敦:独角兽丛书,1964 年,第 103 页。

3. 卡尔:《二十年的危机》(E. H. Carr, *The Twenty Years' Crisis*),纽约:哈泼火炬丛书,1964 年,第 48 页。

4. 狄骥:《19 世纪英国法律与公共舆论之关系的讲座》(A. V. Dicey, *Lectures on the Relation Between Law and Public Opinion in England Dur-*

ing the Nineteenth Century)，伦敦：麦克米伦公司，1952 年，第 126 – 210 页。

5. 马修·凯里："新橄榄枝，或一种在农业、工业和商业之间确立利益同一性的尝试"（Matthew Carey, "The New Olive Branch", or. An Attempt to Establish an Identity of Interests Between Agriculture, Manufacturers, and Commerce"），载于《政治经济学论文集》（Essays in Political Economy），费城：凯里和利出版社，1822 年，第 261 – 362 页。

6. 马修·凯里："演说第十二"，上引书，第 100 页；并见"新橄榄枝"，第 283 页。

7. 亚当·斯密：《国富论》，伦敦：鹈鹕丛书，1960 年，第 181 – 184 页。

8. J. B. 萨伊：《论政治经济学》（J. B. Say, A Treatise on Political Economy），费城：格里格—艾略特出版社，1848 年，第 84 – 85、143 页。

9. 路易·萨伊：《国民财富研究，兼驳国民经济学的主要谬误》（Louis Say, Etudes sur la richesse des nations, et Réfutations des principales erreurs en économie politique），巴黎：1836 年，第 1 – 23 页。

10. 狄骥：《法律和公共舆论》；戴维·罗伯兹：《维多利亚时代英国福利国家的起源》（David Roberts, Victorian Origins of the British Welfare State），新哈汾：耶鲁大学出版社，1960 年。

11. 戴维·蒙哥马利：《平等以外：1862 – 1872 年劳工和激进共和主义者》（David Montgomery, Beyond Equality: Labour and the Radical Republicans 1862 – 1872），纽约：文塔奇丛书，1972 年，第 80 页。

12. 上引书，第 81 页。

13. 卡尔·马克思：《政治经济学批判大纲》，纽约：文塔奇出版社，1973 年，第 883 – 893 页。

14. 引自蒙哥马利：前引书，第 343 页。

15. 亨利·凯里：《社会科学原理》（Henry Carey, Principles of Social Science），费城：利平科特出版社，1878 年，第 3 卷，第 463 页。

16. 约瑟夫·多尔夫曼：《1606 至 1865 年美国文明中的经济意识》（Joseph Dorfman, The Economic Mind in American Civilization, 1606 – 1865），纽约：维金出版社，1946 年，第 2 卷，第 795 页。

17. 弗雷德里克·巴师夏：《和谐经济论》（Frédéric Bastiat, Harmonies

注释　503

économiques)，布鲁塞尔：梅利纳出版社，1850 年。还可参见夏尔·季德和夏尔·里斯特：《经济学说史》(Charles Gide and Charles Rist, *A History of Economic Doctrines*)，波士顿：希思出版社(无日期)，第 330 页。

18. 夏尔·莫拉泽：《自负的资产者》(Charles Morazé, *Les Bourgeois Conquérants*)，巴黎：科兰出版社，1957 年。

19. 阿萨·布里格斯："阶级的用语在 19 世纪英格兰"(Asa Briggs, "The Language of Class in Early Nineteenth Century England")，载于阿萨·布里格斯和约翰·萨维尔(合编)：《劳工史论文集》(Asa Briggs and John Saville, eds. , *Essays in Labor History*)，修订版，纽约：圣马丁出版社，1967 年，第 43 - 47 页。

20. 引自季德和里斯特：前引书，第 329 页。

21. 蒙哥马利：前引书，第 230 - 260 页。

22. 上引书，第 81 页。

23. 约翰·A. 斯科特：《1870 - 1914 年法国的共和主义观念和自由传统》(John A. Scott, *Republican Ideas and the Liberal Tradition in France, 1870 - 1914*)，纽约：哥伦比亚大学出版社，1951 年，第 159 页。

24. 上引书，第 178 页。

25. 西奥多·哈米罗：《斗争和成就，德国统一的社会基础第 2 卷》(Theodore Hamerow, *Struggles and Accomplishments Vol. 2 of The Social Foundations of German Unification*)，普林斯顿：普林斯顿大学出版社，1972 年，第 181 页。

26. 引自上引书，第 162 页。

27. 引自西奥多·哈米罗：《复辟、革命和反动：1815 - 1871 年德国的经济和政治》(Theodore Hamerow, *Restoration, Revolution, Reaction: Economics and Politics in Germany, 1815 - 1871*)，普林斯顿：普林斯顿大学出版社，1966 年，第 228 页。

28. 巴巴拉·塔奇曼：《八月的炮火》(Barbara Tuchman, *The Guns of August*)，纽约：德尔出版社，1971 年，第 65 页。

29. 引自卡尔：前引书，第 45 - 46 页。

30. 劳伦斯·格朗伦：《合作国家》(Lawrence Gronlund, *The Cooperative Commwealth*)，斯托·珀森斯编辑，坎布里奇：哈佛大学贝尔纳普出版社，1965 年，第 74 页。

504　注释

31. 威廉·斯坦利·杰文斯:《国家与劳工》(William Stanley Jevons, *The State in Relation to Labour*),伦敦:麦克米伦出版社,1910年。还可参见戴维·哈里斯:"19世纪欧洲自由主义"(David Harris, "European Liberalism in the Nineteenth Century"),《美国历史评论》第60卷(1964-1965年),第502-526页。

32. 引自理查德·霍夫施塔特:《美国思想中的社会达尔文主义》(Richard Hofstalter, *Social Darwinism in American Thought*),纽约:布拉齐勒出版社,1959年,第147页。

33. 安东尼奥·葛兰西:《狱中札记选编》(Antonio Gramsci, *Selections from the Prison Notebooks*),纽约:国际出版社,1971年,第160页。

34. 屠场案,16 Wallace 111(1873),贾斯廷斯·菲尔德,不同的意见。

35. 罗伯特·G.麦克洛斯基:《进取时代的美国保守主义》(Robert G. McCloskey, *American Conservatism in the Age of Enterprise*),坎布里奇:哈佛大学出版社,1951年,第81页。

36. 引自H.V.埃米:《1892-1914年的自由派、激进派和社会政治》(H. V. Emy, *Liberals, Radicals and Social Politics, 1892-1914*),剑桥大学出版社,1973年,第244-245页。

37. 波拉克诉农场主借贷信托公司案,158 U. S. 601(1805)。

38. 屠场案,16 Wallace 110 (1873)。

39. 洛克纳诉纽约案,198 U. S. 57 (1905)。

40. 美国诉E. C.奈特公司案,165 U. S. 1(1895);In Re Debs 158 U. S. 564 (1895)。

41. 威廉·格雷厄姆·萨姆纳:《哪些社会阶级彼此受惠》(William Graham Sumner, *What Social Classes Owe Each Other*),纽约:哈珀出版社,1883年,第66页。

42. 格雷厄姆·亚当斯:《工业暴力时代,1900-1915》(Graham Adams, *The Age of Industrial Violence, 1900-1915*),纽约:哥伦比亚大学出版社,1966年。

43. 诺曼·波拉克:《人民党对工业美国的反应》(Norman Pollack, *The Populist Response to Industrial America*),坎布里奇:哈佛大学出版社,1962年。

44. 正当赔偿案,12 Wallace 680-681(1871),引自麦克洛斯基:前引书,第106页。

注释　505

45. 引自悉尼·法恩:《自由放任和普遍福利国家》(Sidney Fine, *Laissez-Faire and the General Welfare State*),安阿堡:密歇根大学出版社,1967年,第180页。

46. 威廉·格雷厄姆·萨姆纳:"资本的权力和善行"(William Graham Sumner,"The Power and Beneficence of Capital"),载于艾伯特·加洛韦·凯勒和莫里斯·R.戴维(合编):《威廉·格雷厄姆·萨姆纳文集》(Albert Galloway Keller and Manrice R. Davie eds., *Essays of William Graham Sumner*),纽黑文:耶鲁大学出版社,1934年,第2卷,第22页。

47. 同前。

48. "财富的集中:对它的经济辩护",上引书,第165页。

49. 哈罗德·U.福克纳:《1890-1900年的政治、改革和扩张》(Harold U. Faulkner, *Politics, Reform, and Expansion, 1890-1900*),纽约:哈珀火炬丛书,1963年,第79页。

50. 引自阿尔弗雷德·H.凯利和温弗里德·哈比森:《美国宪法的起源和发展》(Alfred H. Kelly and Winfred Harbison, *The American Constitution: Its Origins and Development*),纽约:诺顿出版社,1955年修订版,第565页。

51. 洛克纳诉纽约案,198 U. S. 59(1905)。

52. 引自朗多·E.卡梅伦:《1800-1914年法国和欧洲的经济发展》,(Rando E. Cameron, *France and the Economic Development of Europe, 1800-1914*),普林斯顿:普林斯顿大学出版社,1961年,第103页。

53. 引自法恩:前引书,第98页。

54. E. L.戈德金:《未预见到的民主趋势》(E. L. Godkin, *Unforeseen Tendencies of Democracy*),波士顿:霍顿—米夫林出版社,1898年。

55. 参见以下,第235-236页。

56. 克拉夫:前引书,第229页。

57. 马戈特·亨齐:《前法西斯主义意大利:议会制度的兴衰》(Margot Hentze, *Pie-Fascist Italy: The Rise and Fall of the Parliamentary Regime*),纽约:奥克塔冈丛书,1972年,第172、203页。

58. 标准的研究仍然是乔治·丹杰菲尔德:《自由主义英国奇怪的死亡》(George Dangerfield, *The Strange Death of Liberal England*),纽约:摩羯宫

丛书,1961 年。

59. 参见戴维·汤姆森:《1870 年以后法国的民主》(David Thompson, *Democracy in France since 1870*),纽约:牛津大学出版社,1964 年,第 4 版,第 139 - 147 页。

60. R. B. 麦卡勒姆:"从 1852 到 1895 年",载于埃利·阿莱维(主编):《维多利亚时代 1841 - 1895 年》,《19 世纪英国人民史》(*A History of the English People in the Nineteenth Century*),第 4 卷,伦敦:本出版社,1951 年,第 447 页。

61. W. L. 古兹曼:《英国的政治精英》(W. L. Guttsman, *The British Political Elite*),纽约:基础丛书,1963 年,第 80 页。

62. 上引书,第 82 页。

63. 丹尼尔·阿莱维:《贵族的终结》(Daniel Halévy, *La Fin des notables*),巴黎:格拉塞出版社,1930 年。

64. 让·洛姆:《1830 - 1880 年掌权的大资产阶级》(Jean Lhomme, *La grande bourgeoisie au pouvoir, 1830 - 1880*),巴黎:法国大学出版社,1960 年,第 275 - 279 页。

65. 参见西奥多·泽尔丁:《1848 - 1945 年的法国》(Theodore Zeldin, *France: 1848 -1945*),牛津:克拉伦敦出版社,1973 年,第 1 卷,第 570 - 604 页,对洛姆的发现作了部分修正。

66. 亨齐:前引书,第 41 页。

67. 谢泼德·B. 克拉夫:《现代意大利经济史》,纽约:哥伦比亚大学出版社,1964 年,第 120 页。

68. 加埃塔诺·萨尔韦米尼:《意大利南方有知识的小资产阶级》,载于《南方问题笔记,1896 - 1955 年》("La Piccola borghesia intellectuale del mezzogiorno d'Italia" in Scr* le sulla Questione meridionale, 1896 - 1955) (Milan: Einaudi, 1955),412. 见奥勒姆:"那不勒斯的政治家:人物群像",391(P. Allum, "The Neapolitan Politicians: A Collective Portrait",《政治和社会》,2(1972 年夏季号) (*Politics and Society*),2 [summer 1972],391)中被引用并分析。

69. 阿瑟·罗森堡:《德意志帝国:德国共和政体的诞生,1871 - 1918 年》(Arthur Rosenberg, *Imperial Germany: The Birth of the German Republic 1871 -1918*),波士顿:灯塔出版社,1964 年,第 19 页。

70. 约翰·R.吉利斯:"19世纪普鲁士的贵族和官僚"(John R. Gillis, "Aristocracy and Bureaucracy in Nineteenth Century Prussia"),《过去和现在》,第41期,(*Past and Present*),41)(1968年12月),第105-129页。

71. 参见米切尔·华莱士:"美国政党概念的转变:1815-1828年的纽约"(Michael Wallace,"Changing Concepts of Party in the United States:New York,1815-1828"),《美国历史评论》(*American Hitorical Review*),第74卷(1968年12月),第453-491页。

72. 这个观点是由汉娜·阿伦特:《人类状况》(Hannah Arendt,*The Human Condition*,芝加哥:芝加哥大学出版社,1959年)一书提出的。

73. 引自托马斯·C.科克伦和威廉·米勒:《企业时代》,第157页。

74. 伦纳德·D.怀特:《联邦党人》(Leonard D. White,*The Federalists*),纽约:麦克米伦公司,1948年;《杰克逊派》(*Jacksonians*),纽约:麦克米伦公司,1954年。

75. 参见奥列佛·安德森:"19世纪中叶英国激进主义两面神",《维多利亚研究》,8(1965年3月),第231-242页。

76. 引自科克伦和米勒:前引书,第166页。

77. 引自上引书,第285页。

78. 引自上引书,第266页。

79. 詹姆斯·G.斯科特:《比较政治腐败》(James G. Scott,*Comparative Political Corruption*),新泽西,恩格尔伍德克利夫斯:普伦蒂斯—豪尔出版社,1972年,第26页。

80. 在盖伊·查普曼的《法兰西第三共和国的第一阶段:1871-1894年》(Guy Chapman,*The Third Republic of France:The First Phase*,1871-1894)(纽约:圣马丁出版社,1962年)第299-326页中,对事件作了很好的记叙。

81. 亨齐:前引书,第188页。

82. 亨齐:前引书,第266页。

83. 阿瑟·詹姆斯·怀特:《现代意大利的演进》(Arthur James Whyte,*The Evolution of Modern Italy*),牛津:布莱克韦尔出版社,1944年,第191-192页。

84. 诺曼·科根:《意大利政府》(Norman Kogan,*The Government of Italy*),纽约:克罗韦尔出版社,1962年版,第183页。

508　注释

85. 汉娜·阿伦特:《极权主义的起源》(Hannah Arendt, *The Origins of Totalitarianism*),增补第二版,克利夫兰和纽约:世界出版社,1958 年,第 36 页。

86. 埃利·阿莱维:《帝国主义和劳工的兴起》,修订第二版,伦敦:本出版社,1952 年,第 17 页。

87. 莫里斯·奥斯特罗戈尔斯基:《民主和政党组织》(Maurice Ostrogor-ski, *Democracy and the Organization of Political Parties*),第 2 卷,美国。纽约:花园城,铁锚丛书,1964 年,第 299 - 300 页。

88. 引自伦纳德·D. 怀特:《共和主义时代,1869 - 1901 年》(Leonard D. White, *The Republican Era, 1869 - 1901*),纽约:麦克米伦公司,1963 年,第 4 页。

89. 引自上引书,第 297 页。

90. 上引书,第 387 页。

91. 在美国对于这种分离的权威性的研究当属詹姆斯·温斯坦:《自由主义国家中的法人观念》(James Weinstein, *The Corporate Ideal in the Liberal State*),波士顿:灯塔出版社,1968 年。

92. 汤姆森:前引书,第 173 页。

93. 理查德·霍夫斯塔特:《改革的时代》(Richard Hofstadter, *The Age of Reform*),纽约:克诺夫出版社,1955 年。

94. 加布里埃尔·科尔柯:《保守主义的胜利》(Gabriel Kolko, *The Triumph of Conservatism*),纽约:自由出版社,1963 年;O. C. 莫尔:"改革的另一面",《维多利亚研究》,3(1961 年 9 月),第 7 - 34 页。

95. 引自亨齐:前引书,第 67 页。

96. 这些区别与安德烈·高兹的《劳工战略》(André Gortz, *A Strategy for Labor*,波士顿:灯塔出版社,1967 年)列举的很接近。

97. 除了收在科克伦和米勒前引书第 173 页中的奥尼尔的信件。

98. 怀特:《共和主义时代》,第 337 页。

99. 上引书,第 393 页。

100. 莫里斯·布鲁斯:《福利国家的来临》(Maurice Bruce, *The Coming of the Welfare State*),伦敦:巴茨福德出版社,1961 年。

101. 亨利·佩林:《晚期维多利亚英国的民众政治和社会》(Henry Pelling, *Popular Politics and Society in Late Victorian Britain*),纽约:圣马丁

出版社,1968 年,第 5 页。

102. 米切尔·卡茨:《早期学校改革之讽刺》(Michael Katz, *The Irony of Early School Reform*),坎布里奇:哈佛大学出版社,1968 年;塞缪尔·鲍尔斯和赫伯特·金提斯:《资本主义美国的学校教育》(Samuel Bowles and Herbert Gintis, *Schooling in Capitalist America*),纽约:基础丛书,1976 年;以及乔尔·斯普林:《教育与法人国家的兴起》(Joel Spring, *Education and the Rise of the Corporate State*),波士顿:灯塔出版社,1972 年。

103. 布鲁斯:前引书,第 129 页。

104. 引自上引书,第 131 页。

105. 引自汤姆森:上引书,第 145 – 146 页。

106. A. M. 麦克布赖尔:《费边社会主义和英国政治,1884 – 1918》(A. M. McBriar, *Fabian Socialism and English Politics, 1884 – 1918*),剑桥大学出版社,1962 年,第 244 – 245 页。

107. 引自埃米:前引书,第 260 页。

108. 麦克布赖尔:前引书,第 239 页。

109. A. C. 庇古:《失业》(A. C. Pigou, *Unemployment*),纽约:霍尔特出版社,1914 年。

110. 埃米:前引书,第 264 页。

111. 麦克布赖尔:前引书,第 243 页。

112. 罗伯兹:前引书,第 77 页。

113. 引自埃米:前引书,第 262 页。

114. 埃米:前引书,第 253 页。

115. 埃米:前引书,第 267 页。

116. 埃米:前引书,第 260 页。

117. 埃米:前引书,第 239 页。

118. 引自西奥多·希德:《我们时代的国家与社会》(Theodor Shieder, *The State and Society in Our Time*),伦敦:尼尔森出版社,1962 年,第 56 页。

第三章

1. 约瑟夫·熊彼特:"帝国主义的社会学"(Joseph Schumpeter, "The

Sociology of Imperialisms"），载于《帝国主义和社会阶级》(*Imperialism and Social Classes*)，克利夫兰：世界出版公司，1953年，第89、97页。

2. 对这个问题的研究，参见唐纳德·温奇：《古典政治经济学和殖民地》(Donald Winch, *Classical Political Economy and the Colonies*)，坎布里奇：哈佛大学出版社，1965年；以及伯纳德·塞迈尔：《自由贸易帝国主义的兴起》(Bernard Semmel, *The Rise of Free Trade Imperialism*)，剑桥大学出版社，1970年。

3. 亚当·斯密：《国富论》，纽约：现代文库，1937年，第529、555、576-577页。

4. 大卫·李嘉图：《政治经济学和赋税原理》，见皮诺·斯拉德（主编）：《大卫·李嘉图著作通信集》(Piero Sraffa, ed., *The Works and Correspondence of David Ricardo*)，剑桥大学出版社，1962年，第1卷，第338、345页。

5. 约翰·斯图亚特·密尔：《政治经济学原理》(John Stuart Mill, *Principles of Political Economy*)，纽约：凯利出版社，1961年，第748-751、970-971、973、974页。

6. 引自玛丽·埃维林·唐森德：《德意志殖民帝国的兴衰》(Mary Evelyn Townsend, *The Rise and Fall of Germany's Colonial Empire*)，纽约：福蒂格出版社，1966年，第60页。

7. 汤姆·E.特里尔：《关税，政治和美国外文政策，1874-1901年》，(Tom E. Terrill, *The Tariff, Politics, and American Foreign Policy, 1874-1901*)，康涅狄格，韦斯特波特：格林伍德出版社，1973年，第16-17、20页。

8. 罗纳德·罗宾逊和约翰·加拉格尔：《非洲和维多利亚时代人》(Ronald Robinson and John Gallagher, *Africa and the Victorians*)，纽约：圣马丁出版社，1961年，第15页。

9. 唐森德：前引书，第55页。

10. 汉斯-乌尔里希·韦勒：“工业成长和早期德国帝国主义”(Hans-Ulrich Wehler, "Industrial Growth and Early German Imperialism")，载于杰生·欧文和鲍勃·萨克利夫（合编）：《帝国主义理论研究》(Roger Owen and Bob Sutcliffe eds., *Studies in the Theory of Imperialism*)，伦敦：朗曼出版公司，1972年，第79页。也可参见汉斯—乌尔里希·韦勒：《俾斯麦和帝国主义》(*Bismack und der Imperialismus*)，科隆：基彭霍伊尔和维奇出版社，1969年。

11. 引自 A. K. 菲尔德豪斯:《经济学和帝国》(A. K. Fieldhouse, *Economics and Empire*),纽约,伊萨卡:康奈尔大学出版社,1973 年,第 22 页。

12. 罗伯特·V. 布鲁斯:《1877 年:暴力之年》(Robert V. Bruce, *1877: Year of Violence*),印第安纳波利斯:鲍勃斯—梅里尔出版社,1959 年。

13. 马戈特·亨兹:《前法西斯主义意大利》(Margot Hentze, *Pre-Fascist Italy*),纽约:八角形出版社,1972 年,第 215 页。

14. 埃利·阿莱维:《帝国主义和劳工的兴起》,《19 世纪英国人民史》第 5 卷,修订第二版,伦敦:本出版社,1952 年,第 220 页。

15. 小托马斯·F. 鲍尔:《朱尔斯·费里和法国帝国主义的复兴》(Thomas F. Power, Jr., *Jules Ferry and the Renaissance of French Imperialism*),纽约:八角形丛书,1966 年,第 14 页。

16. 引自瓦尔特·拉夫伯:《新帝国》(Walter La Feber, *The New Empire*),纽约,伊萨卡:康奈尔大学出版社,1963 年,第 14 页。

17. 伯纳德·塞迈尔:《帝国主义和社会改革》(Bernard Semmel, *Imperialism and Social Reform*),坎布里奇:哈佛大学出版社,1960 年,第 210 页。

18. 引自 D. C. M. 普拉特:《1815—1914 年英国外交政策中的财政、贸易和政治》(D. C. M. Platt, *Finance, Trade, and Politics in British Foreign Policy, 1815 - 1914*),牛津:克拉伦敦出版社,1968 年,第 xxiv 页。

19. 引自罗宾逊和加拉格尔:《非洲和维多利亚时代人》,第 5 页。

20. 约翰·加拉格尔和罗纳德·罗宾逊:"自由贸易帝国主义"(John Gallagher and Ronald Robinson, "The Imperialism of Free Trade"),《经济史评论》,第 2 辑,第 6 卷(1953),第 1 - 15 页。

21. 加拉格尔和罗宾逊:《非洲和维多利亚时代人》,第 11、13 页。

22. 塞迈尔:《帝国主义和社会改革》,第 53 页。

23. 阿莱维:前引书,第 230 页。

24. 引自塞迈尔:《帝国主义和社会改革》,第 65 页。

25. 引自阿莱维:前引书,第 337 页。

26. 引自塞迈尔:《帝国主义和社会改革》,第 94 页。

27. 关于这一点,塞迈尔更为注意张伯伦言行不一致之处。

28. 参见普拉特:前引书,第 xix 和第 83 页关于这一点的某些证据。

512　注释

29. 引自特里尔：前引书，第 184 页。

30. 托马斯·J. 麦考密克：《中国市场：美国对于非正式帝国的要求，1893－1901》(Thomas J. McCormick, *China Market: America's Quest for Informal Empire, 1893－1901*)，芝加哥：四边形出版社 1967 年，第 128 页。

31. 引自拉菲伯：前引书，第 65 页。

32. 上引书，第 173 页。

33. 上引书，第 243 页。

34. 威廉·阿普尔曼·威廉斯：《美国外交的悲剧》(William Appleman Williams, *The Tragedy of American Diplomacy*)，纽约：德尔塔丛书，1962 年修订增补版，第 16－50 页。

35. 对这些倾向的分析，参见 H. 伯内："大企业，压力集团和俾斯麦向保护主义的转变，1873－1879 年"(H. Böhne, "Big Business, Pressure Groups and Bismack's Turn to Protectionism, 1873－1879")，《历史杂志》(*Historical Journal*)，第 10 卷，第 2 期 (1967 年)，第 218－236 页。

36. 亚历山大·格申克隆：《德国的面包和民主》(Alexander Gerschenkron, *Bread and Democracy in Germany*)，伯克利和洛杉矶：加州大学出版社，1943 年。

37. 哈特穆特·波格·冯·施特兰德曼："俾斯麦统治时期德国殖民扩张的国内起源"(Hartmut Poggè von Strandmann, "Domestic Origins of Germany's Colonid Expansion under Bismarck")，《过去和现在》(*Past and Present*)，第 42 期，1969 年 2 月，第 142 页。

38. 上引书，第 158 页。

39. 特里尔：前引书，第 22 页；阿莱维：前引书，第 303 页。

40. 菲尔德豪斯：前引书，第 68 页。

41. 本尼迪托·克罗齐：《1871－1915 年意大利史》(Benedetto Croce, *A History of Italy, 1871－1915*)，纽约：拉塞尔和拉塞尔出版社，1963 年，第 122 页。

42. 引自亨兹：前引书，第 196 页。

43. 引自鲍尔：前引书，第 182、193 页。

44. 引自上引书，第 57 页。

45. 参见 A. S. 坎雅—福斯特纳：《西方撒旦的征服》(A. S. Kanya-Forstner, *The Conquest of Western Suddan*)，剑桥大学出版社，1969 年和"法国在

非洲的扩张：虚构的理论"("French Expansion in Africa：The Mythical Theory")，载于欧文和萨克列夫：前引书，第 277－292 页。

46. 引自坎稚—福斯特纳："法国在非洲的扩张"，第 291 页。

47. "这并不是要决定商品应当何时拿去出售，它应当作何种用途，它转手的价格如何，以及它应当以何种方式消费或销毁。"卡尔·波拉尼：《大转变》，波士顿：灯塔出版社，1967 年，第 176 页。

48. 塞西尔·伍德姆—史密斯：《大饥荒》(Cecil Woodham-Smith, *The Great Hunger*)，纽约：新美国丛书，1964 年，第 234 页。

49. 西奥多·S. 哈默罗：《复辟、革命和反动：1815－1871 年德国的政治和经济》，普林斯顿：普林斯顿大学出版社，1966 年，第 83 页。

50. 哈钦森：《移民及其子女，1850－1950》(E. P. Hutchinson, *Immigrants and Their Children, 1850-1950*)，纽约：威利出版社，1956 年，第 2 页。

51. 布林利·托马斯：《国际移民和经济发展》(Brinley Thomas, *International Migration and Economic Development*)，巴黎：联合国教育科学及文化组织，1961 年，第 10 页。

52. 菲利普·泰勒：《远方的吸引：到美国的欧洲移民》(Philip Taylor, *The Distant Magnet：European Emigration to the U. S. A.*)，伦敦：艾尔和斯波蒂斯伍德出版社，1971 年，第 118 页。

53. 国家在这些事务中的作用在前引书第 119－122 页中有充分的讨论。

54. 引自麦克·沃克：《德国和移民，1816－1885 年》(Mack Walker, *Germany and the Emigration, 1816-1885*)，坎布里奇：哈佛大学出版社，1964 年，第 202 页。

55. 上引书，第 200 页。

56. 爱德华·A. 罗斯：《旧世界新貌》(Edward A. Ross, *The Old World in the New*)，纽约：世纪出版社，1914 年。引自泰勒：前引书，第 209 页。

57. 多丽丝·莱辛：《门当户对》(Doris Lessing, *A Proper Marriage*)，伦敦：黑豹出版社，1966 年，第 184 页。

58. 保罗·奇南尼：《移民与帝国主义》(Emigrazion e Imperialismo)，Rome：Editori Riuniti，1968，29)。还可参见斯蒂芬·卡斯尔斯和戈多勒克·科札克：《西欧的移民工人和阶级斗争》(Stephen Castles and Godoluck Kosack,

514　注释

Immigrant Workers and Class Structure in Western Europe），伦敦：牛津大学出版社，1973 年，第 16 页。

59. 卡斯尔斯和科札克：前引书，第 18 页。

60. 上引书，第 50 页。

61. 引自米切尔·克劳斯：《移民：美国的马赛克》（Michael Kraus, *Immigration: The American Mosaic*），普林斯顿：范诺斯特兰德出版社，1966 年，第 64 页。

62. 乔赛亚·斯特朗：《我们的国家》（Josiah Strong: *Our Country*），于尔根·赫布斯特编辑。坎布里奇：哈佛大学出版社下属的贝尔纳普出版社，1963 年。

63. 约翰·海厄姆：《大地上的异乡客：1860 – 1925 年美国排外主义的模式》（John Higham, *Strangers in the Land: Patterns of American Nativism 1860 – 1925*），纽约：雅典娜出版社，1970 年，第 52 页。

64. 上引书，第 50 页。

65. 见卡斯尔斯和科札克对这个问题极好的分析。

66. 菲尔德豪斯：前引书，第 21 页。

67. 波拉尼：书中各处。

68. 赛默尔：《帝国主义和社会改革》，第 57 页。T. H. 格林在英国自由主义史上的地位严格说来是如此使人困窘，因为他是一个处于转变时期的作家，所以，除了模棱两可外很难给我们更多东西。这种模棱两可使得以后的作家对他难以进行分类。因此，梅尔文·里克特恰当地否认狄骥在个人主义的和集体主义的这两种极端的国家理论之间有什么特殊的影响。而是不正确地过分强调依附于根本不追随任何一方的曼彻斯特自由主义派。格林的国家理论试图既是个人主义又是集体主义，这就是它为什么如此吸引人，以及为什么它如此充斥着矛盾的原因。参见梅尔文·里克特：《政治良知：T. H. 格林及其时代》（Melvin Richter, *The Politics of Conscience: T. H. Green and His Age*），伦敦：韦登费尔德和尼科森出版社，1964 年，书中各处。

69. 韦勒：《工业的成长》，第 78 页。

70. 参见赫尔曼和朱利亚·施文廷格：《讲坛社会学家》（Herman and Julia Schwendinger, *Sociologists of the Chair*），纽约：基础丛书，1974 年。

71. 引自亨兹：前引书，第 218 页。

72. 赛默尔：《帝国主义和社会改革》，第 57 页。

注释　515

73. 阿莱维：前引书，第18、21页。

74. 汉娜·阿伦特：《极权主义的起源》(Hannah Arendt, *The Origins of Totalitarianism*)，增补第二版，克利夫兰：世界出版社，1958年，第99页。

75. 参见赛默尔：《帝国主义和社会改革》，第37-52页。

76. 这类精巧的种族主义的一个极好的例子是使公众错误地推测，种族主义几乎是那些处于社会底层人士的特点，普雷斯科特·F. 霍尔的《移民及其在美国的作用》(Prescott F. Hall, *Immigration and Its Effects upon the United States*，纽约：霍尔特出版社，1908年)便持这种论调。

77. 罗宾逊和加拉格尔：《非洲和维多利亚时代人》，第470页。

78. 埃米尔·奥斯特赖克："法西斯主义和知识分子：意大利未来主义真相"(Emil Oestericher, "Fascism and the Intellectuals: The Case of Italian Futurism")，《社会研究》(*Social Research*)，41(Autumn 1974). p. 515-533)。

79. 阿伦特：前引书，第171页。

80. 上引书，第93页。

81. 引自拉斐伯：前引书，第388页。

82. 引自罗宾逊和加拉格尔：《非洲和维多利亚时代人》，第31页。

83. 鲍尔：前引书，第71页。

84. T. H. 格林："关于政治义务原则的讲义"，载于R. C. 内特尔希普(主编)：《托马斯·希尔·格林著作集》(R. C. Nettleship, ed., *Works of Thomas Hill Green*)，伦敦：朗曼出版公司，1906年，第2卷，第515页。

85. 参见里特尔：前引书，第350-362页。

86. 乔尔·H. 斯普林：《教育与法人国家的兴起》(Joel H. Spring, *Education and the Rise of the Corporate State*)，波士顿：灯塔出版社，1972年，第114页。

87. 引自上引书，第75页。

88. 参见巴里·鲁宾："马克思主义与教育：20世纪30年代的激进主义思想和教育理论"(Barry Rubin, "Marxism and Education: Radical Thought and Education Theory in the 1930s")，《科学和社会》(*Science and Society*). 第36卷(1972年夏季)，第174页。

89. 阿莱维：前引书，第222页。

90. 罗伯特·马尔科姆森：《1700-1815年英国社会中民众的消遣》

（Robert Malcolmson,*Popular Recreation in English Society*,*1700 - 1850*），剑桥大学出版社,1973 年。

91. 乔尔·斯普林：未刊论文。

第四章

1. 卡尔·波拉尼：《大转变》,波士顿：灯塔出版社,1957 年,第 33 页。

2. 引自默里·罗思巴德："第一次世界大战中的战时集体主义"（Murray Rothbard,"War Collectivism in World War I"），载于罗纳德·雷多什和默里·罗思巴德（合编）：《利维坦新史》（纽约：达顿出版社,1972 年），第 75 页。

3. 参见罗伯特·威伯：《实业家和改革》（Robert Wiebe,*Businessmen and Reform*），坎布里奇：哈佛大学出版社,1962 年。

4. 罗伯特·D.卡夫：《战时工业局》（Robert D. Caff,*The War Industrial Board*），巴尔的摩：约翰·霍普金斯出版社,1973 年,第 60 页。以下几段受惠于此书。

5. 这种意见包含在罗思巴德的"战时集体主义"一文中。

6. 塞缪尔·P.亨廷顿：《军人和国家》（Samuel P. Huntington,*The Soldier and the State*），纽约：文塔奇丛书,1964 年,第 270 - 271 页。

7. 詹姆斯·温斯坦的《自由主义国家中的法人观念》（James Winstein,*The Corporate Ideal in the Liberal State*）（Boston,Beacon Press,1968）一书对这种区别作了详细讨论。尽管他的书有夸大存在于"全国公民联盟"和"全国制造商协会"之间观念上的差别之嫌,温斯坦的书仍然是对 20 世纪美国统治阶级本质之变化最好的阐述。

8. 有关这个命题广泛的证据收在理查德·C.爱德华兹的《向垄断资本主义转变中资本积累和法人权力》（Richard C. Edwards,"*Capital Accumulation and Corporate Power in the Transition to Monopoly Capitalism*"）（坎布里奇：哈佛大学教育政策研究中心,无日期）中。

9. 引自詹姆斯·B.吉尔伯特：《工业国的设计》（James B. Gilbert,*Designing the Industrial State*），芝加哥：四边形出版社,1972 年,第 76 页。

10. 哈里·凯斯勒伯爵：《瓦尔特·拉思劳的生平及著作》（Count Harry Kessler,*Walter Rathenau:His Life and Work*），纽约：哈科特—布鲁斯出版

社,1932 年,第 176 页。

11. 上引书,第 203 页。

12. 上引书,第 207 页。

13. 沃尔特·斯特鲁夫:《反民主的精英》(Walter Struve, *Elites Against Democracy*),普林斯顿:普林斯顿大学出版社,1973 年,第 149 - 185 页。

14. 罗伯特·穆齐尔:《没有个性的人》(Robert Musil, *The Man without Qualities*),纽约:摩羯宫丛书,1965 年,第 1 卷,第 226 - 227 页。

15. 引自戴维·费利克斯:《瓦尔特·拉思劳和魏玛共和国》(David Felix, *Walter Rathenau and the Weimar Republic*),巴尔的摩:约翰·霍普金斯出版社,1971 年,第 60 页。

16. 上引书,第 60 页。

17. 查尔斯·S. 梅尔:《资产阶级欧洲的改造》(Charles S. Maier, *Recasting Bowrgeois Europe*),普林斯顿:普林斯顿大学出版社,1975 年,第 104 页。

18. 罗兰·萨蒂:《1919 - 1940 年意大利法西斯主义和工业领导权》(Roland Sarti, *Fascism and the Industrial Leadership in Italy, 1919 - 1940*),伯克利:加州大学出版社,1971 年,第 10 页。

19. 亨利·W. 埃尔曼:《法国有组织的实业》(Henry W. Ehrmann, *Organized Business in France*),普林斯顿:普林斯顿大学出版社,1957 年,第 20 页。

20. 参见萨尔特勋爵:《一个公务员的回忆录》(Lord Salter, *Memoirs of a Public Servant*),伦敦:法伯和法伯出版社,1961 年,第 73 - 122 页。

21. 塞缪尔·比尔:《集体化时代的英国政治》(Samuel Beer, *British Politics in the Collectivist Age*),纽约:文塔奇丛书,1969 年,第 323 页。

22. 埃尔曼:前引书,第 33 页。

23. 对这些剧烈变革值得一读的记叙,见理查德·M. 瓦尔特:《国王的离去》(Richard M. Watt, *The Kings Depart*),伦敦:企鹅丛书,1973 年。

24. 参见罗伯特·K. 默里:《红色恐怖》(Robert K. Murray, *Red Scare*),纽约:麦格劳-希尔出版社,1964 年。

25. 泰勒:《1914 - 1945 年英国史》(A. J. P. Taylor, *British History, 1914 - 1945*),纽约:牛津大学出版社,1965 年,第 129 - 140 页。

26. 安妮·克里格尔:《法国共产主义的起源,1914 - 1920 年》(Annie

Kriegel, *Aux Origines du communis me français*, *1914 - 1920*)(巴黎:穆顿出版社,1964),第 1 卷,第 269 - 307、359 - 430、476 - 521 页。另一位作者指出,"随后是汹涌澎湃的罢工,这些罢工也很快带有一种革命色彩。"克洛德·福朗:《两次大战期间的法国(1917 - 1930)》(Claude Fohlen, *La France de Léntre-deux-guerres*(*1917 - 1939*), Paris: Casterman, 1966,第 35 页。

27. 梅尔:前引书,多处可见。

28. 菲利普·C. 施密特:"还是社团主义世纪吗?"(Philippe C. Schmittee,"Still the Century of Corporatism?"),《政治评论》,36 期(1974 年 1 月),第 85 - 131 页。

29. 引自萨蒂:前引书,第 32 页。以下的叙述根据这本优秀的著作,这是避免了在讨论法西斯主义含义时加以不必要的一般化的少数著作之一。

30. 上引书,第 48 页。

31.《墨索里尼和法西斯主义》第 2 卷,都灵:Einaudi, 1968 年。

32. 萨蒂:前引书,第 76 页。

33. 这是根据尼可斯·波朗查斯在《政治权力和社会阶级》(伦敦:新左派丛书,1973 年)第 190 - 191 页对资本主义国家本质加以概念化的精髓。无论这种定义能否在理论上普遍加以应用,它确实为这个时期认可。

34. 萨蒂:前引书,第 116 页。

35. 梅尔:前引书,第 577 页。

36. 赫尔曼·尤金·莱博维斯:《1914 - 1933 年德国社会保守主义和中产阶级》(Herman Eugene Lebovice, *Social Conservatism and the Middle Classes in Germany*, *1914 -1933*),普林斯顿:普林斯顿大学出版社,1969 年。

37. 弗兰茨·纽曼:《巨兽》(Franz Neumann, *Behemoth*),纽约:哈珀火炬丛书,1966 年,第 232 - 233 页。

38. 罗伯特·布雷迪:《作为一种权力体系的实业》(Robert Brady, *Business as a System of Power*),纽约:哥伦比亚大学出版社,1943 年,第 39 页。

39. 埃利·阿莱维收入《暴政时代》(纽约:花园城:铁锚丛书,1965 年,第 159 - 182 页)中"英国的社会和平政策"一文对于包含在惠特利委员会体制中的矛盾作出了有洞察力的分析。

40. 芬纳:《无名的帝国》(S. E. Finer, *Anonymous Empire*),伦敦:波尔

梅尔出版社,1966年,第7页。

41. 比尔:前引书,第7页。

42. 阿瑟·F.卢卡斯:《工业重建和竞争控制》(Arthur F. Lucas, *Industrial Reconstruction and the Control of Competition*),伦敦:朗曼出版公司,1937年。

43. 比尔:前引书,第297页。

44. 比尔:前引书,第283页。

45. 上引书,第297页。

46. 奈杰尔·哈里斯:《竞争和法人社会》(Nigel Harris, *Competition and the Corporate Society*),伦敦:梅休因出版社,1972年,第56-57页。

47. 马修·F.埃尔博:《1789-1948年法国的法人团体理论》(Matthew H. Elbow, *French Corporative Theory, 1789-1948*),纽约:哥伦比亚大学出版社,1953年。

48. 埃尔曼:前引书,第23页。

49. 上引书,第54页。

50. 上引书,第78页。

51. 埃尔博:前引书,第159页。

52. 罗伯特·O.帕克斯顿:《维希时期的法国》(Robert O. Paxton, *Vichy France*),纽约:诺夫出版社,1972年,第354-355页。

53. 吉尔伯特:前引书,第19页。

54. 上引书,第58页。

55. 参见温斯坦:前引书,第92-116页。

56. 约翰·D.希克斯:《共和主义的优势,1921-1923》(John D. Hicks. *The Republican Ascendency, 1921-1923*)(纽约:哈珀出版社,1960年)对这个时期作了最好的叙述。

57. 威廉·阿普尔曼·威廉斯:《美国史概略》(克利夫兰:世界出版社,1961年),第426-432页;格兰特·麦康内尔:《个人权力和美国外交》(Grant McConnell, *Private Power and American Diplomacy*),纽约:诺夫出版社,1966年,第64-69页。也可参见埃利斯·W.霍利等:《赫伯特·胡佛和美国资本主义的危机》(Ellis W. Hawley et al., *Herbert Hoover and the Crisis of American Capitalism*),坎布里奇:申克曼出版社,1973年。

58. 费利克斯·罗哈廷:"新复兴金融公司的实业计划"(Felix Rohatyn, "A New RFC is Proposed for Business"),《纽约时报》(*New York Times*),第3期(1974年12月1日),第1页。

59. 威廉·E.洛伊希滕贝格:"新政就像战争"(William E. Leuchtenberg, "The New Deal and the Analogue of War"),载于约翰·布雷曼、罗伯特·H.布雷默和埃弗雷特·沃尔特斯(合编):《20世纪美国的变革和继续》(John Braeman, Robert H. Bremner, and Everett Walters, eds., *Change and Continuity in Twentieth Century America*),哥伦比亚:俄亥俄州立大学出版社,1964年,第117页。

60.《新政的起源,1928-1932年,弗兰克林·D.罗斯福的公共文件和讲话第一卷》(*The Genesis of the New Deal, 1928-1932*),纽约:伦多姆豪斯出版社,1938年,第754-755页。也可参见丹比尔·富斯菲尔德:《弗兰克林·D.罗斯福的经济思想》,纽约:哥伦比亚大学出版社,1956年,第106-107页。

61. 参见雷克斯福德·G.特格韦尔:《工业纪律和其它统治艺术》(Rexford G. Tugwell, *The Industrial Discipline and other Governmental Arts*),纽约:哥伦比亚大学出版社,1933年和伯纳德·施特恩谢尔:《雷克斯福德·G.特格韦尔和新政》(Bernard Sternsher, Rexford G. Tugwell and the New Deal),新布伦斯韦克:拉特格斯大学出版社,1964年,第154-155页。

62. 威廉·E.洛伊希滕贝格:《弗兰克林·D.罗斯福和新政》(William E. Leuchtenberg, *Franklin D. Roosevelt and the New Deal*),纽约:哈珀和罗出版社,1963年,第69页。

63. 舍希特尔诉美国案,295 U. S. 495(1935年)。除了委派问题外,法庭还以商业条款为基础决定反对全国工业复兴法。

64. 西奥多·J.洛伊:《自由主义的终结》(Theodore J. Lowi, *The End of Liberalism*),纽约:诺顿出版社,1969年,第293页。

65. 321 U. S. 414(1944年)。

66. 埃利斯·W.霍利:《新政和垄断问题》(Ellis W. Hawley, *The New Deal and the Problem of Monopoly*),普林斯顿:普林斯顿大学出版社,1966年,第130-146页。

67. 罗伯特·恩格勒:《石油政治》(Robert Engler, *The Politics of Oil*),纽约:麦克米伦出版公司,1961年,第141页。

注释　521

68. 西德尼·法恩:《在蓝色鹰旗下的汽车工业》(Sidney Fine, *The Automobile Industry under the Blue Eagle*),安阿堡:密歇根大学出版社,1963 年。

69. 赫伯特·卢西:《法国与自己为敌》(Herbert Luethy, *France against Herself*),纽约:普雷格出版社,1955 年,第 5 - 27 页。

366

70. 安德鲁·肖恩菲尔德:《现代资本主义》(Andrew Shonfeld, *Modern Capitalism*),纽约:牛津大学出版社,1965 年,第 44 页。

71. 引自菲利普·M. 威廉斯:《危机和妥协》(Philip M. Williams, *Crisis and Compromise*),康涅狄格,哈姆登:阿肯丛书,1968 年,第 385 页。

72. 引自沃伦·C. 鲍姆:《法国经济与国家》(Warren C. Baum, *The French Economy and the State*),普林斯顿:普林斯顿大学出版社,1958 年,第 357 页。

73. 埃尔曼,前引书,第 82 页。

74. 引自上引书,第 134 - 135 页。

75. 对这种二元性很好的讨论见戴维·S. 兰德斯:"法国和实业家:社会和文化分析",载于爱德华·米德·厄尔(主编):《现代法国》(Edward Meade Earle, ed., *Modern France*),普林斯顿:普林斯顿大学出版社,1951 年,第 334 - 353 页。

76. 威廉斯:前引书,第 269 页。

77. 引自,鲍姆:前引书,第 175 页。还可参见阿道夫·斯特姆萨尔:"英国和法国的国有化和工人控制"(Adolph Sturmthal, "Nationalization and Workers Control in Britain and France"),《政治经济学杂志》,61 卷(1953 年 2 月),第 78 页。

78. 阿道夫·斯特姆萨尔:"法国国有化企业的结构"(Adolph Sturmthal, "The Structure of Nationalized Enterprises in France"),《政治科学季刊》,第 67 卷(1952 年 9 月),第 357 - 377 页。

79. 鲍姆:前引书,第 185 页。

80. 上引书,第 180 页。

81. 威廉斯:前引书,第 379 页。

82. 鲍姆:前引书,第 165 页。

83. 参见皮埃尔·博谢:《经济计划:法国的经验》(Pierre Bauchet, *Economic Planning: The French Experience*)(纽约:普雷格出版社,1964 年)便是一例。

522 注释

84. 鲍姆:前引书,第 281 页。

85. 斯蒂芬·科恩:《现代资本主义计划:法国的模式》,坎布里奇:哈佛大学出版社,1969 年,第 66 - 67 页。

86. 引自菲利普·M. 威廉斯和马丁·哈里森:《戴高乐共和国时期的政治和社会》(Philip M. Williams and Martin Harrison, *Politics and Society in deGaulle's Republic*),第 21 页。

87. 上引书,第 187 页。还可参见 J. E. S. 海沃德:《私人利益和公共政策》(J. E. S. Hayward, *Private Interests and Public Policy*),伦敦:朗曼出版公司,1966 年。

88. 威廉斯和哈里森:前引书,第 191 页。

89. 埃兹拉·苏莱曼:《法国的政治、权力和官僚》(Ezra Suleiman, *Politics, Power and Bureaucracy in France*),普林斯顿:普林斯顿大学出版社,1974 年,第 338 页。

90. 约翰·H. 麦克阿瑟和布鲁斯·R. 斯科特:《法国的工业计划》(John H. McArthur and Bruce R. Scott, *Industrial Planning in France*),埃布里奇:哈佛商学院,1969 年。也可参见苏莱曼:前引书,第 345 页。

91. 萨蒂:前引书,第 142 页。

92. 拉帕隆巴拉:前引书,第 7 - 11 页。

93. 肖恩菲尔德:前引书,第 240 页。

94. 这是约翰·D. 蒙哥马利的《促使自由》(John D. Montgomery, *Forced to Be Free*)(芝加哥:芝加哥大学出版社,1957 年)的主题。还可参见拉尔夫·密里本德:《资本主义社会的国家》(Ralph Miliband, *The State in Capitalist Society*),纽约:基础丛书,1969 年,第 95 页。

95.《经济学家》(*The Economist*),1939 年 12 月 9 日。引自布雷迪:前引书,第 183 页。

96.《新政治家和民族》(*New Statesman and Nation*),1938 年 4 月 2 日。引自上引书,第 187 页。

97. S. E. 芬纳:"私人资本的政治权力:第二部分",《社会学评论》(*Sociological Review*)新辑,第 4 期(1956 年 7 月),第 4 页。

98. 比尔:前引书,第 322 页。

99. 引自芬纳:"私人资本的政治权力",第 13 页。

100. 哈里斯:前引书,第 65 页。

101.《无名的帝国》,第 41 页。

102. 哈里·埃克斯坦:《压力集团政治》(Harry Eckstein, *Pressure Group Politics*),伦敦:艾伦和昂温出版社,1960 年,第 105 页。

103. 哈里斯:前引书,第 125 页。

104. 欧文·伯恩斯坦:《骚乱的年代》(Irving Bernstein, *The Turbulent Years*),波士顿:霍顿—米夫林出版社,1971 年,第 211－317 页。

105. 彼特·塞尔夫和赫伯特·J. 斯托林:《国家和农场主》(Peter Self and Herbert J. Storing, *The State and the Farmer*),伯克利和洛杉矶:加利福尼亚大学出版社,1963 年,第 24 页。

106. 上引书,第 230 页。

107. 参见麦康内尔:前引书,第 235－241 页。

108. 上引书,第 203 页。

109. 菲利浦·塞尔兹尼克:《田纳西流域管理局和基层群众》(Philip Selznick, *TVA and the Grass Roots*),伯克利:加利福尼亚大学出版社,1949 年。

110. 参见鲍姆:前引书,第 313－342 页。

111. 刘易斯·J. 埃丁杰:《德国政治》(Lewis J. Edinger, *Politics in Germany*),波士顿:小布朗出版社,1968 年,第 217 页。

112. 拉帕隆巴拉:前引书,第 235－245 页。

113. 肖恩菲尔德:前引书,第 109 页。

114. 马提翁协议的全文收在亨利·W. 埃尔曼:《从人民阵线到解放时期的法国劳工》(Henry W. Ehrmann, *French Labour from Popular Front to Liberation*),纽约:牛津大学出版社,1947 年,第 284－285 页。

115. 威廉斯和哈里森:前引书,第 351－358 页。

116. 比尔:前引书,第 207－212 页。

117. 上引书,第 215 页。

118. 杰拉尔德·A. 多尔夫曼:《1945－1967 年英国的工资政治》(Gerald A. Dorfmann, *Wage Politics in Britain, 1945－1967*),艾姆斯:衣阿华州立大学出版社,1973 年,第 145 页。

524 注释

119. 细节可参见 H. A. 克莱格:《大不列颠工业关系体制》(H. A. Clegg, *The System of Industrial Relations in Great Britain*),牛津:布莱克韦尔出版社,1972 年,书中各处。

120. 肖恩菲尔德:前引书,第 153 - 154 页。

121. 多尔夫曼:前引书,第 146 页。

122. 赫伯特·J. 斯皮罗:《德国的共同决策制政治》(Herbert J. Spiro, *The Politics of German Co-Determination*),坎布里奇:哈佛大学出版社,1958 年,第 148 - 153 页。

123. 拉尔夫·达伦多夫:《德国的社会和民主》(Ralf Dahrendorf, *Society and Democracy in Germany*),纽约:花园城:铁锚丛书,1969 年,第 184 页。

124. 伯恩斯坦:《骚乱的年代》,第 353 页,以下两段是据此书写作的。

125. 麦康内尔:前引书,第 88 页。

126. 关于英国的个案参见格雷厄姆·伍顿:《影响的政治学》(Graham Wootton, *The Politics of Influence*),坎布里奇:哈佛大学出版社,1963 年。

127. 洛韦:前引书,第 115 页。

128. 亚历克西·德·托克维尔:《美国的民主》(Alexis de Tocqueville, *Democracy in America*),纽约:诺夫出版社,1951 年,第 2 卷,第 281 页。

129. 西尔维娅·劳和健康规划,宾夕法尼亚大学:《蓝十字:出了什么问题?》,纽黑文:耶鲁大学出版社,1974 年。

130. 塞缪尔·P. 亨廷顿:"军种之间的竞争和三军的政治作用"(Samuel P. Huntington, "Interservice Competition and the Politics Role of the Armed Services"),《美国政治科学评论》(*American Political Science Review*),第 55 卷(1961 年 3 月),第 40 - 52 页;以及马撒·德西克,"导弹时代的军队院外集团"(Martha Derthick, "Militia Lobby in the Missile Age",)载于塞缪尔·亨廷顿(主编):《军人政治模式的变化》(*Changing Patterns of Military Politics*),纽约:自由出版社,1962 年,第 190 - 234 页。

131. 肖恩菲尔德:前引书,第 193 - 194 页。

132. 斯图尔特·荷兰德(主编):《作为企业的国家》(Stuart Holland, ed., *The State as Entrepreneur*),伦敦:韦登菲尔德和尼科尔森出版社,1972 年,第 243 - 264 页。

注释 525

第五章

1. 查尔斯·L. 伍德:"一个合作托拉斯"(Charles L. Wood,"A Co-opera-tive Trust"),《20 世纪》(1895 年),引自詹姆斯·吉尔伯特:《工业国家的设计》(James Gilbert,*Designing the Industrial State*),芝加哥:四边形出版社,1972 年,第 34 页。

2. 格兰特·麦康奈尔:《农业民主的衰落》(Grant McConnell,*The Decline of Agrarian Democracy*),伯克利和洛杉矶:加利福尼亚大学出版社,1959 年,第 112 页。

3. 威廉·E. 洛伊希滕贝格:《弗兰克林·D. 罗斯福和新政》(William E. Leuchtenberg,*Franklin D. Roosevelt and the New Deal*),纽约:哈珀和罗出版社,1963 年,第 141 页。

4. 这种关于对贫困开战表现了传统福利立法的中断的看法是西奥多·洛韦在《自由主义的终结》(Theodore Lowi,*The End of Liberalism*,纽约:诺顿出版社,1969 年)第 233 - 244 页中提出的。

5. 戴尔·罗杰斯·马歇尔:《反贫困的政治参与》(Dale Roger Marshall,*The Politics of Participation in Poverty*),伯克利和洛杉矶:加利福尼亚大学出版社,1971 年,第 141 页。

6. 丹尼尔·帕特里克·莫伊尼汉:《保证收入的政治运动》(Daniel Patrick Moynihan,*The Politics of a Guaranteed Income*),纽约:文塔奇丛书,1973 年,第 54 页。

7. 沙特施奈德:《半独立自主的人民》(E. E. Schattschneider,*The Semi-Sovereign People*),纽约:霍尔特,莱因哈特和温斯顿出版社,1960 年。

8. 关于国家曾经"对于娱乐经济学起重要作用"的方式,罗杰·诺尔在"美国的团体运动产业"一文[载于诺尔(主编):《政府和运动产业》(华盛顿:布鲁金斯学会,1974 年)],第 32 页讨论过。

9. 一个宗教团体行使国家权力的理想的例子是意大利的"天主教行动"。教会或是在公共部门中有自己的代表,或者它较为间接地行使公共权力。关于后者,有一个实例,这就是"天主教行动"在意大利买下了众多的电影院,这样它就有效地控制发行过程并因此扮演了非正式的许可证颁发者的代理人。参见 Joseph La Palombara，Interest Groups in Italian Politics，普林斯顿大学出版社，1964 年，第 330 - 331 页。

10. 赫伯特·希勒：《大众传播和美利坚帝国》（Herbert Schiller，*Mass Communication and American Empire*），纽约：凯利出版社，1970 年，第 19 - 29 页。

11. 罗伯特·米歇尔斯：《政党》（Robert Michels，*Political Parrties*），纽约：自由出版社，1949 年。

12. 参见拉帕隆巴拉，第 216 页。

13. 埃兹拉·N. 苏莱曼：《法国的政治、权力和官僚》（Ezra N. Suleiman，*Politics，Power，and Bureaucracy in France*），普林斯顿：普林斯顿大学出版社，1974 年，第 269 页。

14. 迪安·E. 曼：《部长助理》（Dean E. Mann, *The Assistant Secretaries*），华盛顿：布鲁金斯学会，1965 年，第 26、34、48、51、53 - 55 页。

15. 戴维·T. 斯坦利、迪安·E. 曼和詹姆逊·W. 多伊格：《统治者》（David T. Stanley，Dean E. Mann，and Jameson W. Doig，*Men Who Govern*），华盛顿：布鲁金斯学会，1967 年，第 33 - 53 页。

16. 安德鲁·肖恩菲尔德：《现代资本主义》，纽约：牛津大学出版社，1965 年。在另一处论及精英主义时作了如下简洁的评述："按照设计，官员们的手彼此生活在对方的口袋里。"上引书，第 138 页。

17. 上引书，第 230 页。还可参见斯蒂芬·科恩：《现代资本主义计划：法国模式》（Stephen Cohen，*Modern Capitalism Planning；The French Model*），坎布里奇：哈佛大学出版社，1969 年，对计划和参与作了讨论。

18. 芬纳：《无名的帝国》（S. E. Finer，*Anonymous Empire*），伦敦：帕尔梅尔出版社，1966 年，第 42 页。

19. 爱德华·希尔斯：《令人讨厌的保密》（Edward Shils，*The Torment of Secrecy*），纽约：自由出版社，1956 年，第 105 - 119 页。

20. 罗伊·W. 塞拉斯：《民主的下一步》（Roy W. Sellars，*The Next Step in Democracy*），纽约：麦克米伦公司，1916 年。引自吉尔伯特：前引书，第 34 页。

21. 引自罗伯特·恩格勒：《石油政治》（Robert Engler，*The Politics of Oil*），纽约：麦克米伦公司，1961 年，第 334 页。

22. 我们已经看到摩里斯·L. 库克在与泰勒学会的谈话中（见书前第

112 页。——英文版)、内维尔、张伯伦在讨论关税时(见书前第 124 页。——英文版)和美国劳工联盟(见书前第 143 页)都使用过这种表述方式。下一章将提到马克斯韦尔·泰勒在分析越南国内事务时使用了这种表述方法(见以下第 198 页。——英文版)。

23. 拉帕隆巴拉:前引书,第 288、298 - 299 页。

24. 菲利普·M. 威廉斯和马丁·哈里森:《戴高乐共和国的政治和社会》(Philip M. Williams and Martin Harrison, *Politics and Society in deGaulle's Republic*),纽约,花园城:铁锚丛书,1933 年,第 348 页。

25. 沃伦·C. 鲍姆:《法国的经济和国家》(Warren C. Baum, *The French Economy and the State*),普林斯顿:普林斯顿大学出版社,1958 年,第 280 页。

26. 美国诉美国烟草公司案(United States v. American Tobacco Co.) 221 U. S. 106(1911)。

27. 詹姆斯·温斯坦:《自由国家的法人理想》(James Weinstein, *The Corporate Ideal in the Liberal State*),波士顿:灯塔出版社,1968 年,第 79 页。

28. 约翰·肯尼思·加尔布雷思:《新工业国》(John Kenneth Galbraith, *The New Industrial State*),波士顿:霍顿—米夫林出版社,1971 年,第 298 页。

29. 亨利·亚当斯:《民主》,第 92 页。

30. 拉帕隆巴拉:前引书,第 221 页。

31. 菲利普·M. 威廉斯:《危机和妥协》(Philip M. Williams, *Crisis and Compromise*),康涅狄格,汉普顿:阿肯丛书,1964 年,第 247 - 248 页。

32. 查尔斯·O. 琼斯:"农业委员会和代议制问题"(Charles O. Jones, "The Agriculture Committee and the Problem of Representation"),见罗伯特·皮博迪和纳尔逊·波尔斯比(合编):《对众议院的新透视》(Robert Peabody and Nelson Polsby, eds., *New Perspectives on the House of Representatives*),芝加哥:兰德—麦克纳利出版社,1969 年第 2 版,第 161 页。

33. 威廉斯:前引书,第 429 页。

34. 参议员亨利·杰克逊(华盛顿特区)在重建双重国家中是一个人物,下一章有叙述。

35. 威廉·S. 怀特:《大本营》(William S. White, *Citadel*),纽约:哈珀出版公司,1957 年。

528　注释

36. 威廉斯：前引书，第 429 页。

37. 引自迈克尔·里根：《被管理的经济》(Michael Reagan, *The Managed Economy*)，纽约：牛津大学出版社，1963 年，第 85 页。

38. 对美国劳动者的商业意识最好的研究当数迈克尔·保罗·罗金的《1886－1932 年美国劳联中作为一种组织意识的唯意志论》(Michael Paul Rogin, "Voluntarism as an Organizational Ideology of the American Federation of Labor, 1886－1932")，芝加哥大学硕士论文，1959 年。

39. 欧文·伯恩斯坦：《骚乱年代》(Irving Bernstein, *The Turbulent Years*)，波士顿：霍顿—米夫林出版社，1971 年，第 203 页。

40. 参见马克·坎佩尔曼：《共产党对产联》(Mark Kampleman, *Communist Party versus C. I. O.*)(纽约：普雷格出版社，1957 年)和罗纳德·雷多什：《美国工人和美国外交政策》(Ronald Radosh, *American Labor and United States Foreign Policy*)，纽约：文塔奇丛书，1969 年，第 436 页。

41. 哈里·A. 米利斯和埃米莉·克拉克·布朗：《从瓦格纳法令到塔夫脱·哈特利》(Harry A. Mills and Emily Clark Brown, *From the Wagner Act to Taft-Hartley*)，芝加哥：芝加哥大学出版社，1950 年，第 655－656 页。

42. 伯恩斯坦：前引书，第 710－712 页。

43. 参见丹尼尔·贝尔：《意识形态的终结》(纽约：自由出版社，1960 年)，第 159－160 页。认为贝尔引用的资料说的是一件事而他的结论是另一回事的看法被弗兰克·皮尔斯在《权势的罪恶》(Frank Pearce, *Crimes of the Powerful*)(伦敦：普卢托出版社，1976 年，第 131－146 页)中发展。

44. 《农业民主、私人权力和美国民主的衰落》(*The Decline of Agrarian Democracy, and the Private Power and American Democracy*)，纽约：诺夫出版社 1966 年，第 343－350 页。

45. 夏尔·莫拉泽：《中产阶级的胜利》(纽约：花园城：铁锚丛书，1968 年)，第 266、277、331 页。

46. 苏莱曼：前引书，第 275－281 页。

47. 阿瑟·马斯：《一塘浑水》(Arthur Maass, *Muddy Waters*)，坎布里奇：哈佛大学出版社，1951 年。

48. 芬纳：前引书，第 38 页。

49. 刘易斯·埃丁杰:《德国政治》,波士顿:小布朗出版社,1968 年,第 199 页。

50. 亨利·埃尔曼:《法国有组织的实业》(Henry Ehrmann, *Organized Business in France*),普林斯顿:普林斯顿大学出版社,1957 年,第 480 页。

51. 恩格勒:前引书,第 215 页。

52. 洛希滕贝格:前引书,第 108 页。

53. 恩格勒:前引书,第 181 页。

54. 最好的一般性的研究至今为止仍然是肖恩菲尔德的《现代资本主义》。

55. 恩格勒:前引书,第 86 页。

56. 肖恩菲尔德:前引书,第 139 页。

57. 默里·韦登鲍姆:《现代公有部门》(纽约:基础丛书,1969 年),第 179 - 181 页。

58. 参见理查德·爱德华兹、迈克尔·赖克和戴维·戈登:《双重劳动市场的分割和美国资本主义》(Richard Edwards, Michael Reich, and David Gordon, *Dual Labor Market Segmentation and American Capitalism*),马萨诸塞州莱克星顿:希恩出版社,1976 年。

59. 沃尔特·亚当斯:"军事工业联合企业和新工业国"(Walter Adams, "*The Military Industrial Complex and the New Industrial State*"),《美国经济评论》,第 58 卷(1968 年 5 月),第 656 页。

60. 古典的陈述见默里·埃德尔曼:《政治学中象征使用》(Murry Edelman, *The Symbolic Uses of Politics*),厄巴纳:伊利诺伊大学出版社,1964 年。

61. 里根:前引书,第 196 页;麦康奈尔:《私人权力》,第 268 - 269 页。

62. 恩格勒:前引书,第 59 页。

63. 里根:前引书,第 309 页。

64. 赫伯特·J. 斯皮罗:《德国共同决策政治》,坎布里奇:哈佛大学出版社,1958 年。

65. 波皮兹和其他人:"当前工人的社会状况",引自拉尔夫·达伦多夫:《德国的社会和民主》,纽约:花园城:铁锚丛书,1969 年,第 166 页。

66. 鲍姆:前引书,第 183 页。

530　注释

67. 拉帕隆巴拉:前引书,第 375 页。

68. 上引书,第 199 页。

69. 对于现代管理观念最好的研究,见布赖恩·查普曼:《政府职业》(Brian Chapman, *The Profession of Government*),伦敦:艾伦和昂温出版社,1959 年,第 273 - 295 页。

70. 埃尔曼:前引书,第 261 页;苏雷曼:前引书,第 341 - 343 页。

71. 对这些委员会之一的最好的研究是,海沃德的《私人利益和公共政策》(J. E. S. Hayward, *Private Interests and Public Policy*),伦敦:朗曼出版公司,1966 年。

72. 安东尼奥·葛兰西:《狱中札记》,纽约:国际出版社,1971 年,第 302 - 303。

73. 查尔斯·林德布洛姆:《民生的信息》(Charles Lindblom, *The Intelligence of Democracy*),纽约:自由出版社,1966 年。这是关于公民权国家如何运作的教科书。也可参见查尔斯·林德布洛姆和罗伯特·A. 达尔:《政治学、经济学和福利事业》(Charles Lindblom and Robert A. Dahl, Politics, Economics and Welfare),纽约:哈珀出版社火炬丛书,1963 年。

74. 瑟曼·阿诺德:《政府的象征》(Thurman Arnold, *The Symbols of Government*),纽黑文:耶鲁大学出版社,1935 年,第 235 页。

75. 鲍姆:前引书,第 281 页。

76. 米歇尔·克罗齐埃:《被封锁的社会》(Michael Crozier, *La Société Bloquée*),巴黎:入门出版社,1970 年。

77. 苏莱曼:前引书,第 384 页。

78. 肖恩菲尔德:前引书,第 121 - 122 页。

79. 科恩:前引书,第 131 - 134 页。

80. 奈杰尔·哈里斯:《竞争和法人社会》(Nigel Harris, *Competition and the Corporate Society*),伦敦:梅休因出版社,1972 年,第 221 页。

81. 引自塞缪尔·比尔:《集体主义者时代的英国政治》(Samuel Beer, *British Politics in the Collectivist Age*),纽约:文塔奇丛书,1969 年,第 270 - 310 页。

82. 哈里斯:前引书,第 243 页。

83. 奈伯格:《以科学的名义》(H. L. Neiburg, *In the Name of Science*),芝加哥:四边形出版社,1966 年,第 184 - 199 页。

84. 韦登鲍姆:前引书,第 11 页。

85. 上引书,第 11 页。

86. 西摩尔·梅尔曼:《五角大楼的资本主义》(Seymour Melman, *Pentagon Capitalism*),纽约:麦格劳—希尔出版社,1970 年,第 20、72 页。

87. 韦登鲍姆:第 9 - 10 页。

88. 对这一过程的个案研究,见理查德·皮尤斯:"政策和公共行政:反贫困战争中的法律服务"(Richard Pious, "Policy and Public Administration: The Legal Services Programme in the War on Poverty"),载于艾拉·卡茨尼尔森及其他人(合编):《政治和社会文选》(Ira Katznelson et al. , eds. , *The Politics and Society Readers*),纽约:麦凯出版社,1974 年,第 101 页。

89. 韦登鲍姆:前引书,第 41 页。

90. 引自上引书,第 49 页。

91. 美国国会、联合经济委员会所属政府经济活动小组委员会:《政府经济所得和财产管理》(*Economy in Governmental Procurement and Property Management*),华盛顿,1968 年,引自梅尔曼:前引书,第 79 - 80 页。

92. 参见查尔斯·希契和罗兰德·N. 麦基恩:《核时代的防卫经济学》(Charles Hitch and Roland N. McKean, *The Economics of Defense in the Nuclear Age*),纽约:雅典娜出版社,1965 年,第 105 - 133 页。

93. 韦登鲍姆:前引书,第 48 页。

94. 上引书,第 50 页。

95. 詹姆斯·奥康诺:《国家的财政危机》(James O'Connor, The Fiscal Crisis of the State),纽约:圣马丁出版社,1973 年,第 97 页。

96. 上引书,第 17 页。

97. 韦登鲍姆:前引书,第 8 页。

98. 里克·迪顿:"加拿大的国家财政危机"(Rick Deaton, "The Fiscal Crisis of the State in Canada")和 B. 罗伊·莱莫因:"加拿大国家的成长"(B. Roy Lemoine, "The Growth of the State in Canada"),载于迪米特罗斯·鲁索波罗斯(主编):《国家政治经济学》(Dimitrios Roussopoulos, ed. , *The Politi-*

cal Economy of the State),蒙特利尔:黑玫瑰丛书,1973 年,第 18 - 87 页。

99. 戴维·布特勒和詹纳·弗里曼:《英国政治实录》(David Butler and Jenna Freeman,*British Political Facts*),伦敦:麦克米伦公司,1968 年,第 174 页。

100. 布鲁斯·拉西特等:《政治和社会指标世界手册》(Bruce Russett et al.,*World Handbook of Polictics and Social Indication*),纽黑文:耶鲁大学出版社,1964 年,第 58 - 68、303 页。

101. 奥康诺:《国家的财政危机》。

102. 这是克劳斯·奥菲在"阶级统治和政治制度"一文中的表述公式 (Claus Offe,"Class Rule and Political System")系《资本主义国家的结构问题》[Strukturprobleme des Kapitalistischen Staates][法兰克福:苏尔坎普出版社,1972 年]一书,第三章的译文油印本。

第六章

1. 引自谢尔登·沃林:《政治学和想象力》(Sheldon Wolin,*Politics and Vision*),波士顿:小布朗出版社,1960 年,第 111 页。

2. 汉斯·罗森堡:《官僚、贵族和专制政治》,波士顿:灯塔出版社,1966 年,第 46 页。

3. 埃米尔·莱德雷尔:"世界大战的社会学"(Emile Lederer,"Zur Soziologie des WeltKrieges"),引自厄内斯特·弗伦克尔:《二元国家》(Ernst Fraenkel,*The Dual State*),纽约:牛津大学出版社,1941 年,第 168 页。

4. 瓦尔特·巴奇霍特:《英国宪政》(Walter Bagehot,*The English Constitution*),伦敦:封塔那丛书,1963 年,第 64、248 - 251 页。

5. 汉斯·格特和 C. 赖特·米尔斯(合编):《马克斯·韦伯文选》(Hans Gerth and C. Wright Mills,eds.,*From Max Weber*),纽约:牛津大学出版社,1958 年,第 155 页。

6. 卡尔·曼海姆:《重建时代的人和社会》(Karl Mannheim,*Man and Society in an Age of Reconstruction*),纽约:哈维斯特丛书,无日期,第 53 页。

7. 弗伦克尔:前引书,第 xiii 页,第 205 - 206 页。

8. 罗杰·希尔斯曼:《改变一个民族》(Roger Hilsman,*To Move a Nation*),纽约:德尔塔丛书,1968 年,第 64 页。

9. 戴维·怀斯和托马斯·罗斯:《无形的政府》(David Wise and Thomas Ross, *The Invisible Government*),纽约:文塔奇丛书,1974 年,第 3 页。

10. 例如,艾伦·杜勒斯指出,他和他的兄弟曾受威尔逊的自由主义"深刻地影响",并且为威尔逊的战后世界秩序计划震颤。秘密情报机构一直被他视为达到威尔逊理想目标的唯一现实主义的手段。参见艾伦·杜勒斯:《秘密情报机构的技巧》(Allen Dulles, *The Craft of Intelligence*),纽约:哈珀和罗出版社,1963 年,第 3 页。也可参见汤森·胡普斯:《恶魔约翰·福斯特·杜勒斯》(Townsend Hoopes, *The Devil and John Foster Dulles*),波士顿:小布朗出版社,1973 年,第 31 页。

11. 斯图尔特·尤恩:《统帅意识》(Stewart Ewen, *Captains of Consciousness*),纽约:麦格劳—希尔出版社,1976 年。

12. 恩里科·诺比斯:《影子政府》(Enrico Nobis, *Il Governo Invisibile*),罗马:社会文化出版社,1955 年。

13. 吉拉尔德·梅萨迪:《私生活的终结》(Gerald Messade, *La fin de la vie Privée*),巴黎:卡尔曼—列维出版社,1974 年。

14. 马瑟:《宪章运动时代的公共秩序》(F. C. Mather, *Public Order in the Age of the Chartists*),曼彻斯特:曼彻斯特大学出版社,1959 年,第 182－225 页。

15. 戴维·威廉斯:《并非公共利益》(David Williams, *Not in the Public Interest*),伦敦:哈钦森出版社,1965 年。

16. 爱德华·S. 科温:《总统的职务及其权力》(Edward S. Corwin, *The President: Office and Powers*),纽约:纽约大学出版社 1957 年,第 238 页;怀斯和罗斯:前引书,第 211 页;保罗·Y. 哈蒙德:《防卫组织》(Paul Y. Hammond, *Organizing for Defense*),普林斯顿:普林斯顿大学出版社,1961 年,第 199 页。

17. 理查德·巴尼特:《战争的根源》(Richard Barnet, *The Roots of War*),巴尔的摩:企鹅丛书,1973 年,第 52－53 页;威廉·E. 洛伊希滕贝格:《弗兰克林·D. 罗斯福和新政》(William E. Leuchtenberg, *Franklin D. Roosevelt and the New Deal*),纽约:哈珀和罗出版社,1963 年,第 301 页。

18. 巴尼特:前引书,第 68 页。

19. 阿瑟·小施莱辛格:《帝国总统》(Arthur Schlesinger, Jr., *The Imperial Presidency*),波士顿:霍顿—米夫林出版社,1973 年,第 98 页。

534　注释

20. 美国诉柯蒂斯·赖特出口公司案,299 U. S. 304 (1936)。

21. 美国诉贝尔蒙特案,301 U. S. 324 (1937)。

22. 330 U. S. 103(1948)。

23. 科温:前引书,第 242 页。

24. 洛伊希滕贝格:前引书,第 125 页。

25. 上引书,第 327-328 页。也可参见约瑟夫·I. 科菲和文森特·P. 罗克:《总统的幕僚》(Joseph I. Coffey and Vincent P. Rock, *The Presidential Staff*),华盛顿:全国计划协会,1961 年。

26. "美帝国主义的首要起因,是由新政观念造成的极为强大的美国政府,以国内和国际姿态为确保美国人民特别是工人阶级的利益和抱负而辩护。"弗兰茨·舒尔曼:《世界霸权的逻辑》(Franz Schurmann, *The Logic of World Power*),纽约:万神丛书,1974 年,第 42 页。

27. 从广阔的不同政治视野出发的两种很好的研究成果是迪米特里奥·卡拉利的《军事统一的政治学》(Demetrios Caraley, *The Politics of Military Unification*)(纽约:哥伦比亚大学出版社,1966 年)和罗伯特·波罗塞奇:"国民防卫国家的形成",载于伦纳德·S. 罗德伯格和德里克·希勒(合编):《五角大楼守夜人》(Leonard S. Rodberg and Derek Shearer, eds. , *The Pentagon Watchers*)(纽约:花园城,铁锚丛书,1970 年)。

28. 《战争和海军部以及战后国民防卫组织的统一》(给詹姆斯·福里斯特尔阁下的报告,1945 年 10 月 22 日)(华盛顿:政府出版署,1945 年),第一份。以下称埃伯施塔特报告。

29. 政府执行分部组织委员会《国民防卫组织》(华盛顿:政府出版署,1949 年)第一份,以下称胡佛委员会。

30. 美国参议院军队事务委员会《国民防卫设置》(第 80 次大会第一次会议,1947 年),第 31 页。以下称希尔林斯。

31. 埃伯施塔特报告,第 8 页。

32. 希尔斯曼:前引书,第 62 页。

33. 希尔林斯:前引文,第 176 页。

34. 国会议事录,第 80 次大会,第一次会议(第 93 卷,第七部分),第 9421 页。

注释　535

35. 希尔林斯:前引文,第 215 页上加以强调。

36. 希尔林斯:前引文,第 526 - 528 页。

37. 埃伯施塔特报告,第 17 页。

38. 胡佛委员会,前引文,第 3 页。

39. 埃伯施塔特报告,第 3 页上加以强调。

40. 费利克斯·吉尔伯特(主编):《奥托·欣茨历史论文集》(Felix Gilbert, ed. , *The Historical Essays of Otto Hintze*),纽约:牛津大学出版社,1975 年,第 214 页。

41. 塞缪尔·P. 亨廷顿:《军人和国家》(Samuel P. Huntington, *The Soldier and the State*),纽约:文塔奇丛书,1946 年,第 270 - 271 页。

42. 瓦尔特·拉夫伯:《新帝国》(Walter LaFeber, *The New Empire*),纽约,伊萨卡:康沃尔大学出版社,1963 年。

43. 莫里斯·贾诺维茨:《职业军人》(Walter Janowitz, *The Professional Soldier*),纽约:自由出版社,1960 年,第 86 - 89 页。

44. 舒曼:前引书,第 438 页。

45. 埃伯施塔特报告,第 8 页。

46. 美国政治科学学会:《朝着更有责任感的两党制度》(*Towards a More Responsible Two-Party System*),纽约:莱因哈特出版社,1950 年。

47. 哈里·S. 杜鲁门:《考验和希望的年代》(Harry S. Truman, *Years of Trial and Hope*),第 2 卷,回忆(纽约:花园城:道布尔迪出版社,1956 年),第 60 页。引自哈蒙德:前引书,第 230 页。

48. 希尔林斯:前引文,第 27 页。

49. 希尔林斯:前引文,第 22 页。

50. 基恩·L. 克拉克和劳伦斯·J. 莱热尔:《总统和对国家安全的管理:防卫分析研究所的报告》(Keith L. Clark and Laurance J. Legere, *The President and the Management of National Security: A Report by the Institute for Defense Analysis*),纽约:普雷格出版社,1969 年,第 58 页。

51. 美国参议院军队事务委员会,1949 年国家安全法修正案(第 81 届国会第一次会议,1949 年)(U. S. Senate Armed Service Committee, National Security Act Amendment of 1949)。

536　注释

52. 胡佛委员会,第 4 页。

53. 克拉克和莱杰尔,第 58 页。

54. 希尔林斯,第 89 - 111 页。

55. 它的成员有罗伯特·洛维特、万尼瓦尔·布什、密尔顿·艾森豪威尔、罗伯特·萨尔诺夫、阿瑟·弗莱明和奥马尔·布拉德利。参见哈蒙德,第 263 - 264 页。

56. 彼特·莱恩:《艾森豪威尔:英雄形象》(Peter Lyon, *Eisenhower: Portrait of a Hero*),波士顿:小布朗出版公司,1974 年,第 646、669 页。

57. 汉斯·摩根索:"我们能够把防卫委托给一个委员会吗?"(Hans Morgenthau, "Can We Entrust Defense to a Committee?"),《纽约时代杂志》,1959 年 6 月 7 日;亨利·A.基辛格:"政策制订和知识分子"(Henry A. Kissinger, "The Policy maker and the Intellectuals"),《报导者》,1969 年 3 月 5 日。也可参见希尔斯曼,第 20 - 21 页、第 25 页。

58. 参议员格拉韦尔编辑:《五角大楼文件》(*The Pantagon Paper*),波士顿:灯塔出版社,1971 年,第一卷,第 511 页。

59. 前引书第 593 页。

60. 引自博罗塞奇,第 10 页。

61. 埃伯施塔特报告,第 21 页。

62. 参见收入埃施塔特报告的提出的组织略图,它展望了国民安全资源局领导的负责外交和军事政策和负责国内政策和经济政策的政府部门全景。

63. 埃伯施塔特报告,第 16 页。着重号是原有的。

64. 关于博拉,参见威廉·A.威廉斯:《美国外交的悲剧》(William A. Williams, *The Tragedy of American Diplomacy*),纽约:德尔塔丛书,1962 年,第 118 页。

65. 加布里埃尔·科尔柯:《战争政策》(Gabril Kolko, *The Politics of War*),纽约:兰登书屋,1968 年;加布里埃尔和乔伊斯·科尔柯:《权力的局限性》(*The Limits of Power*),纽约:哈珀和罗出版社,1972 年。

66. 参见《战争政策》,第 64 - 69、356 - 358 页。

67.《五角大楼文件》,第 2 卷,第 241 - 242 页。

68. 前引书,第 128 页。

注释　537

69. 前引书,第 137 页。

70. 参见下文,第 112、124、143 页。

71.《五角大楼文件》,第 2 卷,第 120 页。

72. 马克斯韦尔·泰勒备忘录,上引书,第 137 页。

73. 这些故事全都在怀斯和罗斯前引书第 91－183 页中详细叙述。

74. 小阿瑟·施莱辛格:《一千天》(Arthur Schlesinger, Jr. , *A Thousand* 376 *Days*),波士顿:霍顿—米夫林出版社,1965 年,第 297 页。

75. 舒尔曼,第 419 页。

76. 怀斯和罗斯,第 184－197 页。

77.《五角大楼文件》,第 2 卷,第 32 页。

78. 希尔斯曼:第 21 页。

79. 美国参议院杰克逊小组委员会报告:《国家政策机构调查》(华盛顿:政府出版署,1961 年);克拉克和莱格尔,第 70 页。

80. 希尔斯曼,第 31 页。

81. 在林登·约翰逊手下制订外交政策的官员之一指出,到 1967 年,一个“外交军事官僚有影响的部分”“由于他们自己无能”已经变得“完全无效”。汤森·胡普斯:《干预的局限性》(Townsend Hoopes, *The Limits of Intervention*,纽约:麦凯出版社,1969 年),第 116 页。尽管这个观点难以描述同一个人在此同时很重要和有影响,它仍然是站得住脚的。

82. 拉尔夫·斯塔文斯:“华盛顿决定越南的命运:1954－1965 年”(Ralph Stavins, "Washington Determines the Fate of Vietnam; 1954－1965"),载于拉尔夫·斯塔文斯、理查德·J. 巴尼特和马尔库斯·拉斯金:《华盛顿计划一场侵略战争》(Ralph Stavins, Richard J. Barnet, and Marcus G. Ruskin, *Washington Plan an Aggressive War*),纽约:伦多姆豪斯出版社,1971 年,第 59、72 页。

83. 在 1974 年 12 月,一家美洲电视网关于美国对古巴导弹危机的反应的虚构的故事。在屏幕上描绘了肯尼迪二元国家的核心集团(麦克纳马拉、泰勒、邦迪等)围着一张大桌子站立。聚集在纽约西奥多·索伦森公寓的完全是同一批人,他们在观看他们自己作为演员的表演。当被问到有何反应时,索伦森说,电视作品未能捕捉到原本的精神;不管它是否如此,想象着观看被政治学家称作“演员”的人观看真的演员设法夺取位于二元国家心脏的想象的世界。参见《纽约时报》,1974 年 12 月 19 日,第 74 版。

84. 斯塔文斯,第 98 页。当斯塔文斯宣称"日渐依靠偷偷摸摸的活动,是直接与帝国的军事扩张相关联的"(前引书,第 108 页),我得提出完全相反的论点,即二元国家加剧了帝国的收缩。

85. 引自约瑟夫·C.古尔登:《真理是第一个受伤者》(Joseph C. Goulden, *Truths Is the First Casualty*),芝加哥:兰德—麦克纳利出版社,1969 年。

86. 斯塔文斯,第 102 页。

87. 伦道夫·伯恩:《战争和知识分子》(Randolf Bourne, *War and Intellectuals*),纽约:哈珀火炬丛书,1969 年,第 71 页。

88. 美国中央情报局在国内活动的证据收藏在洛克菲勒和丘奇关于美国中央情报局的报告中。对前者的一种分析,参见艾伦·沃尔夫:"上流人士的传统做法",载于《国家》,1975 年 8 月 16 日,第 108 - 112 页。

89.《纽约时报》,1974 年 12 月 22 日,第 1 版。

90. 引自上引书,第 26 页。

91. 因为我在本人的著作《民主的丑恶一面》(*The Seamy Side of Democracy*,纽约:麦凯出版社,1973 年)中相当详细地探讨了这个问题。我有意识地在这段中只作了概括。

92. 杰布·斯图尔特·马格鲁德:《一个美国人的生活》(Jeb Stuart Magruder, *An American Life*),纽约:雅典娜出版社,1974 年,第 219 - 220 页。

93.《华盛顿邮报》:《总统的记录》(*The Presidential Transcripts*),纽约:德尔出版社,1974 年,第 105 页。

94. 前引书,第 444 页。

95. 前引书,第 192 页。

96.《纽约时报》:《一个总统任期的终结》(The End of a Presidency),纽约:矮脚鸡丛书,1974 年,第 135 - 136 页。

97. 作为异化政治一种特征的"安抚"的重要性,在马尔库斯·拉斯金的《关于旧体制的事记》(Marcus Raskin, *Notes on the Old System*,纽约:麦凯出版社,1974 年)第 53 页有所讨论。

98.《一个总统任期的终结》,第 140 页。

99. 卡尔·伯恩斯坦和鲍勃·伍德沃德:《总统全传》(Carl Bernstein and

Bob Woodward, *All the President's Men*),纽约:西蒙和舒斯特,1974年,第176-177、189-191页。

100.《一个总统任期的终结》,第328页。

101. 前引书,第347页。

102.《总统的记录》,第346页。

103. "梅迪亚文件"已在保罗·考恩、尼克·埃格尔森和纳特·亨托夫的《国家机密》(Paul Cowan, Nick Egleson, and Nat Hentoff, *State Secrets*,纽约:霍尔特-莱因哈特和温斯顿出版社,1974年)第105-217页发表。

104.《纽约时报》,1974年12月22日,第1版。

105. 引自戴维·哈伯斯塔姆:《辉煌至极》(David Halberstam, *The Best and the Brightest*),康涅狄格格林尼治:福西特出版社,1973年,第498页。

第七章

1. 戴维·P. 卡莱奥和本杰明·M. 罗兰:《美国和世界政治经济》(David P. Calleo and Benjamin M. Rowland, *America and the World Political Economy*),布罗明顿:印第安纳大学出版社,1973年,第36页。

2. 引自劳埃德·C. 加德纳:《幻觉的创制者》(Lloyd C. Gardner, *Architects of Illusion*),芝加哥:四边形出版社,1970年,第123页。

3. 引自前引书,第134页。

4. 前引书,第129页。

5. 加布里埃尔·科尔柯:《战争的根源》(Gabriel Kolko, *The Roots of War*),纽约:蓝登书屋,1968年,第257页。

6. 引自加德纳,第132页。

7. 卡勒奥和罗兰,第37页。

8. 引自科尔科,第462-463页。

9. 卡勒奥和罗兰,第43页。

10. 引自理查德·N. 加德纳:《追求世界秩序》(Richard N. Gardner, *In Pursuit of World Order*),纽约:普雷格出版社,第37页。

11. 上引书,第38页。

12.《纽约时报》,1975年5月21日,第1、18版。

13. 乔治·鲍尔:"公民权和跨国公司"(George Ball, "Citizenship and the Multinational Corporation"),《社会研究》,第 41 期(1974 年冬季号),第 671 页。

14. 引自科尔科,第 470 页。

15. 劳埃德·加德纳:《幻觉的创制者》。

16. 基青格:《欧洲整合的政治学与经济学》(U. W. Kitzinger, *The Politics and Economics of European Integration*),纽约:普雷格出版社,1963 年,第 6 页。

17. 瓦尔特·哈尔斯坦:《形成中的欧洲》(Walter Hallstein, *Europe in Making*),纽约:诺顿出版社,1973 年,第 45 页。引自戈登·亚当斯:"欧洲资本主义,国家和欧洲共同体"(未刊论文)。

18. 引自基青格,第 11 页。

19. 引自上引书,第 23 页。

20. 上引书,第 7 页。

21. 利昂·N. 林德伯格和斯图尔特·沙因戈尔德:《欧洲势必成为国家》(Leon N. Lindberg and Stuart A. Scheingold, *Europe's Would-Be Polity*),新泽西,英格利伍德-克利夫:普伦蒂斯豪尔出版社,1970 年,第 8 页。

22. 尼科斯·波朗查斯:"资本主义关系的国际化和民族国家"(Nicos Poulantzas, "Internationalization of Capitalist Relations and the Nation State"),载《经济和社会》,第 3 期(1974 年 5 月),第 172 页。

23. 林德伯格和沙因戈尔德,第 22 页。

24. 参见米切尔·基德隆:《战后西方资本主义》(Michael Kidron, *Western Capitalism since the War*),修订版,巴尔的摩:企鹅丛书版,1970 年,第 97 页。

25. 亚当斯,第 14 - 15 页。

26. 斯图尔特·A. 沙因戈尔德:"戴高乐诉哈尔斯坦",《美国学者》,第 35 期(1966 年夏季号),第 478 页。

27. 鲍尔:第 657 页。

28. 理查德·J. 巴尼特和罗纳德·E. 马勒:《全球扩展》(Richard J. Barnet and Ronald E. Muller, *Global Reach*),纽约:西蒙和舒斯特,1974 年,第 363 页。

29. 斯蒂芬·海默:"跨国公司的效率(否定)"(Stephen Hymer, "The Efficiency (Contradictions) of Multinational Corporations"),《美国经济评论》,第 60 期(1970 年 5 月),第 441 页。

30. 迈拉·威尔金斯:《跨国企业的出现》(Myra Wilkins, *The Emergence of Multinational Enterprise*),坎布里奇:哈佛大学出版社,1970 年版。

31. 迈拉·威尔金斯:《跨国企业的成熟》(The Maturing of Multinational Enterprise),坎布里奇:哈佛大学出版社,1974 年,第 329 页。

32. 雷蒙德·弗农:《海湾的统治权》(Raymond Vernon, *Sovereignty at Bay*),纽约:基础丛书,1971 年,第 103 页。

33. 美国参议院财政委员会:《跨国公司和世界经济》(*The Multinational Corporations and the World Economy*),华盛顿:政府印刷局,1973 年。

34. 这里基本上是根据弗农在《统治权》一书中提出的观点。

35. 上引书,第 83 页。加上了着重号。

36. 罗伯特·罗索恩和斯蒂芬·海默:《跨国公司和国际寡头政治》(Robert Rowthorn and Stephen Hymer, "Multinational Corporations and International Oligarchy"),载于查尔斯·P. 金德尔伯格(主编):《国际公司》(Charles P. Kindleberger, ed., *The International Corporation*),坎布里奇:MIT 出版社,1970 年,第 57-91 页。

37. 罗伯特·罗索恩:《国际大企业,1957-1967 年》(*International Big Business*,1957-1967),剑桥大学出版社,1971 年,第 84-85 页。还可参见斯蒂芬·海默:"美国跨国公司与日本人在太平洋的竞争",准备提交 1970 年在智利比尼亚德尔马举行的太平洋会议。

38. 斯蒂芬·海默:《跨国公司和不均衡发展》,载于 J. N. Bhagwati(主编):《经济学和世界秩序》(*Economics and World Order*),纽约:麦克米伦公司,1972 年,第 121 页。

39. 前引书,第 133 页。

40. "简单性"在理解自由主义的重要性在迈克尔·保罗·罗金的《父与子》(Michael Paul Rogin, *Fathers and Children*,纽约:克诺夫出版社,1975 年)中得到强调。

41. 罗伯特·A. 帕肯安:《自由美国和第三世界》(Robert A. Packenham, *Liberal America and the Third World*),普林斯顿:普林斯顿大学出版社,1973 年。

42. 引自巴尼特和马勒,第 86 页。

43. 引自上引书,第 40 页。

542　注释

44. 威尔金斯:《跨国企业的成熟》,第 50 页。以下这段是根据她的书写成的。

45. 安东尼·桑普森:《国际电报电话公司的独立王国》(Anthony Sampson, *The Sovereign State of ITT*),康涅狄格,格林尼治:福西特丛书,1974 年,第 45—46 页。

46. 杰克·N. 贝尔曼:《美国国际公司和政府》(Jack N. Behrman, *U. S. International Business and Governments*),纽约:麦格劳—希尔出版社,1971 年,第 12-14 页。以下诸段落依靠该书叙述写成。

47. 卡莱奥和罗兰,第 119 页。

48. 贝尔曼,第 212 页。

49. 阿尔贝托·马蒂内利和尤金尼奥·索迈尼:"民族国家和跨国公司"(Alberto Martinelli and Eugenio Somaini, "National States and Multinational Corporations"),《资本主义国家》,1 (1973 年),第 74 页。

50. 罗伯特·吉尔平:"跨国经济关系政治学"(Robert Gilpin, "The Politics of Transnational Economic Relations"),载于罗伯特·O. 基奥恩和小约瑟夫·S. 奈(合编):《跨国关系和世界政治》,坎布里奇:哈佛大学出版社,1973 年,第 69 页。

51. 引自巴尼特和马勒,第 64 页。

52. 弗农,第 191 页。

53. 引自巴尼特和马勒,第 56 页。

54. 上引书,第 111 页。

55. 上引书,第 89 页。

56. "在美国大公司屏蔽下的中央情报局在海外的隐蔽活动",《纽约时报》,1975 年 5 月 11 日,第 38 页。

57. 贝尔曼,第 155 页。

58. 菲利普·阿吉:《公司内部》(Philip Agee, *Iuside Company*),伦敦:企鹅丛书,1975 年,第 277 页。

59. 上引书,第 297 页。

60. 理查德·伊尔斯:"跨国公司的情报功能"(Richard Eels, "Multinational Corporations: The Intelligence Function"),载于考特尼·布朗(主编)《世界商业:希望和问题》,纽约:麦克米伦公司,1970 年,第 140-155 页。

注释　543

61. 桑普森，第 255 - 256 页。

62. 罗宾·默里："资本国际化和民族国家"，载于约翰·邓宁（主编）：380
《跨国企业》（John Dunning, ed., *The Multinational Enterprise*），伦敦：艾伦
和昂温出版社，1971 年，第 285 - 286 页。

63. 查尔斯·P. 金德尔伯格：《美国海外商业》（Charles P. Kindleberger,
American Business Abroad），纽黑文：耶鲁大学出版社，1969 年，第 207 页。

64. 刘易斯·特纳：《跨国公司和第三世界》（Lewis Turner, *Multinational
Corporations and the Third World*），纽约：希尔和万选出版社，1973 年。也可参见
卡里·莱维特：《无言的让渡：跨国公司在加拿大》（Kari Levitt, *Silent Surren-
der: The Multinational Corporation in Canada*），纽约：圣马丁出版社，1970 年。

65. 谢尔·斯杰尔斯贝克：《20 世纪国际非政府组织的成长》（Kjell
Skjelsback, *The Growth of International Nongovernmental Organisation in
the Twentieth Century*），载于基奥恩和奈，第 75 页。

66. 桑普森，第 65 页。

67. 马蒂内利和萨迈尼，第 74 页。

68. 兹比格纽·布热津斯基：《处于敌对世界中的美国》（Zhigniew Brzezin-
ski, *American in a Hostile World*），纽约：基础丛书，即出；对另一种肯定会对卡
特政府产生影响的分析，参见爱德华·R. 弗里德和菲利普·H. 特雷齐斯："世
界经济中的美国"（Edward R. Fried and Philip H. Trezise, "The United States in
the World Economy"），载于亨利·欧文和查尔斯·L. 舒尔兹（合编）：《确定下
十年国家优先考虑的事》，华盛顿：布鲁金斯学会，1976 年，第 167 - 226 页。

69. 卡尔·凯泽："跨国关系对于民主过程的威胁"（Karl Kaiser, "Trans-
national Relation as a Threat to the Democratic Process"），载于基奥恩和奈，
第 356 页。

70. 巴尼特和马勒，第 113 页。

插曲

1. 詹姆斯·奥康纳：《阶级斗争》（James O'Connor, *The Class Strug-
gle*），即将出版。奥康纳使用的"非积累"一词出自马丁·J. 斯克拉的重要文
章"论无产阶级革命和政治—经济社会的终结"，载于《激进的美国》，第 3 期

544 注释

(1969年5—6月),第1—41页。

2. 恩斯特·曼德尔:《晚期资本主义》(Ernst Mandel, *Late Capitalism*),伦敦:新右派丛书,1975年,第216页。还可参见第206—210页。

3. 对非积累一词的说明以及对它的政治和文化联系的分析,参见戴维·戈尔德、伊莱·札热茨基和我本人关于该主题正在写的著作。

4. 于尔根·哈贝马斯:《合法化危机》,波士顿:灯塔丛书,1975年版。

5. 罗伯特·诺齐克:《无政府、国家和乌托邦》(Robert Nozick, *Anarchy, State and Utopia*),纽约:基础丛书,1973年。

6. 约翰·罗尔斯:《正义论》(John Rawls, *A Theory of Justice*),坎布里奇:哈佛大学出版社,1973年。

7. 杰伊·福里斯特:《世界的原动力》(Jay Forrester, *World Dynamics*),剑桥:赖特—阿兰出版社,1971年。

8. 丹尼尔·贝尔:《后工业社会的来临》,纽约:基础丛书,1973年。

9. 路易·阿尔都塞:《读〈资本论〉》,伦敦:新左派丛书,1970年。

第八章

1. 伊恩·高夫:"发达资本主义的国家支出"(Ian Gough, "State Expenditure in Advanced Capitalism"),《新左派评论》(*New Left Review*),第92期(1975年7至8月),第60页。

2. 上引书,第59页。

3. 例如可参见查尔斯·I. 肖特兰德(主编):《福利国家》(Charles I. Schottland, ed., *The Welfare State*),纽约:哈珀和罗出版社,1967年。

4. 哈里·K. 格维兹:《自由主义的演进》(Harry K. Girvetz, *The Evolution of Liberalism*),纽约:科利尔丛书,1966年,第255页。

5. 让·穆兰俱乐部:《国家和公民》(Club Jean Moulin, *L'Etat et le citoyen*),巴黎:入门出版社,1961年,第25、26、95页。

6. 理查德·克洛瓦德和弗兰西斯·福克斯·皮文:《控制穷人》(Richard Cloward and Frances Fox Piven, *Regulating the Poor*),纽约:万神出版社,1971年。

注释　545

7. D. C. 马什:《福利国家》(D. C. Marsh, *The Welfare State*),伦敦:朗曼出版公司,1970 年,第 20 页。

8. 米歇尔·克罗齐埃、塞缪尔·P. 亨廷顿和约基·瓦塔努基:《民生统治的可能性》(Michel Crozier, Samuel P. Huntington, and Joji Watanuki, *The Governability of Democracies*),纽约:三边委员会,1957 年,第 5 章,第 8 页。

9. 詹姆斯·奥康纳:《国家的财政危机》(James O'Connor, *The Fiscal Crisis of the State*),纽约:圣马丁出版社,1973 年。

10. 西奥多·索伦森:《肯尼迪》(Theodore Sorenson, *Kennedy*),纽约:哈珀和罗出版社,1965 年,第 683－684 页。引自格雷厄姆·埃利森:《决定的要素》(Graham Allison, *Essence of Decision*),波士顿:小布朗出版社,1971 年,第 124 页。

11. 阿利森,第 61 页。

12. 前引书,第 210 页。

13. 丹尼尔·帕特里克·莫伊尼汉:《收入担保的政治学》(Daniel Patrick Moynihan, *The Politics of a Guaranteed Income*),纽约:文塔奇丛书,1973 年。

14. 米歇尔·克罗齐埃:《被封锁的社会》(Michel Crozier, *The Stalled Society*),纽约:维金出版社,1973 年,第 99 页。

15. 盖伊·洛德:《法国的预算制订过程》(Guy Lord, *The French Budgetary Process*),伯克利和洛杉矶:加利福尼亚大学出版社,1973 年,第 xi 页。

16. 迈克尔·尚克斯:《停滞的社会》(Michael Shanks, *The Stagnant Society*),巴尔的摩:企鹅丛书,1961 年。

17. 特雷弗·史密斯:《反政治学:大不列颠的一致意见、改革和抗议》(Trevor Smith, *Anti-Politics: Consensus, Reform and Protest in Great Britain*),伦敦:奈特出版社,1972 年,第 36 页。

18. P. A. 阿勒姆:《意大利:无政府的共和国》(P. A. Allum, *Italy: Republic Without Government*),纽约:诺顿出版社,1973 年,第 246、248 页。

19. 西奥多·洛伊:"决策形成对政策制订:寻求一种专家治国论的解毒剂"(Theodore Lowi, "Decision Making v. Policy Making: Toward an Antidote for Technocracy"),《公共行政评论》,第 30 期(1970 5－6 月),第 314 页。

20. 克劳斯·奥菲:"资本主义国家的理论和政策形成问题",未刊文章,

1974 年 5 月,第 5 - 15 页。

21. 于尔根·哈贝马斯:《合法化危机》,波士顿:灯塔出版社,1975 年。

22. 克劳斯·奥菲:"阶级统治和政治制度:论政治制度的选择"(Claus Offe, "Class Rule and the Political System: On the Selectiveness of Political Institutions"),《资本主义国家的结构问题》(*Strukturprobleme des Kapitalistischen Staate*),法兰克福:苏尔坎普出版社,1972 年,第 3 章,油印英译本。

23. 哈贝马斯,第 62 - 63 页。

24. 沃尔克·龙奇:"发达资本主义社会行政的政治化"(Volker Ronge, "The Politicization of Administration in Advanced Capitalist Societies"),载《政治研究》,第 22 期(1974 年 3 月),第 86 - 93 页。

25. 休·希克洛:"美国行政管理和预算局与总统"(Hugh Heclo, "OMB and the Presidency"),《公共利益》,1975 年冬季号,第 84 页。

26. 前引书,第 94 - 95 页。

27. 奥康纳,第 24 页。

28. 斯蒂芬·莱布弗里德:"禁烟和保健运动时期(1968 - 1971)美国中央政府行政结构的改革"(Stephen Leibfield, "U. S. Central Government Reform of the Administrative Structure during the Ash Period (1968 - 1971)"),《资本主义国家》,第 2 期(1973),第 17 - 30 页。

29. 休·希克洛和阿伦·怀尔达夫斯基:《使用社会财富的私人政府》(Hugh Heclo and Aaron Wildavsky, *The Private Government of Public Money*),伯克利和洛杉矶:加州大学出版社,1974 年,第 117 页。

30. 塞缪尔·比尔:"英国政治的现代化",文塔奇版《集体主义时代的英国政治学》一书跋。纽约:文塔奇丛书,1969 年,第 390 - 434 页。

31. 高夫,第 85 页。

32. 埃兹拉·苏莱曼:《法国的政治、权力和官僚》(Ezra Suleiman, *Politics, Power and Bureaucracy in France*),普林斯顿:普林斯顿大学出版社,1974 年,第 272 页。

33. 奥菲:"资本主义国家的理论",第 22 页。

34. 赫克洛和怀尔达夫斯基,第 204 - 205 页。

35. 前引书,第 15 页。

注释 547

36. 爱德华·韦斯班德和托马斯·M.弗兰克:《不再抗议》(Edward Weisband and Thomas M. Franck, *Resignation in Protest*),纽约:格罗斯曼出版社,1975 年,第 72 页。

37. 前引书,第 143 页。

38. 戴维·哈伯斯塔姆:《辉煌至极》(David Halberstam, *The Best and Brightst*),康涅狄格,格林尼治:福西特丛书,1973 年,第 326 - 344 页。

39. 克罗齐埃:《被封锁的社会》,第 174 - 175 页。

40. 赫克洛和怀尔达夫斯基,第 117 页。

41. 马丁·兰道:"过剩、理性、重复和叠盖问题"(Martin Landan, "Redundancy, Rationality, and the Problem of Duplication and Overlap"),《公共行政评论》,第 34 期,1969 年 7 - 8 月,第 346 - 358 页。

42. 参见阿伦·怀尔达夫斯基:《预算编制过程的政治》(Aron Wildavsky, *The Politics of the Budgetary Process*,波士顿:小布朗出版社,1964 年)关于对这一立场的辩护。

43. 关于重复引用的例子,参见乔纳森·谢尔:《幻觉的时代》(Jonathan Schell, *The Time of Illusion*),纽约:克诺夫出版社,1975 年。

44. 阿伦·怀尔达夫斯基:"面对目标的战略退却"(Aaron Wildavsky, "The Strategic Retreat on Objectives"),伯克利:加利福尼亚大学公共政策研究生院,工作文件第 45 号,1976 年。

45. 查尔斯·L.舒尔兹:"政府的刚愎易怒、刺激和无效率"(Charles L. Schulze, "Perverse Incentives and the Inefficiency of Government"),载于罗伯特·H.哈夫曼和罗伯特·D.哈姆林(合编):《联邦政策的政治经济学》,纽约:哈珀和罗出版社,1973 年,第 20 页。

46. 对于这些类型改革的政治分析,参见莱布弗里德:"政府改革"。

47. 阿伦·怀尔达夫斯基:"根据工作效率设计预订法对救济政策的分析"("Rescuing Policy Analysis from PPBS"),《公共行政评论》,第 34 期(1969 年 4 月),第 189 - 202 页。

48. 赫克洛和怀尔达夫斯基,第 241 页。

49. 奥康纳,第 77 页。

50. 赫克洛和怀尔达夫斯基,第 188 页。

548　注释

51. 奥菲:《结构问题》,第 10 页。

52. 例如可参见马休·A.克伦松:《空中污染的非政治性》(Matthew A. Crenson, *The Unpolitics of Air Pollution*),巴尔的摩:约翰·霍普金斯大学出版社,1971 年,以及彼特·巴克拉克和莫尔顿·巴拉兹:"决策和非决策",《美国政治科学评论》,第 57 期(1963 年 9 月),第 632 - 642 页。

53. 塞缪尔·P.亨廷顿:《军人和国家》(Samuel P. Huntington, *The Soldier and the State*),纽约:文塔奇丛书,1964 年,第 39 页。

54. 理查德·J.巴内特和罗纳德·马勒:《全球研究》,纽约:西蒙和舒斯特出版社,1974 年,第 243 页。

55. 怀尔达夫斯基:《预算编制过程》,第 60 页。

56. 弗兰茨·舒曼:《世界霸权的逻辑》(Franz Schumann, *The Logic of World Power*),纽约:雅典娜丛书,1974 年,第 39 页。

57. 西奥多·洛伊:《自由主义的终结》,纽约:诺顿出版社,1969 年,第 144 页。

58. 前引书,第 93 页。

59. 约瑟夫·拉帕隆巴拉:《意大利政治中的利益集团》,普林斯顿:普林斯顿大学出版社,1964 年,第 343 页。

60. 怀尔达夫斯基:《预算编制过程》,第 167 页。

61. 前引书,第 153 页。

62. 瑟曼·阿诺德:《政府的象征》(Thurman Arnold, *The Symbols of Government*),纽黑文:耶鲁大学出版社,1953 年;默里·埃德尔曼:《政治学中象征的使用》(Murray Edelman, *The Symbolic Uses of Politics*),厄巴纳:伊利诺伊大学出版社,1964 年。

63. 埃德尔曼,第 39、68 页。

64. 阿利森,第 226 页。

65. 舒尔曼,第 426 页。

66. 哈伯斯塔姆,第 153 页。

67. 前引书,第 542 页。

68. 杰布·斯图尔特·马格鲁德:《一种美国生活:一个人通往水门之路》(Jeb Stuart Magrude, *An American Life : One Man's Road to Watergate*),

纽约:袖珍本,1975 年,第 2 页。

69. 丹·拉瑟和加里·保罗·盖茨:《宫廷警卫队》(Dan Rather and Gary Paul Gates, *The Palace Guard*),纽约:哈珀和罗出版社,1974 年,第 236 页。

70. 赫克洛和怀尔达夫斯基,第 7 - 8 页。

71. 前引书,第 34 页。

72. 莫伊尼汉,第 10 - 11 页。

73. 怀尔达夫斯基:《预算编制过程》,第 170 页。

74. 引自巴尼特和马勒,第 264 页。

75. 哈尔伯斯塔姆,第 221 页。

76. 前引书,第 349 页。

77. 汉娜·阿伦特:《共和国的危机》(Hannah Arendt, *Crisis of the Republic*),纽约:哈科特-布雷斯-贾瓦诺维奇出版社,1972 年,第 31 - 36 页。

78. 国家具体化的概念与葛兰西的中央集权化的学说相似,不同之处在于,不知何种原因,葛兰西的概念以一种非常混乱的方式表达出来。参见安东尼奥·葛兰西:《狱中笔记》(纽约:国际出版社,1971 年),第 268 - 269 页。

79. 马修·阿诺德:《文化与无政府状态》(Mattrew Arnold, *Culture and Anarchy*),剑桥大学出版社,1968 年,第 166 页。

80. 亨利希·冯·特赖奇克:《政治学》(Henrich von Treitschke, *Politics*),纽约:哈科特-布雷斯和世界出版社,1963 年,第 31 页。

81. 埃米尔·迪尔凯姆:《职业伦理和市民道德》(Emile Durkheim, *Profe-ssinal Ethics and Civil Moral*),纽约:自由出版社,1958 年,第 51 页。

82. 前引书,第 64 页。

83. 前引书,第 157 页。

84. 好的例子包括尼古拉斯·卢曼的《通过法律手续合法化》(Nicholas Luhmann, Legitimation durch Verfahren,新维德:Luchtenhand 出版社,1969 年);在让·梅诺《专家治国论》(Jean Meynaud, *Technocracy*,纽约:自由出版社,1969 年)以及戴维·伊斯顿《政治生活的系统分析》(David Easton, *A Systems Analysis of Political Life*)(纽约:威利出版社,1967 年)中列举的例证。

85. 罗伯特·肯尼迪:《十三天》(Robert Kennedy, *Thirteen Days*),纽约:诺顿出版社,1969 年,埃利森,第 133 页引用。

550　注释

86. 米歇尔·德勃雷:《国家公职》(Michael Debré, *Au Service de la nation*),巴黎:斯托克出版社,1963 年,第 228－229 页。

87. 米歇尔·德勃雷:《法兰西的信念》(Michael Debré, *Une Certain Ideé de la France*),巴黎:法亚尔出版社,1972 年,第 140 页。

88. 前引书,第 146 页。

89. 彼特·巴克拉克:《民主精英主义理论》(Peter Bachrach, *The Theory of Democratic Elitism*),波士顿:小布朗出版社,1967 年。

90. 爱德华·A. 珀塞尔:《民主理论的危机》(Edward A. Purcell, *The Crisis of Democratic Theory*),莱克辛顿:肯塔基大学出版社,1973 年。

91. 引自尼古拉斯·范·霍夫曼:《崇拜者》(Nicholas van Hoffman, "The Worshippers"),《纽约邮报》,1973 年 7 月 1 日,第 33 版。

92. 麦乔治·邦迪:《政府的力量》(McGeorge Bundy, *The Strength of Government*),坎布里奇:哈佛大学出版社,1968 年,第 37 页。

93. 前引书,第 31 页。偏爱民主程序的效率导致邦迪和德勃雷与行政机器相比,采取了一种模糊不清的对立法的观念,邦迪持续地捍卫总统对国会的权力,而德勃雷指出,"共和国为了取得合法性,必须被统治,而政府不是属于国会管辖的事务"。《法国报纸头条的某些观念》,第 152 页。

94. 怀尔达夫斯基:《面对目标的战略退却》。

95. 丹尼尔·帕特里克·莫伊尼汉:《抗衡》,纽约:蓝登书屋,1973 年,第 4 页。

96. 查尔斯·林德布洛姆:《民主的讯息》(Charles Linblom, *The Intelligence of Democracy*),纽约:自由出版社,1965 年。

97. 莫伊尼汉:《抗衡》,第 28 页。

98. 彼特·F. 德鲁克:"政府的弊病"(Peter F. Drucker, "The Sickness of Government"),《公共利益》,第 14 期(1969 年冬季号),第 3、17、18 页。

99. 怀尔达夫斯基:《预算编制过程》,第 102 页。

100. 一个例子可参见雷蒙德·A. 鲍尔、伊锡尔·德·索拉·普尔和刘易斯·安东尼·德克斯特:《美国实业和公共政策》(Raymond A. Bauer, Ithiel de Sola Pool, and Lewis Anthony Dexter, *American Business and Public Policy*),第二版,芝加哥:阿尔丁-阿瑟顿,1972 年。

第九章

1. 《纽约时报》,1973 年 12 月 5 日,第 58 版。

2. 汉娜·阿伦特:《人类状态》(Hannah Arendt, *The Human Condition*),芝加哥:不死鸟丛书,1953 年。

3. 卡罗尔·佩特曼:"升华和具体化:洛克、沃林和关于自由民主的政治学概念"(Carole Pateman, "Sublimation and Reification:Locke, Wolin and the Liberal-Democratic Conception of the Political"),《政治和社会》(1975 年),第 441 – 468 页。

4. 谢尔登·沃林:《政治学和想象力》(Sheldon Wolin, *Politics and Vision*),波士顿:小布朗出版社,1960 年,第 290 页。

5. 西奥多·泽尔丁:《1848 – 1945 年的法国,第 1 卷,雄心、爱及政治》,牛津:克拉伦顿出版社,1973 年,第 488 页。

6. 阿里斯蒂德·佐尔伯格:"疯狂时刻"(Aristide Zolberg, "Moments of Madness"),《政治和社会》,第 2 期(1972 年冬季号),第 183 – 207 页。

7. 泽尔丁,第 749 页。

8. 前引书,第 747 页。

9. 例如参见哈维·戈德伯格:《让·饶勒斯的生平》(Harvy Goldberg, *The Life of Jean Juares*),麦迪逊:威斯康星大学出版社,1962 年,第 169 页。

10. 诺曼·加什:《皮尔时代的政治》(Norman Gash, *Politics of The Age of Peel*),纽约:诺顿出版公司,1971 年。

11. 希拉·罗博特姆:《历史的秘密》(Sheila Rowbothom, *Hidden from History*),纽约:文塔奇丛书,1976 年,第 77 – 90 页。

12. 亨利·佩林:《维多利亚时代晚期英国的民众政治和社会》(Henry Pelling, *Popular Politics and Society in Late Victorian Britain*),纽约:圣马丁出版社,1968 年,第 104 页。

13. 沃尔特·迪安·伯纳姆:《重大的选举和美国政治的主发条》(Walter Dean Burnham, *Critical Elections and the Mainsprings of American Politics*),纽约:诺顿出版社,1970 年,第 72 页。

14. 前引书,第 73 页。

552 注释

15. 查尔斯·莱嫩韦伯即将在《科学与社会》上发表的文章。也可参见欧文·豪:《我们父辈的世界》(Irving Howe, *World of Our Fathers*),纽约:哈考特-布鲁斯-乔瓦诺维奇出版社,1976年,第340-347页。

16. 理查德·詹森:"美国的选举战:一种理论和历史的预兆"。提交1968年中西部政治学学会会议的报告,引自伯纳姆,第73页。

17. 阿瑟·利波:"公民投票的政治学和进步人士的政见:直接民主运动",提交1973年美国历史学会会议的报告。

18. 伯纳姆,第90页。

19. 塞缪尔·P.海斯:"政党和社团的连续"(Samuel P. Hayes, "Political Party and the Community-Society Continuum"),载于威廉·尼斯比特·钱伯斯和沃尔特·迪恩·伯纳姆(合编)《美国政党制度》,纽约:牛津大学出版社,1967年,第152-181页。

20. T. H. 马歇尔:"阶级、公民身份和社会发展"(T. H. Marshall, *Class, Citizenship, and Social Development*),纽约:花园城,双日出版社,1964年,第87页。

21. 凯瑟琳·斯通:"钢铁工业中工作结构的起源"(Katherine Stone, "The Origins of Job Structures in the Steel Industry"),《激进政治经济评论》,第6期(1974年夏季),第113-173页;以及斯蒂芬·A.马格林:"老板是怎么干的?"(Stephen A. Marglin, "What Do Bosses Do?"),《激进政治经济评论》,第6期(1974年夏季),第60-122页。

22. 哈里·布雷弗曼:《劳动和垄断资本》,纽约:评论月刊出版社,1974年,第319页。

23. 前引书,第156页。

24. 于尔根·哈贝马斯:《合法化危机》,波士顿:灯塔出版社,1975年,第58页。

25. 前引书,第39页。

26. 戴维·伊斯顿和杰克·丹尼斯:"儿童的政府概念"(David Easton and Jack Dennis, "The Child's Image of Government"),《美国政治和社会科学学院年刊》,第361期(1965年9月),第42页。

27. 前引书,第47页。

28. 杰克·丹尼斯、利昂·林德伯格和唐纳德·麦克龙:"英国儿童中对民族和政府的支持"(Jack Dennis, Leon Lindberg and Donald McCorne, "Support for Nation and Government among English Children"),《英国政治科学杂志》,第 1 期(1973 年 1 月),第 37 页。

29. 夏尔·鲁瓦和 F. 比永-格朗:《儿童的政治社会化》(Charles Roig and F. Billon-Grand, *La Socialisation Politique des Enfauts*),巴黎:科兰出版社,1968 年,第 61 页。

30. 朱迪思·加勒廷和约瑟夫·阿德尔森:"个人权利和公共美德:对少男少女的跨国研究"(Judith Gallatin and Joseph Adelson, "Individual Rights and the Public Good: A Cross National Study of Adolescents"),《比较政治研究》,第 3 期(1970 年 7 月),第 239 页。

31. 前引书,第 239 页。

32. 海斯:"政党"。

33. 伊斯顿和丹尼斯,第 45 页。

34. 迪恩·雅罗斯、赫伯特·赫希和小弗里德里克·弗莱隆:"心怀恶意的领袖:美国亚文化中的政治社会化"(Dean Jaros, Herbert Hirsch and Frederick Fleron, Jr., "The Malevolent Leader: Political Socialization in an American Subculture"),《美国政治科学评论》,第 62 期(1968 年 6 月),第 564 – 575 页;爱德华·格林伯格:"黑人儿童和政治制度"(Edward Greenberg, "Black Children and Political System"),《公共舆论季刊》,第 34 期(1970 年秋季),第 333 – 345 页。

35. 伊斯顿和丹尼斯,第 41 页。

36. 格林伯格:"黑人儿童";哈勒尔·罗杰斯和乔治·泰勒:"作为制度合法性代理人的警察"(Harrell Rogers and George Taylor, "The Policemen as an Agent of Regime Legitimation"),《中西部政治学杂志》,第 15 期(1971 年 2 月),第 72 – 86 页。

37. 戴维·伊斯顿和杰克·丹尼斯:"儿童对政治规范的认知:政治效力"(David Easton and Jack Dannis, "The Child's Acquisition of Regime Norms: Political Efficacy"),《个人和社会心理学杂志》,第 4 期(1996 年 9 月),第 295 – 306 页。

38. 前引书,第 38 页。

39. 前引书,第 37 页。

40. 加勒廷和阿德尔森:"个人权利"(Gallatin and Adelson, "Individual

Rights")；约瑟夫·阿德尔森和罗伯特·P.奥尼尔："青春期政治观念的成长：团体意识"(Joseph Adelson and Robert P. O'Neil，"The Growth of Political Ideas in Adolescence：The Sense of Community")，《个人和社会心理学杂志》，第 4 期(1996 年 9 月)，第 295－306 页。

41. 菲利普·E.康弗斯："关于时间和党派的稳定"(Of Time and Partisan Stability)，《比较政治研究》，第 2 期(1969 年 7 月)，第 139－171 页。

42. 菲利普·E.康弗斯："民众社会中信仰体系的性质"(Philip E. Converse，"The Nature of Belief Systems in the Mass Publics")，载于戴维·阿普特(主编)：《意识形态和不满》，纽约：自由出版社，1964 年，第 213 页。

43. 伊斯顿和丹尼斯："儿童的政府概念"，第 48 页。

44. 埃德加·利特："公民教育、团体规范和政治灌输"(Edgarr Litt，"Civic Education，Community Norms，and Political Indoctrination")，《美国社会学评论》，第 28 期(1963 年 2 月)，第 68－75 页。

45. 加布里埃尔·阿尔蒙德和悉尼·维巴：《公民文化》(Gabrial Almond and Sidney Verba，*The Civic Culture*)，波士顿：小布朗出版社，1965 年。

46. 前引书，第 339－344 页。

47. 前引书，第 346 页。

48. 基于对于积累合法化模式很接近的概算的对发达社会的分析，参见哈里·埃克斯坦："权力关系和政府表现：一个理论框架"(Harvy Eckstein，"Authority Relations and the Governmental Performance：A Theoretical Framework")，《比较政治研究》，第 2 期(1969 年 10 月)，第 269－326 页。

49. 安格斯·坎贝尔、菲利普·E.康弗斯、沃伦·E.米勒和唐纳德·斯托克斯：《美国的选民》(Angus Campbell，Philip E. Converse，Warren E. Miller，and Donald Stokes，*The American Voter*)，纽约：威利出版社，1960 年，第 541 页。

50. 西德尼·维巴和诺曼·奈：《美国的参与》(Sidney Verba and Norman Nye，*Participation in America*)，纽约：哈珀和罗出版社，1972 年，第 32 页。也可参见《美国的选民》，第 320 页，该书此处指出，只有三分之一国会议员的选民能够在选举后不久记住他们的名字。

51. 罗杰·W.科布和查尔斯·O.埃尔德：《美国的参与：议事日程建立的原动力》(Roger W. Cobb and Charles O. Elder，Participation in America：

The Dynamics of Agenda Building),波士顿:阿林和培根出版社,1972 年。

52. 刘易斯·埃丁格:《德国的政治》(Lewis Edinger, *Politics in Germany*),波士顿:小布朗出版社,1968 年,第 105 - 113 页。西德尼·维巴:"德国:政治文化的重造"(Sidney Verba, "Germany: The Remaking of Political Culture"),载于卢西恩·W. 派伊和西德尼·维巴(合编):《政治文化和政治发展》,普林斯顿:普林斯顿大学出版社,1965 年,第 130 - 170 页。

53. 肯德尔·L. 贝克:"政治参与、政治效力和社会化在德国"(Kendall L. Baker, "Political Participation, Polictical Efficacy, and Socialization in Germany"),《比较政治学》,第 6 期(1973 年 10 月),第 73 - 98 页。

54. 菲利普·E. 康弗斯和乔治斯·杜皮奥克斯:"法国和美国选民的政治化"(Philip E. Converse and Georges Dupeaux, "Politicalization of the Electorate in France and the United States"),载于安格斯·坎贝尔、菲利普·E. 康弗斯,沃伦·E. 米勒和唐纳德·E. 斯托克斯:《选举和政治秩序》(Angus Campbell, Philip E. Converse, Warren E. Miller, and Donald E. Stokes, *Elections and the Political Order*),纽约:韦利出版社,1966 年,第 291 页。

55. 朱塞佩·迪·帕尔马:"西方民主中的不满和参与:政治反对派的作用"(Giuseppe di Palma, "Disaffection and Participation in Western Democracies: The Role of Political Opposition"),《政治学杂志》,第 31 期,1969 年 11 月,第 984 - 1015 页。

56. 唐纳德·麦考恩:"政党身份识别:跨国研究"(未发表的学位论文,北卡罗来纳大学,1966 年),引自蒂莫西·M. 亨尼西:"意大利青年人中民主态度的组合"(Timothy M. Hennessey, "Democratic Attitudinal Configurations among Italian Youth"),《中西部政治科学杂志》,第 13 期(1969 年 5 月),第 189 页。

57. 前引书,第 189、192 页。

58. 西德尼·塔诺:"经济发展和意大利政党制度的转变"(Sidney Tarrow, "Economic Development and the Transformation of the Italian Party System"),《比较政治学》,第 1 期(1969 年 1 月),第 161 - 183 页。

59. 西德尼·塔诺:"政治二元性和意大利共产主义"("Political Dualism and Italian Communism"),《美国政治科学评论》,第 61 期(1967 年 3 月),第 39 - 53 页。

556　注释

60. 维巴和奈,第 343 页。

61. 威廉·科恩豪泽:《民众社会的政治学》(William Kornhauser, *The Politics of Mass Society*),纽约:自由出版社,1959 年。

62. 莱因哈德·本迪克斯:《国家建筑和公民权:我们变化的社会秩序之研究》(Reinhard Bendix, *Nation-Building and Citizenship: Studies of Our Changing Social Order*),纽约:花园城,铁锚丛书,1969 年,第 128 - 129 页。

63. 伯纳姆,第 94、117、130 页。

64. 斯坦·罗坎和西摩·马丁·李普塞特:《政党制度和选民结盟》(Stein Rokkan and Seymour Martin Lipset, *Party System and Voter Alignments*),纽约:自由出版社,1967 年。

65. 奥托·柯齐海默尔:"西欧政党制度的转变"(Otto Kirchheimer, "The Transformation of the Western European Party Systems"),载于约瑟夫·拉帕隆巴拉和迈伦·维纳(合编):《政党和政治发展》,普林斯顿:普林斯顿大学出版社,1966 年,第 184 页。

66. 前引书,第 189、195 页。

67. 克劳斯·奥菲:"政治权力和阶级结构:对晚期资本主义社会的分析"(Claus Offe, "Political Authority and Class Structure: An Analysis of Late Capitalist Societies"),《国际社会科学杂志》,第 2 期(1972 年春季号),第 84 页。

68. 柯齐海默尔,第 185 页。

69. 瓦尔特·卡普:《不能撇开的敌人:美国无秩序的政治》(Walter Kapp, *Indispensable Enemies: The Politics of Misrule in America*),巴尔的摩:企鹅丛书,1973 年,第 73 页。

70. 前引书,第 20、37 页。

71. 唐纳德·斯托克斯:"政党忠诚和背离选举的可能性"(Donald Stokes, "Party Loyalty and the Likelihood of Deviating Elections"),载于《选举和政治秩序》,第 126 页。

72. 塞缪尔·P. 亨廷顿:"美国",载于关于可支配的民主制度的三边委员会专门工作组:《可支配的民主制度》(*The Governability of Democracies*),纽约:三边委员会,1975 年,第 34 页。

73. 前引书,第 29 页。

74. 杰克·丹尼斯:"美国公众对政党制度支持的倾向"(Jack Dennis, "Trends in Public Support for the American Party System"),《英国政治科学杂志》,第 5 期(1975 年 4 月),第 222 页。

75. 阿尔蒙德和维巴,第 148 页。

76. "结论和初步介绍",《可支配的民主制度》,第 27 页。

77. 阿尔蒙德和维巴,第 265 页。

78. 奥菲,第 89 页。

79. 亨廷顿,第 25 页。

80. 米歇尔·克罗齐埃:"欧洲",《可支配的民主制度》,第 17 - 23 页。

81. 罗伯特·D.赫斯和朱迪思·V.托奈伊:《在小学年代对政府和公民权的基本估价和态度的进化》(Robert D. Hess and Judith V. Torney, *The Development of Basic Attituedes and Values Toward Government and Citizenship during the Elementary School Years*),华盛顿:美国教育部,1965 年。引自 M.肯特·詹宁斯和理查德·G.尼米:"政治价值观从父母到儿童传递",《美国政治科学评论》,第 62 期(1968 年 3 月),第 169 - 170 页。

82. 史蒂文·H.查菲、L.斯科特·沃德和伦纳德·P.蒂普顿:"大众传播和政治专门化"(Steven H. Chafee, L. Scott Ward, and Leonard P. Tipton, "Mass Communication and Political Specialiazation"),《新闻工作季刊》,第 47 期(1970 年冬季),第 647 - 659 页。

83. 艾伦·沃尔夫:《民主的丑恶一面》(Alan Wolfe, *The Seamy Side of Democracy*),纽约:麦基出版社,1973 年,第 103 - 105 页。

84. 詹姆斯·鲁尔:《私人生活和国家监视》(James Rule, *Private Lives and Public Surveillance*),伦敦:莱恩出版社,1973 年,第 30、270 页。

85. 罗兰·英格尔哈特:"欧洲寂静的革命:后工业社会代际关系的变化"(Roland Inglehart, "The Silent Revolution in Europe: Intergeneral Change in Post-Industrial Societies"),《美国政治科学评论》,第 65 期(1971 年 12 月),第 911 - 1017 页。

86. 艾伦·沃尔夫在"马克思主义政治学理论的新方向"(《政治和社会》第 4 期,1974 年冬季号,第 131 - 160 页)一文中对这种看法作了讨论。

87. 这种类型的代表作是理查德·E.诺伊施塔特的《总统权力》(Richard

558 注释

E. Neustadt,*Presidential Power*),纽约:威利出版社,1960 年。

88. 例子可见安东尼·唐斯:《民主的经济理论》(Anthony Downs,*An Economic Theory of Democracy*),纽约:哈珀和罗出版社,1957 年。

89. 异化政治体制的运行得到罗伯特·A.卡罗《权力代理人》(A. Caro,*The Power Broker*,纽约:克诺夫出版社,1974 年)一书的充分注意。

90. 马克斯·韦伯:"政治作为一种职业"(Max Weber,"Politics as a Vocation"),载于汉斯·格思和 C. 赖特·米尔斯(合编):《马克斯·韦伯文选》(纽约:牛津大学出版社,1958 年),第 77 - 128 页。

91. 丹尼尔·贝尔:《意识形态的终结》,纽约:自由出版社,1960 年,第 269 - 270 页。

92. 伯纳德·克里克:《捍卫政治学》(Bernard Crick,*In Defense of Politics*),芝加哥:芝加哥大学出版社,1962 年,第 131 页。

93. 约翰·邦泽尔:《美国的反政治学》(John Bunzel,*Anti-Politics in America*),纽约:克诺夫出版社,1967 年,第 126 - 128 页。

94. 丹尼尔·布尔斯廷:《美国政治的创造力》(Daniel Boorstin,*The Genius of American Politics*),芝加哥:不死鸟丛书,1964 年。

95. 绝大多数此类研究追随萨缪尔·斯托费尔的重要著作《共产主义、顺从和公民自由》(Samuel Stouffer,*Communism,Conformity,and Civil Liberties*)(马萨诸塞州格洛斯特:P. 史密斯出版社,1963 年)。一种有效的批评参见罗伯特·W. 杰克曼:"政治精英、民众社会和对民主原则的支持"(Robert W. Jackman,"Political Elite,Mass Politics,and Support for Democratic Principles"),《政治学杂志》,第 34 期(1972 年 8 月),第 753 - 773 页。

96. 诺曼·R. 卢特伯格:"领导人和公众中信仰的结构"(Norman R. Luttberg,"The Structure of Beliefs among Leaders and the Public"),《社会舆论季刊》,第 32 期(1968 年秋季),第 398 - 409 页。

97. P. A. 奥勒姆:"那不勒斯的政治家群像"(P. A. Allum,"The Neapolitan Politicians:A Collective Portrait"),《政治学和社会》,第 2 期(1972 年夏季),第 377 - 406 页。

98. 乔治·加利:《不完美的两党制》(Giorgio Galli,*Il Bipartitimo Imperfetto*),引自奥勒姆,第 395 页。

99. 罗伯特·D. 帕特南:《政治家的信仰》(Robert D. Puttnam, *The Beliefs of Politicians*),纽黑文和伦敦:耶鲁大学出版社,1973 年,第 54 页。

100. 前引书,第 105 页。

101. 前引书,第 62 页。

102. 前引书,第 69 页。

103. 弗兰克·E. 迈尔斯:"西方工业社会中的社会阶级和政治变革"(Frank E. Myers, "Social Class and Political Change in Western Industrial Societies"),《比较政治学》,第 2 期(1970 年 4 月),第 410 页。

104. 这种立场的极端乌托邦的表述,以及一种反政治偏见的显露,见罗伯特·E. 莱恩:"在一个有知识社会中政治学和意识形态的衰退"(Robert E. Lane, "The Decline of Politics and Ideology in a Knowledgeable Society"),《美国社会学评论》,第 31 期(1966 年 10 月),第 649－662 页。

105. 塔尔科特·帕森斯:《现代社会的结构与过程》(Talcott Parsons, *Structure and Process in Modern Societies*),纽约:自由出版社,1960 年,第 181、224 页。

106. 罗伯特·博格斯劳:《新乌托邦》(Robert Boguslaw, *The New Utopians*),新泽西,英格尔伍德-克利夫:普伦蒂斯豪尔出版社,1969 年。

107. 约翰·戈德索普:"大不列颠的工业关系:对改良主义的批判"(John Goldthorpe, "Industrial Relations in Great Britain: A Critique of Reformism"),《政治和社会》,第 4 期(1974),第 419－452 页。

108. 参见让·梅诺:《专家治国论》(Jean Meynard, *Technocracy*),伦敦:法伯和法伯出版社,1968 年。

109. 对麦克纳马拉某些最不同寻常的斗争手段和极好的研究,见米切尔·克莱尔的《战争没有终结》(Micheal Klare, *War Without End*),纽约:克诺夫出版社,1972 年。

第十章

1. 安东尼·哈特利:"西方自由民主的枯萎"(Anthony Hartley, "The Withering Away of Western Liberal Democracy"),载于 E. A. 戈尔纳(主编):《处于危机中的民主》,圣母大学出版社,1971 年,第 161 页。

2. 安东尼·金:"负载过重:1970 年代管理的问题"(Anthony, King, "O-

verload: Problems of Governing in the 1970s")，《政治研究》，第 23 期（1975 年 7 - 9 月），第 294 - 295 页。

3. 参见威廉·普法夫："关于危机的某些问题"（William Pfatt,"Some Questions about a Crisis"），《纽约人》，1976 年 4 月 5 日，第 100 页。普法夫指出，认为对民主尤其是美国的现象的悲观主义有点不正确；如同我们在这一章将要看到的，像米歇尔·克罗齐埃、乔万尼·萨托里、塞缪尔·布里坦和安东尼·金这些欧洲人都赞同美国人的情绪。

4. 罗伯特·尼斯比特：《权威的模糊》，纽约：牛津大学出版社，1975 年，第 232 页。

5. 阿兰·迪阿美尔："法国人不喜欢国家，但他们还得依靠它"，《世界报》，1970 年 10 月 10 日。

6. 阿瑟·H. 米勒："政治问题和对政府的信赖，1964 - 1970 年"（Arthur H. Miller,"Political Issues and Trust in Government: 1964 - 1970"），《美国政治科学评论》，第 68 期（1974 年 9 月），第 953 页。

7. 詹姆斯·S. 豪斯和威廉·M. 马森："美国的政治异化：1952 - 1968 年"（James S. House and William M. Mason,"Political Alienation in America, 1952 - 1968"），《美国社会学评论》，第 40 期（1975 年 4 月），第 123 - 147 页。

8.《剑桥报告》（*The Cambridge Report*），第 3 期（1975 年春季号），第 118 页。

9. 米勒，第 951 页。

10. 关于可控制民主的三边工作力量：《可控制的民主》，纽约：三边委员会，1975 年 5 月。

11. 关于委员会，参见杰弗里·巴勒克拉夫："财富和权力：食品和石油政治学"（Geoffrey Barraclough,"Wealth and Power: The Politics of Food and Oil"），《纽约书评》，第 22 期（1973 年 8 月 7 日），第 23 - 30 页。

12. 三边委员会报告，第 2 章，第 3 页。

13. 前引书，第 3 章，第 22 - 25、47、59、60、62 页。

14. 前引书，第 5 章，第 19、22、31、34、36、40 页。

15.《三边话语》（Trialogue），第 7 期（1975 年夏季号），第 7 - 9 页。

16. 三边委员会报告，第 5 章，第 7 页。

17. 莫里斯·迪韦尔热：《双面神：两方国家的两面》（Maurice Duverger,

Janus:Les deux faces de l'Occident），巴黎：法亚尔出版社，1972 年，第 3 页。

18. 三边委员会报告，第 3 章，第 59 页。

19. 詹姆斯·奥康纳：《国家的财政危机》，纽约：圣马丁出版社，1973 年。

20. 三边委员会报告，第 5 章，第 17－18 页。

21. 我曾在"正当地等待：对'法西斯主义'假说的批判"（《激进政治经济学评论》，第 5 期［1973 年秋季号］，第 46－66 页）一文中极为详尽地论证了这个观点。

22. 伦纳德·西尔克和戴维·沃格尔：《伦理学和利润》(Leonard Silk and David Vogel, *Ethics and Profits*)，纽约：西蒙和舒斯特出版社，1976 年。

23. 第一段引语出自塞缪尔·布里坦："民主的经济矛盾"，《英国政治科学杂志》，第 5 期（1975 年 4 月），第 146 页。余下的引语均出自西尔克和沃格尔的前引书。

24. 乔纳森·斯皮瓦克："结束社会纲领"(Jonathan Spivak,"Putting a Lid on Social Programms")，《华尔街杂志》，1975 年 12 月 31 日，第 6 页。

25. 布里坦，第 129、141 页。

26. 丹尼尔·贝尔：《资本主义的文化矛盾》，纽约：基础丛书，1976 年，第 232－236 页。

27. 金，第 294 页。

28. 见前引书，同时参见克罗齐埃《可支配的民主制度》一书中的片段；对于这个术语的另一种用法见诸乔万尼·萨托里："民主会扼杀民主吗？"（《政府和反对派》，第 10 期（1975 年 9 月），第 158 页）。

29.《华尔街杂志》，1975 年 12 月 26 日，第 6 页；《纽约时报》：1975 年 9 月 5 日，第 35 页；《纽约时报》，1976 年 4 月 7 日，第 1 页。

30. 一个例子见詹姆斯·Q. 威尔逊：《思考危机》(James Q. Wilson, *Thinking about Crisis*)，纽约：基础丛书，1975 年。

31. 这一结论追随马丁·戴蒙德在"宣言和宪法：自由、民主及奠基人"(Martin Diamond,"The Declaration and the Constitution:Liberty,Democracy and the Founders"，《公共利益》，第 41 期［1975 年秋季号］，第 39－55 页)中的分析。

32. 贝尔，第 14 页。

33. 这种推论的一个例子，见亨廷顿《可控制的民主》的章节，第 5、11 页。

562 注释

34. 布里坦,第 133 页。

35. 阿瑟·奥肯:《平等和效率:重大的抉择》(Arthur Okun, *Equality and Efficiency:The Big Tradeoff*),华盛顿:布鲁金斯研究所,1975 年。

36. "为什么经济复苏不能提供足够的就业"(Why Recovering Economies Don't Great Enough Jobs),《商业周刊》,1976 年 3 月 22 日,第 114 - 115 页。

37. 引自前引文,第 115 页。

38. 西奥多·洛伊:《自由主义的终结》(Theodore Lowi, *The End of Libera-lism*),纽约:诺顿出版社,1969 年,书中各处。

39. 布里坦,第 142 - 146 页。

40. 引自丹尼尔·帕特里克·莫伊尼汉:《抵押收入的政治学》,纽约:文塔奇丛书,1973 年,第 76 - 78 页。

41. "民主正在死去吗? 当代一流学者的判断"("Is Democracy Dying? Verdict of Leading World Scholars"),《纽约新闻和世界报告》,1976 年 3 月 8 日,第 51 页。

42. 贾科莫·萨尼:"群众对政治重组的约束:意大利反体制政党的观念"(Giacomo Sani, "Mass Constraints on Political Realignments:Perceptions of Anti-System Party in Italy"),《英国政治科学杂志》,第 6 期(1976 年 1 月),第 1 - 32 页。

43. P. A. 奥勒姆:《意大利——没有政府的共和国?》(P. A. Allum, *Italy — Republic Without Government?*),纽约:诺顿出版社,1973 年,第 250 页。

44. 菲利普·施米特:"仍旧是社团主义的世纪吗?"(Philippe Schmitter, "Still the Century of Corporatism?"),《政治学评论》,第 36 期(1974 年 1 月),第 111 页。

45. 费利克斯·罗哈廷:"为振兴实业计划建立一个新的复兴金融公司"(Felix Rohatyn, "A New RFC Is Proposed for Business"),《纽约时报》,第 3 期(1974 年 12 月 7 日),第 1 页。

46. 参见亨廷顿在《可控制的民主》一书中的章节,第 19 页。

47. 马克斯·韦斯:"商业需要一种不同的政治态度"(Max Ways, "Business Needs a Different Political Stance"),《财富》,1975 年 9 月,第 96 页。

48. 参见罗比·格特曼:"国家干涉和经济危机:1974 - 1975 年工党政府的经济政策"(Robbie Guttman, "State Intervention and the Economic Crises:

The Labour Government's Economic Policy,1974 – 1975"),《资本主义国家》,第 4 – 5 期(1975),第 225 – 270 页。

49. 参见奈杰尔·哈里斯:《竞争和法人社会》(Nigel Harris, *Competition and the Corporate Society*),伦敦:梅休因出版社,1972 年。

50. 引自《华尔街杂志》,1975 年 11 月 6 日,第 19 页。

51. 安东尼奥·葛兰西:《狱中札记选编》,纽约:国际出版公司,1971 年,第 275 – 276 页。

52. 弗朗西斯·福克斯·皮文和理查德·A.克洛瓦:《控制贫民》(Frances Fox Piven and Richard A. Cloward, *Regulating the Poor*),纽约:文塔奇丛书,1972 年,第 345 – 348 页。

53. 我从詹姆斯·奥康纳正在写作的暂名为《阶级斗争》的著作中借用了"贮藏"的概念。

54. 参见前引书,以及詹姆斯·奥康纳:"生产性劳动与非生产性劳动"(James O'Connor,"Productive and Unproductive Labor"),《政治和社会》,第 5 期(1975),第 297 – 336 页。

55. 对这些运动的解释,参见曼纽尔·卡斯特斯:"野蛮的城市"(Manuel Castells,"Wild City"),《资本主义国家》,第 4 – 5 期(1976),第 2 – 30 页。

56. 葛兰西,第 232 页。

57. 前引书,第 165 页。

58. 贝尔,第 231 页。

参 考 书 目

ADAMS, GORDON. "European Capitalism, the State, and the European Community." Unpublished paper.

ADAMS, GRAHAM. *The Age of Industrial Violence, 1900–1915.* New York: Columbia University Press, 1966.

ADAMS, HENRY. *Democracy.* New York: New American Library, 1961.

ADAMS, WALTER. "The Military Industrial Complex and the New Industrial State." *American Economic Review,* 58 (May 1968), 652–65.

ADELSON, JOSEPH, and ROBERT P. O'NEIL. "The Growth of Political Ideas in Adolescence: The Sense of Community." *Journal of Personality and Social Psychology,* 5 (September 1966), 295–306.

AGEE, PHILIP. *Inside the Company.* London: Penguin Books, 1975.

ALLARDT, ERIC, and STEIN ROKKAN, *Mass Politics.* New York: Free Press, 1970.

ALLISON, GRAHAM. *Essence of Decision.* Boston: Little, Brown, 1971.

ALLUM, P. A. "The Neapolitan Politicians: A Collective Portrait." *Politics and Society,* 2 (Summer 1972), 377–406.

———. *Politics and Society in Postwar Naples.* Cambridge: At the University Press, 1973.

———. *Italy: Republic without Government?* New York: Norton, 1973.

ALMOND, GABRIEL, and SIDNEY VERBA. *The Civic Culture.* Boston: Little, Brown, 1965.

ALTHUSSER, LOUIS. *Reading Capital.* London: New Left Books, 1970.

American Political Science Association. *Towards a More Responsible Two Party System.* New York: Rinehart, 1950.

ANDERSON, OLIVE. "The Janus-Face of Mid-Nineteenth Century English Radicalism." *Victorian Studies,* 8 (March 1965), 231–42. /

———. *A Liberal State at War: British Politics and Economics in the Crimean War.* New York: St. Martin's Press, 1967.

ANDERSON, PERRY. *Lineages of the Absolutist State.* London: New Left Books, 1974.

ARENDT, HANNAH. *The Origins of Totalitarianism.* Revised edition. Cleveland: World, 1956.

———. *The Human Condition.* Chicago: University of Chicago Press, 1959.

———. *Crises of the Republic.* New York: Harcourt, Brace, Jovanovich, 1971.

ARISTOTLE. *The Politics of Aristotle.* New York: Oxford University Press, 1962.

参考书目   565

ARNOLD, MATTHEW. *Culture and Anarchy.* Cambridge: At the University Press, 1968.

ARNOLD, THURMAN. *The Symbols of Government.* New Haven: Yale University Press, 1935.

AVENERI, SHLOMO. *Hegel's Theory of the Modern State.* Cambridge: At the University Press, 1972.

BACHRACH, PETER. *The Theory of Democratic Elitism.* Boston: Little, Brown, 1967.

————, and MORTON BARATZ. "Decisions and Non-Decisions." *American Political Science Review,* 57 (September 1963), 632–42.

BAGEHOT, WALTER. *The English Constitution.* London: Fontana, 1963.

BAKER, KENDALL L. "Political Participation, Political Efficacy, and Socialization in Germany." *Comparative Politics,* 6 (October 1973), 73–98.

BALL, GEORGE. "Citizenship and the Multinational Corporation." *Social Research,* 41 (Winter 1974), 657–72.

BARAN, PAUL, and PAUL SWEEZY, *Monopoly Capital.* New York: Monthly Review Press, 1966.

BARNET, RICHARD. *The Roots of War.* Baltimore: Penguin Books, 1973.

————, and RONALD E. MULLER. *Global Reach.* New York: Simon and Schuster, 1974.

BARRACLOUGH, GEOFFREY. "The Great World Crisis: I." *New York Review of Books,* January 23, 1975.

————. "Wealth and Power: The Politics of Food and Oil." *New York Review of Books,* August 7, 1975.

BASTIAT, FRÉDÉRIC. *Harmonies économiques.* Brussels: Méline, 1850.

BAUCHET, PIERRE. *Economic Planning: The French Experience.* New York: Praeger, 1964.

BAUER, RAYMOND, ITHIEL DE SOLA POOL, and LEWIS ANTHONY DEXTER. *American Business and Public Policy.* Second edition. Chicago: Aldine-Atherton, 1972.

BAUM, WARREN C. *The French Economy and the State.* Princeton: Princeton University Press, 1958.

BEER, SAMUEL. *British Politics in the Collectivist Age.* New York: Vintage Books, 1969.

BEHRMAN, JACK N. *U.S. International Business and Governments.* New York: McGraw-Hill, 1971.

BELL, DANIEL. *The End of Ideology.* New York: Free Press, 1960.

————. *The Coming of Post-Industrial Society.* New York: Basic Books, 1973.

————. *The Cultural Contradictions of Capitalism.* New York: Basic Books, 1976.

BENDIX, REINHARD. *Nation-Building and Citizenship.* Garden City, N.Y.: Anchor Books, 1969.

BENJAMIN, WALTER. *Illuminations.* New York: Schocken Books, 1960.

566   参考书目

BENTLEY, ARTHUR F. *The Process of Government*. Cambridge: Belknap Press of Harvard University Press, 1967.

BERLE, ADOLPH, and GARDNER MEANS. "Corporation." *Encyclopedia of the Social Sciences*. New York: Macmillan, 1931.

BERMAN, MARSHALL. *The Politics of Authenticity*. New York: Atheneum, 1972.

BERNSTEIN, CARL, and BOB WOODWARD. *All the President's Men*. New York: Simon and Schuster, 1974.

BERNSTEIN, IRVING. *The Turbulent Years*. Boston: Houghton Mifflin, 1971.

BIRNBAUM, NORMAN. *The Crisis of Industrial Society*. New York: Oxford University Press, 1969.

BLAUGH, MARK. *Ricardian Economics*. New Haven: Yale University Press, 1958.

BLOCH, MARC. *Feudal Society*. Chicago: University of Chicago Press, 1961.

BOGUSLAW, ROBERT. *The New Utopians*. Englewood Cliffs, N.J.: Prentice-Hall, 1965.

BÖHNE, HELMUT. "Big Business, Pressure Groups and Bismarck's Turn to Protectionism, 1873–79." *Historical Journal*, 10, No. 2 (1967), 218–36.

BOORSTIN, DANIEL. *The Genius of American Politics*. Chicago: Phoenix Books, 1964.

——. *Democracy and Its Discontents*. New York: Random House, 1974.

BOROSAGE, ROBERT. "The Making of the National Security State." In Leonard S. Rodberg and Derek Shearer (eds.), *The Pentagon Watchers* (Garden City, N.Y.: Anchor Books, 1970), 3–63.

BOURNE, RANDOLPH. *War and the Intellectuals*. New York: Harper Torchbooks, 1969.

BOWLES, SAMUEL, and HERBERT GINTIS. *Schooling in Capitalist America*. New York: Basic Books, 1976.

BRADY, ROBERT. *Business as a System of Power*. New York: Columbia University Press, 1943.

BRAUDEL, FERNAND. *The Mediterranean and the Mediterranean World in the Age of Philip II*. New York: Harper Torchbooks, 1975.

BRAUNTHAL, GERARD. *The Federation of German Industry in Politics*. Ithaca, N.Y.: Cornell University Press, 1965.

——. *The West German Legislative Process*. Ithaca, N.Y.: Cornell University Press, 1972.

BRAVERMAN, HARRY. *Labor and Monopoly Capitalism*. New York: Monthly Review Press, 1974.

BREBNER, J. B. "Laissez-Faire and State Intervention in Nineteenth Century Britain." *Journal of Economic History*, 8 (1948), 59–73.

BRIGGS, ASA. *The Making of Modern England, 1783–1864*. New York: Harper Torchbooks, 1965.

——. "The Language of Class in Early Nineteenth Century England." In

Asa Briggs and John Saville (eds.), *Essays in Labour History*. Revised edition. New York: St. Martin's Press, 1967, 43–73.

BRITTAN, SAMUEL. "The Economic Contradictions of Democracy." *British Journal of Political Science*, 5 (April 1975), 129–159.

BROUDE, HENRY. "The Role of the State in American Economic Development, 1820–1890." In Harry N. Scheiber (ed.), *United States Economic History*. New York: Knopf, 1964, 118–22.

BRUCE, MAURICE. *The Coming of the Welfare State*. London: Batsford, 1961.

BRUCE, ROBERT V. *1877: Year of Violence*. Indianapolis: Bobbs-Merrill, 1959.

BRZEZINSKI, ZBIGNIEW. *Between Two Ages*. New York: Viking Press, 1970.

BUNDY, McGEORGE. *The Strength of Government*. Cambridge: Harvard University Press, 1968.

BUNZEL, JOHN. *Anti-Politics in America*. New York: Knopf, 1967.

BURKHARDT, JACOB. *The Civilization of the Renaissance in Italy*. New York: New American Library, 1960.

BURNHAM, WALTER DEAN. *Critical Elections and the Mainsprings of American Politics*. New York: Norton, 1970.

BUTLER, DAVID, *and* JENNA FREEMAN. *British Political Facts*. London: Macmillan, 1968.

————, and DONALD STOKES. *Political Change in Britain*. London: Macmillan, 1969.

CALLEO, DAVID P., and BENJAMIN N. ROWLAND. *America and the World Political Economy*. Bloomington: Indiana University Press, 1973.

CAMERON, RONDO E. *France and the Economic Development of Europe*. Princeton: Princeton University Press, 1961.

CAMPBELL, ANGUS et al. *The American Voter*. New York: Wiley, 1960.

————. *Elections and the Political Order*. New York: Wiley, 1966.

CARALEY, DEMETRIOS. *The Politics of Military Unification*. New York: Columbia University Press, 1966.

CAREY, HENRY. *Principles of Social Science*. Philadelphia: Lippincott, 1878.

CAREY, MATTHEW. *Essays in Political Economy*. Philadlephia: Carey and Lea, 1822.

CARLYLE, THOMAS. *Selected Writings*. London: Penguin Books, 1971.

CARO, ROBERT. *The Power Broker*. New York: Knopf, 1974.

CARR, E. H. *The Twenty Years' Crisis*. New York: Harper Torchbooks, 1964.

————. *The New Society*. Boston: Beacon Press, 1965.

CASTELS, MANUEL. "The Wild City." *Kapitalistate*, 4–5 (1976), 2–30.

CASTLES, STEPHEN, and GODOLUCK KOSACK. *Immigrant Workers and Class Structure in Western Europe*. London: Oxford University Press, 1973.

CHAFFEE, STEVEN H. et al. "Mass Communications and Political Socialization." *Journalism Quarterly*, 47 (Winter 1970), 647–59.

CHAMBERS, WILLIAM NISBET, and WALTER DEAN BURNHAM. *The American Party Systems*. New York: Oxford University Press, 1967.

CHAPMAN, BRIAN. *The Profession of Government*. London: Allen and Unwin, 1959.

CHAPMAN, GUY. *The Third Republic of France: The First Phase, 1871–1894*. New York: St. Martin's Press, 1962.

CHARLOT, MONICA. *La Persuasion politique*. Paris: Colin, 1970.

CHECKLAND, S. G. *The Rise of Industrial Society in England, 1815–1885*. New York: St. Martin's Press, 1964.

CHURCH, WILLIAM F. *Richelieu and Reason of State*. Princeton: Princeton University Press, 1973.

CINANNI, PAOLO. *Emigrazione e Imperialismo*. Rome: Editori Riunti, 1968.

CLAPHAM, J. H. *The Early Railway Age, 1820–1850*. Vol. 1 of *An Economic History of Modern Britain*. Cambridge: At the University Press, 1950.

———. *Free Trade and Steel, 1850–1886*. Vol. 2 of *An Economic History of Modern Britain*. Cambridge: At the University Press, 1952.

———. *A Concise Economic History of Britain*. Cambridge: At the University Press, 1963.

CLARK, KEITH L., and LAURENCE J. LEGERE. *The President and the Management of National Security*. New York: Praeger, 1969.

CLEGG, H. A. *The System of Industrial Relations in Great Britain*. Oxford: Blackwell, 1972.

CLOUGH, SHEPARD B. *France: A History of National Economics, 1789–1939*. New York: Scribner's, 1939.

———. *The Economic History of Modern Italy*. New York: Columbia University Press, 1964.

CLUB JEAN MOULIN. *L'Etat et le citoyen*. Paris: Editions du Seuil, 1961.

COBB, RICHARD. *The People and the Police*. London: Oxford University Press, 1972.

COBB, ROGER W., and CHARLES O. ELDER. *Participation in America: The Dynamics of Agenda Building*. Boston: Allyn and Bacon, 1972.

COCHRAN, THOMAS C., and WILLIAM MILLER. *The Age of Enterprise*. New York: Harper and Row, 1961.

COFFEY, JOSEPH I., and VINCENT P. ROCK. *The Presidential Staff*. Washington: National Planning Association, 1961.

COHEN, STEPHEN. *Modern Capitalist Planning: The French Model*. Cambridge: Harvard University Press, 1969.

COLE, CHARLES W. *Colbert and a Century of French Mercantilism*. New York: Columbia University Press, 1939.

COLETTI, LUCIO. *From Rousseau to Lenin*. New York: Monthly Review Press, 1973.

Committee on the Organization of the Executive Branch of the Government. *National Security Organization*. Washington: Government Printing Office, 1949.

CONVERSE, PHILIP E. "The Nature of Belief Systems in Mass Publics." In David Apter (ed.), *Ideology and Discontent*. New York: Free Press, 1964, 206–61.

————. "Of Time and Partisan Stability." *Comparative Political Studies*, 2 (July 1969), 139–71.

CORWIN, EDWARD S. *The President: Office and Powers*. New York: New York University Press, 1957.

COWAN, PAUL et al. *State Secrets*. New York: Holt, Rinehart, and Winston, 1974.

CRENSON, MATTHEW A. *The Unpolitics of Air Pollution*. Baltimore: Johns Hopkins Press, 1971.

CRICK, BERNARD. *In Defense of Politics*. Chicago: University of Chicago Press, 1962.

CROCE, BENEDETTO. *A History of Italy, 1871–1915*. New York: Russell and Russell, 1963.

CROZIER, MICHEL. *The Bureaucratic Phenomenon*. Chicago: University of Chicago Press, 1964.

————. *The Stalled Society*. New York: Viking Press, 1973.

CUFF, ROBERT D. *The War Industries Board*. Baltimore: Johns Hopkins University Press, 1973. .

DAHRENDORF, RALF. *Society and Democracy in Germany*. Garden City, N.Y.: Anchor Books, 1969.

DANGERFIELD, GEORGE. *The Strange Death of Liberal England*. New York: Capricorn, 1961.

DEBRÉ, MICHEL. *Au service de la nation*. Paris: Stock, 1963.

————. *Une certaine idée de la France*. Paris: Fayard, 1972.

DENNIS, JACK. "Trends in Public Support for the American Party System." *British Journal of Political Science*, 5 (April 1975), 187–230.

————, LEON LINDBERG and DONALD MCCRONE. "Support for Nation and Government among English Children." *British Journal of Political Science*, 1 (January 1971), 77–101.

DERTHICK, MARTHA. "Militia Lobby in the Missile Age." In Samuel P. Huntington (ed.), *Changing Patterns of Military Politics*. New York: Free Press, 1962, 190–254.

DIAMOND, MARTIN. "The Declaration and the Constitution: Liberty, Democracy, and the Founders." *The Public Interest*, 41 (Fall 1975), 39–55.

DICEY, A. V. *Lectures on the Relation between Law and Public Opinion in England during the Nineteenth Century*. London: Macmillan, 1952.

DOBB, MAURICE. *Studies in the Development of Capitalism*. New York: International Publishers, 1963.

DOMHOFF, G. WILLIAM. *The Higher Circles*. New York: Vintage Books, 1971.

DORFMAN, GERALD A. *Wage Politics in Britain, 1945–67*. Ames: Iowa State University Press, 1973.

DORFMAN, JOSEPH. *The Economic Mind in American Civilization, 1606–1865*. New York: Viking Press, 1946.

DOWNS, ANTHONY. *An Economic Theory of Democracy*. New York: Harper and Row, 1952.

DRUCKER, PETER F. "The Sickness of Government." *The Public Interest*, 14 (Winter 1969), 3–18.

DULLES, ALLEN. *The Craft of Intelligence*. New York: Harper and Row, 1963.

DUNHAM, ARTHUR LEWIS. *The Industrial Revolution in France, 1815–1848*. New York: Exposition Press, 1955.

DURKHEIM, EMILE. *Professional Ethics and Civic Morals*. New York: Free Press, 1958.

DUVERGER, MAURICE. *Janus: Les deux faces de l'Occident*. Paris: Fayard, 1972.

EASTON, DAVID. *A Systems Analysis of Political Life*. New York: Wiley, 1967.

————, and JACK DENNIS. "The Child's Image of Government." *Annals of the American Academy of Political and Social Science*, 361 (September 1965), 40–57.

————. "The Child's Acquisition of Regime Norms: Political Efficacy." *American Political Science Review*, 61 (March 1967), 25–38.

ECKSTEIN, HARRY. *Pressure Group Politics*. London: Allen and Unwin, 1960.

————. "Authority Relations and Governmental Performance: A Theoretical Framework." *Comparative Political Studies*, 2 (October 1969), 269–326.

EDELMAN, MURRAY. *The Symbolic Uses of Politics*. Urbana: University of Illinois Press, 1964.

EDINGER, LEWIS J. *Politics in Germany*. Boston: Little, Brown, 1968.

EDWARDS, RICHARD C. "Capital Accumulation and Corporate Power in the Transition to Monopoly Capitalism." Cambridge: Center for Educational Policy Research, Harvard University, n.d.

————, MICHAEL REICH, and DAVID GORDON. *Dual Labor Market Segmentation and American Capitalism*. Lexington, Mass.: Heath, 1976.

EELS, RICHARD. "Multinational Corporations: The Intelligence Function." In Courtney Brown (ed.), *World Business: Promise and Problems*. New York: Macmillan, 1970, 140–55.

EHRMANN, HENRY. *French Labor from Popular Front to Liberation*. New York: Oxford University Press, 1947.

————. *Organized Business in France*. Princeton: Princeton University Press, 1957.

ELBOW, MATTHEW H. *French Corporative Theory, 1789–1948*. New York: Columbia University Press, 1953.

ELTON, G. R. *The Tudor Revolution in Government*. Cambridge: At the University Press, 1966.

EMY, H. V. *Liberals, Radicals and Social Politics, 1892–1914*. Cambridge: At the University Press, 1973.

ENGLER, ROBERT. *The Politics of Oil*. New York: Macmillan, 1961.

ENTREVES, ALEXANDER PASSERIN D'. *The Notion of the State*. Oxford: Clarendon Press, 1967.

ENZENSBERGER, HANS MAGNUS. *The Consciousness Industry*. New York: Seabury Press, 1974.

————. *Politics and Crime*. New York: Seabury Press, 1975.

参考书目 571

EWEN, STEWART. *Captains of Consciousness*. New York: McGraw-Hill, 1976.

FAULKNER, HAROLD U. *Politics, Reform, and Expansion, 1890 1900*. New York: Harper Torchbooks, 1963.

FELICE, RENZO DE. *Mussolini, il fascista*. Turin: Einaudi, 1968.

FELIX, DAVID. *Walter Rathenau and the Weimar Republic*. Baltimore: Johns Hopkins University Press, 1971.

FIELDHOUSE, A. K. *Economics and Empire*. Ithaca, N.Y.: Cornell University Press, 1973.

FINE, SIDNEY. *The Automobile Industry under the Blue Eagle*. Ann Arbor: University of Michigan Press, 1963.

————. *Laissez-Faire and the General Welfare State*. Ann Arbor: University of Michigan Press, 1967.

FINER, S. E. "The Political Power of Private Capital: Part II." *Sociological Review*, new series, 4 (July 1956), 5–30.

————. *Anonymous Empire*. London: Pall Mall, 1966.

FISCHEL, JEFF. "On the Transformation of Ideology in European Political Systems: Candidates to the West German Bundestag." *Comparative Political Studies*, 4 (January 1972), 406–37.

FOHLEN, CLAUDE. *La France de l'entre-deux-guerres*. Paris: Casterman, 1966.

FONER, ERIC. *Free Soil, Free Labor, Free Men*. New York: Oxford University Press, 1970.

FORRESTER, JAY. *World Dynamics*. Cambridge: Wright-Allen, 1971.

FRAENKEL, ERNST. *The Dual State*. New York: Oxford University Press, 1941.

FUSFELD, DANIEL. *The Economic Thought of Franklin D. Roosevelt*. New York: Columbia University Press, 1956.

GALBRAITH, JOHN KENNETH. *The New Industrial State*. Boston: Houghton Mifflin, 1971.

GALLAGHER, JOHN, and RONALD ROBINSON. "The Imperialism of Free Trade." *Economic History Review*, second series, 6 (1953), 1–15.

GALLATIN, JUDITH, and JOSEPH ADELSON. "Individual Rights and the Public Good: A Cross-National Study of Adolescents." *Comparative Political Studies*, 3 (July 1970), 226–42.

GALLI, GIORGIO. *Il Bipartitismo Imperfetto*. Bologna: Il Mulino, 1966.

————. *Il Difficile Governo*. Bologna: Il Mulino, 1972.

————, and ALFONSO PRANDI. *Patterns of Political Participation in Italy*. New Haven: Yale University Press, 1970.

GARDNER, LLOYD C. *Architects of Illusion*. Chicago: Quadrangle, 1970.

GARDNER, RICHARD N. *In Pursuit of World Order*. New York: Praeger, 1966.

GASH, NORMAN. *Politics in the Age of Peel*. New York: Norton, 1971.

GERSCHENKRON, ALEXANDER. *Bread and Democracy in Germany*. Berkeley and Los Angeles: University of California Press, 1943.

GERTH, HANS, and C. WRIGHT MILLS (eds.). *From Max Weber*. New York: Oxford University Press, 1958.

GIDE, CHARLES, and CHARLES RIST. *A History of Economic Doctrines*. Boston: Heath, n.d.

GILBERT, JAMES B. *Designing the Industrial State*. Chicago: Quadrangle, 1972.

GILLIS, JOHN R. "Aristocracy and Bureaucracy in Nineteenth Century Prussia." *Past and Present*, 41 (December 1968), 105–29.

GIRVETZ, HARRY. *The Evolution of Liberalism*. New York: Collier Books, 1966.

GLYN, ANDREW, and BOB SUTCLIFFE, *British Capitalism, Workers, and the Profits Squeeze*. London: Penguin Books, 1972.

GODKIN, E. L. *Unforeseen Tendencies of Democracy*. Boston: Houghton Mifflin, 1898.

GOLDBERG, HARVEY. *The Life of Jean Juares*. Madison: University of Wisconsin Press, 1962.

GOLDTHORPE, JOHN. "Industrial Relations in Great Britain: A Critique of Reformism." *Politics and Society*, 4 (1974), 419–52.

GOODRICH, CARTER. *Government Promotion of American Canals and Railways, 1800–1890*. New York: Columbia University Press, 1960.

———. *The Government and the Economy*. Indianapolis: Bobbs-Merrill, 1967.

GOODWIN, RICHARD N. *The American Condition*. Garden City, N.Y.: Doubleday, 1974.

GORZ, ANDRÉ. *A Strategy for Labor*. Boston: Beacon Press, 1967.

GOUBERT, PIERRE. *L'Ancien Régime*. Paris: Colin, 1969.

GOUGH, IAN. "State Expenditure in Advanced Capitalism." *New Left Review*, 92 (July–August 1975), 53–92.

GOULDEN, JOSEPH C. *Truth Is the First Casualty*. Chicago: Rand McNally, 1969.

GRAHAM, OTIS L., JR. *An Encore for Reform: The Old Progressives and the New Deal*. New York: Oxford University Press, 1967.

GRAMSCI, ANTONIO. *Selections from the Prison Notebooks*. New York: International Publishers, 1971.

GREEN, THOMAS HILL. *Lectures on the Principles of Political Obligation, Works*, vol 2. London: Longmans, 1906.

GREENBERG, EDWARD. "Black Children and the Political System." *Public Opinion Quarterly*, 34 (Fall 1970), 333–45.

GRIFONE, PIETRO. *Il Capitale Finanziario in Italia*. Turin: Einaudi, 1972.

GRONLUND, LAWRENCE. *The Cooperative Commonwealth*. Cambridge: Belknap Press of Harvard University Press, 1965.

GUTTMANN, ROBBIE. "State Intervention and the Economic Crisis: The Labour Government's Economic Policy, 1974–75." *Kapitalistate*, 4–5 (1976), 225–70.

GUTTSMAN, W. L. *The British Political Elite*. New York: Basic Books, 1963.

HABERMAS, JÜRGEN. *Legitimation Crisis*. Boston: Beacon Press, 1975.

HALBERSTAM, DAVID. *The Best and the Brightest*. Greenwich, Conn.: Fawcett Books, 1973.

HALÉVY, DANIEL. *La Fin des notables.* Paris: Grasset, 1930.

HALÉVY, ELIE. *The Liberal Awakening, 1815–1830.* Vol. 2 of *A History of the English People in the Nineteenth Century.* London: Benn, 1949.

———. *Victorian Years, 1841–1895.* Vol. 4 of *A History of the English People in the Nineteenth Century.* London: Benn, 1951.

———. *Imperialism and the Rise of Labour.* Vol. 5 of *A History of the English People in the Nineteenth Century.* London: Benn, 1952.

———. *The Growth of Philosophical Radicalism.* Boston: Beacon Press, 1960.

———. *The Era of Tyrannies.* Garden City, N.Y.: Anchor Books, 1965.

HALL, PRESCOTT F. *Immigration and Its Effects upon the United States.* New York: Holt, 1908.

HALLSTEIN, WALTER. *Europe in the Making.* New York: Norton, 1973.

HAMEROW, THEODORE. *Restoration, Revolution, Reaction: Economics and Politics in Germany, 1815–1871.* Princeton: Princeton University Press, 1968.

———. *The Social Foundations of German Unification.* Princeton: Princeton University Press, 1972.

HAMMOND, BRAY. *Banks and Politics in the United States from the Revolution to the Civil War.* Princeton: Princeton University Press, 1967.

HAMMOND, PAUL Y. *Organizing for Defense.* Princeton: Princeton University Press, 1961.

HARRIS, DAVID. "European Liberalism in the Nineteenth Century." *American Historical Review,* 60 (1964–65), 502–26.

HARRIS, NIGEL. *Competition and the Corporate Society.* London: Methuen, 1972.

HARTLEY, ANTHONY. "The Withering Away of Western Liberal Democracy." In E. A. Goerner (ed.), *Democracy in Crisis.* South Bend, Ind.: University of Notre Dame Press, 1971, 153–63.

HARTZ, LOUIS. *Economic Policy and Democratic Thought: Pennsylvania, 1776–1860.* Cambridge: Harvard University Press, 1948.

———. *The Liberal Tradition in America.* New York: Harcourt, Brace, and World, 1955.

HAWLEY, ELLIS W. *The New Deal and the Problem of Monopoly.* Princeton: Princeton University Press, 1966.

———. et al. *Herbert Hoover and the Crisis of American Capitalism.* Cambridge: Schenckman, 1973.

HAYWARD, J. E. S. *Private Interests and Public Policy.* London: Longmans, 1966.

HECKSCHER, ELI. *Mercantilism.* London: Allen and Unwin, 1934.

HECLO, HUGH. *Modern Social Politics in Britain and Sweden.* New Haven: Yale University Press, 1974.

———, and AARON WILDAVSKY. *The Private Government of Public Money.* Berkeley and Los Angeles: University of California Press, 1974.

———. "OMB and the Presidency." *The Public Interest,* 38 (Winter 1975), 80–98.

HEILBRONER, ROBERT. *An Inquiry into the Human Prospect.* New York: Norton, 1974.

HENDERSON, W. O. *The State and the Industrial Revolution in Prussia, 1740–1870.* Liverpool: Liverpool University Press, 1958.

HENNESSEY, TIMOTHY M. "Democratic Attitudinal Configurations among Italian Youth." *Midwest Journal of Political Science,* 13 (May 1969), 167–93.

HENTZE, MARGOT. *Pre-Fascist Italy: The Rise and Fall of the Parliamentary Regime.* New York: Octagon Books, 1972.

HICKS, JOHN D. *The Republican Ascendancy.* New York: Harper, 1960.

HIGHAM, JOHN. *Strangers in the Land: Patterns of American Nativism, 1860–1925.* New York: Atheneum, 1970.

HIGONNET, PATRICK L. R., and TREVOR B. HIGONNET. "Class, Corruption and Politics in the French Chamber of Deputies, 1846–48." *French Historical Studies,* 5 (1967), 204–24.

HILSMAN, ROGER. *To Move a Nation.* New York: Delta Books, 1968.

HINTZE, OTTO. "The Emergence of the Democratic Nation–State." In Heinz Lubasz (ed.), *The Development of the Modern State.* New York: Macmillan, 1964, 65–71.

HITCH, CHARLES, and ROLAND N. McKEAN. *The Economics of Defense in the Nuclear Age.* New York: Atheneum, 1965.

HOFSTADTER, RICHARD. *Social Darwinism in American Thought.* Revised edition. New York: Braziller, 1959.

————. *The Age of Reform.* New York: Knopf, 1955.

HOLLAND, STUART (ed.). *The State as Entrepreneur.* London: Weidenfeld and Nicolson, 1972.

HOOPES, TOWNSEND. *The Limits of Intervention.* New York: McKay, 1969.

————. *The Devil and John Foster Dulles.* Boston: Little, Brown, 1973.

HOUSE, JAMES S., and WILLIAM M. MASON. "Political Alienation in America." *American Sociological Review,* 40 (April 1975), 123–47.

HOWE, IRVING. *World of Our Fathers.* New York: Harcourt, Brace, Jovanovich, 1976.

HUNTINGTON, SAMUEL P. "Interservice Competition and the Political Role of the Armed Services." *American Political Science Review,* 55 (March 1961), 4–52.

————. (ed.). *Changing Patterns of Military Politics.* New York: Free Press, 1962.

————. *The Soldier and the State.* New York: Vintage Books, 1964.

HUTCHINSON, E. P. *Immigrants and Their Children, 1850–1950.* New York: Wiley, 1956.

HYMER, STEPHEN. "The Efficiency (Contradictions) of Multinational Corporations." *American Economic Review,* 60 (May 1970), 441–48.

————. "The Multinational Corporation and the Law of Uneven Development." In J. N. Bhagwati (ed.), *Economics and World Order.* New York: Macmillan, 1972, 113–40.

——. "The United States Multinational Corporations and Japanese Competition in the Pacific." Prepared for the Conferencia del Pacifica, Viña del Mar, Chile, 1970.

INGLEHART, ROLAND. "The Silent Revolution in Europe: Intergenerational Change in Post-Industrial Societies." *American Political Science Review*, 65 (December 1971), 991–1017.

JACKMAN, ROBERT W. "Political Elites, Mass Publics, and Support for Democratic Principles." *Journal of Politics*, 34 (August 1972), 753–73.

JACOB, HERBERT. *German Administration since Bismarck*. New Haven: Yale University Press, 1963.

JANOWITZ, MORRIS. *The Professional Soldier*. New York: Free Press, 1960.

JAROS, DEAN et al. "The Malevolent Leader: Political Socialization in an American Sub-Culture." *American Political Science Review*, 62 (June 1968), 564–75.

JENNINGS, M. KENT, and RICHARD G. NIEMI, "The Transmission of Political Values from Parent to Child." *American Political Science Review*, 62 (March 1968), 169–84.

JEVONS, W. S. *The State in Relation to Labour*. London: Macmillan, 1910.

JONES, CHARLES O. "The Agriculture Committee and the Problem of Representation." In Robert Peabody and Nelson Polsby (eds.), *New Perspectives on the House of Representatives*. Chicago: Rand McNally, 1963, 109–20.

KAMPELMAN, MAX. *The Communist Party Versus the C.I.O.* New York: Praeger, 1957.

KANYA-FORSTNER, A. S. *The Conquest of Western Sudan*. Cambridge: At the University Press, 1969.

KARP, WALTER. *Indispensable Enemies*. Baltimore: Penguin Books, 1973.

KATZ, MICHAEL. *The Irony of Early School Reform*. Cambridge: Harvard University Press, 1968.

KELLY, ALFRED H., and WINFRED HARBISON. *The American Constitution*. Revised edition. New York: Norton, 1955.

KENNEDY, ROBERT. *Thirteen Days*. New York: Norton, 1969.

KEOHANE, ROBERT, and JOSEPH S. NYE (eds.). *Transnational Relations and World Politics*. Cambridge: Harvard University Press, 1973.

KESSLER, COUNT HARRY. *Walter Rathenau: His Life and Work*. New York: Harcourt, Brace, 1932.

KIDRON, MICHAEL. *Western Capitalism since the War*. Revised edition. Baltimore: Penguin Books, 1970.

KINDLEBERGER, CHARLES P. *American Business Abroad*. New Haven: Yale University Press, 1969.

KING, ANTHONY. "Overload: Problems of Government in the 1970s." *Political Studies*, 23 (June-September 1975), 290–95.

KIRCHHEIMER, OTTO. "The Waning of Oppositions in Parliamentary Regimes." *Social Research*, 24 (Summer 1957), 128–56.

——. "The Transformation of the Western European Party Systems." In Joseph LaPalombara and Myron Weiner (eds.), *Political Parties and*

Political Development. Princeton: Princeton University Press, 1966, 177–200.

———. "Germany: The Vanishing Opposition." In Robert A. Dahl (ed.), *Political Oppositions in Western Democracies.* New Haven: Yale University Press, 1967, 237–59.

KITTRELL, EDWARD R. "Laissez-Faire in English Classical Economics." *Journal of the History of Ideas,* 27 (October-December 1968), 610–20.

KITZINGER, UWE. *The Politics and Economics of European Integration.* New York: Norton, 1973.

KLARE, MICHAEL. *War without End.* New York: Knopf, 1972.

KOEN, ROSS Y. *The China Lobby in American Politics.* New York: Harper and Row, 1974.

KOGAN, NORMAN. *The Government of Italy.* New York: Crowell, 1962.

KOLKO, GABRIEL. *The Triumph of Conservatism.* New York: Free Press, 1963.

———. *The Politics of War.* New York: Random House, 1968.

———, and JOYCE KOLKO. *The Limits of Power.* New York: Harper and Row, 1972.

KOLKO, JOYCE. *America and the Crisis of World Capitalism.* Boston: Beacon Press, 1974.

KORNHAUSER, WILLIAM. *The Politics of Mass Society.* New York: Free Press, 1959.

KRAUS, MICHAEL. *Immigration: The American Mosaic.* Princeton: Van Nostrand, 1966.

KRIEGEL, ANNIE. *Aux Origines du communisme français, 1914–1920.* Paris: Mouton, 1964.

LADD, EVERETT CARL. *Ideology in America.* Ithaca, N.Y.: Cornell University Press, 1969.

LAFEBER, WALTER. *The New Empire.* Ithaca, N.Y.: Cornell University Press, 1963.

LANDAU, MARTIN. "Redundancy, Rationality, and the Problem of Duplication and Overlap." *Public Administration Review,* 34 (July-August 1969), 346–58.

LANDES, DAVID S. "France and the Businessman: A Social and Cultural Analysis." In Edward Meade Earle (ed.), *Modern France.* Princeton: Princeton University Press, 1951, 334–53.

———. *The Unbound Prometheus.* Cambridge: At the University Press, 1970.

LANE, ROBERT E. "The Decline of Politics and Ideology in a Knowledgeable Society." *American Sociological Review,* 31 (October 1966), 649–62.

LAPALOMBARA, JOSEPH. *Interest Groups in Italian Politics.* Princeton: Princeton University Press, 1964.

LAW, SYLVIA, and the Health Project of the University of Pennsylvania. *Blue Cross: What Went Wrong?* New Haven: Yale University Press, 1974.

LEBOVICS, HERMAN EUGENE. *Social Conservatism and the Middle Classes in Germany, 1914–1933.* Princeton: Princeton University Press, 1969.

LEIBFRIED, STEPHAN. "U.S. Central Government Reform of the Administra-

参考书目　577

tive Structure during the Ash Period (1968–1971)." *Kapitalistate*, 2 (1973), 17–30.

LESSING, DORIS. *A Proper Marriage*. London: Panther, 1966.

LEUCHTENBERG, WILLIAM E. *Franklin D. Roosevelt and the New Deal*. New York: Harper and Row, 1963.

——. "The New Deal and the Analogue of War." In John Braeman et al. (eds.), *Change and Continuity in Twentieth Century America*. Columbus: Ohio State University Press, 1964, 87–142.

LEVITT, KARI. *Silent Surrender: The Multinational Corporation in Canada*. New York: St. Martin's Press, 1970.

LHOMME, JEAN. *La grande bourgeoisie au pouvoir 1830–1880*. Paris: Press Universitaire de France, 1960.

LINDBERG, LEON, and STUART A. SCHEINGOLD. *Europe's Would-Be Polity*. Englewood Cliffs, N.J.: Prentice-Hall, 1970.

LINDBLOM, CHARLES. *The Intelligence of Democracy*. New York: Free Press, 1966.

——, and ROBERT A. DAHL. *Politics, Economics and Welfare*. New York: Harper Torchbooks, 1966.

LINZ, JUAN. *The Breakdown of Democracy*. Forthcoming.

LIPOW, ARTHUR. "Plebiscitarian Politics and Progressivism: The Direct Democracy Movement." Paper presented at the 1973 American Historical Association meetings.

LIPSET, SEYMOUR MARTIN. *Political Man*. Garden City, N.Y.: Anchor Books, 1963.

LITT, EDGAR. "Civic Education, Community Norms, and Political Indoctrination." *American Sociological Review*, 28 (February 1963), 68–75.

LORD, GUY. *The French Budgetary Process*. Berkeley and Los Angeles: University of California Press, 1973.

LOWI, THEODORE. *The End of Liberalism*. New York: Norton, 1969.

——. "Decision Making v. Policy Making: Toward an Antidote for Technocracy." *Public Administration Review*, 30 (May–June 1970), 314–25.

LUBASZ, HEINZ. *The Development of the Modern State*. New York: Macmillan, 1964.

LUBENOW, WILLIAM C. *The Politics of Governmental Growth: Early Victorian Attitudes Toward State Intervention, 1833–1848*. London: David and Charles, 1971.

LUCAS, ARTHUR F. *Industrial Reconstruction and the Control of Competition*. London: Longmans, 1937.

LEUTHY, HERBERT. *France against Herself*. New York: Praeger, 1955.

LUHMANN, NICHOLAS. *Legitimation durch Verfahren*. Neuwied: Luchterhand, 1969.

LUKACS, GEORG. *History and Class Consciousness*. London: Merlin, 1971.

LUTTBEG, NORMAN R. "The Structure of Beliefs among Leaders and the Public." *Public Opinion Quarterly*, 32 (Fall 1968), 398–409.

LYON, PETER. *Eisenhower: Portrait of a Hero*. Boston: Little, Brown, 1974.

578　参考书目

MAASS, ARTHUR. *Muddy Waters.* Cambridge: Harvard University Press, 1951.

MAGDOFF, HARRY. *The Age of Imperialism.* New York: Monthly Review Press, 1969.

MACRUDER, JEB STUART. *An American Life.* New York: Atheneum, 1974.

MAIER, CHARLES S. *Recasting Bourgeois Europe.* Princeton: Princeton University Press, 1975.

MALCOLMSON, ROBERT. *Popular Recreation in English Society, 1700–1850.* Cambridge: At the University Press, 1973.

MANCHESTER, WILLIAM. *The Arms of Krupp.* New York: Bantam Books, 1970.

MANN, DEAN E. *The Assistant Secretaries.* Washington: Brookings Institution, 1965.

MANNHEIM, KARL. *Ideology and Utopia.* New York: Harvest Books, n.d.

──────. *Man and Society in an Age of Reconstruction.* New York: Harvest Books, n.d.

MARCUS, STEVEN. *Engels, Manchester, and the Working Class.* New York: Vintage Books, 1975.

MARGLIN, STEPHEN A. "What Do Bosses Do?" *Review of Radical Political Economics,* 6 (Summer 1974), 60–112.

MARSH, D. C. *The Welfare State.* London: Longmans, 1970.

MARSHALL, DALE R. *The Politics of Participation in Poverty.* Berkeley and Los Angeles: University of California Press, 1971.

MARSHALL, T. H. *Class, Citizenship, and Social Development.* Garden City, N.Y.: Doubleday, 1964.

MARTINELLI, ALBERTO, and EUGENIO SOMAINI. "Nation States and Multinational Corporations," *Kapitalistate,* 1 (1973), 69–78.

MARX, KARL. *Capital.* New York: International Publishers, 1967.

──────. "Critique of Hegel's Philosophy of the State." In Kurt Guddat and Loyd Easton (eds.), *Writings of the Young Marx on Philosophy and Society.* Garden City, N.Y.: Anchor Books, 1967.

──────. *The Grundrisse.* New York: Vintage Books, 1973.

──────. *Selected Works.* New York: International Publishers, n.d.

──────, and FREDERICK ENGELS. *The German Ideology.* New York: International Publishers, 1947.

MATHER, F. C. *Public Order in the Age of the Chartists.* Manchester: Manchester University Press, 1959.

McARTHUR, JOHN H., and BRUCE R. SCOTT. *Industrial Planning in France.* Cambridge: Harvard Business School, 1969.

McBRIAR, A. M. *Fabian Socialism and English Politics, 1884–1918.* Cambridge: At the University Press, 1962.

McCLOSKEY, ROBERT G. *American Conservatism in the Age of Enterprise.* Cambridge: Harvard University Press, 1951.

McCONNELL, GRANT. *The Decline of Agrarian Democracy.* Berkeley and Los Angeles: University of California Press, 1959.

──────. *Private Power and American Democracy.* New York: Knopf, 1966.

McCormick, Thomas J. *China Market: America's Quest for Informal Empire.* Chicago: Quadrangle, 1967.

Macpherson, C. B. *The Political Theory of Possessive Individualism.* London: Oxford University Press, 1964.

Melman, Seymour. *Pentagon Capitalism.* New York: McGraw-Hill, 1970.

Messadie, Gerald. *La Fin de la vie privée.* Paris: Calman-Levy, 1974.

Meynaud, Jean. *Technocracy.* New York: Free Press, 1969.

Michels, Robert. *Political Parties.* New York: Free Press, 1949.

Miliband, Ralph. *The State in Capitalist Society.* New York: Basic Books, 1969.

Mill, John Stuart. *Principles of Political Economy.* New York: Kelley, 1961.

Miller, Arthur H. "Political Issues and Trust in Government." *American Political Science Review,* 68 (September 1974), 951–72.

Millis, Harry A., and Emily Clark Brown. *From the Wagner Act to Taft-Hartley.* Chicago: University of Chicago Press, 1950.

Mollenkopf, John. "The Fragile Giant." *Socialist Revolution,* 29 (July–September 1976), 11–37.

Montgomery, David. *Beyond Equality: Labor and the Radical Republicans, 1862–1872.* New York: Vintage Books, 1972.

Montgomery, John D. *Forced to Be Free.* Chicago: University of Chicago Press, 1957.

Moore, Barrington. *Social Origins of Dictatorship and Democracy.* Boston: Beacon Press, 1967.

Moore, O. C. "The Other Face of Reform." *Victorian Studies,* 5 (September 1961), 7–34.

Morazé, Charles. *Les Bourgeois conquérants.* Paris: Armand Colin, 1957.

Moynihan, Daniel Patrick. *The Politics of a Guaranteed Income.* New York: Vintage Books, 1973.

———. *Coping.* New York: Random House, 1973.

Mueller, Claus. *The Politics of Communication.* New York: Oxford University Press, 1973.

Murray, Robin. "The Internationalization of Capital and the Nation State." In John Dunning (ed.), *The Multinational Enterprise.* London: Allen and Unwin, 1971, 265–88.

Musil, Robert. *The Man without Qualities.* New York: Capricorn, 1965.

Myers, Frank E. "Social Class and Political Change in Western Industrial Societies." *Comparative Politics,* 2 (April 1970), 389–412.

Nef, John U. *Industry and Government in France and England, 1540–1640.* Philadelphia: American Philosophical Society, 1940.

Neiburg, H. L. *In the Name of Science.* Chicago: Quadrangle, 1966.

Neumann, Franz. *Behemoth.* New York: Harper Torchbooks, 1966.

———. *The Democratic and the Authoritarian State.* New York: Free Press, 1967.

Neustadt, Richard E. *Presidential Power.* New York: Wiley, 1960.

580　参考书目

NEW YORK TIMES, *The End of a Presidency.* New York: Bantam Books, 1974.

NICHOLS, ROY F. *American Leviathan.* New York: Harper Colophon Books, 1966.

NIMMO, DAN D. *Popular Images of Politics.* Englewood Cliffs, N.J.: Prentice-Hall, 1974.

NISBET, ROBERT. *Twilight of Authority.* New York: Basic Books, 1975.

NOBIS, ENRICO. *Il Governo Invisible.* Rome: Edizioni di Cultura Sociale, 1955.

NOLL, ROGER (ed.). *Government and the Sports Business.* Washington: Brookings Institution, 1974.

NORDLINGER, ERIC. *Conflict Regulation in Divided Societies.* Cambridge: Harvard Center for International Affairs, 1972.

NORTH, DOUGLASS C. *Growth and Welfare in the American Past.* Englewood Cliffs, N.J.: Prentice-Hall, 1966.

NOZICK, ROBERT. *Anarchy, State and Utopia.* New York: Basic Books, 1973.

O'CONNER, JAMES. *The Fiscal Crisis of the State.* New York: St. Martin's Press, 1973.

————. *The Class Struggle.* Forthcoming.

————. "Productive and Unproductive Labor." *Politics and Society,* 5 (1975), 297–336.

OESTEREICHER, EMIL. "Fascism and the Intellectuals: The Case of Italian Futurism." *Social Research,* 41 (Autumn 1974), 515–33.

OFFE, CLAUS. *Strukturprobleme des Kapitalistischen Staates.* Frankfurt: Suhrkamp, 1972.

————. "Political Authority and Class Structure: An Analysis of Late Capitalist Societies." *International Journal of Social Science,* 2 (Spring 1972), 73–108.

————. "The Theory of the Capitalist State and the Problem of Policy Formation." Unpublished paper, May 1974.

OKUN, ARTHUR. *Equality and Efficiency: The Big Tradeoff.* Washington: Brookings Institution, 1975.

OSTROGORSKI, MAURICE. *Democracy and the Organization of Political Parties.* Garden City, N.Y.: Anchor Books, 1964.

OWEN, ROGER, and BOB SUTCLIFFE (eds.). *Studies in the Theory of Imperialism.* London: Longmans, 1972.

PACKENHAM, ROBERT. *Liberal America and the Third World.* Princeton: Princeton University Press, 1973.

PALMA, GIUSEPPE DI (ed.). *Mass Politics in Industrial Societies.* Chicago: Markham, 1972.

PALMADE, GUY. *Capitalisme et capitalisme Français au XIXe siècle.* Paris: Colin, 1961.

PARRIS, HENRY. "The Nineteenth Century Revolution in Government: A Reappraisal Reappraised." *Historical Journal,* 3 (1960), 17–37.

————. *Government and the Railways.* London: Routledge and Kegan Paul, 1965.

PARSONS, TALCOTT. *Structure and Process in Modern Societies.* New York: Free Press, 1960.

PATEMAN, CAROLE. *Participation and Democratic Theory.* Cambridge: At the University Press, 1970.

———. "Sublimation and Reification: Locke, Wolin, and the Liberal-Democratic Conception of the Political." *Politics and Society*, 5 (1975), 441–68.

PAXTON, ROBERT O. *Vichy France.* New York: Knopf, 1972.

PEACOCK, ALAN T., and JACK WISEMAN. *The Growth of Public Expenditure in Great Britain.* Princeton: Princeton University Press, 1961.

PEARCE, FRANK. *Crimes of the Powerful.* London: Pluto Press, 1976.

PELLING, HENRY. *Popular Politics and Society in Late Victorian Britain.* New York: St. Martin's Press, 1968.

Pentagon Papers, The. Boston: Beacon Press, 1971.

PFAFF, WILLIAM. "Some Questions about a Crisis." *The New Yorker*, April 5, 1976.

PIGOU, A. C. *Unemployment.* New York: Holt, 1914.

PIKE, FREDERICK, and THOMAS STRITCH (eds.). *The New Corporatism.* South Bend, Ind.: University of Notre Dame Press, 1974.

PIOUS, RICHARD. "Policy and Public Administration: The Legal Services Program in the War on Poverty." In Ira Katznetson et al. (eds.), *The Politics and Society Reader.* New York: McKay, 1974, 101–27.

PIVEN, FRANCES FOX, and RICHARD CLOWARD. *Regulating the Poor.* New York: Vintage Books, 1972.

PLATT, D. C. M. *Finance, Trade and Politics in British Foreign Policy, 1815–1914.* Oxford: Clarendon Press, 1968.

POLANYI, KARL. *The Great Transformation.* Boston: Beacon Press, 1957.

POLLOCK, NORMAN. *The Populist Response to Industrial America.* Cambridge: Harvard University Press, 1962.

POTTER, ALLAN. *Organized Groups in British National Politics.* London: Faber and Faber, 1961.

POULANTZAS, NICOS. *Pouvoir politique et classes sociales.* Paris: Maspero, 1968.

POWELL, G. BINGHAM. *Social Fragmentation and Political Hostility: An Austrian Case Study.* Stanford, Calif.: Stanford University Press, 1970.

POWER, THOMAS F., JR. *Jules Ferry and the Renaissance of French Imperialism.* New York: Octagon Books, 1966.

PRANGER, ROBERT. *The Eclipse of Citizenship.* New York: Holt, Rinehart and Winston, 1968.

PROUTY, ROGER WARREN. *The Transformation of the Board of Trade.* Doctoral dissertation, Columbia University, 1954.

PULLEY, RAYMOND H. *Old Virginia Restored.* Charlottesville: University of Virginia Press, 1968.

PURCELL, EDWARD A. *The Crisis of Democratic Theory.* Lexington: University of Kentucky Press, 1973.

582　参考书目

PUTNAM, ROBERT. *The Beliefs of Politicians*. New Haven and London: Yale University Press, 1969.

RADOSH, RONALD. *American Labor and United States Foreign Policy*. New York: Vintage Books, 1973.

————, and MURRAY ROTHBARD (eds.). *A New History of Leviathan*. New York: Dutton, 1972.

RASKIN, MARCUS. *Notes on the Old System*. New York: McKay, 1974.

RATHER, DAN, and GARY PAUL GATES. *The Palace Guard*. New York: Harper and Row, 1974.

RAWLS, JOHN. *A Theory of Justice*. Cambridge: Harvard University Press, 1973.

REAGAN, MICHAEL. *The Managed Economy*. New York: Oxford University Press, 1963.

RICARDO, DAVID. *Works and Correspondence*. Cambridge: At the University Press, 1962.

RICHTER, MELVIN. *The Politics of Conscience: T. H. Green and His Age*. London: Weidenfeld and Nicolson, 1964.

ROBBINS, LIONEL. *The Theory of Economic Policy in English Classical Political Economy*. New York. St. Martin's Press, 1968.

ROBERTS, DAVID. *Victorian Origins of the British Welfare State*. New Haven: Yale University Press, 1960.

ROBINSON, RONALD, and JOHN GALLAGHER. *Africa and the Victorians*. New York: St. Martin's Press, 1961.

RODGERS, HARRELL, and GEORGE TAYLOR. "The Policeman as an Agent of Regime Legitimation." *Midwest Journal of Political Science*, 15 (February 1971), 72–86.

ROGIN, MICHAEL PAUL. "Voluntarism as an Organizational Ideology of the American Federation of Labor, 1886–1932." M.A. thesis, University of Chicago, 1959.

————. *Fathers and Children*. New York: Knopf, 1975.

ROHATYN, FELIX. "A New RFC is Proposed for Business." *New York Times*, 3 (December 1, 1974), 1.

ROHRBOUGH, MALCOLM J. *The Land Office Business: The Settlement and Administration of American Public Lands, 1789–1837*. New York: Oxford University Press, 1968.

ROIG, CHARLES, and F. BILLON-GRAND. *La Socialization politique des enfants*. Paris. Colin, 1968.

ROKKAN, STEIN, and SEYMOUR MARTIN LIPSET. *Party Systems and Voter Alignments*. New York: Free Press, 1967.

RONGE, VOLKER. "The Politicization of Administration in Advanced Capitalist Societies." *Political Studies*, 23 (March 1974), 86–93.

ROSENBERG, ARTHUR. *Imperial Germany: The Birth of the German Republic, 1871–1918*. Boston: Beacon Press, 1964.

————. *Democracy and Socialism*. Boston: Beacon Press, 1965.

参考书目　583

ROSENBERG, HANS. *Bureaucracy, Aristocracy, and Autocracy*. Boston: Beacon Press, 1966.

ROSS, EDWARD A. *The Old World in the New*. New York: Century, 1914.

ROUSSOPOULOS, DIMITRIOS (ed.). *The Political Economy of the State*. Montreal: Black Rose Books, 1973.

ROWBOTHOM, SHEILA. *Hidden from History*. New York: Vintage Books, 1976.

ROWTHORN, ROBERT. *International Big Business*. Cambridge: At the University Press, 1971.

————, and STEPHEN HYMER. "Multinational Corporations and International Oligarchy." In Charles P. Kindleberger (ed.), *The International Corporation*. Cambridge: MIT Press, 1970, 57–91.

RUBIN, BARRY. "Marxism and Education: Radical Thought and Education Theory in the 1930s." *Science and Society*, 36 (Summer 1972), 171–201.

RULE, JAMES. *Private Lives and Public Surveillance*. London: Lane, 1973.

RUSSETT, BRUCE et al. *World Handbook of Political and Social Indicators*. New Haven: Yale University Press, 1964.

SALSBURY, STEPHEN. *The State, the Investor, and the Railway: The Boston and Albany, 1825–1867*. Cambridge: Harvard University Press, 1967.

SALTER, LORD ARTHUR. *Memoirs of a Public Servant*. London: Faber and Faber, 1961.

SAMPSON, ANTHONY. *The Sovereign State of ITT*. Greenwich, Conn.: Fawcett Books, 1974.

SANI, GIACOMO. "Mass Constraints on Political Realignments: Perceptions of Anti-System Parties in Italy." *British Journal of Political Science*, 6 (January 1976), 1–32.

SARTI, ROLAND. *Fascism and the Industrial Leadership in Italy, 1919–1940*. Berkeley and Los Angeles: University of California Press, 1971.

SARTORI, GIOVANNI. "Will Democracy Kill Democracy?" *Government and Opposition*, 10 (Spring 1975), 131–58.

SAY, J. B. *A Treatise on Political Economy*. Philadelphia: Grigg, Elliot, 1848.

SAY, LOUIS. *Etudes sur la richesse des nations, et réfutations des principales erreurs en économie politique*. Paris. A La Librairie du Commerce, 1836.

SCHAAR, JOHN. "Legitimacy in the Modern State." In Philip Green and Sanford Levinson (eds.), *Power and Community*. New York: Pantheon, 1970, 276–327.

SCHELL, JONATHAN. *The Time of Illusion*. New York: Knopf, 1975.

SCHIEDER, THEODOR. *The State and Society in Our Times*. London: Nelson, 1962.

SCHILLER, HERBERT. *Mass Communications and American Empire*. New York: Kelley, 1970.

SCHLESINGER, ARTHUR, JR. *A Thousand Days*. Boston: Houghton Mifflin, 1965.

————. *The Imperial Presidency*. Boston: Houghton Mifflin, 1973.

SCHMITTER, PHILIPPE. "Still the Century of Corporatism?" *Review of Politics*, 36 (January 1974), 85–131.

SCHOTTLAND, CHARLES I. (ed.). *The Welfare State*. New York: Harper and Row, 1967.

SCHUMPETER, JOSEPH. *Capitalism, Socialism and Democracy*. New York: Harper and Row, 1950.

———. *Imperialism and Social Classes*. Cleveland: World, 1953.

SCHURMANN, FRANZ. *The Logic of World Power*. New York: Pantheon, 1974.

SCHWENDINGER, HERMAN, and JULIA SCHWENDINGER. *Sociologists of the Chair*. New York: Basic Books, 1974.

SCOTT, JAMES A. *Comparative Political Corruption*. Englewood Cliffs, N.J.: Prentice-Hall, 1972.

SCOTT, JOHN A. *Republican Ideas and the Liberal Tradition in France, 1870–1914*. New York: Columbia University Press, 1951.

SELF, PETER, and HERBERT STORING. *The State and the Farmer*. Berkeley and Los Angeles: University of California Press, 1963.

SELZNICK, PHILIP. *TVA and the Grass Roots*. Berkeley and Los Angeles: University of California Press, 1949.

SEMMEL, BERNARD. *Imperialism and Social Reform*. Cambridge: Harvard University Press, 1960.

———. *The Rise of Free Trade Imperialism*. Cambridge: At the University Press, 1970.

SHANKS, MICHAEL. *The Stagnant Society*. Baltimore: Penguin Books, 1961.

SHILS, EDWARD. *The Torment of Secrecy*. New York: Free Press, 1956.

SHONFELD, ANDREW. *Modern Capitalism*. New York: Oxford University Press, 1965.

SILK, LEONARD, and DAVID VOGEL. *Ethics and Profits*. New York: Simon and Schuster, 1976.

SILVER, ALLAN. "The Demand for Order in Civil Society." In David Bordua (ed.), *The Police*. New York: Wiley, 1967, 1–24.

———. "Social and Ideological Bases of British Elite Reactions to Domestic Crises in 1829–1832." *Politics and Society*, 1 (February 1971), 179–201.

SMITH, ADAM. *The Wealth of Nations*. London: Pelican, 1960.

SMITH, TREVOR. *Anti-Politics: Consensus, Reform and Protest in Great Britain*. London: Knight, 1972.

SORENSEN, THEODORE. *Kennedy*. New York: Harper and Row, 1965.

SOUBOL, ALBERT. *Histoire de la révolution française*. Paris: Gallimard, 1962.

SPIRO, HERBERT. *The Politics of German Co-Determination*. Cambridge: Harvard University Press, 1958.

SPRING, JOEL. *Educaiton and the Rise of the Corporate State*. Boston: Beacon Press, 1972.

STANDMANN, HARTMUT POGGE VON. "Domestic Origins of Germany's Colonial Expansion under Bismarck." *Past and Present*, 42 (February 1969), 140–59.

STANLEY, DAVID T. et al. *Men Who Govern*. Washington: Brookings Institution, 1967.

STANSKY, PETER. *The Victorian Revolution*. New York: Watts, 1973.

STAVINS, RALPH et al. *Washington Plans an Aggressive War*. New York: Random House, 1971.

STEINER, GILBERT. *The State of Welfare*. Washington: Brookings Institution, 1971.

STERNSHER, BERNARD. *Rexford G. Tugwell and the New Deal*. New Brunswick: Rutgers University Press, 1964.

STEWART, ROBERT M. *The Politics of Protection*. Cambridge: At the University Press, 1971.

STONE, KATHERINE. "The Origins of Job Structures in the Steel Industry." *Review of Radical Political Economics*, 6 (Summer 1974), 60–112.

STOUFFER, SAMUEL. *Communism, Conformity and Civil Liberties*. Gloucester, Mass.: Smith, 1963.

STRONG, JOSIAH. *Our Country*. Cambridge: Belknap Press of Harvard University Press, 1963.

STRUVE, WALTER. *Elites against Democracy*. Princeton: Princeton University Press, 1973.

STURMTHAL, ADOLPH. "The Structure of Nationalized Enterprises in France." *Political Science Quarterly*, 67 (September 1952), 357–77.

————. "Nationalization and Workers Control in Britain and France." *Journal of Political Economy*, 61 (February 1953), 43–79.

SULEIMAN, EZRA. *Politics, Power and Bureaucracy in France*. Princeton: Princeton University Press, 1974.

SUMNER, WILLIAM GRAHAM. *Essays*. New Haven: Yale University Press, 1934.

SWEEZY, PAUL. *The Theory of Capitalist Development*. New York: Monthly Review Press, 1968.

TARROW, SIDNEY. "Political Dualism and Italian Communism." *American Political Science Review*, 61 (March 1967), 39–53.

————. "Economic Development and the Transformation of the Italian Party System." *Comparative Politics*, 1 (January 1969), 161–83.

TAWNEY, R. H. *Equality*. London: Unicorn Books, 1969.

TAYLOR, A. J. P. *British History, 1914–1945*. New York: Oxford University Press, 1965.

TAYLOR, PHILIP. *The Distant Magnet: European Emigration to the USA*. London: Eyre and Spottiswoode, 1971.

TERRILL, TOM E. *The Tariff, Politics, and American Foreign Policy, 1874–1901*. Westport, Conn.: Greenwood Press, 1973.

THEOHARIS, ATHAN. *The Yalta Myths: An Issue in U.S. Politics, 1945–1955*. Columbia: University of Missouri Press, 1970.

THOMAS, BRINLEY. *International Migration and Economic Development*. Paris: UNESCO, 1961.

THOMSON, DAVID. *Democracy in France since 1870*. Fourth edition. New York: Oxford University Press, 1964.

TITMUSS, RICHARD. *The Gift Relationship*. New York: Vintage Books, 1972.

TOCQUEVILLE, ALEXIS DE. *Democracy in America*. New York: Knopf, 1951.

586　参考书目

————. *The Old Regime and the French Revolution*. Garden City, N.Y.: Anchor Books, 1955.

————. *Recollections*. Garden City, N.Y.: Anchor Books, 1971.

TOURAINE, ALAIN. *The Post-Industrial Society*. New York: Random House, 1971.

————. *Production de la société*. Paris: Editions du Seuil, 1973.

TOWNSEND, MARY EVELYN. *The Rise and Fall of Germany's Colonial Empire*. New York: Fertig, 1966.

TREITSCHKE, HEINRICH VON. *Politics*. New York: Harcourt, Brace, and World, 1963.

Trilateral Commission. *The Governability of Democracies*. New York: Trilateral Commission, 1975.

TROLLOPE, ANTHONY. *Phineas Finn*. London: Penguin Books, 1972.

TRUMAN, HARRY S. *Memoirs*. Garden City, N.Y.: Doubleday, 1956.

TUCHMAN, BARBARA. *The Guns of August*. New York: Dell, 1971.

TUGWELL, REXFORD G. *The Industrial Discipline and Other Governmental Arts*. New York: Columbia University Press, 1933.

TURNER, LEWIS. *Multinational Corporations and the Third World*. New York: Hill and Wang, 1973.

Unification of the War and Navy Departments and Postwar Organization for National Security. (Report to the Hon. James Forrestal, October 22, 1945.) Washington: Government Printing Office, 1945.

United States Senate. Committee on Armed Services. *National Defense Establishment*. (80th Congress, 1st session, 1947.) Washington: Government Printing Office, 1947.

————. Committee on Armed Services. *National Security Act Amendments of 1949*. (81st Congress, 1st session, 1949.) Washington: Government Printing Office, 1949.

————. Report of the Jackson Subcommittee. *Inquiry into National Policy Machinery*. Washington: Government Printing Office, 1961.

————. Committee on Finance. *The Multinational Corporations and the World Economy*. Washington: Government Printing Office, 1973.

VERBA, SIDNEY. "Germany: The Remaking of Political Culture." In Sidney Verba and Lucien Pye (eds.), *Political Culture and Political Development*. Princeton: Princeton University Press, 1965, 130–70.

————, and NORMAN NYE. *Participation in America*. New York: Harper and Row, 1972.

VERNON, RAYMOND. *Sovereignty at Bay*. New York: Basic Books, 1971.

WALKER, MACK. *Germany and the Emigration, 1816–1885*. Cambridge: Harvard University Press, 1964.

WALLACE, MICHAEL. "Changing Concepts of Party in the United States: New York, 1815–1828." *American Historical Review*, 74 (December 1968), 453–91.

参考书目　587

WALLERSTEIN, IMMANUEL. *The Modern World System*. New York: Academic Press, 1974.

Washington Post. *The Presidential Transcripts*. New York: Dell, 1974.

WATT, RICHARD M. *The Kings Depart*. London: Penguin Books, 1973.

WAYS, MAX. "Business Needs a Different Political Stance." *Fortune*, September 1975.

WEBER, MAX. "Politics as a Vocation." In Hans Gerth and C. Wright Mills (eds.), *From Max Weber*. New York: Oxford University Press, 1958, 77–128.

WEHLER, HANS-ULRICH. *Bismarck und der Imperialismus*. Köln: Kiepenheuer und Witsch, 1969.

WEIDENBAUM, MURRAY. *The Modern Public Sector*. New York: Basic Books, 1969.

WEINSTEIN, JAMES. *The Corporate Ideal in the Liberal State*. Boston: Beacon Press, 1968.

WEISBAND, EDWARD, and THOMAS M. FRANCK. *Resignation in Protest*. New York: Grossman, 1975.

WENDEL, HUGO C. M. *The Evolution of Industrial Freedom in Prussia, 1845–49*. Allentown, Pa.: Haas, 1918.

WHITE, LEONARD D. *The Federalists*. New York: Macmillan, 1948.

———. *The Jacksonians*. New York: Macmillan, 1954.

———. *The Republican Era, 1869–1901*. New York: Macmillan, 1963.

WHITE, WILLIAM S. *Citadel*. New York: Harper, 1957.

WHYTE, ARTHUR JAMES. *The Evolution of Modern Italy*. Oxford: Blackwell, 1944.

WIEBE, ROBERT. *Businessmen and Reform*. Cambridge: Harvard University Press, 1962.

———. *The Search for Order, 1877–1920*. New York: Hill and Wang, 1967.

WILDAVSKY, AARON. *The Politics of the Budgetary Process*. Boston: Little, Brown, 1964.

———. "Rescuing Policy Analysis from PPBS." *Public Administration Review*, 34 (April 1969), 189–202.

———. "The Strategic Retreat on Objectives." Working Paper No. 45, Graduate School of Public Policy, University of California, Berkeley, 1976.

WILENSKY, HAROLD. *The Welfare State and Equality*. Berkeley and Los Angeles: University of California Press, 1975.

WILKINS, MYRA. *The Emergence of Multinational Enterprise*. Cambridge: Harvard University Press, 1970.

———. *The Maturing of Multinational Enterprise*. Cambridge: Harvard University Press, 1974.

WILLIAMS, DAVID. *Not in the Public Interest*. London: Hutchinson, 1965.

WILLIAMS, PHILIP M. *Crisis and Compromise*. Hamden, Conn.: Archon Books, 1968.

588 参考书目

―――, and MARTIN HARRISON. *Politics and Society in de Gaulle's Republic.* Garden City, N.Y.: Anchor Books, 1973.

WILLIAMS, RAYMOND. *Culture and Society.* New York: Columbia University Press, 1958.

―――. *The Long Revolution.* London: Pelican, 1965.

―――. *The Country and the City.* New York: Oxford University Press, 1975.

WILLIAMS, WILLIAM APPLEMAN. *The Tragedy of American Diplomacy.* Revised and enlarged edition. New York: Delta Books, 1962.

―――. *The Contours of American History.* Chicago: Quadrangle, 1966.

WILSON, JAMES Q. *Thinking about Crime.* New York: Basic Books, 1975.

WINCH, DONALD. *Classical Political Economy and the Colonies.* Cambridge: Harvard University Press, 1965.

WISE, DAVID, and THOMAS ROSS. *The Invisible Government.* New York: Vintage Books, 1974.

WOLF, JOHN B. *France, 1814–1919: The Rise of a Liberal-Democratic Society.* New York: Harper Torchbooks, 1963.

WOLFE, ALAN. "Waiting for Righty: A Critique of the 'Fascism' Hypothesis." *Review of Radical Political Economics,* 5 (Fall 1973), 46–66.

―――. *The Seamy Side of Democracy.* New York: McKay, 1973.

―――. "New Directions in the Marxist Theory of Politics." *Politics and Society.* 4 (Winter 1974), 131–60.

―――. "Il New Deal: Discorsi Nuovi e Interpretazione Vecchie." *Quaderni Storici,* 28 (January–April 1975), 294–301.

―――. "Exercise in Gentility: The Rockefeller Report on the CIA." *The Nation,* August 16, 1975, pp. 108–12.

―――. "Capitalism Shows Its Face." *The Nation,* November 29, 1975, pp. 557–63.

WOLIN, SHELDON. *Politics and Vision.* Boston: Little, Brown, 1960.

WOODHAM-SMITH, CECIL. *The Great Hunger.* New York: Signet Books, 1964.

WOOTTON, GRAHAM. *The Politics of Influence.* Cambridge: Harvard University Press, 1963.

ZELDIN, THEODORE. *Ambition, Love, and Politics.* Vol 1 of *France 1848–1945.* Oxford: Clarendon Press, 1973.

ZOLBERG, ARISTIDE. "Moments of Madness." *Politics and Society,* 2 (Winter 1972), 183–207.

索　引

本索引所标页码为英文版页码，中译本边码

Absolutism,绝对主义,15 - 16

Accumulative State,积累的国家,9,14,19 -
41,60,241,247;金融业,32 - 34;公司,20
- 22;法国,21,22,27 - 30,33 - 34,38;德
国,27 - 29,31 - 32,34;大不列颠,21 -
33,35 - 36,38;意大利,30,31,37;土地政
策,37 - 38;～的限制,39 - 41,43;维护秩
序,22 - 26;公共福利,38 - 39;国家援助,
28 - 32;～的力量,39,42 - 43;关税,34 -
36;美国,21,22,30,33 - 38;开战,36 - 37

Adams,Brooks,布鲁克斯·亚当斯,103

Adams,Henry,亨利·亚当斯,71,156

Adams,Walter,沃尔特·亚当斯,164

Adelson,Joseph,约瑟夫·阿德尔森,299

Administrative Reform Association,行政改
革协会,38,66

Agee,Philip,菲利普·阿吉,239

Agency for International Development
(AID),国际开发署,235

Agribusiness,农业综合企业,140

Agricultural Trade and Development Act of
1954,Cooley Amendment to,1954 年农业
贸易和发展法,库利修正案,233

Agriculture,Franchise State and,授予特权的
国家和农业,139 - 140,147 - 148,160,
163

Agriculture Act of 1947,1947 年农业法,139

Aldrich,Nelson,纳尔逊·奥尔德里奇,63

Alien and Sedition Acts,外侨和危害治安煽
动取缔法,23

Alienated politics,异化政治,10,168,207,
288 - 321,334 - 337;～的向心性,312 -
313;选举产生的官员,315 - 318;利益集
团,309 - 310,312;合法性功能的民族化,
311 - 313;参与,300 - 305;政党,305 -
309,312;社会化过程,296 - 300;统治阶
级的乌托邦化,318 - 320

Allied Maritime Transport Council,同盟国海
上运输委员会,116

Allison,Graham,格雷厄姆·艾利森,260

Allum,P. A. ,P. A. 奥勒姆,63,262,315 -
316,337

Almond,Gabriel,加布里埃尔·阿尔蒙德,
300 - 302,304,308

Althusser,Louis,路易·阿尔都塞,253

American Economics Association,美国经济
协会,51

American Farm Bureau Federation(AFBF),
美国农业公署联盟,139,140,147,160

American Federation of Labor(AFL),美国
劳工联盟,143,159

American Industrial League of 1867,1867 年
美国工业联盟,47

American Patriotic League,美国爱国主义联

盟,105

American Petroleum Institute,美国石油协会,131

American Protective Association,美国保护协会,99

Amery,L. S.,L. S. 艾默里,124

Anarchy,ix-x,无政府主义者,243

Ancien régime,旧制度,38;腐败,67;~的政治遗产,14-20

Anderson,Olive,奥利弗·安德森,36

Anderson,Perry,佩里·安德森,157

André,Pierre,皮埃尔·安德烈,157

Anthonioz,Marcel,马塞尔·安东尼奥兹,157

Anticommunism,反共产主义,182-184,204,212,218-220,224,237,238

Anti-Con Law League,反谷物法联盟,35

Antipolitics;see Alienated politics,反政治,参见 Alienated politics

Anti-Semitism,排犹主义,103

Aranda affair,阿兰达事件,156

Arendt,Hannah,汉娜·阿伦特,3,103,104,277,289

Arnold,Matthew,马修·阿诺德,280

Arnold,Thurman,瑟曼·阿诺德,169,274

Ashley,Sir William,威廉·阿什利爵士,84,102

Askwith,Sir George,乔治·阿斯克威思爵士,78

Asquith,Herbert Henry,Earl of,赫伯特·亨利;阿斯奎斯伯爵,101,103

Assistant to the President for National Security Affairs,总统国家安全事务助理,201

Associated Milk Producers,奶业生产者联合会,156

Atlantic Alliance,大西洋联盟,220,226

Atlantic Community,大西洋共同体,220

Australia,澳大利亚,145

Austria,奥地利,145

Authoritarianism,权力主义,15,337-341

Automation,自动化,251

Automobile industry,汽车工业,131

Avis,Warren,沃伦·阿维斯,277

Bagehot,Walter,沃尔特·贝奇霍特,177,178

Ball,George,乔治·鲍尔,222-223,228-229,235

Bandung Conference,万隆会议,221

Banfield,Edward,爱德华·班菲尔德,271

Bank Charter Act of 1844,1844 年银行宪章法,32

Bank of England,英格兰银行,32

Bank of France,法兰西银行,33

Bankhead-Jones Farm Tenancy Act of 1937,1937 年班克黑德-琼斯农业租佃权法,147

Banking,金融业,32-34,60

Barnet,Richard,理查德·巴尼特,183,230,244

Barres,Auguste Maurice,奥古斯特·莫里斯·巴雷斯,104

Baruch,Bernard,伯纳德·巴鲁奇,110-111,116

Bastiat,Frederick,弗雷德里克·巴师夏,47

Bay of Pigs invasion,猪湾入侵,199,202,209

Beard,Charles,查尔斯·比尔德,viii

Beer,Samuel,塞缪尔·比尔,116,123,141,142,265

Behrman,Jack,杰克·贝尔曼,233,239

Belgian Congo (Zaïre),比属刚果(扎伊尔),197

Bell,Daniel,丹尼尔·贝尔,314,322,332,333,346

Bell,David,戴维·贝尔,173

Bendix,Reinhard,莱因哈德·本迪克斯,

索引 591

305 -306

Bentham,Jeremy,杰利米·边沁,xi,4,25,
45,46

Bentley,Arthur F.,阿瑟·F.本特利,xii,xiii

Benton,Thomas Hart,托马斯·哈特·本
顿,292

Berkshire Knitting Mills strike,伯克郡编织
工人罢工,143

Berle,Adolph,阿道夫·伯利,22

Berman,Marshall,马歇尔·伯曼,5

Bernstein,Edward,爱德华·伯恩斯坦,x,xii

Bernstein,Irving,欧文·伯恩斯坦,138,158

Beuth,Peter Christian Wilhelm von,彼特·
克里斯蒂安·冯·博伊特,28-29

Bismarck,Otto,von,奥托·冯·俾斯麦,7,
50,63,82,90,92,96

Black Power movement,黑人权力运动,205

Blanc,Louis,路易·勃朗,48

Blatchford,Robert,罗伯特·布拉奇福德,
106

Blaug,Marc,马克·布劳格,28

Bloch,Marc,马克·布洛克,14

Bodin,Jean,让·博丹,279

Bonomi,Paolo,保罗·博诺米,140

Boorstin,Daniel,丹尼尔·布尔斯廷,315

Borah,William E.,威廉·E.博拉,196

Borch,Fred,弗雷德·博尔奇,232

Bosanquet,Bernard,伯纳德·鲍桑葵,xi,102

Boguslaw,Robert,罗伯特·博格斯劳,319

Bourgeois,Leon,利昂·布儒瓦,44,101

Bourgeois politicians,资产阶级政治家,61-
64,248

Bourne,Randolph,伦道夫·伯恩,205

Bowles,Samuel,塞缪尔·鲍尔斯,75

Bradley,Francis Herbert,弗兰西斯·赫伯
特·布拉德利,51

Brandt,Willy,威利·布兰特,323

Braverman,Harry,哈里·布雷弗曼,294

Brebner,J. B.,J. B.布雷布纳,28

Bretton Woods Conference,布雷顿森林会
议,216-217

Briggs,Asa,阿萨·布里格斯,33,35

Bright,John,约翰·布赖特,46,51

Brittan,Samuel,塞缪尔·布里坦,332,333,
335

Broglie,Duc de,德·布罗伊公爵,62

Broude,Henry W.,亨利·W.布劳德,37

Brownson Orestes,奥雷斯蒂斯·布朗森,17

Bruce,Maurice,莫里斯·布鲁斯,75

Bruce,Robert V.,罗伯特·V.布鲁斯,84

Bryce,James,詹姆斯·布赖斯,66,89

Brzezinski,Zbigniew,兹比格纽·布热津斯
基,243-244,325

Bulow,Ernst von,恩斯特·冯·布洛,42

Bundy,Harvey,哈维·邦迪,183

Bundy,McGeorge,麦乔治·邦迪,201,284-
285

Bureau of the Budget(BOB),预算局,264-
265

Bureaucracy,官僚政治,262-271

Burgess,John W.,约翰·W.伯吉斯,102

Burke,Arleigh,阿利·伯克,200

Burke,Edmund,埃德蒙·柏克,64,65

Burkhardt,Jacob,雅各布·布克哈特,14

Burnham,James,詹姆斯·伯纳姆,126

Burnham,Walter Dean,沃尔特·迪安·伯
纳姆,292,293,306

Business Advisory Council,商业咨询委员
会,164

Business and Defense Service Administration,
商业保护行政局,164

Business pacifism,商业和平主义,111,112

Butler,R. A.,R. A. 巴特勒,171

Callaghan,James,詹姆斯·卡拉汉,332

Calleo,David P.,戴维·P.卡莱奥,216,

217,234

Campbell-Bannerman, Henry, 亨利·坎贝尔-班纳曼, 64

Cananda, 加拿大, 145

Capital, accumulation of, 资本积累, 162－163

Capitalism: 资本主义，参见 Accumulative State; Dual State; Expansionist State; Franchise State; Harmonious State; Transnational State

Carey, Henry, 亨利·凯利, 42, 46－48, 52, 83

Carey, Matthew, 马修·凯利, 45, 46, 48

Carlsbad Decrees, 卡尔斯巴德法令, 23

Carlyle, Thomas, 托马斯·卡莱尔, 40

Carnegie, Andrew, 安德鲁·卡内基, 35, 58－59

Carr, E. H., E. H. 卡尔, 44

Cartels, 卡特尔, 22

Carter, Jimmy, 杰米·卡特, 213, 243, 285

Central Intelligence Agency (CIA), 中央情报局, 179, 187－190, 198－200, 202, 205, 206, 208－210, 213, 239, 249

Centralization of bureaucracy, 官僚中央集权, 265－267

Chadwick, Sir Edwin, 埃德温·查德威克爵士, 25, 26, 46

Chamberlain, Joseph, 约瑟夫·张伯伦, 64, 82, 87－88, 91, 102, 103, 200

Chamberlain, Neville, 内维尔·张伯伦, 124

Chartists, 宪章派, 25, 35, 181

Checkland, S. G., S. G. 切克兰德, 27

Chevalier, Michel, 米歇尔·舍瓦利耶, 31

Chile, 智利, 203, 242

China, 中国, 221, 237－238

China Trade Act of 1922, 1922 年对华贸易法, 233

Choate, Joseph, 约瑟夫·乔特, 54

Churchill, Sir Winston, 温斯顿·丘吉尔爵士, 146, 218

Civic Culture, The (Almond and Verba), 《市民文化》,（阿尔蒙德和维巴）, 300

Civic reform, 文官改革, 293, 294

Civil Aeronautics Board v. Waterman S. S. (1948), 1948 年，民航部诉 S. S. 沃特曼案, 185

Civil liberties, 公民自由, 6

Civil service, 文官制度, 282; ～改革, 71, 73－74

Civil Service Commission, 文官制度委员会, 74

Civil War (US), (美国)内战, 36－37

Clarkson, Grosvenor, 格罗夫纳·克拉克森, 110

Clay, Henry, 亨利·克莱, 31

Clayton, Will, 威尔·克莱顿, 217

Clemenceau, Georges, 乔治·克列孟梭, 48－49, 93, 104, 280

Clementel, Etienne, 艾蒂安·克莱芒泰尔, 115－116

Client state, concept of, 附庸国概念, 197

Clough, Shepard Bancroft, 谢泼德·班克罗夫特·克拉夫, 62

Cloward, Richard A., 理查德·A. 克洛沃德, 342－343

Cobb, Roger, W., 罗杰·W. 科布, 303

Cobden, Richard, 理查德·科布登, 28, 34, 35, 46

Coefficients, the, 协同因素 87

Cohen, Stephen, 斯蒂芬·科恩, 134, 170

Colbert, Jean Baptiste, 让·巴蒂斯特·科尔伯, 32

Cole, G. D. H., G. D. H. 柯尔, 122

Coletti, Lucio, 卢西奥·科莱蒂, 5

Collective Bargaining, 集体谈判, 77, 78, 159

Colonialism, 殖民主义, 81－82, 85, 92－93, 104, 105

Committee for the Alliance for Progress (COMAP),发展联盟委员会,235

Committee for Economic Development,经济发展委员会,234

Common Market,共同市场,参见 European Economic Community (EEC)

Commune of 1871,1871 年巴黎公社,84

Communist Party (Great Britain),英国共产党,117

Communist Party (Italy),意大利共产党,138,304,345

Communist Party (U. S.),美国共产党,159

Confédération Générale de la Production Française (CGPF),法兰西生产总同盟,116

Confederazione Generale dell' Industria Italiana (Confindustria),意大利工业总同盟,115,120,155

Congress of Industrial Organizations (CIO),工业组织大会,159

Connally,Tom,汤姆·康纳利,131

Converse,Philip, E.,菲利普·E. 康弗斯,299 –300,303

Conwell,Russell,拉塞尔·康威尔,56

Cooke,Jay,杰伊·库克,37

Cooke,Morris L.,莫里斯·L. 库克,112

Cooperative Commonwealth, The (Gronlund),《合作国家》(格罗隆德),51

Corn Laws,谷物法,35

Corporate liberalism,法人自由主义,127

Corporations, Accumulative State and,积累国家和法人,20 – 22

Corporatism,社团主义,1, 113, 118 – 128, 129,337 – 340

Corruption,腐败,66 – 71,156,248

Corwin,Edward,爱德华·科温,185

Covert operation,暗箱操作,188,198 – 200, 202 – 206,210

Credit,信贷,32

Crédit Mobilier scandal,动产信贷丑闻,33, 69,71

Crimean War,克里米亚战争,36

Crispi,Francesco,弗兰西斯科·克里斯皮,64,90

Critique of Capitalist Democracy (Moore),《资本主义民主之批判》(摩尔),xiii

Croce,Benedetto,本尼迪托·克罗齐,90

Crozier,Michel,米歇尔·克罗齐埃,261, 267,310,325 – 327

Cuba,古巴,104,221;猪湾入侵,199,202, 209;导弹危机,259 –260,274

Dahl,Robert,罗伯特·达尔,169

Dahrendorf,Ralf,拉尔夫·达伦多夫,143, 327

Dangerfield,George,乔治·丹格菲尔德,xi

D' Annunzio,Gabriele,加布里埃尔·邓南遮,101

Danton,Jean Francois,让·弗朗索瓦·丹东,197

Darlan,Jean François,让·弗朗索瓦·达朗

Darwin,Charles,查尔斯·达尔文,49,52

Das Kapital (Marx),《资本论》(马克思),250

Daudet,Alphonse,阿尔封斯·都德,104

Davezac,Henri,亨利·达弗扎克,132

De la colonization chez les peoples modernes (Leroy-Beaulieu),《现代国民殖民地化》(勒鲁瓦-博利厄),83

de Gaulle,Charles,夏尔·戴高乐,132,133, 134,197,218,226

Dean,Arthur H.,阿瑟·H. 迪安,161

Dean,John,约翰·迪安,207

Debré,Michel,米歇尔·德布雷,134,282 – 283

Debs case,德布斯案,89

594　索引

Decentralization of bureaucracy,官僚的非集中化,267－268

Defence contracting,防卫盟约,163,164,171－173

Delafosse,Jules,朱尔斯·德拉福斯,93

Democracy,defined,被限定的民主,4,6

Democracy(Henry Adams),《民主》(亨利·亚当斯),156

Democracy and Socialism(Rosenberg),《民主和社会主义》(罗森堡),5

Dennis Jack,杰克·丹尼斯,296－300,308

Depoliticization:see Alienated politics,非政治化,参见 Alienated politics

Depression of 1873,1873 年大萧条,82－83,90

Depretis,Agostino,阿戈斯蒂诺·德普莱蒂斯,72－73

di Palma,Giuseppe,朱塞佩·德·帕尔马,303

Diarchy:双头政治 see Dual State

Dicey,A. V.,A. V. 狄骥,44,46

Diem,Ngo Dinh,吴庭艳,198

Dilke,Charles,查尔斯·迪尔克,86

Dingley Tariff of 1897,1897 年丁利税率,88

Disaccumulation,非积累,251

Disraeli,Benjamin,本杰明·迪斯雷利,7

Dobb,Maurice,莫里斯·多布,18

Domino theory,多米诺骨牌理论,184

Dorfman,Gerald A.,杰拉尔德·A. 多尔夫曼,142

Dorfman,Joseph,约瑟夫·多尔夫曼,47

Douglas,William O.,威廉·O. 道格拉斯,197－198

Dreyfus case,德雷福斯案件,103

Drucker,Peter,彼得·德鲁克,257,286

Dual labor market,双重劳动力市场,164

Dual state,二元国家,10,176－213,241,249,275－276;反共产主义,182－184,

204,212;中央情报局,179,187－190,198－200,202,205,206,208－210,213;暗箱操作,198－200,202－206,210;行政部门的至上权威,184－186,192,204;法国,180－181;德国,178;大不列颠,181;帝国主义和～,179,180;意大利,180;～的多数主义问题,177,180,211－212;反对二元国家,196;理性和非理性,178,180,211－212;美国,179－213;越南战争,198,200－204,212;水门,206－211

Dubinsky,David,戴维·杜宾斯基,159

Duchemin,Rene,热内·迪舍曼,116

Dulles,Allen,艾伦·杜勒斯,180,189－190,200

Dulles,John Foster,约翰·福斯特·杜勒斯,183

Duncker,Max,马克斯·邓克尔,50

Dunham,A. L.,A. L. 邓纳姆,34

Dupeaux,Georges,乔治·德波,303

Durkheim,Emile,埃米尔·迪尔凯姆,281

Duverger,Maurice,莫里斯·杜维格,328

Eagleton,Thomas,托马斯·伊格尔顿,204

Easton,David,戴维·伊斯顿,xii,296－300

Eberstadt,Ferdinand,费迪南·埃伯斯塔特,187,188,190－193

Eckstein,Harry,哈里·埃克斯坦,137,302

Economic Cooperation Act of 1948,1948 年经济合作法,233

Economic determinism,经济决定论,xiv,56

Edelman,Murray,默里·埃德尔曼,274

Edge Act,埃奇法令,233

Edmunds,George,乔治·埃德蒙兹,54,58

Education,教育,61,327;～改革,75－76,105－106

Education Act of 1921,1921 年教育法,123

Eels,Richard,理查德·伊尔斯,239

Ehrmann,Henry,亨利·埃尔曼,116,125,

161

Eisenhower, Dwight D. , 德怀特・D. 艾森豪威尔, 151,153 – 154,193

Elder, Charles O. , 查尔斯・O. 埃尔德, 303

Elkins, Stephen Benton, 斯蒂芬・本顿・埃尔金斯, 71

Ely, Richard T. , 理查德・T. 伊利, 51,56, 280

Emergency Relief Appropriation Act of 1935, 1935 年紧急救济拨款法, 186

Emigration, 移民, 94 – 99

Energy crisis, 能源危机, 162,242

Engels, Friedrich, 弗里德里希・恩格斯, 5

England, 英格兰, see Great Britain

Engler, Robert, 罗伯特・恩格勒, 162

Epicization of state, 国家的史诗化, 282

Erhard, Ludwig, 路德维希・埃哈德, 136

Etudes sur la Richesse des Nations (Louis Say), 《国民财富的考察》(路易・萨伊), 46

European Economic Community (EEC), 欧洲经济共同体, 224 – 228,249

Evarts, Williams E. , 威廉・E. 埃瓦茨, 80, 91

Exceptional Laws of 1899, 1899 年特别法, 60

Executive Order Number 8248, 第 8248 号总统令, 186

Executive supremacy, 行政至上权, 184 – 186,192,204

Expansion of England , *The* (Seeley), 《英国的扩张》(西利), 86

Expansionist State, 扩张主义的国家, 9,80 – 107,194,237,241,248;殖民主义, 81 – 82,85,92 – 93,104;移民出境, 94 – 99;法国, 84,85,92 – 93,98,105;自由贸易, 82, 85 – 88,91,100 – 101;德国, 82,83,90 – 91,95 – 96,98,102,103;大不列颠, 81 –

82,85 – 88,95,102 – 105;移民入境, 97 – 99;意大利, 90 – 91,95,102,103;自由民主的冲突和~, 81 – 85,100 – 107

racism, 种族主义, 103;关税, 88 – 89,100 – 101;~的手法, 85 – 93;美国, 83,84,88 – 90,94 – 95,98 – 99,103,105,106;关税同盟的解决方案, 91

Export-Import Bank, 进出口银行, 234

Fabians, 费边派, 60,77,78,87,102

Fabri, Frederick, 弗里德里克・法布里, 96

Family Assistance Plan, 家庭援助计划, 261, 276

Farm Security Administration (FSA), 农业安全署 140,147 – 148

Fascism, 法西斯主义, 102,121,138,314, 330,338

Fashoda crisis, 法绍达危机, 93

Faulkner, Harold U. , 哈罗德・U. 福克纳, 57

Faure, Felix, 费利克斯・富尔, 93

Federal Bureau of Investigation (FBI) , 联邦调查局, 205,206,208,210

Federal Reserve Act, 联邦储备法, 233

Federal Reserve System, 联邦储备体系, 33, 60

Federal Trade Commission Act, 联邦贸易委员会法, 155

Federalism, 联邦主义, 22

Federalist papers (Hamilton, Madison, and Jay), 《联邦党人文集》(汉密尔顿、麦迪逊、杰伊), 65

Felice, Renzo de, 朗佐・德・费利斯, 120

Felix, David, 戴维・费利克斯, 115

Ferrais, Dante, 丹特・费拉伊, 108,115

Ferry, Jules, 朱尔斯・费里, 64,75 – 76,80, 82,92,93

Feudalism, 封建主义, 14 – 15

596　索引

Field,Stephen J. ,斯蒂芬·J. 菲尔德,53,
　54,56

Fieldhouse,A. K. , A. K. 菲尔德豪斯,91,
　100

Fine,Sidney,西德尼·法因,37,131

Finer,S. E. ,S. E. 芬纳,123,137,153

Fino a Dogali (Oriani),《杰出的执政官》(奥
　里亚尼),92

Fiske,John,约翰·费斯克,101

Fletcher v. Peck,弗莱彻诉佩克案,21

Follett,Mary,玛丽·福莱特,xi

Ford,Gerald R. ,杰拉尔德·R. 福特,154,
　288

Foreign aid,外援,234 – 235

Foreign Aid Act of 1962,1962 年外援法,
　235

Forrestal,James,詹姆斯·福雷斯特尔,
　183,187,191,192,194

Fouilee,Alfred,阿尔弗雷德·富耶,49,52

Fourier,François Marie Charles,弗朗索瓦·
　玛丽·夏尔·傅立叶,318

Fraenkel,Ernst,厄内斯特·弗伦克尔,178

France:法国:积累的国家,21,22,27 – 30,
　33 – 34,38;农业,140;金融业,33 – 34;文
　官制度,282;殖民主义,85,92 – 93,105;
　早期社团,21,22;社团主义,124 – 126;二
　元国家,180 – 181;教育,61,75 – 76;欧洲
　经济共同体,226;扩张主义的国家,84,
　85,92 – 93,98,105;授予特权的国家,131
　– 135,140,141,145,150 – 152,155 – 157,
　160,166 – 168;国民生产总值,175,257;
　和谐的国家,44,47 – 49,61,62,68,75 –
　76;移民入境,98;帝国主义,61;劳动力市
　场,27;劳工同盟,141;管理主义,166 –
　168;国有化,133;计划,162,170;政治腐
　败,68;政治领袖,62;政治参与,303;政治
　社会化,297;政治停滞,261 – 262;政治
　化,290 – 291;公共福利,38;铁路,29,30;

国家的具体化,282,283;团结一致,48 –
　49,236,280;国家对企业的援助,28 – 30;
　罢工,84,141;关税,34;跨国界的国家,
　218,226;三方代表制,133,166;联合国,
　218;第一次世界大战,115 – 116

Franchise State,授予特权的国家,9 – 10,
　108 – 175,194,196 – 198,218,223,241,
　248 – 249;农业,139 – 140,147 – 148,
　160,163;实业运行的特点,146 – 147;社
　团主义,118 – 128;腐败,156;防卫收缩,
　163,164,171 – 173;权力的委托,147 –
　153;权力的转让,169 – 175;权力的延伸,
　138 – 145;法国,131 – 135,140,141,145,
　150 – 152,155 – 157,160,166 – 168;德
　国,135 – 136,140,142 – 143,145,161,
　166,170;大不列颠,136 – 137,139,141 –
　142,145,153,160 – 161,167,168,170 –
　171,174;统治集团,150 – 152;~的发明,
　128 – 138;意大利,135,140,145,150,
　155,157,167,168;工会,140 – 144,158 –
　160,163;管理主义,166 – 168;多元主义,
　168;自动调节,154 – 160;三方代表制,
　165 – 166;美国,129 – 131,139 – 140,143
　– 145,147 – 149,151 – 152,155 – 165,
　167,168,171 – 175;第一次世界大战,108
　– 117

Franck,Thomas M. ,托马斯·M. 弗兰克,
　266 – 267

Franco-Prussian War,普法战争,84

Free trade,自由贸易,82,85 – 88,91,100 –
　101,216 – 217

Freedom of the press,出版自由,327

Freedom of speech,言论自由,6

French Revolution,法国革命,viii,18

Freycinet,Charles Louis de Saulces de,夏
　尔·路易·德·索西·德·弗雷西内,
　92

Freycinet Plan of 1879,1879 年弗雷西内计

划,29

Frick,Henry Clay,亨利・克莱・弗里克,35

Froude,J. A. ,J. A. 弗劳德,331

Fulbright,J. W. ,J. W. 富布赖特,176,182

Functional rationality,功能理性,178,211,
212

Galbraith,John Kenneth,约翰・肯尼思・加
尔布雷思,127,339

Gallagher,John,约翰・加拉格尔,83,86,
104

Gallatin,Albert,艾伯特・加勒廷,31,33,38

Galli,Giorgio,乔治・加利,316

Gambetta,Leon,莱昂・甘必大,64

Gardner,Lloyd,劳埃德・加德纳,217,224

Gardner,Richard N. ,理查德・N. 加德纳,
221 -222

Garfield,James,詹姆斯・加菲尔德,70

Gautier,Theophile,泰奥菲勒・戈蒂埃,42 -
43

Genocide,种族灭绝,103

Germany:德国:积累的国家,27 - 29,31 -
32,34;农业,140;社团主义,121 - 122;二
元国家,178;移民出境,95 - 96;扩张主义
的国家,82,83,90 - 91,95 - 96,98,102,
103;授予特权的国家,135 - 136,140,142
- 143,145,161,166,170;国民生产总值,
175,257;和谐的国家,44,49 - 51,63,68;
移民入境,98;利益集团,161;劳动力市
场,27;工会,142 - 143,336;纳粹主义,
122,178;计划,162,170;政治腐败,68;政
治领袖,63;政治参与,303;政党,308;种
族主义,103;海外贸易体,31 - 32;社会
党,50;国家对实业的资助,28 - 29,31;关
税,34;三代表制,166;福利立法,50 -
51,102;第一次世界大战,112 - 115

Gerstacker,Carl A. ,卡尔・A. 格斯塔克,
236

Gesinde Ordnungen,《雇工规章》,27

Gibbons v. Ogdon,吉本斯诉奥格登案,31

Gignoux,Claude,克劳德・吉纽,116,124,
125

Gilbert,James B. ,詹姆斯・B. 吉伯特,126

Gilpin,Robert,罗伯特・吉尔平,235

Gintis,Herbert,赫伯特・金提斯,75

Gioliti,Giovanni,乔万尼・焦利蒂,60,64,
92,119

Giscard d'Estaing,Valery,瓦莱里・吉斯卡
尔・德斯坦,318

Gladstone,Herbert,赫伯特・格拉斯顿,59

Gladstone William,威廉・格拉斯顿,51

Glistrup,Mogens,摩根斯・格里斯特鲁普,
286

Gobineau,Joseph Arthur de,约瑟夫・阿
瑟・德・戈比诺,103

Godkin,E. L. ,E. L. 戈德金,48,59

Goldwater,Barry,巴里・戈德华特,58

Goodrich,Carter,卡特・古德里奇,37

Gosnell,Harold,哈罗德・戈斯内尔,viii

Goubert,Pierre,皮埃尔・古贝尔,15

Gough,Ian,伊恩・高夫,265

Governability of Democracies, The (Trilater-
al Commission),《民主统治的可能性》
(三边委员会),325 - 329,337

Governmental activity, reductions in,政府活
动的减少,330 - 334

Governmental Process, The (Truman),《行
政过程》(杜鲁门),xiii

Grace,J. Peter,彼特・J. 格雷斯,235,239

Gramsci,Antonio,安东尼奥・葛兰西,53,
108,168,340,345,346

Grandval,Gilbert,吉尔伯特・格兰瓦尔,141

Grant,Ulysses S. ,尤利西斯・S. 格兰特,70

Great Britain:大不列颠:积累的国家,21 -
33,35 - 36,38;农业,139;金融业,32 -
33;官僚制,266,269;殖民主义,81 - 82,

104;共产党,117;早期法人,21,22;克里米亚战争,36;二元国家,181;教育,61,75,105;移民出境,95;欧洲经济共同体,225,227;扩张主义的国家,81-82,85-88,95,102-105;授予特权的国家,136-137,139,141-142,145,153,160-161,167,168,170-171,174;自由贸易,85-88,216;国民生产总值,175,257;和谐的国家,44,46,51,61,68,75-78;～的政治幻觉,276;利益集团,153;劳动力市场,27;工会,141-142;管理主义,167,168;国有化,133;警察,23-26;政治腐败,68;政治领袖,61,316-317;政治社会化,297;政治停滞,261-262;政治化,291-292;公共福利,39;种族主义,103;铁路,30;国家对实业的资助,28-31;罢工,117;关税,35-36;跨国界的国家,216,218,225,227;联合国,218;功利主义,46;工资和劳动时间立法,76-78;第一次世界大战,115

Great Depression,大萧条,127,128

Green,T. H.,T. H. 格林,51,101,102,105,236

Green,William,威廉·格林,158

Greenberg,Edward,爱德华·格林伯格,298

Gresham,Walter Quintin,沃尔特·昆廷·格雷沙姆,84

Grey,Sir Edward,爱德华·格雷爵士,78

Grey,Gordon,戈登·格雷,235

Gronlund,Lawrence,劳伦斯·格朗伦德,51

Gross National Product (GNP),国民生产总值,174-175,257

Grundungsschwindel,创建欺诈,68

Guatemala,危地马拉,199,200

Guesde,Jules,朱尔·盖德,291

Guggenheim,Daniel,丹尼尔·古根海姆,110

Guild socialism,基尔特社会主义,122

Guizot,François Pierre Guillaume,弗朗索瓦·皮埃尔·纪尧姆·基佐,19,40

Habermas,Jurgen,于尔根·哈贝马斯,6,251-252,263-264,295,325

Halberstam,David,戴维·哈伯斯塔姆,277

Haldane,Richard Burton,理查德·伯顿·霍尔丹,51

Haldeman,H. R.,H. R. 霍尔德曼,201,208,275,276

Halévy,Daniel,丹尼尔·阿莱维,61

Halévy,Elie,埃利·阿莱维,25,84,87,102-103

Hallstein,Walter,瓦尔特·哈尔施泰因,224

Hamerow,Theodore,西奥多·哈默罗,49-50

Hamilton,Alexander,亚历山大·汉密尔顿,31,33,45

Hammond,Bray,布雷·哈蒙德,33

Hanna,Mark,马克·汉纳,64

Harkins,Paul D.,保罗·D. 哈金斯,277

Harmonies Economiques (Bastiat),《和谐经济论》(巴师夏),47

Harmonious State,和谐的国家,9,42,79,236,241,247-248;教育,61;法国,44,47-49,61,62,68,75-76;德国,44,49-51,63,68;大不列颠,44,46,51,61,68,75-78;教旨的历史,45-51;意大利,44,60-63,68;自由主义,see Laissez-faire;政治腐败,66-71;政治领袖,61-64;～政治理论的衰落,64-66;改革,71-79;～下的政治结构,59-71;美国,46-48,51,61,63,66,68-71,73-75

Harris,Louis,路易·哈里斯,322

Harris,Nigel,奈杰尔·哈里斯,170-171

Hartz,Louis,路易·哈茨,22,37,38

Hatch Act,阴谋法,73

Hawley,Ellis,埃利斯·霍利,131

Hayes,Samuel,塞缪尔·海斯,293,297

Heckscher,Eli,埃利·赫克希尔,18

Heclo,Hugh,休·赫克洛,266,267,269,276

Hegel,Georg,格奥尔格·黑格尔,5,51,101

Heilbroner,Robert,罗伯特·海尔布罗纳,2

Helms,Richard,理查德·赫尔姆斯,205,
208-209

Herring,Pendleton,彭德尔顿·赫林,viii

Hess,Robert D.,罗伯特·D.赫斯,311

Higham,John,约翰·海厄姆,99

Hillman,Sidney,希德尼·希尔曼,165

Hilsman,Roger,罗杰·希尔斯曼,179

Hintze,Otto,奥托·欣茨,17,191

Hitchcock,Ethan Allen,伊桑·艾伦·希契
科克,71

Ho Chi Minh,胡志明,232

Hoarding,political,政治储藏,344

Hobbes,Thomas,托马斯·霍布斯,x-xi,
3,279

Hobhouse,Leonard Trelawney,伦纳德·特
里劳尼·霍布豪斯,60

Hoffa,James,詹姆斯·霍法,159

Holland,荷兰,145

Holt,Felix,费利克斯·霍尔特,291

Homeostasis,自我平衡,55

Homestead strike,霍姆斯特德罢工,84

Hoover,Herbert,赫伯特·胡佛,126-127

Hoover,J. Edgar,J.埃德加·胡佛,208

Hoover Commission Task Force on National
Security Organization,全国防卫组织特遣
部队胡佛委员会,188,190

Hull,Cordell,科德尔·赫尔,216-221,223

Huntington,Samuel P.,塞缪尔·P.亨廷
顿,111,308,325-328,337,339

Huston Plan,休斯顿计划,208,283

Hymer,Stephen,斯蒂芬·海默,229,230-
231

Illusion,politics of,政治幻觉,274-276

Immigration,移民入境,97-99

Imperialism,帝国主义,61,82,179,180,
237;see also Expansionist State

Indonesia,印度尼西亚,199

Industrial Bourgeoisie,工业资产阶级,13,
14,16-19,21-22,43,44,61,67,72

Inglehart,Roland,罗兰·英格尔哈特,312

Interest groups,利益集团,153,160-161,
273,309-310,312,335

International Bank for Reconstruction and
Development(IBRD),国际复兴开发银
行,217

International Monetary Fund(IMF),国际货
币基金组织,217

Interstate commerce commission(ICC),州际
商务委员会,57

Invisible hand,看不见的手,45

Iran,伊朗,199

Irrationality,非理性,178,180

Isolationism,孤立主义,196

Italian Penal Code of 1871,1871年意大利刑
法典,60

Italy;意大利;积累的国家,30,31,37;农业,
140;独裁主义,337;金融业,60;共产党,
138,304,345;社团主义,119-121,338;
二元国家,180;移民出境,95;欧洲经济共
同体,227;扩张的国家,90-91,95,102,
103;法西斯主义,102,121,138,338;授予
特权的国家,135,140,145,150,155,157,
167,168;国民生产总值,175;和谐的国
家,44,60-63,68;帝国主义,61;土地政
策,37;管理主义,167,168;政治腐败,68;
政治领袖,62-63,315-316;政治参与,
301,304;政党,308;政治停滞,262;种族
主义,103;铁路,30;国家对实业的资助,
30,31;跨国界的国家,227;第一次世界大
战,115

Itzenplitz, Count Heinrich von, 亨利希·冯·伊岑普利茨公爵, 29 – 30

Jackson, Andrew, 安德鲁·杰克森, 33
Jackson, Henry, 亨利·杰克森, 201
Jenckes Civil Service Reform Bill of 1868, 1868 年詹克斯文官制度改革法案, 71
Jensen, Richard, 理查德·詹森, 293
Jevons, William Stanley, 威廉·斯坦利·杰文斯, 51
Jews, 犹太人, 103
Jingoism, 沙文主义, 7, 103
Johnson, Hugh, 休·约翰逊, 162
Johnson, Lyndon B., 林登·B. 约翰逊, 148, 203, 204
Joint Chiefs of Staff（JCS）, 参谋长联席会议, 187, 201, 202
Joint-stock companies, 合股公司, 22
Junkers, 容克, 63, 90

Kaiser, Karl, 卡尔·凯泽, 244
Kanya-Forstner, A. S., A. S. 坎亚-福斯特纳, 93
Karp, Walter, 瓦尔特·卡普, 307
Kathedersozialisten, 讲坛社会主义者, 102
Kattenberg, Paul, 保罗·卡滕贝格, 267
Katz, Michael, 迈克尔·卡茨, 75
Katzenbach, Nicholas, 尼古拉斯·卡岑巴赫, 204
Kautsky, Karl Johann, 卡尔·约翰·考茨基, xii
Kaysen, Carl, 卡尔·凯森, 201
Kefauver Committee (1951), 1951 年凯弗泽尔委员会, 159
Kelly, Edmund, 爱德蒙·凯利, 126
Kennedy, John F., 约翰·F. 肯尼迪, 198 – 201, 208, 210, 211, 259 – 260, 282
Kennedy, Robert F., 罗伯特·F. 肯尼迪,

159, 200, 201, 282
Key, V. O., V. O. 基, viii, 157 – 158
Keynes, John Maynard, 约翰·梅纳德·凯恩斯, 108, 146, 216
Kidd, Benjamin, 本杰明·基德, 103
Kindleberger, Charles, 查尔斯·金德尔伯格, 240
King, Anthony, 安东尼·金, 322, 332
Kirchheimer, Otto, 奥托·柯奇海默, 306, 307
Kissinger, Henry, 亨利·基辛格, 193, 203, 323
Kittrell, Edward R., 爱德华·R. 基特里尔, 28
Kitzinger, Uwe, 乌韦·基青格, 224, 226
Knox, Frank, 弗兰克·诺克斯, 183
Kolko, Gabriel, 加布里埃尔·科尔柯, 72, 196
Korean War, 朝鲜战争, 193
Kriegel, Annie, 安妮·克里格尔, 118
Kruppe, Alfred, 阿尔弗雷德·克虏伯, 21, 63
Kunth, G., J. C., G. J. C. 孔德, 28

Labor leaders, 劳工领袖, 77, 78
Labor unions, 工会, 117 – 118, 336; ～在普选制的国家中, 140 – 144, 158 – 160, 163
LaFeber, Walter, 瓦尔特·拉夫伯, 89
Laissez-faire, 自由放任, 18, 20, 22, 28, 30, 33, 35, 37, 42, 45, 48 – 52, 117, 218; 自由与民主之间的矛盾, 57 – 58; 物质第一主义的社会理论, 56 – 57; 自然力和～, 52 – 53; 进攻性和防卫性战略, 9; 政治腐败和～, 68 – 71; 伪宗教, 56; 一般修辞学和特别求助, 53 – 55; 乌托邦和反乌托邦的矛盾, 55
Lamartine, Alphonse Marie Louis de Prat de, 阿尔封斯·玛丽·路易·德·普拉·

德·拉马丁,13

Lampertico,Fedele,费代莱·兰佩蒂科,44

Land policy,土地政策,37-38

Landau,Martin,马丁·兰多,268

Landrum-Griffin Act of 1959,1959年兰德勒姆-格里芬法,159

Lansing,Robert,罗伯特·兰辛,183

LaPalombara,Joseph,约瑟夫·拉帕隆巴拉,135,157,273

Laski,Harold,哈罗德·拉斯基,xiii

Law,Bonar,邦纳·劳,51,117

Law,Sylvia,西尔维亚·劳,144

Law and opinion in the Nineteenth Century (Dicey),《19世纪的法律和舆论》(狄骥),44

Lawrence,William,威廉·劳伦斯,56

League of Nations,国联,215

LeBon,Gustave,古斯塔夫·勒邦,97

Lebovics,Herman Eugene,赫尔曼·欧根·莱博维斯,122

LeChapelier Law of 1791,1791年勒沙普利埃法,27

Leinenweber,Charles,查尔斯·莱嫩韦伯,292

Lend-lease,平等租借交换,197

Lenin,V. L.,V. L.列宁,xii-xiii

Leontief,Wasily,瓦西里·里昂惕夫,339

Leroy-Beaulieu,Paul,保罗·勒鲁瓦-博利厄,83

Lessing,Doris,多里斯·莱辛,97

Leuchtenberg William,威廉·洛伊希滕贝格,130,147-148,186

Lhomme,Jean,让·洛姆,62

Liautey,André,安德烈·利奥泰,157

Lessing,Doris,多里斯·莱辛,97

Liberal democracy:自由民主,see also Accumulative State; Dual State; Expansionist State; Franchise State; Harmonious State; Transnational State;~的穷境,1-9

Liberalism,defined,被限定的自由主义,4

Liddy,G. Gordon,G. 戈登·利迪,276

Lindberg,Leon N.,莱昂·N. 林德伯格,226,227

Lindblom,Charles,查尔斯·林德布洛姆,169

Lindsay,John,约翰·林赛,265

Lipow,Arthur,阿瑟·利波,293

Lipset,Seymour Martin,西摩·马丁·李普塞特,1,8

List,Friedrich,弗里德里希·李斯特,95,101

Litt,Edgar,埃德加·利特,300

Livret,《手册》,27

Lloyd,Henry,亨利·劳埃德,271

Lochner v. New York（1905）,1905年洛克纳诉纽约案,54,59

Locke,John,约翰·洛克,4,64

London Times,《伦敦泰晤士报》,13

Lotta Politica in Italia,La（Oriani）,《意大利的政治斗争》(奥里亚尼),92

Louis Philippe,King of France,法王路易·菲利普,34

Lovett,Robert,罗伯特·洛维特,183

Lowi,Theodore,西奥多·洛伊,130,144,262-263,335

Lubenow,William C.,威廉·C. 卢贝洛,25-26,29

Lucas,Arthur F.,阿瑟·F. 卢卡斯,123

Ludlow Amendment,洛德劳修正案,185

Lukacs,Georg,格奥尔格·卢卡奇,2

Luttbeg,Norman,诺曼·卢特贝格,315

Lying,谎言,276-278

Lynd,Robert,罗伯特·林德,viii

MacDonald,Ramsay,拉姆齐·麦克唐纳,78

MacFarland,James P.,詹姆斯·P. 麦克法兰,236

602 索引

Machiavelli,Niccolò,尼科洛·马基雅维里, 279

MacIver,Robert,罗伯特·麦基弗,xii

Macmillan,Harold,哈罗德·麦克米伦,124, 225

Macpherson,C. B.,C. B. 麦克菲尔森,3

Madison,James,詹姆斯·麦迪逊,13,33,65

Magruder,Jeb,杰布·马格鲁德,206-207, 209,275

Mahan,Alfred Thayer,阿尔弗雷德·塞耶·马汉,103,191

Maier,Charles,查尔斯·梅尔,115,118

Maisonrouge,Jacques,雅克·迈松鲁热, 214,215,222

Majoritarianism,多数主义,177,180

Malcolmson,Robert,罗伯特·马尔科姆森, 106

Malthus,Thomas,托马斯·马尔萨斯,253

Managerialism,管理主义,166-168

Mandel,Ernst,恩斯特·曼德尔,250,251

Mann,Horace,荷拉斯·曼,75

Mannheim,Karl,卡尔·曼海姆,7,178

Manoilesco,Mihail,米哈伊·曼诺莱斯库, 119

Mansfield,Mike,迈克·曼斯菲尔德,197-198

Marchais,Georges,乔治·马歇,318

Marglin,Stephen,斯蒂芬·马格林,294

Marshall,John,约翰·马歇尔,21,31,33

Marshall,T. H.,T. H. 马歇尔,288,294

Marshall Plan,马歇尔计划,138,220

Martin,Frederick Townsend,弗里德里克·唐森·马丁,67

Martinelli,Alberto,阿尔贝托·马丁内利, 243

Marx,Karl,卡尔·马克思,xii,5,153,250, 333

Marxism,马克思主义,ix,xii-xiii,xiv

Mass culture,大众文化,7,106

Mass media,大众传媒,97,212,311

Materialism,唯物主义,56-57

Mather,F. G.,F. G. 马瑟,24

Matignon agreement of 1936,1936 年马提尼翁协定,141

Maturity,成熟,155

Maurras,Charles,夏尔·莫拉斯,104

McArthur,John H.,约翰·H.麦克阿瑟, 135

McClelland Commission (1959-1960),麦克利兰委员会(1959-1960 年),159

McCloskey,Robert,罗伯特·麦克洛斯基, 53

McCloy,John,约翰·麦克洛伊,223

McCone,John,约翰·麦科恩,180,200

McConnell,Grant,格兰特·麦康内尔,126, 160

McCormick,Thomas,托马斯·麦科马克,89

McCrone,Donald,唐纳德·麦克龙,304

McNamara,Robert,罗伯特·麦克纳马拉, 320

Means,Gardiner C.,加德纳·C. 米恩斯,22

"Media Papers","媒体文件",210

Mediterranean system,地中海体系,31

Méline,Félix Jules,费利克斯·朱尔斯·梅利纳,82

Mercantile bourgeoisie,重商资产阶级,15-19

Mercantilism,重商主义,229

Merchant Shipping Act of 1906,1906 年商船法令,95

Merriam,Charles,查尔斯·梅里亚姆,viii

Messadie,Gerald,吉拉尔德·梅萨迪,181

Metaphysical Theory of the State (Hobhouse),《关于国家的形而上学理论》(霍布豪斯),xi

Meyer,Rene,勒内·梅耶尔,132

Michels,Robert,罗伯特·米歇尔斯,150

Military unification,军事联合,187 - 188, 190 -192

Mill,James,詹姆斯·密尔,4

Mill,John Stuart,约翰·斯图亚特·密尔, 3,44,46,81 - 82

Miller,Arthur H.,阿瑟·H. 马勒,324

Milner,Alfred,阿尔弗雷德·米尔纳,101, 103

Miners' Eight Hours Bill,矿工八小时工作 制法案,77

Minimum wage,最低工资,78

Mitchell,John,约翰·米切尔,207

Mitscher,Marc Andrew,马克·安德鲁·米 彻尔,182

Modern State , The（MacIver),《现代国家》 (麦基弗),xii

Monarchy,君主政体,15 - 16

Mond,Alfred,阿尔弗雷德·蒙德,124

Monopoly,垄断,74,81,163

Montgomery,David,戴维·蒙哥马利,37, 46,48

Moore,O. C. ,O. C.摩尔,72

Moore,Stanley,斯坦利·摩尔,xiii

Morgenthau,Hans,汉斯·摩根索,193

Moses,Robert,罗伯特·摩西,313

Motz, Friedrich Christian Adolph von,弗里 德里希·克里斯蒂安·阿道夫·冯·莫 茨,31

Moynihan,Daniel P. ,丹尼尔·P.莫伊尼汉, 148 - 149,222,261,276,286,322

Müller,Ronald E. ,罗纳德·E.马勒,230, 244

Multinational corporations,跨国公司,215, 228 -243,249

Munitions Standards Board,军需品标准局, 110

Murray,Robin,罗宾·默里,240

Musil,Robert,罗伯特·穆齐尔,114

Mussolini,Benito,本尼托·墨索里尼,121 - 122

Myers,Frank,弗兰克·迈尔斯,317 - 318

Napoleon III,拿破仑三世,34

Nasser,Gamal Abdel,加马尔·阿布戴尔· 纳赛尔,221

National civic federation,全国公民联盟,155

National civil Service Reform League,全国文 官改革联盟,73

National Enterprises Bill（NEB),全国兴办 企业法,340

National export expansion committee,全国发 展出口委员会,234

National Farmers Union,全国农场主同盟, 139

National Health Insurance Act of 1924,1924 年全国健康保险法,123

National Industrial Recovery Act（NIRA), 全国工业复兴法,130,143

National Labor Board（NLB),全国劳工局, 143,144,165

National Labor Relations Board（NLRB),全 国劳工关系局,144,165

National Planning Association,全国计划协 会,234

National Recovery Administration（NRA), 全国复兴局,129 - 131

National security,国家安全,183

National Security Act of 1947,1947 年国家 安全法,187,192 - 194

National Security Council（NSC),国家安全 委员会,187,188,192,193,201,202,260

Nationalism,民族主义,224 - 228

Nationalization,国有化,133

Naturalism,自然主义,104

Nature,自然,52 - 53

Naumann, Friedrich, 弗里德里希·瑙曼, 79, 113

Nazism, 纳粹主义, 122, 178

Neiburg, H. L., H. L. 奈伯格, 171

Neo-Hegelianism, 新黑格尔主义, 51

Neomercantilism, 新重商主义, 33

Neumann, Franz, 弗兰茨·纽曼, 122

Neustadt, Richard, 理查德·诺伊施塔特, 284

New Deal, 新政, 129-131, 147, 186

New left, 新左派, 205

New Olive Branch, *The* (Carey), 《新橄榄枝》(凯里), 45

New State, *The* (Follett), 《新国家》(福莱特), xi

New Utopians, *The* (Boguslaw), 《新乌托邦》(博格斯劳), 319

Nichols, Roy, 罗伊·尼科尔斯, 37

Nietzsche, Friedrich Wilhelm, 弗里德里希·威廉·尼采, 113

Nisbet, Robert, 罗伯特·尼斯比特, 323

Nixon, Richard M., 理查德·M. 尼克松, 156, 186, 205-213, 265, 271, 281-285, 289, 320-321, 335

Nobis, Enrico, 恩里科·诺比斯, 180

Nock, Albert Jay, 阿伯特·杰伊·诺克, x

Nonalignment, concept of, 不结盟概念, 221

Nye, Norman, 诺曼·奈, 305

Oastler, Richard, 理查德·奥斯特勒, 40

Objectification of state, 国家的具体化, 281-282

O'Connor, James, 詹姆斯·奥康纳, 175, 250-251, 269, 328

Offe, Clause, 克劳斯·奥菲, 6, 263, 266, 270, 303, 307, 310

Office of Management and Budget (OMB), 管理和预算办公室, 265

Oil industry, 石油业, 131, 161-162

Okun, Arthur, 阿瑟·奥肯, 333, 334

Old regime: 旧制度, *see Ancien régime*

Oligarchy, iron law of, 寡头政治的铁律, 150

Olivetti, Gino, 吉诺·奥利维蒂, 115, 116

Open Door Policy of, 门户开放政策, 90, 237-238

Order, preservation of, 维护秩序, 22-26

Organized Crime Control Act of 1970, 1970 年有组织刑事控制法, 160

Oriani, Alfredo, 阿尔弗雷多·奥雷阿里, 92

Ostrogorski, Maurice, 莫里斯·奥斯特罗戈尔斯基, 69

Our Country (Strong), 《我们的国家》(斯特朗), 99

Overseas Private Investment Corporation (OPIC), 海外私人投资协会, 235

Packenham, Robert, 罗伯特·帕肯安, 231

Paine, Thomas, 托马斯·潘恩, 65

Palestine Liberation Organization (PLO), 巴勒斯坦解放组织, 221

Palmade, Guy P., 盖伊·P. 佩尔梅德, 20

Palmerston, Lord, 帕麦斯顿勋爵, 85

Pantouflage, 离开国营部门到私营部门工作, 151

Parries, Henry, 亨利·帕里斯, 28, 29

Participation, political, 政治参与, 4-6, 300-305, 328, 335-337

Passing of the Idle Rich, *The* (Martin), 《懒惰的富人之死》(马丁), 67

Pateman, Carole, 卡罗勒·佩特曼, 4, 290

Paternalism, 家长主义, 124

Paxton, Robert O., 罗伯特·O. 帕克斯顿, 125

Payne-Aldrich Tariff of 1909, 1909 佩恩-奥尔德里奇关税率, 34

Pearson, Karl, 卡尔·皮尔逊, 103

Pease, E. R. , E. R. 皮斯, 78

Peel, Sir Robert, 罗伯特·皮尔爵士, 42

Pelling, Henry, 亨利·佩林, 75, 292

Pendleton Act of 1887, 1887 年彭德尔顿法, 73, 74

Penrose, Boise, 博伊斯·彭罗斯, 63

Pentagon Papers, 五角大楼文件, 181, 198, 212

Penty, Arthur J. , 阿瑟·J. 彭蒂, 122

Percy, Lord, 珀西勋爵, 124

Périére, Emile, 埃米尔·佩里埃, 58

Périére brothers, 佩里埃兄弟, 33

Personification of state, 国家的人格化, 281

Pétain, Henri Philippe, 亨利·菲利普·贝当, 125

Peterloo Massacre, "彼得卢屠杀", 23

Peters, Karl, 卡尔·彼得斯, 90

Petiet, Baron, 珀蒂耶男爵, 125

Petrie, Sir Charles, 查尔斯·皮特里爵士, 124

Philosophical Theory of the State（Bosanquet）, 《国家的哲学理论》(鲍桑葵), xi

Philosophy of Right（Hegel）, 《法哲学》(黑格尔), 5

Pigou, A. C. , A. C. 庇古, 77

Pinay, Antoine, 安托万·比内, 132

Piven, Frances Fox, 弗朗西斯·福克斯·皮文, 342 – 343

Planning, 计划, 162, 170, 326, 339

Planning-programing-budgeting systems（PPBS）, 规划-计划-预算法, 268, 269

Plato, 柏拉图, 279

Playa Giron invasion, 吉隆滩入侵, 200

Pluralism, 多元论, xii, 168, 252, 273 – 274

Polanyi, Karl, 卡尔·波拉尼, 7, 101, 109

Police, 警察, 23 – 26

Political corruption, 政治腐败, 66 – 71, 156, 248

Political leaders, 政治领袖, 61 – 64, 316 – 317

Political machines, 政治机器, 292

Political participation, 政治参与, 4 – 6, 300 – 305, 328, 335 – 337

Political parties, 政党, 305 – 309, 312

Political reform, 政治改革, 71 – 75; 理性化, 73 – 74; 强制性的～, 74; 反应的～, 74 – 75

Political socialization, 政治社会化, 296 – 300

Political stagnation, 政治停滞, 257 – 262

Political theory, decline in, 政治理论的衰退, 64 – 66

Politicization of bureaucracy, 官僚的政治化, 264 – 265, 270

"Politics as a Vocation"（Weber）, 《作为职业的政治》(韦伯), 4

Pollock v. Farmers' Loan and Trust Company, 波洛克诉农场主借贷信托公司案, 58, 59

Popular sovereignty, 人民主权, 22

Poulantzas, Nicos, 尼科斯·波朗查斯, 15, 226 – 227

Power, Thomas F. , 托马斯·F. 鲍尔, 84, 105

Pragmatism, 实用主义, 315

Presidency, power of, 总统的权力, 184 – 186, 192, 204, 284, 326

Presidential Power（Neustadt）, 《总统的权力》(诺伊施塔特), 284

Press, freedom of the, 言论出版自由, 327

Price competition, 价格竞争, 162, 163

Price controls, 价格控制, 130, 131

Price-fixing, 规定价格, 131

Prince-Smith, John, 约翰·普林斯-史密斯, 50

Principles of Social Science（Henry Carey）, 《社会科学的原则》(亨利·凯里), 47

Prison Act of 1835, 1835 年监狱法, 25

Problems of Greater Britain（Dilke），《大不列颠的问题》（迪尔克），86

Process of Government，The（Bentley），《政府过程》（本特利），xiii

Profit making，利润的取得，162，163

Progressivism：进步主义，see Tariff

Prouty，Roger Warren，罗杰·沃伦·普劳蒂，28，29

Public administration，政府的管理，66，69，71

Public interest，decline of，公共利益的衰落，272－273，275

Public welfare，公共福利，38－39

Pullman strike，普尔曼罢工，84

Purcell，Edward A.，，爱德华·A. 珀塞尔，284

Putnam，Robert，罗伯特·普特南，316－317

Racism，种族主义，7，103，179

Racketeering，敲诈勒索，159－160

Radical Republicanism，激进共和主义，46，48

Radowitz，Joseph von，约瑟夫·冯·拉多维茨，50

Railroads，铁路，29－30，61

Rathenau，Walther，瓦尔特·拉特瑙 112－115，116，121－122，125，127，149，155

Rationality，合理性，178，180，211－212

Rationalization of bureaucracy，理性化的官僚，268

Rationalizing political reforms，理性化的政治改革，73－74

Reconstruction Finance Corporation，复兴金融公司，127，339

Reform，改革，102；　文官制度的～，71，73－74；教育的～，75－76，105－106；政治的～，71－75

Reform Act of 1832，1832 年改革法，291

Reification of the state，国家的具体化，10，208，278－287

Repoliticization，重新政治化，344－346

Report on Manufactures（Hamilton），制造业报告（汉密尔顿），31，45

Repressive reforms，镇压性改革，74

Resignation，political theory of，政治弃权论，279，286－287，330－331

Responsibility，责任，154－155，161，314，318

Responsive reforms，反应性改革，74－75

Restoration of the Guild System（Penty），《行会制的恢复》（彭蒂），122

Rhodes，Cecil，塞西尔·罗兹，106

Ricardo，David，戴维·李嘉图，22，28，45，81

Riesman，David，戴维·里斯曼，286

Riscard，Pierre，皮埃尔·里斯卡，132

Rising entitlements，theory of，正名理论，332

Risk taking，承担风险，162

Robbins，Lionel，莱昂内尔·罗宾斯，28

Roberts，David，戴维·罗伯兹，40

Robinson，Ronald，罗纳德·罗宾逊，83，86，104

Rockefeller，David，戴维·洛克菲勒，232，235，325

Rockefeller，John D.，，约翰·D. 洛克菲勒，313

Rockefeller，Nelson，纳尔森·洛克菲勒，193，235，332

Rodgers，Harrell，哈勒尔·罗杰斯，298

Rohatyn，Felix，费利克斯·罗哈廷，339

Romanticism，浪漫主义，104

Rome，Treaty of，罗马条约，225

Ronge，Volker，沃尔克·朗基，264

Roosevelt，Franklin Delano，弗兰克林·德拉诺·罗斯福，129－130，144，158，182，183

Roosevelt，Kermit，克米特·罗斯福，183

Roosevelt，Theodore，西奥多·罗斯福，74，101，103

Root，Elihu，伊莱休·鲁特，191

Roseberry，Archibald Philip，Earl of，阿奇博

尔德·菲利普·罗斯伯里勋爵,86,87,102,103

Rosenberg,Arthur,阿瑟·罗森堡,5,63

Rosenberg,Hans,汉斯·罗森堡,15

Ross,Edward A.,爱德华·A.罗斯,105

Rossoni,Edmundo,爱德蒙多·罗索尼,120

Rostow,Walt,瓦尔特·罗斯托,201

Rousseau,Jean Jacques,让·雅克·卢梭,4,290

Rowland,Benjamin M.,本杰明·M.罗兰,216,217,234

Rowthorn,Robert,罗伯特·罗索恩,230,231

Rule,James,詹姆斯·鲁尔,311

Rural Police Act of 1839,1839 年乡村警察法,25

Rusk,Dean,迪安·腊斯克,14

Ryder,Sir Don,唐·赖德爵士,340

Saint-Simon,Comte de,圣西门伯爵,253,270,318

Salter,Sir,Arthur,阿瑟·索尔特爵士,116

Salvemini,Gaetano,盖塔诺·萨尔维米尼,63

Sampson,Anthony,安东尼·桑普森,240,242

Samuel,Herbert,赫伯特·塞缪尔,53 – 54,64

Sani,Giacomo,贾柯莫·萨尼,337

Sarti,Roland,罗兰·萨蒂,120,135

Say,J. B.,J. B.萨伊,45 – 46

Say,Leon,利昂·萨伊,62

Say,Louis,路易·萨伊,46

Schattschneider,E. E.,E. E.沙特施奈德,vi-ii,149

Schechter v. United States (1935),1935 年舍希特尔诉美国案,130

Scheingold,Stuart A.,斯图亚特·A.沙因

戈尔德,226,227,228

Schell,Jonathan,乔纳森·舍尔,281

Schlesinger,Arthur, Jr.,小阿瑟·施莱辛格,185,199,282

Schmitter,Philippe,菲利普·施密特,119,338

Schmoller,Gustav,古斯塔夫·施穆勒,102

Schultze,Charles L.,查尔斯·L.舒尔茨,268

Schumpeter,Joseph,约瑟夫·熊彼特,81,230,237,333

Schurmann,Franz,弗兰茨·舒尔曼,186,192,272 – 273,275

Scott,Bruce R.,布鲁斯·R.斯科特,135

Scott,James,詹姆斯·斯科特,67

Scott,John A.,约翰·A.斯科特,49

Securities Exchange Act,安全交换法,216

Seehandlung,海外贸易体,31 – 32

Seeley,John,约翰·西利,86

Self,Peter,彼特·塞尔夫,139

Self-regulation,自动调节,154 – 160

Semmel,Bernand,伯纳德·塞米尔,101

Senior,Nassau,纳索·西尼尔,28,45,46

Seward,William E.,威廉·E.西沃德,65

Shanks,Michael,迈克尔·尚克斯,261

Sheehan,Neil,尼尔·西汉,212

Sherman,Forrest,福雷斯特·谢尔曼,189,190

Sherman,John,约翰·谢尔曼,64

Sherman Anti-Trust Act of 1890,1890 年谢尔曼反托拉斯法,54,57

Sherman Silver Purchase Act of 1890,1890 年谢尔曼白银购买法,60

Shils,Edward,爱德华·希尔斯,153

Shonfeld,Andrew,安德鲁·肖恩菲尔德,132,142,152 – 153,163,170

Siegfried,André,安格烈·塞格弗里德,146

Simon,William,威廉·西蒙,325

Sinclair, Upton, 厄普顿·辛克莱, 185

Six Acts, 六项法令, 23

Skidelsky, Robert, 罗伯特·斯基德尔斯基, 2

Skjelsbaek, Kjell, 谢尔·斯杰尔斯贝克, 241

Smith, Adam, 亚当·斯密, 1-2, 22, 28, 44, 45, 48, 55, 81

Smith, J. Allen, J. 艾伦·史密斯, viii

Smith, Trevor, 特雷弗·史密斯, 261

Smoot-Hawley Tariff, 斯穆特-霍利税率, 34

Social Darwinism, 社会达尔文主义, 248

Social Democratic movement, 社会民主运动, xii

Social Evolution (Kidd), 《社会进化论》(基德), 103

Socialism, 社会主义, 6, 152, 153, 346

Socialists of the Chair, 讲坛社会主义者, 102, 236, 280

Socialization, political, 政治社会化, 296-300

Societal corporatism, 社会社团主义, 119, 127

Solidarité, 团结一致, 48-49, 236, 280

Somaini, Eugenio, 尤金尼奥·萨迈尼, 243

Sorel, Georges, 乔治·索雷尔, 124

Sorensen, Theodore, 西奥多·索伦森, 213, 260

Spahr, Othmar, 奥斯马·斯帕尔, 122

Speech, freedom of, 言论自由, 6

Speenhamland system, 斯宾汉姆兰制, 26, 50

Spencer, Herbert, 赫伯特·斯宾塞, 44, 49, 51, 52

Spirit of American Government, The (Smith), 《美国政府的精神》, 史密斯, viii

Spiro, Herbert J., 赫伯特·J. 斯皮洛, 142

Spoils system, 政党分肥制, 66, 73

Sports, 运动, 106

Spring, Joel, 乔尔·斯普林, 75, 106

Stalin, Joseph, 约瑟夫·斯大林, 218, 219

Standard Oil of New Jersey, 新泽西美孚石油, 165

Standmann, Hartmut Pogge von, 哈特姆特·波格·冯·斯坦德曼, 90

State: 国家, see Accumulative State; Dual State; Expansionist State; Franchise State; Harmonious State; Transnational State

State in Relation to Labour, The (Jevons), 《国家与劳工的关系》(杰文斯), 51

State in Theory and Practice, The (Laski), 《理论和实践中的国家》(拉斯基), xiii

Stavins, Ralph, 拉尔夫·斯塔文斯, 202

Stefani, Alberto de, 阿尔贝托·德·斯特凡尼, 119

Stiffens, Lincoln, 林肯·斯蒂芬斯, 67

Stimson, Henry L., 亨利·L. 斯廷森, 182, 183, 223

Stokes, Donald, 唐纳德·斯托克斯, 307, 308

Stone, Katherine, 凯瑟琳·斯通, 294

Storing, Herbert J., 赫伯特·J. 斯托林, 139

Strikes, 罢工, 84, 117, 118, 141, 143, 144, 158, 162, 344

Strong, Josiah, 乔塞亚·斯特朗, 99, 105

Struve, Walter, 瓦尔特·斯特鲁夫, 113

Student movement, 学生运动, 174

Sturmthal, Adolph, 阿道夫·斯图姆撒尔, 133

Substantial rationality, 实质理性, 178, 211, 212

Suez crisis, 苏伊士危机, 199

Suffrage, 选举权, 5, 8

Sukarno, Achmed, 艾哈迈德·苏加诺, 199

Suleiman, Ezra, 埃兹拉·苏雷曼, 135, 150

Sumner, William Graham, 威廉·格拉姆·萨姆纳, 44, 51, 52-53, 55, 56, 57, 101

Supreme Court of the United States, 美国最高法院, 51, 54-55, 57, 59, 130-131, 155, 185

Sweden,瑞典,140,145

Switzerland,瑞士,8

Swope,Gerald,杰拉尔德·斯沃普,149

Syndicalists,工团主义,工会组织主义者,工团主义者,291

Taft,Charles P.,查尔斯·P. 塔夫脱,216 - 217

Taft,Robert,罗伯特·塔夫脱,186

Taft-Hartley Act of 1947,1947 年塔夫脱-哈特利法,159

Tariff,关税,32,34 - 36,88 - 89,100 - 101

Tarrow,Sidney,西德尼·塔罗,304

Tawney,R. H.,R. H. 托尼,17,44

Taxation,赋税,54,134

Taylor,George,乔治·泰勒,298

Taylor,Maxwell,马克斯韦尔·泰勒,198,200,201

Taylor Grazing Act of 1934,1934 年泰勒放牧法,140

Teapot Dome scandal,梯波特-道姆丑闻,69

Television industry,电视产业,149 - 150

Tennessee Valley Authority(TVA),田纳西流域管理局,140

Thiers,Louis Adolphe,路易·阿道夫·梯也尔,62

Thomson,David,戴维·汤姆森,72

Tocqueville,Alexis de,阿历克西·德·托克维尔,18,19,144

Tonkin Gulf Resolution,东京湾决议,203 - 204

Torney,Judith V.,朱迪思·V. 托尼,311

Townsend,Mary,玛丽·唐森德,83

Trade Agreement Act of 1934,1934 年工会协定法,216

Trade Union Congress,工会大会,77

Transnational State,跨国界的国家,10,214 - 244,249;布雷顿森林会议,216 - 217;

欧洲经济共同体,224 - 228,249;法国,218,226;大不列颠,216,218,225,227;意大利,227;多国合作,215,228 - 243,249;联合国,217 - 223,249;美国,215 - 223,229 - 243

Trevelyan,Sir Charles Edward,查尔斯·爱德华·特里维廉爵士,26

Trilateral Commision,三边委员会,1,325 - 329,337,339

Tripartism,concept of,三方代表制概念,133,165 - 166

Trollope,Anthony,安东尼·特罗洛普,39

Truman,David B.,戴维·B. 杜鲁门,xiii

Truman,Harry S.,哈里·S. 杜鲁门,189,192,193,288

Trusteeship,托管领地,97

Trusts,托拉斯,22

Tugwell,Rexford G.,雷克斯福德·G. 特格韦尔,130

Tunisia,突尼斯,93

Turner,Lewis,刘易斯·特纳,240

Turner,Stanfield,斯坦菲尔德·特纳,210,213

Tidings,Millard,米拉德·泰丁斯,189,192

Ulman,Lloyd,劳埃德·乌尔曼,334

Unheavenly City,The(Banfield),《并非超凡的城市》(班菲尔德),271

Union of Soviet Socialist Republics;苏维埃社会主义共和国联盟,布尔什维克革命,117;联合国,218

United Nations,联合国,217 - 223,249

United States of America;美国;积累的国家,21,22,30,33 - 38;农业,139 - 140,147,160;反共产主义,182 - 184,204,212,218 - 220,224;大西洋联盟,220;金融业,33,60;猪湾入侵,199,202,209;官僚制,262 - 267,269;中央情报局,179,

187－190,198－200,202,205,206,208－210,213,239,249;文官制度改革,73－74;共产党,159;早期法人,21,22;社团主义,126－127,339;暗箱操作,198－200,202－206,210;古巴导弹危机,259－260,274;防卫收缩,163,164,171－173;多米诺骨牌理论,184;二元国家,179－213;教育,75,105;移民出境,94－95;行政权至上,184－186,192,204;扩张主义的国家,83,84,88－90,94－95,103,105,106;联邦行政权,151－152;外援,234－235;授予特权的国家,129－131,139－140,143－145,147－149,151－152,155－165,167,168,171－175;自由贸易,83,88,216－217;国民生产总值,174,175,257;和谐的国家,46－48,51,61,63,66,68－71,73－75;～的政治幻觉,276;移民入境,98－99;利益集团,310;工会,143－144,158－160;土地政策,37－38;管理主义,167,168;大众文化,106;军事统一,187－188,190－192;跨国公司,229－243;国家安全,183;新政,129－131,147,186;门户开放政策,90,237－238;计划,339;政治腐败,68－70;政治领袖,63;政治机器,292;政治参与,328,336;政党,307－308;公共行政,66,71;公共福利,38;种族主义,103;激进共和主义,46,48;铁路,30;国家的具体化,281－286;国家对实业的资助,30;罢工,84,117,138,143,144,158;关税,34－35,88－89;跨国界的国家,215－223,229－243;三方代表制,165;联合国,219－223;委内瑞拉边界争端,89;越南战争,198,200－204,212,277;对贫困宣战,148－149,261;水门(事件),206－211,249;第一次世界大战,110－112

U. S. v. E. C. Knight Co. (1895),1895 年美国诉 E. C. 奈特公司案,89

Utilitarianism,功利主义,49,56

Utopianism,乌托邦主义,55,168,318－320

Van Buren,Martin,马丁·范·巴伦,63

Vandenberg,Arthur,阿瑟·范登堡,219

Vandenberg,Hoyt,霍伊特·范登堡,189

Veblen,Thorstein,索尔斯坦·凡勃伦,176

Venezuela boundary dispute,委内瑞拉边界争端,89

Verba,Sidney,西德尼·维巴,300－302,304,305,308,309

Vernon,Raymond,雷蒙德·弗农,230,231,236

Vier Jahre in Afrika (Ernst Weber),《非洲四年》(厄内斯特·韦伯),96

Vietnam War,越南战争,198,200－204,212,277

Villiers,Georges,乔治·维利尔斯,132

Voltaire,伏尔泰,31

Waddington,W. H.,W. H. 瓦丁顿,64

Wage and hour legislation,工资和工时立法,76－78

Wage restraint bargain of 1948,1948 年工资抑制合同,141,142

Wagner Act of 1935,1935 年瓦格纳法,144,158,159

Walker,Mack,马克·沃克,96

Wallerstein,Immanuel,伊曼纽尔·沃勒斯坦,16

Walters,Vernon,弗农·沃尔特斯,209

Wanamaker,John,约翰·沃纳梅克,71

War Industries Board (WIB),战时工业局,111－112,129,165

War on Poverty,对贫困宣战,148－149,261

Warmaking,开战,36－37

Watergate,水门(事件),206－211,249

Watergate Transcripts,水门记录,181,207

Ways, Max, 马克斯·韦斯, 339

Wealth of Nations, *The* (Smith), 《国富论》（斯密）, 45

Web of Government, *The* (MacIver), 《政府网络》（麦基弗）, xii

Webb, Beatrice, 比特丽斯·韦伯, 87, 122, 280

Webb-Pomerene Act of 1918, 1918 年韦伯-波默林法, 232 – 233

Weber, Ernst von, 恩斯特·冯·维贝尔, 96

Weber, Max, 马克斯·韦伯, 80, 113, 178, 279, 314 – 315, 318, 320

Wedgwood-Benn, Anthony, 安东尼·韦奇伍德-本, 339

Wehler, Hans-Ulrich, 汉斯·乌尔利希·韦勒尔, 83, 101

Weidenbaum, Murray, 默里·韦登鲍姆, 163, 173

Weisband, Edward, 爱德华·韦斯班德, 266 – 267

Welfare state, 福利国家, xi, 46, 50, 285 – 286, 342 – 343

Wellington, Duke of, 威林顿公爵, 23

Wells, David, 戴维·韦尔斯, 83

White, Leonard, 利奥纳德·怀特, 66

White, Theodore, 西奥多·怀特, 234

Whitney, William Collins, 威廉·柯林斯·惠特尼, 71

White, Arthur James, 阿瑟·詹姆斯·怀特, 68

Wildavsky, Aaron, 阿伦·怀尔达夫斯基, 266, 267, 269, 272, 273 – 274, 276, 286

Wilkins, Myra, 迈拉·威尔金斯, 229

Williams, David, 戴维·威廉斯, 181

Williams, Philip, 菲利普·威廉斯, 133, 134

Williams, William Appleman, 威廉·阿普尔曼·威廉斯, 33, 90, 126

Wilson, Woodrow, 伍德罗·威尔逊, 223

Wilson-Gorman Act of 1893, 1893 年威尔逊-戈曼法, 88

Wolin, Sheldon, 谢尔登·沃林, x, xiii, 290

Woodcock, Leonard, 伦纳德·伍德科克, 339

Woolsey, T. D., T. D. 伍尔西, 26

World Bank, 世界银行, 233

World War I, 第一次世界大战, 108 – 117

Yakus v. United States (1944), 1944 年雅库斯诉美国案, 130 – 131

Yerkes, Charles, 查尔斯·耶基斯, 111

Young, Andrew, 安德鲁·扬, 222

Zanardelli, Giuseppe, 朱塞佩·扎纳戴里, 64

Zeldin, Theodore, 西奥多·泽尔丁, 290

Zolberg, Aristide, 阿里斯蒂德·佐尔伯格, 291

Zollverein, 关税同盟, 31, 91

译 者 说 明

本书汉译稿由沈汉（绪言、导论、第一部分第 1 章、第 2 章、注释、索引）、王彦兴（插叙、第二部分第 8 章、第 9 章、第 10 章）、焦绪华（第 3 章）、宋飞（第 4 章）、王社会和徐芳（第 5 章）、李尚杰（第 6 章）、金宝（第 7 章）译出。徐静静、沈汉对译文作了校订。

图书在版编目(CIP)数据

合法性的限度/(美)沃尔夫著;沈汉等译.—北京：
商务印书馆,2005(2021.7重印)
（当代政治理论译丛）
ISBN 978-7-100-04573-5

Ⅰ.①合…　Ⅱ.①沃…②沈…　Ⅲ.①资本主义国
家—政治—研究　Ⅳ.①D509

中国版本图书馆 CIP 数据核字(2005)第 066248 号

权利保留,侵权必究。

当代政治理论译丛
合 法 性 的 限 度
——当代资本主义的政治矛盾
〔美〕艾伦·沃尔夫　著
沈　汉　等译

商 务 印 书 馆 出 版
(北京王府井大街36号　邮政编码100710)
商 务 印 书 馆 发 行
北 京 冠 中 印 刷 厂 印 刷
ISBN 978-7-100-04573-5

2005 年 11 月第 1 版　　开本 850×1168　1/32
2021 年 7 月北京第 2 次印刷　印张 19¾
定价:79.00 元